ANATOMIA DE UM ASSASSINATO

A marca FSC® é a garantia de que a madeira utilizada na fabricação do papel deste livro provém de florestas que foram gerenciadas de maneira ambientalmente correta, socialmente justa e economicamente viável, além de outras fontes de origem controlada.

PHILIP SHENON

Anatomia de um assassinato

A história secreta da morte de JFK

Tradução
George Schlesinger
Jairo Arco e Flexa
Pedro Maia Soares
Pedro Sette-Câmara

Copyright © 2013 by Philip Shenon

*Grafia atualizada segundo o Acordo Ortográfico da Língua Portuguesa de 1990,
que entrou em vigor no Brasil em 2009.*

Título original
A Cruel and Shocking Act: The Secret History of the Kennedy Assassination

Capa
Rick Pracher

Créditos das fotos
p. 25: Cortesia de Everett Collection; p. 79: Cortesia de The Sixth Floor Museum at Dealey Plaza;
p. 439: © Bettmann/CORBIS; p. 539: © Rene Burri/ Magnum Photos

Preparação
Silvana Afram

Índice remissivo
Luciano Marchiori

Revisão
Huendel Viana
Jane Pessoa

Dados Internacionais de Catalogação na Publicação (CIP)
(Câmara Brasileira do Livro, SP, Brasil)

Shenon, Philip.
    Anatomia de um assassinato : a história secreta da morte de JFK
/ Philip Shenon. — São Paulo : Companhia das Letras, 2013.

    Título original : A cruel and shocking act : the secret history of
    the Kennedy assassination.
    Vários tradutores

    ISBN 978-85-359-2353-7

    1. Estados Unidos. Comissão Warren 2. Estados Unidos -
História - Século 20 3. Kennedy, John Fitzgerald, 1917-1963 -
Assassitnato I. Título.

13-10607   CDD-973.922

Índices para catálogo sistemático:
1. Kennedy, John Fitzgerald, 1917-1963 : Assassinato : História   973.922

[2013]
Todos os direitos desta edição reservados à
EDITORA SCHWARCZ S.A.
Rua Bandeira Paulista, 702, cj. 32
04532-002 — São Paulo — SP
Telefone: (11) 3707-3500
Fax: (11) 3707-3501
www.companhiadasletras.com.br
www.blogdacompanhia.com.br

À memória de meu pai, Peter Warren Shenon, cuja postura compassiva e senso de retidão foram cultivados na Califórnia que Earl Warren criou.

O assassinato de John Fitzgerald em 22 de novembro de 1963 foi um ato de violência cruel e chocante, dirigido contra um homem, uma família, uma nação e contra toda a humanidade.

Relatório final da Comissão Presidencial sobre o Assassinato do Presidente John Fitzgerald Kennedy, 24 de setembro de 1964

PERGUNTA: Ele lhe contou alguma coisa sobre sua viagem à Cidade do México?

MARINA OSWALD: Sim, ele me contou que tinha visitado as duas embaixadas, que não tinha conseguido nada, que as pessoas ali eram muito... muito burocráticas.

PERGUNTA: A senhora lhe perguntou o que ele fez o resto do tempo?

SRA. OSWALD: Sim, acho que ele disse que visitou uma tourada, que passou a maior parte do tempo em museus, e que fez um pouco de turismo.

PERGUNTA: Ele lhe contou sobre alguém que conheceu lá?

SRA. OSWALD: Não. Ele disse que não gostava das mexicanas.

Depoimento de Marina Oswald para a Comissão Presidencial, 3 de fevereiro de 1964

Sumário

Prólogo 11

PARTE I — 22 A 29 DE NOVEMBRO DE 1963 25

PARTE II — A INVESTIGAÇÃO 79

PARTE III — O RELATÓRIO 439

PARTE IV — CONSEQUÊNCIAS 539

Nota do autor 595

Notas 611

Referências bibliográficas 651

Agradecimentos 659

Índice remissivo 665

Prólogo

Não há como saber exatamente quando Charles William Thomas começou a pensar em suicídio. Quem poderia saber uma coisa dessas? Anos mais tarde, os investigadores do Congresso poderiam falar apenas das fortes suspeitas sobre o que teria levado Thomas, um ex-diplomata americano que passou a maior parte de sua carreira na África e na América Latina, a se matar. Na segunda-feira, 12 de abril de 1971, por volta das duas horas da madrugada, ele encostou uma arma na cabeça, no andar superior da modesta casa alugada da família, perto das margens do rio Potomac, em Washington, DC. Sua esposa, no andar de baixo, pensou de início que o boiler havia explodido.[1]

O certo é que, dois anos antes, no verão de 1969, Thomas tivera motivos para ficar desanimado. Estava com 47 anos, com esposa e duas filhas para sustentar, e soube que sua carreira no Departamento de Estado estava acabada. Era oficial, embora ele ainda não conseguisse entender por que estava sendo forçado a sair de um trabalho que adorava e que achava — que *sabia* — que fazia bem. O departamento tinha, de longa data, uma política de "para cima ou para fora" em relação aos membros do corpo diplomático, semelhante aos militares. Ou você era promovido, ou a sua carreira estava acabada. E uma vez que lhe haviam negado uma promoção para outra embaixada no exterior, ou para um cargo de supervisor em Washington, Thomas foi "selecionado" [*selected out*], usando a terminologia orwelliana do departamento, para ser demitido.[2] Depois de dezoito anos gratificantes e em sua maioria felizes, vagando pelo mundo a serviço de seu país, disseram-lhe que não tinha mais emprego.

A princípio, ele pensou que devia ser um equívoco, conforme contou sua esposa Cynthia.[3] Sua ficha pessoal era exemplar, incluindo um relatório de inspeção recente, que o descrevia como "um dos mais valiosos funcionários" do Departamento de Estado, cuja promoção estava "muito atrasada". Depois que ele foi formalmente "selecionado", no entanto, não havia maneira fácil de recorrer da decisão. E Thomas, homem orgulhoso e muitas vezes estoico, achava desmoralizante até mesmo tentar. Ele já havia começado a encaixotar seus pertences do escritório e perguntava a si mesmo se, na sua idade, seria possível começar uma nova carreira.

Thomas tinha um assunto inacabado com o departamento antes de partir. E, em 25 de julho de 1969, terminou de datilografar um memorando de três páginas e uma carta introdutória de uma página, que endereçou ao seu chefe máximo no departamento: William P. Rogers, secretário de Estado do presidente Nixon.[4] Os colegas poderiam ter dito a Thomas que era presunçoso para um diplomata de nível intermediário escrever diretamente ao secretário, mas ele tinha motivos para acreditar que ir a Rogers era a única esperança real de conseguir a atenção de alguém. Thomas não estava tentando salvar seu emprego; era tarde demais para isso, disse à família. Em vez disso, o memorando era uma última tentativa de resolver o que havia sido — além do quebra-cabeça de sua demissão — o maior e mais desconcertante mistério de sua vida profissional. Rogers era novo no Departamento de Estado, empossado apenas seis meses antes, junto com o restante do gabinete de Nixon. Thomas esperava que Rogers estivesse disposto a questionar os diplomatas de carreira do departamento que, por quase quatro anos, haviam ignorado a incrível história que Thomas tentava lhes contar.

No topo de cada página do memorando, Thomas escreveu — e sublinhou — a palavra CONFIDENCIAL.

"Prezado sr. Secretário", começava a carta. "Ao liquidar meus assuntos no Departamento de Estado, há uma questão pendente que acredito que mereça a sua atenção."

O memorando tinha um título: "Assunto: Investigação de Lee Harvey Oswald no México".

O tom era formal e polido, certamente típico de Charles William Thomas, que usava o nome do meio por extenso na correspondência oficial para evitar confusão com outro Charles W. Thomas que trabalhava no departamento. Ele queria ser lembrado como diplomata — diplomático — até o fim.[5] Sabia que seu memorando trazia informações de segurança nacional potencialmente explosivas, e queria ter cuidado para não ser considerado imprudente. Não tinha nenhum interesse em deixar o Departamento de Estado com a reputação de teórico da conspiração maluco. No final da década de 1960, havia uma abundância de "investigadores da verdade" atrás de manchetes, mascateando conspirações sobre o assassinato do presidente Kennedy. Thomas não queria ser confundido com eles nos livros de história — ou nos arquivos pessoais secretos do Departamento de Estado. Seu memorando não continha nada que sugerisse os demônios pessoais que o levaram a se suicidar dois anos depois.

O secretário Rogers poderia ter acesso fácil aos detalhes da carreira de Thomas, e eles eram impressionantes. Thomas era um self-made man, menino órfão no Texas, criado na casa de uma irmã mais velha, em Fort Wayne, Indiana.[6] Serviu como piloto de caça da Marinha na Segunda Guerra Mundial, depois se matriculou na Universidade Northwestern, em Evanston, Illinois, onde fez o bacharelado e se formou em direito. Tinha facilidade para línguas estrangeiras: era fluente em francês e espanhol, e ao longo dos anos desenvolveu um conhecimento prático de alemão, italiano, português e crioulo — valioso durante uma missão diplomática no Haiti. Depois da Northwestern, estudou na Europa e fez doutorado em direito internacional na Universidade de Paris. Em 1951, ingressou no Departamento de Estado e serviu inicialmente em postos difíceis na África ocidental, onde, apesar das várias crises graves de malária, era lembrado por seu bom humor e entusiasmo. Seus amigos diziam que ele era "o diplomata do elenco central": mais de 1,80 metro de altura, loiro, elegante, articulado e encantador. No início de sua carreira, os colegas supunham que ele estava destinado a alcançar o posto de embaixador, chefiando sua própria embaixada.

Em 1964, Thomas foi nomeado assessor político da Embaixada dos Estados Unidos no México, onde ficou por quase três anos. A Cidade do México era considerada uma designação especialmente importante na década de 1960, pois era um ponto-chave da Guerra Fria — o equivalente latino-americano de Berlim ou Viena. As embaixadas cubana e soviética na Cidade do México eram as maiores embaixadas de governos comunistas na América Latina. E as atividades de diplomatas cubanos e soviéticos, e dos muitos espiões que posavam de diplomatas, podiam ser monitoradas de perto pelos Estados Unidos com a ajuda das instituições policiais normalmente cooperativas do México. A CIA acreditava que a Embaixada russa no México era a base da KGB para "operações molhadas" — assassinatos, no jargão da CIA — no Hemisfério Ocidental. (Seria muito arriscado para a KGB que essas operações partissem da Embaixada russa em Washington.) A Cidade do México já havia sido cenário de violência promovida pelo Kremlin no passado. Em 1940, Stálin mandara assassinos para matar seu rival Liev Trótski, então exilado na capital mexicana.

A reputação da cidade como centro de intrigas da Guerra Fria foi reforçada pela divulgação de que Lee Harvey Oswald a visitara apenas algumas semanas antes do assassinato do presidente John F. Kennedy em Dallas, na sexta-feira, 22 de novembro de 1963. Detalhes sobre a viagem de Oswald ao México foram revelados em reportagens publicadas poucos dias depois do crime, dando origem a algumas das primeiras teorias conspiratórias sérias sobre o envolvimento estrangeiro no assassinato. Tudo em relação à estada de Oswald no México, que teria durado seis dias, era suspeito. Oswald, que se proclamava marxista e não escondia suas inclinações comunistas nem mesmo quando servira no Corpo de Fuzileiros Navais dos Estados Unidos, visitou as embaixadas cubana e soviética na capital mexicana. Parecia que tinha ido até lá para obter vistos que lhe permitiriam, em última instância, desertar para Cuba. Seria sua segunda tentativa de deserção. Ele já havia tentado renunciar à cidadania americana quando viajou para a União Soviética, em 1959, mas decidiu voltar para os Estados Unidos quase três anos depois, dizendo que passara a desprezar o tipo de comunismo de Moscou, com suas corrupções mesquinhas e burocracia labiríntica. Ele esperava que Fidel Castro e seus seguidores em Havana se mostrassem mais fiéis aos ideais de Marx.

Em setembro de 1964, a comissão presidencial chefiada pelo presidente da Suprema Corte Earl Warren, que investigou o assassinato de Kennedy — conhecida desde o início como Comissão Warren —, identificou Oswald como o assassino e concluiu que ele agira sozinho.[7] No relatório final, depois de uma investigação de dez meses, os sete membros da comissão afirmaram que não haviam descoberto nenhuma prova de conspiração, estrangeira ou nacional. "A comissão não encontrou nenhuma prova de que alguém ajudou Oswald no planejamento ou na execução do assassinato", declarava o relatório. Embora a comissão não conseguisse determinar com certeza os motivos de Oswald para o assassinato, o relatório sugeria que ele estava emocionalmente perturbado e poderia ter decidido matar o presidente devido a um "ressentimento profundamente enraizado contra toda autoridade" e um "desejo de tentar encontrar um lugar na história".

E em seus últimos dias no Departamento de Estado, no verão de 1969, essas eram as conclusões que Charles Thomas queria que alguém do governo revisse. Seria possível que a Comissão Warren tivesse errado? O memorando de Thomas ao secretário de Estado Rogers delineava informações sobre a visita de Oswald ao México em 1963 que ameaçavam "reabrir o debate sobre a verdadeira natureza do assassinato de Kennedy e prejudicar a credibilidade do relatório Warren. [...] Uma vez que fui o funcionário da embaixada que obteve essas informações confidenciais, sinto-me responsável por levá-las até sua avaliação final", explicou. "Dadas as circunstâncias, é improvável que outra investigação deste assunto venha a acontecer, a menos que seja ordenada por um alto funcionário em Washington."

Os detalhes do que Thomas sabia eram tão complexos que ele sentiu necessidade de numerar cada parágrafo do memorando. Anexou vários outros documentos cheios de referências a nomes de língua espanhola e locais obscuros na Cidade do México — eles apresentavam um cronograma complicado de eventos antigos. Sua mensagem central, no entanto, era a seguinte: a Comissão Warren passara por cima — ou nunca tivera a chance de ver — informações que sugeriam que uma conspiração para matar Kennedy poderia ter sido gestada, ou pelo menos incentivada, por diplomatas e espiões cubanos estabelecidos na capital mexicana, e que Oswald fora apresentado a esse ninho de espiões em setembro de 1963 por uma jovem mexicana cheia de energia, defensora da revolução de Fidel Castro.

A mulher, disseram a Thomas, tinha tido um caso passageiro com Oswald na Cidade do México.

Enquanto escrevia o memorando, Thomas deve ter se dado conta mais uma vez de como isso poderia parecer improvável — até mesmo absurdo — para seus, em breve, ex-colegas no Departamento de Estado. Se alguma parte dessa informação estava correta, como a Comissão Warren não tinha percebido?

No corpo do memorando, ele identificava pelo nome a principal fonte de suas informações: Elena Garro de Paz, uma romancista mexicana popular e aclamada pela crítica na década de 1960.[8] Sua fama era reforçada por seu casamento com Octavio Paz, um dos escritores e poetas mais famosos do México, que mais tarde ganharia o prêmio Nobel de Literatura. Mulher perspicaz e volátil, Elena, que estava com quarenta e poucos anos quando conheceu Thomas, falava várias línguas e vivera na Europa durante anos, antes de voltar para o México em 1963. Ela fizera pós-graduação na Universidade da Califórnia em Berkeley e, como Thomas, na Universidade de Paris.

Os dois se tornaram amigos no animado circuito social da capital mexicana e, em dezembro de 1965, ela contou ao diplomata norte-americano uma história incrível. Ela revelou — com relutância, disse Thomas — que havia encontrado Oswald em uma festa de simpatizantes de Fidel Castro durante a viagem dele, no outono de 1963.

Era uma "festa do twist" — o sucesso de Chubby Checker também chegara ao México — e Oswald não era o único americano presente, contou Elena. Ele estava em companhia de dois jovens "beatniks" americanos. "Os três eram evidentemente amigos, porque ela os viu, por acaso, no dia seguinte andando juntos na rua", escreveu Thomas. Na festa, Oswald usava um suéter preto e "tendia a ficar em silêncio e olhava muito para o chão", relembrou Elena. Ela não falou com nenhum dos americanos nem soube o nome deles. Disse que soube o nome de Oswald só depois de ver a fotografia dele nos jornais e na TV mexicana, após o assassinato.

Um experiente diplomata cubano também estava na festa, segundo Elena. Eusebio Azque, que tinha o título de cônsul, dirigia o escritório de vistos da embaixada. (No memorando, Thomas dizia que entre as outras funções de Azque estava a espionagem; a Embaixada americana acreditava que ele era um oficial de alta patente da Dirección General de Inteligencia de Cuba, ou DGI.) Foi o escritório consular de Azque na Cidade do México que Oswald tinha visitado na esperança de obter um visto para Cuba.

Elena Garro era anticomunista ferrenha e detestava o diplomata cubano. Ela disse que, antes do assassinato de Kennedy, tinha ouvido Azque falar abertamente de sua esperança de que alguém matasse o presidente norte-americano, uma vez que ele representava uma ameaça para a sobrevivência do governo de Fidel Castro. A crise dos mísseis cubanos em outubro de 1962 e a fracassada invasão da Baía dos Porcos patrocinada pela CIA, um ano antes, deviam estar frescas na memória de Azque. Elena lembrou-se de uma festa em que ela e outros convidados ouviram uma "discussão acalorada", na qual Azque apoiava a opinião de que "a única solução era matá-lo" — o presidente Kennedy.

Segundo Elena, também estava na festa uma bela mulher mexicana de 26 anos que trabalhava para Azque no consulado: Silvia Tirado de Duran, que era sua parente não consanguínea. Duran era socialista declarada e defensora de Fidel Castro, o que ajudava a explicar como tinha conseguido um emprego no Consulado cubano. Thomas encontrou uma cópia do relatório da Comissão Warren na biblioteca da embaixada e viu que o nome de Duran aparecia dezenas de vezes em suas páginas; a comissão confirmou que era ela que havia atendido Oswald em suas visitas à missão cubana no México. Ela o ajudou a preencher o pedido de visto e aparentemente tinha ido ainda mais longe. O nome e o telefone de Duran foram encontrados em uma caderneta apreendida entre os pertences de Oswald.

Elena Garro disse a Thomas que nunca gostou de Silvia, não só devido a sua posição política de esquerda, mas também por causa do que Elena descreveu como a vida pessoal escandalosa dela. Silvia era casada com um primo de Elena, mas na Cidade do México havia rumores de que ela, dois anos antes, tivera um caso tórrido com o embaixador de Cuba no México, que também era casado; o embaixador se propusera a deixar a esposa para ficar com Silvia. "Garro nunca teve nada a ver com Silvia, a quem ela detesta e considera uma prostituta", escreveu Thomas. (Posteriormente, seria determinado que a CIA mantivesse tanto Silvia quanto o embaixador sob vigilância no México. A agência alegava que isso poderia documentar o caso.)

Foi somente depois do assassinato de Kennedy que Elena soube que Silvia tivera um caso passageiro com Oswald. Ela disse a Thomas que Silvia não só tinha ido para a cama com Oswald, como o apresentara aos partidários de Fidel na cidade, cubanos e mexicanos. Foi Silvia que arranjou o convite de Oswald para a festa do twist. "Ela era amante dele", insistiu Elena. Ela disse a Thomas que "todo mundo sabia que Silvia Duran era amante de Oswald".

Thomas perguntou a Garro se ela havia contado essa história para mais alguém. Ela explicou que por quase um ano depois do assassinato ficara em silêncio, temendo que essa informação pudesse de alguma forma pôr em perigo a segurança dela, bem como a de sua filha de 26 anos, que também se lembrava de ter visto Oswald na festa. No outono de 1964, no entanto, logo depois que a Comissão Warren terminou a investigação, ela reuniu coragem para se encontrar com funcionários da Embaixada americana no México e contar-lhes o que sabia. Para sua surpresa, não teve mais notícias da embaixada depois disso.

Em seu memorando ao secretário de Estado, Thomas tomou o cuidado de reconhecer que tudo aquilo poderia ser ficção oferecida a ele por uma escritora mexicana excepcionalmente talentosa. Garro, ele admitia, tinha reputação de ter uma imaginação vívida, e sua posição política poderia influenciar suas percepções — era possível que ela simplesmente tivesse confundido um outro jovem com Oswald na festa. "Eu sabia que Garro era uma espécie de anticomunista profissional que tendia a ver um complô comunista por trás de qualquer evento político adverso", escreveu Thomas. "Uma investigação cuidadosa dessas alegações talvez pudesse afastá-las." Ainda assim, havia necessidade de outra revisão de sua história, disse ele. "Seria mais fácil e conveniente varrer este assunto para debaixo do tapete, alegando que a srta. Garro não é uma informante confiável já que ela é emotiva, tendenciosa e artística", escreveu ele. "Mas com base nos fatos que apresentei acredito que, no cômputo geral, o assunto merece uma investigação mais aprofundada."

De acordo com o memorando, seus colegas mais graduados na embaixada sabiam de tudo sobre as alegações de Garro porque Thomas lhes havia contado. Ele escreveu longos relatórios para eles depois de cada uma de suas conversas com ela em 1965. E reservou uma parte do dia de Natal daquele ano para escrever um memorando — datado de 25 de dezembro — contando o que ouvira dela naquela manhã em uma festa. Thomas fez com que seus memorandos fossem direto para Winston "Win" Scott, o chefe do posto da CIA no México.[9] Scott, um homem cortês do Alabama na época com 56 anos de idade, tinha fontes nos mais altos escalões do governo mexicano, inclusive uma série de presidentes mexicanos que procuraram sua proteção, e cujos assessores mais próximos se tornaram alguns dos mais bem pagos informantes da CIA no país. Muitas autoridades mexicanas consideravam Scott, que assumiu o cargo em 1956, muito mais poderoso do que qualquer um dos embaixadores americanos com quem ele havia trabalhado. Seus assessores sabiam que ele também exercia uma influência extraordinária na sede da CIA em Langley, Virgínia, em parte graças à sua amizade de décadas com James Jesus Angleton, o diretor de contraespionagem da agência — o chefe dos "caçadores de espiões". Os dois estavam na CIA desde a sua fundação, em 1947.

Em seu memorando para Rogers, Thomas dizia que Scott e outras pessoas da embaixada não deram seguimento às informações que ligavam Oswald aos cubanos. Depois de manifestações iniciais de interesse, Scott ignorou o que Thomas havia escutado, mesmo quando este tentou levantar a questão novamente em 1967, enquanto se preparava para deixar o México e seguir para um novo posto em Washington.

Thomas reconhecia que "mesmo que todas as alegações do memorando anexo fossem verdade, elas não provariam, por si só, que houve uma conspiração para assassinar o presidente Kennedy". Mas concluía sua carta a Rogers advertindo do perigo para o governo se as alegações de Garro — não provadas, mas não investigadas — se tornassem conhecidas fora do Departamento de Estado e da CIA. "Se em algum momento elas se tornarem públicas, aqueles que têm tentado desacreditar o relatório Warren poderiam fazer a festa especulando sobre suas implicações", escreveu Thomas. "A credibilidade do relatório Warren será prejudicada ainda mais se souberem que essas alegações eram conhecidas e nunca foram investigadas adequadamente."

O último dia de Thomas no Departamento de Estado foi 31 de julho de 1969, apenas seis dias após a data de seu memorando ao secretário Rogers. Não está claro nos registros do departamento se Thomas foi imediatamente informado sobre o que aconteceu a seguir com seu memorando, mas o departamento encaminhou sua informação para a CIA. Em 29 de agosto, em carta carimbada como CONFIDENCIAL, a Divisão de Segurança Protetora do Departamento de Estado escreveu à CIA e pediu uma avaliação do material de Thomas. Ela enviou à agência o memorando de Thomas, junto com vários documentos de apoio.

Pouco menos de três semanas depois, a CIA enviou de volta sua curta resposta. Diz ela, na íntegra: "Assunto: Charles William Thomas. Referente ao seu memorando de 28 de agosto de 1969. Examinamos os documentos e não vemos necessidade de novas medidas. Uma cópia dessa resposta foi enviada ao FBI e ao Serviço Secreto dos Estados Unidos". O memorando era assinado por Angleton e por um de seus assessores, Raymond Rocca. Thomas foi notificado da recusa da CIA e, tanto quanto soube, o assunto morreu ali; aparentemente, não havia nada mais a ser feito.

Dois anos mais tarde, depois de seu suicídio, o *Washington Post* publicou um obituário de 186 palavras que fazia uma referência passageira ao modo como Thomas havia morrido: "A polícia disse que a causa da morte foram ferimentos de bala".[10] (Na verdade, sua certidão de óbito identificava apenas um ferimento causado por tiro, na têmpora direita.) Depois de apelos de sua família, investigadores do Congresso revisaram sua ficha pessoal e determinaram que Thomas fora "selecionado" pelo Departamento de Estado por erro. Um erro burocrático custou-lhe a carreira, ou assim parecia; um importante relatório de desempenho no trabalho endossando sua promoção havia sido deixado de fora de sua ficha pessoal, por razões que nunca foram completamente explicadas.

Investigadores do Congresso suspeitaram mais tarde que houvera outros fatores na decisão de demitir Thomas, entre eles seu esforço persistente e indesejável de conseguir alguém para examinar as alegações de Elena Garro. "Sempre achei que aquilo estava ligado, de alguma forma, às suas perguntas sobre Oswald", disse um ex-investigador da Câmara dos Representantes.[11] "Mas era impossível provar. Se ele foi demitido por causa da Cidade do México, tudo foi feito com uma piscadela e um assentimento com a cabeça." Havia rumores no México de que um dos assessores de Win Scott na embaixada havia montado uma campanha de murmúrios com a intenção de prejudicar a reputação de Thomas — por razões que muitos amigos mexicanos de Thomas nunca conseguiram entender.

O ex-senador Birch Bayh, de Indiana, presidente da Comissão Selecionada de Inteligência do Senado de 1979 a 1981, ajudou a família de Thomas a obter alguns benefícios de pensão inicialmente negados depois de seu suicídio.[12] Bayh disse que interveio, num primeiro momento, porque Thomas tinha fortes raízes familiares em Indiana. Em entrevista realizada em 2013, ele declarou que continuava perplexo com a demissão de Thomas. "Isso nunca fez sentido", disse ele, que enfatizou que jamais fora informado de qualquer conexão entre Thomas e a investigação do assassinato de Kennedy. O ex-senador disse que não poderia traçar uma ligação entre a demissão de Thomas e o que ele soubera — e tentara divulgar — na Cidade do México. "Mas alguma coisa aconteceu com Charles Thomas", disse Bayh. "Ele foi perseguido até a morte por seu governo."

Num fim de tarde na primavera de 2008, o telefone tocou na minha mesa no escritório de Washington do *New York Times*. O interlocutor era alguém que eu nunca encontrara — um proeminente advogado americano que iniciara sua carreira quase meio século antes, como jovem investigador da equipe da Comissão Warren.[13] "Você deveria contar a nossa história", disse ele. "Nós não somos jovens, mas muitos de nós da comissão ainda estão por aí, e essa pode ser a nossa última chance de explicar o que realmente aconteceu." Seu telefonema foi motivado, segundo ele, pelas generosas resenhas que eu recebera naquele ano depois da publicação de meu primeiro livro: a história da comissão do governo que investigou os ataques terroristas de 11 de setembro de 2001. Meu interlocutor se ofereceu para fazer tudo ao seu alcance para me ajudar com uma história semelhante sobre a Comissão Warren, contanto que eu não o identificasse para seus ex-colegas como o homem que sugerira a ideia. "Não quero levar a culpa por isso quando você descobrir coisas pouco lisonjeiras", disse ele, acrescentando que a história por trás da comissão era "a melhor história de detetive que você já ouviu".

E assim começou um projeto de reportagem de cinco anos para reconstituir a história da mais importante e mais incompreendida investigação de homicídio do século XX: a investigação da Comissão Warren sobre o assassinato do presidente Kennedy. O presidente da Suprema Corte Warren e os outros seis membros da comissão morreram muito antes de eu começar a trabalhar neste livro — o último membro sobrevivente, o ex-presidente Gerald Ford, morreu em 2006 —, mas meu interlocutor tinha razão: a maioria dos então jovens advogados que fizeram efetivamente o trabalho de detetive em 1964 ainda estava viva. E sou grato porque quase todos eles se dispuseram a falar comigo.

Infelizmente, o tempo começou a alcançar também minhas fontes. Alguns investigadores da comissão e outras figuras essenciais que me concederam entrevistas para o livro morreram, com destaque para o ex-senador Arlen Specter, da Pensilvânia, que havia sido advogado júnior da equipe da comissão. Este livro é, portanto, o último testamento deles sobre o trabalho da comissão e sobre o assassinato de Kennedy. Fui o último jornalista a entrevistar o ex-agente especial do FBI James Hosty, testemunha fundamental perante a Comissão Warren, porque mantivera Lee Harvey Oswald sob vigilância em Dallas durante meses, antes do assassinato. Hosty enfrentou perguntas óbvias sobre por que ele e seus colegas do FBI não tinham sido capazes de deter Oswald. Em entrevistas pouco antes de sua morte, em junho de 2011, Hosty insistiu que se tornou o bode expiatório, tanto do FBI como da Comissão Warren, para a incompetência e a duplicidade de outras figuras do governo.[14]

Anatomia de um assassinato começou como uma tentativa de escrever a primeira história abrangente da Comissão Warren vista por dentro, mas acabou se tornando algo muito maior e, acredito eu, mais importante. Em muitos aspectos, este livro é um relato da minha descoberta de quanto da verdade sobre o assassinato de Kennedy ainda não foi contado e de quantas provas sobre o crime foram encobertas ou destruídas — retalhadas, incineradas ou apagadas — antes que pudessem chegar à comissão. Funcionários dos mais altos escalões da CIA e do FBI esconderam informações, aparentemente na esperança de ocultar o que sabiam sobre Lee Harvey Oswald e sobre a ameaça que ele representava. Testemunhas importantes dos acontecimentos que cercaram o assassinato foram ignoradas ou ameaçadas para permanecer em silêncio. A reportagem para este livro me levou a muitos lugares e me apresentou a muita gente que eu jamais imaginaria ser tão importante para entender a morte do presidente Kennedy.

Tornei-me uma vítima da dupla maldição enfrentada por quem tenta chegar mais perto da verdade sobre o assassinato — a da escassez e do excesso de informação. Fiz a descoberta surpreendente e quase simultânea de quantas provas vitais do assassinato do presidente Kennedy desapareceram, e também de quanto foi preservado. Existe agora uma tal quantidade de materiais ao alcance do público sobre o assassinato, inclusive literalmente milhões de páginas de arquivos outrora secretos do governo, que nenhum repórter ou estudioso pode afirmar ter visto tudo. Coleções inteiras de provas ainda não foram devidamente revistas por pesquisadores, cinquenta anos depois dos acontecimentos que descrevem. Fui o primeiro pesquisador, por exemplo, a ter acesso total aos documentos de Charles Thomas, inclusive o registro de sua luta para conseguir que seus colegas dessem atenção à incrível história de Oswald e a "festa do twist" na Cidade do México, e só vi esse material em 2013.

Os registros da Comissão Warren — seu nome formal era Comissão Presidencial sobre o Assassinato do Presidente Kennedy — ocupam mais de dez metros cúbicos de espaço útil em salas de armazenamento bem guardadas e climatizadas, em uma instalação do Arquivo Nacional, em College Park, Maryland, nos arredores de Washington, DC.[15] Milhares de provas físicas da comissão estão lá, entre elas, o rifle de fabricação italiana Mannlicher-Carcano de 6,5 milímetros de Oswald, encontrado no sexto andar do Depósito de Livros Escolares do Texas, bem como a bala quase intacta de três centímetros, de chumbo revestido de cobre, que foi descoberta perto de uma maca no Hospital Memorial Parkland, em Dallas, na tarde do assassinato. A equipe da comissão — embora de forma significativa, não a própria comissão — concluiu que a bala, disparada pelo rifle de Oswald comprado por 21 dólares pelo correio, atravessou os corpos do presidente

Kennedy e do governador do Texas, John Connally, naquilo que ficou conhecido como "a teoria da bala única".

O tailleur cor-de-rosa usado por Jacqueline Kennedy na comitiva presidencial também está guardado no moderno complexo tipo fortaleza, no subúrbio de Maryland.[16] O conjunto, uma imitação de Chanel feita nos Estados Unidos que era um dos preferidos do presidente (a sra. Kennedy "parece arrebatadora com ele", disse a um amigo), está preservado em um recipiente livre de ácido, numa câmara sem janelas. A câmara é mantida a uma temperatura entre 65°F e 68°F (18,3°C e 20°C), e umidade de 40%. O ar filtrado na câmara é trocado pelo menos seis vezes por hora, para ajudar a preservar o tecido de lã delicada, que permanece manchado pelo sangue do presidente. O paradeiro do chapéu *pillbox* cor-de-rosa, emblemático da sra. Kennedy, é um mistério; a última notícia que se tem é que estava sob a custódia de seu ex-secretário pessoal. Uma câmara separada, mantida a uma temperatura constante de 25°F (−4°C), é usada para o armazenamento e a preservação de uma pequena tira de celuloide que o Arquivo Nacional acredita que seja o pedaço de filme mais visto da história do cinema.[17] Foram nesses 486 quadros de filme Kodachrome colorido de 8 mm que Abraham Zapruder, um fabricante de roupas femininas de Dallas, captou as imagens terríveis do assassinato com sua câmera amadora Bell & Howell.

Grande parte da documentação pessoal de Warren advinda da comissão que leva seu nome está guardada na Biblioteca do Congresso, a poucos minutos a pé de seu antigo gabinete na Suprema Corte.[18] Warren, que morreu em 1974, talvez ficasse chocado ao saber que milhões de americanos o conhecem principalmente por causa da comissão, e não em virtude dos dezesseis anos em que fez história como presidente da Suprema Corte.

A decisão de preservar a vasta biblioteca de relatórios de investigação e provas físicas recolhidas pela Comissão Warren, e agora guardados no Arquivo Nacional e na Biblioteca do Congresso, tinha o sentido de ser tranquilizadora para o público — uma prova da transparência da comissão e de sua diligência. Somente no Arquivo Nacional, há mais de 5 milhões de páginas de documentos relacionados ao assassinato. Mas a verdade sobre a Comissão Warren, como muitos historiadores sérios e outros estudiosos reconhecerão, mesmo aqueles que apoiam totalmente suas conclusões, é que sua investigação foi falha desde o início. A comissão cometeu erros graves. Não perseguiu provas e testemunhas importantes devido às limitações impostas à investigação pelo homem que a dirigia,

Earl Warren. Muitas vezes, ele parecia mais interessado em proteger o legado de seu querido amigo presidente e da família Kennedy do que chegar a todos os fatos a respeito do crime.

Sobre a questão do assassinato, a história será muito mais bondosa com os advogados da equipe da comissão sobreviventes, bem como com seu historiador interno, que revela neste livro o que realmente aconteceu dentro da Comissão Warren. Grande parte deste livro é a história deles, contada através de seus olhos. Os advogados, a maioria entre seus vinte e trinta anos no momento da investigação, foram recrutados em prestigiosos escritórios de advocacia, faculdades de direito e escritórios de promotores de todo o país. A maior parte deles está agora no final de suas longas carreiras no direito ou no serviço público. Para muitos, a entrevista para este livro foi a primeira vez que falaram com tantos detalhes sobre o trabalho da comissão. Muitos mantiveram silêncio durante décadas, com medo de serem arrastados para debates públicos desagradáveis, e muitas vezes impossíveis de serem vencidos, com os exércitos dos teóricos da conspiração. Sem exceção, todos esses homens — a única mulher entre os advogados, Alfredda Scobey, morreu em 2001 — conservaram o orgulho por seu trabalho individual na comissão. Muitos, no entanto, ficaram indignados ao descobrir a quantidade de indícios que nunca tiveram permissão para ver. Isso é uma prova, eles sabem, de que a história do assassinato de Kennedy ainda está sendo reescrita.

PARTE I
22 a 29 de novembro de 1963

O caixão do presidente Kennedy na rotunda do Capitólio, 25 de novembro de 1963.

I.

CASA DO COMANDANTE JAMES HUMES
BETHESDA, MARYLAND
SÁBADO, 23 DE NOVEMBRO DE 1963

Poucas horas depois do regresso do corpo do presidente a Washington, as provas sobre o assassinato começaram a desaparecer dos arquivos do governo. Anotações feitas por patologistas militares e o rascunho original do relatório da autópsia foram incinerados.

O comandante da Marinha, dr. James Humes, disse mais tarde que ficou estarrecido ao saber que sua manipulação da papelada hospitalar na noite de sábado, 23 de novembro, poderia ser considerada a primeira tentativa governamental de encobrir fatos. Ainda assim, admitiu, deveria ter sido mais ponderado. "O que aconteceu foi decisão minha e somente minha", recordou-se. "De mais ninguém."[1]

Por volta das 23 horas, o patologista de 38 anos sentou-se a uma mesa de baralho na sala da família, em sua casa em Bethesda, no subúrbio de Washington em Maryland, preparando-se para repassar suas anotações do necrotério.[2] Ele presumiu que lá ficaria durante horas, redigindo e editando o relatório final da autópsia. Acendera o fogo na lareira, que fornecia um pouco de calor naquela noite de começo de inverno.

Na noite anterior, ele havia liderado a equipe de três patologistas que conduziu a autópsia do presidente no Centro Médico Naval de Bethesda. Durante o dia não tivera tempo de terminar a papelada, disse. Assim, estava agora sentado sozinho, esperando achar energia para completar seu relatório em paz. Precisava apresentar uma cópia final a seus colegas para suas assinaturas; eles tinham ordens de enviar o relatório para a Casa Branca no domingo à noite.

Humes estava exausto. Tinha conseguido algumas poucas horas de sono naquela tarde, mas não dormira absolutamente nada na noite de sexta-feira. "Fiquei no necrotério das 19h30 às 5h30 da manhã", disse ele mais tarde. "Não cheguei a sair da sala."

Foi na sexta-feira à tarde, com os terríveis relatos ainda jorrando de Dallas, que Humes, o patologista de mais alto escalão de Bethesda, foi informado de que supervisionaria o post mortem do presidente. Foi-lhe dito que aguardasse a chegada do corpo em algumas horas. Jacqueline Kennedy inicialmente resistira à ideia de se fazer uma autópsia; a visão do corpo do marido deitado numa fria mesa de aço para dissecação parecia um horror a mais num dia já cheio de horrores. *"Não precisa ser feita"*, disse ela ao médico pessoal do presidente, o almirante George Burkley, enquanto voavam no Air Force One de Dallas a Washington.[3] Estava sentada com o caixão do presidente no compartimento traseiro do avião. Burkley, que provara ser um amigo leal e discreto da família Kennedy, delicadamente a convenceu de que havia necessidade de realizar uma autópsia. Para ela, sempre fora um conforto que ele fosse um correligionário católico romano, especialmente devoto, e nesse momento confiaria em seu conselho mais do que em qualquer outro. Ele a lembrou que o marido fora vítima de um crime e que a autópsia era uma exigência legal.[4] Ofereceu a ela a opção entre o Centro Médico Walter Reed, do Exército, em Washington, ou o Hospital da Marinha em Bethesda. Os dois hospitais ficavam a cerca de apenas doze quilômetros de distância um do outro. "O presidente foi da Marinha", Burkley lembrou-a. "Claro", disse ela. "Bethesda."

A escolha foi uma decisão que mesmo alguns médicos da Marinha questionaram. Os patologistas veteranos do Exército no Walter Reed tinham muito mais experiência em analisar ferimentos a balas do que seus colegas da Marinha. (Era um fato óbvio que soldados estavam mais sujeitos a morrer por tiros de armas de fogo do que marinheiros.) O comandante J. Thornton Boswell, outro patologista do Bethesda, foi designado para assistir Humes e pensou que era "tolice" fazer a autópsia no hospital da Marinha, dados os outros recursos nas proximidades.[5] Achou que o corpo do presidente deveria ter sido levado para o Instituto de Patologia das Forças Armadas no centro de Washington, um núcleo de pesquisa do Departamento de Defesa que lidava com autópsias médico-legais de todos os ramos militares. Nem Humes nem Boswell tinham credenciais em patologia forense, um ramo da patologia que focaliza mortes violentas ou inesperadas, de modo que foi acrescentado um terceiro membro à equipe: o dr. Pierre Finck, patologista forense do Instituto das Forças Armadas. Finck era tenente-coronel no Corpo Médico do Exército.[6]

O que poderia recomendar o Bethesda era a sala de autópsia em si.[7] Todo o necrotério acabara de ser renovado e equipado com sofisticado equipamento médico e de comunicação. "Tínhamos mudado para lá poucos meses antes", recordou-se Humes. "Tudo estava novinho em folha." Era uma sala de autópsia espaçosa pelos padrões dos hospitais militares, cerca de 8 x 10 metros, tendo no centro uma mesa de aço para dissecação fixada no piso.[8] A sala também funcionava como auditório, com uma plataforma de observação numa das paredes permitindo que até trinta pessoas — geralmente médicos residentes ou visitantes — assistissem aos procedimentos. Havia, além disso, um circuito fechado de televisão para que plateias do outro lado da rua, no Instituto Nacional de Saúde, a algumas quadras, na clínica médica da Base Aérea de Andrews, pudessem observar à distância. (Humes disse mais tarde que gostaria que alguém tivesse ligado a câmara naquela noite, para acabar com a "absurda especulação" sobre o que se passara.) O necrotério incluía grandes armários refrigerados capazes de armazenar até seis cadáveres, bem como uma área com chuveiros para os médicos. Na noite da autópsia do presidente, os patologistas precisariam de cada centímetro quadrado do espaço.

O corpo do presidente chegou por volta das 19h30.[9] O caixão de bronze foi conduzido sobre um carrinho por uma rampa que vinha da rua. O corpo foi delicadamente retirado do caixão e — depois de fotos e raios X de cada parte do corpo — posto sobre a mesa de autópsia, onde permaneceria durante a maior parte das dez horas seguintes. Os ferimentos no crânio não estavam visíveis, uma vez que haviam sido cobertos com lençóis em Dallas. Depois de retirar o tecido encharcado de sangue, Humes ordenou que todos os lençóis fossem lavados imediatamente. "Tínhamos uma máquina de lavar no necrotério, e ele os enfiou lá dentro", recordou-se Boswell. Humes ficou preocupado desde o início que algo retirado da sala de autópsia surgisse como suvenir mórbido em alguma quermesse rural. "Ele não queria que os lençóis algum dia aparecessem num celeiro no Kansas."

A autópsia foi um "verdadeiro circo de três picadeiros", queixou-se Boswell.[10] Dúzias de pessoas — médicos e ordenanças da Marinha, técnicos de raios X e fotógrafos médicos, agentes do Serviço Secreto e do FBI, oficiais militares e administradores do hospital — estavam ou dentro do necrotério ou empurrando a porta para entrar. Os patologistas disseram que os agentes do Serviço Secreto que haviam acompanhado o corpo para Bethesda, inclusive alguns que tinham estado em Dallas naquele dia, estavam desnorteados. O homem que eles haviam jurado proteger, mesmo com o custo de suas próprias vidas, estava morto. O que estavam protegendo agora? "Aquelas pessoas estavam em tal estado emocional que ficavam correndo em círculos feito galinhas com as cabeças cortadas, e nós entendíamos a situação delas", Boswell disse mais tarde.[11]

Burkley, o médico do presidente, havia acompanhado o corpo ao Bethesda e de início tentou assumir o controle da autópsia. Como almirante, ele normalmente estaria em posição de dar ordens aos patologistas da Marinha de escalão inferior, mas sua formação médica era em clínica geral e cardiologia, e suas recomendações encontraram resistência raivosa por parte de Humes e dos outros patologistas. A princípio, Burkley tentou argumentar que era desnecessária uma autópsia completa. Disse que, já que o suposto assassino, Lee Harvey Oswald, estava detido em Dallas, e parecia haver pouca dúvida sobre sua culpa, não havia necessidade de procedimentos que pudessem desfigurar seriamente o cadáver do presidente. Ele sabia que a família Kennedy estava ponderando a possibilidade de deixar o caixão aberto para a visualização do corpo antes do funeral.[12] Burkley queria limitar a autópsia a "apenas encontrar as balas", disse Boswell.

Humes rejeitou a ideia do almirante como absurda, dado o perigo de se perder algo importante num post mortem apressado, e Burkley recuou, embora insistisse para que agissem depressa. "A principal preocupação de George Burkley era: vamos acabar com isso o mais rápido possível", Humes disse depois, recordando sua contrariedade. Burkley parecia preocupado acima de tudo com o efeito da demora sobre a sra. Kennedy, que esperava com Robert Kennedy e outros familiares e amigos na suíte VIP do hospital, no 17º andar. Ela anunciara que não deixaria o Bethesda até poder levar o corpo do marido consigo. Humes disse que se contraiu todo ao pensar no que ela devia estar passando; sabia que ela ainda estava vestindo o tailleur rosa manchado de sangue que ele vira na televisão. (De fato, ela se recusara a trocar de roupa. "Que eles vejam o que fizeram", dissera a Burkley em tom de desafio.)[13] Ainda assim, por mais que se solidarizasse com a sra. Kennedy, Humes sentia-se pressionado por sua presença no hospital. "Isso nos molestava e causava dificuldade", lembrou-se ele.

Burkley tinha outra solicitação para os médicos da autópsia, e quanto a esse ponto foi insistente.[14] Pediu a Humes que prometesse que o relatório dos patologistas ocultaria um fato importante sobre a saúde do presidente que não estava relacionado ao assassinato. Não queria menção nenhuma sobre a condição das glândulas suprarrenais de Kennedy. O médico da Casa Branca sabia que um exame das suprarrenais revelaria que o presidente — apesar de anos de negativas públicas — sofria de um distúrbio crônico potencialmente letal, a Doença de Addison, na qual as glândulas que se encontram acima dos rins não produzem hormônios suficientes. Kennedy podia ter a aparência corada de uma excelente saúde, mas Burkley sabia que muitas vezes isso era resultado de maquiagem e outras encenações para as câmeras. O presidente sobrevivia devido a suplementos hormonais diários, que incluíam altas doses de testosterona.

Humes, ansioso para começar, concordou. "Ele prometeu a George Burkley que jamais discutiríamos as suprarrenais até que os membros da família Kennedy então vivos tivessem todos morrido, ou algo desse tipo", disse Boswell, que concordou com o plano, ainda que fosse uma escandalosa violação de protocolo.[15] Dias depois da autópsia, Burkley se dirigiu a Humes com outro pedido secreto, dessa vez relativo ao manuseio do cérebro do presidente, que fora removido da caixa craniana para análise depois da autópsia.[16] Conforme solicitado por Burkley, Humes enviou o cérebro, preservado em formol num recipiente de aço no Bethesda, para a Casa Branca a fim de que pudesse ser discretamente enterrado com o corpo do presidente.* "Ele me disse de forma categórica que a decisão havia sido tomada e que ele ia levar o cérebro e entregá-lo a Robert Kennedy", lembrou-se Humes.[17]

---

* O paradeiro do cérebro do presidente veio a se tornar mais um mistério. Em 1979, uma comissão especial do Congresso que reinvestigava o assassinato do presidente, o Comitê Selecionado da Câmara para Assassinatos, disse ter ficado sabendo pelo dr. Burkley que ele havia transferido o recipiente de aço inoxidável lacrado contendo o cérebro para a ex-secretária de Kennedy, Evelyn Lincoln, que o guardou por um tempo durante 1964 no Arquivo Nacional. O comitê disse que foi informado pelo ex-professor da Escola de Direito de Yale, Burke Marshall, que representava os executores do inventário de Kennedy, que desconfiava que Robert Kennedy acabara obtendo o cérebro e outras provas da autópsia, "tendo se livrado pessoalmente desse material, sem informar a mais ninguém". Marshall disse que "Robert Kennedy estava preocupado com a possibilidade de esses materiais serem levados a exibição pública em anos futuros numa instituição como o Smithsonian e quis se desfazer deles para eliminar tal possibilidade". (Comitê Selecionado da Câmara para Assassinatos, v. VII, "Evidências médicas e de armas de fogo", março de 1979.)

O trabalho de Humes na noite da autópsia foi dificultado por outros motivos. Nas horas que se seguiram à morte do presidente, o medo de que o assassinato fosse obra de uma conspiração, e que os conspiradores pudessem atacar de novo, foi tópico de inflamada discussão nos corredores do Bethesda. Enquanto Humes e sua equipe iniciavam os trabalhos, ouviam colegas falando sobre como os russos ou cubanos poderiam estar por trás do assassinato, e como Lyndon Johnson, que prestara juramento como presidente algumas horas antes, poderia ser o próximo alvo.

Os médicos começaram a se preocupar com a própria segurança.[18] Se fosse uma conspiração, os assassinos poderiam querer ocultar a verdade sobre como exatamente o presidente morrera. Seria possível que os patologistas do Bethesda também pudessem ser silenciados, ou suas provas apreendidas e destruídas? "Parecia que podia haver algum tipo de conluio" por trás da morte de Kennedy, Boswell lembrou-se de ter pensado. "Qualquer um podia estar sujeito a ser morto." O oficial superior de Humes ficou tão alarmado com essa ameaça potencial que ordenou que Boswell se assegurasse de que Humes, que assumira a responsabilidade de redigir o relatório, chegasse em casa a salvo. "Então entrei no meu carro atrás de Jim Humes e o segui até em casa", conta Boswell.

Quando Humes finalmente entrou em casa pela porta da frente por volta das sete horas da manhã, não teve oportunidade de pôr suas ideias em ordem, muito menos de dormir. Tinha programado levar o filho à igreja para a Primeira Comunhão do menino — Humes estava determinado a estar lá — e sabia que precisaria voltar ao Bethesda em algumas horas para uma conversa telefônica com os médicos do Hospital Memorial Parkland em Dallas que haviam tentado, em vão, salvar a vida de Kennedy. Mais tarde Humes reconheceu que deveria ter deixado a sala de autópsia e conversado com os médicos do Parkland em algum momento na sexta-feira à noite, mas estava sob muita pressão para terminar. "Não havia jeito de sairmos da sala", Humes disse depois.[19] "Era preciso entender aquela situação — a situação histérica — que existia. Como conseguimos manter nosso juízo e fazer o que fizemos é impressionante para mim."

O telefonema no sábado para o dr. Malcolm Perry, o principal médico do Parkland a atender Kennedy, resolveu um mistério central para Humes. Não houvera dúvida entre nenhum dos médicos em Dallas ou Bethesda quanto à causa da morte de Kennedy — o ferimento maciço na cabeça, provocado por uma bala que estourou grande parte do hemisfério direito do cérebro, uma imagem capturada em fotografias terríveis. O mistério dizia respeito ao que parecia ser a primeira bala a atingir o presidente, que penetrou pela parte superior das costas ou pescoço e deveria ter permanecido relativamente intacta ao passar por tecido mole. Onde fora parar? Os patologistas do Bethesda não puderam encontrar nenhum ferimento de saída óbvio.

Humes e seus colegas debateram-se com a questão durante horas; foi um dos motivos de a autópsia ter demorado tanto tempo. "Tirei raios X do corpo do presidente da cabeça aos pés pela simples razão de que ocasionalmente projéteis fazem coisas estranhas dentro de um corpo humano", Humes contou.[20] Muitas vezes as balas correm em zigue-zague quando atingem o tecido, mesmo que disparadas de um ângulo direto, explicou ele. "Poderia estar na coxa dele, ou então nas nádegas. Poderia estar em qualquer lugar." Enquanto trabalhavam, Humes e os outros conversavam sobre a possibilidade improvável de a bala ter caído pelo ferimento de entrada quando o coração do presidente foi massageado para tentar restaurar seu batimento — especulação que ganhou força no relatório de agentes do FBI que observaram a autópsia.

Durante o telefonema, Perry teve uma explicação para a bala desaparecida. Os médicos do Parkland haviam realizado uma traqueostomia, cortando a traqueia destroçada do presidente para permitir sua respiração, exatamente no ponto onde havia um pequeno ferimento na frente da garganta, perto do nó da gravata. Quem sabe seria o local por onde a bala saíra? "No instante em que ele disse isso, uma luzinha se acendeu e nós dissemos: 'Ah, temos um lugar para onde nosso projétil pode ter ido'", disse Humes.[21] A traqueostomia, presumiu ele, havia destruído a prova de um orifício de saída. Os médicos jamais poderiam ter certeza de onde aquela bala tinha ido parar, mas ao menos agora sabiam por onde ela tinha saído — pela garganta do presidente.

Naquele sábado à noite, quando Humes sentou-se à sua mesa de baralho perto da lareira na sala da família, notou faixas de sangue — sangue do presidente — que manchavam cada página de suas anotações feitas na sala de autópsia, bem como cada página do rascunho do relatório.[22] Posteriormente recordou-se de ter sentido repugnância por todas aquelas manchas.

Lenta e cuidadosamente, começou a transferir a informação das suas notas para folhas de papel limpas. "Sentei-me e copiei palavra por palavra do que tinha em papéis novos", disse Humes mais tarde.[23] Isso levou horas. Seu bem folheado exemplar do *Stedman's Medical Dictionary* estava junto ao seu cotovelo: ele não queria erros ortográficos no relatório que apresentaria à Casa Branca.

Apenas Humes sabia o que o motivou a fazer o que fez a seguir. Haveria erros constrangedores no relatório original da autópsia e nas suas anotações que ele queria corrigir? Teria ele tentado ajustar os ferimentos de entrada e saída das balas? Além da sua promessa a Burkley de eliminar qualquer referência às glândulas suprarrenais do presidente, teria deixado de fora mais alguma informação? Será que isso lhe foi ordenado? Qualquer que tenha sido o motivo, Humes decidiu — sentado à mesa de baralho em sua casa — destruir cada pedaço de papel sob sua custódia, exceto o novo relatório. Estava determinado, disse ele, a impedir que os documentos ensanguentados caíssem nas mãos de "vampiros mal-intencionados".

Anos depois, Humes admitiu que não compreendeu plenamente as implicações de seus atos e reconheceu que eles podem ter ajudado a alimentar as teorias conspiratórias que o perseguiram pelo resto da sua carreira. Tentou reconstituir seu modo de pensar: "Quando notei que aquelas manchas de sangue estavam nos documentos que preparei, eu disse: nunca ninguém vai pegar esses documentos".[24]

Humes deu uma última olhada nas notas e no relatório original antes de se levantar e caminhar até a lareira.[25] Jogou as páginas manchadas de sangue do rascunho original da autópsia no fogo e observou as chamas transformarem o papel em cinzas. Depois, também lançou no fogo as suas anotações da sala de exame.

"Queimei tudo que tinha, exceto o relatório final", disse ele. "Não quis que restasse mais nada. Ponto final."

EXECUTIVE INN
DALLAS, TEXAS
SÁBADO, 23 DE NOVEMBRO DE 1963

Na cidade em que o presidente fora morto, a destruição de provas começou um dia depois do assassinato. Na sexta-feira, horas depois de saber da prisão do marido, Marina Oswald lembrou-se das "estúpidas fotografias" que havia tirado de Lee no quintal da casa deteriorada em New Orleans onde o casal tinha morado antes, naquele ano.[26] As fotos mostravam um Lee sorridente, vestido de preto, segurando o rifle que comprara por correio numa mão, enquanto segurava na outra dois jornais de esquerda, *The Militant* e *The Worker*. Havia uma pistola num coldre em sua cintura.

Na sexta-feira à noite, depois de horas do interrogatório inicial por parte do FBI e da polícia de Dallas, Marina foi autorizada a voltar para a casa de Ruth Paine, uma amiga local que falava um pouco de russo. Marina, a russa de 22 anos admiravelmente bonita que se casara com Oswald durante a sua fracassada deserção para a União Soviética, tinha morado na casa de Paine por várias semanas naquele ano, enquanto Oswald vivia em outro lugar, primeiro em New Orleans, procurando emprego.

Ao voltar para casa, Marina achou as fotos, que havia escondido num álbum de fotografias de bebê, e as mostrou para a sogra, Marguerite Oswald. Elas mal se conheciam — Oswald sempre alegara odiar a mãe e recusava-se a vê-la —, e as duas sras. Oswald se reuniram apenas por causa do assassinato. Marina falava apenas umas poucas palavras de inglês.

"*Mama, mama*", disse Marina, mostrando as fotos para a sogra.

A sra. Oswald pareceu chocada com a imagem do filho caçula com um rifle na mão e replicou sem hesitar: "Esconda-as", segundo o relato da nora.

Marina disse que fez o que lhe haviam mandado, pondo as fotos no fundo de um dos seus sapatos.

No dia seguinte, sábado, depois de horas de interrogatório adicional pela polícia, a sogra a procurou e lhe perguntou onde as fotos haviam sido escondidas.

Marina disse que apontou seus sapatos.

"Queime-as", ordenou Marguerite, segundo o relato de Marina. "Queime-as agora."

Mais uma vez, de acordo com Marina, ela fez o que lhe mandaram. Naquela noite, ela e a sogra foram transferidas pelo Serviço Secreto para um pequeno motel, o Executive Inn, perto do aeroporto Love Field. Marina disse que encontrou um cinzeiro no quarto do motel, pôs as fotos nele e em seguida acendeu um fósforo, encostando a chama no canto de uma das imagens. O pesado papel fotográfico custou a queimar, ela lembrou, de modo que foram necessários vários fósforos para terminar o serviço. A sogra, mais tarde, insistiu que a decisão de destruir as imagens havia sido de Marina sozinha.[27] Marguerite Oswald admitiu que ela estava no quarto e viu a nora destruir as fotos. E admitiu também que ela — não Marina — levou o cinzeiro e esvaziou-o no vaso sanitário. "Eu descarreguei os pedaços rasgados e a coisa meio queimada no sanitário", a sra. Oswald explicou mais tarde. "E nada foi dito."

ESCRITÓRIO DE CAMPO DE DALLAS
FBI
DALLAS, TEXAS
DOMINGO, 24 DE NOVEMBRO DE 1963

Naquele fim de semana, provas também estavam começando a sumir dos arquivos do FBI. Por volta das dezoito horas de domingo, o agente especial do FBI James Hosty foi chamado ao escritório de seu chefe, Gordon Shanklin, agente especial encarregado do escritório de campo de Dallas. Hosty conta que Shanklin empurrou um pedaço de papel sobre a mesa.[28]

"Livre-se disso", ordenou Shanklin. "Oswald agora está morto. Não pode haver julgamento." Sete horas antes, Oswald fora baleado por Jack Ruby na central de polícia de Dallas, uma cena chocante captada ao vivo em rede nacional de TV.

Shanklin apontou com a cabeça o pedaço de papel e repetiu a ordem a Hosty, um sujeito de queixo quadrado, 39 anos, que entrara para o FBI uma década antes como funcionário de escritório, um trajeto de carreira tradicional para agentes de campo do bureau. "Livre-se disso", voltou a dizer Shanklin.

Hosty não precisava que lhe dissessem uma terceira vez. Reconheceu o pedaço de papel — um bilhete escrito à mão que Oswald entregara pessoalmente no escritório do FBI no início de novembro, advertindo o bureau que parasse de perturbar sua esposa nascida na Rússia.

"Se vocês não pararem de incomodar a minha esposa, eu vou tomar as medidas necessárias", escrevera Oswald, segundo o relato posterior de Hosty. A recepcionista do FBI que recebera o bilhete disse que pensou que ele parecia "louco, talvez perigoso".

Hosty e Shanklin podiam muito bem imaginar o que aconteceria se J. Edgar Hoover ficasse sabendo da existência do bilhete. Era uma prova de que o bureau estivera em contato com Oswald apenas alguns dias antes do assassinato; que houvera contato face a face entre o bureau e a esposa de Oswald; que Oswald havia na verdade estado lá, em pessoa, no escritório de Dallas. Falando simplesmente, o bilhete podia ser lido como prova de que o bureau — em particular Hosty e Shanklin — havia perdido a chance de impedir Oswald de ter baleado o presidente.

E o bilhete apenas insinuava a extensão da perseguição de meses a Oswald. A verdade era, Hosty e Shanklin bem sabiam, que o escritório do bureau em Dallas vinha mantendo um arquivo aberto sobre Oswald como ameaça potencial à Segurança Nacional desde março. Oswald retornara aos Estados Unidos no ano anterior à sua deserção frustrada para a Rússia, e o FBI suspeitava de que ele pudesse ter voltado para servir de espião para a União Soviética.

Shanklin continuou com os olhos fixos no bilhete, esperando que Hosty o pegasse.

Hosty tinha muita coisa a proteger — uma esposa e oito filhos em casa que dependiam de seu salário anual de 9 mil dólares.[29] No FBI, ordens eram cumpridas sem fazer perguntas, mesmo uma ordem grave e certamente ilegal como destruir uma peça vital de prova que envolvia um homem que acabara de matar o presidente.

Hosty pegou o bilhete e saiu da sala de Shanklin, caminhando alguns metros pelo corredor até o banheiro masculino. Entrou numa cabine e fechou a porta. Começou as rasgar o bilhete, deixando cair os pedaços no vaso sanitário branco de porcelana. Quando terminou, puxou a pesada alça de madeira da corrente de metal que acionava a descarga. Esperou um momento e puxou a corrente de novo. Mais tarde disse que queria se certificar de que não restara nenhum pedaço de papel.

2.

SALA DE CONFERÊNCIA DOS JUÍZES
SUPREMA CORTE
WASHINGTON, DC
SEXTA-FEIRA, 22 DE NOVEMBRO DE 1963

A batida na pesada porta de carvalho da sala de conferência foi inesperada.[1] Era raro os juízes da Suprema Corte dos Estados Unidos serem interrompidos durante sua conferência semanal das sextas-feiras. Por tradição, a equipe da Corte só podia interromper os juízes numa emergência, ou algo próximo a isso, e informações lhes podiam ser transmitidas na sala de conferência apenas na forma de uma nota entregue pela porta.

O presidente do tribunal, Earl Warren, então no seu 11º ano na Suprema Corte, percebia o valor desta e de tantas outras tradições aparentemente arcanas, nem que fosse apenas porque impunham uma polida ordem a um grupo de nove homens voluntariosos — alguns dos quais se detestavam mutuamente de forma intensa — que haviam concordado em passar o resto de suas vidas profissionais nesse lugar.

Na sexta-feira, 22 de novembro de 1963, pouco depois das 13h30, os juízes ouviram uma batida. Por tradição, a porta era atendida pelo membro mais jovem da Corte; então, o juiz Arthur Goldberg, que entrara um ano antes, levantou-se em silêncio, foi até a porta e a abriu. Pegou uma nota de uma página, fechou a porta e a entregou ao presidente da Corte. Warren leu a mensagem datilografada pela sua secretária pessoal, Margaret McHugh, em silêncio. Então levantou-se e a leu em voz alta para os outros:

"O presidente foi baleado enquanto desfilava em carro aberto em Dallas. Não se sabe a gravidade de seus ferimentos."[2]

Os membros da Corte, Warren mais tarde recordou, ficaram "chocados, sem palavras" e dirigiram-se para suas próprias salas.[3] "Pouco se falou, mas creio que cada um de nós, abalado pela notícia, recorreu a algum lugar onde pudesse receber relatórios de rádio sobre a tragédia." (Na verdade, alguns juízes e suas equipes reuniram-se no gabinete do juiz William Brennan, que tinha um aparelho de TV e assistia à cobertura de Walter Cronkite na CBS.) Warren foi para seu gabinete, onde escutou rádio "até que toda esperança estivesse perdida", lembrou-se. "Em talvez três quartos de hora, chegou a notícia de que o presidente estava morto — era quase inacreditável."

Warren e os outros juízes tinham um motivo especial para estarem chocados: apenas 36 horas antes, tinham sido recebidos pelo presidente e pela sra. Kennedy numa recepção na ala residencial privada da Primeira Família, no segundo andar da Casa Branca. "Não podíamos esquecer quão amigável e feliz foi aquela ocasião", disse Warren.[4] "Foram momentos deliciosos." Ele se lembrou de como os juízes haviam se envolvido numa vívida conversa sobre a iminente viagem de Kennedy ao Texas, que estava programada para ter início na manhã seguinte.

A viagem de dois dias para arrecadação de recursos em cinco cidades foi tema de intensa conversa em Washington porque, para muitos, parecia politicamente arriscada. O presidente fora advertido de que poderia enfrentar protestos de manifestantes de direita, especialmente na conservadora Dallas. "The Big D", como os fanfarrões da cidade gostavam de chamá-la, abrigava diversos grupos extremistas de direita e tinha a reputação de tratar de maneira descortês, até mesmo vergonhosa, visitantes políticos proeminentes. Um mês antes, o embaixador de Kennedy nas Nações Unidas, o ex-senador Adlai Stevenson, fora importunado diante do seu hotel em Dallas por manifestantes anti-ONU, inclusive uma dona de casa carrancuda que o golpeou na cabeça com um cartaz que dizia: ABAIXO A ONU. Durante a campanha de 1960, o então líder da maioria no Senado, Lyndon Johnson, do Texas, candidato a vice-presidente de Kennedy, e sua esposa, Lady Bird, foram acossados por centenas de ruidosos manifestantes anti-Kennedy quando tentavam atravessar o lobby do hotel Adolphus, em Dallas, para chegar ao salão onde haveria um almoço em seu apoio. Um manifestante carregava uma cópia desfigurada do pôster de campanha de Johnson com as palavras JUDAS SORRIDENTE rabiscadas por cima, enquanto outro cuspiu na sra. Johnson, que descreveu os trinta minutos necessários para cruzar o lobby como os mais assustadores de sua vida.[5]

Na recepção da Casa Branca, recordou-se Warren, "nós advertimos o presidente em tom de brincadeira para ter cuidado 'lá embaixo com aqueles texanos selvagens' — é claro que a ideia de algum distúrbio real nem passava pela nossa cabeça".[6]

Depois de receber a confirmação da morte do presidente, os colegas da Suprema Corte lembraram como os olhos de Warren se encheram de lágrimas, e como ele esteve à beira das lágrimas durante dias.[7] Não era segredo na Corte que Warren adorava John Kennedy, mesmo que isso o deixasse vulnerável a ataques sectários por parte dos oponentes republicanos do presidente. A afeição de Warren era quase paternal, admitia ele. O assassinato foi "como perder um de meus próprios filhos", disse.[8] "Os dias e noites que se seguiram foram como um pesadelo pior do que qualquer coisa que eu já tinha vivido."[9]

Uma geração separava o presidente do presidente da Suprema Corte. Kennedy morreu aos 46 anos; no dia do assassinato, Warren tinha 72. Warren vira no homem mais jovem uma liderança progressista, de visão ampla — especialmente em questões de justiça social —, que ele tivera esperança de trazer ele mesmo para a Casa Branca quando concorreu à presidência em 1952. Warren fora imensamente popular como governador da Califórnia de 1943 até 1953 e, embora tivesse sido membro do Partido Republicano a vida toda, sua popularidade no estado sempre se estendera além das linhas partidárias. Orgulhava-se do fato de que sua vitória política esmagadora em três eleições para o governo do estado sempre incluiu os votos de boa parte, se não da maioria, dos democratas da Califórnia.

Como governador, ele buscou implantar políticas que ultrajaram muitos republicanos conservadores, anti-impostos. Warren foi responsável por investimentos maciços em educação superior e transportes, e elevou a arrecadação do imposto sobre a gasolina em mais de 1 bilhão de dólares em dez anos — uma quantia inimaginável na época para um governo estadual — para pagar a construção das rodovias futurísticas californianas, que se tornaram modelo para um sistema nacional. Após a Segunda Guerra Mundial, ele criou o New Deal — com projetos de obras públicas para atacar o desemprego, especialmente entre os veteranos de guerra. Sua tentativa de estabelecer um sistema de saúde universal para os californianos foi frustrada por uma agressiva campanha lobística por parte da Associação Médica da Califórnia, que rotulou o plano de "medicina socializada".

Ao longo de toda a década de 1940, a estrela de Warren continuou em ascensão; em 1948, foi escolhido para concorrer à vice-presidência pelo partido republicano com o governador de Nova York, Thomas E. Dewey. Após a inesperada derrota de Dewey para Harry Truman, Warren retornou à Califórnia e começou a considerar sua própria candidatura para o Salão Oval. Apresentou-se como pré-candidato em 1952, apenas para ser batido por outro proeminente republicano do seu estado, o senador Richard M. Nixon, que encabeçou uma revolta contra as lideranças do partido em favor do general Dwight D. Eisenhower. A jogada de Nixon ajudou a selar a nomeação de Eisenhower, que partiu para uma vitória decisiva naquele mês de novembro, com Nixon na chapa como vice-presidente. A relação entre Warren e Nixon manteve-se envenenada pelo resto de suas vidas. Warren ficou encantado com a vitória de Kennedy na eleição de 1960, sobretudo porque significou a derrota de Nixon.

Ainda assim, Warren tinha motivo para ser grato a Eisenhower, que foi quem o colocou na Suprema Corte. Era o cumprimento de uma garantia dada por Eisenhower logo depois da eleição de 1952, em gratidão pelo apoio supostamente total de Warren ao partido republicano.[10] Eisenhower chegou a lamentar a decisão; mais tarde descreveu a nomeação de Warren para a Suprema Corte como "o erro mais idiota que eu já cometi".[11] O presidente ficou furioso com as decisões de Warren na Corte, com vastas implicações especialmente em apoio aos direitos e liberdades civis, a começar pela decisão Brown vs. Conselho de Educação, em 1954, na qual a Suprema Corte ordenou a dessegregação das escolas públicas em todo o país.

Para Warren, a eleição de John Kennedy mudava tudo. O novo presidente procurou pessoalmente o presidente da Suprema Corte, buscando alimentar uma amizade genuína. Warren e sua esposa, Nina, viram-se convidados a glamorosas recepções e jantares na Casa Branca, onde foram apresentados às celebridades de

Hollywood e Palm Beach. Criado na arenosa cidade de Bakersfield, Califórnia, Warren, filho de um funcionário de estrada de ferro, muitas vezes parecia sentir-se fascinado na presença de Kennedy.

O apoio do presidente ia muito além de convites para jantar. Frequentemente expressava em público sua admiração por Warren e pelas decisões do tribunal. O presidente da Suprema Corte era grato, especialmente considerando a acalorada, muitas vezes raivosa, reação às decisões referentes aos direitos civis. Warren era pessoalmente menosprezado por grande parte do país; acabara se acostumando a regulares ameaças de morte que chegavam à Corte por carta ou telefone. Na época do assassinato de Kennedy, uma campanha nacional para apresentar acusações para o impeachment de Warren já estava em andamento havia anos. Em Dallas, pôsteres e adesivos com os dizeres IMPEACHMENT PARA EARL WARREN eram uma visão comum no dia em que o presidente ali foi morto.

Poucas horas depois do assassinato, Warren fez seu pessoal soltar uma declaração pública que refletia sua suposição de que o presidente fora assassinado porque ele, como Warren, havia ousado se levantar contra os males do racismo e outras injustiças.[12] "Um bom e grande presidente sofreu o martírio como resultado do ódio e da amargura que têm sido injetados em nossa nação pelos fanáticos", escreveu Warren. A declaração foi entregue aos repórteres antes do anúncio, mais tarde nesse dia, da prisão de Lee Harvey Oswald, um homem de Dallas de 24 anos que trabalhava num depósito de livros escolares na Dealey Plaza.[13]

Naquela tarde, Warren foi notificado de que o novo presidente, Lyndon Baines Johnson, estava sendo conduzido de volta a Washington a bordo do Air Force One; o jato presidencial também trazia o caixão de bronze com o corpo do seu predecessor. A Casa Branca convidava o presidente da Suprema Corte, junto com líderes do Congresso e membros do gabinete Kennedy, a estar na Base Aérea de Andrews, em Maryland, a alguns quilômetros a sudeste de Washington, para receber o novo presidente. Warren fora conduzido de carro até a base por um de seus funcionários e observou sombriamente o avião pousar por volta das dezoito horas. Assistiu ao presidente Johnson surgir do avião, seguido de Jacqueline Kennedy, ainda no mesmo tailleur cor-de-rosa que usara no desfile em carro aberto. Warren posteriormente escreveu que considerou uma "visão de partir o coração um novo presidente entristecido e a viúva do presidente caído, ainda nas roupas manchadas de sangue que vestia quando seu marido mortalmente ferido desabou no seu colo". Warren permaneceu ao lado do avião enquanto o caixão era baixado pela porta de passageiros da parte de trás.

Na manhã seguinte, ele e os outros juízes foram convidados a ir à Casa Branca para olhar privadamente o caixão no Salão Leste. A sra. Nina Warren se juntou ao marido nessa ocasião, e depois permaneceu em lágrimas no pórtico norte da Casa Branca, à espera de um carro para levá-la para casa. Warren não foi com ela. Em vez disso, da Casa Branca foi para a Corte, onde ficou grande parte do dia "aguardando alguma informação sobre o que iria acontecer". A cidade efetivamente fechara as portas. "Todo o complexo governamental estava fechado", escreveu ele. "Era como se o mundo tivesse parado de se mover."

Muitos habitantes da capital se recordam que sua tristeza misturava-se com medo. O Pentágono e outras instalações militares estavam em alerta, preocupados que o assassinato do presidente tivesse sido executado por agentes da União Soviética ou de Cuba — um ato de guerra que poderia significar a iminência de um confronto nuclear. Para alguns em Washington, inclusive o presidente Johnson, a sensação nervosa, até mesmo apocalíptica, daquele fim de semana era similar àquela pela qual tinham passado um ano antes, durante a crise dos mísseis cubanos.

Grande parte do resto do fim de semana era um borrão para Warren. Ele lembrava-se de ter voltado no sábado à noite para seu apartamento na ala residencial do Sheraton Park Hotel, num bairro arborizado na região noroeste de Washington, e de ver TV durante horas e "escutar as bárbaras histórias e boatos que permeavam o ar". Como milhões de americanos, ele vivenciava — pela primeira vez — uma tragédia nacional se desenrolando numa oscilante tela de TV. Ele achou "nauseante" ficar ali sentado, entorpecido, absorvendo aquelas imagens em preto e branco — a repetição incessante das cenas do assassinato do presidente e das primeiras imagens de Oswald ao ser detido. "Mas parecia não haver mais nada a fazer." Por volta das 21 horas, o telefone tocou.[14] Ele pegou o fone e ficou assustado ao ouvir a voz débil, mas agora intensamente solene, da sra. Kennedy ligando da Casa Branca. Ela perguntou se ele podia fazer um breve pronunciamento em memória do marido na rotunda do Capitólio na tarde seguinte; o caixão seria transportado para a rotunda para visitação pública antes do sepultamento. "Fiquei quase sem fala ao ouvir sua voz pedindo-me pessoalmente para discursar na cerimônia", recordou-se Warren. "Eu, é claro, disse-lhe que sim."

Ele agarrou um bloco amarelo do tribunal e tentou esboçar um tributo ao presidente assassinado, mas rapidamente desistiu. Estava cansado e sobrecarregado demais para escrever alguma coisa de valor. "Foi simplesmente impossível para mim colocar os pensamentos no papel", disse. Foi para a cama em torno da meia-noite, na esperança de achar inspiração pela manhã. Acordou antes das sete horas e voltou ao trabalho, preocupado com a possibilidade de não terminar o tributo a tempo. A cerimônia estava programada para as treze horas. Às 11h20 ainda estava escrevendo quando sua filha Dorothy entrou correndo na sala onde ele trabalhava.

"Papai, acabaram de matar o Oswald!"

Warren ficou aborrecido com a interrupção. "Dorothy, não preste atenção a todos esses boatos absurdos, porque eles vão acabar levando você à loucura."

"Mas, papai", ela disse, "eu vi!"

Warren correu para a TV e assistiu a um replay da cena de Oswald algemado, cercado de policiais ao ser levado para uma viatura, levando um tiro do empresário de boates Jack Ruby. Não estava claro se Oswald sobreviveria aos ferimentos.

Apesar desse novo choque, Warren obrigou-se a voltar ao seu bloco. Tinha menos de uma hora para terminar o pronunciamento e pedir que Nina o datilografasse antes de saírem correndo para atravessar a cidade até o Capitólio. Com a ajuda de policiais que reconheceram o presidente da Suprema Corte abrindo caminho pelas ruas tomadas pela multidão, os Warren conseguiram chegar ao Capitólio a tempo. Warren era um dos três oradores na cerimônia; os outros foram escolhidos para representar as duas casas do Congresso: o presidente da Câmara John W. McCormack, de Massachusetts, e o líder da maioria no Senado, Mike Mansfield, de Montana, ambos democratas.

Os três discursos foram breves. O de Warren foi de longe o mais profundo e, ao que pareceu, pessoalmente sentido.

"John Fitzgerald Kennedy — um bom e grande presidente, o amigo de todas as pessoas de boa vontade; alguém que acreditava na dignidade e igualdade de todos os seres humanos; um combatente da justiça; um apóstolo da paz — foi arrancado de nosso meio pela bala de um assassino", começou.[15] "O que motiva um miserável desorientado a uma ação horrível como essa jamais será sabido por nós, mas sabemos sim que tais atos geralmente são estimulados por forças de ódio e malevolência como as que hoje estão abrindo caminho e penetrando na corrente sanguínea da vida americana. Que preço pagamos por esse fanatismo!

"Se realmente amamos este país; se verdadeiramente amamos a justiça e a misericórdia; se fervorosamente queremos tornar esta nação melhor para aqueles que virão depois de nós, podemos ao menos abjurar o ódio que consome as pessoas", prosseguiu. "Será demais esperar que o martírio do nosso amado presidente possa ao menos amaciar os corações daqueles que se abstêm pessoalmente do assassinato, mas que não hesitam em espalhar o veneno que alimenta os outros de ideias?"

Warren ficou orgulhoso de seu discurso, publicando-o integralmente em suas memórias, mas seu elogio efusivo e indiscriminado a Kennedy foi considerado por alguns como inadequado para um presidente da Suprema Corte, dada a sua responsabilidade de erguer-se acima dos interesses partidários. Teria ele feito um elogio similar a Eisenhower? É quase certo que não.

Robert Kennedy disse aos amigos mais tarde que não gostou do tom dos comentários de Warren.[16] "Julguei inapropriado falar de ódio", disse ele. Outros em Washington ficaram ainda mais ofendidos. As palavras de Warren denunciando "as forças do ódio" e seu "veneno" foram imediatamente vistas por muitos críticos proeminentes de Kennedy no Congresso, particularmente segregacionistas do Sul que se opunham ao presidente na legislação dos direitos civis, como um ataque a eles. Ficaram ainda mais ultrajados depois que ficou claro que Lee Harvey Oswald era um produto de forças políticas que nada tinham a ver com eles. Se os primeiros relatos estivessem certos, Oswald era um marxista que uma vez tinha tentado desertar para a Rússia e admirava abertamente Fidel Castro.

O senador Richard Brevard Russell Jr., o democrata da Geórgia que presidia a Comissão das Forças Armadas e era visto amplamente como o homem mais poderoso do Senado, disse a colegas que ferveu ao ouvir o pronunciamento de Warren.[17] Russell, quase com certeza o mais brilhante tático legislativo de sua geração, era um segregacionista ferrenho. A maior parte do tempo, ele registrava seus pensamentos num bloquinho de anotações cor-de-rosa que guardava no bolso do paletó; os bloquinhos eram depois reunidos por sua secretária e arquivados. Em uma nota escrita à mão para si mesmo sobre o discurso, Russell descreveu Warren como "aquele que move uma acusação coletiva contra o Sul".

Russell era capaz de ficar furioso à simples menção do nome de Warren. Isso era verdade desde 1954 com o caso Brown vs. Conselho da Educação, que Russell viu como o início de uma campanha da Suprema Corte para minar o que ele sempre chamara de "modo de vida sulista". Russell sentia-se completamente diferente em relação ao presidente morto. Quaisquer que tivessem sido suas diferenças no que diz respeito aos direitos civis, sempre gostara de Kennedy. Na tarde do assassinato, os repórteres recordavam-se de ter visto Russell num saguão do Senado, debruçado sobre um gabinete que continha as "tiras" onde vinham impressas as notícias da Associated Press e da United Press International.[18] Ele lia os boletins de Dallas em voz alta para seus colegas com lágrimas escorrendo pela face.

Se Russell, então com 66 anos, pôde encontrar algum conforto naquele dia, era no fato de conhecer — e adorar — o homem que agora ocuparia o Salão Oval. Lyndon Johnson era indiscutivelmente seu amigo mais próximo; o novo presidente fora o mais dedicado protegido de Russell em seus anos juntos no Senado. Johnson chamava Russell de "o Velho Mestre" e o tratava como a um tio querido. Ele devia ao senador da Geórgia muito do seu sucesso no Congresso e, como líder da maioria no Senado, algumas vezes se pusera ao lado de Russell opondo-se aos decretos de direitos civis.

Porém, logo Russell teria motivo para ficar amargamente decepcionado com seu ex-protegido.[19] Em um de seus primeiros atos como presidente, Johnson optou por coagir seu velho colega do Senado — na verdade, chantagear — a trabalhar com o homem que, mais do que qualquer outro em Washington, Russell abertamente desprezava: Earl Warren.

CASA DO PROCURADOR-GERAL ROBERT KENNEDY
MCLEAN, VIRGÍNIA
SEXTA-FEIRA, 22 DE NOVEMBRO DE 1963

Para um homem de apenas 38 anos, Robert Kennedy acumulara uma quantidade extraordinária de inimigos poderosos. Numa terrível reviravolta do destino, ficou sabendo do assassinato do irmão por um deles — o diretor do FBI, J. Edgar Hoover.[20]

Segundos depois de receber a informação do escritório de campo do FBI de Dallas acerca do atentado na Dealey Plaza, Hoover pegou o telefone na sua sala e foi posto em contato com Hickory Hill, a propriedade de Kennedy da época da Guerra Civil, que se espalhava por uma área de 25 mil metros quadrados nos subúrbios virginianos de Washington. Ethel Kennedy, esposa do procurador-geral, atendeu o telefone enquanto Kennedy e seu hóspede, Robert Morgenthau, procurador dos Estados Unidos em Manhattan, almoçavam sanduíches de atum no pátio.[21] Eles discutiam a guerra de Kennedy contra o crime organizado. Era uma tarde de novembro surpreendentemente quente — tão quente que o procurador-geral antes dera um mergulho na piscina enquanto Morgenthau conversava com Ethel.[22]

Ethel segurou o fone branco e fez sinal para o marido. "É J. Edgar Hoover."

Kennedy foi até o telefone; ele sabia que devia ser algo importante, pois Hoover nunca o chamava em casa. "Sim, diretor", disse ele.

"Tenho uma notícia para você", disse Hoover. "O presidente foi baleado." Hoover disse que achava que os ferimentos eram sérios e que voltaria a ligar quando tivesse mais a relatar. Aí o telefone ficou mudo, disse Kennedy.

Anos depois, Kennedy ainda podia se lembrar da frieza na voz de Hoover, como se estivesse telefonando para falar de algum assunto dos mais rotineiros no Departamento de Justiça.[23] O tom de Hoover, recordava-se Kennedy amargamente, não "tinha nem sombra da excitação que teria se estivesse informando o fato de ter encontrado um comunista no corpo docente da Universidade Howard".*

Morgenthau lembrou-se mais tarde de que a reação de Kennedy à notícia foi de horror e tristeza inconsolável. Depois do telefonema de Hoover, Kennedy caiu nos braços da esposa, a mão sobre a boca como que querendo calar um grito.

John Kennedy era seu irmão mais velho e melhor amigo, e o fato de Robert Kennedy ser também procurador-geral dos Estados Unidos — o principal executor legal no país — pareceu um pensamento secundário naqueles primeiros minutos. Ethel levou o marido para esperar pela palavra final do Texas no quarto, no andar superior. E conduziu Morgenthau a um aparelho de TV no andar térreo.

Os assessores mais próximos de Kennedy se dirigiram para Hickory Hill naquela tarde. Depois do anúncio formal da morte do irmão por volta das catorze horas, horário de Washington, o procurador-geral saiu do quarto e desceu. Lenta-

---

* Sob a direção de Hoover, o FBI vinha caçando havia anos indícios de comunistas e simpatizantes no corpo docente das principais universidades americanas; alguns foram descobertos na Universidade Howard, a universidade historicamente negra em Washington, DC.

mente começou a circular por entre seus assessores e amigos, recebendo condolências e lhes agradecendo pelas contribuições à presidência do irmão. Para alguns poucos, fez comentários em voz baixa de que estava atormentado por um sentimento de culpa — de que, de algum modo, era responsável por aquilo. Parecia acreditar que algum inimigo sórdido e poderoso da administração Kennedy — e, especificamente, do Departamento de Justiça de Robert Kennedy — estava por trás da morte do irmão. "Tem havido tanto ódio", disse a um dos seus assessores diretos mais confiáveis, Ed Guthman, porta-voz do departamento de imprensa.[24] "Eu achava que eles pegariam um de nós. Pensei que seria eu." Ao recordar essa troca de palavras, Guthman disse que Kennedy não especificara quem eram "eles".

Kennedy posteriormente confidenciou a um punhado de amigos que de início receara que o assassinato fosse obra de alguém da CIA. Era um pensamento chocante, mas ele sabia que havia gente na agência de espionagem que jamais perdoara o irmão pelo desastre na Baía dos Porcos em 1961, quando exilados cubanos treinados pela CIA fracassaram em sua tentativa de invadir Cuba e derrubar o governo de Castro. Embora o fiasco devesse ser atribuído em última instância às trapalhadas da CIA, veteranos da agência ficaram ofendidos pela decisão do presidente de não autorizar que o poder aéreo americano resgatasse os guerrilheiros quando a operação começou a dar errado. Depois do desastre, Kennedy exonerou o diretor da agência, Allen Dulles, e teria jurado a um assessor que "partiria a CIA em mil pedaços e os espalharia aos ventos".[25]

Uma hora depois do assassinato, Robert Kennedy telefonou para a CIA e pediu que John McCone, ex-industrial da Califórnia e sucessor de Dulles, viesse imediatamente a Hickory Hill. McCone chegou minutos depois — a sede da CIA em Langley, Virgínia, ficava perto dali — e Kennedy o levou para um sombrio passeio no gramado. McCone deu suas condolências, apenas para ser surpreendido pela pergunta que o procurador-geral lhe fez: a CIA tinha matado o presidente?

"Eu perguntei a McCone... se eles tinham matado meu irmão, e eu lhe perguntei de um jeito que ele não poderia mentir para mim", Kennedy lembrou mais tarde.[26]

McCone assegurou a Kennedy que a CIA nada tinha a ver com o assassinato, uma garantia que ele disse dar como homem de fé — como correligionário católico romano.

Kennedy disse que aceitava a negativa de McCone. Mas se a CIA não matara o presidente, então quem, ou o que, o matou? A lista de inimigos declarados de

Robert Kennedy poderia na verdade ser bem mais comprida do que a do seu irmão, e muitos tinham o motivo e a capacidade de despachar um assassino para o Texas. O crime não exigira uma trama sofisticada nem um atirador profissional — isso já estava claro. Relatos iniciais sugeriam que seu irmão e o governador do Texas, Connally, que ficara seriamente ferido sob o fogo dos tiros ao viajar na limusine do presidente, haviam sido alvos fáceis na lenta velocidade do desfile.

Poderia ter sido a Máfia, que Robert Kennedy tomara como alvo numa parte grande de sua vida profissional — primeiro como investigador no Congresso, agora como procurador-geral? Ou poderia ter sido o assassinato do presidente encomendado por algum chefe sindical corrupto, talvez o troglodita líder dos caminhoneiros, Jimmy Hoffa, outro alvo de Departamento de Justiça de Kennedy? Ou teria sido executado por racistas do Sul, raivosos com a política de direitos civis da administração Kennedy?

Havia também a possibilidade de o presidente ter sido morto por um inimigo externo. Naquelas primeiras horas, os amigos de Kennedy não se lembravam de ter ouvido nada dele que sugerisse que ele tinha alguma forte suspeita de que a União Soviética estivesse por trás do assassinato; Moscou sabia que qualquer sucessor na administração em Washington tinha pouca probabilidade de dar um tratamento diferente ao Kremlin. Um suspeito mais provável era Cuba. Os Estados Unidos quase haviam sido levados a uma guerra nuclear durante a crise dos mísseis no ano anterior. E Robert Kennedy sabia melhor, talvez melhor que o irmão, que Fidel Castro podia ter razões para ver John Kennedy morto.

Em vez de esperar que outros investigassem o assassinato, e talvez sentindo o perigo político que um inquérito independente poderia apresentar, Kennedy deu início a sua própria investigação particular naquela mesma tarde.[27] Pegou o telefone em Hickory Hill e ligou para amigos e aliados políticos bem relacionados em todo o país e pediu-lhes que descobrissem a verdade por trás do assassinato do irmão. Ligou para Walter Sheridan, um confiável investigador do Departamento de Justiça cuja especialidade era extorsão na área trabalhista e os caminhoneiros, pedindo-lhe que investigasse um possível envolvimento de Hoffa. Kennedy ligou então para Julius Draznin, um proeminente advogado trabalhista de Chicago que tinha contatos com figuras do crime organizado e pediu-lhe que tentasse descobrir se o assassinato fora ordenado pela Máfia.

Desde o começo, Robert Kennedy pareceu incapaz de aceitar a ideia de que Lee Harvey Oswald pudesse ter agido sozinho.

3.

HOSPITAL MEMORIAL PARKLAND
DALLAS, TEXAS
WASHINGTON, DC
SEXTA-FEIRA, 22 DE NOVEMBRO DE 1963

Lyndon Johnson tinha uma mente conspiratória. Ela tinha se revelado valiosa numa carreira política improvável que o trouxera das planícies e vegetação rasteira do Texas central para o Capitólio e agora, de forma chocante, para o Salão Oval como novo presidente. Seus velhos colegas no Senado achavam que o manhoso texano de 55 anos, faminto de poder, era capaz de ver muito adiante, e que Deus ajudasse qualquer um que pudesse estar de tocaia no seu caminho e ousasse conspirar contra ele. Johnson faria qualquer coisa — mentir era a menor delas — para lidar com seus inimigos. Ele parecia sentir quando havia complôs tramados contra ele, o que ajudava a explicar a paranoia e o pessimismo incubados e onipresentes que ele conseguia, em geral, manter ocultos do público. Ele muitas vezes se sentira humilhado durante seus três anos como vice-presidente, mas mascarava seu abatimento debaixo de camadas daquilo que alguns assessores de Kennedy cruelmente descreviam como sua persona "Uncle Cornpone" [Titio Broa de Milho] — o texano grosseiro, cuspidor de fumo mascado, desajeitado, que parecia estar fora de lugar entre os sofisticados de Massachusetts.[1]

Com bastante frequência, seus instintos relativos a conspirações se mostravam corretos. Agora, nos primeiros minutos de pânico em Dallas como 36º presidente dos Estados Unidos, estava convencido de que o assassinato de seu predecessor podia ser o primeiro passo de uma conspiração comunista concebida no exterior para derrubar o governo.[2] Temia que sua presidência durasse apenas o bastante para vê-lo disparar as ogivas nucleares que acabariam com o mundo. "Quando é que vão chegar os mísseis?", ele se recordava de ter pensado consigo mesmo naquela tarde. "O que me passou pela cabeça foi que, se tivessem matado o nosso presidente, quem matariam em seguida?"

Ele temia ser o segundo alvo. Ele e Lady Bird Johnson haviam participado da comitiva numa limusine aberta apenas dois carros atrás do presidente. Uma bala perdida, e poderiam ter sido atingidos também. John Connally, o bom amigo e protegido de Johnson, era passageiro na limusine de Kennedy e fora gravemente ferido. Nas primeiras horas, não ficou claro se Connally sobreviveria aos danos causados pela bala de rifle 6,5 milímetros que arrebentara suas costas e saíra pelo peito.

Uma das primeiras ordens de Johnson como comandante em chefe teve intenção, especificamente, de impedir que ele também fosse assassinado.[3] Depois que Kennedy foi declarado morto por volta das treze horas, Johnson ordenou ao secretário de imprensa da Casa Branca, Malcolm Kilduff, que também estava em viagem, que não soltasse as notícias para os repórteres até que os Johnson tivessem deixado o Hospital Parkland a salvo, em direção ao aeroporto de Dallas Love Field, onde o Air Force One aguardava desde a chegada de Kennedy no final da manhã. Johnson preocupava-se com a possibilidade de o assassino de Kennedy ainda estar nas ruas, à caça dele. "Não sabemos se é uma conspiração comunista ou não", disse a Kilduff. O assassino pode estar "atrás de mim como estava atrás do presidente Kennedy — simplesmente não sabemos".

Depois de uma corrida frenética através de Dallas num carro de polícia sem identificação, as sirenes desligadas por ordem de Johnson para evitar chamar a atenção para os passageiros abaixados no banco traseiro, o novo presidente chegou ao aeroporto e subiu atabalhoadamente os degraus do Air Force One por volta das 13h40, horário de Dallas. (Era uma hora a mais, perto de 14h40, em Washington.) Fazia cerca de setenta minutos desde que os tiros soaram na Dealey

Plaza. Temerosos de atiradores escondidos no aeroporto, os agentes do Serviço Secreto "correram pelo interior na nossa frente, baixando as persianas e fechando as portas atrás de nós", disse Johnson mais tarde sobre a cena a bordo do avião.[4]

Ele se lembrava da ligeira sensação de alívio por estar a bordo do régio jato presidencial, cercado dos familiares utensílios do poder, inclusive telefones e outros equipamentos de comunicação que lhe permitiriam alcançar qualquer pessoa no mundo em questão de minutos. Como sempre, a simples presença do telefone era um conforto para Johnson. Poucos políticos conduziram tantos assuntos pelas linhas telefônicas como ele; um aparelho de telefone era alternadamente seu instrumento de sedução política e sua arma. Em seus anos como presidente, muitas dessas conversas foram gravadas e transcritas — um segredo que poucos dos seus interlocutores conheciam.

Embora os agentes do Serviço Secreto quisessem partir no instante em que Johnson chegou ao aeroporto, ele não permitiu que o avião decolasse enquanto Jacqueline Kennedy também não estivesse a bordo.[5] A sra. Kennedy, então ainda no hospital, recusara-se a ir embora sem o corpo do marido, o que provocara uma briga entre os agentes do Serviço Secreto e o médico legista de Dallas. (Inicialmente, o legista exigiu que o cadáver do presidente permanecesse na cidade para uma autópsia, conforme exigido pela lei local; por fim, só faltou os agentes o empurrarem de lado.) Os Johnson ainda esperariam no Love Field mais 35 tensos minutos antes de um carro fúnebre, um Cadillac branco trazendo a sra. Kennedy e o caixão de bronze do marido, estacionar ao lado do Boeing presidencial.

Minutos antes da partida, a juíza federal Sarah Hughes, de Dallas, amiga de família dos Johnson, cuja nomeação para a banca federal fora arranjada pelo então vice-presidente, subiu correndo a bordo para realizar uma cerimônia de juramento. Johnson proferiu o juramento presidencial parado ao lado de uma contrita sra. Kennedy. O fotógrafo da Casa Branca que captou essa cena desceu aos tropeções do Air Force One segundos antes de as portas se fecharem; disseram-lhe para levar a foto para a Associated Press e outros serviços noticiosos o mais depressa possível como prova para o mundo da transição do poder presidencial.[6] Minutos depois o avião taxiou pela pista e ganhou os céus com um ângulo que os passageiros lembraram ser quase vertical. Duas horas e onze minutos depois, aterrissou na Base Aérea de Andrews, em Maryland.

Nessa noite, enquanto Jacqueline e Robert Kennedy aguardavam no Hospital Naval Bethesda que a autópsia fosse completada, Johnson já estava se mexendo decisivamente para assumir o comando. Seus assessores mais tarde se maravilharam com o quanto ele parecia estar à vontade naquelas primeiras horas no poder. Depois de uma viagem de helicóptero de sete minutos da Base Aérea de Andrews para a Casa Branca, ele fez apenas uma rápida aparição na porta do Salão Oval, talvez sentindo que seria presunçoso estar ali tão depressa após o assassinato.[7] Então caminhou por uma rua bloqueada e entrou no edifício de escritórios do Executivo, onde se localizavam seus escritórios de vice-presidente e onde conduziria suas reuniões e daria uma série de telefonemas.

Johnson recebeu um resumo informativo militar do secretário de Defesa Robert McNamara. As notícias iniciais eram tranquilizadoras. Não havia evidência de avanços militares por parte da União Soviética ou outros adversários estrangeiros na esteira do assassinato, embora as forças militares americanas se mantivessem indefinidamente em estado de alerta máximo.

As informações de Dallas não eram tão confortadoras. Embora não houvesse prova imediata de que Oswald tivesse cúmplices, tanto o FBI como a CIA tinham detalhes perturbadores sobre o seu passado, inclusive sua tentativa de renunciar à cidadania americana e desertar para a Rússia quatro anos antes. Desde seu retorno aos Estados Unidos em 1962, o FBI seguira esporadicamente Oswald e sua esposa nascida na Rússia, na eventual possibilidade de serem agentes soviéticos. A CIA informou que colocara Oswald sob vigilância quando ele viajara para a Cidade do México em setembro; os motivos de sua viagem ao México não tinham ficado inteiramente claros.

Nas reuniões que teve nessa noite e no dia seguinte com os principais assessores de Kennedy, Johnson garantiu a continuidade das políticas da administração de seu antecessor e sugeriu que pretendia manter todo o gabinete de Kennedy; queria que as pessoas soubessem que seus empregos estavam seguros. Johnson usou repetidamente as mesmas palavras: "Preciso de vocês mais do que o presidente Kennedy precisava".[8]

Nas duas primeiras horas no cargo, Johnson fez o que sentiu serem valiosos esforços para confortar — e buscar orientação com — Robert Kennedy. Mas se o novo presidente tinha qualquer esperança de que o choque dos acontecimentos em Dallas pudesse facilitar o relacionamento de ambos, estava enganado. O procurador-geral aceitou a oferta do novo presidente de permanecer no Departamento de Justiça. Ao contrário de seu irmão mais velho, que sempre parecia ter um temperamento notavelmente equilibrado, sempre disposto a fazer a paz com antigos adversários, Robert Kennedy era capaz de ódios amargos, até mesmo irracionais. Ele parecia ganhar energia com disputas viscerais com homens como Jimmy Hoffa, J. Edgar Hoover e, talvez acima de todos, Johnson. Em particular, ele descrevia Johnson como "mesquinho, amargo, sórdido — um animal sob muitos aspectos".[9] Ficou estarrecido, disse ele, ao saber que Johnson — um homem "incapaz de dizer a verdade"— assumira o lugar do irmão na Casa Branca.

Mais ou menos às dezenove horas da sua primeira noite como presidente, Johnson ligou para J. Edgar Hoover. Não era exatamente uma surpresa: Johnson esperava que o diretor do FBI tivesse as mais recentes informações sobre a investigação em Dallas. E havia outras boas razões para Johnson procurar Hoover nessa noite — e lembrar o diretor do FBI dos seus anos de leal amizade. Nas décadas seguintes, muitas vezes seria esquecido que em novembro de 1963 a sobrevivência política de Johnson estava em séria dúvida devido a uma investigação sumária sobre corrupção que envolvia um lobista de Washington que havia sido um de seus assessores mais próximos no Senado. O FBI estava supervisionando partes do inquérito.

Bobby Baker, o lobista, era conhecido como "Little Lyndon". Estava sendo acusado de subornar legisladores e dirigir um assim chamado clube social no bairro de Capitol Hill — o "Quorum Club" — que funcionava como dublê para um serviço de prostituição para membros do Congresso e funcionários da Casa Branca. O escândalo Baker ameaçara enredar tanto o presidente Kennedy quanto Johnson. As atividades extraconjugais de Kennedy não eram segredo para Hoover, e o diretor monitorava de perto as alegações contra Baker, inclusive acusações de que o lobista teria ajudado a arranjar contatos entre Kennedy e uma beldade nascida na Alemanha Oriental, sobre quem corriam rumores de ser espiã comunista.

Na semana anterior ao assassinato, Baker começou a espalhar alguns segredos sobre Kennedy e Johnson para o mais famoso e temido colunista de Washington, Andrew "Drew" Pearson, especialista em cavoucar questões sigilosas e assuntos de caráter duvidoso. A coluna de Pearson — "The Washington Merry-Go-Round" [O alegre carrossel de Washington], escrita com seu auxiliar, Jack Anderson — era uma mistura entre furos políticos sérios e fofocas obviamente mentirosas sobre os poderosos. Pearson tinha fontes em todo o lugar, inclusive entre assessores veteranos da Casa Branca, funcionários do gabinete e outros nos níveis mais altos do governo. Algumas de suas fontes vazavam informação para ele porque o temiam; outros conversavam com ele porque admiravam genuinamente sua bravura em expor a corrupção e a hipocrisia em Washington. Para seu crédito, Pearson havia se tornado um dos primeiros críticos do senador Joseph McCarthy.

Entre os admiradores de Pearson achava-se o presidente da Suprema Corte Earl Warren. Na verdade, o colunista de 66 anos de idade tinha Warren entre seus amigos mais próximos — e gabava-se dessa amizade em seus textos impressos. Numa época em que seu tribunal esteve sob ataque em grande parte do país por causa das decisões sobre direitos e liberdades civis, o presidente da Suprema Corte podia contar com Pearson para defendê-lo. Eram tão amigos que regularmente passavam férias juntos. Em colunas naquele mês de setembro, Pearson escreveu sobre seus dias de férias naquele verão, num iate com Warren e a esposa no Mediterrâneo e no mar Negro. Durante o que foram férias de trabalho para Pearson, Warren esteve presente quando o colunista entrevistou o premiê soviético Nikita Khruschóv e, posteriormente, o líder iugoslavo, marechal Josip Tito.

Na tarde de terça-feira, 21 de novembro, menos de 24 horas antes do assassinato, Pearson encontrou-se com Bobby Baker em Washington.[10] Era sua primeira conversa cara a cara, e o assessor-do-Senado-transformado-em-lobista tinha sujeiras para contar. "Bobby confirmou o fato de que o presidente estivera envolvido com um monte de mulheres", escreveu Pearson em seu diário pessoal. Uma das mulheres de Kennedy — uma importante assessora de Jacqueline Kennedy — "teve a cama grampeada por um gravador colocado pela senhoria quando Jack estava dormindo com ela", escreveu o colunista.

Johnson estava na mira de Pearson na história de Baker. Naquele mesmo domingo — 24 de novembro — a coluna de Pearson deveria visar o vice-presidente a respeito de seus laços financeiros com o lobista. Em seu diário, Pearson escreveu que seria "uma história devastadora" envolvendo Johnson, Baker e uma possível corrupção num contrato de 7 bilhões de dólares, referente a caças aéreos, concedido à General Dynamics, uma empresa do Texas.

Se fosse para Johnson sobreviver ao escândalo Baker e a todo o resto que Pearson pudesse ter escondido em seus cadernos, ele podia ter certeza — tanto antes como depois de se tornar presidente — de que necessitaria da ajuda de Hoover.

Johnson e Hoover eram amigos próximos, ao menos pelos cínicos padrões das amizades políticas em Washington. Ao longo de sua carreira, Johnson cortejara o diretor do FBI; assim como qualquer um em Washington, compreendia o valor do apoio de Hoover. O diretor era visto por milhões de americanos como a face da lei e da ordem; pesquisas de opinião mostravam que Hoover se mantinha como um dos homens mais populares do país, mais do que a maioria dos presidentes a quem ele servira.

Johnson compreendia o perigo, também, que Hoover poderia representar para um político com algo a esconder. Estava bem ciente de que Hoover, com seus 68 anos, transitava nos segredos — políticos, financeiros, sexuais — de figuras públicas, e havia uma constante ameaça de que os segredos pudessem ser revelados por orientação ou caprichos do diretor.

Com o correr dos anos, as tentativas de Johnson de fazer amizade com Hoover eram bajulatórias, às vezes até mesmo cômicas. Em 1942, ele comprou uma casa no mesmo quarteirão que Hoover — uma coincidência, insistia Johnson — num bairro confortável da capital conhecido como Forest Hills.[11] Os dois homens foram vizinhos por quase vinte anos. Hoover viu as duas filhas de Johnson crescer, e muitas vezes juntava-se à família Johnson para o café da manhã de domingo. "Ele era meu vizinho próximo — eu sei que ele adorava o meu cachorro", disse Johnson.[12] O amor do presidente e de Hoover por cães manteve-se como tema da amizade de ambos. Quando um dos beagles de Johnson morreu em 1966, Hoover lhe deu um outro de presente. O presidente batizou seu novo cão de estimação de "J. Edgar".

Em maio de 1964, seis meses depois de ser empossado na presidência, Johnson assinaria uma ordem executiva eximindo Hoover da aposentadoria compulsória quando o diretor do FBI completasse setenta anos, no ano seguinte. "A nação não pode permitir-se perdê-lo", disse o presidente. Os motivos de Johnson não eram totalmente patrióticos, admitia em particular, reconhecendo que mantinha Hoover no emprego em parte porque "é melhor tê-lo dentro da tenda mijando para fora, do que lá fora mijando para dentro".[13]

No decorrer de várias conversas nas semanas que se seguiram ao assassinato,

Johnson lembraria a Hoover — repetidas vezes, quase de forma obsessiva — de sua amizade. "Você é mais do que o chefe do FBI", disse a Hoover durante uma ligação no fim de novembro.[14] "Você é meu irmão e meu amigo pessoal, e você o tem sido por 25, trinta anos… Eu tenho mais confiança no seu julgamento do que no de qualquer outra pessoa."

Na noite do assassinato, Johnson voltou para a casa da família bem tarde e dormiu — menos de quatro horas, recordava-se — antes de regressar à Casa Branca, na manhã seguinte. Ao contrário da noite anterior, foi trabalhar no Salão Oval — um gesto que insultou Robert Kennedy, que sentia ser cedo demais para Johnson ocupar o que considerava ainda ser o espaço de trabalho do irmão. Johnson pediu à secretária do presidente Kennedy, Evelyn Lincoln, se ela poderia esvaziar sua escrivaninha em trinta minutos naquela manhã, para abrir espaço para sua própria equipe de secretariado. Lincoln concordou, mas o pedido a deixou em lágrimas.[15]

Johnson recebeu um informe por volta das 9h15 de sábado do diretor da CIA, John McCone, que tinha mais notícias alarmantes sobre Oswald: a meticulosa vigilância da CIA sobre a misteriosa visita de Oswald à Cidade do México revelou que ele fizera contato com diplomatas nas embaixadas tanto da União Soviética como de Cuba. Naquela noite, McCone fez uma chamada para o secretário de Estado Dan Rusk para alertá-lo da situação no México, inclusive das possíveis consequências diplomáticas da prisão de uma jovem mulher mexicana, Silvia Duran, que trabalhava no Consulado cubano e se encontrara face a face com Oswald. Sua prisão fora solicitada pela CIA.

Às dez horas da manhã, Johnson voltou a conversar com Hoover, e dessa vez a conversa foi registrada no sistema de gravação do Salão Oval que Kennedy também usara como presidente.[16] Por motivos que nunca ficaram claros para o Arquivo Nacional, que mais tarde compilou um inventário das gravações de Johnson na Casa Branca, a fita da conversa com Hoover naquela manhã foi apagada, restando apenas uma transcrição oficialmente sancionada.

Ao pegar o telefone, Johnson só podia presumir que Hoover já dominava toda a informação disponível sobre o assassinato. Afinal, tratava-se do diretor do FBI informando o presidente dos Estados Unidos acerca do assassinato — na véspera — de seu antecessor. Na verdade, a transcrição do telefonema, publicada décadas mais tarde, mostrava que o informe de Hoover era um emaranhado de informações erradas. Por mais que os assessores de Hoover soubessem, o diretor nunca estava tão bem informado quanto fingia estar; ele nem sempre se dava ao trabalho de conhecer todos os fatos, uma vez que ninguém tinha coragem suficiente para corrigi-lo. Hoover era tão determinado a se apresentar como sabedor de tudo que frequentemente caía em especulações e meias verdades. Parecia incapaz de proferir as palavras: "Eu não sei".

"Eu só queria informá-lo sobre um desenvolvimento que penso ser muito importante em relação a este caso", começou Hoover. Ele disse que "esse homem em Dallas" — Oswald — foi acusado durante a noite do assassinato do presidente, mas "a prova que eles têm até o momento presente não é muito, muito forte". E acrescentou: "O caso como está agora não é forte o bastante para conseguir uma condenação".

Não é forte o bastante para uma condenação? Essa foi a primeira afirmação distorcida na conversa, aparentemente um esforço para convencer Johnson de que — qualquer que fosse a verdade — não se podia confiar na polícia local em Dallas para conduzir a investigação sem uma supervisão estrita do FBI. Como sabiam os agentes de Hoover no local, a polícia de Dallas e o FBI já haviam reunido provas esmagadoras contra Oswald, que estava sob custódia. Diversas testemunhas podiam identificá-lo — como o possível homem com rifle na janela do Depósito de Livros Escolares do Texas, e certamente na cena do assassinato de um policial local logo depois da morte do presidente. O rifle de origem italiana identificado como a arma do assassinato — adquirido por encomenda postal de uma loja de armas de Chicago por "A. Hidell", um pseudônimo frequentemente usado por Oswald, inclusive no seu registro de uma caixa postal em Dallas — fora encontrado no depósito de livros. Ademais, Oswald fora levado em custódia com uma pistola comprada por "A. Hidell" por encomenda postal daquela mesma loja. A prova preliminar sugeria que a pistola fora usada para matar o policial J. D. Tippit. Na carteira de Oswald havia uma cédula de identidade falsa de "A. Hidell", com uma foto de Oswald.

Hoover disse a Johnson — corretamente — que o rifle da encomenda postal fora comprado com uma ordem de pagamento em dinheiro de 21 dólares. "Parece quase impossível pensar que por 21 dólares pode-se matar o presidente dos Estados Unidos", disse. Então ele embarcou numa série de afirmações falsas. Disse a Johnson que a papelada que continha o pseudônimo "Hidell" fora encontrada na "casa onde ele estava morando — a casa da sua mãe". (Errado: Oswald não via sua mãe havia mais de um ano.) O rifle, disse Hoover, "foi encontrado no sexto andar no prédio do qual fora disparado" (correto), mas "as balas foram disparadas do quinto andar (errado) e três cápsulas foram encontradas no quinto andar" (errado). Também relatou que após o assassinato Oswald fugiu para um cineteatro do outro lado da cidade "onde teve o confronto armado com o policial" e foi capturado. (Errado: Tippit fora morto a algumas quadras do cineteatro.)

Johnson perguntou: "Você estabeleceu mais alguma coisa sobre a visita à Embaixada da União Soviética em setembro?".

Hoover respondeu com uma observação que, ao ser revelada anos depois, ajudaria a criar toda uma geração de teorias conspiratórias. Mesmo que as provas que a CIA tivesse passado a Hoover fossem incompletas e contraditórias, o diretor disse ao presidente que alguém havia se passado por Oswald na Cidade do México, e então sugeriu que Oswald podia ter tido um cúmplice. Especificamente, Hoover disse que a viagem ao México era "um ângulo que é muito confuso por esta razão: temos aqui a fita e a fotografia do homem que esteve na Embaixada soviética usando o nome de Oswald". Hoover referia-se à foto tirada pela câmera de vigilância da CIA que mostrava um homem — a CIA disse que inicialmente pensou que poderia ser Oswald — diante da Embaixada soviética na Cidade do México. "Este retrato e a fita não correspondem à voz desse homem, nem à sua aparência. Em outras palavras, parece que uma segunda pessoa esteve na Embaixada soviética." Com base no que ele deveria saber, trata-se de uma informação muito superficial, Hoover insinuava que tinha havido uma conspiração para matar Kennedy, uma conspiração que envolvia um sósia de Oswald que recentemente passara por uma grande embaixada soviética e estivera em contato com agentes soviéticos.

Embora Hoover estivesse equivocado em muitos aspectos, numa coisa ele estava certo. O FBI tinha razões de sobra para duvidar da competência da polícia de Dallas. No dia seguinte — domingo, 24 de novembro — sua desorganização permitiu que Oswald fosse morto quando estava prestes a ser transferido da central de polícia no centro da cidade para a cadeia do condado. A tentativa de transferência no subsolo da garagem da central de polícia foi presenciada por um batalhão de repórteres, fotógrafos e equipes de câmeras de TV. Embora tanto o FBI quanto a polícia de Dallas tivessem recebido por telefone ameaças de morte dirigidas a Oswald, as precauções de segurança foram tão inadequadas que Jack Ruby foi capaz de se esgueirar no meio dos repórteres carregando um revólver Colt Cobra calibre 38 e balear Oswald à queima roupa, diante de câmeras de TV transmitindo ao vivo.

Oswald foi levado às pressas para o Hospital Parkland e conduzido numa maca para a mesma sala de emergências onde o presidente Kennedy morrera dois dias antes. Às 13h07, Oswald foi declarado morto.

Entre as dezenas de milhões de americanos que testemunharam a execução televisionada de Oswald naquele dia estava o diretor da Escola de Direito de Yale, Eugene Rostow, um influente democrata cujo irmão, Walt, fora conselheiro adjunto de Segurança Nacional de Kennedy.[17] O diretor Rostow resolveu que tinha de agir. Sentiu — de imediato, conforme disse depois — como o assassinato de Oswald minaria a confiança do público no governo, possivelmente por gerações. O público, disse ele, seria privado da "catarse e proteção emocional" de um julgamento para resolver questões sobre a culpa de Oswald e a importantíssima questão de ele ter ou não cúmplices. Os comentaristas de televisão já estavam especulando que Oswald fora morto para ser silenciado antes de poder expor uma conspiração.

Pouco antes das quinze horas, Rostow telefonou para a Casa Branca para falar com Bill Moyers, ministro batista ordenado de 29 anos, oriundo do Texas, que abandonara o púlpito para entrar na política, tornando-se um dos assessores mais próximos de Johnson. Rostow insistiu com Moyers para que manifestasse ao presidente a necessidade de montar uma comissão com altos poderes para investigar "todo o caso do assassinato do presidente". Na conversa, gravada em fita, Rostow referia-se a Oswald apenas como "esse filho da mãe".

"Nesta situação, com esse filho da mãe morto, minha sugestão é que num futuro breve seja nomeada uma comissão presidencial de cidadãos muito distintos, bipartidária e acima da política — sem juízes da Suprema Corte, mas pessoas como Tom Dewey", disse Rostow, referindo-se ao ex-governador republicano de Nova York. Sugeriu que o ex-presidente Richard Nixon poderia ser considerado. Rostow recomendou "uma comissão de sete ou nove pessoas — talvez Nixon, não sei".

Rostow disse a Moyers que uma comissão podia ser o único meio de convencer o público da verdade sobre o que acontecera — o que *ainda* estava acontecendo. "Porque a opinião mundial e a opinião americana estão agora tão abaladas pela conduta da polícia de Dallas que ninguém acredita mais em nada." Moyers concordou com Rostow e prometeu passar a sugestão ao presidente.

Johnson inicialmente descartou a ideia de uma comissão federal; seu instinto era deixar a investigação nas mãos dos funcionários estaduais do Texas. (Funcionários da Casa Branca e do Departamento de Justiça ficaram perplexos ao saber que o assassinato de um presidente não era, na época, crime federal. Se Oswald estivesse vivo, enfrentaria um processo por homicídio segundo as leis criminais estaduais do Texas.) Como texano, Johnson tinha mais confiança que seus assessores na capacidade dos agentes da lei do seu estado natal para lidar com as consequências de um assassinato. Ele disse a um amigo que não gostava da ideia de "aventureiros políticos" de Washington aparecerem no Texas para determinar quem era responsável por um assassinato nas ruas de Dallas.[18]

Foram necessários mais quatro dias, mas Johnson mudou de ideia. As teorias conspiratórias, ele sabia, estavam se espalhando rapidamente. Com Oswald morto, Johnson posteriormente escreveu: "O ultraje de uma nação transformou-se em ceticismo e dúvida... A atmosfera estava envenenada e precisava ser limpa".[19] No final, o presidente adotou o modelo de Rostow para uma comissão, com uma diferença notável. O diretor de Yale sentia intensamente que os juízes da Suprema Corte não deviam se envolver no inquérito; era de aceitação geral entre estudiosos das leis e historiadores da Corte que a sua reputação fora manchada no passado quando seus membros se envolveram em investigações externas. Johnson, contudo, insistiu no contrário. Disse que considerava apenas um candidato para liderar a comissão: o presidente da Suprema Corte, Earl Warren.

"A comissão devia ser bipartidária, e eu senti que precisávamos de um chefe republicano cuja capacidade judicial e correção fossem inquestionáveis", escreveu Johnson. Ele mal conhecia Warren, mas sabia que ele era um republicano respeitado, até mesmo querido, por muitos dos aliados democratas do presidente, bem como por grande parte da imprensa de Washington, e isso incluía o poderoso, sempre ameaçador Drew Pearson. "Eu não era íntimo do presidente da Suprema Corte", escreveu Johnson. "Nunca tínhamos passado dez minutos juntos sozinhos, mas para mim ele era a personificação da Justiça e da correção neste país."

4.

CENTRAL DE POLÍCIA DE DALLAS
DALLAS, TEXAS
SÁBADO, 23 DE NOVEMBRO DE 1963

Seu filho caçula era acusado de ter matado o presidente dos Estados Unidos, mas o que tanto impressionou repórteres e policiais que encontraram Marguerite Oswald nas horas que sucederam a prisão de Lee Harvey Oswald não foi seu choque, ou sua dor. Foi sua excitação. Eles se lembraram de como ela estava empolgada por ter um papel no grande drama.

Naqueles primeiros dias, poderia ter sido indelicado por parte dos repórteres de Dallas sugerir que a sra. Oswald, uma auxiliar de enfermagem de 56 anos da vizinha Fort Worth, estivesse realmente apreciando a situação na qual se encontrava. De repente, ela era uma celebridade global e tinha a oportunidade de vender a história do filho para quem desse o lance mais alto. Ela parecia ter momentos de angústia verdadeira: às vezes, em geral para a câmera, a sra. Oswald irrompia em lágrimas ao ser questionada a respeito do filho, ou sobre suas próprias circunstâncias. Erguendo os grossos óculos para ajustá-los aos olhos, dava delicadas batidinhas na cabeça para se certificar de que fios não estivessem escapando daquele coque apertado de cabelo grisalho.

Todavia, mesmo que não estivesse de fato encontrando prazer na atenção, a sra. Oswald estava animada por saber que pessoas em todo o lugar em breve saberiam o seu nome. Veriam seu retrato e se lembrariam. Como o filho caçula, ela tinha um forte desejo de deixar uma marca no mundo, fazer as pessoas pararem e prestarem atenção. "Eu sou uma pessoa importante", ela disse aos repórteres dias após o assassinato, sem deixar qualquer dúvida sobre a verdade dessa afirmação. "Eu entendo que vou entrar para a história, também."

A sra. Oswald estava menos ansiosa para falar sobre seu afastamento dos três filhos, especialmente Lee. No ano anterior ao assassinato do presidente, Lee havia cortado todo o contato com a mãe. E também cortara o acesso dela a June, sua neta de um ano e meio — a primeira filha de Lee e Marina. Foi só na tarde da prisão do filho que a sra. Oswald ficou sabendo que Marina dera à luz a sua segunda filha, Rachel. A sra. Oswald achou cruel só ficar sabendo da existência de Rachel quando Marina trouxe o bebê de um mês para a central de polícia de Dallas.

Lee Oswald parecia sentir que a mãe, ao longo dos anos, tinha recebido o que merecia — abandonada pelos filhos que jamais tiveram qualquer motivo para amá-la. Abandono era uma experiência com a qual a sra. Oswald estava familiarizada; era o tema de sua vida. Dois de seus três maridos haviam se divorciado dela, um alegando crueldade mental.[1] O outro, pai de Lee, Robert, agente de seguros, morreu de um ataque cardíaco dois meses antes de Lee nascer, em 1939. E quando seus filhos eram jovens, ela os abandonou durante longos períodos. Aos três anos, Lee juntara-se aos dois irmãos mais velhos num orfanato de orientação luterana em New Orleans, o Lar de Crianças Bethlehem, enquanto a sra. Oswald procurava trabalho de enfermeira e empreendia a busca de um novo marido.[2] Os três garotos não foram efetivamente colocados para adoção — ela disse que pretendia trazê-los de volta para viver com ela quando o dinheiro permitisse, mesmo que isso pudesse ter sido difícil de entender para Lee, o menino de três anos.

Nos anos que antecederam o assassinato, a sra. Oswald quase não tivera contato com o filho mais velho, John Pic, meio-irmão de Lee, que em 1963 estava servindo na Força Aérea em San Antonio. Também tinha pouco contato com o filho do meio, Robert, mesmo que este e a esposa morassem nas proximidades de Denton, Texas. Quando Robert encontrou a mãe na central de polícia de Dallas nas horas subsequentes à prisão do irmão, o rapaz, então com 29 anos, ficou impressionado com a falta de "qualquer tensão emocional" com a possibilidade de

Lee ter acabado de matar o presidente. Sua preocupação primordial, disse ele, era com ela mesma.

"Tive a impressão de que a minha mãe sentia que agora, finalmente, ela estava prestes a receber o tipo de atenção que tinha buscado a vida toda", recordou-se Robert.[3] "Ela tinha uma ideia extraordinária de sua capacidade e de sua importância." Sua mãe "pareceu reconhecer imediatamente que ela jamais voltaria a ser tratada de novo como uma mulher comum, obscura, sem importância".

Mesmo nessas primeiras horas, Robert sentiu o perigo que a mãe representava para qualquer esforço de descobrir a verdade sobre a culpa ou inocência de Lee. Desde o começo Robert admitiu a si próprio que havia uma forte possibilidade de Lee ser o assassino do presidente. Robert sabia que o irmão caçula era um homem delirante, violento, que buscava chamar a atenção. Sua mãe, porém, nunca se permitiria carregar o fardo dos fatos relacionados a Lee. O assassinato, Robert sentia, agora lhe daria um palco internacional para fazer jorrar — e em algum momento, vender — suas teorias conspiratórias delirantes sobre Lee e seu trabalho como "agente" do governo.

Robert sempre ficara furioso com a forma como sua mãe podia soar racional, até mesmo articulada, em breves erupções de conversas. Ele temia que os investigadores do governo e os jornalistas, não a conhecendo melhor, pudessem de fato acreditar no que ela lhes contava.

Na tarde do assassinato, a sra. Oswald foi levada de carro da sua casa em Fort Worth para Dallas por Bob Schieffer, um repórter de 26 anos do *Fort Worth Star Telegram*.[4] Ela ligou para o escritório do jornal na cidade, pedindo ajuda para chegar a Dallas.

"Senhora, isto não é um serviço de táxi", Schieffer disse à mulher ao telefone. "E, além disso, o presidente foi baleado."

"Eu sei", a mulher replicou, em tom quase casual. "Eles acham que foi o meu filho quem atirou nele."

Schieffer e um colega pagaram o carro e correram para a casa da sra. Oswald na parte oeste de Fort Worth.

"Ela era uma mulher baixinha, de cara redonda, com enormes óculos pretos de aros de tartaruga e uniforme branco de enfermeira", Schieffer recorda-se da sua primeira visão da sra. Oswald. "Estava aflita — mas de um jeito esquisito."

Durante a maior parte da viagem, disse ele, "ela parecia menos preocupada com a morte do presidente, ou com o papel de seu filho nela, do que consigo mesma". Falou obsessivamente sobre o medo de que sua nora Marina "recebesse simpatia enquanto ninguém se 'lembraria da mãe', e que ela provavelmente morreria de fome. Eu atribuí isso a uma compreensível sobrecarga emocional, e não consegui me forçar a usar seus comentários autorreferentes na história que escrevi mais tarde nesse dia. Eu por certo deveria ter usado". Posteriormente, Schieffer, que seguiu uma longa carreira em noticiários de televisão, concluiu que a mãe de Oswald era "perturbada".

Chegando à central de polícia de Dallas, a sra. Oswald e Schieffer foram rapidamente introduzidos numa pequena sala — talvez uma sala de interrogatório, pensou Schieffer — onde esperaram para falar com a polícia sobre seu filho. Mais tarde, Marina Oswald também foi trazida para a sala. As duas mulheres não se viam fazia mais de um ano, e pelo fato de Marina ainda não falar quase nada de inglês, não tinham — literalmente — nada a dizer uma à outra.

Marina acabara de passar pela primeira rodada de interrogatórios da polícia e do FBI; conforme admitiu mais tarde, estava aterrorizada. Estava com medo, acima de tudo, que a separassem de seus filhos e fosse presa, ainda que tivesse insistido com seus interrogadores — por meio de um tradutor — que não sabia nada sobre nenhum plano do marido de assassinar o presidente. Seu medo de ser presa era compreensível: ela sabia que seria levada em custódia se ainda estivesse na União Soviética. "Era assim que teria sido na Rússia", ela explicou depois.[5] "Mesmo que seu marido fosse inocente, eles prenderiam você até que tudo fosse esclarecido."

Marina admitiu que poderia ser natural suspeitas recaírem sobre ela: não era nada implausível que ela soubesse, e até participasse, de algum plano do marido para matar o presidente. Aqui estava ela, Marina Nikolaevna Prusakova, ainda recém-chegada da União Soviética, que havia entrado nos Estados Unidos após um casamento apressado com um vira-casaca americano que nunca ocultara ter abraçado o marxismo. Poderia haver suspeitas adicionais contra Marina por causa dos laços de sua família com a inteligência russa: um tio dela trabalhava em São Petersburgo, cidade então oficialmente conhecida como Leningrado, para o Ministério do Interior.

Entre os que inicialmente suspeitaram de Marina estava seu cunhado, Robert. No dia do assassinato, ele considerou, pelo menos por um momento, que ela fazia parte de uma trama para matar Kennedy, embora quanto mais pensasse na ideia, menos provável ela parecia. Era uma questão de lógica. Se os russos tivessem deslanchado uma conspiração para matar Kennedy, convocariam a ajuda de uma mulher jovem, minúscula e aparentemente petrificada, que mal falava inglês? E por que a teriam casado com seu desajustado irmão, que em pouco tempo a sobrecarregou com duas crianças pequenas?

Nos dias seguintes ao assassinato, as suspeitas de Robert voltaram-se para outro lugar — para Ruth Paine, mulher de 31 anos de fala macia, nascida na Pensilvânia, que dera abrigo a Marina, e para o ex-marido de Ruth, Michael Paine, um engenheiro aeronáutico de 35 anos. Os Paine haviam se separado naquele ano, embora permanecessem amigos, ainda que apenas pelo bem de seus dois filhos. Ruth, uma professora de russo que fora apresentada a Marina por meio da comunidade expatriada russa, morava em Irving, Texas, nos arredores de Dallas, e acolhera Marina e as filhas em sua casa. De acordo com os princípios de caridade de sua fé quaker, disse Ruth, não pediu a Marina para pagar aluguel.

Robert Oswald admitiu mais tarde que não tinha nenhuma prova — porque, reconheceu ele, não havia nenhuma — para mostrar que os Paine tivessem qualquer coisa a ver com o assassinato. Ainda assim, havia algo no casal que o incomodava, em especial em relação a Michael, que foi apresentado a Robert na central de polícia de Dallas nas horas que se seguiram ao assassinato. "Nada realmente para eu apontar especificamente, mas eu tinha uma sensação. Ainda não sei por que ou como, mas o sr. e a sra. Paine estão de algum modo envolvidos neste caso", ele disse aos investigadores.[6] "O aperto de mão dele foi muito fraco, o que eu chamaria de aperto de peixe morto. Sua aparência geral, seu rosto, e mais particularmente seus olhos, para mim tinham o que eu chamaria de olhar distante, que, quando olhava, não estava realmente olhando." Com base em pouco mais do que um aperto de mão fraco e um olhar distante, então, Robert Oswald resolveu cortar todo o contato — para sempre, conforme se viu acontecer — entre Marina e os Paine. Ele privou sua cunhada de uma leal amiga que falava russo, Ruth Paine, e que poderia ter auxiliado Marina a navegar pelos transtornos que viriam na sua língua natal; Marina jamais dominaria plenamente o inglês.

Robert Oswald foi o primeiro de muitos homens a entrar na vida de Marina nos dias seguintes ao assassinato — alguns para ajudá-la, outros para arremeter sobre uma mulher jovem cuja frágil beleza era frequentemente comentada. Em fotografias, podia ser uma bela estrela de cinema, contanto que evitasse sorrir; ela era vítima da inadequada odontologia russa.

Depois do assassinato do marido, Marina e as filhas — bem como sua sogra e Robert — foram rapidamente transferidos para um motel nos arredores de Dallas, o Inn of the Six Flags, onde se julgava que pudessem ser mantidos a salvo. O gerente residente do motel, James Martin, de 31 anos, prontamente concordou em hospedá-los. O motel, que era adjacente ao recém-inaugurado parque de diversões Six Flags Over Texas, estava fora de temporada e havia espáço de sobra para os Oswald e a equipe de agentes do Serviço Secreto que os protegia.

Martin não lembrava se alguma vez de fato fora apresentado formalmente a Marina, mas depressa fez amizade com a jovem viúva. Na quinta-feira seguinte seria Dia de Ação de Graças, então convidou os Oswald para uma ceia festiva em sua casa com a família; Martin e a esposa tinham três filhos. (Martin não convidou Marguerite Oswald — um lapso, ele disse mais tarde — porque ela havia retornado à sua casa em Fort Worth.) "Eles não teriam um Dia de Ação de Graças muito feliz, e morar naqueles quartos era bem desconfortável", recordava-se Martin. Marina e Robert aceitaram.

Alguns dias depois do feriado, Martin — sem consultar a esposa, reconheceu ele — propôs a Marina que ela e as crianças se mudassem para a casa de três dormitórios da família Martin. "Eu sei que o Serviço Secreto fez uma declaração de que estavam bastante preocupados com aonde Marina iria depois de deixar a pousada. Eles não tinham nenhum lugar para colocá-la e não tinham ideia de para onde ela iria", disse Martin. "Eu lhe disse que se não conseguissem achar um lugar para ela eu ficaria contente em recebê-los na minha casa."

Marina logo mudou-se para um dos quartos de criança de Martin, adjacente ao quarto de Martin e da esposa. Ele não pediu a Marina para pagar nenhum aluguel nem compensar a família de alguma maneira, pelo menos no início. Duas semanas depois, contudo, Martin propôs tornar-se administrador dos negócios de Marina em tempo integral, em troca de 10% das dezenas de milhares de dólares em contratos que lhe estavam sendo oferecidos — isso somente no fim de novembro — para vender sua história às agências de notícias e editoras de livros. Marina concordou. Martin também encontrou um advogado local para representá-la; o advogado cobrou outros 10%.

Marina mais tarde diria que foi ingênua, e que aceitara de bom grado ajuda desses homens americanos amigáveis que pareciam saber o que estavam fazendo. Acreditava que eles podiam ajudá-la a estabelecer uma vida nova sem o marido. Sua incapacidade de falar inglês a tornou mais dependente deles.

Martin logo deixou claro que esperava um tipo diferente de relação com Marina Oswald — queria que ela fosse sua amante. Ele tentara estabelecer um romance praticamente desde o dia em que se conheceram, Marina disse mais tarde. Ela se recordou do Ano-Novo de 1964, quando a esposa dele estava fora de casa, e Martin pôs um disco de canções do cantor Mario Lanza na vitrola e declarou seu amor.[7] As investidas continuaram durante semanas. "Ele sempre me abraçava e me beijava quando sua esposa ou os filhos ou os agentes do Serviço Secreto não estavam por perto."

Gente nova estava entrando também na vida de Marguerite Oswald. No começo de dezembro, a sra. Oswald — cujo número de telefone constava da lista e atendia com prazer aos telefonemas de repórteres e de quase todo mundo que tivesse paciência de escutá-la — pegou o aparelho e ouviu a voz de Shirley Harris Martin. A sra. Martin apresentou-se como uma dona de casa de 42 anos e mãe de quatro filhos de Hominy, Oklahoma, que estava fixada na ideia de que tinha havido uma conspiração para matar o presidente Kennedy.[8] (Ela não tinha nenhum parentesco com o James Martin de Dallas.)

Poucos dias depois do assassinato, a garagem da casa da sra. Martin começara a se encher de pilhas de jornais e revistas com artigos sobre o assunto — tudo o que conseguisse achar, ela disse. Era apaixonada por mistério de Agatha Christie e havia concluído que tinha seu próprio mistério para solucionar — quem realmente matara o presidente. Em pouco tempo começou a conhecer e ouvir gente de todo o país que compartilhava dessa sua obsessão.

"Em dezembro de 1963, liguei para *mama* pela primeira vez — *mama* Oswald", ela se recordou. "Naquela época, ela era muito racional. Ela é uma figura." Depois de se apresentar, a sra. Martin fez uma pergunta a sra. Oswald: será que ela tinha lido um artigo sobre o filho que fora publicado naquele mês no *National Guardian*, um semanário esquerdista de Nova York, autoproclamado radical?

O artigo era uma análise de 10 mil palavras sobre o caso — ou melhor, a falta de um caso — contra seu filho. Com a manchete "Oswald inocente? Depoimento de um advogado", o autor era Mark Lane, um advogado de defesa criminal da ci-

68

dade de Nova York e ex-legislador estadual. A sra. Oswald não havia lido o artigo, mas estava ansiosa para vê-lo. Depois que um exemplar chegou por correio de Oklahoma, uma excitada sra. Oswald conseguiu contato com Lane por telefone. "A sra. Oswald me ligou e perguntou se eu podia encontrá-la em Dallas para representar a ela e ao filho", afirmou Lane, recordando que a sra. Oswald o havia descrito como "a única pessoa nos Estados Unidos a questionar" a culpa de seu filho.[9] Ele ficou surpreso — e naturalmente intrigado. Em alguns dias, Lane estava num avião para o Texas, onde encontrou-se com a sra. Oswald e ofereceu-se para aderir à sua campanha para provar que Lee Harvey Oswald era um homem inocente.

Na pessoa de Lane, a sra. Oswald encontrou seu herói. E na mãe de Lee Oswald, Lane encontrou a cliente ideal.

5.

SALÃO OVAL
CASA BRANCA
WASHINGTON, DC
SEXTA-FEIRA, 29 DE NOVEMBRO DE 1963

Lyndon Johnson sabia, desde os primeiros dias após o assassinato, que algumas pessoas desconfiariam que ele tinha algo a ver com a morte de Kennedy. Ele parecia considerar isso inevitável. Simplesmente havia uma quantidade demasiada de perguntas feias, óbvias. Afinal, Kennedy fora baleado nas ruas de uma cidade do Texas, seu alegado assassino fora morto na mesma cidade dois dias depois, e o hiperambicioso ex-vice-presidente — um texano — agora ocupava o Salão Oval. E o Departamento de Estado já começara a informar que em algumas capitais estrangeiras espalhavam-se boatos de que Johnson tinha ordenado a morte de seu predecessor.

Na verdade, o ultrajante mau gosto de Johnson ao longo dos anos havia atraído parte da desconfiança. Como vice-presidente, ele gostava de fazer piadas sobre as chances de Kennedy morrer no cargo — como um assassinato ou acidente deixaria o caminho livre para ele. Clare Booth Luce, ex-congressista e esposa de Henry Luce, fundador da Time Inc., recordou-se de ter perguntado a Johnson no baile da posse em 1960 por que ele aceitara a oferta da vice-presidência. Ela lembrou-se de sua alegre resposta: "Clare, eu pesquisei; um em cada quatro presidentes morreu no cargo. E eu sou um jogador, querida".[1] E tinha feito comentários semelhantes para outras pessoas.

Doía a Johnson perceber que Dallas seria por muito tempo lembrada como o lugar onde o jovem e charmoso presidente fora assassinado, e que a imagem pública do seu amado Texas havia sido escurecida, provavelmente por anos. Na noite do assassinato, Lady Bird confidenciou ao marido que o que poderia salvar a reputação do seu estado natal — perversamente — era o fato de seu bom amigo, o governador Connally, também ter sido atingido.[2] Seus graves ferimentos amorteceriam parte dos falatórios sobre uma conspiração com base no Texas. Lady Bird disse que estaria disposta ela mesma a ter levado a bala, em vez de Connally, para poupar o bom nome do Texas. "Eu só gostaria que pudesse ter sido eu."

Tudo isso, para Johnson, era mais uma prova de que Warren tinha de dirigir a investigação. Seu nome daria credibilidade instantânea à comissão. O presidente da Suprema Corte tinha muitos críticos em Washington e em todo o país, mas tinha também uma reputação de honestidade e independência política que poderia ajudar a convencer o público de que a verdade não lhe estava sendo oculta. "Tínhamos que conduzir a nação através dessa sangrenta tragédia", disse Johnson. "A integridade pessoal de Warren era o elemento-chave para assegurar que todos os fatos seriam trazidos à luz e que as conclusões seriam dignas de crédito."

Na tarde de sexta-feira, 29 de novembro, Johnson despachou o subprocurador-geral Nicholas Katzenbach e o procurador Archibald Cox para se encontrarem com Warren em seu gabinete e convencê-lo a liderar a comissão.[3] Como procurador, Cox, de licença de sua função de ensino na Escola de Direito de Harvard, argumentava regularmente perante Warren e os outros juízes, e tinha a admiração do presidente da Suprema Corte. O sentimento era mútuo. Cox descrevia Warren como "o maior presidente da Suprema Corte desde John Marshall".[4]

A conversa terminou antes de começar. As palavras mal tinham saído da boca dos visitantes antes de Warren rejeitar o pedido do presidente: "Eu disse a eles que pensava que era sensato ter uma comissão dessas, mas que eu não estava disponível para servi-la".[5]

Ele recordou a Katzenbach e Cox a desafortunada história de membros do tribunal que assumiram atribuições fora do governo. Houvera duras críticas ao juiz da Suprema Corte Owen Roberts por comandar a comissão que investigou os ataques a Pearl Harbor e ao juiz Robert Jackson, que deixou a Corte por um ano em 1945 para supervisionar os julgamentos dos crimes de guerra em Nuremberg. O ex-presidente da Suprema Corte Harlan Fiske Stone descreveu os julgamentos como uma "fraude" e acusou Jackson de participar de um "linchamento em alto grau".[6]

Warren agradeceu seus hóspedes pela visita e os enviou porta afora para levar a má notícia à Casa Branca. "Katzenbach e Cox foram embora, e eu achei que a coisa estava resolvida", lembrou-se.

Mas nada estava resolvido e, como Warren descobriria em breve, Johnson estava determinado a mudar a opinião dele. "Bem cedo na vida aprendi que fazer o impossível frequentemente era necessário para conseguir que uma coisa fosse feita", disse o presidente mais tarde.[7] "Eu não tinha nenhuma dúvida na minha cabeça de que o presidente da Suprema Corte precisava ser convencido de que era seu dever aceitar o comando daquela comissão."

Por volta das 15h30 daquele dia, o presidente mandou uma secretária telefonar à Suprema Corte e pediu a Warren para ir à Casa Branca — imediatamente.[8] Warren não foi informado do propósito da reunião, embora o assunto fosse "bastante urgente", lembrou-se ele. "Eu, é claro, disse que iria." A Casa Branca mandou uma limusine.

O presidente da Suprema Corte estava prestes a ser sujeitado — em plena força, pela primeira vez — ao que no Capitólio havia muito vinha sendo conhecido como "o tratamento Johnson".[9] Uma potente mistura de adulação, súplica, tapeação e ameaça era uma espécie de técnica de vendas que Johnson havia aperfeiçoado no Congresso para dobrar os outros à sua vontade. Funcionava por ser tão audaciosa — tão inesperada, mesmo indigna — que seus alvos muitas vezes ficavam estarrecidos demais para fazer algo que não se render.

Muitas vezes no passado Johnson mostrara que, se necessário, estava preparado para reduzir um homem orgulhoso a prantos. No caso de Warren, estava pronto para argumentar que o presidente da Suprema Corte era tudo que se interpunha entre o povo dos Estados Unidos e o Armagedom.

"Eu fui levado às pressas para dentro", disse Warren, recordando sua chegada ao Salão Oval. "Com apenas nós dois na sala, ele me contou sua proposta."[10]

O presidente disse que precisava que Warren mudasse de ideia.[11] A investigação do assassinato devia ser conduzida por alguém da estatura de Warren, explicou ele. Johnson disse que estava preocupado com "as histórias e os boatos

72

bárbaros que vinham surgindo não só entre a nossa própria gente, mas entre pessoas em outras partes do mundo".

Johnson mencionou outros seis homens que esperava nomear para a comissão, e era um grupo impressionante. Havia dois senadores: o democrata Richard Russell, o "Gigante da Geórgia", e o republicano John Sherman Cooper, de Kentucky, um moderado respeitado que fora embaixador na Índia. Havia dois membros da Câmara: o democrata Hale Boggs, de Louisiana, assistente do líder da maioria, que fora próximo de Kennedy, e o republicano Gerald R. Ford, de Michigan. E havia dois indicados de elevado perfil que, disse Johnson, haviam sido recomendados a ele por Robert Kennedy: o ex-diretor da CIA, Allen Dulles, e o ex--presidente do Banco Mundial, John J. McCloy.

Segundo Warren, o presidente disse que já havia conversado com os outros e que "estavam prontos para servir se ele aceitasse o comando".[12] A palavra "se" era importante, Johnson deixou claro; todos os seis aparentemente disseram que se envolveriam apenas se Warren concordasse em liderá-los. O presidente estava sugerindo que Warren colocaria em risco toda a formação da comissão se recusasse a tarefa. Conforme Johnson recordou-se de ter dito a Warren: "Todas essas nomeações estavam condicionadas ao presidente da Suprema Corte ser o chefe da comissão".

Warren ficou lisonjeado e perplexo com o fato de Russell — o mais poderoso segregacionista do Senado — estar disposto a ir além das diferenças entre ambos e insistir que ele dirigisse a comissão. Ainda assim, Warren declinou. Explicou suas razões, repetindo os argumentos que dera naquela tarde aos seus visitantes do Departamento de Justiça.[13]

Johnson escutou — e aí aumentou a pressão sobre o presidente da Suprema Corte até o limite. E acabou se reduzindo ao seguinte: será que Warren estava disposto a arriscar uma Terceira Guerra Mundial? Mais que isso, estava disposto a ser responsável pela Terceira Guerra Mundial? As palavras do presidente foram duras a esse ponto, lembrou-se Warren.

"Eu o vejo sacudindo a cabeça", Johnson lhe disse. "Mas esta é uma coisa tão importante para o seu país quanto lutar por ele na Primeira Guerra Mundial", lembrando Warren do seu serviço militar durante a guerra. "Não vou lhe ordenar que assuma isto, como recebeu suas ordens de dever em 1917. Vou apelar para o seu patriotismo."

Johnson mais tarde lembrou-se de ter dito ao presidente da Suprema Corte:

"Agora essa gente bárbara está acusando Khruschóv de ter matado Kennedy, e Castro de ter matado Kennedy, e todo mundo mais de ter matado Kennedy". Se houvesse alguma verdade nas alegações de um complô comunista, ou se a investigação do assassinato fosse conduzida de forma inapropriada e fossem feitas falsas acusações a um governo estrangeiro, o resultado poderia ser uma guerra nuclear. Contou a Warren sobre os rumores que vinham da Cidade do México de que Oswald recebera 6500 dólares do governo de Castro para matar Kennedy. "Você pode imaginar qual seria a reação do país se essa informação viesse à tona", disse o presidente.

Johnson contou ao presidente da Suprema Corte que tinha acabado de falar com o secretário de Defesa McNamara, que o advertiu de que um confronto nuclear entre os Estados Unidos e a União Soviética deixaria milhões de americanos mortos apenas no primeiro ataque.[14] "Se Khruschóv nos atacasse, poderia matar 39 milhões em uma hora, e nós poderíamos matar 100 milhões no país dele em uma hora", disse, sugerindo que Warren era agora responsável pelo destino dessas pessoas.[15] "Estaríamos falando de 39 milhões de pessoas. Acho que você não quer fazer isso."

Ele invocou o patriotismo de Warren: "Você foi soldado na Primeira Guerra Mundial, mas não havia nada que pudesse fazer naquele uniforme comparável ao que pode fazer pelo seu país nessa hora de dificuldade", disse Johnson.[16] "O presidente dos Estados Unidos diz que você é o único homem que pode lidar com a questão. Não vai dizer 'não', vai?"[17]

Johnson lembrou-se de que Warren "engoliu em seco e disse: 'Não, senhor'".

Com um orgulhozinho cruel, Johnson mais tarde recordou-se de ter feito Warren chorar: "Lágrimas vieram aos seus olhos… Simplesmente surgiram. Nunca se viu nada igual".

Não existe gravação conhecida dessa reunião no Salão Oval, mas se os relatos dados por Johnson e Warren forem exatos, o presidente mentiu descaradamente ao alegar que os outros integrantes da comissão tinham concordado em servir apenas se o presidente da Suprema Corte estivesse no comando. A verdade era que, com exceção de Russell, Johnson nem sequer falara com os outros.[18]

O presidente conversou com Russell por telefone por volta das dezesseis horas, pouco antes da reunião com Warren, e tentou persuadi-lo a servir na comissão. Russell rejeitou inteiramente a ideia. Estava ocupado demais com seus deveres no Senado, disse. E não estava bem de saúde, vinha sendo atormentado havia tempos por um enfisema.

Nesse primeiro telefonema, Johnson pediu a Russell sugestões de outros candidatos.[19] O presidente disse que poderia tentar recrutar um membro da Suprema Corte para participar da comissão, embora tivesse sugerido que isso provavelmente se revelaria infrutífero. O nome de Warren nunca foi mencionado nesse telefonema. "Não creio que possa conseguir algum membro da Corte, mas vou tentar", disse ele a Russell, evitando mencionar o nome do presidente da Suprema Corte — que naquele exato momento estava sendo convocado à Casa Branca com o objetivo de ser convencido a assumir a tarefa.

Horas depois, por volta das nove da noite, Johnson deu seu segundo telefonema para Russell. Ele daria duas notícias não muito bem-vindas. Primeiro, que Russell serviria na comissão a despeito do seu protesto. Segundo, que a comissão seria liderada por — entre todas as pessoas — Earl Warren, um homem que Russell havia muito retratava para os seus compatriotas da Geórgia como um vilão.[20]

Sem correr riscos, Johnson decidiu forçar a mão com Russell. Antes de fazer a ligação, ordenou ao departamento de imprensa da Casa Branca que emitisse um comunicado público anunciando a criação da comissão e relacionando seus membros, inclusive o senador.

Johnson pegou Russell na sua casa em Winder, Geórgia, onde estava passando alguns dias depois da Ação de Graças.

"Dick?", Johnson começou num tom de voz gentil, apologético.[21]

"Sim?"

"Detesto ter que incomodá-lo de novo, mas só queria que você soubesse que fiz um anúncio."

"Anúncio de quê?"

"Dessa comissão especial."

O presidente começou a ler o comunicado e logo chegou aos nomes dos membros da comissão. Russell ouviu o nome de Warren como chefe e em seguida ouviu seu próprio nome.

Ele ficou espantado com a duplicidade de Johnson. "Muito bem, sr. presidente, sei que não preciso lhe dizer da minha dedicação ao senhor, mas simplesmente não posso servir nessa comissão… Não poderia servir nela com o presidente da

Suprema Corte Warren." Era algo pessoal, disse ele. "Eu não gosto desse homem. Não tenho nenhuma confiança nele."

Johnson o cortou de imediato. "Dick, já foi anunciado, e você pode servir com qualquer um pelo bem dos Estados Unidos. Esta é uma questão que tem bem mais ramificações do que aparentam." Da mesma forma que fizera com Warren, Johnson comentou a estimativa de McNamara de que aproximadamente 40 milhões de americanos poderiam ser mortos num confronto nuclear, se o assassinato levasse a uma guerra.

"Agora, a razão de eu ter pedido a Warren é porque ele é o principal juiz deste país, e nós precisamos ter a mais alta gente do Judiciário que pudermos", afirmou. "A razão de eu pedir a você é porque você tem o mesmo tipo de temperamento e pode fazer qualquer coisa pelo seu país. E não me venha com essa história de que não pode servir com tal pessoa. Você pode fazer qualquer coisa."

"Você nunca desapontou seu país", Johnson continuou. "Você é o meu homem nessa comissão. E você vai fazer isso. Não venha me dizer o que pode e o que não pode fazer. Eu posso mandar prender você. E não vou pôr o FBI em cima de você. Mas você vai servir sim. Estou dizendo que vai.

Russell: "Bem, eu sei, mas, sr. presidente, o senhor deveria ter me dito que ia nomear Warren".

Johnson então mentiu a Russell, exatamente da mesma forma que havia mentido a Warren algumas horas antes: "Eu lhe disse, *sim*", falou o presidente. "Disse hoje que ia nomear o presidente da Suprema Corte, quando lhe telefonei."

Russell sabia que era mentira, como mostrariam as transcrições dos telefonemas de Johnson. "Não, não disse", Russell insistiu.

Johnson: "Eu disse".

Russell: "O senhor falou em pegar alguém da Suprema Corte. Não me disse que ia escolher *ele*".

Johnson: "Eu implorei a ele do mesmo jeito que estou implorando a você".

Russell: "O senhor não precisou implorar a mim. Só me disse, tudo bem".

Johnson: "Não, já está feito. Já foi anunciado… inferno".

Anunciado? Russel finalmente entendeu o que Johnson fizera: o comunicado para a imprensa com o seu nome já fora dado para o departamento de imprensa da Casa Branca.

Russell: "Quer dizer que anunciou que…".

Johnson: "Sim, senhor, quer dizer que anunciei que... Já está nos jornais, e você está dentro, e vai ser o meu homem nessa comissão".

Russell: "Penso que está se aproveitando de mim, sr. presidente".

Johnson: "Não estou me aproveitando de você".

Johnson subitamente pareceu lembrar-se de com quem estava conversando — seu mentor político, um homem mais próximo dele do que muitos dos membros de sua família. Rogou a Russell que tivesse em mente o quanto poderia fazer por ele agora que era presidente: "Eu vou me aproveitar um bocado de você, meu amigo, porque foi você quem me fez e eu sei, e eu nunca esqueço... eu sou um protegido de Russell, e não esqueço os meus amigos".

Russell: "Diabos, só que eu não gosto do Warren".

Johnson: "Bem, é claro que você não gosta do Warren, mas vai gostar dele antes que tudo isso acabe".

Russell: "Eu não tenho confiança nenhuma nele".

Johnson: "Você pode confiar nele! Junte-se a ele. Agora... Agora, pelo amor de Deus, eu quero um homem meu nessa comissão. E tenho esse homem".

Russell desistiu da briga: "Se é para o bem do país, sabe muito bem que vou fazer, e fazer pelo senhor. Só espero, por Deus, que da próxima vez seja um pouco mais ponderado e tenha um pouco mais de consideração. Mas dessa vez, é claro, se já fez isso, eu vou encarar e dizer que é uma ideia maravilhosa". Ele proferiu estas últimas palavras — "é uma ideia maravilhosa" — num tom carregado de sarcasmo.

Antes de desligar, Russell ainda disse: "Penso que fez mal em escolher Warren e sei muito bem que fez mal em me escolher, mas ambos vamos fazer o melhor que pudermos".

"Eu penso que é isso que vocês farão", replicou o presidente. "É o tipo de americano que vocês dois são. Boa noite."

Na semana seguinte, na Suprema Corte, Warren teve de explicar aos seus colegas juízes por que concordara em chefiar a comissão após insistir, durante anos, como era errado membros da Corte assumirem atribuições externas.[22]

Mais tarde ele contou a seu amigo Drew Pearson que os outros juízes reagiram com indignação, com exceção do juiz Goldberg, o mais novo integrante da casa.[23] "Todos os membros da Corte, exceto Arthur Goldberg, o trataram muito mal", escreveu Pearson em seus diários. Os juízes William Brennan e John Marshall Harlan apontaram a hipocrisia de Warren, lembrando que ele argumentava havia muito que "membros da Corte devem se ater ao seu ofício e não assumir deveres extracurriculares". Warren sabia que seus colegas tinham razão em estar zangados com ele. Ele próprio, conforme admitiu, estava zangado consigo mesmo.

PARTE II
A investigação

Quadro nº 371 da filmagem de Zapruder, 22 de novembro de 1963.

6.

GABINETE DO PRESIDENTE DA SUPREMA CORTE

SUPREMA CORTE

WASHINGTON, DC

DEZEMBRO DE 1963

O presidente da Suprema Corte receava ter um Natal extremamente infeliz — e um ano terrível. Seus filhos disseram que o assassinato de Kennedy abalara os pais como nenhum outro fato em suas vidas.[1] "Foi simplesmente inacreditável para os dois", disse Robert, o mais novo dos seis filhos. "Foi algo que os transformou." Outro filho, Earl Jr., disse que pela primeira vez na vida do pai "a tensão realmente se mostrava". Ao concordar em dirigir a comissão, "ele vivia aquele fato trágico a cada momento. [...] Foi muito cruel para ele ter de passar por tudo aquilo várias vezes".

Naquele ano em especial, o presidente da Suprema Corte teria recebido de bom grado a oportunidade de fugir da capital e passar os feriados na sua casa, no norte da Califórnia, cercado dos filhos e netos e de velhos amigos, desfrutando o clima ensolarado, às vezes cálido, do mês de dezembro na área da baía de San Francisco; o rigor dos invernos em Washington ainda era capaz de assustá-lo. Viajar para a Califórnia nos feriados tinha sido sua rotina desde que ingressara na

Suprema Corte, mas agora, tendo se dobrado ao presidente Johnson, desconfiava que seria obrigado a permanecer em Washington. Precisava organizar a comissão, ao mesmo tempo que se preparava para uma temporada trabalhosa na Suprema Corte. As causas a serem decididas no ano seguinte incluíam um portentoso caso da Primeira Emenda, *The New York Times* vs. Sullivan, que estava programado para discussão em 6 de janeiro. Diversos outros casos importantes discutidos no fim de 1963 aguardavam decisão. Apenas nove dias antes do assassinato, a Corte ouviu os argumentos de um caso de referência relativo a direito de voto, Reynolds vs. Sims; esse caso permitiria à Corte forçar todos os cinquenta estados a adotar a regra de um homem, um voto para as eleições nos legislativos estaduais.

Felizmente para Warren, ele ainda gozava de boa saúde aos 72 anos. Orgulhava-se de ainda ser vigoroso, de ainda trabalhar duro na Corte, enquanto tantos de seus velhos colegas da Promotoria em Oakland e do governo estadual em Sacramento encaminhavam-se para a aposentadoria. Tristemente, alguns de seus velhos amigos da Califórnia tinham ido para o túmulo havia pouco tempo.

Ao concordar em dirigir a comissão, Warren assumira dois empregos em tempo integral. Ele resolveu que não tentaria limitar, de forma alguma, suas atividades na Corte. Depois de uma década ocupando a cadeira — em outubro, ele comemorara seu décimo aniversário como presidente da Suprema Corte —, Warren podia ver que o tribunal sob seu comando estava refazendo o país, empurrando os Estados Unidos para o futuro —, tornando-o mais justo e mais livre. A Corte estava derrotando os intolerantes e os reacionários que, ele sentia, de algum modo tinham criado a atmosfera que resultara no assassinato de Kennedy. Seu legado como presidente da Suprema Corte poderia ser muito maior que qualquer coisa que ele pudesse ter realizado em seus antigos sonhos de conquistar a Casa Branca.

Johnson e seus assessores haviam garantido a Warren que ele teria recursos ilimitados para dirigir a comissão. Teria todo o dinheiro de que precisasse para contratar pessoal, alugar escritórios e pagar por qualquer investigação que se fizesse necessária. Mas alguém tinha de contratar o pessoal, e alguém tinha de encontrar esses escritórios, e agora todas essas responsabilidades recaíam sobre os ombros dele. Ele precisava presidir a Corte ao mesmo tempo que organizava e dirigia o que acabou sendo uma pequena agência federal para investigar o assassinato do presidente — uma agência que, se fizesse seu serviço de forma deficiente, poderia levar o país a tropeçar numa guerra.

Warren sabia que precisava de ajuda rápido, e recorreu de imediato a Warren Olney, o assessor mais confiável que tivera ao longo de sua carreira no governo da Califórnia. Olney, 59 anos, outro californiano nativo, fora trabalhar pela primeira vez com Warren em 1939 na Promotoria de Oakland. Era um exemplo típico dos auxiliares diretos mais próximos de Warren — leal, discreto, progressista mas essencialmente apolítico, alguém que via em Warren um ideal do que podia ser um servidor público. O presidente da Suprema Corte considerava Olney "um homem em cuja integridade eu poderia apostar minha vida". Olney acompanhara Warren a Washington. De 1953 a 1957, foi assistente do procurador-geral na Divisão Criminal do Departamento de Justiça; com efeito, foi o principal promotor criminal da administração Eisenhower. No departamento, Olney deixou sua marca nos direitos civis — como seu mentor Warren, na Corte, do outro lado da cidade. Ajudou a redigir a Lei dos Direitos Civis de 1957, a primeira legislação fundamental de direitos civis aprovada pelo Congresso desde a Reconstrução. Em 1958, tornou-se diretor do Escritório Administrativo das Cortes dos Estados Unidos, a agência responsável pela logística de administrar o sistema jurídico federal; tal cargo o manteve em estreito contato com Warren.

Depois da sua reunião com Johnson no Salão Oval, Warren chamou Olney e pediu-lhe que participasse da comissão para dirigir o dia a dia da investigação, com o título de conselheiro-geral. Seria um emprego de período integral pelo tempo que durasse a investigação, por mais demorada que fosse — dois ou três meses, estimava Warren. Para seu alívio, Olney disse sim.

Warren ainda não se encontrara com seus colegas da comissão, mas parecia confiante de que os outros seis responderiam entusiasticamente a essa indicação. Olney era uma figura conhecida nos círculos legais de Washington; sem dúvida era admirado por muitos de seus ex-colegas do Departamento de Justiça. Warren aparentemente pensava que tudo não passaria de formalidade.

O diretor do FBI, porém, tinha outros planos. Como, exatamente, ele ficou sabendo da intenção de Warren de nomear Olney não fica claro pelos arquivos do FBI. Mas poucos dias depois da conversa do presidente da Suprema Corte com Olney, o FBI tinha conhecimento da sua escolha e lançou uma agressiva campanha por trás dos panos para impedi-la. A campanha contra Olney foi planejada de forma a se manter secreta para Warren.

No Departamento de Justiça, Olney fizera inimigos no FBI. Seu zelo pela implantação dos direitos civis não era compartilhado pelo bureau; Hoover, em particular, via muitos líderes dos direitos civis, especialmente Martin Luther King, como subversivos, se não comunistas. Hoover considerava Olney "hostil" ao FBI e o depreciava como "protegido de Warren" — a descrição usada nos arquivos do bureau.[2]

A campanha contra Olney refletia o quanto a relação entre Hoover e Warren havia se deteriorado no quarto de século que se conheciam. Como governador da Califórnia na década de 1940, Warren teve uma relação estreita — uma amizade, pensava ele — com Hoover, o que lhe valeu um lugar na cobiçada "lista de correspondentes especiais" do FBI, formada por funcionários públicos com direito à ajuda do bureau. Quando o governador Warren viajava para Washington, aproveitava-se da oferta do FBI de ter à sua disposição um carro com motorista.[3] O relacionamento com Hoover chegou a ser tão próximo que Warren teria pedido ao FBI que conduzisse uma investigação sigilosa sobre um rapaz que estava cortejando uma de suas filhas.

Mas quando Warren chegou à Suprema Corte, em 1953, e o tribunal começou a controlar os poderes do FBI, especialmente quando os juízes ampliaram os direitos de criminosos suspeitos, a relação com Hoover esfriou — e nunca mais foi a mesma. Na época do assassinato de Kennedy, ela era de desprezo mútuo. Warren posteriormente contou a Drew Pearson que ele acreditava que o FBI de Hoover estivera envolvido durante anos em "táticas de Gestapo", inclusive escuta ilegal de conversas em investigações criminais importantes — práticas que foram encerradas em parte devido às ações da Corte.[4]

"Lembro-me de J. Edgar Hoover quando ele tinha setecentos homens antes da guerra e estava fazendo um belo trabalho", Warren disse a Pearson em 1966 para o que se supôs ser um perfil autorizado do presidente da Suprema Corte para a revista *Look*. "Agora ele tem 7 mil homens e o poder lhe subiu à cabeça. Ele obtém do Congresso todo o dinheiro que quer e não há nenhum controle sobre ele." E manifestou seu temor de que, se o FBI e a CIA fossem associados numa única agência, "realmente teremos um estado policial". (Warren aparentemente deu-se conta de ter falado à vontade demais com Pearson e convenceu o colunista a abandonar o artigo.)

Hoover inicialmente se opusera à criação de uma comissão independente para investigar o assassinato de Kennedy. Não passaria de "um circo", ele disse a

Johnson num telefonema em 25 de novembro, três dias após o assassinato.[5] Sua oposição era compreensível. O FBI não estava acostumado a nenhum tipo de escrutínio; o Congresso mantinha pouca supervisão sobre o bureau, curvando-se rotineiramente às solicitações de Hoover para verbas cada vez maiores, a serem gastas segundo seu critério. Mas com a criação de uma comissão, o FBI podia esperar uma enxurrada de perguntas sobre por que tinha falhado em detectar a ameaça representada por Oswald, que estivera sob vigilância em seus escritórios de campo tanto em Dallas quanto em New Orleans nos meses anteriores ao assassinato. Hoover disse a seus assessores diretos que receava que uma comissão pudesse levar as operações do bureau a serem criticadas a ponto de ameaçar a própria sobrevivência do FBI.

Contudo, Hoover não protestou quando, em 29 de novembro, Johnson ligou para anunciar que mudara de ideia e resolvera criar uma comissão. A gravação desse telefonema mostra que Hoover aceitou a decisão sem queixa, talvez refletindo sua confiança no novo presidente para proteger os interesses do FBI. Não há prova de que Hoover tenha reclamado diretamente com Johnson sobre a escolha de Warren como chefe da comissão.

No entanto, foi o fato de Warren escolher Olney que levou Hoover a agir.[6] Discretamente, os assessores de Hoover entraram em contato com os membros da comissão — exceto Warren — para adverti-los da reputação de Olney no bureau como homem que não havia apoiado o conceito de lei e ordem de Hoover. Como escreveu mais tarde o diretor assistente do FBI, Cartha "Deke" DeLoach, foi "necessário que diversas fontes informassem confidencialmente aos membros da comissão presidencial, com exceção de Warren, sobre o histórico de Olney" e sua "personalidade deplorável".

Warren marcou a primeira reunião da Comissão Presidencial sobre o Assassinato do Presidente Kennedy — nome formal do grupo — para as dez horas de 5 de dezembro, uma quinta-feira.[7] O local foi uma sala de conferências revestida de madeira, decorada, no Arquivo Nacional na Pennsylvania Avenue; a instituição tinha concordado em abrir espaço para que a comissão se reunisse lá até montar seu próprio escritório. Entrando na reunião naquele dia, o presidente da Suprema Corte aparentemente não tinha conhecimento de que sua primeira decisão-chave no comando da investigação já havia sido minada pelo FBI.

Mesmo antes da reunião havia indícios de que o relacionamento da comissão com o FBI seria difícil. Hoover se recusara de forma impertinente a atender aos pedidos da comissão de enviar à reunião um funcionário sênior do FBI para responder a perguntas sobre o estado da investigação do bureau em Dallas. O FBI argumentou que seria mais apropriado que o subprocurador-geral Nicholas Katzenbach, que deveria participar da reunião, representasse o bureau.[8]

Parecia haver um ato de desafio muito mais significativo por parte do FBI, com uma série de vazamentos para alguns dos repórteres favoritos do bureau. Em 3 de dezembro, dois dias antes da reunião, a Associated Press informou que o FBI estava perto de completar um "relatório exaustivo" que identificaria Oswald como "o único e solitário assassino do presidente Kennedy".[9] A reportagem da Associated Press, atribuída a "fontes do governo" não citadas, dizia que o FBI determinara que Oswald — "sem cúmplices" — tinha disparado três balas na limusine presidencial do Depósito de Livros Escolares do Texas. O relatório do FBI descobrira que a primeira e a terceira balas tinham atingido Kennedy, enquanto a segunda acertara Connally. Histórias similares vazaram para outros órgãos noticiosos.

Para muitos integrantes da comissão, os artigos equivaliam a um esforço orquestrado do FBI, e provavelmente do próprio Hoover, para cimentar a opinião pública em torno da ideia de que não houvera conspiração para matar o presidente — por certo nenhuma conspiração que o FBI tivesse podido frustrar. O bureau estava tentando forçá-los a tirar conclusões antes que tivessem examinado mais atentamente qualquer prova, era o que parecia.

"É o vazamento mais afrontoso que já vi", disse aos outros membros o congressista Boggs, democrata da Louisiana. "Quase certamente ele vem do FBI."[10] O subprocurador-geral Katzenbach estava convencido de que Hoover e seus assessores estavam vazando tais histórias: "Não consigo pensar em mais ninguém de onde isso possa ter vindo".[11]

A reunião naquela quinta-feira foi aberta com uma rodada de apertos de mão entre os sete integrantes e Katzenbach.[12] Tomaram os seus assentos numa comprida e simpática mesa de madeira; a única outra pessoa na sala era um relator da Corte contratado para transcrever os procedimentos. A maioria das transcrições das sessões executivas da comissão, classificadas como top secret, ficaria trancada durante décadas.

"Este é um dever muito triste e solene que estamos assumindo", começou Warren. "Tenho certeza de que não há nenhum de nós que não preferisse estar fazendo qualquer outra coisa a estar numa comissão desse tipo. Mas esta é uma comissão tremendamente importante." O presidente Johnson "está certo em tentar assegurar que o público esteja a par de tudo sobre essa situação sórdida, até o ponto que seja humanamente possível", prosseguiu. "Sinto-me honrado que ele pense que eu, junto com todos vocês, sejamos capazes de realizar tal tarefa, e eu penetro nela com um grande sentimento de inadequação e humildade porque a simples ideia de rever tais detalhes dia a dia é realmente algo que me faz mal."[13]

Ele apresentou então seu ponto de vista sobre a tarefa da comissão. Disse que acreditava que o escopo da investigação devia ser limitado, e que a comissão deveria finalizar seu trabalho o mais depressa possível. Na verdade, investigação não era realmente a palavra para o que ele propunha. Argumentou que a comissão devia simplesmente rever as provas sobre o assassinato que haviam sido colhidas pelo FBI, pelo Serviço Secreto e por outras agências; seria responsabilidade da comissão certificar que as investigações das agências fossem adequadas. Independentemente do que pudesse pensar privadamente sobre Hoover, Warren parecia acreditar que o FBI, em particular, era confiável para chegar aos fatos.[14]

"Penso que nossa tarefa aqui seja essencialmente a de avaliar provas, distinta da tarefa de juntar as provas, e acredito que de início, pelo menos, podemos começar com a premissa de que podemos confiar nos relatórios das diversas agências", disse ele.[15] De acordo com Warren, não deveria haver audiências públicas, nem a comissão deveria ter poder de intimação, o que exigiria a aprovação do Congresso. Ele disse que não via a necessidade de contratar uma equipe de investigadores separada. "Não vejo qualquer motivo para ter de duplicar as funções do FBI ou do Serviço Secreto."

Se a comissão tivesse poder de intimação ou audiências públicas, argumentou Warren, poderia ficar sobrecarregada de pessoas insanas "que acreditam saber de grandes conspirações" e exigiriam testemunhar.[16] "Se tivermos poder de intimar, as pessoas vão esperar que o usemos. Testemunhas terão o direito de vir e dizer: 'Olha aqui, eu tenho este testemunho para dar'… E se forem malucos, se forem doidos, ficaremos de mãos amarradas."[17] Se a comissão então deixasse de chamar os "malucos" para testemunhar, "eles vão sair por aí dizendo que suprimimos provas".[18] A caixa de correio de Warren na Corte já estava cheia de cartas e cartões-postais de gente perturbada — algumas contendo ameaças, muitas escritas com caligrafia diminuta, rabiscada, como seus arquivos mostravam —, que alegava estar pronta para revelar a verdade oculta sobre o assassinato do presidente.[19]

Warren então recostou-se para ouvir as ideias dos outros. Parecia estar confiante de que seus colegas de comissão — a maioria deles quase tão ocupados em suas vidas quanto ele — veriam a lógica de sua proposta.

Em vez disso, os outros revidaram — alguns à beira da rudeza. Warren podia ser presidente da Suprema Corte, respeitado em qualquer outro contexto, mas estava prestes a ficar sabendo que muitos desses homens tinham intenção de tratá-lo como um igual. Vários — o senador Russell, John McCloy e Allen Dulles, especialmente — vinham exercendo poder em Washington por décadas, muito antes de Warren chegar à capital. E Warren tinha uma razão especial para ser cauteloso com Gerald Ford, eleito para o Congresso pela primeira vez em 1948, por causa da amizade entre o republicano de Michigan e Richard Nixon.

McCloy, advogado, diplomata e banqueiro de 68 anos que fora um valioso conselheiro de presidentes desde Franklin Roosevelt e apelidado de "Chefe do Establishment do Leste" um ano antes pela revista *Esquire*, foi o primeiro a enfrentar o presidente da Suprema Corte.[20] Ele sugeriu que Warren era absolutamente tolo em confiar nas agências governamentais para investigar suas próprias deficiências. McCloy não usou a palavra "encobrir" ao descrever o que o FBI e o Serviço Secreto poderiam fazer, mas chegou perto.[21]

"Existe aqui uma culpa potencial por parte do Serviço Secreto e até mesmo do FBI", disse ele. "Sendo a natureza humana como é", as agências poderiam apresentar relatórios "de interesse próprio" sobre o que havia acontecido.[22]

Warren também estava errado no que se referia ao poder de intimação, McCloy declarou.[23] A comissão devia ser capaz de obrigar testemunhas a depor e a forçar as agências a apresentar as provas. Sem poder de intimação, disse ele, a comissão arriscava-se a ser vista como ineficaz. A investigação tinha uma obrigação além "da mera avaliação dos relatórios das agências. [...] Eu penso que se não tivermos o direito de requerer documentos, o direito de intimar testemunhas se necessitarmos delas, a posição geral desta comissão pode ficar seriamente prejudicada".[24] Boggs e Ford concordaram.[25]

Aparentemente surpreso por ser contestado de forma tão aberta na primeira reunião da comissão, Warren não mostrou disposição para brigar. "Se o restante de vocês acha que devemos ter poder de intimação, para mim está ótimo", disse.[26]

Em seguida, Russell objetou contra a sugestão de Warren de que a comissão não tivesse uma equipe de investigadores.[27] "Vamos precisar de alguém" para examinar o fluxo de papelada do FBI, do Serviço Secreto e outros, disse ele. "Espero que possamos conseguir uma equipe — não um exército, mas uma equipe de homens extremamente capazes que possam formular um relatório que resista ao mesmo meticuloso escrutínio de qualquer pessoa de mentalidade justa."

Russell lembrou a Warren do perigo que a investigação apresentava a todos os sete membros — que, se não tivessem recursos adequados para chegar à verdade sobre o assassinato e mostrar as provas claramente ao público, a história não os perdoaria.[28] O que quer que tivessem realizado em suas longas carreiras, este poderia muito bem ser o trabalho pelo qual seriam lembrados. "A reputação de todos nós está em jogo nesta coisa", disse Russell, compartilhando com os outros sua raiva de Johnson. "Francamente, não sei se algum dia voltarei a sentir o mesmo pelo presidente por me botar nesta comissão. [...] Eu disse a ele que não queria servir, e que não serviria, mas não consegui achar nenhuma saída."

McCloy sugeriu que a comissão encontrasse um advogado "excelente" para dirigir a equipe como conselheiro-geral da comissão, dando a Warren a oportunidade de apresentar seu candidato: Warren Olney.[29] O presidente da Suprema Corte passou vários minutos descrevendo a carreira de Olney na Califórnia e em Washington, afirmando que "não há um único homem entre meus conhecidos que seja mais honrado".[30] Olney, disse ele, é "um sujeito com verdadeira habilidade. [...] Eu simplesmente não creio que possa achar no país alguém que tenha experiência comparável para esse tipo de trabalho".[31]

Seus elogios foram tão efusivos que qualquer um que optasse por contestar a indicação de Olney poderia soar impertinente, até insultuoso, com o presidente da Suprema Corte. Mas foi isso que aconteceu, e Ford comandou o ataque. Olney podia ser "uma recomendação excelente", disse Ford, mas a estreita relação entre Warren e Olney era bastante conhecida — o FBI se encarregara discretamente de fazer isso — e "com o seu longo relacionamento com ele, pode haver pessoas que, talvez injustamente, digam então que o presidente da Suprema Corte estava dominando a comissão e o relatório será visto como de sua autoria e não de todos nós".[32]

"Não quero a comissão dividida", Ford prosseguiu. "Não quero que seja a sua comissão nem a comissão de metade de nós, nem nenhuma outra coisa."[33]

McCloy não fez julgamento das qualificações de Olney, mas concordou com Ford que deveria haver uma busca ampla por um conselheiro-geral para supervisionar a investigação. "Tenho a sensação de que deveríamos procurar e escolher o melhor homem de todos", disse. "Pessoalmente, eu mesmo gostaria de dar uma olhada em Olney."[34]

O cordato Boggs pareceu sentir que Warren ficara ofendido com as questões sobre Olney, e o homem da Louisiana se levantou para defender o presidente da Suprema Corte. "Penso que o chefe da comissão precisa se aconselhar com quem possa se sentir completamente à vontade", disse. "O presidente da Suprema Corte deve ter alguém em quem tenha total e absoluta confiança."[35]

Warren fez uma última jogada em prol de Olney — e se não Olney, alguma outra pessoa de talento e experiência que estivesse rapidamente disponível. O presidente da Suprema Corte disse que precisava de alguém que compreendesse os mecanismos internos das agências encarregadas do cumprimento da lei e do resto do governo, e que não necessitaria de "meses e meses para aprender seus meandros" na capital.[36] E pôs o apelo em termos pessoais: "Se eu não tiver um conselheiro que conheça muito bem, com quem possa trabalhar desde o primeiro dia, sei que não vou nem ver a minha família no dia de Natal", insistiu ele.[37] "Vou ter de ficar aqui todo dia, porque um homem não cai aqui em Washington, por melhor que seja, já sabendo os caminhos a seguir."

A reunião terminou às 12h45, após quase três horas, com o compromisso de se reunirem novamente na tarde seguinte.[38]

A pressão silenciosa do FBI tinha funcionado, e quando os membros da comissão voltaram a se reunir no dia seguinte — sexta-feira, 6 de dezembro —, a indicação de Olney era assunto morto. Ford, Dulles e McCloy informaram a Warren que todos tinham reservas em relação a Olney, com McCloy revelando saber que Olney estava "na ponta da espada de J. Edgar Hoover".[39] Warren desistiu. "Eu não haveria de querer alguém que não tivesse a plena confiança da comissão", disse. "No que me diz respeito, a questão do sr. Olney como conselheiro da comissão está encerrada."[40]

Durante a noite, McCloy telefonara a amigos em Washington e Wall Street, pedindo nomes de outros advogados experientes para a tarefa.[41] Muita gente, disse ele, recomendara J. Lee Rankin, que havia sido procurador na administração Eisenhower e que agora advogava em Nova York. "Rankin parece ser um homem de caráter e integridade elevados", concluiu.

A menção do nome veio como um alívio para Warren.[42] Um homem de Nebraska de 56 anos, Rankin era um rosto familiar e amigável para o presidente da Suprema Corte. Como procurador, ele representara o governo perante a Corte em muitos dos casos mais importantes dos anos 1950.[43] Rankin argumentara pelo Departamento de Justiça em nome das crianças pequenas e seus pais em Topeka, Kansas, que buscavam a dessegregação das escolas locais no caso Brown vs. Conselho de Educação.[44] "Nós o vimos com bastante frequência na Suprema Corte porque fez questão de defender ele mesmo os casos mais importantes", disse Warren.[45] "É um homem esplêndido em todos os aspectos. [...] É um ser humano." Rankin, acrescentou, não era "político em nenhum sentido".[46]

Russell recomendou que, se Warren e McCloy estivessem de acordo, a comissão deveria contratar Rankin.[47] Os outros integrantes não levantaram objeção. Warren fez planos de ligar para Rankin naquela noite.

Antes de a reunião acabar, McCloy levantou outra questão.[48] A discussão entre eles havia se concentrado até agora no FBI e no Serviço Secreto e na informação que essas duas agências seriam solicitadas a fornecer à comissão. Mas e quanto à CIA? Teria o presidente da Suprema Corte ou qualquer outra pessoa entrado em contato com a agência para determinar o que ela sabia sobre o assassinato — e sobre Oswald e suas viagens para a Rússia e o México?

"Não, não entrei", Warren retrucou, "pela simples razão de que nunca fui informado de que a CIA tivesse qualquer conhecimento acerca disso."[49]

"Tem sim", revidou McCloy, parecendo zombar da ingenuidade do presidente da Suprema Corte ao sugerir que a CIA não sabia nada de valioso sobre Oswald.[50] Pressionando Warren, McCloy disse: "Será que não temos de perguntar a eles?".

"Claro que temos", replicou o presidente da Suprema Corte, parecendo dar-se conta de que sua resposta anterior fora tolice. "Penso que temos de perguntar a eles."[51]

7.

GABINETE DO DEPUTADO GERALD R. FORD
CÂMARA DOS REPRESENTANTES
WASHINGTON, DC
QUINTA-FEIRA, 12 DE DEZEMBRO DE 1963

Gerald Ford pediu a reunião.[1] Convidou o diretor assistente do FBI Cartha "Deke" DeLoach, o principal contato do bureau com o Congresso, para dar uma passada no seu escritório em Capitol Hill na manhã de quinta-feira, 12 de dezembro, uma semana depois da primeira reunião da comissão do assassinato. Ford tinha uma oferta a fazer ao bureau. "Quando cheguei, ele me disse que queria conversar no mais estrito sigilo", DeLoach escreveu a Hoover mais tarde nesse dia. "Isso foi acordado."

Ao longo de sua carreira no Congresso, Ford, como Lyndon Johnson e tantos outros em Capitol Hill, havia se desviado do caminho para ficar perto do FBI. No decorrer dos anos, o bureau passara a ver Ford como um amigo confiável, em especial quando chegava a hora de conseguir apoio para as requisições de orçamento do FBI. Ford era membro do poderoso Comitê de Orçamento da Câmara, que decidia como o orçamento federal seria dividido entre as agências. Agora, em seu trabalho para a comissão, Ford aproveitaria uma nova oportunidade para demonstrar sua lealdade ao bureau.

Aos cinquenta anos, "Jerry" Ford, de Grand Rapids, Michigan, apresentava-se aos seus constituintes como sendo um deles — um homem do Meio-Oeste, modesto, polido, amigável.[2] Em Capitol Hill era conhecido por sua serenidade e bom humor, e os democratas admiravam sua abordagem internacionalista da política externa. Mas seus colegas de Congresso viam um lado de Ford que nem sempre era exibido aos eleitores de Michigan — de um político ferozmente ambicioso, às vezes implacável, que sabia escolher amigos e aliados que pudessem ajudar o progresso de sua carreira. Em 1948, ele derrotara um parlamentar republicano em exercício. Desde os seus primeiros dias no Congresso, Ford surpreendeu sua equipe falando abertamente sobre seu sonho de um dia ser eleito presidente da casa. No início de 1963, foi nomeado chefe da Conferência Republicana — o terceiro posto mais importante na liderança do Partido Republicano no Congresso — depois de sobrepujar um veterano. Na eleição geral de 1960, conta-se que seu amigo Richard Nixon, indicado republicano à presidência, chegou perto de escolher Ford como seu colega de chapa.

Ford procurou o FBI semanas depois de chegar a Washington, em 1949. Usou um dos seus discursos de estreia na Câmara naquele inverno para pedir um aumento de salário para Hoover, anunciando ser o autor de uma emenda do orçamento recém- introduzida que elevaria o salário do diretor do FBI em 25% — de 14 mil para 17 500 dólares por ano, o que manteria Hoover entre os mais bem pagos funcionários do governo federal.[3] * O diretor, disse ele, era um herói nacional que fazia jus a cada centavo: "A recompensa monetária proposta pela minha emenda, depois de longos anos de serviço fiel e dedicado, é uma pequena compensação para sua inestimável contribuição".

Quase quinze anos depois, Ford viu sua indicação para a Comissão Warren como um meio de estabelecer uma reputação nacional — e também de ampliar sua aliança com Hoover. Com o correr dos anos, Ford repetidamente insistiu que resistira ao convite do presidente Johnson para participar da comissão, citando seus pesados deveres na Câmara. Mas a liberação das gravações telefônicas de Johnson na Casa Branca décadas depois mostrou que na verdade Ford tinha aceitado a oferta de Johnson avidamente e sem hesitação.

---

* Se ajustado pela inflação, o salário anual de Hoover seria equivalente hoje a 171 mil dólares.

Para o FBI, a indicação de Ford significava que o bureau tinha um contato valioso — e um defensor, se necessário — na investigação. Num memorando interno, pouco depois de ser anunciada a composição da comissão no fim de novembro, Hoover escreveu que se podia esperar que Ford "cuidasse dos interesses do FBI".

Acabou acontecendo que Ford estava disposto a ir ainda mais longe nessa ajuda, conforme explicou a DeLoach quando os dois se sentaram no escritório do congressista. Ford disse que estava disposto a ser a fonte secreta do bureau na comissão — em particular, a ajudar o bureau a ficar de olho no presidente da Suprema Corte. A decisão era do bureau. O FBI queria que ele servisse de informante?

"Ford me disse que estava um tanto perturbado com a maneira como o presidente da Suprema Corte Warren estava exercendo sua liderança", escreveu DeLoach num memorando mais tarde nesse dia, que foi direto para Hoover.[4] "Ele explicou que o primeiro erro cometido por Warren foi a tentativa de estabelecer uma 'comissão de um homem só' apontando um conselheiro-geral, Warren Olney, que era seu protegido."

Ford disse a DeLoach que, durante a discussão inicial da comissão, ele e outros fizeram objeções à ideia de Warren de nomear Olney. "Warren apresentou um argumento duro" para tentar resgatar a indicação de Olney, Ford informou a DeLoach, mas "chegou-se a um acordo quando foi mencionado o nome de Lee Rankin". O memorando sugeria que Ford não tinha ciência — ou ao menos não estava disposto a reconhecer que sabia — que o FBI organizara uma campanha por trás dos panos para bloquear Olney.

Ford então fez sua oferta. "Ele indicou que me manteria meticulosamente a par das atividades da comissão", escreveu DeLoach. "Também perguntou se poderia me ligar de vez em quando para esclarecer dúvidas acerca da investigação. Eu lhe disse que certamente deveria fazer isso. Ele reiterou que nossa relação, é claro, permaneceria confidencial. Nós temos tido excelentes relações com o congressista Ford há anos."

Hoover tinha motivo para ficar eufórico, e não só pela oferta de Ford. O diretor do FBI tinha agora as primeiras provas de que Ford e alguns outros membros da comissão estavam prontos para entrar numa briga contra o presidente da Suprema Corte.

"Bem conduzido", ele escreveu no pé do memorando de DeLoach.

O ex-funcionário do FBI, o diretor assistente William Sullivan, que rompeu com Hoover anos depois e foi forçado a uma aposentadoria precoce, recordou-se da empolgação de Hoover com a oferta de Ford de fornecer informação.[5] Ao longo do tempo, disse ele, Ford protegeu o FBI "mantendo-nos plenamente informados do que se passava por trás de portas fechadas. [...] Ele era o nosso homem, nosso informante, na Comissão Warren".

A investigação do assassinato de Kennedy seria o maior inquérito criminal na história do bureau, até aquele momento, segundo a medição do número de agentes e homens-horas dedicados ao inquérito. A investigação estava centralizada em Dallas, onde dezenas de agentes haviam sido temporariamente implantados, vindos de todo o país. Agentes extras foram despachados para New Orleans, onde Oswald nascera e vivera durante parte de 1963, para Nova York, onde passara parte de sua infância, e para a Cidade do México. Mesmo assim, apenas dias após o assassinato e certamente no começo de dezembro, Hoover parecia pronto a declarar que Oswald — e somente Oswald — era responsável pela morte do presidente.

No domingo, 24 de novembro, dia do assassinato de Oswald e dois dias depois do assassinato de Kennedy, Hoover disse a Walter Jenkins, um dos assessores diretos de Johnson na Casa Branca, que o FBI tinha intenção de preparar um relatório que "convenceria o público de que Oswald era o verdadeiro assassino".[6] Hoover parecia disposto a passar por cima dos agentes para fazer uma declaração pública de que Oswald tinha agido sozinho. Na terça-feira, 26 de novembro, um dos agentes seniores de Hoover escreveu ao diretor para dizer que era errado fazer qualquer julgamento apressado sobre o assassinato, inclusive a conclusão final de que Oswald era o atirador solitário.[7] "Devemos reconhecer que uma questão dessa magnitude não pode ser investigada em uma semana", argumentou.

Hoover discordou e deixou claro seu desagrado numa nota escrita à mão no alto do memorando: "Exatamente quanto tempo você acha que isso vai demorar? Parece-me que agora já temos os fatos básicos". Três dias depois, em 29 de novembro, Hoover disse ao presidente Johnson numa conversa telefônica que "esperamos ter a investigação encerrada hoje, mas provavelmente não a teremos antes do começo da semana".[8]

A estimativa provou ser otimista demais, mas na segunda-feira, 9 de dezembro, o FBI apresentou à Comissão Warren um relatório em cinco volumes, com quatrocentas páginas, que, conforme o prometido, efetivamente identificava Oswald como assassino isolado.[9] "Provas surgidas na investigação apontam de forma conclusiva para o assassinato do presidente Kennedy ter sido cometido por Lee Harvey Oswald, um confesso marxista", dizia o relatório. O FBI não excluía totalmente a possibilidade de uma conspiração envolvendo Oswald, mas o relatório não oferecia indício de mais ninguém envolvido na morte de Kennedy. Havia uma sugestão clara de que, embora o FBI tivesse mantido Oswald sob vigilância naquele mesmo ano como possível espião soviético, o bureau jamais tivera motivo para acreditar que ele apresentasse alguma ameaça ao presidente. Foram as conclusões desse relatório que tinham vazado aos repórteres uma semana antes.

ARQUIVO NACIONAL

WASHINGTON, DC

SEGUNDA-FEIRA, 16 DE DEZEMBRO DE 1963

Warren e os outros membros da comissão reuniram-se no Arquivo Nacional para seu terceiro encontro, que seria centrado numa discussão sobre o relatório do FBI.[10]

Lee Rankin, recém-chegado como conselheiro-geral, participou da sessão. Warren disse que estava muito contente por Rankin poder assumir grande parte do fardo de organizar a investigação. "Ele tem estado comigo a maior parte do tempo desde a nossa última reunião e temos tentado cuidar da parte dos afazeres domésticos dessa coisa", disse Warren.[11]

O presidente da Suprema Corte abriu a reunião com outra boa notícia — havia encontrado espaço para os escritórios da comissão na recém-inaugurada sede dos Veterans of Foreign Wars (VFW), o grupo de veteranos nacional, na Maryland Avenue. Convenientemente, o edifício de cinco andares com fachada de mármore ficava a apenas dois quarteirões da Suprema Corte e a poucos minutos a pé do Capitólio. A comissão podia ocupar todo o quarto andar do prédio — cerca de mil metros quadrados — e seus membros haviam sido convidados a usar a espaçosa sala de conferências no térreo para entrevistas com testemunhas importantes e outras reuniões. "Temos tudo de que precisamos aqui", declarou Warren.

A comissão obtivera um número de telefone e em breve teria suas próprias telefonistas e recepcionistas, anunciou Warren. A notícia foi um alívio para as telefonistas do edifício da Suprema Corte, que estavam ficando alarmadas com os telefonemas bizarros, às vezes ameaçadores, de gente que alegava saber segredos obscuros sobre o assassinato.

Warren relatou também que estava tendo boa receptividade de outras partes. A Administração de Serviços Gerais, a agência federal de logística, havia encontrado um administrador para organizar o sistema da folha de pagamentos da comissão e a contabilidade. O Arquivo Nacional tinha enviado um arquivista para ajudar a organizar o sistema de fichários para o que em breve viria a ser uma enxurrada de documentos, muitos classificados pelo menos como "estritamente secretos". "Já estamos com as mãos na massa lá", disse Warren.[12]

A conversa voltou-se então para o relatório do FBI. A avaliação, segundo a maioria dos integrantes, foi áspera. Warren e vários outros acharam o relatório incompleto e confuso — espantosamente confuso — e tão mal redigido que era difícil relacionar uma sentença com outra; partes estavam escritas como algo que parecia estenografia. "A gramática é ruim e pode-se ver que eles não deram nenhum polimento", disse McCloy.[13]

O alarme deles em relação ao relatório equiparava-se ao desagrado de tantos detalhes terem vazado — aparentemente pelo FBI — antes que alguém da Casa Branca ou da comissão tivesse chance de ler o documento. "Senhores, para ser muito franco, li esse relatório duas ou três vezes e não vi nada nele que já não esteja na imprensa", queixou-se Warren.[14]

"Impossível para mim não concordar", disse Russell. "Praticamente tudo que está aí já saiu na imprensa em uma ou outra ocasião, um pouquinho aqui e um pouquinho ali."

Enquanto o relatório não deixava dúvida de que o FBI considerava Oswald o atirador solitário, ele estava cheio de lacunas sobre os achados médicos e a prova física coletada na Dealey Plaza. McCloy disse que havia lido — mais de uma vez — as seções sobre o rifle de Oswald e a trajetória das balas disparadas contra a limusine presidencial, e não conseguia encontrar sentido na prova de balística. "Esse negócio de bala me deixa confuso", disse. "Isto está muito pouco satisfatório."[15]

"É totalmente inconclusivo", concordou Warren.

Boggs ficou surpreso com o fato de o relatório não dizer praticamente nada sobre o governador Connally e seus ferimentos quase fatais. O relatório deixou Boggs com "1 milhão de perguntas".

O relatório também falhava em fornecer informações básicas sobre a biografia de Oswald e suas viagens ao exterior, inclusive sua passagem pelo México naquele outono. Oferecia apenas uma descrição breve do seu treinamento em armas de fogo no Corpo de Fuzileiros Navais. "Há todo tipo de perguntas na minha cabeça", insistiu Boggs.[16] "Ele era um exímio atirador, por exemplo. Onde ele praticava?"

Membros da comissão questionaram por que o relatório tinha apenas um esboço de informações sobre Ruby, que, segundo os rumores no Texas, poderia ter conhecido Oswald. "Eles obviamente fizeram um bocado para estabelecer a vida e os hábitos de Oswald", prosseguiu Boggs, "mas há muito pouca coisa sobre esse sujeito, Ruby, inclusive seus movimentos, o que estava fazendo, como conseguiu entrar lá... é fantástico."

Mesmo Ford, o confiável defensor do FBI, admitiu que o relatório "não tem a profundidade que deveria ter".[17]

As flagrantes imperfeições do relatório fizeram Warren mudar de opinião sobre o escopo da investigação da comissão. Teria de ser muito maior e levaria mais tempo, admitiu ele com relutância. Disse aos outros membros que agora acreditava que deviam emitir uma requisição a todos os setores do governo solicitando todo o "material bruto" sobre o assassinato. No caso do FBI, a comissão precisaria ver os milhares de declarações de testemunhas e relatórios de provas que seus agentes já haviam preparado em Dallas e Washington, bem como todos os relatórios que preparariam no futuro.

"Vai levar um bocado de tempo digerir toda essa massa de material", advertiu Russell. "Creio que vai ser preciso um caminhão."[18]

"Sim", concordou Warren. "Não tenho dúvida."

Warren agora também estava pronto para começar a reunir a equipe para trabalhar sob o comando Rankin.[19] Recomendou que a comissão contratasse "talvez meia dúzia" de advogados experientes de todo o país — em alguns casos, veteranos de julgamentos escolhidos em grandes escritórios — e então combiná-los com advogados mais jovens, que fariam a maior parte do trabalho de escavação.

Os advogados jovens seriam contratados em tempo integral, com seus parceiros veteranos solicitados a contribuir com o tempo que tivessem disponível; os advogados seriam divididos em duplas, cada um recebendo a responsabilidade por uma parte da investigação. Uma dupla faria uma investigação completa da vida de Oswald — "traçada desde o dia do seu nascimento até a hora em que foi assassinado", disse Warren. Outra equipe faria o mesmo com Ruby.

Os demais membros da comissão apoiaram o conceito. Não levantaram nenhuma objeção ao plano de Warren de contratar advogados — e, por enquanto, apenas advogados — para conduzir a investigação inicial. Os sete membros, todos eles também advogados, pareceram assumir desde o início que um diploma em direito era uma credencial essencial para os membros da equipe da comissão.

Na esteira do sofrível relatório do FBI, Russell foi suficientemente corajoso para dizer algo que os outros membros podiam estar pensando — que a equipe da comissão precisaria considerar a possibilidade de que o FBI estivesse totalmente errado. Disse que havia uma chance de que o bureau, de forma inocente ou intencional, deturpasse os fatos acerca do assassinato. Uma pessoa da equipe, disse Russell, deveria atuar como "um advogado do diabo ao abordar esse relatório do FBI" — e quaisquer outros relatórios que fossem eventualmente entregues pela CIA e outras agências — e "repassar o documento e analisar cada contradição e cada ponto fraco, exatamente como se os estivesse processando".[20] Deveria haver pelo menos um integrante da equipe para avaliar as provas "como se fosse usá-las para processar J. Edgar Hoover".

Ford levantou um assunto diferente. Disse que queria ter certeza de que os advogados contratados para a equipe não tivessem opiniões políticas fortes que pudessem influenciar a investigação. "Essa é uma séria preocupação que tenho, e penso que devemos ser escrupulosamente cuidadosos a esse respeito." Os integrantes da equipe da comissão não deveriam estar "envolvidos nem em um extremo, nem no outro".[21]

"Também creio que não devemos ter ideólogos", concordou Warren. "Estamos em busca de advogados, não de ideólogos."

A conversa voltou-se para outra questão que fora levantada, mas não respondida, no relatório do FBI. Os membros tinham perguntas, especialmente sobre Marina Oswald e Ruth Paine. O relatório do FBI dizia que Oswald, embora não estivesse morando com a esposa e as crianças naquela época, havia guardado seu rifle na casa de Paine até a manhã do assassinato.

Boggs sugeriu que Marina poderia ficar tentada a fugir para a Rússia.[22] "Ela é uma cidadã russa e pode muito bem abrir asas e fugir", afirmou. Dulles disse que ele também estava "bastante preocupado com isso", em vista de relatos de que

Marina escrevera para a Embaixada soviética em Washington antes do assassinato, para indagar sobre um regresso à Rússia.

McCloy tinha perguntas sobre outra mulher que, pensava ele, era central para a investigação da comissão — Jacqueline Kennedy.[23] Podia ser encarado como de mau gosto, reconheceu ele, mas a comissão precisava entrevistá-la o mais depressa possível. A ex-primeira-dama era, de muitas maneiras, "a testemunha central" na investigação. "Ela é a principal testemunha quanto ao modo como as balas atingiram seu marido", McCloy prosseguiu. "Não penso que devemos fazer nenhuma acareação, mas afinal ela era uma testemunha bem ao lado do marido quando a bala o atingiu." Ela poderia ter informações impossíveis de ser obtidas em qualquer outro lugar. Não seria possível que o presidente tivesse partilhado — só com ela — alguma preocupação sobre os perigos que poderia encontrar em Dallas, e de quem? "Só penso que vai parecer estranho não entrevistá-la", disse McCloy.

McCloy transitava em muitos dos mesmos círculos sociais de Nova York e Washington que a família Kennedy, e sabia que a sra. Kennedy tinha começado a conversar com amigos — livremente — sobre o assassinato. A jovem viúva parecia achar catártico partilhar até mesmo alguns detalhes macabros do que aconteceu. "Penso que é uma coisa muito delicada para se fazer, mas me disseram que ela está bastante preparada para falar sobre o assunto", McCloy contou aos colegas. "Conversei com um dos membros da família sobre isso."

Warren hesitou, como frequentemente fazia quando o grupo discutia a família Kennedy.[24] A comissão estava apenas em processo de ser organizada, ressaltou o presidente da Suprema Corte; não possuía informação suficiente para "interrogar testemunhas de modo formal", especialmente a ex-primeira-dama. "Quando você vai falar com alguém como a sra. Kennedy, penso que devemos saber exatamente o que queremos descobrir dela."

McCloy questionou o julgamento de Warren; a demora em entrevistar a sra. Kennedy era um erro, disse. "Penso que vai levar um mês até você estar nessa condição e penso que isso é perigoso."

"Você acha que ela vai esquecer, Jack?", indagou Warren.

"Sim", foi a resposta de McCloy. "A mente prega peças em todos nós. Agora ela tem tudo muito definido na mente, e me disseram que ela está fisicamente em condições de fazer isso."[25] Ele sugeriu que a comissão pedisse a Robert Kennedy orientação sobre como abordar a cunhada. "Você pode falar com Bobby sobre isso. Ele pode ter alguma ideia."

Warren não assumiu compromisso de como — ou quando — a sra. Kennedy seria entrevistada. Anos depois, McCloy olharia para trás para essa conversa como prova de que o presidente da Suprema Corte seria protetor demais em relação a Jacqueline Kennedy e sua família.

Houve um item final na agenda da comissão para aquele dia: como lidar com a massa de repórteres à espera do lado de fora da sala de reuniões no Arquivo Nacional, todos eles esperançosos de algum fragmento de notícia sobre as deliberações da comissão. Russell, agora em sua quarta década lidando com o corpo de imprensa de Washington, disse que seria perigoso permitir que os repórteres fossem embora sem lhes dar alguma coisa. "É preciso alimentá-los um pouco, porque a expectativa deles é essa."[26]

O presidente da Suprema Corte concordou, e depois de terminada a reunião os repórteres foram chamados à sala. Warren anunciou a abertura dos escritórios no edifício dos Veteranos de Guerras no Exterior e descreveu brevemente os planos de recrutar uma equipe de advogados. Disse aos jornalistas que a comissão recém começara a examinar o relatório do FBI e não podia comentar seu conteúdo, embora observasse que a comissão requisitaria agora todas as provas e depoimentos de testemunhas que o FBI havia reunido. "Vocês entendem que os relatórios que estamos recebendo são meramente resumos do que aconteceu — e de forma mais ou menos esquemática", ele disse aos repórteres. "Teremos de analisar parte do material no qual esses relatórios se baseiam."[27]

Depois de alguns minutos, declarou o término da improvisada entrevista coletiva, desejando aos repórteres um feliz Natal.

Naquela tarde, a Associated Press e outras agências de notícias trouxeram artigos sobre os comentários do presidente da Suprema Corte. As matérias foram lidas em poucas horas pelo diretor do FBI Hoover, que ficou ultrajado ao descobrir que Warren considerava o relatório do bureau, com seus múltiplos volumes, um "mero" resumo de provas em "forma esquemática". A comissão mal completara duas semanas, e Warren já estava engajado em "injuriar com críticas" e "empenhar-se em achar falhas no FBI", disse Hoover. No dia seguinte, Hoover chamou James R. Malley, um veterano supervisor do FBI que fora indicado como o elo cotidiano entre o bureau e a comissão, para dar-lhe novas ordens.[28] Se Warren e os outros membros queriam agora toda a informação do bureau sobre a investigação em estado bruto, eles a teriam — cada mínimo detalhe, inclusive cada relatório de cada pequena pista de cada "maluco" que alegasse ter uma resposta para o assassinato; a ordem de Hoover significava que em poucos dias a comissão ficaria sufocada por dezenas de milhares de folhas de papel. "Quero que todos os relatórios, quer de natureza substancial ou dos assim chamados 'malucos', sejam enviados" para a comissão, Hoover disse a Malley. "Não quero que nada seja retido, independentemente do volume que isso possa acarretar. [...] Já que o presidente da Suprema Corte pediu, devemos lhe dar."

GABINETE DO DEPUTADO GERALD R. FORD
CÂMARA DOS REPRESENTANTES
WASHINGTON, DC
TERÇA-FEIRA, 17 DE DEZEMBRO DE 1963

No dia seguinte à reunião, Ford convidou o diretor assistente do FBI DeLoach de novo ao seu escritório em Capitol Hill, dessa vez para contar detalhes dos planos de Warren para completar a investigação da comissão e apresentar um relatório final "antes de julho de 1964, quando as campanhas presidenciais começarão a esquentar.[29]

Os dois também discutiram os vazamentos antecipados das conclusões do relatório do FBI — vazamentos que os demais integrantes estavam convencidos de que haviam sido orquestrados pelo bureau. "Mais uma vez fui muito cuidadoso com o congressista Ford quanto ao fato de o FBI não ter nenhum 'vazamento'", escreveu DeLoach posteriormente. Ele sugeriu a Ford que os vazamentos deviam vir de outra parte — "do subprocurador-geral Katzenbach e do Departamento de Justiça, bem como de dentro da comissão". DeLoach sugeriu ainda que o próprio Warren estava vazando informações por meio do seu amigo Drew Pearson. "Eu disse ao congressista Ford em estrita confiança que aparentemente o presidente da Suprema Corte Warren era bastante próximo de Drew Pearson e por certo o usava de vez em quando para divulgar opiniões ao público em geral."

Ford finalizou a conversa com um pedido. Ele e a família estavam prestes a sair de férias para esquiar em Michigan. "Ele quis levar o relatório do FBI consigo, mas não tinha meio de transportá-lo em completa segurança", escreveu DeLoach. "Eu lhe disse que sentia que o diretor desejaria que ele pegasse emprestada uma das nossas maletas de agentes, que possuem fechadura. Ele afirmou que isso seria o ideal e que apreciaria muito o empréstimo da maleta." A maleta do FBI foi enviada a Ford no dia seguinte, com os cumprimentos de Hoover.

8.

CASA DE J. LEE RANKIN
NOVA YORK, NY
TERÇA-FEIRA, 17 DE DEZEMBRO DE 1963

Lee Rankin não era o tipo de homem de chamar atenção para si. Na década de 1960, ao recordar seus anos no Departamento de Justiça, ele era muito mais propenso a saudar o trabalho duro de seus colegas do que vangloriar-se de seu próprio papel como procurador. Era a família de Rankin, não Rankin, que comentava sobre as ameaças que ele enfrentara como resultado de seu trabalho no departamento, inclusive um incidente assustador no final dos anos 1950, quando descobriram uma cruz em chamas diante de sua casa nos arredores de Washington.

Seu filho adolescente Roger, que se levantara da mesa de jantar para dar uma olhada nos cachorros da família, viu a cruz de madeira ardendo que haviam plantado no quintal. "Tinha provavelmente 1,80 metro de altura", ele se lembraria anos depois. "Ali estava ela — uma enorme cruz em chamas."[1]

E recordou-se de que, mesmo enquanto corriam para a porta da frente para apagar o fogo com uma mangueira de jardim, ele não viu nada parecido com medo na face do pai, ainda que fosse quase certo que sua família agora estivesse sob ameaça da Ku Klux Klan ou de algum bando de racistas locais. "Ele nunca expressou esse tipo de emoção — de medo ou de preocupação", disse sua filha Sara anos mais tarde. "Não consigo me lembrar dele preocupado com alguma coisa. Ele parecia estar sempre sob controle. Era reservado, discreto, tranquilo."[2]

Os responsáveis pela cruz em chamas jamais foram pegos, embora os colegas de Rankin estivessem seguros de que ele estava sendo ameaçado por causa do seu trabalho para expandir o alcance das leis de direitos civis. Durante alguns dias depois do incidente, agentes do FBI foram encarregados de proteger a família; eles ficavam sentados num carro não oficial estacionado na rua enquanto os Rankin dormiam.

J. Lee Rankin — ele não usava o primeiro nome, James, desde a infância — fora recrutado para o Departamento de Justiça pelo então procurador-geral Herbert Brownell, um conterrâneo de Nebraska que havia dirigido a campanha presidencial de Eisenhower em 1952.[3] Rankin, com 45 anos ao chegar a Washington, recebeu primeiro o cargo de assistente da Procuradoria-Geral para Consultoria Legal, um posto de prestígio no qual atuava como principal advogado interno do departamento. Em 1956, foi nomeado procurador, um trabalho que o tornou o principal advogado da administração em julgamentos perante a Suprema Corte.

Em ambas as funções, Rankin viu-se na linha de frente dos esforços do Departamento de Justiça para implantar as leis nacionais de direitos civis em face da violenta oposição por parte de grupos segregacionistas. Ajudou a redigir os esboços legais da administração em apoio às crianças escolares do Kansas no caso Brown vs. Conselho de Educação. Warren sempre se impressionara com o estilo irrepreensível e coerente de Rankin durante suas aparições na Suprema Corte, especialmente quando Rankin — um homem magro, cujos óculos de lente grossa davam um aspecto professoral — argumentava em prol da expansão dos direitos civis e mecanismos de proteção das liberdades civis. Em 1962, depois de partir para o exercício da advocacia privada em Nova York, Rankin voltou à Corte para argumentar em nome da American Civil Liberties Union (ACLU) [União Americana pelas Liberdades Civis] no caso Gideon vs. Wainwright, no qual o tribunal concordou com a ACLU e ordenou que réus criminosos deviam ser dotados de um defensor público, se não pudessem pagar por um.

Em 6 de dezembro de 1963, Warren telefonou a Rankin em Nova York e lhe ofereceu o trabalho de conselheiro-geral da comissão do assassinato, pedindo-lhe que começasse imediatamente. Mais tarde, ambos lembraram-se de que Rankin opôs uma ligeira resistência a aceitar o encargo, dizendo ao presidente da Suprema Corte que estava começando a constituir sua prática privada de advocacia e que seria muito difícil deixar Nova York. Alertou Warren de que alguns membros da comissão poderiam não querê-lo, provavelmente uma referência ao senador Russell e ao papel de Rankin no caso Brown vs. Conselho de Educação e em outros casos envolvendo direitos civis. Mas Warren foi insistente, afirmando que já tinha a aprovação de toda a comissão. Assegurou a Rankin que a tarefa não exigiria um compromisso de tempo extraordinário. "Disse que não demoraria mais do que dois ou três meses", recordou-se Rankin.

Warren e Rankin eram republicanos de uma cepa similar — progressistas que tinham especial orgulho da história do Partido Republicano de Abraham Lincoln. Ambos admiravam o presidente Kennedy. "Meu pai ficou desolado com o assassinato", lembrou-se Sara Rankin. Os dois homens compartilhavam um orgulho semelhante de suas origens humildes; nenhum dos dois nascera em situação que indicasse vestígio de privilégio.

Rankin, graduado pela Escola de Direito da Universidade de Nebraska, sempre trabalhara duro, às vezes obsessivamente.[4] Sua esposa, Gertrude, insistiu para que ele recusasse a oferta de Warren. Disse aos filhos que receava que a tarefa consumisse o marido a ponto de colocar sua saúde em risco. Ela já vira isso antes durante seus anos em Washington, quando ele voltava para casa toda noite com uma maleta cheia de papéis e decepcionava os filhos reservando todo domingo à tarde para ler documentos jurídicos e se preparar para a semana de trabalho que tinha pela frente no Departamento de Justiça.

Rankin era um perfeccionista que pedia à secretária, muito educadamente, para redatilografar um documento legal se houvesse o menor erro tipográfico; não gostava do aspecto do líquido corretor. "Se você fizesse um erro, tinha de começar tudo de novo", disse a filha, que às vezes o auxiliava no serviço de secretária. "Ele queria que a carta parecesse perfeita, mesmo que a gente precisasse datilografar quatro ou cinco vezes."[5]

Warren e Rankin tiveram uma relação amigável mas formal durante os anos de Rankin como procurador. Isso parecia refletir a modéstia e a discrição de Rankin, mais do que qualquer outra coisa; ele não parecia disposto a se considerar íntimo do presidente da Suprema Corte, um homem que reverenciava. Agora, na comissão, Rankin pretendia trabalhar *para* — e não tanto *com* — Warren e os outros membros. Ele seria seu empregado, o advogado que haviam contratado para esse serviço. "As decisões substantivas eram todas tomadas pela comissão", Rankin disse mais tarde.[6] "Eu não tinha autoridade de execução por conta própria." (Sua deferência para com a autoridade poderia explicar por que ele — ao contrário de Warren Olney, seu antigo colega no Departamento de Justiça — não tinha feito de J. Edgar Hoover um inimigo.)

Poucas horas depois do telefonema de Warren, Rankin sentou-se com um bloco amarelo no seu apartamento em Sutton Place, no East Side de Manhattan, e começou a delinear como a investigação poderia ser organizada.[7] Warren concordara em permitir-lhe que dividisse seu tempo entre Washington e Nova York, entendendo que Rankin conduziria o trabalho da comissão por telefone quando estivesse em Manhattan. Rankin discretamente desenvolveu uma rotina e tornou-se passageiro regular da ponte aérea da Eastern Airlines. "Segunda-feira de manhã pegava o primeiro voo de Nova York para Washington", seu filho mais velho, Jim, lembrou-se, "e aí trabalhava o dia inteiro segunda, terça, e na quarta-feira à noite voltava para casa, com toneladas de papéis na maleta."

Rankin começou a trabalhar rapidamente em Washington, estabelecendo sua base no recém-aberto Madison Hotel, a algumas quadras de seu velho escritório no Departamento de Justiça. Trabalhou a partir do seu quarto de hotel até a comissão estar pronta para mudar-se para os novos escritórios em Capitol Hill.

Warren dera a Rankin autoridade para contratar uma equipe de advogados jovens, sujeitos a veto. "Ele pode ter me perguntado a respeito de alguém alguma vez, mas deixei a cargo dele", disse Warren mais tarde. O presidente da Suprema Corte insistiu com Rankin para que procurasse rapazes — parece que não houve discussão acerca de se contratarem mulheres — de diferentes partes do país, não apenas do eixo Boston-Nova York-Washington, que produzia a maioria dos advogados de primeira linha do governo. (Warren não precisou lembrar a Rankin que o eixo Boston-Washington não produzira nenhum dos dois.) O presidente da Suprema Corte disse a Rankin que "queria que os homens fossem independentes e sem quaisquer conexões que mais tarde pudessem ser constrangedoras".

Rankin recrutou um dos primeiros advogados da equipe no Departamento de Justiça. Depois do assassinato, Robert Kennedy estivera ausente de seu gabinete na sede do departamento na Pennsylvania Avenue durante semanas — seu pessoal podia perceber que ele estava mergulhado demais no luto para cumprir seus deveres essenciais. Isso fez com que o subprocurador-geral Nicholas Katzenbach ficasse no comando, e ele encarregou um promissor jovem advogado da Divisão Criminal, Howard Willens, de 32 anos, de servir como elo entre o departamento e a comissão. Willens, nativo de Michigan, que se graduara sete anos antes pela Escola de Direito de Yale, foi informado de que o encargo duraria alguns meses e que ele permaneceria na folha de pagamento do departamento.

Willens chegou ao escritório da comissão na terça-feira, 17 de dezembro.[8] Rankin ficou imediatamente impressionado com a disposição do jovem advogado em assumir responsabilidades e perguntou a ele se poderia trabalhar para a comissão em tempo integral — tanto como representante do Departamento de Justiça quanto servindo como membro sênior da sua equipe. Três dias depois, com aprovação de Katzenbach, Willens assumiu.

Anos depois, questionado se seu duplo papel não representara um conflito de interesses, Willens insistiu que não — mesmo que uma questão central para a comissão fosse se o assassinato de alguma forma estava ligado às decisões de política externa da administração Kennedy — decisões nas quais Robert Kennedy tivera um papel central, em especial no caso de Cuba. "Ninguém podia sustentar seriamente que o Departamento de Justiça comandado pelo procurador-geral Kennedy tivesse qualquer outro interesse nessa investigação que não uma apuração honesta e meticulosa de todos os fatos disponíveis", afirmou Willens.[9] Mas era precisamente isso que alguns críticos da comissão sustentariam mais tarde.

Rankin pediu a Willens que o ajudasse a encontrar outros advogados jovens, e Willens contatou amigos e colegas do Departamento de Justiça, bem como proeminentes escritórios de advocacia e decanos de escolas de direito em todo o país, pedindo nomes de candidatos. A busca rapidamente refletiu seus vínculos com Yale, assim como com seus muitos amigos e associados graduados pela grande rival de sua *alma mater*, a Escola de Direito de Harvard, e um punhado de outras escolas de direito de elite. "Reconheço que há uma predominância de advogados de Yale e Harvard", disse ele ao rever a lista de sua equipe.[10]

Rankin estava ansioso para contratar um advogado negro proeminente. Considerando o quanto valorizava sua reputação como defensor dos direitos civis, Rankin compreendeu como ele — e o presidente da Suprema Corte — poderia parecer hipócrita se a comissão não o fizesse. Ele pensou que havia um candidato óbvio: William Coleman, da Filadélfia, e Warren se disse encantado com a sugestão. Coleman, 43 anos, graduado *magna cum laude* pela Escola de Direito de Harvard, tornara-se o primeiro assistente jurídico negro na história da Suprema Corte ao ser contratado em 1948 pelo juiz Felix Frankfurter. Mesmo estabelecendo-se como um dos mais procurados advogados corporativos do país — sua lista de clientes acabaria crescendo a ponto de incluir muitas das poderosas corporações, inclusive a Ford Motor Company —, Coleman tornara-se uma figura-chave de bastidores no movimento de direitos civis. Era coautor de um sumário jurídico decisivo em nome das crianças escolares negras no caso Brown vs. Conselho de Educação.

Rankin também decidiu que queria que seu amigo Norman Redlich, um professor de direito de 38 anos da Universidade de Nova York, entrasse na equipe como seu vice. Redlich fizera amizade com Rankin dois anos antes, quando convidou o recém-chegado a Nova York a entrar para o corpo docente da Universidade de Nova York para lecionar em meio período.

Rankin pensou que Redlich era precisamente o que ele necessitava de um vice, e não pareceu se incomodar com o fato de que o colega, nascido no Bronx, não tivesse experiência em direito criminal ou em nada que pudesse ser rotulado de trabalho investigativo; a especialidade de Redlich era direito tributário.[11] Em poucos dias, Redlich estava a caminho de Washington — a escola de direito ficava fechada para as férias de inverno até janeiro, quando ele também passaria a se deslocar entre Washington e Nova York.

Em suas primeiras decisões de contratações, Rankin disse mais tarde, ele estava bem ciente da insistência de Ford — e da concordância de Warren — de que os membros contratados pela comissão não tivessem vínculos políticos radicais. E pelo que sabia de Redlich, isso não seria problema. Rankin via um homem muito parecido com ele próprio — e com Warren, sob esse aspecto. Redlich, mais um graduado pela Escola de Direito de Yale, estava profundamente comprometido com os direitos e liberdades civis. Seu envolvimento em assuntos de justiça social tinha começado cedo: como aluno de graduação no Williams College em Williamstown, Massachusetts, na década de 1940, organizou um protesto contra uma barbearia na principal rua comercial da cidade por causa de sua recusa em cortar cabelo de estudantes negros.[12] O estabelecimento abandonou essa política.

Rankin insistiria mais tarde que ele não sabia nada sobre os laços de Redlich, nas décadas de 1950 e começo de 1960, com os grupos de liberdades e direitos civis que J. Edgar Hoover acreditava serem fachadas para o Partido Comunista. Rankin disse que ficou sabendo — tarde demais e para seu grande desânimo — que o FBI mantinha um grosso arquivo sobre Redlich e seus vínculos com organizações rotuladas como "subversivas".

9.

GABINETE DO PRESIDENTE DA SUPREMA CORTE
SUPREMA CORTE
WASHINGTON, DC

O envelope lacrado contendo as fotografias da autópsia foi encaminhado do Hospital Naval Bethesda para o presidente da Suprema Corte em seu gabinete.[1] Um inventário do FBI preparado na noite da autópsia relatava que todas as fotos eram de 10 x 12 centímetros — 22 coloridas, dezoito em preto e branco.[2]

Em seus catorze anos de carreira como promotor público em Oakland, Califórnia, quantas fotos de autópsia Warren já tinha visto — centenas, milhares? Naqueles tempos, na equipe de homicídios do escritório da Promotoria em Alameda County, era parte da rotina de trabalho — melhor fazê-lo com o estômago vazio — rever fotos de autópsias e cenas de crimes para decidir quais delas podiam ser mostradas a um júri sem o risco de que alguns jurados ficassem tão revoltados que saíssem correndo da sala de julgamento.

Agora, tantos anos depois, Warren pensava que ainda tinha estômago forte. Mas as fotos da autópsia do presidente eram horríveis de um modo que ele não podia ter imaginado. "Vi os retratos quando chegaram do Hospital Naval Bethesda, e eram tão horrorosos que não consegui dormir noites seguidas", escreveu mais tarde.[3] Os piores, segundo contou a um amigo, eram da cabeça do presidente, que estava "partida, praticamente aberta". O crânio estava "desintegrado".

Warren ficara atônito com reportagens que começaram a sair apenas semanas depois do assassinato sobre planos em Dallas e outros lugares de criar "museus" para comemorar a morte do presidente. "O presidente mal tinha sido enterrado e pessoas com mentes macabras já começaram a reunir objetos do assassinato", escreveu Warren. Alguns entusiastas do museu — "esses camelôs de espetáculos de feira", conforme os descreveu — anunciavam sua intenção de adquirir do governo as armas de Oswald para as vitrines centrais. Warren lembrou-se de ter lido que "chegaram a oferecer até 10 mil dólares apenas pelo rifle. [...] E queriam também comprar da família as roupas de Oswald, o revólver com o qual o policial Tippit foi baleado, várias coisas do Depósito, e estavam até indagando sobre a disponibilidade das roupas do presidente Kennedy. E também, é claro, queriam retratos da sua cabeça".

Agora que tinha visto ele mesmo as fotos, Warren disse que não havia discussão sobre o que fazer com elas.* Era uma decisão fácil: as fotos seriam trancadas, para sempre, a menos que a família Kennedy resolvesse de outra maneira. Ninguém fora da família tinha o direito de vê-las — e isso incluía os outros membros da comissão e sua equipe, decidiu Warren. Ordenou que as fotos da autópsia, bem como todas as radiografias, fossem mandadas para o Departamento de Justiça, onde Robert Kennedy teria controle sobre elas.

Warren convenceu-se de que a comissão não precisava das fotos e das radiografias, uma vez que os médicos da Marinha que haviam realizado a autópsia estavam à disposição para testemunhar e a comissão tinha total acesso ao relatório escrito da autópsia, que continha diagramas desenhados à mão dos ferimentos no corpo do presidente. As fotos e radiografias não tinham nenhum valor especial, declarou Warren. A comissão, disse, teria "o testemunho convincente dos médicos navais que realizaram a autópsia para estabelecer a causa da morte, entrada, saída e percurso das balas".

---

* Em suas memórias, publicadas postumamente em 1977, Warren revelou que havia visto as fotos durante a investigação da comissão, embora não tenha precisado quando, em 1963 ou 1964, ocorrera a revista.

Outras imagens horrendas do dia do assassinato estavam fora do controle de Warren. O público já tinha começado a ver trechos de um impressionante filme amador feito por um fabricante de roupas femininas de Dallas, Abraham Zapruder, que havia captado o assassinato com sua câmera Bell & Howell Zoomatic. Zapruder, de 58 anos, estivera parado de pé numa pequena área gramada da Dealey Plaza, a alguns metros do Depósito de Livros Escolares do Texas, um local ao qual os repórteres que cobriam os fatos posteriores ao assassinato já tinham começado a se referir como *"grassy knoll"* [aclive gramado].

Na segunda-feira, 9 de dezembro, o secretário de imprensa de Warren na Suprema Corte, Bert Whittington, recebeu um telefonema de um representante da revista *Life*, que havia comprado o filme de Zapruder. Eu seu *"Número em Memória de John F. Kennedy"*, na semana anterior, a *Life* tinha reproduzido trinta quadros do filme, iniciando com a imagem da limusine presidencial quando começava a se mover lentamente descendo a Elm Street em frente ao depósito de livros. Publicados em preto e branco, os fotogramas captavam imagens do presidente sendo atingido por uma bala, aparentemente no pescoço, e aí caindo no colo da esposa; quadros posteriores mostravam a primeira-dama tentando subir no porta-malas do carro num gesto que os editores da revista descreveram numa legenda como uma "patética busca de socorro".

Nesse número, a *Life* não explicou aos seus leitores o que havia deixado de fora — que os vinte segundos completos do filme eram muito mais aterradores e que o filme era colorido. A revista optou por não publicar, em especial, o quadro que captava o momento em que uma bala atingia o presidente na cabeça, arrebentando o lado direito do cérebro num halo rosado de sangue. "Sentimos que publicar essa imagem mórbida constituiria uma afronta desnecessária para a família Kennedy e a memória do presidente", recordou Richard Stolley, correspondente da *Life* que comprou o filme de Zapruder em nome da revista.

Em seu memorando a Warren, Whittington escreveu que a revista estava oferecendo uma cópia do filme inteiro, em cores. Warren devolveu o memorando a Whittington com um bilhete à mão pedindo-lhe para entrar em contato com *Life* e agradecer-lhe pela cooperação. "Sem dúvida queremos vê-lo e notificaremos", escreveu.

Alguns dias depois, uma cópia do filme de Zapruder chegou a Washington, e Warren teve a chance de ver por si mesmo o que a revista optara por não mostrar aos leitores.

ESCRITÓRIOS DA COMISSÃO
WASHINGTON, DC
DEZEMBRO DE 1963

No fim de dezembro, Rankin e Willens — a autoridade do mais jovem vinha crescendo dia a dia — decidiram a estrutura final da equipe, que contaria inicialmente com um total de quinze advogados. A maioria deles trabalharia em duplas formadas por um "consultor sênior" cujo parceiro — um advogado mais jovem, menos experiente — teria o título de "consultor júnior".

Com aprovação de Warren, Rankin e Willens estabeleceram seis áreas de investigação. A Área 1 reconstituiria uma linha do tempo de tudo o que acontecera desde o momento em que o presidente Kennedy partiu da Casa Branca, na quinta-feira, 21 de novembro, para dar início à sua viagem ao Texas, até o momento em que seu corpo voltou para jazer na Casa Branca na madrugada de sábado, 23 de novembro. A Área 2 reuniria provas para estabelecer — de forma conclusiva, era o que se esperava — a identidade do assassino do presidente, presumivelmente Oswald. A Área 3 reconstituiria a vida de Oswald. A Área 4 estudaria a possibilidade de ter havido uma conspiração estrangeira, com foco, assumia-se, na União Soviética e em Cuba. A Área 5 comporia a biografia de Jack Ruby e buscaria qualquer possível ligação entre ele e Oswald. A Área 6 investigaria a qualidade da proteção fornecida ao presidente Kennedy pelo Serviço Secreto, bem como o histórico dos órgãos legais encarregados de proteger outros presidentes.

Warren teve pouco trabalho em chegar aos nomes de advogados proeminentes e bem estabelecidos para a tarefa de "consultores seniores". Eram os tipos de advogados com que o presidente da Suprema Corte e Rankin haviam trabalhado no cotidiano de suas carreiras durante décadas. William Coleman foi convidado a dirigir a Área 4 — a equipe da "conspiração" —, pois tinha experiência em assuntos de política externa. Naquele ano, Coleman tornara-se consultor da recém-criada Agência para o Controle de Armas e Desarmamento, de modo que já tinha trânsito na segurança do governo.

Rankin recomendou Francis Adams, 59 anos, um advogado de litígios em Manhattan que estivera na comissão de polícia da cidade de Nova York em meados da década de 1950, enquanto Warren sugeriu o nome de Albert Jenner, 56 anos, sócio nominal de um poderoso escritório de advocacia de Chicago — a

Raymond, Mayer, Jenner & Block, depois rebatizada simplesmente de Jenner & Block. Ambos concordaram em participar. Adams, que obviamente tinha experiência em cenas de crime, foi designado para a Área 1, que reconstituiria os acontecimentos do dia do assassinato. Jenner ficou incumbido da Área 3, cuidando da investigação do passado de Oswald.

Warren estava ansioso para contratar um velho amigo da Califórnia, Joseph Ball, 61 anos, de Long Beach, que se encontrava entre os mais bem-sucedidos advogados de defesa criminais e lecionava na escola de direito da Universidade do Sul da Califórnia. Para Warren, Ball era uma refutação viva aos muitos advogados do Leste que ainda presumiam que suas contrapartes da costa do Pacífico eram, de algum modo, menos talentosas ou sofisticadas. Ball ficou encarregado da Área 2, que determinaria se Oswald era de fato o assassino.

Com advogados contratados do Leste, Oeste e Meio-Oeste, Warren queria também um representante do Sul. O congressista Boggs levantou o nome de um colega da Louisiana: Leon Hubert, 52 anos, ex-promotor de New Orleans e professor de direito da Universidade de Tulane, que estava na prática privada. Hubert ficou encarregado da Área 5, o esforço de reconstituir a história de vida de Ruby.

GABINETE DO PROMOTOR
FILADÉLFIA, PENSILVÂNIA
TERÇA-FEIRA, 31 DE DEZEMBRO DE 1963

Arlen Specter era um jovem em ascensão na Filadélfia, sua cidade de adoção.[4] Em 1963, quando completou 33 anos, era um promotor assistente, e naquele mês de junho tornara-se um herói local — pelo menos um herói na Promotoria — depois de conseguir a condenação de vários dos mais poderosos funcionários do Teamsters, o Sindicato dos Caminhoneiros da cidade, sob acusações de chantagem e extorsão. Foi tão impressionante nesse caso que o procurador-geral Robert Kennedy chamou Specter a um encontro cara a cara em Washington para tentar recrutá-lo para o Departamento de Justiça a fim de lhe prestar assistência no processo contra Jimmy Hoffa, o líder nacional dos caminhoneiros. Specter recusou a oferta, em parte, segundo disse, porque esperava concorrer para a Promotoria local, na Filadélfia.

Colegas da Promotoria, bem como seus adversários da defesa, viam Specter como excepcionalmente autoconfiante, às vezes a ponto de ser pretensioso e arrogante. Specter não discordava dessa descrição, necessariamente.

O telefonema de recrutamento para a comissão veio na véspera do Ano-Novo.[5] Eram cerca de 17h30, e Specter ainda estava em seu escritório "tentando inventar uma desculpa para chegar em casa tão tarde", lembrou-se ele. Sua esposa, Joan, estava planejando uma festa de Ano-Novo com alguns amigos. O responsável pelo telefonema foi Howard Willens, colega de classe na Escola de Direito de Yale. Em sua segunda semana trabalhando para Warren na comissão do assassinato, Willens insistiu com Specter para que viesse a Washington participar da investigação.

Specter recusou a oferta, citando batalhas judiciais nas apelações que viriam no caso dos caminhoneiros. Na festa daquela noite, porém, foi convencido a mudar de ideia. Mencionou o telefonema de Willens para a esposa e os convidados e — para seu aborrecimento, conforme insistiu mais tarde — a reação foi unânime: era seu dever pegar o trabalho. "Ficaram todos muito excitados com a minha ida à guerra — para combater até a última gota de sangue de Arlen Specter", disse ele. Ligou de volta para Willens e aceitou o trabalho.[6]

Duas semanas depois, Specter chegou a Washington para descobrir a cidade soterrada sob neve pesada. Caminhou penosamente até o edifício VFW, em Capitol Hill, onde foi recebido por Willens e apresentado a Lee Rankin. Para Specter, Rankin era "um sujeito de fala macia, paternal, com um leve humor". Rankin explicou a organização da equipe e disse a Specter que, dada sua juventude, ele seria o membro júnior de qualquer grupo de dois homens de que participasse. Como estava entre os primeiros advogados contratados, Specter pôde escolher as atribuições — ele optou pela Área 1, que focalizaria as atividades de Kennedy nas horas finais de sua vida, e o assassinato em si. "Foi o que pareceu mais atraente", disse Specter. Ele não quis passar aquela noite em Washington — queria dormir na sua própria cama, na Filadélfia. Então encheu sua maleta com alguns relatórios investigativos preliminares sobre o assassinato e voltou à Estação Central para a viagem de trem para casa. "A papelada me manteria ocupado por boa parte da semana que viria", Specter imaginou. Disse a Rankin que planejava regressar a Washington — em tempo integral — dentro de alguns dias.

No trem, sentou-se ao lado de um assento vazio "para poder ler parte do material, tendo o cuidado de ocultá-lo dos outros passageiros". Recordou-se de ter virado as páginas rápido, até chegar ao relatório da autópsia do Hospital Naval Bethesda, e sentiu náuseas ao ler especialmente a descrição do ferimento na cabeça de Kennedy. "À medida que fui lendo os detalhes mórbidos dos ferimentos do presidente, senti-me enjoado e deprimido."

E o relatório da autópsia, com exceção de alguns desenhos anatômicos grosseiros, constituia-se apenas de palavras no papel. Specter mal conseguiu imaginar como reagiria quando tivesse a chance — em breve, presumiu — de ver as fotos reais da autópsia, bem como as radiografias do corpo do presidente. Como promotor de carreira, entendeu desde o início quão valiosas seriam aquelas fotos e radiografias.

10.

ESCRITÓRIO DE ADVOCACIA DE DAVIS, GRAHAM & STUBBS
DENVER, COLORADO
JANEIRO DE 1964

Nos primeiros dias de janeiro de 1964, David Slawson, um associado de 32 anos de um dos mais proeminentes escritórios de advocacia de Denver, encontrava-se ocupado com trabalho de clientes.[1] Não sobrecarregado, apenas ocupado: os sócios da Davis, Graham & Stubbs admiravam a capacidade de Slawson de se focar, quase totalmente, no complicado trabalho corporativo à sua frente e de fazê-lo rápido. Ao contrário dos outros associados, Slawson, formado em Harvard, não precisava ficar sentado à sua mesa até tarde da noite para manter os clientes satisfeitos; ele gostava de chegar em casa às cinco da tarde, se pudesse. Slawson não permitira que sua rotina se alterasse nem mesmo nos primeiros dias depois do assassinato de Kennedy. Ele adorava o presidente e ficou abalado com sua morte. Participou da campanha de Kennedy em 1960 por insistência do sócio estrela do escritório, Byron "Whizzer" White, primeiro mentor de Slawson na Davis, Graham. Democrata de longa data, White havia dirigido a campanha de Kennedy no Colorado. Poucos dias depois da eleição, White deixou Denver para tornar-se subprocurador-geral sob Robert Kennedy no Departamento de Justiça; em 1962, foi nomeado para a Suprema Corte.

Slawson tivera esperança de acompanhar White a Washington. Com Kennedy na Casa Branca, a capital do país tinha um glamour e fascínio que não havia conhecido desde que nascera; para muitos advogados jovens ambiciosos, Washington de repente se tornara o lugar para estar. No entanto, seria necessária a morte de Kennedy para Slawson receber seu convite para a capital.

O chamado veio no início de janeiro, quando Slawson pegou o telefone na sua sala e ouviu a voz de um homem que não conhecia — Howard Willens, que se identificou como advogado do Departamento de Justiça auxiliando o presidente da Suprema Corte na organização da investigação do assassinato do presidente. Willens fora encaminhado a Slawson por um amigo comum, um advogado do Departamento de Estado que fora colega de Slawson na Escola de Direito de Harvard. Willens perguntou se Slawson estaria interessado em participar da comissão.

Slawson vibrou com a oferta; a única condição, disse a Willens, era que os sócios do escritório de advocacia precisavam aprovar uma licença. Quanto a isso não havia dúvida, Slawson recordou-se.[2] Seria emocionante tomar parte na investigação para determinar "o que realmente aconteceu" em Dallas.

Para alívio de Slawson, os sócios do escritório deram rapidamente sua permissão, entendendo que ele ficaria fora não mais do que dois ou três meses. Slawson fez planos de partir para Washington de imediato. Não havia motivo para demora: ele era solteiro e não tinha namorada firme; nada, exceto o trabalho, o prendia a Denver.

Antes de partir, começou a ler tudo que pôde encontrar em jornais locais sobre o assassinato e a comissão. Conseguiu exemplares do *New York Times* — um produto precioso na longínqua Denver daquela época — e leu acerca dos planos da comissão de criar equipes de investigadores, cada uma focalizando um aspecto diferente do assassinato. Ficou especialmente intrigado ao ler sobre a equipe que investigaria a possibilidade de uma conspiração estrangeira.

Para muitos de seus novos colegas, a equipe da "conspiração" parecia uma tarefa sem atrativos. O FBI pareceu insistir em que Oswald, e somente Oswald, havia matado o presidente, e assim a equipe da conspiração provavelmente estaria em campo numa caça estéril. Slawson, porém, julgou-se ideal para o trabalho. Imaginou que seria, em essência, um quebra-cabeças lógico, no qual os investigadores teriam de extrair respostas com base em pouca ou nenhuma informação concreta. Ele pouco sabia sobre as intrigas da Guerra Fria além do que lia toda manhã no jornal, mas presumiu que, se os russos ou os cubanos estivessem envolvidos no assassinato, teriam tentado esconder cada partícula de prova que apontasse para sua culpa.

Desde sua infância em Grand Rapids, Michigan, Slawson tinha sido bom em quebra-cabeças. Ele tinha a habilidade, no sossego da sua mente, de escarafunchar um complicado problema de matemática ou ciência. Não precisava necessariamente ver figuras ou diagramas para achar seu caminho através de um problema; era capaz de fazê-lo de cabeça. Originalmente, ele sonhava em se tornar físico. Foi a trajetória de carreira que ele inicialmente perseguiu no Amherst College, onde se graduou como primeiro da classe, em 1953. Apesar da timidez que o definiria por toda a vida, era tão popular com os colegas quanto era inteligente — um dos colegas lembrava-se dele como o "menino de ouro" do Amherst — e foi eleito presidente da sua classe. Slawson então chegou a Princeton para estudos de pós-graduação em física. Planejava se focar em mecânica quântica, o ramo da física que explica o comportamento dos menores elementos do universo — partículas subatômicas que jamais poderiam ser vistas pelo microscópio mais potente, muito menos pelo olho humano. Ele se lembrou da emoção de ver de relance o mais famoso físico do mundo, Albert Einstein, que vivia em Princeton desde que fugira da Alemanha nazista, na década de 1930. "Às vezes a gente passava a pé, e lá estava ele", disse Slawson.

O que mudou a vida de Slawson — e o arrastou para longe da ciência — foi o que via na televisão em seu apartamento em Princeton, em 1954. Entre as aulas, sentava-se, hipnotizado pela cobertura ao vivo do que viriam a ser conhecidas como as audiências Exército-McCarthy — as audiências no Senado que efetivamente sinalizaram o fim da era McCarthy de caça aos vermelhos. Slawson encontrou um herói em Joseph Welch, advogado-chefe do Exército, cujo depoimento ao senador Joseph McCarthy transformou-se num confronto com a alegação do senador de que os militares empregavam comunistas em instalações de defesa. Em seu mais corajoso momento, Welch virou-se para McCarthy e perguntou: "O senhor não tem senso de decência, senhor?". Isso, decidiu Slawson, era o que ele realmente queria fazer — ser um advogado que, como Welch, desafiava os poderosos nos grandes assuntos. "Esta é a vida que eu quero", Slawson recordou-se de ter pensado. Ele já tinha começado a se preocupar com o fato de que a carreira de físico o separaria demais do resto do mundo. "Não era que eu não amasse a física", disse. "Era porque a vida que eu podia prever como físico era um trabalho enclausurado, com longas e complicadas equações matemáticas — analisando o tamanho das galáxias e coisas assim — e pensei não, não, eu não quero fazer isso."

Um ano mais tarde, depois de concluir seu mestrado, Slawson deixou Princeton para entrar no Exército. Ele decidiu se alistar em vez de esperar ser recrutado. Enquanto estava de farda, candidatou-se para a Escola de Direito de Harvard e foi aceito. Pagou a universidade com recursos do Fundo do Exército para Veteranos — o GI Bill — e formou-se como primeiro da classe, o que lhe valeu um posto de editor na revista de direito. Depois disso, Slawson podia ter escolhido qualquer emprego nos grandes escritórios de advocacia de Nova York, mas era fascinado pela ideia de trabalhar para um escritório pequeno, numa cidade menor, especialmente uma em que houvesse grandes áreas abertas. Denver, pensou, era a escolha óbvia, pois adorava esportes de montanha.

Na Davis, Graham & Stubbs, Byron White tinha olho para jovens talentos e pediu que Slawson fosse designado a trabalhar para ele. Era inebriante estar associado com White, que era uma celebridade no Colorado havia décadas, primeiro jogando futebol americano como *halfback* pela Universidade do Colorado. Depois de jogar como profissional para os Pittsburgh Pirates (o nome do time mais tarde mudou para Steelers), White ganhou uma bolsa Rhodes para a Universidade de Oxford e aí matriculou-se na Escola de Direito de Yale. Como jogador de futebol americano e como advogado — na verdade, em quase tudo que fazia — "Byron era um superastro", recordou-se Slawson.

Foi White quem transformou Slawson em simpatizante de Kennedy. Na eleição de 1960, Slawson planejara votar em Adlai Stevenson, mas White o pressionou a reconsiderar. "Ele me deu um monte de coisas para ler sobre Kennedy, e eu li, e disse sim, vou trocar." White fez então um arranjo com o escritório que permitiu ao seu jovem protegido trabalhar em tempo parcial na campanha de Kennedy.

Slawson estava no escritório em 22 de novembro, dia do assassinato; uma secretária perplexa lhe deu a notícia. Depois do anúncio da morte de Kennedy, o escritório fechou. "Disseram a todo mundo para ir para casa", disse Slawson, cujo apartamento ficava muito perto do escritório. "Eu estava tremendamente comovido. Acho que fui a pé para casa em lágrimas."

Quando Oswald foi morto dois dias depois, Slawson assistiu à cena na televisão, pensando consigo mesmo que era quase demais para absorver. Não lhe ocorreu que alguma conspiração maior — primeiro matar o presidente, depois matar o assassino — pudesse explicar o que estava acontecendo. "Eu só pensei, o mundo está enlouquecendo."

Uma semana depois do telefonema de Willens, Slawson viajou do Colorado rumo ao leste, para Washington, atravessando o país num Buick sedã que seu pai lhe emprestara. "Era uma daquelas coisas enormes, com rabo de peixe, tão inadequada para mim." Queria chegar a Washington o mais rápido possível. "Eu não tinha muito dinheiro, então percorria a maior distância possível cada dia." Ele chegou a Washington no domingo à noite, 19 de janeiro — era a primeira vez que vinha à capital — e achou um quarto num hotel barato. Na manhã seguinte, enfiou um paletó e uma gravata e apareceu nos escritórios da comissão, onde foi apresentado a Willens e Rankin. Não se lembrou de ter sido indagado que tarefa queria. Em vez disso, disseram-lhe que ele seria o membro júnior da equipe da "conspiração", trabalhando sob a liderança de William Coleman. Slawson ficou encantado; era exatamente o que ele queria.

Slawson não conhecia Coleman de nome, embora tenha ficado impressionado quando soube que seu novo parceiro também se graduara como primeiro da classe em Harvard e que estivera envolvido no caso Brown vs. Conselho de Educação. Era a primeira vez que Slawson trabalhava tão de perto com um advogado negro. Slawson não se lembrava de ter se sentido intimidado pela incumbência que ele e Coleman receberam. Estavam sendo solicitados a determinar se um governo estrangeiro — mais provavelmente, a União Soviética ou Cuba — tinha acabado de matar o presidente dos Estados Unidos, um ato que poderia levar facilmente a uma guerra nuclear. "Não senti a carga pesada demais", disse Slawson, "eu me senti empolgado." O mesmo era verdade para muitos de seus novos colegas. "Não creio que tenha alguma vez duvidado da minha capacidade intelectual", disse Slawson. "Creio que nenhum de nós duvidou."

Ele lançou-se ao trabalho imediatamente. Naquela tarde pediram-lhe para ir ao saguão do edifício VFW para encontrar-se com alguém que alegava ter provas que apontavam para uma conspiração de assassinato. Slawson desceu e encontrou um homem bem vestido, de cabelos brancos, paletó e gravata, que parecia ter quarenta e poucos anos. A princípio o homem pareceu razoavelmente coerente e articulado. "Eu não queria interrompê-lo, porque talvez o sujeito tivesse alguma coisa", recordou-se Slawson. Duas horas depois, um Slawson exasperado percebeu que "estava com um doido nas mãos". O segredo do assassinato de Kennedy, dizia o homem, podia ser encontrado numa mensagem escrita num pedaço de papel que fora enterrado sob uma rocha em algum ponto da Suíça. "Ele queria que nós o mandássemos de avião para a Suíça, onde poderia indicar a rocha", disse Slawson.

Depois que o homem finalmente foi embora, Slawson quis arrancar os cabelos por ter perdido tanto tempo escutando aqueles delírios. Mais tarde, percebeu que a experiência fora valiosa. Nas primeiras horas na equipe da comissão, descobriu que muitas pessoas que à primeira vista aparentam ser testemunhas sóbrias, com informação importante sobre o assassinato, eram na verdade "doidas de pedra".

Slawson lembrou-se de ter sido apresentado a Coleman naquela sexta-feira, quando este fazia o que viria a se tornar uma visita de um-dia-por-semana, vindo da Filadélfia. Os dois homens formaram uma parceria próxima, sem atritos. Como vários dos advogados "seniores", Coleman planejava trabalhar na investigação apenas em tempo parcial. Tinha avisado Warren e Rankin que suas aparições em Washington teriam de ser esporádicas em razão do volume de trabalho em seu escritório. Era Slawson quem faria a maior parte das escavações e redações, e isso, para ele, muito lhe convinha.

Logo de início, Slawson manteve a mente aberta sobre a possibilidade de o presidente ter sido morto numa conspiração estrangeira. Coleman, porém, era mais desconfiado. "No começo, realmente pensei que haviam sido os russos ou os cubanos", disse ele, lembrando-se de como receava que a investigação pudesse deparar com provas que obrigassem os Estados Unidos a ir à guerra.[3]

Durante várias semanas, Slawson raramente deixou sua pequena sala no quarto andar do edifício VFW. Tinha milhares de páginas de documentos para ler. Ele e seus novos colegas estavam sendo inundados de arquivos confidenciais — muitos deles com o rótulo TOP SECRET — vindos do FBI e da CIA. Dado seu foco em possíveis conspirações estrangeiras, Slawson sabia que, mais do que os outros membros da equipe, ele precisaria compreender a CIA e seu modo de operar. Ficou empolgado ao dar-se conta de que em breve conheceria alguns espiões de verdade.

Lidando com a CIA, Slawson acreditava que a comissão teria um extraordinário recurso em um de seus membros: Allen Dulles, que tinha chefiado a agência de 1953 até sua exoneração em 1961, depois do fiasco da Baía dos Porcos. A aposentadoria forçada de Dulles surpreendentemente gerou poucos sentimentos desagradáveis entre ele e o presidente Kennedy. "Ele lidou com a exoneração com uma grande dose de dignidade e nunca procurou se eximir da culpa", disse Robert Kennedy mais tarde.[4] "O presidente o apreciava muito, assim como eu." Foi Robert Kennedy, disse o presidente Johnson, quem recomendara a indicação de Dulles para a Comissão Warren.

Slawson presumiu que, se a CIA tinha informação ligando Oswald a uma conspiração, Dulles saberia como arrancá-la. Mas isso foi antes de efetivamente conhecê-lo. Quando os dois foram apresentados, Slawson achou o ex-mestre da espionagem extraordinariamente frágil e vacilante. Ele parecia um "professor de internato", nas palavras de Richard Helms, seu ex-vice na CIA, com "uma risca no cabelo grisalho, bigode cuidadosamente aparado, paletós de tweed e seus óculos ovais sem aro prediletos".[5] Mas naquele início de 1964, Slawson achou que Dulles parecia um professor escolar com problemas de saúde e que já tinha passado da hora de se aposentar.

Ele parecia bem mais velho que os seus setenta anos. Tinha sido assim desde a Baía dos Porcos. Robert Kennedy lembrava-se de que Dulles "parecia um morto-vivo" nos seus últimos dias na CIA. "Ele tinha gota e problemas para andar, e estava sempre enfiando a cabeça entre as mãos."[6] A gota se manteve também no seu serviço na Comissão Warren. Ele muitas vezes entrava no escritório e calçava chinelos porque os sapatos lhe doíam demais. Anos mais tarde, depois de descobrir o quanto Dulles sabia — e possivelmente escondera da comissão —, Slawson ainda queria acreditar no melhor possível a respeito dele. Desconfiava que Dulles, depois da humilhação de ser exonerado da agência e na névoa dos seus anos finais, simplesmente tinha esquecido muitos dos segredos mais importantes que um dia soubera.

II.

CIA
LANGLEY, VIRGÍNIA
SÁBADO, 23 DE NOVEMBRO DE 1963

Nas primeiras horas depois do assassinato do presidente, o funcionário número dois no alto escalão da CIA, o vice-diretor Richard Helms, decidiu que precisava pôr um pouco de ordem no frenesi que se instalara na sede da agência em busca de informações sobre o crime.[1] O diretor John McCone, que não tinha um verdadeiro currículo na área de informações antes de seu ingresso na agência em 1961, estava satisfeito em deixar as principais decisões sobre a investigação aos cuidados de Helms, funcionário de carreira e verdadeiro mestre de espionagem da agência. Em 23 de novembro, um dia depois do assassinato, Helms criou uma equipe com cerca de trinta analistas reunidos nas proximidades de Langley em busca de informações sobre Oswald e qualquer eventual conspiração estrangeira. Na reunião com seus assessores naquela manhã, Helms anunciou que John Whitten, um veterano da CIA com 43 anos que já se encarregara de projetos especiais para ele, chefiaria a equipe.

O verdadeiro nome de Whitten não teria sido reconhecido por alguns de seus colegas, pelo menos não por aqueles que só sabiam dele por meio da papelada produzida por seu escritório.[2] No papel, ele era conhecido por um de seus pseudônimos sancionados pela agência: John Scelso. O nome Scelso aparecia em comunicados internos nos quais a CIA procurava manter o menor número possível de pessoas que conheciam sua verdadeira identidade.

Quando o presidente Johnson criou a comissão do assassinato uma semana depois da morte de Kennedy, Whitten, um homem de temperamento às vezes áspero que iniciara a carreira como interrogador do Exército, recebeu a responsabilidade adicional de fazer contatos diários com os integrantes da comissão.[3] Naquela época, Whitten chefiava as operações secretas no México e na América Central, cargo que ocupava havia oito meses. Seu setor era conhecido como WH-3 — o terceiro setor na divisão do Hemisfério Ocidental dos serviços clandestinos da CIA —, sendo responsável por todas as operações americanas de espionagem na vasta área que se estendia da fronteira entre Estados Unidos e México até o extremo sul do Panamá.

Como muitos de seus colegas, Whitten não foi para casa na noite de 22 de novembro.[4] Ele ficou na agência até o dia seguinte, enquanto a CIA reunia informações sobre Oswald. Whitten descobriu o que, em sua avaliação, não passava de uma reduzida documentação sobre Oswald, resultante de sua tentativa de deserção para a União Soviética em 1959 e seu retorno aos Estados Unidos três anos depois. Muito mais intrigantes, pensou Whitten, eram os relatórios de seus colegas da CIA no México que haviam vigiado Oswald durante sua misteriosa viagem para lá em setembro.

Na reunião de 23 de novembro, Helms disse aos demais que Whitten teria "amplos poderes" e que todas as informações sobre o assassinato deveriam ser dirigidas a ele, mesmo que isso fosse contrário aos procedimentos tradicionais de notificação.[5] Como Whitten lembrou, Helms declarou que "eu seria encarregado da investigação, e nenhum membro da CIA deveria ter qualquer tipo de conversa sobre o assassinato de Kennedy com pessoas estranhas à agência, incluindo a Comissão Warren e o FBI, sem a minha presença".[6] Whitten achava que Helms havia lhe confiado a missão[7] porque "ao longo dos anos eu já tinha investigado para ele uma boa quantidade de operações da mais alta importância crítica, apresentando-lhe, entende, as respostas certas".[8]

Entre as pessoas presentes no escritório de Helms na reunião de sábado, Whitten lembrava-se de James Jesus Angleton, o diretor da área de contrainteligência — o "caçador de espiões duplos" responsável por descobrir as tentativas de agências estrangeiras de espionagem de infiltrar agentes duplos na CIA.[9] A presença de Angleton na sala sempre perturbara Whitten. Ao longo de suas carreiras, os dois homens haviam se desentendido várias vezes, especialmente quando Whitten examinava operações de espionagem que de algum modo envolviam Angleton.[10] "Nenhum dos oficiais seniores da agência jamais conseguiu confrontá-lo", disse Whitten.[11]

Angleton, então com 46 anos, era um tipo tão excêntrico e reservado quanto qualquer funcionário da CIA. Para Whitten, ele era uma força sinistra, um homem com um olhar de águia guiado por uma suspeita paranoica de infiltração comunista na CIA.[12] Dentro da agência acreditava-se que a paranoia de Angleton era consequência da traição de Kim Philby, espião inglês do alto escalão com quem tivera profunda amizade e que terminou por ser desmascarado como um agente duplo a serviço da KGB. Angleton alimentava um temor de conspirações estrangeiras e um nível de suspeita permanente que era simplesmente "bizarro", lembrou-se Whitten.[13] Formado em Yale e criado na Europa, Angleton apreciava sua reputação de excêntrico, com hábitos tipicamente britânicos, entre os quais incluíam-se o cultivo de orquídeas e o amor pela poesia.[14] Era também extremamente reservado sobre sua vida pessoal, a tal ponto que ninguém — nem mesmo Helms, que, pelo menos em teoria, era seu chefe — parecia saber o que ele de fato pretendia. Era óbvio que Angleton apreciava a confusão — ou, do ponto de vista de Whitten, o caos — que havia criado. Citando as palavras de T.S. Eliot, Angleton gostava de descrever o ofício da contrainteligência como "uma floresta de espelhos".

"Tudo que Angleton fazia era extremamente secreto", recordou-se Whitten.[15] "Diversas vezes em minha carreira, fui incumbido de investigar ou intervir ou espiar trabalhos de investigação que Angleton estava conduzindo. Isso sempre provocava ressentimentos — os mais profundos ressentimentos." Sempre que Helms ou outras pessoas lhe pediam para confrontar Angleton, Whitten o fazia com receio, esperando sempre o pior. "Eu tinha o hábito de ir falar com ele apalpando minha apólice do seguro de vida, pensando o que teria que ser feito para informar meu parente mais próximo."

Angleton era responsável por um conjunto de atribuições que iam além da contraespionagem. Parte do seu poder vinha da estreita amizade com Hoover, o diretor do FBI. Qualquer que fosse a rivalidade entre a CIA e o bureau, os dois homens compartilhavam a mesma fixação quanto aos perigos do comunismo — e da União Soviética em particular. "Ele tinha contatos de enorme influência com

J. Edgar Hoover", disse Whitten sobre Angleton.[16] Em troca, Angleton tinha uma atitude de "ampla proteção ao FBI" e "não iria permitir nenhuma crítica a ele e tampouco qualquer tipo de rivalidade". Whitten imaginava que esse era o motivo pelo qual ele, e não Angleton, ficara com a responsabilidade pela investigação de Oswald. Inicialmente, Helms pode ter receado que Angleton pudesse ajudar seus amigos do FBI a esconder os erros grosseiros que tinham cometido durante o trabalho de vigilância de Oswald antes do assassinato. "Antes de qualquer outra coisa, uma das razões pelas quais Helms me passou o trabalho foi o fato de Angleton estar tão próximo do FBI", disse Whitten.[17] "O FBI podia adotar uma atitude extremamente tribal e protetora de seus próprios interesses. Acredito que J. Edgar Hoover e os outros queriam estar muito, mas muito seguros de que não poderiam ser criticados, e faziam questão de estar em posse de todos os fatos antes de permitir que qualquer outra pessoa de fora ficasse sabendo de alguma coisa."[18]

A influência de Angleton estendia-se também a muitos dos mais importantes postos de espionagem da CIA no exterior, que eram dirigidos por seus amigos e protegidos, incluindo Winston Scott, chefe do escritório na Cidade do México.[19] E tanto Angleton como Scott eram próximos a Allen Dulles.

Whitten admitiu ter sentido certo prazer com o desconforto de Angleton sobre a investigação acerca de Oswald. "Nos estágios iniciais o sr. Angleton não teve condições de influenciar o andamento da investigação, o que lhe causou profunda amargura", recordou-se Whitten. "Ele ficou muito ressentido por eu ter sido incumbido da investigação, e não ele."[20]

Acreditando contar com pleno apoio de Helms, Whitten começou a trabalhar para reunir todas as informações sobre a vida de Oswald e compreender seus possíveis motivos para matar Kennedy. Whitten passava grande parte do tempo lendo pilhas de papéis relacionados ao assassinato. "Éramos inundados de material telegráfico, com relatórios, sugestões, alegações que chegavam de todas as partes do mundo, e aquelas coisas precisavam ser verificadas", disse ele.[21] "Deixamos de lado praticamente tudo e pus uma porção de meus oficiais para trabalhar conferindo nomes, analisando arquivos."[22] Grande parte daquilo era "coisa de maluco", ligando Oswald a todo tipo de parceiros em conspirações, o que incluía até mesmo alienígenas vindos do espaço, recordou-se ele.[23]

Whitten disse que não sabia nada sobre Oswald, nem mesmo seu nome, antes do assassinato de Kennedy.[24] Embora o posto da Cidade do México respondesse à equipe de Whitten pelo setor WH-3 e tivesse enviado diversos informes naquele outono sobre a vigilância a Oswald durante sua viagem ao México, ele não se recordava de ter visto nenhum deles. Isso não era surpreendente, disse Whitten, uma vez que naquela ocasião Oswald parecia ser apenas mais um daqueles "desertores do terceiro time" e dos "tipos esquisitos" que às vezes apareciam na capital mexicana.[25]

Segundo Whitten, diversos soldados americanos e trabalhadores do esforço de defesa procuravam a Embaixada russa na Cidade de México na década de 1950 e no início dos anos 1960 para abandonar os Estados Unidos ou vender segredos. Eles eram detectados com tanta frequência pelo posto da CIA na Cidade do México que Hoover, que rotineiramente era informado sobre os casos para que o FBI pudesse rastrear espiões em potencial quando eles voltassem aos Estados Unidos, "ficava com os olhos brilhando sempre que pensava no posto [da Cidade] do México — aquela era uma de nossas mais destacadas áreas de cooperação com o FBI", contou Whitten.[26]

Ele compartilhava da admiração de Hoover pelo posto da Cidade do México — e especialmente por Scott, que "era o melhor chefe de posto que podíamos ter, e sem o menor exagero poderíamos dizer que ele dirigia o melhor posto do mundo".[27] Sob a direção de Scott, o posto tinha desenvolvido uma rede de informantes pagos dentro do governo mexicano, bem como entre os principais partidos políticos do país. Segundo Whitten, Scott também supervisionava a mais extensa e sofisticada operação de vigilância eletrônica da CIA no mundo.[28] Whitten disse que toda ligação telefônica tanto para dentro quanto para fora das embaixadas soviética e cubana na Cidade de México era grampeada pelo posto de Scott — um total de cerca de trinta linhas. Havia diversas câmeras de vigilância da CIA ao redor das duas embaixadas.[29]

Na opinião de Whitten, isso poderia explicar por que algumas informações sobre Oswald demoravam para chegar à sede da CIA nas semanas seguintes à visita dele ao país. Scott e sua equipe eram vítimas do próprio sucesso. O posto da Cidade do México estava inundado de um volume maciço de gravações de escuta — que precisavam ser traduzidas para o inglês e depois transcritas —, além de fotografias.

Whitten lembrou-se de ter começado de imediato a procurar resposta para uma questão que, tinha certeza, a Comissão Warren e outros investigadores queriam ver respondida. Diante das circunstâncias incomuns de sua fracassada deserção para a União Soviética, teria Oswald alguma vez trabalhado para a CIA? A resposta, que Whitten disse logo ter descoberto, era não. "Oswald era o tipo de pessoa que jamais teria sido recrutado pela agência para trabalhar atrás da Cortina de Ferro ou em qualquer outro lugar... Todo o seu padrão de vida era de um jovem extremamente desequilibrado do ponto de vista emocional."[30]

Whitten disse que Helms lhe pedira para cooperar da melhor maneira possível com a Comissão Warren, excetuando-se o caso de divulgar detalhes sobre como a CIA realmente reunia informações — "fontes e métodos", segundo o jargão da agência. Ele declarou que a comissão não foi informada sobre os programas de monitoramento eletrônico da CIA na Cidade do México e em outros lugares, pelo menos no início. "Procuramos nos assegurar de estarmos lhes fornecendo tudo que fosse possível desde que tivéssemos a certeza de que com isso eles nada soubessem sobre a maneira como, exatamente, havíamos obtido a informação", contou Whitten.[31] Ele disse que a CIA estava preocupada especialmente com a possibilidade de que a existência de fitas gravadas e programas de vigilância fotográfica na Cidade do México se tornasse pública, o que alertaria soviéticos e cubanos, e destruiria a utilidade dos programas. Havia também a preocupação de que "essa divulgação talvez prejudicasse para sempre, e de forma desnecessária, nossa capacidade de trabalho", acrescentou Whitten.[32] "Não havia nenhum motivo nefasto de nossa parte em não fornecer esse material a eles. Simplesmente não julgávamos que ele fosse de importância vital e queríamos proteger nossas fontes."[33]

O estado de frenesi na sede da CIA depois do assassinato era idêntico àquele manifestado no posto da agência na Cidade do México, na época funcionando no último andar da Embaixada americana no Paseo de la Reforma, via de grande movimento situada no coração da capital mexicana. Scott pareceu compreender imediatamente as perguntas que teria de responder, vindas de Langley e de Washington. Poucas semanas antes, seu posto conduzira uma operação de vigilância supostamente ampla e minuciosa sobre o homem que, de acordo com todos os indícios, havia acabado de matar o presidente dos Estados Unidos. Durante aquele outono, o posto gravara secretamente telefonemas de Oswald — e sobre Oswald — durante vários dias e procurava verificar se suas câmeras de vigilância haviam capturado a imagem dele em suas visitas às embaixadas soviética e cubana.[34] Algumas transcrições dos grampos telefônicos estavam assinaladas como "urgente" e tinham sido imediatamente enviadas para a mesa de Scott — era o que seus arquivos indicavam. Seria possível que a CIA — e, em especial, seu posto na Cidade do México — nada tivesse feito para deter Oswald?

Scott tinha bastante força na CIA.[35] Com formação em matemática, ele iniciara um programa de doutorado na Universidade de Michigan antes de ser retirado da vida acadêmica na década de 1940 pelo FBI, que o recrutou para que utilizasse seus dotes de matemático na área da criptografia. Durante a Segunda Guerra Mundial, Scott trabalhou na Office of Strategic Services (OSS) [Agência de Serviços Estratégicos], órgão de espionagem que precedeu a CIA. Naquela agência, ele fez amizades duradouras com diversos colegas de espionagem — entre eles Angleton, Dulles e Helms. Todos eles iriam para a CIA, quando esta foi criada, em setembro de 1947.

Entre seus assessores no México, poucos eram tão ligados a Scott como Anne Goodpasture,[36] que também começara a carreira de espiã na Agência de Serviços Estratégicos.[37] Durante a Segunda Guerra Mundial, ela foi trabalhar em Burma com uma colega espiã daquela agência, Julia McWilliams, que mais tarde ganhou fama como autora de livros de culinária usando seu nome de casada, Julia Child. Anos depois, Goodpasture negou que algum dia tivesse sequer se aproximado de Angleton, mas na agência era fato sabido que fora ele quem a enviara ao México; ele se impressionara com a eficiência demonstrada por ela numa operação anterior de contraespionagem.[38] Scott, que era amigo de Angleton, concordou em trazê-la para sua equipe em 1957, um ano depois de ter chegado à agência.

Nos escritórios da CIA na Cidade do México, com frequência Goodpasture era confundida com uma secretária ou datilógrafa, e ela dizia que o sexismo dessa suposição sempre a aborrecia.[39] Ela era, na verdade, uma assessora-chave — algo como a "faz-tudo", ou a "mulher braço direito de Scott", nas próprias palavras. Seu trabalho não era o de espionar fora da agência — a maior parte de suas atividades desenvolvia-se nas dependências da Embaixada dos Estados Unidos —, mas ela estava familiarizada com os truques da espionagem, entre eles o de abrir um envelope selado de maneira que ninguém percebesse, técnica conhecida como "bater e selar".[40] Sua amizade com Scott era facilitada pelas raízes de ambos no Sul dos Estados Unidos; Anne Goodpasture era do Tennessee. Os dois caracterizavam-se pelo temperamento cordial e pela maneira gentil de se expressar. (Entre os segredos que ela fazia questão de manter estava sua verdadeira idade, que não aparece em muitos de seus principais arquivos pessoais. Na época da investigação sobre Oswald, para a maioria dos colegas ela aparentava, assim como Scott, estar com cinquenta e poucos anos.) "Ele era um cavalheiro do Sul", ela disse sobre Scott. "Eu sentia que ele se imaginava um intelectual. [...] Era cuidadoso nas suas roupas e sempre vestia terno preto com camisa branca."

Apesar do respeito mútuo, jamais houve dúvida sobre quem estava no comando e quem, em última análise, era o encarregado de manter os segredos — Scott. Dentro do posto, as informações iam para e passavam exclusivamente por Scott, até se constituírem numa verdadeira obsessão, segundo ela. "Ele mantinha sua própria pasta de documentos sigilosos, separados daqueles do posto, que guardava em diferentes cofres de segurança em sua sala, além de outro, grande, que ficava em sua casa", contou ela.[41] "Win nunca confiava em ninguém."[42] Scott tinha vários outros assessores em sua equipe, "porém na prática eles eram assessores apenas no nome, porque Win estava em todas as partes o tempo todo" e tomava "todas as decisões".

Goodpasture gostava de Scott e o respeitava, embora nem sempre acreditasse que ele dizia a verdade quando se reportava a Langley. Em sua opinião, isso explicava o motivo de ele passar tanto tempo diante de sua mesa — ele precisava estar lá para controlar o fluxo de informações e ter certeza de que ninguém iria perceber sua desonestidade. "Eles iriam descobrir que ele provavelmente exagerava as coisas", diria Goodpasture ao jornalista e escritor de Washington Jefferson Morley. "Houve muitas ocasiões em que ele alterava os números. Se num jornal aparecesse alguém avaliando um contingente de quinhentas pessoas, ele acrescentaria outro zero."

De acordo com ela, Scott tornou-se especialmente ansioso — até mesmo paranoico — após o assassinato de Kennedy, e mais ainda depois da criação da Comissão Warren. Ele deixou claro a Anne Goodpasture e a outros assessores que iria controlar cada detalhe das comunicações entre o posto da agência e a comissão. Ao longo do tempo, ele foi além disso, desligando-se de Goodpasture e de seus colegas sempre que a questão de Oswald vinha à tona.[43] Ela disse que o assunto simplesmente não era discutido depois do assassinato: quando a Comissão Warren começou a fazer perguntas à CIA que precisariam ser respondidas na Cidade do México, Scott tratou de se encarregar disso pessoalmente. Ele não compartilhou as indagações com Goodpasture e tampouco pediu que ela ou qualquer de seus colegas examinassem os arquivos do posto em busca de informações. Em vez disso, quando chegavam as perguntas, ele pedia que os arquivos de Oswald fossem levados até ele, procurava uma resposta e então enviava ele mesmo o relatório para Langley. Nunca se comentou a possibilidade de que Goodpasture prestasse depoimento à comissão nem de que ela fosse interrogada por seus membros, mesmo que ela tivesse feito parte da operação de vigilância sobre Oswald. Ela sabia que Scott tinha a intenção de responder pessoalmente às perguntas da comissão.

12.

CIA
LANGLEY, VIRGÍNIA
DEZEMBRO DE 1963

No início de dezembro, Whitten e sua equipe de trinta membros na CIA imaginavam ter compreendido em termos gerais a história de vida de Oswald. Eles tinham até mesmo uma noção preliminar do que o teria levado a matar o presidente.

Whitten preparou um relatório — ele se lembrou de que o texto tinha cerca de vinte páginas — para ser distribuído dentro da agência, resumindo o que era conhecido.[1] Àquela altura, ele acreditava que Oswald era um tipo de "maluco pró-Fidel Castro" que provavelmente tinha agido sozinho.[2] Apesar dos contatos de Oswald com a Embaixada cubana na Cidade do México, Whitten não encontrou nenhuma prova de que o governo de Fidel tivera algo a ver com o assassinato.[3] Ele era um especialista na América Latina, conhecia muita coisa sobre Cuba e duvidava que Fidel iria pôr em risco a sobrevivência de seu regime recrutando um jovem perturbado como Oswald para uma missão de assassinato. Whitten parecia convencido de que, se houvesse alguma coisa mais a ser apurada na Cidade do México, Scott iria descobri-la.

Enquanto concluía seu relatório, Whitten ficou indignado — porém não surpreso, ele disse — ao ouvir de colegas da CIA que Angleton estava conduzindo sua própria investigação sobre Oswald, de caráter informal, e discutindo o caso com seus amigos do FBI. "Era um desafio total às ordens de Helm", disse Whitten.[4] Ele confrontou Angleton, que, para perplexidade de Whitten, prontamente confirmou que os boatos eram verdadeiros, como se as regras de Helm simplesmente não se aplicassem a ele.[5] Ele admitiu que seus contatos no FBI mantinham-no diariamente atualizado sobre a investigação do assassinato. Sem o conhecimento de Whitten, Angleton começara também a se encontrar regularmente com o antigo chefe de ambos, Allen Dulles, agora na comissão.[6] Whitten queixou-se a Helms, que fez questão de deixar claro que não queria se envolver numa disputa entre seus dois assessores. Whitten afirmou que Helms nunca pretendeu entrar num confronto com Angleton, pessoa com a qual era sempre muito difícil de lidar. Se Angleton estava criando problemas, "você vai falar para ele" parar, Helms disse a Whitten.[7]

Whitten começou a preocupar-se com a possibilidade de que Angleton, que tinha estreitas ligações com Hoover e outras pessoas do FBI, estivesse recebendo informações diferentes e talvez melhores do que aquelas que o bureau compartilhava com ele.[8] Seus temores se concretizaram quando foi convidado a ir ao escritório do subprocurador-geral Nicholas Katzenbach, em dezembro, para examinar o relatório inicial de quatrocentas páginas do FBI sobre Oswald. Ao ler o relatório, Whitten ficou furioso quando descobriu quantas coisas ele ignorava — quantas coisas o FBI lhe ocultara. O bureau havia passado fiapos de informações a respeito de Oswald, mas a equipe de Whitten conhecia muito pouco sobre os detalhes mais importantes do relatório do FBI, incluindo o fato de Oswald aparentemente ter tentado assassinar outra pessoa naquele ano: o general reformado do Exército Edwin Walker, um proeminente extremista de direita que havia sido baleado em sua casa em Dallas, em abril, por um atirador que estava do lado de fora.

Whitten também ficou assustado ao descobrir que Oswald mantinha um tipo de diário e que o FBI tinha provas de suas ligações com ativistas pró-Fidel nos Estados Unidos, incluindo um conhecido grupo denominado Comitê do Jogo Limpo com Cuba.[9] Oswald alegava ter dirigido o ramo de New Orleans do comitê quando morou em Louisiana mais cedo, naquele ano. Em agosto, ele fora detido em New Orleans durante um conflito de rua com diversos cubanos anti-Fidel.

À medida que avançava na leitura, recordou-se Whitten, ele se sentia humilhado. Ele acabara de entregar à CIA o que imaginava ser um retrato detalhado de

Oswald.[10] Mas enquanto estava lá no Departamento de Justiça acompanhando a "grande quantidade de informações" do documento do FBI, ele verificou que o seu relatório havia "ao mesmo tempo sido superado e se tornado redundante pelo trabalho do FBI". Seu relatório era "inútil".

A situação deu a Angleton a oportunidade para deixar Whitten de lado.[11] Num encontro com Helms e seus assessores, Angleton arrasou Whitten, descrevendo seu relatório anterior sobre Oswald como contendo "tantos erros que não poderíamos de modo algum enviá-lo ao FBI". Whitten considerou esquisito esse comentário, uma vez que "em momento algum o relatório esteve para ser enviado ao FBI". Enquanto Helms ouvia, Whitten por alguns momentos tentou se defender, explicando que o FBI evidentemente guardara para si informações sobre Oswald que desde o início deveriam ter sido compartilhadas. Angleton ignorou a explicação e continuou seu ataque. "Ele me arrasou", disse Whitten.

Angleton pressionou para que a investigação sobre Oswald fosse retirada das mãos de Whitten e passada, de imediato, para a sua equipe de contraespionagem — especificamente para um dos assessores em que Angleton mais confiava, Raymond Rocca.[12] E Helms concordou. Sem mais discussão, Helms, em seu típico modo desprovido de emoções, como se fosse uma questão trivial, anunciou que toda a investigação sobre Oswald deveria passar para o escritório de Angleton, e que a partir daquele momento ele seria responsável pelo relacionamento entre a agência e a Comissão Warren.

Whitten surpreendeu-se ao ver que Helms aparentemente superara suas preocupações anteriores quanto à estreita amizade entre Angleton e Hoover.[13] Na verdade, de repente Helms dava a impressão de estar ansioso para que o FBI e a CIA trabalhassem em conjunto na investigação sobre Oswald. "Helms queria que a investigação fosse conduzida por uma pessoa que tivesse grande intimidade com o FBI", comentou com amargura Whitten. "Eu não tinha essa intimidade, e Angleton tinha."

Na CIA, Helms descreveu a transferência da investigação sobre Oswald para Angleton como algo rotineiro — como se alguma coisa relacionada com o assassinato de um presidente pudesse ser considerada rotineira.[14] A especialidade de Whitten estava no México e na América Latina, e quando Angleton assumiu o trabalho a investigação sobre Oswald já se estendia bem além da América Latina

— chegando até a União Soviética e partes do mundo que Angleton compreendia melhor.[15] "Era possível ver aquela investigação indo muito além da Cidade do México, e não tinha muito sentido deixá-la nas mãos de alguém responsável pela área da capital mexicana", diria Helms anos mais tarde.[16]

Richard McGarrah Helms sempre tivera a capacidade de fazer com que o extraordinário parecesse rotineiro — até mesmo monótono. Como vice-diretor de planejamento, ficavam a seu cargo todas as operações secretas da CIA ao redor do mundo. Com seus cabelos esticados para trás, ternos bem cortados e dicção cuidadosa, esse funcionário de cinquenta anos tinha a aparência e a maneira de falar de um espião sofisticado. Filho de um executivo da indústria do alumínio, ele fez o curso secundário na Suíça e era fluente em francês e alemão. Helms chegou ao mundo da espionagem quando trabalhava nos serviços de inteligência da Marinha durante a Segunda Guerra Mundial, o que o levou à Agência de Serviços Estratégicos e posteriormente à CIA. Ele era conhecido por seu estilo direto e objetivo e pelo espírito mordaz. Costumava encerrar suas conversas com a frase: "Vamos fazer isso".[17]

Helms contou aos colegas que pretendia cooperar plenamente com Warren e a comissão. "Todo o empenho da agência deve ser o de fornecer a maior ajuda possível e, se necessário, ultrapassar os limites."[18] No entanto, sua definição de cooperação plena tinha uma importante ressalva. A CIA iria atender a todo pedido feito pela Comissão Warren — "quando eles nos pediam alguma coisa, nós a entregávamos" —, mas ele disse que a agência não era responsável pelo fornecimento voluntário de informações, a não ser aquelas que envolvessem diretamente Oswald e o assassinato. Na concepção de Helms, plena cooperação não queria dizer que a CIA devesse abrir a totalidade de seus arquivos para a Comissão Warren de modo a expor suas operações mais secretas. Ele estava ciente de que algum dia poderia ser criticado por sua decisão, mas que assim fosse. "Este mundo é uma desordem", concluiu.[19]

Trabalhando havia pouco tempo na comissão, David Slawson nada sabia sobre os conflitos internos da CIA a respeito da investigação sobre Oswald.[20] Na verdade, ele já tinha muita coisa a fazer. Como Coleman pretendia passar apenas um dia da semana em Washington — e com a proibição de telefonar para Coleman com o objetivo de discutir questões sigilosas —, Slawson sabia que teria de realizar grande parte do trabalho sozinho.

Ele ficou impressionado com o fato de que grande quantidade do material que lhe era entregue tinha assinaladas as palavras SECRET ou TOP SECRET.[21] Aquilo era ainda mais surpreendente uma vez que ele, bem como os outros jovens advogados, não poderia ter acesso a documentos de caráter sigiloso. A decisão fora tomada, provavelmente por Warren e Rankin, para que ele e os outros advogados pudessem ver documentos sigilosos sem terem sido submetidos a uma verificação completa pelos serviços de segurança. Slawson e os demais não tinham a menor vontade de discutir essa decisão.

Mesmo que estivesse lendo material da CIA compilado dentro da agência por John Whitten, Slawson diria mais tarde não se lembrar de alguma vez tê-lo encontrado, ou até mesmo de ter ouvido seu nome. Ele tampouco ouviu o nome de Angleton nem ficou sabendo que o chefe da área de contraespionagem da CIA era responsável por decidir quais as informações a que a comissão poderia ter acesso. Em vez disso, poucos dias depois de ter chegado a Washington ele foi apresentado a Raymond Rocca.

Slawson considerou que a CIA agira bem ao indicar Rocca, um profissional extremamente determinado de 46 anos, como seu contato com a comissão; Rocca compareceria aos escritórios da comissão quase todos os dias.[22] "Logo passei a admirá-lo e a confiar nele", disse Slawson. "Ele era muito inteligente e procurava de todas as maneiras ser honesto e cooperar conosco." Slawson passou a acreditar que, se a CIA ocultava informações da comissão, era porque o próprio Rocca tampouco tivera acesso a elas.

Rocca, nascido em San Francisco e graduado e com mestrado em história pela Universidade da Califórnia em Berkeley, tinha o comportamento típico de muitos dos funcionários da CIA que mantinham contato com a comissão.[23] Eles tendiam a mostrar-se inteligentes, polidos e bem articulados. Eram bem diferentes de seus homólogos do FBI e do Serviço Secreto, bem mais duros e rústicos. Slawson dizia divertir-se — e não ficar perturbado — com o fervoroso anticomunismo de Rocca, uma crença de que "os comunistas estão por trás de tudo" de errado que acontecia no mundo.[24] De acordo com as recordações de Slawson, Rocca ficava apoplético quando falava sobre Fidel Castro. "Um dia estávamos conversando sobre Cuba e ele estava num lado da mesa e eu do outro, e ele levantou-se e quase gritou: 'Fidel Castro?', ele disse. 'Aquele homem é mau. Ele é O Mal'."

Logo Slawson concluiu que não podia fazer outra coisa a não ser confiar em Rocca e seus colegas da CIA. A comissão praticamente não tinha mais a quem recorrer em busca da maioria das informações que precisava envolvendo a União Soviética, Cuba e outros adversários estrangeiros que pudessem ter algo a ver com a morte de Kennedy. "Eu não conseguia pensar em outra maneira de conduzir uma investigação sobre organizações estrangeiras de inteligência como aquela sem ser por intermédio da CIA", recordou Slawson. Mesmo assim, ele precisava pensar em estratégias que lhe permitissem conferir as informações que vinha recebendo da agência de espionagem. Já no início, ele estabeleceu a prática de solicitar o mesmo tipo de documento oficial a todos os órgãos do governo para os quais ele pudesse ter sido enviado. Se um relatório tivesse sido preparado pela CIA e pelo Departamento de Estado, ele o requisitaria aos dois órgãos. Se um deles não fornecesse uma cópia do documento, haveria a possibilidade de que o outro o fizesse. Slawson reconheceu que era estimulante ter contato com o mundo da espionagem e aprender algo sobre os segredos da CIA. Romances de espionagem e filmes — *007 contra o satânico Dr. No*, o primeiro longa-metragem baseado no personagem de James Bond criado por Ian Fleming, estreara em 1962 e tornara-se um sucesso em todo o mundo — encontravam-se naquela época no coração da cultura popular americana.

Em janeiro a CIA ofereceu, e Slawson ansiosamente aceitou, um resumo sobre a KGB e a história de suas tentativas de assassinatos. O resumo levou-o a concluir que o assassinato de Kennedy estaria completamente fora do padrão para a KGB. "Eles nos entregaram material mostrando em profundidade como os espiões russos matavam alguém quando queriam", incluindo uma história sobre todos os assassinatos conhecidos executados pela KGB fora da União Soviética, "e nenhum deles se encaixava no padrão de Lee Harvey Oswald", recordou-se Slawson. "Quando os russos faziam alguma coisa, procuravam assegurar-se de que nunca seriam descobertos. Eles tratavam de fazer com que parecesse morte natural ou o resultado de algum acidente."

Aparentemente fiel ao que havia prometido quanto a compartilhar toda informação existente nos arquivos da CIA que pudesse envolver o assassinato, Rocca e outros membros da agência passaram a fornecer a Slawson informações altamente sigilosas, obtidas por meio de espionagem. Nas primeiras semanas da investigação, Rocca disse a Slawson que ele tinha uma peça de informação que o jovem advogado não poderia repassar a mais ninguém, nem mesmo a outros membros da comissão, pelo menos não naquele momento. Empolgado, Slawson concordou.

"Ocorreu uma deserção", disse-lhe Rocca num tom sombrio. "Pode ser uma deserção muito importante." Ele explicou que um oficial do escalão intermediário da KGB, Iúri Nosenko, acabara de desertar para o Ocidente e estava agora sob custódia da CIA. Nosenko alegava ter lido todos os arquivos mantidos pela KGB sobre Oswald durante os anos que ele passara na União Soviética, e os arquivos provavam que Oswald não havia sido recrutado pela KGB — que ele não era um espião soviético. O russo ainda estava sendo interrogado, disse Rocca, mas se aquela informação pudesse ser comprovada, os russos estariam inteiramente isentos de qualquer envolvimento no assassinato.

Naquele momento, em Langley, todas as informações sobre Oswald e o assassinato estavam sendo canalizadas para a mesa de Angleton, incluindo os fatos levantados na Cidade do México por Winston Scott. Assim como Whitten, Angleton considerava Scott um espião-modelo.

Sob o comando de Angleton, o foco da investigação mudou completamente. Por motivos que nunca chegou a explicar muito bem, ele afastou a investigação da busca por pistas sobre uma conspiração cubana. Em vez disso, ele queria concentrar o foco quase exclusivamente na possibilidade de que a União Soviética pudesse estar por trás do assassinato, hipótese que refletia sua obsessão de muitas décadas pela ameaça soviética. De acordo com seus colegas, Angleton acreditava que, embora Fidel fosse perigoso, Cuba ainda era apenas um personagem secundário no conflito muito mais amplo da Guerra Fria travada entre Moscou e Washington. Três outros analistas de contraespionagem da equipe de Angleton, todos especialistas na área da KGB, foram escolhidos para trabalhar com Rocca.

Fidel Castro jamais deixara de ser a obsessão para outros membros da CIA. Independentemente da opinião de Angleton, durante o governo Kennedy, a agência criara uma unidade especial, a Special Affairs Staff (SAS) [Equipe de Assuntos Especiais], encarregada de conduzir operações secretas para derrubar Fidel. A SAS tinha também seus analistas de contraespionagem, que, embora não se reportassem a Angleton, deveriam em princípio trabalhar com sua equipe. Em seus contatos com a Comissão Warren, como investigadores do Congresso viriam a mostrar mais tarde, Angleton passava quase completamente por cima da SAS; nunca se pediu que os analistas daquela unidade procurassem provas de alguma conspiração cubana na morte do presidente.[25]

Em 20 de fevereiro, Angleton recebeu o que poderia dar a impressão de más notícias. Um de seus assessores lhe enviara um memorando com a informação de que 37 documentos tinham desaparecido do arquivo interno que a CIA mantinha sobre Oswald antes do assassinato. Os documentos que faltavam incluíam sete memorandos do FBI, dois documentos do Departamento de Estado e 25 cabogramas da CIA. Muitas semanas depois, quando a equipe da Comissão Warren foi convidada a ir até a CIA para examinar o arquivo, a equipe de Angleton insistiu que ele estava completo. Registros da comissão indicam que seus investigadores nunca haviam sido informados de que, ao menos por um certo período, dúzias de documentos sobre Oswald haviam desaparecido.[26]

13.

GABINETE DO PRESIDENTE DA SUPREMA CORTE
SUPREMA CORTE
WASHINGTON, DC
JANEIRO DE 1964

Por um breve momento, Earl Warren suspeitou que Oswald pudesse fazer parte de uma conspiração estrangeira. Nas primeiras horas depois do assassinato, quando o presidente da Suprema Corte ouviu os relatórios iniciais sobre a frustrada deserção de Oswald para a União Soviética, ele pensou que se tratava de um plano envolvendo os comunistas. "A única coisa que me fez pensar por um instante em uma conspiração foi o fato de Oswald ter desertado para a Rússia", recordou-se ele.[1]

Mas nos dias seguintes, em especial após os relatórios iniciais da polícia de Dallas indicarem que Oswald era o único assassino, o instinto de Warren como veterano promotor criminal fez com que descartasse qualquer suspeita sobre uma conspiração. Ele estava convencido de que Oswald agira sozinho na Dealey Plaza. Apesar de se tratar de um crime monstruoso, que mudou o curso da história, Warren entendia que Oswald, na realidade, tinha muito em comum com a violência, os impulsos e a mentalidade de jovens criminosos que ele processara em casos de homicídios, durante os anos 1920, quando trabalhou na Promotoria de Oakland. Warren estava convencido de conhecer bem o funcionamento das mentes criminosas e de que Oswald não precisaria da ajuda de ninguém para assassinar o presidente.

Uma semana depois do homicídio de Kennedy, Warren concluiu que não havia conspiração em Dallas ou em qualquer outro lugar. "Eu já não acreditava mais em qualquer tipo de conspiração", Warren afirmou tempos depois.[2] "Assim que li que Oswald trabalhava no Depósito de Livros Escolares do Texas, tendo saído de lá da forma como saiu — o único funcionário do local que simplesmente desapareceu —, e depois que a arma foi encontrada, com os cartuchos, pareceu-me que o panorama geral do caso já estava estabelecido." Warren insistiu que jamais compartilhou os seus pensamentos com os membros da comissão porque não queria prejudicar o trabalho de investigação deles. Rankin declarou nunca ter escutado de Warren nenhum comentário que descartasse a ideia de uma conspiração: "Eu jamais ouvi algo dele que não fosse descobrir a verdade sobre tudo aquilo".[3]

Muitos dos jovens advogados contratados pela comissão depois concordaram que no começo da investigação não tinham ouvido nada que sugerisse que Warren havia chegado a uma conclusão precoce de que Oswald agira sozinho. Vários deles teriam ficado decepcionados ao sabê-lo — porque tinham vindo a Washington determinados a descobrir uma conspiração para a morte do presidente. "Eu presumia uma conspiração", disse David Belin, um advogado de 35 anos originário de Des Moines, Iowa, que fora contratado por recomendação de um colega de classe da faculdade de direito da Universidade de Michigan que então trabalhava na administração Johnson. (O colega de classe Roger Wilkins viria a se tornar um jornalista proeminente e líder de direitos civis.)[4] Belin desconfiava que a conspiração pudesse envolver Castro, ansioso para se vingar de Kennedy pelo episódio da Baía dos Porcos e pela crise dos mísseis cubanos. O assassinato de Oswald podia muito bem ser o segundo ato da conspiração, pensava ele. "Eu sentia que era altamente provável que houvesse uma conspiração, que Lee Harvey Oswald podia não ser o verdadeiro assassino, apesar das alegações do FBI, e que Ruby matara Oswald para silenciá-lo."[5] Ele ficou empolgado com sua indicação como parceiro júnior da equipe de duas pessoas para a Área 2, responsável por provar a identidade do assassino ou dos assassinos. Essa tarefa poria Belin e seu parceiro, Joseph Ball, um advogado da Califórnia, no centro da busca por cúmplices.

Burt Griffin, 31 anos, ex-promotor federal em Cleveland, também suspeitava de uma conspiração antes de entrar para a equipe da comissão. Pensava que algum grupo de racistas, determinados a acabar com os avanços da política de direitos civis de Kennedy, podia ter sido responsável. "Minha reação inicial foi que tinham sido alguns segregacionistas do Sul", disse ele anos depois.[6] Willens recrutara Griffin, que também tinha se graduado em direito por Yale, para juntar-se à equipe da comissão por sugestão de um amigo comum de Ohio. Ao contrário de seus jovens colegas, Griffin tinha experiência em Washington, tendo trabalhado na capital três anos antes como funcionário de um juiz federal de apelações. Ele e sua esposa adoravam Washington e ficaram animados de voltar para lá. "Liguei para casa para contar à minha esposa que íamos para Washington, e ela já estava arrumando as malas antes de desligar o telefone."

Quando entrou no curso de direito, em 1955, Griffin planejava valer-se de sua formação para uma carreira em jornalismo ou na política, mas, tendo sido muito bem-sucedido em Yale, decidiu afinal trabalhar como advogado.[7] Na verdade, porém, ele detestava o curso de direito: "Eu não achava que os membros da faculdade estivessem muito interessados em educação; eles estavam mais preocupados em inflar o ego com aquela antiga modalidade do método socrático". De todo modo, ele se destacou no curso, o que lhe rendeu um emprego na revista de direito. Então, "achei que devia ter algum jeito para a coisa", ironizou. Depois de formado, ele se viu mergulhado na profissão, o que incluiu dois anos de trabalho na Promotoria de Cleveland, sua cidade natal. Ele amava o trabalho, disse; seu emprego permitia que investigasse casos de comportamento ilícito como se fosse um repórter, exatamente como planejara, com a vantagem de ter o poder de apresentar intimações.

Em janeiro, quando chegou a Washington, Griffin surpreendeu-se ao ver que poucos de seus novos colegas haviam sido promotores, ou tinham alguma outra experiência na aplicação de leis. Ele era o único dos advogados juniores que já tivera um contato significativo com o FBI e alertou os outros de que deveriam ser cautelosos em relação à competência e à honestidade do bureau. Como promotor federal em Ohio, trabalhou ao lado de agentes do FBI do escritório de campo em Cleveland, e saiu de lá com pouco respeito por J. Edgar Hoover e pelo bureau. "Eles eram um bando de burocratas", comentou. "Tinham suas habilidades em alta conta." Caso houvesse uma conspiração para matar o presidente que fosse minimamente sofisticada, Griffin não acreditava que o FBI tivesse a competência para desvendar o caso. "Eles iriam apenas se atrapalhar."

E Griffin tinha suspeitas sombrias sobre o bureau. Desde o início, ele se preocupava com a possibilidade de que o FBI tentasse esconder toda a verdade que envolvia o assassinato, encobrindo suas trapalhadas com Oswald em Dallas. Griffin pensou que o bureau, em um esforço desesperado para se proteger da alegação de que tinha extraviado indícios de uma conspiração, tentaria pôr a culpa apenas em Oswald, quaisquer que fossem as provas realmente apresentadas. "Eu pensei que o FBI pudesse estar tentando incriminar Oswald", afirmou.[8] Outros da equipe da comissão, Griffin lembrou-se, sentiam o mesmo. Diversos dos jovens advogados estavam excitados com a possibilidade de que a comissão desvendasse uma conspiração, nem que fosse apenas para que isso fizesse Hoover, um homem que muitos deles já desprezavam, cair em desgraça. "Estávamos dispostos, se fosse possível, a provar que o FBI errara — e a encontrar uma conspiração, se conseguíssemos", disse Griffin. "Pensamos que nos tornaríamos heróis nacionais."

Griffin foi designado para atuar como advogado júnior na Área 5, investigando o passado de Jack Ruby, e dividiu um escritório com Leon Hubert, o advogado de modos aristocráticos de Louisiana, que seria o seu parceiro sênior. O seu escritório era exíguo, com cerca de quatro metros quadrados; os dois advogados trabalhavam em mesas encostadas uma na outra.[9] Quando se apresentou ao escritório, Griffin surpreendeu-se ao encontrar um ex-colega de faculdade, David Slawson, que se formara um ano antes em Amherst.[10] Griffin recordou que se sentiu intimidado: "Eu tinha respeito por Slawson, presidente do centro acadêmico que se formara com distinção. Sentia-me honrado por estar em sua companhia".

As reuniões da equipe pareciam um encontro da Ivy League, refletindo as preferências de Willens por graduados vindos apenas da elite das escolas superiores de direito. Se a equipe da comissão não fizesse um bom trabalho na investigação, eles brincavam, seus professores de Harvard e Yale teriam que dar muitas explicações. Griffin e os outros três formados por Yale estavam em número igual aos graduados por Harvard, e com a passagem dos meses outros advogados de Harvard se juntaram à equipe. Os graduados por Harvard: Slawson e Coleman; Samuel Stern, um advogado de 34 anos de Washington que fora assistente jurídico do presidente da Suprema Corte Earl Warren e agora integrava o escritório de advocacia Wilmer, Cutler & Pickering; e Melvin Eisenberg, formado em primeiro lugar em sua classe de Harvard, em 1959, que foi trabalhar num grande escritório de Nova York, Kaye Scholer.

Stern tornou-se a equipe de um homem só responsável pela Área 6. Ele analisaria a atuação do Serviço Secreto em Dallas e pesquisaria de que forma os presidentes dos Estados Unidos haviam sido protegidos de assassinos ao longo dos anos. Ele era o único advogado júnior a atuar sem um parceiro sênior. Warren acreditava que a questão poderia ficar a cargo de apenas um advogado, e confiava na capacidade de Stern.

Mesmo que Eisenberg fosse novo no escritório Kaye Scholer e soubesse que uma ausência temporária poderia pôr em risco sua ascensão a uma participação na sociedade, ele se entusiasmou com o convite para ingressar na comissão. "Foi como o primeiro encontro com a minha esposa", disse Eisenberg.[11] "Desde o primeiro instante em que a vi, quis casar-me com ela." Além disso, ele ficara desencantado com a vida num grande escritório de advocacia. "Em Harvard e na revista de direito, sentia-me o centro do mundo, e daí, de um momento para o outro, eu me vi escrevendo memorandos" para advogados mais velhos, que ele mal conhecia. Ele tinha chegado até mesmo a pensar em abandonar a advocacia para tornar-se professor de inglês.

Eisenberg foi designado para trabalhar como assessor de Redlich, que estava soterrado por uma montanha de papéis, uma vez que se dispôs a ler todos os documentos que chegassem à comissão e a decidir de que maneira esses papéis deveriam ser divididos entre os colegas. Para cumprir sua primeira grande missão, Eisenberg tratou de se tornar um especialista na ciência da criminologia — impressões digitais, balística, acústica, testemunhas visuais — e determinar a que provas a comissão deveria dar mais atenção e quais deveriam ser ignoradas. Como não tinha experiência na aplicação de leis, Eisenberg voltou-se para os livros. A Biblioteca do Congresso encontrava-se a dois quarteirões de distância, e ele requisitou uma seleção das mais importantes obras sobre a ciência criminal.

Não era um segredo entre os advogados juniores que a maioria deles tinha a mesma inclinação política; eles eram filiados ao Partido Democrata, consideravam-se liberais e haviam apoiado o presidente Kennedy. O mais peculiar deles era Wesley James Liebeler, conhecido pelos amigos como Jim, um litigante de Nova York de 32 anos formado pela Faculdade de Direito da Universidade de Chicago e recomendado à comissão pelo diretor da instituição. Nascido em Langdon, Dakota do Norte, e criado nos campos das Grandes Planícies, Liebeler era um republicano que falava de maneira impetuosa e gostava de se vangloriar de sua intenção de votar no senador pelo Arizona Barry Goldwater nas eleições presidenciais de novembro.[12] Ele deixou claro, contudo, que suas opiniões conservadoras não se estendiam à sua vida privada, mas, mesmo assim, e para a diversão de seus novos colegas, ele também gostava de se vangloriar disso. Poucos dias depois de ter chegado a Washington, ele dizia para os seus colegas — na verdade, dizia para qualquer um que pudesse escutar — que tinha a intenção de aproveitar sua permanência na capital para conhecer mulheres. O fato de ser casado e ter dois filhos pequenos à sua espera em Nova York não lhe parecia motivo de preocupação. Liebeler foi designado como advogado júnior da Área 3; ele e seu parceiro sênior, Albert Jenner, seriam os responsáveis pela investigação sobre a vida de Oswald. Para começar, Liebeler era menos respeitoso que os seus colegas ao lidar com Rankin, Redlich e Willens. Ele disse a Specter que estava preocupado com a possibilidade de Willens ter sido introduzido na equipe da comissão pelo Departamento de Justiça para servir de "dedo-duro" a Robert Kennedy — um delator que iria proteger os interesses do procurador-geral, fossem eles quais fossem.[13]

Rankin estava espantado com a cautela de Warren e de alguns dos outros membros da comissão em falar — mesmo em particular, somente entre si — sobre a possibilidade de ter havido uma conspiração estrangeira para matar Kennedy. Não havia temor similar da parte dos jovens advogados, prontos a seguir os fatos. Ele recordou conversas entre os advogados sobre o que aconteceria "se encontrarmos uma conspiração envolvendo a União Soviética ou Cuba" e como isso levaria a um conflito nuclear. E eles não pareciam preocupados com tal perspectiva, mesmo de uma guerra, Rankin recordou. "Eles estavam ansiosos por obter as informações, divulgá-las, sem se incomodar com quem viesse a ser prejudicado ou beneficiado por elas", contou. "Talvez isso seja a juventude e a falta de percepção de todos os perigos envolvidos." Ele também via a determinação dos advogados — especialmente dos mais jovens, no começo de suas carreiras — em descobrir a verdade sobre a morte do presidente porque sabiam que suas "reputações poderiam ser destruídas" caso participassem de qualquer coisa que pudesse ser rotulada de acobertamento.

Slawson lembrou-se de algumas conversas iniciais nervosas entre os advogados, de que algum traidor da CIA poderia estar por trás do assassinato, ou de que o presidente Johnson talvez estivesse envolvido. A maior parte dessas conversas era "em tom de brincadeira", recordou-se. Mesmo assim, estariam os advogados pondo suas próprias vidas em risco caso descobrissem uma conspiração que envolvesse o governo dos Estados Unidos? Slawson lembrava-se de pensar que, se ele e seus colegas encontrassem provas de que a morte de Kennedy fora resultado de algum tipo de golpe de estado, isso precisaria ser divulgado o quanto antes — nem que fosse apenas para ficarem a salvo de alguma tentativa de silenciá-los. "Minha teoria era que, se tornássemos o fato uma questão pública, os responsáveis não ousariam mais vir atrás de nós, porque isso somente iria fortalecer as provas de que era tudo verdade."[14]

Em 20 de janeiro, uma segunda-feira, Warren convocou a primeira reunião da equipe. Anos depois, muitos dos advogados lembraram-se da emoção que sentiram por estarem na presença do presidente da Suprema Corte, cujos dotes de político ainda eram nítidos. Ele encantava os jovens advogados, falando "calorosamente e com sinceridade", lembrou-se Griffin. De acordo com os memorandos preparados por Willens e Eisenberg, Warren declarou à equipe que a obrigação deles era "determinar a verdade, seja ela qual for". Ele lhes contou sobre seu encontro com o presidente Johnson no Salão Oval, e como Johnson o convenceu a assumir o trabalho. A comissão, disse Warren, tinha a responsabilidade de pôr um ponto final nos boatos que estavam se espalhando pelo país — o que incluía rumores de que o próprio presidente Johnson tivera alguma relação com o assassinato. "O presidente deixou muito clara a sua preocupação com o fato de que boatos extremamente exagerados estivessem circulando pelo país e pelo mundo", disse Warren sobre seu encontro com Johnson. "Alguns desses boatos podem perfeitamente levar a nação a uma guerra que custe cerca de 40 milhões de vidas."[15]

Warren estabeleceu um prazo para a entrega do trabalho final da comissão. Seria difícil divulgar uma conclusão, ele disse, antes do fim do julgamento de Jack Ruby em Dallas, programado para o começo de fevereiro. Mas Warren declarou que queria o relatório pronto antes que se iniciasse a campanha para a sucessão presidencial no outono, "pois assim que a campanha começasse seria muito possível que os boatos e especulações voltassem à tona". Ele propôs como objetivo a data de 1º de junho, menos de cinco meses mais tarde.

14.

REDAÇÃO DO JORNAL *DALLAS MORNING NEWS*

DALLAS, TEXAS

JANEIRO DE 1964

Hugh Aynesworth, do *Dallas Morning News*, também estava à procura de uma conspiração.[1] Nas semanas seguintes ao assassinato, nenhum repórter no Texas conseguira tantos "furos" sobre o assassinato do presidente como Aynesworth — 32 anos, nascido na Virgínia Ocidental, e que ganhava a vida como jornalista desde a adolescência. De tempos em tempos, a Comissão Warren tinha que se defrontar, de maneira insistentemente repetida, com as repercussões de alguma das exclusivas publicadas por Aynesworth.

Inicialmente, disse o repórter, ele duvidava que Oswald tivesse sido o único responsável pelo assassinato.[2] Ele imaginava que devia tratar-se de uma conspiração envolvendo os russos. Suas suspeitas aumentaram quando descobriu que Oswald tivera permissão para deixar a União Soviética em 1962 e voltar aos Estados Unidos com sua jovem e bela mulher russa. "Calculei que não seria possível esse cara deixar a Rússia com uma esposa russa tão depressa assim", ele disse. Aynesworth admitiu que suas suspeitas baseavam-se num ponto de partida — que não se manifestava em nenhum outro lugar com tanta força como na ultraconservadora cidade de Dallas — de que os líderes do Kremlin eram suficientemente perversos para assassinar Kennedy. "Todos nós morríamos de medo dos russos."

Os rivais de Aynesworth detestariam admitir isso, mas a verdade é que o jornalista do *Dallas Morning News* estava sempre à frente deles naquilo que tinha tudo para se tornar a maior reportagem de suas vidas. Ele tinha dado um jeito de testemunhar todos os momentos importantes do drama do assassinato, começando desde o dia fatídico. Ele estava na Dealey Plaza quando ocorreram os tiros; ele estava dentro do Texas Theatre quando Oswald foi localizado e preso pouco depois naquela tarde; e ele estava a poucos metros de distância de Oswald naquela manhã de domingo no subsolo da central de polícia quando Ruby abriu caminho em meio à multidão e o matou.

Aynesworth estava ciente dos riscos enfrentados por Kennedy ao visitar Dallas: para o repórter, a cidade merecia a fama de um lugar dominado pelo ódio, cheio de racistas e de fanáticos de extrema direita.[3] Antes da viagem do presidente, Aynesworth calculava que Kennedy provavelmente enfrentaria pesados protestos na cidade. "Jamais imaginei que iriam atirar no presidente, mas pensei que poderiam causar-lhe embaraços atirando alguma coisa nele."

Aynesworth tinha vergonha de seu patrão, um jornalista que ele sentia que gostava de atiçar os piores sentimentos nos leitores do jornal. Em sua opinião, o *News* alimentava na cidade um espírito de intolerância que talvez tivesse contribuído para inspirar o assassinato. "Eu me sentia mal, porque a página de opinião de meu jornal poderia ter sido responsável pelo atentado, na mesma medida que qualquer outro fator", disse Aynesworth mais tarde. O teor "extremamente direitista do jornal incomodava muitas pessoas na redação, entre elas eu".[4]

O jornal era controlado pela família Dealey, de tendências radicalmente conservadoras — o pequeno parque em que o presidente foi alvejado tinha o nome de George Dealey, que comprara o jornal em 1926 — e o *News* criticava Kennedy de maneira impiedosa.[5] No outono de 1961, George, o filho do dono Ted Dealey, fazia parte de um grupo de executivos de mídia do Texas convidado para encontrar-se com Kennedy na Casa Branca. Dealey aproveitou a oportunidade para ler uma declaração atacando o presidente em sua presença. "O senhor e sua administração são duas irmãzinhas muito fracas", ele disse. A nação precisava de "um homem montado a cavalo para conduzir o país, e muita gente no Texas e no sudoeste acha que o senhor está montado num inofensivo triciclo".

Na manhã do assassinato, o jornal havia publicado um anúncio de página

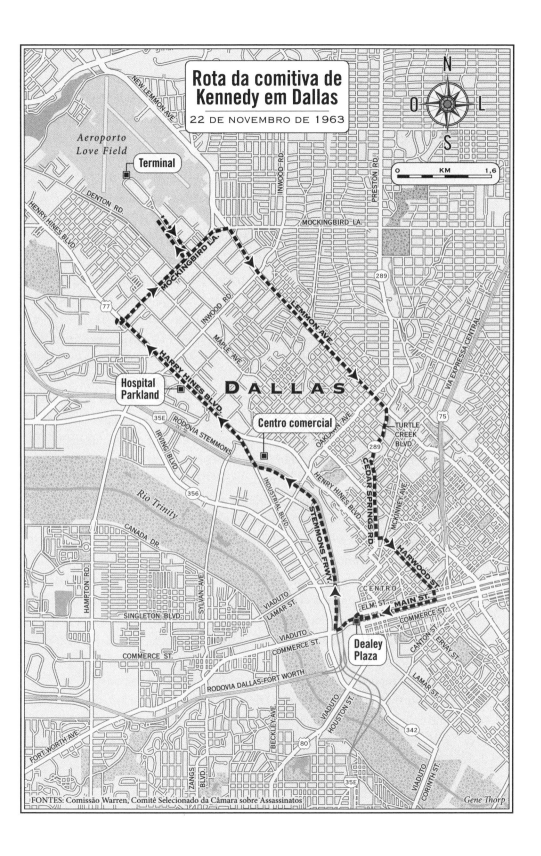

inteira, com moldura em preto, colocado por um grupo de extremistas de direita que se identificavam como o Comitê Americano para Descobrir a Verdade. Eles acusavam Kennedy de permitir que o Departamento de Justiça "fosse tolerante com comunistas, simpatizantes e esquerdistas radicais". Jacqueline Kennedy recordou que, enquanto se preparavam para o desfile de carro em Dallas, seu marido mostrou-lhe o anúncio, comentando: "Estamos indo para o território dos malucos".[6]

Aynesworth tinha muitos talentos como repórter, o que incluía uma memória fabulosa, um jeito muito educado e cerimonioso de dirigir-se às pessoas e um modo de falar lento e suave que levava os entrevistados em potencial a depositar confiança nele.[7] Apesar da aparência de adolescente, ele era um homem corpulento que sabia como se defender. Tinha no rosto uma cicatriz que ia da garganta a uma das orelhas, resultado do confronto com um assaltante que invadiu sua casa em Denver quando trabalhava lá como repórter para a agência de notícias United Press International. Um colega repórter, seu admirador, comentou certa vez que a cicatriz fazia Aynesworth ficar com a aparência de um cruzamento entre Andy Hardy e Al Capone.

No dia do assassinato não era para Aynesworth estar na Dealey Plaza. Ele era o correspondente do jornal nas áreas de aviação e assuntos espaciais — consideradas de maior prestígio na cobertura do jornal, diante da proximidade com o novo centro espacial da Nasa em Houston —, assim, em princípio não tinha obrigação alguma de cobrir a visita presidencial. Ele estava na praça como um simples espectador, empolgado por ver Kennedy e sua mulher glamorosa. No momento em que os tiros foram desferidos, contudo, ele se viu no meio do caos. E imediatamente se pôs a trabalhar. "Meu Deus, isso está acontecendo de verdade", ele disse para si mesmo.

Ele estava sem bloco de anotações, e tirou do bolso de trás um recibo de compra.[8] Tampouco tinha uma caneta, então por meio dólar comprou de uma criança que estava por perto "seu lápis grandão, daquele tipo que usam no ensino fundamental". A borracha do lápis estava decorada com a bandeira americana.

"Eu era um repórter e sabia que tinha que começar a entrevistar as pessoas", disse Aynesworth. E logo nos primeiros minutos ficou claro que as balas — ele ouviu nitidamente três tiros — haviam sido disparadas provavelmente do Depósito de Livros Escolares do Texas. "Lembro-me de três ou quatro pessoas apontando para os andares superiores do depósito."

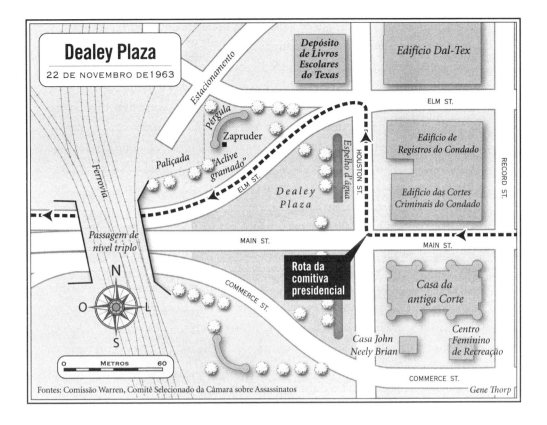

Ele viu policiais em volta de um homem assustado na rua, diante do prédio do depósito, parecendo ser uma testemunha ocular do assassino. A testemunha — Howard Brennan, um técnico de serviços de aquecimento e ventilação de 44 anos ainda com o capacete que usava no trabalho — contava aos policiais que estava do outro lado da rua, em frente ao depósito de livros, quando viu um homem com um rifle inclinado sobre a janela de um dos andares superiores do prédio. "Notei que ele estava morrendo de medo", disse Aynesworth sobre Brennan, o qual percebera que repórteres estavam escutando seu relato, o que o deixou mais nervoso ainda. "Ele pediu que a polícia tirasse a gente dali."[9]

Cerca de 45 minutos depois do assassinato, Aynesworth escutou num rádio da polícia a informação de que um policial, J. D. Tippit, tinha sido alvejado do outro lado da cidade, no bairro de Oak Cliff de Dallas. Imediatamente Aynesworth sentiu que o atentado ao policial deveria estar ligado ao assassinato, então logo entrou num carro e dirigiu-se a Oak Cliff, onde encontrou diversas pessoas dizendo ser testemunhas do assassinato de Tippit.

Helen Markham, uma garçonete de 47 anos do restaurante Eat Well, situado nas proximidades, disse ter visto o assassino — mais tarde ela identificou Oswald numa linha de reconhecimento organizada pela polícia — apontar uma arma para Tippit e atirar nele no momento em que o policial descia do carro de patrulha.[10] "A coisa mais estranha", de acordo com Aynesworth, foi o que ela disse de Oswald. "Ele não correu. Não parecia preocupado nem com medo. Ele simplesmente ficou mexendo na arma e olhando para mim." Depois, disse a garçonete, ele se afastou rapidamente, mas sem correr.

Alguns minutos depois, Aynesworth foi atrás dos policiais quando eles entraram no Texas Theatre, nas proximidades, que exibia o filme *War Is Hell* na sessão da tarde. Testemunhas contaram que um homem cuja descrição correspondia à de Oswald tinha entrado no cineteatro sem ter comprado ingresso. Aynesworth viu quando os policiais entraram no local, acenderam as luzes e agarraram Oswald, que inicialmente resistiu à prisão e sacou uma pistola da cintura.[11] Depois de alguma resistência, Oswald foi levado preso, gritando: "Protesto contra essa brutalidade policial".

Aynesworth acordou no domingo, 24 de novembro, para ouvir na televisão a notícia de que Oswald seria transferido, dentro de minutos, à cadeia municipal. Ele saiu apressado de sua casa, sem tomar café da manhã ou fazer a barba, e acabou chegando a tempo na sede de polícia de Dallas. Estava a uns cinco metros de distância quando Oswald foi alvejado no estômago por Ruby.

Aynesworth conhecia Ruby — e não gostava dele. Dono de um clube de striptease, vivia querendo fazer amizade com policiais (na esperança de conseguir proteção) e com repórteres (em busca de publicidade). "Ele era um maluco", disse Aynesworth.[12] "Ruby era um tipo exibido, o tempo todo querendo ver a foto dele nos jornais, fotos das garotas que faziam striptease." Na redação do *News*, ele era considerado uma "presença nociva" e "um fracassado". Aynesworth lembrou-se de como, na lanchonete do jornal, Ruby "costumava abrir um pequeno buraco em seu jornal para ficar vigilante, de olho bem aberto, enquanto fingia estar lendo as notícias" — de olho bem aberto, nunca se soube para o quê. Ruby era um tipo reconhecidamente violento e andava sempre armado. "Duas vezes eu o vi batendo em bêbados", disse Aynesworth. O Carousel Club de Ruby tinha uma escada íngreme que o dono sabia usar como mais uma arma. "Lembro-me de tê-lo visto uma vez agredindo um cara e atirando-o na escada, o que provocou ferimentos sérios no pobre coitado."

Aynesworth ficou horrorizado com o homicídio de Oswald, mas não se surpreendeu com o fato de que o assassino havia sido Ruby.[13] "Se eu tivesse que escolher alguém em toda a cidade de Dallas que seria capaz de fazer uma coisa dessas, acho que Ruby seria o primeiro da lista."[14]

Poucas horas depois do assassinato de Kennedy, Aynesworth começou a escutar estranhos alegando que tinham informações secretas sobre uma conspiração com o objetivo de matar o presidente. Ele já tinha encontrado gente assim em sua cobertura da área espacial — "lunáticos, gente de miolo mole" — mas nunca mais do que dois ou três em um ano inteiro. Agora, "estava cercado por esse tipo de gente". O primeiro, contou o repórter, foi à sua casa na noite do assassinato — "um homem velho, malvestido, sentado diante de minha porta". O homem tinha uma ilusão, afirmando que a conspiração envolvia uma improvável ligação de H. L. Hunt, o bilionário de extrema direita de Dallas, com a União Soviética. O segundo apareceu na manhã seguinte, "um homem alto, de magreza assustadora, com um cheiro horroroso" que conseguiu entrar na redação. "Tenho uma história para você", ele disse a Aynesworth, alegando que estava a par do segredo por trás da morte de Kennedy. O homem enrolou sua calça, exibindo um enorme abscesso, que segundo ele de algum modo estava associado à conspiração. "Foi por isso que minha perna ficou desse jeito."

Com o tempo, Aynesworth percebeu que os adeptos da teoria da conspiração enquadravam-se em duas categorias. Havia aqueles que esperavam ganhar algum dinheiro vendendo uma história mirabolante. "É o tipo de assunto que pode render dinheiro", disse Aynesworth. "Ninguém paga para ouvir a verdade. As pessoas pagam para ouvir uma conspiração." E havia outros que queriam ter a sensação, ou pelo menos sonhar com a possibilidade de que tiveram algum tipo de participação naquele drama terrível. Era a categoria na qual se enquadrava um personagem como Carroll Jarnagin, advogado de Dallas que alegava ter visto Oswald e Jack Ruby juntos, envolvidos numa longa conversa no Carousel Club dias antes do assassinato.[15] Aynesworth lembrava-se de Jarnagin, que devia estar com quarenta e poucos anos, como "um caso grave de alcoólatra que sempre sonhou em ser alguém... Ele estava apenas à procura de atenção". O jornalista sabia muito bem que não valia a pena perder tempo com Jarnagin, que também contou sua história sobre Oswald à polícia de Dallas. Mais tarde Jarnagin submeteu-se a um teste do polígrafo feito pela polícia a propósito de suas alegações, no qual "fracassou de maneira lamentável", contou Aynesworth.

Num dia de dezembro o repórter recebeu um telefonema de Mark Lane, o advogado de Nova York que começara a atrair atenção nacional com suas teorias de conspiração. Aynesworth lera o artigo de Lane publicado pelo *National Guardian* sugerindo que Oswald talvez fosse inocente, e sabia que aquele texto estava repleto de erros. "Ele me disse que estava defendendo Oswald porque Oswald não tinha ninguém que o defendesse", recordou Aynesworth.[16] "Ele me disse ainda como era um grande advogado e que tinha feito todas essas coisas importantes." Apesar de seu ceticismo sobre as motivações de Lane, Aynesworth concordou em encontrar-se com o advogado na noite seguinte em sua casa.

"Ele foi à minha casa e começou a me contar o que havia realmente acontecido" e como os fatos tinham sido manipulados de forma a transformar Oswald em bode expiatório. O jornalista recordou-se de ter ficado espantado com a insistente tentativa de Lane em pretender dispor de mais informações sobre o assassinato do que ele próprio, Aynesworth; na verdade, Lane argumentava que o repórter não deveria acreditar no que presenciara na Dealey Plaza. Aynesworth ficou bravo. "Assim como qualquer outra pessoa, não gostei nem um pouco de ouvir alguém dizendo que eu não tinha visto aquilo que vi."

Sentado à mesa da cozinha de Aynesworth, Lane afirmava que não havia "a menor dúvida" de que Ruby e Oswald se conheciam. Disse que ele tinha uma entrevista marcada para o dia seguinte com uma testemunha secreta dotada de "memória impecável" que vira Oswald e Ruby juntos no Carousel Club — uma fonte que Aynesworth estava certo de ser Jarnagin, o advogado alcoólatra. "Conversei com ele por telefone e ele me pareceu ser inteiramente confiável", disse Lane sobre sua testemunha secreta.

Cada vez mais irritado, Aynesworth explicou minuciosamente como Lane estava errado em sua interpretação dos acontecimentos relativos ao assassinato, e como ele estava também levando o público a interpretar erroneamente os fatos envolvidos na morte do presidente.

"Como é que você sabe a verdade?", exigiu Lane.

"Como sei?", respondeu Aynesworth. "Vou lhe contar o que sei. Sei porque tenho as declarações dessas pessoas, sei exatamente o que as testemunhas disseram no dia do assassinato, onde elas estavam, quem elas eram, tudo, enfim."

Ele referia-se a uma pilha de declarações de testemunhas arroladas pelos policiais no dia do assassinato; os depoimentos haviam vazado para Aynesworth e ele os levara até sua casa para guardá-los com segurança. Ele os apanhou para mostrá-los a Lane, que ficou de olhos arregalados ao vê-los.

"A única razão pela qual estou lhe mostrando isso", disse Aynesworth, "é porque você fez muitas, mas muitas interpretações equivocadas no seu artigo. Se você está realmente interessado em garantir que Oswald receba um julgamento justo de um ponto de vista histórico, creio que você deve saber o que a investigação descobriu até agora."

Lane quis saber se o repórter poderia lhe emprestar as declarações das testemunhas por alguns dias. "Você vai me ajudar a descobrir a verdade?", perguntou ele. "Tenho que voltar a Nova York dentro de um ou dois dias, e gostaria de saber se você poderia me emprestar essas declarações."

Aynesworth concordou, uma decisão da qual ele logo se arrependeria. Poucos dias depois, ele disse, Lane começou a brandir os depoimentos das testemunhas em conferências de imprensa, como indicação de que dispunha de fontes secretas que, quando seus nomes fossem divulgados, poderiam comprovar a inocência de Oswald.

"Fui muito ingênuo", diria Aynesworth mais tarde. "Cometi erros. Contribuí para a criação desse monstro, Mark Lane. Não tenho a menor dúvida sobre isso."

Outros repórteres menos talentosos pediram a ajuda de Aynesworth na cobertura do que acontecera após o assassinato; ele era considerado uma enciclopédia ambulante sobre o assunto. Um dos mais persistentes foi Alonzo "Lonnie" Hudkins, do *Houston Post*, que telefonava com frequência para Aynesworth.[17] Por maiores que fossem suas deficiências como repórter, Lonnie era "o cara mais legal do mundo", dizia Aynesworth. "Todos gostavam dele. Ele usava um pequeno chapéu Homburg." Bem cedo Hudkins já tinha formado sua opinião sobre o assassinato. "Ele tinha decidido que se tratava de uma conspiração e estava disposto a sair a campo para provar isso."

Durante um certo tempo Aynesworth ajudou Hudkins. "Achei que uma hora ele não iria me procurar mais", disse Aynesworth. "E por algum tempo fiquei sem ter notícias dele."

Mais tarde em dezembro, no entanto, recomeçaram os telefonemas e Aynesworth resolveu pregar uma peça em seu colega de Houston. Hudkins estava ansioso para descobrir a verdade sobre um boato muito espalhado de que Oswald havia sido informante do FBI, boato sobre o qual Aynesworth não encontrou a menor prova de que fosse verdadeiro.

"Você sabe de alguma coisa sobre essa ligação do FBI com Oswald?", perguntou Hudkins.

Maldosamente, Aynesworth respondeu que tinha escutado os boatos e que eles eram verdadeiros. Oswald, ele disse, estava de fato na folha de pagamento de Hoover. "Você tem o número do seu contracheque, não tem?", ele perguntou a Hudkins, num tom dando a entender que se tratava de uma informação amplamente conhecida.

Aynesworth lembrou-se de que tinha apanhado, ao acaso, um dos telegramas sobre sua mesa — ele também transmitia informações sobre assassinatos à revista *Newsweek* e ao *Times of London* — e leu uma sequência de algarismos no alto da pilha.

"É, é isso, é isso mesmo", respondeu Hudkins, aparentemente imaginando que havia levado Aynesworth na conversa. "É o mesmo número que tenho comigo."

Aynesworth diz que se esqueceu do telefonema — e de sua piada em cima de Hudkins — até que o *Post* publicou uma matéria de primeira página no dia 1º de janeiro de 1964, segundo a qual Oswald talvez tivesse trabalhado para o FBI. A matéria era assinada por Hudkins. O título: "Boatos apontam Oswald como informante do governo americano".[18]

Somente mais tarde Aynesworth ficaria surpreso ao descobrir que sua brincadeira para cima de um competidor acabaria criando a primeira grande crise da Comissão Warren — e encerraria para sempre o relacionamento da Comissão com o FBI.

Se havia alguém em Washington que fosse o equivalente a Aynesworth em "furos" sobre o assassinato, sem dúvida seria o jornalista Drew Pearson, amigo do presidente da Suprema Corte Warren e especialista em divulgar informações de caráter explosivo.

Em sua coluna de segunda-feira, 2 de dezembro — publicada apenas três dias depois da criação da Comissão Warren —, Pearson soltou uma bomba para seus milhões de leitores: seis agentes do Serviço Secreto que integravam a equipe de proteção do presidente no Texas tinham se encontrado na noite anterior para beber, uma transgressão direta do regulamento de conduta dos funcionários da agência.[19] Alguns desses agentes ficaram "enchendo a cara" até quase as três da madrugada, e "de acordo com os relatos, um deles estava embriagado", informou Pearson. "Obviamente homens que ficam bebendo até quase as três da madrugada não estão em condições de ser rápidos no gatilho nem em sua melhor forma física para proteger quem quer que seja."

A coluna de Pearson atingia também o FBI, o qual, relatou o jornalista, deixara de informar o Serviço Secreto sobre o perigo representado por Oswald, que havia meses estava sendo vigiado pela unidade do departamento em Dallas. Pearson declarou que era uma vergonha que um homem "assumidamente marxista e cujo prontuário mostrava ter instabilidade emocional e um comportamento imprevisível não estivesse sob severa vigilância no dia em que o presidente foi a essa cidade — uma das cidades mais intolerantes e desafiadoras das leis dos Estados Unidos". Para Pearson, a culpa pelo fato de o FBI não ter alertado o Serviço Secreto devia-se "ao antigo e permanente sentimento de ciúmes" do bureau pelo Serviço Secreto ser responsável pela proteção do presidente. "Eles deviam parar com essas discussões ridículas sobre jurisdição e com a preocupação em ocupar as manchetes, pelo menos no que diz respeito à vida do presidente."

A coluna provocou uma enorme tempestade no Serviço Secreto — porque a essência do texto de Pearson era pura verdade. Diversos agentes haviam de fato saído para beber na noite anterior ao assassinato, ato punível com demissão. O regulamento da agência proibia que seus integrantes consumissem álcool durante o tempo em que estivessem viajando com o presidente. O diretor do Serviço Secreto, James Rowley, insistiria posteriormente que só ficou sabendo que seus agentes tinham bebido ao ler a coluna de Pearson, tendo imediatamente enviado um representante ao Texas para investigar o episódio. Antes disso, decidiu Rowley, ele não tomaria nenhuma medida, nem mesmo em caráter temporário, contra os agentes. Qualquer atitude disciplinar contra eles poderia levar o público a "concluir que eles eram os responsáveis pelo assassinato do presidente — e considero que isso não seria justo".[20]

Em seu diário, Pearson revelou que a informação sobre os agentes do Serviço Secreto chegara a ele por meio de Thayer Waldo, um repórter do *Fort Worth Star Telegram*, que aparentemente temia que seus editores jamais haveriam de publicar um episódio tão controvertido. "Thayer disse que perderia o emprego se ficassem sabendo que ele tinha divulgado o caso", escreveu Pearson.[21]

Mais tarde em dezembro, Pearson voltou a mirar em J. Edgar Hoover e no FBI, e sua segunda coluna foi ainda mais devastadora.[22] Ele acusou o FBI de "ocultar" o que era conhecido sobre Oswald antes do assassinato. "Além de não manter Oswald sob rigorosa vigilância quando o presidente Kennedy passou por Dallas, o FBI tampouco forneceu seu nome ao Serviço Secreto. [...] Esses são alguns dos fatos espantosos de uma investigação preliminar da tragédia de Dallas que explicam por que o FBI fez questão de transmitir sua versão do episódio aos jornais antes de o estudo ser realizado pela comissão presidencial." Pearson acusou o FBI de divulgar cópias de um relatório preliminar de quatrocentas páginas sobre Oswald — um relatório que em sua essência inocentava o FBI de ter conduzido mal sua investigação sobre Oswald antes do assassinato — para antecipar-se e resguardar-se das descobertas da Comissão Warren.

A mesma coluna elogiava o amigo de Pearson, o presidente da Suprema Corte, e revelava a forte pressão exercida pelo presidente Johnson sobre ele no Salão Oval para convencê-lo a aceitar o trabalho de conduzir a comissão — detalhes que somente Johnson e Warren seriam capazes de conhecer. Pearson não revelou que sua fonte era Warren, mas Hoover e seus colegas no FBI diriam mais tarde não ter dúvida nenhuma de que o presidente da Suprema Corte estava passando informações a Pearson. Warren, escreveu o jornalista, "não estava disposto a permitir que J. Edgar Hoover tomasse alguma decisão sobre os fatos relativos à tragédia de Dallas antes mesmo que a comissão presidencial pudesse iniciar seus trabalhos".

15.

ESCRITÓRIOS DA COMISSÃO
WASHINGTON, DC
JANEIRO DE 1964

Quando muitos dos novos integrantes da equipe chegaram a Washington, já havia um esboço do que o relatório final da comissão iria dizer. Antes do Natal, Lee Rankin pedira que Howard Willens preparasse o esboço de dez páginas, o qual foi anexado a um memorando de boas-vindas a Washington entregue aos advogados da equipe em seu primeiro dia de trabalho.[1] O esboço baseava-se, em boa medida, nos relatórios iniciais do FBI, do Serviço Secreto e da CIA, refletindo a premissa de que Oswald era o assassino e que seu passado e seus possíveis motivos seriam o foco da investigação. "Temos um trabalho importante para fazer", escreveu Rankin em seu memorando. "Sei que vocês compartilham meu desejo de realizá-lo com rigor, imaginação e rapidez." O memorando pedia que cada uma das cinco equipes formadas por dois advogados, além de Sam Stern, preparasse um resumo dos fatos já conhecidos em suas áreas da investigação, acrescentando sugestões sobre o que precisaria ser feito.[2]

Em seu memorando, Rankin admitia que os escritórios estavam "uma desordem", com pilhas de documentos sigilosos adicionais acumulando-se quase a cada hora. Ele prometeu pôr um pouco de ordem em tudo aquilo. A comissão, ele disse, começara recrutando secretárias no governo federal, bem como um arquivista que iria cuidar de uma sala para organizar todo o material. Ele informou que a comissão estava também procurando ajuda de um psiquiatra, o administrador do Hospital Saint Elizabeth de Washington, que acabara de se aposentar, para fornecer uma perspectiva sobre o quadro mental de Oswald e de Ruby. A comissão iria ainda contratar um historiador para ajudar no rascunho do relatório final.

No memorando ficava claro o papel central de Norman Redlich, cujo escritório estava encarregado da recepção e distribuição de todos os documentos e provas. Além disso, ele havia assumido a responsabilidade de preparar o depoimento de Marina Oswald, que deveria ser a primeira testemunha a ser ouvida quando a comissão começasse a tomar depoimentos, em fevereiro. A comissão já havia recebido do FBI extensas informações sobre a viúva de Oswald, e agora aguardava um relatório detalhado sobre Ruth e Michael Paine. Esperavam-se do FBI também amplas verificações sobre o russo George de Mohrenschildt, um excêntrico engenheiro da área petrolífera que fizera amizade com o casal Oswald em Dallas.

O memorando de Rankin pedia que mais tarde naquele mês todos os advogados da equipe assistissem a um filme realizado na Dealey Plaza por Abraham Zapruder, de Dallas, dono de uma confecção de roupas femininas. Muitos dos advogados tinham visto apenas os fotogramas publicados pela revista *Life*, de modo que essa seria sua primeira oportunidade de assistir à versão integral do sinistro filme.

Os sete integrantes da comissão voltaram a se reunir na tarde da terça-feira, 21 de janeiro. Já se passara mais de um mês desde a última reunião e esse seria o primeiro encontro nas novas instalações do edifício VFW.

Warren abriu a sessão com um relato sobre o progresso quanto à contratação da equipe de advogados; ele falou também sobre o ingresso na comissão de dois agentes da receita, cuja missão seria "rastrear todos os dólares que se encontravam em posse de Oswald e cada dólar que ele gastou porque não sabemos qual era a origem do dinheiro dele".[3]

Gerald Ford falou de sua satisfação em saber que a comissão havia contratado um de seus antigos correligionários de Michigan, David Slawson, de Grand

Rapids. "O pai dele é um ótimo advogado em minha cidade natal", declarou Ford.[4] Warren disse que ainda não tinha se encontrado com Slawson, mas informou que naquele dia, durante o almoço, o juiz Byron White encontrara-se com ele, dando-lhe os parabéns pela escolha. "Você pegou um dos melhores jovens advogados do meu escritório."

John McCloy indagou sobre o parceiro de Slawson na equipe, William Coleman. "Ele é aquele advogado negro?" Warren nada disse sobre a raça de Coleman, respondendo apenas que era "um excelente advogado" e que para a comissão era uma sorte tê-lo integrando a equipe.

O presidente da Suprema Corte passou então para o tópico que parecia nunca estar longe de seus pensamentos — quando concluir a investigação. "Não é cedo demais para pensarmos desde já quando imaginamos pôr um ponto final no trabalho", ele disse. "Se isso se prolongar demais e chegar no meio da próxima campanha eleitoral, será muito ruim para o país." Como ele já havia dito à equipe, ele queria que os trabalhos se encerrassem antes de 1º de junho. "As coisas podem ficar se arrastando se não tivermos uma data para a conclusão."[5]

Ele admitiu que um problema seria o iminente julgamento de Ruby. Os integrantes da comissão estavam de acordo quanto ao fato de que uma investigação intensiva a partir dos dados reais sobre o ocorrido em Dallas teria que aguardar até o fim do julgamento. Warren receava que a presença dos integrantes da comissão em Dallas pudesse interferir na defesa de Ruby.

Por motivos semelhantes, ele disse que desejava ouvir o depoimento de Marina Oswald em Washington, em vez de Dallas, onde a presença da comissão poderia criar um circo na mídia que intimidasse a jovem viúva. De acordo com Warren, ela teria mais proteção em Washington. Ele pediu que Russell, na condição de presidente da Comissão das Forças Armadas do Senado, providenciasse um avião que levasse "aquela pequena mulher e seus bebês" a Washington.[6] Se ela viajasse num voo comercial, estaria "sujeita aos fotógrafos e tudo o mais", ficaria "constrangida" e talvez se tornasse "uma testemunha hostil". As preocupações de Warren em relação à jovem viúva — muito antes que a tivesse encontrado — tinham se tornado quase paternais. Russell, que exercia mais influência no Senado do que muitos generais de quatro estrelas, disse que não haveria "a menor dificuldade" em conseguir um avião militar.

Rapidamente, Marina Oswald estava se tornando a principal testemunha contra o falecido marido; em entrevistas ao FBI e à polícia de Dallas, ela deixou poucas dúvidas quanto ao fato de acreditar que o marido matara o presidente e de que havia agido sozinho. Era uma história que ela já tinha começado a vender para as agências de notícias, algo que parecia não incomodar Warren; ele sugeriu que ela obviamente não tinha nenhuma outra possibilidade de sustento. Marina já vendera a revistas um texto escrito à mão de cinquenta páginas resumindo sua vida, que estava sendo traduzido do russo para o inglês. "Seu advogado aparentemente está colaborando muito bem conosco", disse o presidente da Suprema Corte aos demais integrantes da comissão. "Ela pretende vender sua história a uma dessas revistas, mas precisamos que concorde em nos enviar o texto, para que possamos examiná-lo antes de ser impresso."

Rankin sugeriu que a credibilidade de Marina junto à comissão havia aumentado por ela ter se recusado a cooperar com Mark Lane, que a procurara no Texas com a esperança de que pudesse vir a representar os interesses legais de Oswald. "Ela não quis nada com ele", disse Rankin. Os integrantes da comissão, no entanto, estavam cientes de que ainda teriam que lidar com Lane, já que àquela altura ele anunciara que seria o representante legal da mãe de Oswald.

Quando Rankin juntou-se à comissão, ele acreditava que poderia trabalhar bem com J. Edgar Hoover. Ele continuava respeitando o diretor do FBI, apesar de todas as críticas maldosas dirigidas a Hoover pelo círculo crescente de liberais amigos de Rankin desde que se mudara para Nova York. Hoover também gostava de Rankin. Em dezembro ele contou a assessores que ficara satisfeito com a notícia de que Rankin havia sido contratado como o conselheiro-geral da comissão. Hoover disse que durante a administração Eisenhower mantivera "uma ligação de trabalho muito próxima e extremamente proveitosa com o sr. Rankin".[7]

Rankin entendeu desde o início por que o FBI estava ansioso com a investigação da comissão e suspeitava que o bureau pudesse atrasar a entrega de depoimentos de testemunhas ou qualquer outra prova que de algum modo prejudicasse a atuação do FBI. Hoover provavelmente iria querer rever a prova pessoalmente antes que ela fosse entregue à comissão. Mesmo assim, disse Rankin, ele veio participar da comissão acreditando que Hoover e seus assessores jamais se envolveriam em qualquer tipo de encobrimento. "Nunca acreditei que ele seria capaz de reter informação nem que a tivesse retido", disse Rankin mais tarde. "Eu pensava que o FBI nunca mentiria sobre nada."

Bastaram algumas semanas para Rankin descobrir o quanto estava enganado. "Saber que eles estavam mentindo para nós", disse ele mais tarde, colericamente, sobre o FBI. "Eu nunca poderia imaginar uma coisa dessas."[8]

O relacionamento entre a comissão e o FBI começou a azedar em dezembro com os vazamentos evidentemente bem orquestrados do bureau a respeito do relatório inicial sobre Oswald. Depois disso, disse Rankin, os integrantes da comissão passaram a adotar uma atitude mais cética em relação ao FBI e decidiram que deveriam ser "muito cautelosos quanto a tudo que eles nos fornecerem".

A relação ficou ainda pior numa quarta-feira, 22 de janeiro, quando o telefone tocou na sala de Rankin pouco depois das onze horas. Do outro lado da linha estava o procurador-geral do Texas, Waggoner Carr. Rankin lembrou-se do tom de excitação na voz de Carr. "Ele disse estar com algumas informações que deveriam ser passadas imediatamente para nós", afirmou Rankin mais tarde. "Carr disse que recebera informações de uma fonte confidencial de que Lee Harvey Oswald seria um agente secreto do FBI e estava recebendo duzentos dólares mensais do bureau desde setembro de 1962."[9]

Carr contou a Rankin que Oswald tinha um número como informante do FBI — 179 — e ainda estava na folha de pagamento de novembro do bureau; na verdade, ele supostamente estaria trabalhando com um agente do FBI da área de Dallas no dia do assassinato. "Carr disse que essa alegação estava em poder da imprensa e do advogado de defesa de Ruby" e que a fonte parecia ser o escritório do promotor de Dallas, Henry Wade.

Rankin lembrou-se de que Carr parecia saber do que estava falando. Se aquela alegação se provasse verdadeira, o FBI estaria envolvido numa enorme ocultação de seu relacionamento com o homem que assassinara o presidente. Anos mais tarde, Rankin recordou-se de que as perguntas fervilhavam em sua cabeça: seria possível que alguém no FBI soubesse dos planos de Oswald para o assassinato e poderia tê-lo detido?

Ele ligou imediatamente para Warren, que compartilhou de seu alarme. Eles concordaram que Carr e Wade deveriam ser chamados a Washington com a maior urgência. Warren convocou uma reunião de emergência para as 17h30 daquela tarde.

Antes da reunião, Rankin voltou a falar com Carr. "Ele me disse que a fonte da informação era um jornalista" cujo nome ele desconhecia. "Disse-me ainda que estava conferindo os relatos para conseguir informações mais precisas."

Ford estava numa audiência do Comitê de Orçamento da Câmara quando recebeu uma mensagem de que sua presença era necessária com a maior urgência nos escritórios da comissão no Capitol Hill. Ele tentou imaginar qual poderia ser o motivo da emergência. Quando entrou no escritório naquela tarde, segundo ele, a tensão na sala de reuniões era impressionante. Em todos os seus anos em Washington, "não consigo me lembrar de estar presente a uma reunião numa atmosfera tão tensa e com tantos sussurros", disse Ford mais tarde. Os integrantes da comissão ocuparam seus lugares em volta da mesa alongada com cerca de três metros, e Warren, num tom sombrio, pediu que Rankin fizesse um resumo do que tinha ouvido de manhã. Ford contou que ele e os outros membros da comissão escutaram "espantados" o relato de Rankin sobre como o assassino do presidente poderia ter trabalhado para o FBI.[10]

As notícias perturbadoras vieram de Dallas numa época em que Ford, apesar da sua relação com o FBI, já começava a ter dúvidas particulares sobre a conduta do bureau na investigação. Esses novos rumores apenas fizeram aumentar as suspeitas de Ford de que Oswald fora algum tipo de agente do governo — da CIA, se não do FBI, a despeito das categóricas negativas de ambos. Ford lera meticulosamente o material biográfico sobre Oswald e ficou especialmente impressionado com o volume de viagens exóticas para o exterior que ele fizera antes de morrer, aos 24 anos — Japão e Filipinas quando estava no Corpo de Fuzileiros Navais, depois Europa e seus quase três anos na União Soviética, em seguida por um breve período no México naquele outono.[11] Para Ford, "pareciam mais viagens de um andarilho bem rodado do que a vida restrita de um operário sem qualificação às vezes empregado". Poderiam ter sido viagens de um jovem agente secreto? Na época, Ford manteve suas especulações para si, mas perguntou a si mesmo se a suposta deserção de Oswald para a Rússia não seria na verdade uma jogada de seus superiores na CIA ou no FBI para permitir-lhe espionar a União Soviética. E teria então Oswald voltado para casa para espionar os esquerdistas que participavam do Comitê do Jogo Limpo com Cuba? "Talvez ele fosse um agente da CIA, treinado pelo FBI, usado para penetrar nesse comitê", Ford recordou-se de ter pensado consigo mesmo. "Ele teria sido um agente perfeito para espionar os partidários de Castro."

Outros membros presentes à reunião ridicularizaram a ideia de que Oswald pudesse ter sido espião de quem quer que fosse. Allen Dulles disse duvidar de que o FBI chegasse até mesmo a considerar a possibilidade de trabalhar com alguém como Oswald, levando-se em conta todas suas instabilidades emocionais. "Não se pega alguém como ele para fazer o trabalho de um agente", ele explicou. "Qual seria o objetivo declarado da missão?", perguntou Dulles. "Seria para que ele se infiltrasse no Comitê do Jogo Limpo com Cuba? Só consigo imaginar que eles pudessem ter usado esse homem numa coisa como essa."[12]

Rankin disse aos integrantes da comissão que começava a recear que fosse impossível descobrir a verdade. Se Oswald tivesse sido um informante do FBI, ele afirmou, o bureau poderia simplesmente negar o fato. Isso talvez explicasse por que o FBI estivesse mostrando tanta pressa em afirmar que Oswald era o único assassino — eles queriam encerrar a investigação da comissão antes que ela descobrisse provas que pudessem prejudicar ou destruir o FBI. "Eles encontraram o homem de que precisavam", declarou Rankin, deixando assim bem claro seu ceticismo quanto à credibilidade do FBI. "Agora não há nada mais a fazer. A comissão concorda com as conclusões deles, podemos ir para casa e assim o assunto está encerrado."[13]

Rankin declarou que ele e Warren estavam de acordo sobre o perigo representado para o trabalho da comissão se as alegações, verdadeiras ou falsas, chegassem ao conhecimento do público. "Muita gente iria pensar que houve uma conspiração para cometer o assassinato, de maneira que nada que a comissão fizesse — a comissão ou qualquer outra pessoa ou instituição — seria capaz de dissipar."[14]

"Você tem toda a razão", afirmou Hale Boggs. "As implicações disso são assombrosas." As implicações eram "terríveis", concordou Dulles. Mais ou menos àquela altura alguns integrantes da comissão deram-se conta, alarmados, de que suas palavras, incluindo as especulações sobre uma possível tentativa do FBI de encobrir o assunto, estavam sendo registradas. "Nem quero pensar nisso tudo sendo registrado", disse Boggs, fazendo um sinal para a estenógrafa também à mesa.

Dulles concordou. "Sim, penso que essas anotações devem ser destruídas. Vocês acham que precisamos ter essas coisas registradas?"

Rankin observou que a comissão, no espírito de transparência, prometera manter registro de suas reuniões. Se efetivamente for assim, insistiu Dulles, jamais se deveria permitir que as transcrições saíssem das dependências da comissão. "As únicas cópias dessas anotações devem permanecer aqui."

Os integrantes da comissão encerraram os trabalhos do dia, concordando que não havia mais nada a ser feito até que Warren e Rankin se encontrassem com os funcionários do Texas.

★ ★ ★

Na sexta-feira, 24 de janeiro, a delegação do Texas, incluindo o procurador--geral Carr e o promotor Wade, chegou a Washington para a reunião com Warren e Rankin. Os texanos foram logo avisando que os boatos sobre Oswald estavam se espalhando rápido por Dallas e que os detalhes — salário mensal de duzentos dólares, o número como informante do FBI — eram surpreendentemente convincentes. Wade também disse ter ouvido alegações segundo as quais Oswald seria informante da CIA. Carr e Wade afirmaram que vários repórteres do Texas tinham ouvido os boatos e os estavam espalhando, embora citasse o nome de apenas um deles: Lonnie Hudkins, do *Houston Post*. Agora ainda mais alarmado, Warren convocou uma reunião da comissão para a segunda-feira seguinte.

Durante o fim de semana, as possíveis ligações de Oswald com o FBI tornaram-se notícias nacionais, com relatos de grandes jornais e revistas repercutindo as informações uns dos outros. O *New York Times* divulgou os boatos, publicando o desmentido categórico do FBI de qualquer ligação com Oswald. A revista *Nation* publicou um longo artigo enumerando as perguntas não respondidas sobre Oswald, o que incluiu sua possível associação com o FBI; a matéria citava as notícias de Hudkins no *Houston Post*. A revista *Time* também estava atrás da história; McCloy tinha sido procurado pela revista para comentar o assunto.[15]

Na reunião da segunda-feira, Rankin, num tom bem grave, disse que a comissão precisava decidir como enfrentar os boatos, o que significava enfrentar Hoover. "Existe um boato sujo que é muito ruim para a comissão", disse Rankin. "Ele precisa ser eliminado até onde for possível fazer isso."[16]

Warren e Rankin chegaram a pensar em pedir a Robert Kennedy, como superior a Hoover na cadeia de comando do Departamento de Justiça, que interferisse. Mas o próprio procurador-geral parecia também recear o poder de Hoover. A informação de que Kennedy estava relutante em confrontar o diretor do FBI veio de Willens, que continuava a responder pelo departamento. Ele declarou a Warren e Rankin que Kennedy não se sentiria bem perguntando a Hoover sobre os boatos porque "um pedido como esse poderia ser embaraçoso" e tornaria "muito mais difícil ainda levar adiante o trabalho de seu departamento até o final de sua administração".[17]

Rankin deu a entender que havia duas possibilidades. Numa delas, ele poderia ter um encontro privado com Hoover como representante da comissão. "Eu iria ser franco dizendo a ele" que o FBI deveria investigar os boatos, e que Hoover teria que fornecer à comissão "todos os registros e material em seu poder deixando claro que nada daquilo, de modo algum, poderia ser verdade", disse Rankin.[18] Segundo ele, "uma simples declaração de Hoover" de que os boatos eram falsos não seria suficiente. Para ele, a solução seria a própria comissão investigar o boato antes de confrontar Hoover. A investigação começaria ouvindo Hudkins, o repórter de Houston, e em seguida interrogando os funcionários do FBI "em escala ascendente" até chegar a seu diretor.

O presidente da Suprema Corte disse preferir a segunda opção. "Acredito que a atitude mais justa a ser tomada seria tentar descobrir se isso é verdade ou se não passa de ficção" antes de um confronto com o diretor do FBI.[19]

Boggs sabia que entre os membros da comissão havia um perito no que diz respeito a informantes do governo — Dulles, que passara sua carreira na CIA lidando com informações obtidas de fontes secretas. Boggs dirigiu-se ao antigo mestre em assuntos de espionagem, indagando se a CIA tinha fontes tão bem protegidas que não existissem registros em papel mostrando que aquelas pessoas trabalhavam para a organização. "Vocês têm agentes sobre os quais não existe nenhum tipo de registro?"

"A questão pode não estar registrada em papel", disse Dulles, explicando que os membros da comissão simplesmente deveriam aceitar o fato de que Oswald pudesse ter sido informante do FBI, que o bureau poderia mentir, negando essa associação, e de que não haveria como descobrir a verdade. Na CIA, disse, ele mesmo estava sempre preparado para mentir, até mesmo para seus superiores, quando fosse para proteger alguma fonte valiosa de informação. Como o principal espião do governo, ele tinha o compromisso de contar toda a verdade apenas ao presidente. "Estou sob seu controle", disse Dulles. "Ele é meu chefe. Eu não estaria obrigado a revelar o que sei a nenhuma outra pessoa, a menos que o presidente me autorizasse. Às vezes ocorria esse tipo de situação."

Naquele momento, ele continuou, Hoover talvez julgasse estar numa situação análoga. "Nesses casos não é possível provar onde está a verdade", disse Dulles, sugerindo que a comissão nada mais poderia fazer além de aceitar a palavra de Hoover. "Eu acreditaria no sr. Hoover. Algumas pessoas talvez não acreditem."

Mesmo dentro da suposta privacidade da sala de reuniões da comissão, Russel parecia ter percebido que precisava ser muito cauteloso na escolha das palavras quando se tratava do diretor do FBI. "Não há pessoa alguma trabalhando para o governo federal que ocupe um lugar tão elevado na opinião do público americano como J. Edgar Hoover", começou Russell, como se isso pudesse protegê-lo caso algum dia a transcrição da reunião se tornasse pública.[20] Em todo caso, ele concordava com Warren e os demais que a comissão deveria conduzir sua própria investigação dos boatos. "Podemos conseguir um depoimento do sr. Hoover e anexá-lo a esses registros", ele disse. Mas a comissão arriscava-se a receber um severo veredicto da história se tivesse suas conclusões baseadas unicamente nisso. "Haveria ainda milhares de cidadãos desconfiados julgando" que Hoover mentira e que a comissão tinha perdido sua chance "de esclarecer a história toda".

Rankin levou em conta sua preocupação sobre como Hoover haveria de reagir; o diretor poderia imaginar "que na verdade o estaríamos investigando".

Warren: "Se você disser a ele que estamos indo até lá para fazer isso, quer dizer que nós o *estaríamos* investigando, é isso?".[21]

Rankin: "Acho que é exatamente isso".

Aquela discussão toda deixou os integrantes da comissão tendo que enfrentar, pela primeira vez, a questão de decidir se era possível confiar no fato de que o FBI estaria conduzindo uma parte tão grande do trabalho essencialmente de apuração da Comissão Warren, diante da determinação de que o bureau estava empenhado em provar que Oswald agira sozinho.

"Eles decidiram que, se foi Oswald quem cometeu o assassinato, fica decidido que ninguém mais esteve envolvido", disse Rankin.[22]

Russel: "Ou seja, eles levaram o caso a julgamento e chegaram ao veredicto com relação a todos os aspectos".

Boggs: "É exatamente como você está dizendo".

Warren concordava em enviar Rankin para confrontar Hoover diretamente. E deu uma ideia do que esperava que Rankin fizesse: "Procure o sr. Hoover e diga: 'Sr. Hoover, como o senhor sabe, há boatos persistentes em Dallas e nas cidades vizinhas, que estão chegando à imprensa do país inteiro, dizendo que Oswald era um agente secreto do FBI'". De acordo com Warren, Rankin deveria então pedir que Hoover prometesse solenemente "entregar-nos toda a informação em seu poder que nos permita desmentir categoricamente esse boato — em toda sua extensão". Por unanimidade a comissão decidiu enviar Rankin para ter essa conversa com Hoover no dia seguinte.

16.

GABINETE DO DIRETOR

FBI

WASHINGTON, DC

TERÇA-FEIRA, 28 DE JANEIRO DE 1964

Rankin foi conduzido ao conjunto de escritórios de Hoover no edifício do Departamento de Justiça às quinze horas da terça-feira, 28 de janeiro. Ele já havia estado nesses escritórios muitas vezes quando trabalhava no departamento durante o governo de Eisenhower.[1]

Alguns assessores de Hoover achavam que seus escritórios eram despretensiosos demais, com sofás muito gastos e exageradamente estofados para os visitantes. O diretor assistente Cartha DeLoach descreveu a escolha dos móveis como intencional; o objetivo era que eles simbolizassem a "rejeição severa de Hoover à frivolidade".[2] Num outro escritório, atrás da mesa de Helen Gandy, sua secretária havia muito tempo, ficavam dois armários de cor cinza que guardavam os arquivos denominados "oficial" e "confidencial", considerados importantes demais para serem depositados em qualquer outro lugar.[3] Neles, encontravam-se informações privadas depreciativas sobre centenas de políticos e outras figuras públicas, incluindo — isso seria descoberto mais tarde — vários integrantes da Comissão Warren.

O efeito de abrir a porta do escritório e descobrir a figura séria e com expressão de buldogue de Hoover sentado à sua mesa, em uma plataforma levemente elevada do chão, era como encontrar "o Grande e Poderoso Oz", DeLoach disse.[4] Aquilo também era intencional. Os funcionários do FBI "nunca se sentiam à vontade em sua presença", afirmou DeLoach. "Os agentes o encaravam com um misto de espanto e terror. A gente se sentia como uma pequena peça da engrenagem na vasta máquina do universo. Existíamos para satisfazer seus caprichos, e se ele quisesse era só estalar os dedos e a gente desapareceria."[5]

Rankin sentou-se e em poucos minutos concluiu que, se tivesse havido qualquer espécie de amizade entre Hoover e ele, estava acabada. Como o presidente da Suprema Corte, Rankin era agora considerado um dos inimigos de Hoover — "hostil a ele e ao FBI", Rankin disse.[6]

Rankin começou a explicar a razão de sua visita. Contou a Hoover que a comissão estava ansiosa para que o FBI negasse os boatos de que Oswald tinha sido um informante do bureau, fazendo isso o mais depressa possível. A comissão estava tentando lidar com o assunto de forma delicada para evitar um constrangimento ao bureau, especialmente qualquer ideia de que "a comissão estava investigando o FBI", ele afirmou.

A resposta de Hoover foi seca e gelada, como suas anotações da reunião sugerem. Ele deu a impressão de ter se sentido insultado pela inferência de que o FBI poderia algum dia ter qualquer tipo de relacionamento com um homem como Oswald. A ideia, ele afirmou, era absurda. "Eu disse a Rankin que Lee Harvey Oswald nunca foi um informante confidencial, agente secreto ou mesmo fonte de informação do FBI, e gostaria de ver isso expressamente declarado no relatório da comissão, e eu o atestaria sob juramento", Hoover escreveu em um memorando para os assessores.[7]

Hoover aproveitou o encontro para lançar um ataque mais amplo à comissão e ao que ele considerava uma crítica pública mal disfarçada ao FBI feita pelo presidente da Suprema Corte. Hoover ainda estava irritado com a descrição do relatório inicial do FBI feito em dezembro, que, segundo Warren, continha apenas informações "esquemáticas". Ele lembrou Rankin das solicitações extraordinárias que a comissão vinha fazendo aos seus agentes em Dallas e em outros lugares. Todos os dias, em alguns casos várias vezes ao dia, Rankin enviava cartas — diretamente a Hoover — exigindo que o bureau procurasse de fato uma nova testemunha ou uma pista. Hoover "falou sobre o número de horas de trabalho que estávamos exigindo dele e como aquilo era um fardo para o FBI", Rankin lembrou. Ele saiu da reunião com a impressão desanimadora de que a partir daquele momento e pelos meses seguintes ele teria que se esforçar muito para evitar "um confronto aberto" com o FBI. A atitude do bureau seria "rude e relutante", mesmo que a comissão continuasse a depender do FBI para a maior parte de seu trabalho básico de investigação.[8]

No bureau, os críticos de Hoover — e mesmo alguns de seus assessores mais leais — admiravam a habilidade do diretor em organizar os mesmos fatos para apresentar argumentos diferentes para públicos distintos. Era uma habilidade que Hoover tinha aprendido bem como aluno da Escola Secundária Central de Washington, onde era campeão do imbatível time de debates. Décadas mais tarde, ele se lembraria com gratidão de tudo que aprendera nos debates escolares.[9]

Essa notável destreza manifestou-se em sua plenitude depois do assassinato de Kennedy. Para o público, Hoover podia argumentar de forma convincente que o FBI estava oferecendo cooperação total para a Comissão Warren. O bureau nada tinha a esconder, ele insistia, porque não fizera nada errado em sua vigilância de Oswald antes do assassinato de Kennedy. Ele contou à comissão — e à Casa Branca e à imprensa de Washington — que o FBI não tinha cometido nenhum grande equívoco. Uma vez que Oswald não parecia ser uma ameaça, não seria necessário que o FBI alertasse o Serviço Secreto sobre sua presença em Dallas antes da visita de Kennedy. "Não havia nada na época do assassinato indicando que esse homem era uma pessoa perigosa que poderia causar algum mal ao presidente", diria Hoover mais tarde à comissão sob juramento.[10]

A portas fechadas no FBI, contudo, a visão de Hoover, compartilhada por seus assessores, era exatamente oposta. Poucos dias depois do assassinato, ele afirmou que o FBI tinha, de fato, feito um mau trabalho em sua investigação de Oswald antes do assassinato — e que muitos agentes e supervisores do bureau deveriam ser punidos por isso. No final de novembro, ele determinou que a Divisão de Investigações do bureau, seu cão de guarda interno, verificasse se tinham ocorrido "algumas deficiências na investigação sobre o caso Oswald".[11] A resposta veio no dia 10 de dezembro, quando o chefe da divisão, o diretor assistente James

Gale, conhecido internamente como "O Barracuda", relatou que erros graves de fato haviam sido cometidos por vários funcionários, incluindo agentes em Dallas e New Orleans que falharam em vigiar Oswald.[12]

Gale recomendou ação disciplinar, apesar de avisar Hoover sobre o risco de punir alguém antes que a Comissão Warren concluísse a investigação. Se as punições fossem conhecidas fora do FBI, a insistência de Hoover de que o bureau não tinha feito nada errado seria enfraquecida. Hoover ignorou as preocupações de Gale. Ele executaria as punições porque "uma incompetência tão grave" não podia "ser ignorada, nem uma medida de ordem administrativa ser adiada", escreveu ele para Gale.[13]

DeLoach pediu que Hoover reconsiderasse a decisão. Se notícias de ações disciplinares vazassem para fora do FBI, seriam interpretadas "como uma admissão direta que nós somos responsáveis por negligência que poderia ter como resultado o assassinato do presidente", escreveu DeLoach. Contudo, Hoover estava decidido. "Não concordo", ele respondeu.

DeLoach acreditava que Hoover estava procurando desesperadamente por um bode expiatório; ele precisava culpar alguém pelo fato incontestável de que um homem sob vigilância do FBI no outono de 1963 tinha escapado do bureau por tempo suficiente para matar o presidente dos Estados Unidos. "Nuvens negras se formaram em seu escritório", DeLoach lembrou-se. "Ele não assumiria a culpa. Decidiu culpar outras pessoas."[14]

Em alguns dias, dezessete funcionários do FBI em Dallas, Washington e outros lugares foram notificados — confidencialmente — que estavam sendo punidos "por falhas em conexão com a investigação sobre Oswald". Incluído na lista estava James Hosty, o agente que fora responsável pela investigação de Oswald em Dallas. Os funcionários punidos foram notificados de que suas falhas implicavam a decisão de não incluir Oswald no Índice de Segurança interna do FBI, uma lista que deveria ter sido passada ao Serviço Secreto antes da visita de Kennedy a Dallas.

Apesar de suas afirmações públicas em sentido contrário, Hoover determinou que o nome de Oswald deveria ter constado do Índice. A falha "não poderia ter sido mais estúpida", escreveu Hoover. "Certamente ninguém em seu juízo perfeito poderia afirmar que Oswald não estava dentro desse critério."[15]

Havia outra questão central da investigação sobre a qual Hoover era coerente em seus comentários, tanto em público como em caráter privado. Ele fora inflexível ao afirmar que Oswald tinha agido sozinho. Como relatou à comissão, ele acreditava que "não havia uma faísca de evidência indicando uma conspiração estrangeira ou doméstica" no assassinato do presidente.[16]

A visão de Hoover sobre Oswald como um atirador solitário foi aceita internamente durante o final de semana após o assassinato. No sábado, 23 de novembro, o FBI enviou uma mensagem por telex para todos os seus escritórios no país declarando que Oswald era "o principal suspeito do assassinato" e que os agentes do bureau podiam "retomar os contatos normais com os informantes e outras fontes". Em outras palavras, com a detenção do assassino, os agentes não envolvidos diretamente na investigação do assassinato podiam retomar as suas obrigações regulares; não havia necessidade da ajuda deles.

Os arquivos de Hoover sugerem que, depois de suas primeiras e confusas conversas telefônicas com o presidente Johnson no fim de novembro, o diretor do FBI jamais considerou seriamente a possibilidade de a União Soviética estar envolvida no assassinato. Como seu velho amigo James Angleton na CIA, o diretor do FBI parecia suspeitar ainda menos de um elo cubano, apesar das muitas perguntas não respondidas sobre a viagem de Oswald à Cidade do México e suas ligações com ativistas pró-Castro nos Estados Unidos. O padrão estabelecido pela CIA também era observado pelo FBI. Mesmo que a questão de um possível envolvimento soviético no assassinato tenha sido ao menos ventilada no bureau, poucas perguntas foram feitas sobre os cubanos. A Divisão de Inteligência Interna do FBI, que supervisionava o inquérito de Oswald, pediu a uma equipe de especialistas em inteligência sobre União Soviética e KGB sediada em Washington que revisse as evidências sobre os anos de Oswald na União Soviética e seus possíveis laços com agentes russos operando nos Estados Unidos, e eles não acharam nada que sustentasse a ideia de uma conspiração soviética.[17] Mas os investigadores do Congresso posteriormente concluíram que nenhum pedido semelhante fora feito aos analistas da contrainteligência do FBI especializados em Cuba; os peritos do FBI em Cuba foram efetivamente cortados da investigação.

Questionado anos mais tarde, o supervisor do FBI — considerado o melhor analista sobre Fidel Castro e o governo cubano em 1963 — disse que nunca fora convidado a assistir a uma só reunião na sede do bureau para discutir o assassinato. E não investigou essa questão por conta própria. Ele admitiu depois que nunca se preocupou em rever o noticiário sobre Fidel das semanas que antecederam o assassinato para verificar se havia pistas que o FBI talvez tivesse perdido. Não se lembrava de ter lido nenhum artigo alarmante publicado pela Associated Press em 8 de setembro de 1963 por um repórter da agência de notícias em Cuba que entrevistou Fidel rapidamente em uma recepção na Embaixada brasileira em Havana. Na entrevista, Castro sugeriu que a administração Kennedy estava tentando assassiná-lo, e que ele estava pronto para responder da mesma forma. "Os líderes dos Estados Unidos devem pensar que, se estiverem apoiando planos terroristas para eliminar líderes cubanos, eles tampouco estarão seguros", Castro teria declarado.[18] A história ganhou destaque no *New Orleans Times-Picayune*, um jornal que Oswald lia avidamente quando morava na cidade nessa época. O supervisor do FBI concordaria anos depois que "em retrospecto, certamente parece ser um sinal importante" que a vida de Kennedy estivesse em perigo menos de três meses antes do assassinato.

A insistência de Hoover em afirmar que Oswald era o assassino solitário chegou ao México, onde o bureau tinha uma equipe de quase uma dúzia de agentes e outros funcionários trabalhando fora da Embaixada dos Estados Unidos. Como resultado, a investigação do FBI sobre a viagem de Oswald ao México naquele outono ficou desde o início prejudicada. O oficial superior do FBI na embaixada, Clark Anderson, um funcionário com 22 anos de experiência no bureau como adido jurídico, sabia da presença de Oswald no México poucos dias depois de sua chegada, em setembro. Anderson recebera em outubro um detalhado relatório preparado por Winston Scott, cujo cargo na CIA correspondida ao dele, sobre os contatos de Oswald na Cidade do México com as embaixadas cubana e soviética. Anderson recordou-se de não ter feito nenhuma pergunta naquela época para saber se as visitas de Oswald às embaixadas tinham sido detectadas pela CIA.[19] Na verdade, Anderson, que tinha uma relação cordial mas não muito próxima com Scott, declarou mais tarde que na época do assassinato ele nada sabia sobre as operações de vigilância com fotos e escutas telefônicas da CIA na Cidade do México. Esse era um trabalho da agência, e não seu, disse ele.

A sede do FBI sabia sobre a viagem de Oswald semanas antes do assassinato. Em 18 de outubro, Anderson enviou um memorando a Washington no qual delineou o que era sabido sobre a estada de Oswald no México, incluindo o encontro dele em 28 de setembro na Embaixada soviética com um diplomata, Valeriy Vladimirovich Kostikov, um agente top da KGB.[20] A CIA acreditava que Kostikov era um membro da 13ª Diretoria da KGB, responsável pelos assassinatos e sequestros no exterior; ele operava disfarçado como um membro regular do corpo diplomático soviético.

A pergunta sobre o quanto a CIA sabia sobre os contatos entre Oswald e Kostikov, e por que aquela informação não foi de imediato compartilhada pelas sedes do FBI com seus agentes em Dallas antes da visita de Kennedy, nunca seria totalmente respondida. Algumas respostas talvez pudessem ser encontradas na burocracia esclerosada do FBI; informação confidencial com frequência movimenta-se de maneira muito vagarosa dentro do bureau.

Poucos dias depois do assassinato, a sede do FBI pareceu perder totalmente o interesse na Cidade do México, pelo menos como avaliado pelas solicitações feitas a Anderson e seus colegas na embaixada. Anderson podia lembrar-se de poucas ordens explícitas de Washington sobre o que deveria ser investigado no México. Ele não se sentiu pressionado a trabalhar mais próximo da CIA para seguir pistas sobre Oswald no México. Na verdade, Anderson disse que ele e Scott não tiveram uma única conversa particular sobre o assassinato, além das reuniões conjuntas com o embaixador dos Estados Unidos, Thomas Mann. "Não acho que houve qualquer encontro onde tenhamos discutido tudo, unindo todas as peças", disse Anderson sobre seus contatos com Scott.[21] "Não me lembro de Scott mencionar nenhuma investigação específica que eles estivessem conduzindo."[22] Quanto à investigação do FBI no México, ele disse, foi em sua maior parte limitada a verificar para onde Oswald tinha viajado durante seus dias na Cidade do México e se ele havia sido acompanhado por alguém; e mesmo essa investigação limitada deixou várias perguntas sem resposta.

"Não me recordo de que tivéssemos sido capazes de verificar onde ele esteve todos os dias durante sua permanência no México", Anderson admitiu anos depois.[23] Seus agentes determinaram com certeza a data em que Oswald entrou no México (sábado, 26 de setembro) e o dia em que ele atravessou a fronteira de volta aos Estados Unidos (sábado, 3 de outubro), assim como o nome e a localização do hotel da Cidade do México, o Hotel del Comercio, onde alugou um quarto por uma diária de 1,28 dólar. "Nós descobrimos quando ele entrou, quando saiu e onde ficou", disse Anderson.[24]

Anderson, que trabalhara fora dos Estados Unidos grande parte de sua carreira, inclusive como representante do FBI na Embaixada americana em Havana de 1945 a 1955, disse que se houvesse conexões ameaçadoras entre Oswald e agentes cubanos ou soviéticos no México, esse teria sido um assunto de investigação a ser feita pela CIA, e não pelo FBI.[25]

Anderson e seus colegas do FBI talvez não tenham acalentado muitas suspeitas sobre um plano de assassinato engendrado na Cidade do México, mas outros na representação americana o fizeram, especialmente o embaixador Mann. Em dezembro, Anderson informou à sede do FBI que precisava de ajuda para "acalmar" o embaixador, um diplomata de 51 anos que posteriormente se tornaria próximo ao presidente Johnson — fora Johnson quem pedira a Kennedy para nomear Mann, um especialista em América Latina e texano como ele, para a embaixada da Cidade do México, em 1961.

Praticamente desde o assassinato, disse Mann, ele estava convencido de que Fidel estava por trás do crime e que a viagem de Oswald ao México estava de alguma forma ligada à conspiração. Mann parecia perplexo ante o fato de o FBI e a CIA não compartilharem de suas suspeitas — ou ao menos não pareciam ansiosos em investigá-las. Diversas vezes ele chamou Scott e Anderson para discutir sua teoria de uma conspiração cubana. Ele escreveu aos dois dizendo que queria saber muito mais sobre a "promíscua" jovem mexicana, Silvia Tirado de Duran, que trabalhava no Consulado cubano e tinha tratado com Oswald.[26] (Mann sabia sobre os relatórios de um caso amoroso entre Duran e o ex-embaixador cubano no México.)

Mann tinha elogiado Scott, o chefe do posto local da CIA, quando ele solicitou que as autoridades mexicanas prendessem e interrogassem Duran no dia do assassinato de Kennedy. O embaixador contou a colegas que tinha "uma sensação instintiva" de que Duran estava mentindo quando declarou que tratara com Oswald somente questões de seu pedido de visto para Cuba.[27] Anderson retransmitiu as teorias alarmantes de Mann à sede do FBI. Num memorando para Washington dois dias depois do assassinato, Anderson informou sobre a crença de Mann de que a União Soviética era "sofisticada demais" para estar envolvida, mas que Fidel Castro era "suficientemente estúpido para ter participado".[28] O embaixador especulou sobre a possibilidade de Oswald ter visitado o México para estabelecer uma "rota de fuga" depois do assassinato. De acordo com o memorando de Anderson, Mann queria que o FBI e a CIA fizessem todo o possível no México "para estabelecer ou refutar" a conexão cubana. Com a insistência de Mann, Anderson propôs à sede do FBI que o bureau considerasse "sondar todas as fontes cubanas nos Estados Unidos na tentativa de confirmar ou refutar" a teoria do embaixador de que Fidel Castro estaria por trás do assassinato. A proposta foi rapidamente rejeitada pela sede. "Não é desejável", um supervisor do FBI em Washington respondeu. "Serviria para alimentar boatos."

No dia 26 de novembro, Mann recebeu uma informação surpreendente que, assim ele acreditou, comprovava que seu receio era justificado. Um espião do governo nicaraguense de 23 anos, Gilberto Alvarado, tinha telefonado para a Embaixada dos Estados Unidos com uma história que, se verdadeira, significava que Oswald havia sido pago pelo governo de Fidel.[29] Alvarado, que no passado tivera contatos com a CIA, declarou ter estado na Embaixada cubana na Cidade do México em setembro, quando viu um homem negro de cabelos ruivos entregar 6500 dólares em dinheiro vivo a Oswald, presumivelmente como pagamento adiantado pelo assassinato. Alvarado disse que havia ido à Embaixada cubana para um trabalho incógnito para o governo ultra-anticomunista da Nicarágua.

Numa mensagem urgente para o Departamento de Estado, Mann disse ter ficado impressionado com os detalhes da história do nicaraguense, incluindo a descrição "da maneira quase casual, de acordo com Alvarado, como o dinheiro teria sido passado para Oswald".[30] Isso corresponde à visão desrespeitosa de Mann em relação a Fidel Castro como "o tipo latino de extremista que age de maneira mais emocional do que intelectual e aparentemente sem muita preocupação com os riscos".

Mann recebeu mais notícias que considerou alarmantes. Em 26 de novembro, a CIA gravara secretamente uma conversa telefônica entre o presidente cubano Osvaldo Dorticós e o embaixador cubano no México, Joaquin Armas, na qual Armas descrevia as perguntas que haviam sido feitas a Silvia Duran durante seu interrogatório pelos mexicanos, incluindo se ela tinha "relações íntimas" com Oswald e se este tinha recebido dinheiro da embaixada. "Ela negou tudo isso", Armas disse no telefonema, parecendo aliviado.[31] Mesmo assim, Dorticós parecia ansioso para saber o motivo das perguntas dos mexicanos sobre o dinheiro, como se pudesse haver alguma verdade quanto à alegação de que Oswald tinha sido pago. Num cabograma para Washington, Mann disse que julgava a ansiedade de Dorticós "como uma tendência a confirmar a história de Alvarado sobre o pagamento dos 6500 dólares".[32]

As alegações de Alvarado, e as crescentes suspeitas de Mann, foram além do Departamento de Estado, alcançando finalmente a Salão Oval. (O presidente Johnson disse mais tarde que mencionou o boato sobre os 6500 dólares a Warren na reunião deles no Salão Oval.) As questões sobre a honestidade de Alvarado consumiriam dias da Embaixada americana na Cidade do México e levariam o embaixador Mann, preocupado por não estar recebendo todas as informações necessárias do FBI, a solicitar que o bureau enviasse um supervisor de alto nível de Washington à Cidade do México. Ele queria que o FBI passasse a considerar a investigação no México com muito mais seriedade.

Em Washington, Hoover rejeitou as preocupações de Mann.[33] O embaixador, escreveu Hoover a um assessor, era "um daqueles pseudoinvestigadores, um Sherlock Holmes" que estava tentando dizer ao FBI como fazer o seu próprio trabalho. Hoover, contudo, tinha examinado as informações básicas sobre Alvarado, e ele não podia negar que as alegações do nicaraguense deveriam ser investigadas. Se verdadeiras, elas lançariam "uma luz totalmente diferente sobre todo o quadro" do assassinato, admitiu Hoover. Ele concordou em enviar um supervisor do FBI de uma academia de treinamento do bureau em Quantico, Virgínia — Laurence Keenan, que nada sabia sobre a investigação de Oswald, mas falava espanhol.

Keenan, que estivera no FBI havia doze anos, iria situar essa missão entre as mais bizarras e confusas de toda a sua carreira.[34] Ele alegou não ter percebido isso na época, mas compreendeu anos depois que tinha participado de uma charada com o objetivo de evitar que se descobrisse toda a verdade sobre Oswald no México. Tratava-se de uma charada com a intenção de evitar a possibilidade de uma guerra nuclear com Cuba, ele acreditou. "Eu percebi que fui enganado."

Ele recebeu a tarefa às onze horas daquela quarta-feira, 27 de novembro, e pegou um avião para o México às dezesseis horas.[35] Antes de partir, recebeu em Washington "uma orientação bem curta" sobre a investigação do assassinato e a alegação de Alvarado. "Eu estava completamente encarregado de toda a investigação lá no México."

"Eu não tinha nem mesmo um visto ou passaporte", ele disse, recordando que sua esposa o encontrou no escritório com uma mala e roupas limpas antes de ir rapidamente para o Aeroporto Internacional de Dulles, perto de Washington, para pegar o voo. "Entrei em um carro que me levou bem depressa para Dulles* e fui escoltado com uma sirene pelo trânsito da cidade."

Ele chegou tarde da noite na Cidade do México e encontrou Anderson, um velho amigo. Segundo Keenan, ele e Anderson conversaram durante "a madrugada" sobre a investigação. Keenan decidiu que teria duas responsabilidades naquele país. Em primeiro lugar, ele tentaria entrevistar Alvarado para averiguar sua credibilidade. Em seguida, deveria proteger a reputação do FBI "de eventuais alegações futuras de que a investigação fora de má qualidade" por causa do alarme do embaixador Mann de que alguma coisa havia sido perdida. Keenan estava lá, como diria mais tarde, para "nos proteger e para acalmar o embaixador".[36]

Na manhã seguinte, Keenan encontrou-se com Mann e Scott no gabinete do embaixador. Mann "expressou sua opinião de que ele acreditava que era definitivamente uma conspiração e que deveríamos investigar a fundo para descobrir se havia uma conspiração patente da parte dos cubanos", recordou Keenan. O embaixador mencionou a matéria da Associated Press de setembro na qual Fidel parecia ameaçar a vida de Kennedy.

Keenan fez então seu pronunciamento, contando ao embaixador o que fora dito a ele um dia antes em Washington: o FBI acreditava que não havia conspiração. "Todas as informações que tínhamos adquirido em Washington, em Dallas e em outros lugares indicavam que havia sido um trabalho solitário", explicou. "Tudo apontava nessa direção — uma chance em 1 milhão."

Contudo, Keenan disse que queria conversar com Alvarado "para ir até o fim, até a última pista". Ele se voltou para Scott, que estava protegendo o espião nicaraguense em um dos postos de segurança da CIA na Cidade do México. "Gostaríamos muito de marcar uma reunião ou entrevista com Alvarado", ele disse. Keenan não pôde lembrar o que Scott respondeu. "Ele não estava muito comunicativo".

Keenan tinha outra mensagem da sede do FBI para o embaixador. Ele queria que a embaixada compreendesse que o bureau não considerava as atividades da investigação sobre Oswald na Cidade do México como sua responsabilidade. Tratava-se de um trabalho para a CIA.

Naquela tarde Keenan teve uma surpresa. Poucas horas depois da reunião, ele foi informado que a CIA decidira entregar imediatamente Alvarado ao governo

---

* O aeroporto recebeu esse nome em homenagem a John Foster Dulles (1888-1959), secretário de Estado no mandato do presidente Eisenhower e irmão de Allen Dulles, ex-diretor da CIA e integrante da Comissão Warren.

mexicano para mais interrogatórios — antes que o FBI tivesse uma chance de conversar com o nicaraguense. A decisão da CIA era "muito, mas muito" peculiar, lembrou Keenan. "Não tenho como afirmar de maneira categórica que era uma tentativa da CIA de destruir minha investigação."

Keenan logo descobriu que tinha pouco a investigar, especialmente depois que a CIA informou que as alegações feitas por Alvarado comprovaram-se falsas. Em 30 de novembro, o governo mexicano relatou que Alvarado havia se desmentido, declarando ter inventado a história sobre os pagamentos cubanos para Oswald porque "detestava Fidel e achava que sua história ajudaria a fazer com que os Estados Unidos agissem contra o líder cubano", segundo um relatório da CIA.[37] Com a reviravolta de Alvarado, "a pressão acabou", recordou-se Keenan. "A essa altura não havia mais nada para eu coordenar ou fazer." Ele saiu do México no dia 2 de dezembro, cinco dias depois de sua chegada, sem nada mais a fazer quanto à investigação de Oswald.[38] (No dia em que Keenan voltou a Washington, Alvarado, agora oficialmente desacreditado pelos mexicanos e pela CIA, mudou a história de novo, retomando o relato original sobre ter visto Oswald recebendo dinheiro dos cubanos. O nicaraguense declarou que tinha desmentido a primeira versão somente porque seus interrogadores mexicanos tinham ameaçado torturá-lo, pendurando-o "pelos testículos".)

Esperando por Keenan no escritório estava um memorando que anunciava sua nova atribuição como supervisor do FBI em San Juan, Porto Rico.[39] Segundo ele, era um "trabalho maravilhoso", que ele queria muito, especialmente com o inverno pesado chegando logo na Costa Leste. Ele era aguardado em San Juan quatro dias depois.

Keenan deixou Washington tão rapidamente que nem teve tempo de relatar aos oficiais da sede do FBI envolvidos na investigação sobre Oswald o que descobrira na Cidade do México, incluindo a excitante informação sobre Silvia Duran, a jovem mexicana. Duran, ele havia sido comunicado, era uma espiã de baixo nível para o governo mexicano "e possivelmente para a CIA".

Como Keenan disse anos depois, Duran não tinha uma posição "muito, muito alta" na hierarquia da Embaixada cubana. "Não acredito que alguma vez ela teve acesso a informações secretas." Ele não se lembrava de ter ouvido alegações sugerindo um relacionamento entre Oswald e Duran fora de seus encontros no Consulado cubano. Tampouco se recordou de algum dia ter julgado que a CIA não a tivesse interrogado — assim como de não ter permitido que o FBI o fizesse — porque a jovem talvez trabalhasse para ela.

★ ★ ★

Mann também deixou rapidamente a Cidade do México.[40] Em 14 de dezembro, o presidente Johnson promoveu seu velho amigo ao posto de secretário assistente do Estado para Assuntos Latino-Americanos, bem como a um cargo adicional em Washington como assistente especial do presidente. Antes de sair do México, Mann expressou sua frustração sobre a investigação do assassinato; ele sugeriu aos colegas da embaixada que tinha desistido de ir até o fundo do que acontecera na Cidade do México. Pelo menos em Washington ele estaria bem posicionado junto ao presidente se surgissem novos dados sobre uma conspiração.

Em um de seus últimos cabogramas do México para o Departamento de Estado, em dezembro, Mann relatou não estar otimista quanto à possibilidade de "encontrarmos algo definitivo no tópico central" de uma conspiração cubana para matar o presidente.[41] Anos mais tarde, ele foi citado por um repórter americano dizendo que a aparente falta de interesse tanto da CIA como do FBI em ir a fundo no que tinha acontecido na Cidade do México tinha sido "a experiência mais estranha da minha vida".[42]

17.

ESCRITÓRIOS DA COMISSÃO
WASHINGTON, DC
JANEIRO DE 1964

Francis Adams, ex-comissário de polícia da cidade de Nova York, era bem mais alto do que os outros advogados da equipe. Tinha 59 anos e mais de 1,90 metro de altura. E Arlen Specter, seu parceiro júnior na equipe responsável pela reconstrução dos eventos do assassinato, disse que não era apenas a estatura de Adams que o fazia parecer grande; era a sensação que o próprio Adams tinha de sua importância no mundo. Ele era "a imagem do advogado de grande poder em Wall Street", sempre convencido de que todos se curvariam à sua vontade, recordou-se Specter.[1]

Specter acabou gostando de Adams, apesar da arrogância do advogado mais velho. Adams tinha um desprezo explícito por todos os lugares que não fossem a cidade de Nova York, e Specter, nascido no Kansas, considerava engraçado, e não ofensivo, o chauvinismo de cidade grande do parceiro. No primeiro encontro, Adams deu uma olhada no currículo de Specter e observou que o advogado mais jovem, filho de um imigrante ucraniano vendedor de frutas, nascera em Wichita.

"Wichita?", Adams perguntou secamente. "E para onde sua mãe estava indo naquela época?"

Adams chegou a Washington alguns dias depois que Specter tinha começado o trabalho no escritório da comissão. Ele disse que achava que a investigação podia ser mais rápida, já que Oswald era culpado de maneira tão evidente. "Ele disse: 'É simplesmente um outro caso de homicídio'", recordou-se Specter.

Adams merecia parte de sua autoestima, Specter reconhecia. Durante seu tumultuoso mandato de dezoito meses como comissário de polícia de Nova York, iniciado em janeiro de 1954, Adams tomou os passos que seriam considerados históricos para acabar com a corrupção na polícia.[2] Ele elegeu como alvo uma crescente onda de crimes na cidade, obrigando centenas de policiais relutantes em deixar suas mesas a fazer patrulhas nas ruas — e ganhando com isso a gratidão do público. Depois de deixar o departamento de polícia, ele se destacou como um dos mais procurados e mais bem pagos advogados da cidade.

Specter lembrou-se de ter ido almoçar com Adams perto da Lafayette Square, a poucos quarteirões da Casa Branca, num restaurante francês caro ("Frank Adams não comia em nenhum outro tipo de restaurante"), e ele insistiu em pagar a conta.[3] Adams se gabou de que tinha condições de pagar pela refeição já que "ele cobrava uma diária de 2500 dólares pelo trabalho no tribunal". Specter engoliu em seco diante do que considerava "uma quantia fabulosa de dinheiro". Adams ganhava mais em um dia do que Specter receberia em um mês de trabalho na equipe da comissão.

Quase desde o início, Adams parecia não estar à vontade na comissão. Seria uma atribuição difícil. Ele e Specter teriam de apresentar uma cronologia detalhada, segundo por segundo, dos eventos relacionados ao assassinato, assim como examinar e entender muito de provas médicas e balísticas. No entanto, Adams "não tinha paixão por trabalho detalhado", disse Specter. Em seu escritório de advocacia, ele supervisionava cinco ou seis associados enquanto preparava um caso, como contou a Specter. Mas na comissão, ele e Specter estavam sozinhos. "Ele não estava acostumado a trabalhar em um projeto muito longo com apenas um colega menos experiente, e especialmente tão jovem", explicou Specter.

Adams logo estabeleceu uma rotina. Ele geralmente chegava depois das onze horas. "Conversava rapidamente, examinava alguns arquivos e telefonava para seu escritório em Nova York antes de encontrar algum motivo para sair", recordou Specter. Adams tinha muito trabalho em Nova York naquele inverno, foi o que dissera a Specter no início de janeiro. "Ele me contou logo no começo que tinha de trabalhar num caso importante de combate a grandes trustes até meados de fevereiro — em cinco semanas — sugerindo que até lá esperava ter concluído o trabalho." O escritório de Adams tinha uma filial em Washington, e ele passava muitos dias lá, em vez de ficar na diminuta sala do Capitol Hill que dividia com Specter.

Algumas semanas depois, Adams simplesmente sumiu, na prática, abandonando a comissão. Durante o inverno e a primavera, ele regressou a Washington por poucos dias, nos quais se incluía a data em março que Specter tinha agendado para o depoimento dos patologistas da Marinha que haviam realizado a autópsia do presidente. Nesse dia, Specter estava apresentando os médicos para o presidente da Suprema Corte quando Adams entrou na sala. Ele era tão estranho nos escritórios da comissão que Warren não o reconheceu.

"Boa tarde, doutor", Warren disse a Adams, que permaneceu ali, mortificado por não ter sido reconhecido por Warren.

"E aquela foi a última vez que vimos Frank Adams", diria Specter.

O desaparecimento de Adams aparentemente não fez muita diferença para Specter, descrito por muitos de seus colegas como o jovem mais autoconfiante que eles já tinham conhecido. "Julguei que era uma vantagem não ter que trabalhar com outra pessoa", ele explicou. "Eu não teria que dividir o trabalho. Tudo que eu tinha a fazer era trabalhar."

Depois da reunião inicial da equipe em janeiro, Warren teve pouco contato com os jovens advogados da equipe, o que deixou muitos deles desapontados. Ele delegou responsabilidades a Rankin e a dois de seus assessores diretos, Redlich e Willens, que se tornavam cada vez mais influentes. Warren também se encontrava frequentemente com alguns advogados seniores, em especial com seu velho amigo Joseph Ball. Os dois homens gostavam de trocar histórias sobre suas primeiras aventuras no universo legal da Califórnia. "Ele era um dos homens mais agradáveis que já conheci", disse Ball sobre Warren. "Era forte física, moral e mentalmente, e tinha um grande coração."[4]

A rotina de Warren era chegar aos escritórios da comissão bem cedo todas as manhãs, habitualmente às oito horas, e então sair cerca de uma hora mais tarde para a Suprema Corte, duas quadras adiante. Às cinco da tarde ele voltava, com frequência permanecendo muitas horas mais nos escritórios da comissão.

Entre os jovens advogados, somente Specter tinha encontros frequentes face a face com o presidente da Suprema Corte — consequência do sumiço de Adams. Como único membro daquela equipe, Specter tinha de conduzir sozinho muitas das entrevistas mais importantes de testemunhas, frequentemente acompanhado por Warren. Specter estabeleceu um relacionamento cortês, embora algumas vezes frio, com Warren. O presidente da Suprema Corte estava acostumado com pessoas que se intimidavam em sua presença — era evidente que ele gostava de estar no centro das conversações e em geral dirigindo-as. Specter, contudo, nunca se sentiu intimidado por ele, e quando necessário lhe mostrou isso.[5]

"Foi algo emocionante trabalhar para Warren", Specter diria anos depois. "Nós sentíamos que estávamos na presença da história. Mas o que havia para ser intimidado? Eu não fui intimidado por ele. Ele algumas vezes me irritava."

Specter logo criou vínculos com David Belin, o advogado de Iowa — em parte, Belin acreditava, porque ele e Specter eram judeus criados em regiões do Meio-Oeste onde judeus eram novidade, e muitas vezes não eram bem-vindos. Belin fazia amigos facilmente: ele era animado, cheio de energia e ambição, e gostava de sua posição como um "rapaz do campo de Iowa, caipira" que de repente estava trabalhando com advogados de Nova York e Washington. Ele estava chocado com a saída de Adams da investigação e tentou convencer Specter a reclamar. "Alguém deveria ter sugerido a Adams que renunciasse quando ficou claro que não iria assumir suas responsabilidades", diria Belin mais tarde.[6] Ele era grato pelo fato de seu parceiro, Joseph Ball, estar totalmente comprometido com o trabalho da comissão. Ball tinha pedido uma licença para se ausentar de seu escritório em Long Beach, e o charme e a capacidade de trabalhar duro do californiano o tornaram popular na equipe. Specter lembrou-se de Ball como "um querubim, com brilho nos olhos", que "fazia mulheres desmaiarem, mesmo aquelas que já tinham passado dos sessenta anos".[7]

Ball e Belin, responsáveis por encontrar indícios para provar que Oswald era o assassino, se tornaram tão próximos que seus nomes eram frequentemente mencionados por Rankin e seus assessores como uma única palavra: "Ball-Belin". No começo, Ball, Belin e Specter viram que suas investigações iriam coincidir, e encontraram um modo de dividir as responsabilidades. Ball e Belin "cuidariam de todas as testemunhas da cena do assassinato, com exceção daquelas que estavam na comitiva presidencial, que ficavam a meu cargo", incluindo o governador Connally e os agentes do Serviço Secreto, informou Specter.

Ele assumiu a responsabilidade pelas provas de natureza médica, incluindo a análise dos resultados da autópsia realizada no hospital Bethesda. Determinar a origem das balas — o rifle de Oswald, provavelmente — permaneceu um assunto para ser investigado por Ball e Belin. Quanto à análise científica da munição, "decidimos que o percurso da bala era um ponto divisório", Specter disse. "Antes que a bala saísse do rifle, era responsabilidade de Ball e Belin. Depois de atingir o presidente, tornava-se minha responsabilidade."

Para os três homens, os primeiros dias da investigação foram dedicados a leituras. Ball e Belin levaram quase um mês para ler todos os relatórios de Dallas produzidos pelo FBI e pelo Serviço Secreto. Belin organizou um sistema de fichário que permitia aos três advogados cruzar informações vindas de diferentes agências "para que não precisássemos ler tudo duas vezes", disse Ball.

Todos ficaram surpresos com a aparente certeza do FBI sobre o número e a ordem dos tiros na Dealey Plaza, especialmente porque os três julgaram as provas balísticas muito confusas. De acordo com o FBI, Oswald atirou três vezes: o primeiro tiro atingiu Kennedy na região superior das costas ou na parte de baixo do pescoço, o segundo apanhou Connally e o terceiro voltou a atingir o presidente, agora na cabeça — o tiro fatal. Mas os relatórios do FBI não deixavam claro como o bureau tinha chegado a essa conclusão.

No escritório do edifício VFW, Norman Redlich se preparava para a entrevista da comissão com Marina Oswald, e sua pesquisa foi exaustiva ao ponto da obsessão. Ele fez uma lista de centenas de perguntas que poderiam ser dirigidas à viúva de Oswald.[8] Datilografou um enorme quadro no qual situou, em ordem cronológica, todos os momentos significativos da vida dela, começando com o nascimento na cidade de Molotovsk, no norte da Rússia, em 17 de julho de 1941, até o assassinato do presidente em Dallas. Ele relacionou todas as perguntas sobre os fatos mais importantes daqueles 22 anos, com questões divididas em subcategorias, baseadas em informações que ela dera a outros investigadores. Ela podia ser contestada em tudo que já tinha contado ao FBI e ao Serviço Secreto, assim como quanto ao que outros haviam dito sobre ela.

As perguntas de Redlich refletiam sua suspeita de que Marina não era a jovem mulher enlutada e inocente que afirmava ser. Como suas perguntas mostraram, ele acreditava que ela poderia de fato ser algum tipo de agente russa que recrutara o marido para espionar em favor da União Soviética, ou que tinha se aproveitado de uma possível ingenuidade de Oswald para levá-la aos Estados Unidos com algum propósito sinistro. "Se Lee era tão desagradável quanto ele parecia ter sido nos Estados Unidos, fica difícil entender como Marina rapidamente concordou em deixar seus amigos e família para ir a uma terra estranha com um marido complicado", Redlich escreveu em uma das páginas das perguntas. "Creio que deveríamos tentar descobrir se Marina é a 'camponesa' simples que todos acham que ela é."

Ele queria contestar a imagem que Marina fazia de si própria como "a esposa sofredora tentando ajudar esse homem perturbado" quando, de fato, tanto o FBI quanto o Serviço Secreto tinham desenvolvido um perfil dela como uma mulher emocionalmente fria que criticava o marido na frente dele, diante de amigos — até mesmo sobre seu desempenho sexual.

Redlich tinha perguntas detalhadas sobre o relacionamento de Marina com Ruth Paine. "Havia várias sugestões de que o papel da sra. Paine nessa história não era de uma inocente", ele escreveu, acrescentando que as suspeitas tinham surgido, em parte, porque os sogros de Paine eram ligados a esquerdistas radicais. O pai de Michael Paine havia sido figura de destaque no Partido Socialista Trabalhador dos Estados Unidos.

Rankin e Redlich convidaram os outros advogados a apresentar perguntas a serem feitas a Marina. Num memorando anexo à sua lista, Specter sugeria que, quaisquer que fossem as perguntas à viúva de Oswald, elas deviam ser feitas rapidamente; ele pensava que ela poderia estar morta em breve.[9] "Ela própria poderia ser objeto de uma jogada suja se alguém quisesse silenciá-la para esconder alguma coisa", advertiu Specter. E disse que se uma conspiração já tinha acabado na morte tanto do presidente quanto de seu alegado assassino, a vida de Marina Oswald também poderia estar em perigo.

Tendo em vista o tamanho dos egos envolvidos, muitos advogados estavam surpresos por se saírem tão bem. Formaram-se amizades que, para alguns, durariam por toda a vida. "Quase todos os dias nós estávamos, dentro e fora dos escritórios, aprendendo fatos, discutindo teorias e questionando algumas conclusões ou descobertas preliminares feitas com o passar do tempo", Belin lembrou. Alguns almoçavam juntos quase todos os dias na lanchonete da sede nacional da Igreja Metodista Unida, a duas quadras de distância do edifício VFW. Com frequência eles jantavam em restaurantes da vizinhança, para o que Specter chamava de "debates" sobre a investigação.

Warren pediu conselho ao diretor do Arquivo Nacional, Wayne Grover, para recrutar um historiador para a equipe, e Grover disse que alguns dos melhores do governo estavam no Departamento de Defesa. Ele recomendou dois historiadores do Pentágono — um do Exército, o outro da Força Aérea.[10] Depois de entrevistar os dois candidatos, Rankin recomendou o historiador da Força Aérea, Alfred Goldberg, de 42 anos, um homem de humor seco que tinha instintos de repórter. Goldberg tinha iniciado sua carreira como historiador militar enquanto era soldado na Europa durante a Segunda Guerra Mundial, doutorando-se mais tarde em história pela Universidade Johns Hopkins.

Ele foi convidado a encontrar-se com Warren em seu gabinete na Suprema Corte e o considerou "uma pessoa com a qual era muito fácil conversar — amigável, simpático, o que me deu a oportunidade de lhe fazer algumas perguntas. Indaguei: 'Por que o senhor quer contratar um historiador?'", recordou-se Goldberg. "E ele respondeu — estas foram suas palavras: 'Não confio em todos aqueles advogados'."

Goldberg imaginava que Warren quisesse que ele escrevesse uma história da comissão, e que sua tarefa seria documentar o trabalho da investigação dia a dia. Não, Warren disse. Ele queria que Goldberg trouxesse um olhar de historiador para os eventos do assassinato em si, sendo o autor e editor do relatório final da comissão. O presidente da Suprema Corte queria um relatório que não se assemelhasse a um frio sumário de natureza jurídica.

Goldberg recebeu uma sala no quarto andar do edifício, ao lado de outro ocupado por dois inspetores experientes da receita que tentavam reconstruir as finanças de Oswald. Goldberg julgou o trabalho deles fascinante. Os agentes do imposto de renda, Edward A. Conroy e John J. O'Brien, estavam animados para explicar a Goldberg o que eles estavam fazendo. Eles procuravam o menor fragmento de prova que pudesse sugerir que Oswald recebera dinheiro de agentes estrangeiros ou de algum outro grupo de conspiradores. Goldberg disse estar convencido de que, se Oswald tivesse gastado um centavo a mais do que ele recebia por vários trabalhos insignificantes, Conroy e O'Brien descobririam. Havia um motivo pelo qual os contribuintes tinham tanto medo de uma auditoria do Imposto de Renda, agora Goldberg sabia. "Eles encontraram recibos de mercado, descobriram tudo", ele recordou. "Foi impressionante."

Goldberg teve uma recepção menos amistosa por parte de alguns outros membros da equipe da comissão. "Muitos advogados não viam com bons olhos a presença de alguém que não era advogado naquela investigação", ele disse. Ele recebeu uma recepção particularmente fria de Redlich, que planejava ser o autor central e editor do relatório final, e que se preocupava em preservar sua autoridade. "Tive a impressão de que ele queria me manter à distância", declarou Goldberg. "Ele podia ser arrogante e rude."

Além disso, havia a temível secretária de Rankin, Julia Eide, que tinha trabalhado para ele no Departamento de Justiça. Eide se considerava a protetora de Rankin, sendo severa com aqueles que não o respeitavam. "Não era fácil lidar com ela", Goldberg lembrou-se. "Depois que compreendi como ela era, fiz de tudo para evitá-la."

Contudo, Eide era inteligente e dedicada ao trabalho, o que não podia ser dito de várias outras secretárias enviadas à comissão por outros órgãos do governo. Muitas vinham do Pentágono, que tinha um grande número de secretárias com as liberações necessárias feitas pelos serviços de segurança. Muitos advogados imaginaram que o Departamento de Defesa e outras agências haviam aproveitado a oportunidade para transferir suas piores secretárias, despejando-as na investigação; algumas mal sabiam datilografar. "Elas eram incompetentes, as piores", relatou David Slawson.[11]

A maioria dos advogados aceitava esse aborrecimento, acreditando que não havia nada a fazer. Mas não Jim Liebeler, o jovem de Dakota do Norte. Como lembrou com afeto David Slawson, Liebeler rapidamente mostrou a seus colegas que era "divertido, atrevido — e detestável". Liebeler dirigiu-se ao escritório de Rankin e exigiu que as secretárias incompetentes fossem demitidas. "Não podemos trabalhar com essas idiotas", declarou Liebeler, que sabia estar sendo silenciosamente apoiado pelos outros advogados.

Pelo que já tinha visto das secretárias, Rankin não podia discordar. Atendendo a um pedido de Liebeler, ele telefonou para a Casa Branca, deixando uma mensagem com McGeorge Bundy, conselheiro de Segurança Nacional do presidente Johnson. Slawson estava no escritório de Rankin quando Bundy telefonou de volta. "Rankin falou com ele sobre as secretárias", contou Slawson, "e Bundy disse: 'Está bem, espere'." Enquanto Rankin aguardava na linha, "Bundy aparentemente pegou outro telefone, chamou o Departamento de Defesa e então voltou a falar com Rankin". O conselheiro tinha boas notícias: "Acabei de dizer ao Departamento de Defesa para que enviem vinte das melhores secretárias para aí amanhã de manhã".

De acordo com o prometido, as novas secretárias apareceram no dia seguinte, prontas para trabalhar. Slawson ficou impressionado com a conquista de Liebeler: "A partir daquele dia, nós tivemos boas secretárias". Sem que isso causasse a menor surpresa entre seus novos amigos da equipe, Liebeler conseguiu que uma das melhores, e a mais bonita, fosse indicada para trabalhar com ele.

18.

ESCRITÓRIOS DA COMISSÃO
WASHINGTON, DC
SEGUNDA-FEIRA, 3 DE FEVEREIRO DE 1964

Era Marguerite Oswald outra vez ao telefone, o que nunca chegava como boa notícia aos escritórios da comissão. Uma ligação da mãe de Oswald provocava, invariavelmente, uma onda de frustração e rosnados silenciosos entre os membros da equipe que eram obrigados a conversar com ela, em especial as desafortunadas telefonistas e secretárias, os primeiros alvos de seus insultos.

As chamadas a cobrar de sua casa em Fort Worth começaram em janeiro, logo depois que a sra. Oswald descobriu o número do telefone da comissão. Os telefonemas poderiam ser considerados cômicos não fosse a habilidade da sra. Oswald em manipular a imprensa de Dallas e de Washington para que lhe desse atenção. Seus ataques à comissão podiam se tornar manchetes, portanto seus telefonemas tinham que ser levados a sério.

Como mãe do homem acusado de matar o presidente, a sra. Oswald era, para muitos repórteres, uma boa história. Ela estava sempre disponível e sempre podia ser citada por eles. Mesmos repórteres de jornais e revistas poderosos que deveriam ter mais discernimento — ou, pelo menos, sugerir a seus leitores que ela com frequência dizia coisas que não correspondiam à verdade — escreviam sobre ela sem parar, dando credibilidade às suas declarações de que podia provar a inocência do filho.

No dia 14 de janeiro, a sra. Oswald tornou-se uma ameaça ainda maior. Numa entrevista à imprensa em Fort Worth, ela anunciou sua decisão de contratar Mark Lane para representar os interesses do filho. Lane, ela disse, concordara generosamente em trabalhar sem honorários, e com sua ajuda ela "lutaria até o fim" para provar a inocência de Oswald. O encontro com os repórteres deu a ela e a Lane a oportunidade de anunciar que eles tinham alugado a caixa postal nº 9578 em Fort Worth para que alguém com alguma prova da inocência de seu filho pudesse lhes escrever. Simpatizantes foram convidados a enviar doações em dinheiro.

Na entrevista à imprensa ela pediu, como fizera muitas vezes nas últimas semanas, para que sua nora Marina entrasse novamente em contato com "mama".[1] A sra. Oswald disse ter enviado uma mensagem para Marina pelo Serviço Secreto, o qual continuava protegendo a jovem viúva. Ela afirmou que redigira a mensagem num inglês bem simples para que a nora russa entendesse: "Marina, *mama* está sofrendo. Marina, *mama* precisa ver você e as netas. *Mama tem* de ver você e as netas".

A sra. Oswald utilizou a entrevista à imprensa para acusar o Serviço Secreto de bloquear seu acesso à família do filho: "Eles não têm o direito de impedir que eu fale com minha nora e minhas netas". Lane foi mais longe, sugerindo que o Serviço Secreto estava tentando fazer "uma lavagem cerebral" em Marina Oswald para que ela incriminasse o marido: cortar a comunicação entre a mãe de Oswald e sua nora fazia parte do plano da agência. Ela parecia ignorar que era seu filho sobrevivente, Robert, e não o Serviço Secreto, que insistia para que Marina cortasse todo contato com sua mãe "irracional".

Ninguém interpôs mais obstáculos para a campanha da sra. Oswald em provar a inocência do filho do que a viúva dele. Marina continuava a dizer abertamente estar convencida de que o marido tinha matado o presidente, e que era quase certo que o fizera sozinho. Em janeiro, ela autorizou James Martin, que cuidava de seus negócios, a contar ao *New York Times* que estava tão convencida da culpa de Oswald que decidira processar por negligência a cidade de Dallas pela morte do marido.[2]

Marina, Martin e o advogado dela, James Thorne, chegaram a Washington no domingo, 2 de fevereiro, um dia antes de seu testemunho agendado perante a comissão. Ela se hospedou no Hotel Willard, um dos melhores da cidade, com vistas espetaculares da Pennsylvania Avenue até a cúpula do Capitólio; o hotel ficava a poucos minutos do edifício VFW. Marina trouxe as filhas para Washington: June Lee, chamada Junie, que faria três anos naquele mês, e Rachel, de quatro meses.

Os repórteres souberam de sua chegada e acorreram em massa ao hotel.[3] Ela não resistiu aos esforços deles em segui-la. Na verdade, ela parecia se divertir com tantos repórteres e fotógrafos que a tornaram uma celebridade global. "Homens tolos, homens tolos", ela disse, sorrindo, quando os fotógrafos chegaram ao saguão do Willard. A todos os lugares que ela ia, agentes do Serviço Secreto a seguiam. Ela os considerava como protetores — até mesmo como seus amigos.

Um repórter da revista *Time* encontrou Marina à mesa do restaurante Parchey's e notou que ela havia se tornado glamorosa desde o assassinato. Seu cabelo obviamente tinha passado por um salão de beleza — "algo que o marido falecido não teria permitido", a revista mencionou — e ela usava maquiagem e fumava um cigarro enquanto provava, primeiro, um coquetel de vodca, até recusá-lo em favor de um drinque de cerejas e chocolate com licor. Embora tivesse dito que não estava com fome, comeu um pouco de filé-mignon ao molho de cogumelos.

Na segunda-feira, 3 de fevereiro, às 10h30, a comissão reuniu-se na sala de conferências, no andar térreo do edifício VFW. Warren e quatro outros integrantes da comissão estavam presentes; o senador Russell e John McCloy perderam o início da sessão. De acordo com as regras da comissão, a testemunha podia pedir uma audiência pública, mas isso não foi requisitado pela viúva de Oswald nem por seu advogado, e assim a imprensa teve de esperar do lado de fora.

"Sra. Oswald, fez uma boa viagem?", indagou Warren, assim que abriu a sessão, suas palavras sendo traduzidas para o russo por uma intérprete. Ela confirmou que sim. Com isso, ele pediu a ela que se levantasse e fizesse o juramento.[4]

Rankin supervisionava o interrogatório, que levaria quatro dias, e começou perguntando seu nome completo.

"Meu nome é Marina Nikolaevna Oswald. Meu nome de solteira era Prusakova."

Rankin notou que, pelo que recordava, era a 47ª vez que Marina estava sendo interrogada por agências do governo desde o assassinato — principalmente o FBI, o Serviço Secreto e a polícia de Dallas. Rankin não disse isso, mas ele e muitos outros membros da comissão sabiam muito bem que, em várias entrevistas feitas antes, Marina não tinha contado a verdade. A lista de suas mentiras era longa e perturbadora, começando por sua declaração inicial ao FBI de que nada sabia sobre a tentativa do marido de matar o extremista de direita Edwin Walker em Dallas, em abril, sete meses antes do assassinato do presidente. Mais tarde, ela admitiu que ele tinha lhe contado em detalhes sobre o ataque a Walker na noite em que ele ocorreu. Isso resultou, segundo ela, em uma furiosa discussão na qual ela ameaçou ir à polícia se ele tentasse algo semelhante outra vez. Inicialmente ela também insistiu que nada sabia sobre a viagem do marido ao México. De fato, conforme confessou mais tarde, Marina estava a par da viagem enquanto o marido a planejava; ele tinha até mesmo lhe perguntado que tipo de presente ela gostaria que ele trouxesse. Ela pediu um tradicional bracelete de prata mexicano.

Rankin perguntou se ela queria retificar alguma coisa que tinha dito antes: "Você sabe de algo que não é verdadeiro nessas entrevistas que gostaria de corrigir?".

"Sim", ela respondeu, "eu gostaria de corrigir algumas coisas porque nem tudo foi verdade."

Nas entrevistas anteriores, ela disse que não estava sob juramento e sentia que podia ser "menos exata". Ela explicou que, no início, queria acreditar que o marido era inocente do assassinato do presidente e não desejava envolvê-lo — ou envolvê-la — em outros crimes, incluindo o tiro em Walker. Suas mentiras, afirmou, eram também explicadas por não gostar dos agentes do FBI que lhe fizeram muitas perguntas. "Eu não queria ser sincera demais com eles."

Rankin a interrogou sobre o casamento durante horas. Perguntou o que ela encontrara de interessante num jovem americano exilado que ela, segundo um relatório, tinha encontrado em março de 1961 num baile comunitário na cidade soviética de Minsk, onde Oswald trabalhava numa fábrica de eletrônica. "A gente não encontra americanos com muita frequência", ela disse, lembrando que seu futuro marido era "muito arrumado, muito educado… e dava a impressão de que seria um bom chefe de família." Depois da dança ele pediu para vê-la novamente, e ela concordou.

Oswald logo lhe contou como estava desiludido com a União Soviética, ela declarou. "Ele sentia saudades de casa e talvez estivesse arrependido de ter ido para a Rússia." Ela lembrou-se de que "ele falou muitas coisas boas" sobre os

Estados Unidos. "Disse que sua casa era mais quente e que as pessoas viviam melhor."

No final de abril de 1961, poucas semanas depois do primeiro encontro, eles se casaram. Cerca de um mês depois, disse Marina, Lee propôs que fossem juntos para os Estados Unidos. Um ano mais tarde, depois de muita luta com os burocratas do governo russo e com o Departamento de Estado, o casal recebeu permissão para deixar a União Soviética. Em junho de 1962, eles chegaram aos Estados Unidos, estabelecendo-se em Fort Worth, perto das casas da mãe de Oswald e de seu irmão Robert.

Foi então, disse Marina, que ela descobriu como a família de Oswald era desestruturada: ele odiava a mãe e queria pouco contato com os dois irmãos. Além disso, ele tinha dificuldade em arranjar emprego, e quando conseguia não era capaz de mantê-lo. Achava que quase todos os trabalhos eram entediantes, ela contou. O casamento deles logo começou a se desintegrar, com Oswald se tornando distante, cheio de fantasias e violento, ela continuou. Com frequência ele batia nela, deixando marcas roxas em sua pele clara e, numa ocasião, com um olho preto. "Acho que ele estava muito nervoso... e isso aliviava sua tensão."

Educada em uma cultura em que bater em mulheres não era incomum, disse Marina, ela achou que talvez a culpa pela violência fosse dela. "Algumas vezes era minha culpa", ela explicou. Ela tinha dado a Oswald motivos para ciúmes; ele interceptou uma carta que ela havia escrito para um antigo namorado na Rússia em que dizia que deveria ter casado com ele, e não com Oswald.

Seu marido nunca abandonara as convicções marxistas que o tinham levado à Rússia — longe disso. Ele insistia com ela que estava procurando uma forma mais pura de comunismo e pensava que o encontrara na Cuba de Fidel Castro. Oswald disse a ela que planejava exilar-se novamente, agora em Havana. "Lee queria ir para Cuba de qualquer maneira."

Ele comprou um rifle e começou a praticar com ele, sugerindo a ela que o usaria para sequestrar um avião rumo a Cuba. Propôs que Marina o acompanhasse, talvez levando uma arma de fogo para o avião. Ela rejeitou a ideia, considerando-a maluca. "Disse a ele que não o acompanharia — eu ficaria aqui mesmo."

Ele havia ido à Cidade do México, ela disse, para conseguir os vistos que permitiriam à família viajar para Cuba. Seu plano, ao que parecia, era mentir para a Embaixada russa no México, fingindo querer regressar para a União Soviética. Com um novo visto soviético em mãos, poderia obter documentos de viagem da

Embaixada cubana, supostamente fazendo uma escala em Havana a caminho de Moscou. Na verdade, disse Marina, Oswald pretendia permanecer em Cuba se conseguisse chegar lá. "Ele queria ir para Cuba", declarou ela. "Eu sei que ele não tinha intenção de ir para a Rússia."

Rankin a pressionou a falar sobre outros detalhes da viagem do marido ao México, perguntando o que mais Lee lhe contara em relação a como tinha passado o tempo naquele país. Ela lembrou-se de que ele dissera algo sobre ter assistido a uma tourada e ter feito um pouco de turismo. Alguma coisa mais? Embora o marido nunca tivesse expressado interesse por outras mulheres durante o casamento — "ele não gosta de outras mulheres" —, ele observara sua aversão especificamente pelas mulheres no México. "Ele me disse que não gostava das mexicanas", contou ela, comentário que levou Rankin a não fazer mais perguntas.

Durante o depoimento, ela insistiu — como fazia de maneira consistente desde o dia do assassinato — que não tinha conhecimento dos planos de Oswald para matar o presidente. Na verdade, ela achava que seu marido gostava de Kennedy. "Nunca ouvi Lee falar alguma coisa ruim sobre Kennedy." Apesar disso, ela disse estar convencida da culpa do marido no assassinato. Ela soube quase desde o primeiro minuto em que o visitou na sede da polícia em Dallas na tarde do homicídio. "Pude ver nos olhos dele que era culpado." E ela estava convencida de que ele agira sozinho — que não havia uma conspiração.

Ela acreditava que o marido matara o presidente porque estava obcecado pela ideia de fazer um marco na história, ela declarou. Ele era um leitor voraz; passava horas toda semana na biblioteca pública perto de suas casas em Dallas e New Orleans, e frequentemente retirava por empréstimo biografias de pessoas importantes da história mundial, incluindo Kennedy. Lee Oswald queria ser lembrado, também. "Posso concluir que ele queria, de qualquer maneira, por bem ou por mal, fazer algo que o tornasse excepcional, que o fizesse ser conhecido na história."

Ela sugeriu, tristemente, que poderia ter evitado o assassinato se tivesse sido mais compreensiva na noite anterior ao assassinato do presidente, quando Oswald visitou Marina e as filhas na casa de Ruth Paine. Os Oswald estavam separados havia várias semanas, e Marina disse que ele implorou para que se reconciliassem e fossem, ela e as filhas, morar com ele em Dallas. Num certo momento naquela noite, ela disse, ele chorou. Ele "queria fazer as pazes".

Embora tivesse a intenção de reconciliar-se com o marido, ela se recusou a isso naquela noite, contou. "Demonstrei estar muito zangada. [...] Quando ele foi para a cama, estava muito nervoso." Partiu na manhã seguinte, levando o rifle que havia guardado, escondido num cobertor, na garagem de Ruth Paine.

Marina sabia que sua sogra iria ser a próxima testemunha a depor perante os membros da comissão, e ela expressou suas condolências a Warren e aos outros pelo que eles iriam enfrentar. "Sinto muito que gastem seu tempo em interrogá-la, porque apenas se cansarão e ficarão enjoados depois de falar com ela", disse Marina. "Quando vocês a conhecerem, entenderão o motivo."

Sua sogra, segundo ela, aproveitou-se do assassinato como um meio de ganhar dinheiro. "Ela tem uma mania — só dinheiro, dinheiro, dinheiro." Marina sabia o quanto a sogra estava zangada com sua conclusão de que Lee tinha assassinado o presidente. Se tivesse uma chance, disse Marina, ela "arrancaria meus olhos".

Às 17h50 da quinta-feira, 6 de fevereiro, depois de quatro dias e vinte horas de depoimento, a comissão concluiu o interrogatório da viúva de Oswald.

"Sra. Oswald, a senhora tem sido uma testemunha cooperativa", Warren afirmou calorosamente. "Ajudou muito esta comissão."

"É difícil dizer a verdade", ela declarou. "Estou muito agradecida a todos vocês, não imaginava que iria encontrar tantos amigos entre os americanos."

"A senhora tem amigos aqui", garantiu Warren.

Depois do depoimento, o presidente da Suprema Corte declarou aos repórteres que a sra. Oswald era "uma pequena mulher corajosa". Marina, por sua vez, disse a eles que tinha gostado de Warren. Disse que ele lembrava um de seus avós na Rússia.

No Texas, Marguerite Oswald ficou indignada com a cobertura simpática da viagem da nora a Washington e com seu depoimento para a comissão, e como resposta decidiu contra-atacar.

Em 3 de fevereiro, primeiro dia do depoimento de Marina, a mãe de Lee Harvey Oswald ligou para a sede do Serviço Secreto em Washington a fim de oferecer uma revelação que, segundo ela, continha dados perniciosos sobre a nora.[5] O Serviço Secreto não respondeu à ligação, mas entrou em contato com a Comissão Warren dizendo que a sra. Oswald estava agitada.

Rankin, ocupado com suas perguntas a Marina, pediu que Norman Redlich telefonasse para a sra. Oswald no Texas no dia seguinte. A secretária de Redlich escutou pela extensão e transcreveu o telefonema.

"Alô, sra. Oswald", disse Redlich, identificando-se como o representante de Rankin. "Estou ligando por causa de seu telefonema ao Serviço Secreto."

"Sim", ela respondeu.

"A senhora mencionou que tinha uma informação para dar sobre a qual poderíamos interrogar Marina. Estou ligando e gostaria de saber se gostaria de me passar essa informação."

A sra. Oswald começou dizendo que estava indignada por ter que falar com um funcionário de nível médio como Redlich. "Darei a informação somente ao sr. Rankin ou a um dos membros da comissão. Estou cansada de ser enganada, sem querer ofender o senhor. Só falarei diretamente com o sr. Rankin, o sr. Warren ou o presidente dos Estados Unidos." Ela explicou que depois de não obter resposta do Serviço Secreto no dia anterior, telefonou para uma estação de rádio naquela manhã para relatar que estava sendo impedida de expor a verdade sobre o assassinato. "A única coisa que posso fazer é tornar isso público."

Ela então alegou, como voltaria a fazer com frequência: "Creio que minha vida está em perigo". Em seguida, começou uma arenga incoerente sobre os sacrifícios que tinha feito pelos filhos e por seu país, e como ninguém lhe dava atenção.

"Se vocês soubessem o que uma mulher sozinha sofre, eu tenho sido explorada", ela disse. "Quero ter uma voz nisso tudo, e o público estrangeiro quer que eu tenha uma voz." Ela informou, num tom sério, que a verdade sobre Marina não tinha sido contada, e apenas ela a conhecia. "Quando minha nora diz algo, eu deveria estar presente. Não a estou acusando de nada. Espero que ela seja inocente, mas não tenho provas da inocência de ninguém."

Redlich ficou ouvindo por muitos minutos mais tentando encerrar a conversa. "A senhora tem algo mais que gostaria de dizer?"

"Acho que disse tudo exatamente agora. Estou guardando essa informação importante em meu coração. Por quanto tempo poderei fazer isso, não sei", ela concluiu.

Redlich desligou o telefone e foi atrás de Rankin, alertando-o sobre a possível ameaça da sra. Oswald de revelar ao público algum fato grave contra a nora. Rankin e Warren concordaram rapidamente em convidar a mãe de Oswald para ir a Washington o quanto antes. No dia seguinte Rankin ligou para ela, pedindo que fosse depor na segunda-feira seguinte.[6]

200

"Bem, preciso ligar para o sr. Lane e discutir isso com ele", ela respondeu.

"A senhora é bem-vinda aqui sozinha ou com o seu advogado", disse Rankin.

Sem ter sido solicitada, a sra. Oswald iniciou então um monólogo de 1700 palavras sobre a hipocrisia da nora, como num fluxo ininterrupto de consciência. Ela acusou Marina de vaidade e preguiça, sugerindo que ela teria merecido a surra que levara do marido. "Eu vi Marina com um olho roxo", disse. "Certamente não aprovo que homens batam em mulheres, mas algumas vezes acho que uma mulher merece apanhar."

O veneno continuou jorrando até que finalmente a sra. Oswald revelou a extraordinária alegação que pretendia fazer. Ela iria acusar Marina e sua amiga Ruth Paine de envolvimento com o assassinato do presidente. "Marina e a sra. Paine estão juntas nisso", ela disse. "Acredito no fundo de meu coração que Marina e ela enganaram Lee. Há um oficial de alto nível envolvido nisso, e eu diria que dois membros do Serviço Secreto também estão envolvidos."

Lane, ela disse, "tem muitos documentos — documentos juramentados — que praticamente provam que meu filho não é culpado do assassinato do presidente Kennedy".

Rankin percebeu o furor que provocaria se essa alegação — a mãe de Oswald acusando a viúva de envolvimento no assassinato — chegasse aos repórteres. "Queremos qualquer coisa que a senhora tiver", ele disse, tentando acalmá-la. Rankin tentou convencê-la a telefonar para ele, a cobrar, quando ela decidisse ir a Washington. No dia seguinte, enviou a ela um telegrama, pedindo-lhe formalmente que estivesse em Washington na segunda-feira, com todas as despesas pagas. Em Fort Worth, ela disse aos repórteres como estava animada com a ida a Washington e quanto trabalho tinha que fazer para se preparar. Começou a reunir documentos — cartas, contas de telefone, artigos antigos de jornais — que, ela insistia, provariam a inocência de seu filho.

Na manhã de segunda-feira, 10 de fevereiro, a sra. Oswald chegou ao edifício vfw em Washington acompanhada por Lane e John F. Doyle, um advogado da capital contratado pela comissão para representá-la; Doyle tinha sido recomendado pela associação local de advogados.[7] Para alívio dos membros da comissão, ela pediu para ser representada no depoimento por Doyle, o que significava que Lane teria de permanecer do lado de fora.

O congressista Ford recordou-se de que a sra. Oswald "marcou presença no momento em que entrou" na sala de depoimentos. Ele ficou impressionado a princípio. "Se a visse caminhando na rua, eu teria dito: aqui está uma mulher forte, determinada." Ele observou que ela segurava com firmeza uma "bolsa preta, grande, que provou ser um arquivo portátil. Estava cheio de cartas, documentos e artigos de jornais".[8]

O depoimento teve início com uma promessa de justiça feita por Warren. "Pergunto à senhora se gostaria primeiro de, à sua maneira e em seu tempo, contar-nos tudo o que sabe sobre este caso", ele começou.

"Sim, presidente Warren", ela respondeu. "Gostaria sim, muito."

E assim ela desandou a falar, quase sem parar, por três dias — e suas respostas, em geral, não tinham relação com as perguntas que lhe eram feitas. Seu monólogo era sempre enfatizado pela declaração: "Isto é importante". Ela parecia gostar disso. Ofereceram-lhe o que seus filhos sabiam que ela sempre quis: uma audiência cativa de homens poderosos, sendo o maior deles naquele dia o presidente da Suprema Corte dos Estados Unidos, que seria forçado a ouvir cada palavra que ela dissesse. Ford afirmaria depois que "nosso trabalho era sentar pacientemente e escutar", mesmo que seu depoimento fosse "confuso, quase incoerente". Mais tarde ele concluiu que ela era, simplesmente, "excêntrica".

Marguerite Oswald começou a contar a história de sua vida e de seus filhos, antes de iniciar a alegação principal — que sua nora tivera um papel no assassinato e que dois agentes do Serviço Secreto que protegeram Marina depois da morte do presidente faziam parte do plano de conspiração.

O Serviço Secreto estava envolvido? "Com quem?", Warren perguntou com incredulidade.

Sra. Oswald: "Com Marina e a sra. Paine — as duas mulheres. Lee foi enganado, é bem possível que esses dois agentes do Serviço Secreto estejam envolvidos".

Rankin: "Que espécie de conspiração a senhora está descrevendo na qual esses dois homens estariam envolvidos?".

Sra. Oswald: "O assassinato do presidente Kennedy".

Rankin: "A senhora acredita que dois agentes do Serviço Secreto, Marina e a sra. Paine estavam envolvidos nisso, na conspiração?".

Sra. Oswald: "Sim, acredito". A prova, ela disse, seria encontrada nos detalhes dos acordos financeiros de Marina para vender sua história de vida, como se a jovem viúva soubesse com antecipação que seria contemplada com capas de revistas e contratos por livros se o marido fosse acusado pelo assassinato do presidente. "Marina vai estar segura — você sabe, ela está segura financeiramente e de outras maneiras."

Sua fala desconexa novamente ganhou um tom de autopiedade. "Mas eu não sou nada", ela disse. "O que vai ser de mim? Não tenho renda. Não tenho emprego. Perdi meu emprego. E ninguém pensou em mim."

Rankin a pressionou de novo, insistindo que ela explicasse qual a prova que tinha da conspiração.

"Eu não tenho prova, senhor", ela finalmente admitiu. "Não tenho prova de um agente. Não tenho prova de que meu filho é inocente. Não tenho prova."

Rankin: "A senhora não tem prova alguma de uma conspiração?".

Sra. Oswald: "Não tenho prova de nada".

Rankin pensou que estava chegando a algum lugar até que, poucos minutos depois, a sra. Oswald recuou e voltou a mencionar suas alegações contra Marina.

Ford disse que deixou as sessões exausto, embora houvesse valor no que havia testemunhado. "A comissão agora tinha uma compreensão clara dos relacionamentos instáveis entre os membros da família" que talvez explicassem por que Lee tinha sido tão complicado desde a infância, concluiu Ford. Os Oswald eram "uma família em frangalhos" cujos laços eram "um acidente de nascimento relativamente sem o menor significado".

Numa declaração à imprensa, Warren não levou em consideração o depoimento da sra. Oswald, dizendo que ele "não produzira nada que alterasse o quadro". Ele não mencionou as alegações dela contra a nora.

Ao ser indagada mais tarde sobre o que havia contado à comissão, a sra. Oswald foi reservada com os repórteres. Ela ainda queria vender sua história. "Preciso ter alguma coisa para escrever, não é?", disse ela.[9] Ela revelou que planejava encontrar-se com editores de Nova York para tratar de um contrato de livro pelo qual esperava um adiantamento de 25 mil a 50 mil dólares.* "Não creio que precise de um autor profissional que escreva o livro por mim", ela declarou. "Não, não quero mesmo. Acho que posso realizar o livro simplesmente ditando."

---

* Dada a inflação, 25 mil dólares em 1964 corresponderiam a cerca de 188 mil dólares em 2013.

No dia seguinte, a sra. Oswald e Lane voaram de Washington a Nova York, e Lane revelou aos repórteres que esperavam no Aeroporto La Guardia que conseguira cópias de mais de vinte documentos dos arquivos da Promotoria de Dallas que, segundo ele, seriam de ajuda na campanha da mãe de Oswald para provar a inocência do filho. Lane não explicou como conseguira os documentos, dizendo apenas que "alguém foi amável o suficiente para obtê-los para mim" e "eu gosto de pensar que ele os obteve legalmente". Lane não sugeriu que sua fonte era Hugh Aynesworth, o repórter de Dallas.

Lane e a sra. Oswald foram a Nova York para organizar um evento público no Town Hall, o famoso teatro na rua 43 Oeste em Manhattan, com o objetivo de obter apoio para a campanha.[10] O *New York Times* relatou que mais de 1500 pessoas lotaram o teatro, pagando um total de mais de 5 mil dólares pelos ingressos, e que elas aplaudiram ruidosamente a sra. Oswald quando ela exigiu justiça para o filho. Vestida de preto, ela contou ao público que a sua luta era solitária. "Tudo o que tenho é humildade e sinceridade pelo nosso modo americano de vida."

Lane empolgou a multidão, declarando que logo revelaria as provas de que a mãe de Oswald tinha razão. Ele pedia uma investigação do governo sobre um "encontro de duas horas" — no Carousel Club de Jack Ruby, uma semana antes do crime — entre J. D. Tippit, o policial morto em Dallas, e outras pessoas, que poderiam ter desempenhado um papel no assassinato de Kennedy.* Lane declarou ainda ter encontrado outras testemunhas que haviam escutado tiros em direção à limusine de Kennedy vindos da frente do cortejo de automóveis — do chamado "aclive gramado" — e não do Depósito de Livros Escolares do Texas.

Em Washington, na mesma semana, outra mulher estava tentando contar sua história — Jacqueline Kennedy.[11] Ela estava no centro dos esforços iniciais para estabelecer um legado sem mácula para a presidência de seu marido. Isso

---

* Lane diria mais tarde que ele não falou com ninguém que tivesse alegado testemunhar o encontro no Carousel Club. A informação, disse, chegara a ele na realidade em segunda mão pelo já mencionado Thayer Waldo, um repórter do *Fort Worth Star Telegram* — o mesmo que contou a Drew Pearson sobre como os agentes do serviço secreto haviam saído para beber na noite anterior ao assassinato. Quando lhe perguntaram se acreditava que o encontro tinha de fato ocorrido, Lane disse ao autor deste livro em 2011: "Eu não tenho ideia agora, e não tinha ideia na época". (Entrevista com Lane.)

começou em 29 de novembro, uma semana depois do assassinato, quando deu uma entrevista ao jornalista da *Life* Theodore H. White em que comparou os anos de Kennedy na Casa Branca aos do mítico Camelot.[12] Em dezembro, ela providenciou uma placa para ser colocada no Quarto Lincoln, gravada com as palavras: "Neste quarto moraram John Fitzgerald Kennedy, com sua esposa Jacqueline, durante dois anos, dez meses e dois dias enquanto ele era presidente dos Estados Unidos". (Anos mais tarde, o presidente Richard Nixon mandou retirar a placa.)

Robert Kennedy aderiu à campanha para enaltecer a memória do governo Kennedy, solicitando ao presidente da Suprema Corte Warren, então no início de seu trabalho na comissão, que também participasse. No dia 9 de janeiro, Kennedy enviou um telegrama a Warren, pedindo "em nome da família" para que fosse curador da Biblioteca Presidencial John F. Kennedy, que seria construída em Boston e "mantida como uma biblioteca permanente e ativa em memória do presidente morto". Warren aceitou o convite com entusiasmo e enviou uma resposta no dia seguinte dizendo sentir-se "muito honrado".[13]

No mês seguinte, a família Kennedy deu um passo mais significativo para consolidar a forma como a história deveria lembrar John F. Kennedy. No dia 5 de fevereiro, o jornalista e escritor William Manchester estava em seu escritório no campus da Universidade Wesleyan em Middletown, Connecticut, quando o telefone tocou.[14] Era Pierre Salinger — que havia sido secretário de imprensa da Casa Branca durante o governo Kennedy e continuou no cargo sob o presidente Johnson — transmitindo uma mensagem de Jacqueline Kennedy na qual ela queria que Manchester pensasse na possibilidade de escrever uma história autorizada sobre o assassinato.

Manchester lembrou-se de ter se virado para sua secretária e perguntado: "A sra. Kennedy quer que eu escreva a história do assassinato. Como posso dizer não a ela?". "O senhor não pode", ela respondeu.[15]

Ex-correspondente estrangeiro do *Baltimore Sun*, Manchester, de 41 anos, escrevera uma biografia altamente respeitosa do presidente Kennedy, *Portrait of a President* [Retrato de um presidente], que tinha sido publicada dois anos antes. Kennedy dera entrevistas a Manchester para o livro e, depois da publicação da biografia, o presidente a elogiou. Manchester ficou lisonjeado quando viu uma fotografia do casal Kennedy velejando a bordo de uma embarcação da Guarda Costeira num dia de 1962, com a esposa do presidente sentada, lendo seu livro enquanto fumava um cigarro.

Manchester disse mais tarde que ela o escolheu "porque pensava que eu seria controlável". Ele submetera algumas provas do *Retrato de um presidente* à Casa Branca antes da publicação, permitindo que o presidente alterasse citações atribuídas a ele. "Ele não solicitou nenhuma mudança, mas Jackie pode ter concluído com isso que eu seria sempre condescendente", disse Manchester. "Foi um equívoco natural."

Três semanas depois do telefonema de Salinger, Manchester encontrou Robert Kennedy em Washington. "Fiquei chocado com sua aparência", comentou sobre o procurador-geral, que ainda parecia inconsolável com a morte do irmão. "Nunca vi um homem com tão pouca capacidade de recuperação. Na maior parte do tempo ele parecia estar em transe, olhando para o nada, seu rosto era o retrato da dor."

Kennedy explicou que tinha sido orientado pela cunhada a discutir detalhes do acordo com a editora Harper & Row, que comprara o livro de John Kennedy vencedor do prêmio Pulitzer em 1956, *Profiles in Courage* [Retratos de coragem]. Por fim, o acordo entre a família Kennedy e Manchester proporcionou a ele um adiantamento de 36 mil dólares; todos os ganhos do autor depois da primeira impressão seriam doados à Biblioteca Memorial Kennedy.* Manchester também receberia os proventos de qualquer publicação em série do livro em revistas, o que provavelmente lhe proporcionaria mais dinheiro do que o adiantamento.

Manchester solicitou um rápido encontro com a sra. Kennedy, como preparação para as extensas entrevistas que ela lhe concederia mais tarde. Mas Robert Kennedy disse que o encontro preliminar não era necessário. Ela estaria pronta para conversar com ele — em detalhes — dentro de poucas semanas.

Manchester também agendou uma entrevista com o presidente da Suprema Corte. O escritor disse que queria assegurar a Warren que não desejava de modo nenhum interferir no trabalho da comissão, mesmo que estivesse interessado naquilo que, de muitas formas, seria uma investigação paralela. Sabendo que Manchester trabalhava com total apoio da família Kennedy, Warren estava ansioso para ajudar. Na verdade, ele estava tão entusiasmado que de início concordou com o pedido de Manchester para ter acesso aos relatórios altamente secretos da investigação. Poucos dias depois, Rankin cautelosamente falou com Manchester e insistiu para que ele retirasse o pedido, afirmando que isso poderia complicar o trabalho da comissão. De maneira elegante, ao que parece, Manchester retirou a solicitação.[16]

---

* Se ajustados pela inflação, 36 mil dólares em 1964 corresponderiam a cerca de 271 mil dólares em 2013.

19.

GABINETE DO SENADOR RICHARD RUSSELL
EDIFÍCIO DO SENADO AMERICANO
WASHINGTON, DC
FEVEREIRO DE 1964

Durante várias semanas, o senador Richard Russell ficou rangendo os dentes ao tentar trabalhar com o presidente da Suprema Corte, e isso não estava sendo nem um pouco fácil. Como explicar a seus eleitores segregacionistas radicais do estado da Geórgia que ele era capaz de participar de uma comissão dirigida por Earl Warren? Isso seria extremamente complicado. Na verdade, como seria possível que Russell até mesmo ficasse na mesma sala com um homem que, para muitos de seus amigos e companheiros brancos da Geórgia, estava disposto a destruir seu modo de vida?

A opinião de Russell sobre Warren como presidente da Suprema Corte não havia melhorado, isso ele assegurava aos amigos. Quando não estava na comissão, Russell continuava a se referir à Corte presidida por Warren como "a assim chamada Suprema Corte". Ele fazia questão de lembrar seus colegas que não estava participando da comissão por vontade própria; Russell recebera ordens do presidente Johnson para fazer parte da investigação, uma tarefa da qual não podia se esquivar.[1]

Nas primeiras reuniões da comissão, Russell tinha sido polido e respeitoso com Warren e os demais integrantes, embora tivesse dado conselhos prudentes ao presidente da Suprema Corte, especialmente no que dizia respeito às disputas com Hoover e o FBI. Na maioria das vezes Russell permanecera em silêncio quanto a algumas decisões administrativas da comissão, incluindo a contratação de pessoas que ele considerava jovens advogados radicais do Norte. "Por algum motivo, Warren está amontoando liberais extremistas em sua comissão", escreveu Russell em seu diário no mês de janeiro. Ele também ressaltou o fato de não ter sido consultado antes que a comissão contratasse aquele "advogado negro" da Filadélfia, William Coleman.[2]

Em meados do inverno, Russell estava exausto, e a comissão era apenas parcialmente responsável por isso. Como Russell previra para o presidente Johnson, ele estava assoberbado com suas obrigações no Senado em 1964 — principalmente *por causa* de Johnson. Russell liderava as tentativas de obstruir a legislação sobre direitos civis que Johnson, ansioso por estabelecer um legado nos direitos civis, enviara ao Congresso em seus primeiros dias na Casa Branca como um justo tributo a Kennedy. Em 10 de fevereiro, a Câmara aprovou a Lei dos Direitos Civis de 1964, um projeto marco elaborado pela Casa Branca de Johnson que tornava ilegal a maioria das formas de discriminação baseada em raça, religião ou gênero. O projeto de lei foi então para o Senado, onde Russell tentaria — sem sucesso — vetá-lo. (A amizade entre Johnson e Russell ter conseguido sobreviver quase intacta a esse conflito foi um tributo aos fortes laços pessoais existentes entre os dois políticos.)

No final de fevereiro, os problemas passaram da conta, e Russell resolveu sair da comissão. Ele começou a esboçar uma carta de renúncia.[3] O fato decisivo, ele disse, foi a falha da comissão em mantê-lo informado sobre o depoimento de Robert Oswald, irmão de Lee Oswald. Russell perdera os dois dias iniciais do depoimento de Oswald, numa quinta-feira, 20 de fevereiro, e na sexta, dia 21. Mas no sábado, ao levantar-se, ele leu no jornal que o depoimento continuaria naquela manhã numa incomum sessão de fim de semana. Sua equipe no Senado não havia sido informada da reunião, mas Russell imaginou que os repórteres não iriam se enganar sobre um fato tão elementar. Ele se vestiu e foi até o seu gabinete no Senado, a apenas alguns minutos de caminhada dos escritórios da comissão, e pediu que um funcionário telefonasse perguntando quando começaria o depoimento. Surpreso, o funcionário respondeu que o escritório da comissão estava fechado

— ninguém atendia o telefone. Russell voltou para casa, irritado por ter interrompido seu fim de semana à toa.

Então, ele ficou furioso ao saber que o depoimento de Oswald efetivamente continuara no sábado, mas como era fim de semana não havia recepcionistas para atender as ligações.

Em sua carta de renúncia ao presidente Johnson, Russell citou o incidente: "Não creio que seja razoável esperar que alguém participe de uma comissão que não informe a todos os seus integrantes de maneira clara sobre a data e o horário das sessões, bem como sobre a identidade das testemunhas que estarão presentes". E prosseguiu: "Como não me é possível estar presente à maioria das sessões da comissão, faltando às minhas obrigações com o Senado, é constrangido que venho pedir que aceite minha renúncia, desobrigando-me desse compromisso. Por favor, fique certo de minha disposição em servir o senhor, a sua administração e o nosso país de todas as maneiras possíveis".

Depois de concluir a carta, Russell acalmou-se e decidiu que seria melhor não enviá-la, pelo menos naquele momento. Ele manteve o texto guardado em seus arquivos.

Notícias sobre a irritação do senador chegaram a Warren, que havia semanas estava preocupado com suas progressivas ausências às reuniões da comissão. Russell estivera ausente na maior parte do depoimento de Marina e de Marguerite Oswald, e agora perdera todo o de Robert Oswald. "O único integrante que não esteve presente de maneira regular foi Dick Russell", diria Warren mais tarde.[4] "Aquilo me deixou aborrecido." Contudo, ele ficaria ainda mais aborrecido com a possibilidade de Russell procurar uma desculpa para abandonar por completo a investigação. Se Russell renunciasse, "poderia parecer que estava ocorrendo discordância na comissão".[5]

Warren enviou Rankin para encontrar-se com Russell em seu gabinete no Senado, na tentativa de convencê-lo a permanecer na comissão, e ele escutou a longa lista de queixas do senador. "Ele foi de uma franqueza absoluta", recordou-se Rankin. Russell disse que, de tão cansado por suas obrigações no Legislativo, mal tinha tempo para ler, tarde da noite, as transcrições dos depoimentos antes de se deitar, muito menos de participar das sessões.

Russell garantiu a Rankin que não tinha a menor intenção de prejudicar a comissão com sua renúncia. Ele pretendia fazer uma declaração na qual deixaria claro que sua saída não se devia a qualquer desentendimento com a liderança de

Warren na condução das investigações, mas simplesmente ao fato de não dispor mais do tempo necessário.

Rankin tentou argumentar: "Disse-lhe que se ele deixasse a comissão, sua saída poderia ser mal interpretada pela nação e pelo povo, a despeito do que ele declarasse". E ele apresentou uma proposta, aprovada por Warren, de que se contratasse um advogado cuja função seria manter Russell a par do trabalho efetuado por seus integrantes.

Sem demonstrar muita boa vontade, Russell acabou cedendo. "Bem, então vou continuar, se você fizer isso", disse ele a Rankin. Russell foi convidado a escolher o advogado e ele indicou Alfredda Scobey, uma pesquisadora da área legal de cinquenta anos que trabalhava na Corte de Apelações do estado da Geórgia, recomendada a ele por seu irmão Robert, juiz nos tribunais daquele estado. Alfredda Scobey advogava sem ser formada em direito.[6] Ela conseguiu ser aprovada no exame da Ordem dos Advogados do estado da Geórgia sem ter frequentado o curso de direito — havia aprendido sozinha as disciplinas enquanto ajudava o marido a estudar para o exame dele na Ordem. Em março, Scobey partiu para Washington e tornou-se a única advogada mulher na equipe da comissão. Sua chegada levaria Russell a praticamente desaparecer dos escritórios da comissão. Ela seria os olhos e os ouvidos do senador.

Naquele inverno, outro sulista orgulhoso estava ficando cada vez mais decepcionado com o trabalho da comissão: Leon Hubert, ex-promotor público de New Orleans que supervisionava as investigações sobre Jack Ruby. Ele disse a seus novos colegas que não conseguia compreender o motivo de Warren e Rankin parecerem tão pouco interessados nos fatos intrigantes que ele e seu colega júnior, Burt Griffin, estavam apresentando.

O julgamento de Jack Ruby por assassinato começara no dia 17 de fevereiro, em Dallas, e já tinha se tornado o espetáculo embaraçoso que a cidade receava. Dallas e seus líderes estavam sendo alternadamente condenados e ridicularizados nos relatos das centenas de jornalistas que, vindos de todas as partes do mundo, inundavam a cidade. O colunista Murray Kempton, da revista *New Republic*, disse estar sentindo vergonha por Ruby — uma figura "patética" que parecia mais uma vítima dessa cidade "lamentável" e violenta.[7] "Ruby revela-se um homem pálido com uma careca que vai até a parte de trás do pescoço, sentado numa sala do tribunal cujas paredes verde-limão dão à sua pele uma coloração esverdeada doentia", escreveu Kempton. "Basta olhar para ele que se compreende, afinal, por que Dallas é um fracasso: além de não ter conseguido proteger John F. Kennedy do que lhe fizeram e depois proteger Lee Oswald, a cidade ainda foi incapaz de proteger Jack Ruby do que ele fez. Lá está ele sentado, preso numa armadilha."

O momento mais baixo para os serviços de aplicação da lei da cidade ocorreu duas semanas depois de iniciado o julgamento, quando sete prisioneiros do presídio local, usando uma falsa pistola feita com sabão e graxa de sapato tentaram fugir; ao menos dois deles passaram correndo pela sala em que se realizava o julgamento de Ruby.[8] As câmeras de televisão dispostas do lado de fora captaram algumas cenas da tentativa de fuga e depois a evacuação em pânico da sala. Para o batalhão de jornalistas, a cena funcionou como uma recordação viva da incompetência que permitira a Ruby passar com facilidade por dúzias de policiais e matar Oswald.

O advogado de Ruby era Melvin Belli, um profissional talentoso e ávido por publicidade vindo de San Francisco, conhecido nacionalmente como o "Rei das Injustiças" em razão das dezenas de milhões de dólares que conseguira para seus clientes em casos de danos pessoais.[9] Ele havia tentado levar o julgamento de Ruby para fora de Dallas; quando isso foi negado, ele tentou fazer com que o processo se transformasse num julgamento da própria cidade. Ele alegou que a "oligarquia" de homens do petróleo e banqueiros de Dallas decidira que Ruby teria que ser condenado, recebendo em seguida a pena de morte, num ato de vingança por ter causado constrangimentos à cidade ao matar Oswald. Segundo Belli, o profundo antissemitismo existente em Dallas também explicava o desejo local de punir Ruby, nascido em Chicago, que mudara seu nome original de Jacob Rubenstein para Jack Ruby e era o quinto de oito filhos de um casal de imigrantes judeus poloneses.

Na defesa, Belli alegou insanidade de seu cliente, argumentando que ele sofria de uma lesão cerebral — ele tinha um longo histórico de explosões de violência após ter sofrido uma concussão quando tinha trinta e poucos anos — e que o assassinato não poderia ter sido premeditado.[10] O advogado apresentou o testemunho do funcionário de uma agência da Western Union, que informou que em seus registros constava que ele efetuara uma ordem de pagamento para Ruby no domingo, 24 de novembro, exatamente às 11h17, quatro minutos antes de Oswald ser assassinado do outro lado da rua, no edifício da central de polícia. Se o assassinato tivesse sido planejado, argumentou Belli, Ruby não se encontraria na agência da Western Union apenas alguns momentos antes, enviando uma ordem de pagamento de 25 dólares à "Pequena Lynn", uma de suas dançarinas de striptease, à casa dela em Fort Worth.

Havia ainda outro fato sugerindo que o assassinato de Oswald não poderia ter sido planejado. Ruby deixara sua cachorra predileta, Sheba, em seu carro destrancado, do lado de fora da agência da Western Union. Os amigos de Ruby disseram que não era possível imaginar Ruby deixando a dachshund — ele referia-se à cachorra como sua "esposa" — numa situação em que pudesse ser encontrada por estranhos. O relacionamento excêntrico de Ruby com Sheba e seus outros cães seria mais tarde visto pelos investigadores da Comissão Warren como prova de grave doença mental.*

Na argumentação final, Belli descreveu seu cliente como um personagem típico de Damon Runyon, desbocado demais mas geralmente bem-intencionado, que gostava de passar tempo na companhia de repórteres e policiais. "O idiota do bairro, o palhaço da aldeia", foi como ele definiu Ruby.[11] Mas a estratégia da defesa não funcionou, e em 14 de março Ruby foi condenado, sendo sentenciado à morte na cadeira elétrica. Belli olhou para os jurados com uma expressão de desprezo: "Permitam-me agradecer a esse júri por um veredicto que é uma vitória da intolerância". Ele descreveu seu cliente como sendo a vítima de "um tribunal de mentira, de um festival de preconceitos — e todos vocês sabem disso".[12]

De volta a Washington, notícias sobre a condenação de Ruby significavam que a equipe da comissão poderia finalmente trabalhar em Dallas; conforme a insistência de Warren, até então eles tinham ficado longe do Texas para que não prejudicassem o julgamento de nenhuma forma. Hubert e Griffin estavam entre os primeiros a dirigir-se a Dallas, onde começaram a entrevistar testemunhas sobre Ruby.

---

* Conhecidos de Ruby forneceram ao FBI histórias de embrulhar o estômago sobre o relacionamento dele com seus animais de estimação. Uma testemunha contou ter presenciado Ruby, da maneira mais casual possível, masturbando um de seus cães na frente das visitas. Outra descreveu Ruby deixando seus cachorros lamberem o sangue de sua mão depois de um corte profundo com uma faca de cozinha.

A partir dos relatórios do FBI e dos depoimentos que estavam lendo havia semanas, os dois advogados avaliaram que Belli estava correto, em muitos aspectos, em sua descrição de Ruby. As circunstâncias do assassinato de Oswald sugeriam que Ruby não era outra coisa senão um matador de sangue-frio enviado para silenciar Oswald — a descrição com a qual alguns adeptos de teorias da conspiração haviam tentado classificá-lo. "O fato de ele avançar pelo subsolo de um edifício e atirar num sujeito com uma multidão de repórteres à sua volta?", diria Griffin anos mais tarde. "O que isso nos diz sobre Ruby?"[13]

As vidas complicadas de Ruby e Oswald apresentavam semelhanças em muitos aspectos, a começar pelas relações tumultuadas de ambos com suas mães. Durante a infância de Ruby sua mãe era constantemente internada em hospitais para pessoas com problemas mentais, e tanto ela como o pai eram tão negligentes em relação aos filhos que Ruby nunca soube com certeza qual era sua idade verdadeira porque eles nunca se deram ao trabalho de registrar a data de nascimento do filho. Como adultos, tanto Ruby como Oswald tinham problemas em se relacionar com mulheres. O FBI interrogou diversas testemunhas sobre a possibilidade de Ruby — que nunca se casou e tinha como colega de quarto um homem de meia-idade em Dallas — e Oswald terem "compulsões homossexuais", de acordo com a terminologia que o bureau usava na época.

De todo modo, Hubert e Griffin estavam preocupados porque havia algumas partes da biografia de Ruby que eles não compreendiam por inteiro — que ele realmente tivesse sido motivado por algo mais que um impulso súbito e incontrolável de matar Oswald. Em especial, eles conjecturavam se alguém não poderia ter encorajado Ruby, talvez gângsteres de seu passado, sabendo como ele era suscetível a atitudes impulsivas e que pretendiam que ele silenciasse Oswald. Desde sua juventude em bairros barras-pesadas de Chicago, Ruby tinha amizade com muitos criminosos. Como adulto, ele era amigo de jogadores e integrantes do baixo escalão das famílias de criminosos ítalo-americanas, bem como de aliados corruptos dessas famílias no movimento sindical, especialmente os caminhoneiros de Jimmy Hoffa. Gravações de conversas telefônicas obtidas pela comissão mostravam que Ruby fizera, por parte de Hoffa, ligações interurbanas para um conhecido espancador profissional nas semanas anteriores ao assassinato de Kennedy.[14]

Hubert e Griffin estavam também interessados nas conexões de Dallas com Cuba. Durante seu julgamento, Ruby confirmou que tentara fazer negócios na ilha após a vitória de Fidel Castro, em 1959. Relatórios do FBI indicaram que Ruby tinha viajado a Cuba naquele ano, encontrando-se em Havana com um associado da família Gambino, do crime organizado de Chicago; Ruby disse que pretendia vender fertilizantes e jipes na ilha, mas que o projeto "nunca chegou à primeira base".

Nas semanas iniciais da investigação, Hubert e Griffin organizaram um cronograma detalhado das atividades de Ruby nas semanas anteriores ao assassinato de Kennedy. O levantamento começava com datas em meados de setembro de 1963, quando a Casa Branca finalmente decidira que Kennedy faria a viagem a Dallas. Era o lugar lógico para começar. "Foi o primeiro momento em que alguém, em Dallas ou qualquer outro lugar, tomou a decisão de assassinar o presidente", recordou-se Griffin.[15] "Aquele era o ponto de partida." O gráfico foi dividido em colunas, com os dias da semana de um lado da página, sendo comparados no outro com os documentos do FBI e declarações de testemunhas com referência às atividades de Ruby em cada dia.

Hubert e Griffin começaram também a levantar o resto da vida estranha e complicada de Ruby, desde sua infância. Ocorreu-lhes que o trabalho que os aguardava era bem mais extenso do que o dos advogados da comissão cujo foco era a biografia de Oswald, um homem com menos da metade da idade de Ruby e que tinha poucos amigos de verdade ou pessoas com quem se relacionasse. "Que droga, somos só nós dois fazendo o que outros oito estão fazendo com Oswald", protestaria mais tarde Griffin.

Em meados de março, Hubert e Griffin concluíram um memorando detalhado que mostrava todas as ligações de Ruby com o crime organizado e com Cuba, e analisava de que maneira essas ligações poderiam estar associadas aos assassinatos de Kennedy e Oswald.[16] No memorando, havia uma observação sobre como Ruby, ao que parecia intencionalmente, indicava de maneira errada o número de vezes em que visitara Cuba. Ele alegara ter ido uma única vez, em 1959, ficando cerca de dez dias na ilha. Mas os registros do serviço de imigração mostravam que ele havia estado em Havana pelo menos uma vez mais naquele ano. O FBI encontrou provas de que ele poderia ter se encontrado com exilados cubanos nos Estados Unidos, os quais, assim como alguns dos amigos de Ruby no crime organizado, estavam ansiosos para que Fidel Castro fosse derrubado. A vitória comunista em Cuba significou o fim dos lucros com jogatina e bebidas alcoólicas que havia tempos eram controladas na ilha por gângsteres americanos.

Hubert e Griffin também ficaram surpresos com o fato de, logo depois do assassinato de Kennedy, Ruby ter demonstrado um conhecimento bem acima do rotineiro sobre assuntos relativos a Cuba. Numa entrevista coletiva de imprensa realizada na noite do crime, Ruby, sentado em meio a um grupo de repórteres e tentando passar por jornalista, falou logo após o promotor público Henry Wade ter citado erradamente a denominação do grupo pró-Fidel Castro ao qual Oswald alegava ter se unido mais cedo naquele ano. Wade disse que o nome do grupo era "Comitê da Cuba Livre". Ruby o corrigiu, dizendo de imediato: "Henry, é Comitê do Jogo Limpo com Cuba". Por que ele saberia uma coisa dessas? — perguntaram-se Hubert e Griffin.

Eles também não tinham certeza se Ruby estava falando a verdade quando insistiu que não conhecia Oswald. Havia pelo menos uma conexão intrigante, mesmo que indireta, entre os dois. A governanta do alojamento onde Oswald morava na ocasião do assassinato, Earlene Roberts, tinha uma irmã que era próxima a Ruby. Essa irmã de Earlene fora procurada por Ruby na década de 1950, para que investisse numa de suas boates. Ela contou ao FBI que tinha se encontrado com Ruby em ocasião bem mais recente, 18 de novembro, quatro dias antes do assassinato, para conversar sobre outro tipo de investimento.

Hubert e Griffin ficaram empolgados com a ideia de que poderia haver muito mais coisas na vida de Ruby — até mesmo uma possível conexão entre ele e Oswald antes do assassinato. Se tivesse ocorrido uma conspiração para matar Kennedy, ela poderia ser desvendada quando se compreendesse Ruby, e não Oswald. No entanto, desde as primeiras semanas da investigação, os advogados sentiam que estavam sendo ignorados pela comissão — em especial por Rankin, que mantinha muito controle sobre quais informações levantadas pela equipe deveriam ser passadas a Warren e aos demais integrantes da comissão. "Hubert e eu ficávamos completamente de fora", disse Griffin.[17]

Rankin nunca iniciou uma conversa com Hubert e Griffin ou chegou a elogiar o trabalho dos dois. "Hubert estava lá todos os dias, mas Rankin nem tomava conhecimento dele", disse Griffin. "Ele tinha a impressão de que não era respeitado por Rankin." Enquanto Rankin habitualmente ia ao escritório de outros advogados da equipe para ter atualizações sobre o progresso do trabalho, ele "raramente aparecia para conversar conosco". A situação piorou por causa da timidez de Hubert, que o debilitava. Ele parecia intimidado. Ele podia ter se destacado no ambiente mais restrito dos advogados da Louisiana, mas em Washington tinha que trabalhar ao lado de jovens vindos da Ivy League e das mais renomadas escolas de direito do país, e de instituições de grande prestígio como a Suprema Corte e o Departamento de Justiça.

"Ele era um cara nervoso", Griffin disse sobre Hubert. "Fumava um cigarro atrás do outro, começava o dia com uma coca-cola gelada e passava o dia inteiro bebendo refrigerante", cada vez mais agitado com tanta cafeína. "Ele me tratava com o maior respeito", diria Griffin mais tarde. "Acho que ele me colocava num pedestal, e esse é o motivo pelo qual eu o julgava ingênuo."

Hubert daria claramente a impressão de não estar à altura do trabalho quando entregou um volumoso e canhestro memorando a Rankin em fevereiro, no qual pedia que a comissão organizasse uma lista de todas as pessoas que haviam entrado nos Estados Unidos nos meses anteriores ao assassinato e de todas que tinham deixado o país nas semanas seguintes — centenas de milhares, possivelmente milhões de indivíduos cujos nomes teriam que ser confrontados, um a um, com listas de possíveis suspeitos.[18] Hubert reconhecia que essa ação poderia ser "inteiramente impraticável", porém "mesmo que o trabalho não seja concluído, o relatório final deve comprovar que essa investigação foi levada em conta, deixando claro o motivo pelo qual ela não pôde ser realizada". O memorando deixou consternados Rankin e seus assessores mais próximos, que o consideraram uma solicitação do tipo agulha no palheiro, que para a comissão seria um desperdício de tempo.

Depois que o pedido foi recusado, Hubert voltou a escrever para Rankin, insistindo na necessidade de que todos os integrantes da comissão fossem informados de que a proposta para a enorme verificação de nomes havia sido sugerida — e negada. Ele voltou a defender a solicitação, argumentando que a lista, na verdade, poderia revelar o nome de um assassino. "O culpado trataria de sair logo dos Estados Unidos", ele alegou. Hubert indagou ainda se "americanos que ainda não nasceram" aceitariam o fato de a comissão não ter examinado cada fragmento de evidência que poderia indicar uma conspiração, mesmo que o ato de reunir tantas informações fosse muito dispendioso.

No caso de Ruby, ele advertiu, as provas disponíveis não permitiam nenhuma conclusão categórica sobre os motivos que poderiam tê-lo levado a matar Oswald, e a comissão estaria errada se sugerisse qualquer outra conclusão. "O fato é que, até agora, as informações disponíveis sobre Ruby não são suficientes nem para excluir a possibilidade de uma conspiração nem para garantir que não houve conspiração nenhuma." Nas semanas que se seguiram, Hubert foi ficando cada vez mais ressentido pela maneira como vinha sendo ignorado, até o ponto em que chegou a pensar em pedir demissão. "Ele estava desmoralizado", disse Griffin.[19]

20.

ESCRITÓRIOS DA COMISSÃO
WASHINGTON, DC
FEVEREIRO DE 1964

No final de fevereiro, os integrantes da comissão decidiram que tinha chegado a hora de um confronto direto com Mark Lane, o advogado nova-iorquino — surgido não se sabe de onde — que tinha se tornado o maior crítico de suas atividades. Warren estava furioso com Lane. A investigação estava "empesteada" por ele, diria mais tarde o presidente da Suprema Corte. Ele achava difícil acreditar que um advogado de direitos civis, anteriormente obscuro, com apenas um mandato como membro do Legislativo do estado de Nova York, em poucas semanas tivesse se tornado uma celebridade nacional por meio de alegações sobre o assassinato que Warren considerava absurdas. Lane estava se aproveitando das decisões da comissão de realizar as audiências em caráter privado e de limitar suas declarações públicas para fazer comentários insensatos, os quais a comissão mostrava pouca habilidade em contestar. "Pura fabricação", declarou Warren sobre as teorias conspiratórias disseminadas por Lane. "Não há absolutamente nada a fazer sobre isso."[1]

A questão tornou-se pessoal para Warren, uma vez que Lane tentava convencer o público de que o presidente da Suprema Corte era cúmplice de uma conspiração para esconder a verdade sobre o assassinato de Kennedy, até mesmo para colocar a culpa do crime num homem inocente. Warren disse a amigos que não conseguia compreender como jornalistas respeitados podiam dar credibilidade não apenas a Lane como à sua cliente, Marguerite Oswald. E no entanto Lane e a sra. Oswald estavam diariamente nas páginas dos principais jornais, divulgando suas teorias "ultrajantes" sobre o assassinato. Lane também estava se tornando uma celebridade na Europa: ele ganhara a simpatia de diversos intelectuais de esquerda, incluindo o filósofo britânico Bertrand Russell, que criara um grupo com base em Londres para apoiar seu trabalho. (O grupo de Russell chamava-se Comitê Britânico Quem Matou Kennedy?, e entre seus outros membros incluíam-se o escritor J. B. Priestley e o historiador de Oxford Hugh Trevor Roper.)

A comissão ficou tão preocupada com Lane que conseguiu, de maneira secreta, que seus movimentos fossem seguidos de perto pelo FBI. O bureau já começara a conduzir uma vigilância limitada da atuação pública de Lane pelo país quando, em 26 de fevereiro, Howard Willens redigiu um memorando apresentando as opções da comissão para que o FBI intensificasse a vigilância sobre Lane.[2] Em dias, evidentemente por insistência da comissão, a operação de vigilância do bureau seria expandida. Durante o inverno e a primavera, Lane seria seguido pelo FBI em praticamente todos os lugares a que se dirigia nos Estados Unidos. A agência apresentava relatórios, às vezes diários, sobre o paradeiro de Lane e os detalhes de seus ataques à investigação.

Num memorando à parte, no final de fevereiro, Willens propunha que a comissão convocasse Lane para depor em Washington.[3] Seria uma maneira de impedir que Lane continuasse alegando, como fazia de forma sistemática, que a comissão estava ignorando provas que poderiam inocentar Oswald. Se Lane dispusesse de provas do que afirmava, poderia apresentá-las diretamente à comissão. Mas se nada tivesse para apresentar, isso também se tornaria evidente. "Estamos cientes de que o sr. Lane vem alardeando o fato de dispor de informações que indicam que Lee Harvey Oswald não é o assassino do presidente Kennedy, e de que a comissão não solicitou essas informações", escreveu Willens. Ao convidá-lo a depor, "creio que devemos fazer uma requisição explícita de todos os documentos em poder do sr. Lane com relação ao assassinato". A comissão concordou e despachou o convite para que Lane fosse depor.

★ ★ ★

A investigação extraoficial de Lane sobre o assassinato de Kennedy tornou-se seu trabalho em tempo integral. Ele procurava em toda parte por testemunhas ou provas que afastassem a possibilidade de que Oswald tivesse sido o assassino de Kennedy. Ele dispunha de um guia para localizar as testemunhas da Dealey Plaza e da cena do assassinato de Tippit graças ao grande número de depoimentos à polícia que Hugh Aynesworth colhera.

Uma das primeiras vítimas de seus métodos foi Helen Markham, a garçonete de Dallas de 47 anos que dissera ter visto Oswald atirar em Tippit, identificando-o depois numa linha de reconhecimento organizada pela polícia. Aparentemente, ela era a testemunha mais próxima da cena do assassinato — estava a apenas cerca de quinze metros de distância. Lane telefonou para Markham e gravou a conversa sem dizer a ela. Mais tarde, naquele ano, quando Lane conseguiu a promessa de livrar-se de processo em troca do fornecimento da fita, a gravação seria considerada pela equipe da comissão como prova das tentativas do advogado de forçar testemunhas ingênuas a declarar coisas nas quais não acreditavam.[4]

De acordo com a transcrição da chamada telefônica, Lane se apresentou rapidamente antes de iniciar as perguntas.

"A senhora pode me conceder alguns minutos?", Lane perguntou a Markham, alegando que ele tinha ouvido dos repórteres de Dallas que ela havia descrito o assassino de Tippit como "baixo, corpulento e com cabelos volumosos" — descrição que não correspondia a Oswald.[5] A autópsia de Oswald revelou que ele tinha altura média (1,75 metro) e era magro (68 quilos), com cabelos ralos.

"Não, eu não disse isso", rebateu a garçonete, conservando a descrição original que fizera de Oswald.

Lane tentou novamente. "Bem, a senhora diria que ele era um homem troncudo?"

Markham: "Hum, ele era baixo".

Lane: "E ele era assim, um pouco mais para um tipo pesado?".

Markham: "Hum, não muito pesado".

Lane enxergou uma brecha: "Não muito pesado, mas um pouco pesado?".

Markham: "Ele não era muito pesado, não parecia muito pesado, não, hum".

Lane: "Ele não era muito pesado, e a senhora diria que ele tinha cabelo um tanto volumoso?".

Markham: "É, talvez só um pouquinho mais ou menos volumoso". (Mais tarde ela diria que tinha ficado confusa com as perguntas insistentes de Lane e queria dizer que o cabelo de Oswald estava despenteado, e não que era volumoso.)

Depois de ter passado por alguns momentos a outra série de perguntas, Lane voltou a tentar: "A senhora está dizendo que ele era baixo e um pouco pesado e tinha cabelo meio volumoso?".

Markham: "Ah, não, não disse. Eles não me perguntaram isso".

Apesar da cansativa insistência de Lane, a garçonete, mulher um tanto ingênua, manteve na maior parte da conversa a versão que dera à polícia. Ela continuava acreditando que Lee Oswald havia matado Tippit, foi o que disse.

No entanto, não foi desse modo que Lane apresentaria a conversa. Em encontros com o público nas semanas que se seguiram ao telefonema, ele divulgou que havia conversado com Markham e que agora ela estava mudando a descrição do assassino de Tippit. "Ela me forneceu uma descrição mais detalhada do homem que, segundo ela, havia atirado no policial Tippit — ela disse que o homem era baixo, um tanto pesado e que tinha cabelo um tanto volumoso", disse Lane, deturpando as palavras de Markham.[6]*

Os advogados da comissão compartilharam o desprezo de Warren por Lane. David Belin considerou que Lane utilizava "uma cuidadosa máscara de sinceridade" para transformar o assassinato de Kennedy em algo como "um vale-refeição para durar a vida inteira".[7] Jim Liebeler comparou a tática de Lane à "velha lenda de sapos que saem pulando da boca de um homem pérfido, sem escrúpulos, toda vez que ele começa a falar".[8] Os sapos representavam as mentiras do homem "e era preciso correr em todas as direções para apanhá-los".

---

* Anos depois, Lane insistiria que não assediara Helen Markham, sugerindo que havia, pelo contrário, prestado um serviço ao revelar que uma testemunha aparentemente tão importante antes da comissão Warren poderia se confundir acerca do que vira. Ele notou, corretamente, que a credibilidade de Markham ficara abalada pelo fato de ela haver inicialmente declarado à comissão, sob juramento, que nunca falara com ele. "Não se trata de importunar", disse Lane, acrescentando que permanecia convencido de que Oswald não matara Tippit, apesar de muitas testemunhas dizerem o oposto. "É o que qualquer advogado no mundo faz" em um interrogatório cruzado. "Nenhum advogado olhará para isso e dirá que fiz algo errado." Ele reconheceu que havia gravado a ligação sem notificar Markham, embora dissesse que aquilo permanecia legal se ele não divulgasse o conteúdo, o que ele não fizera; fora a comissão que divulgara a transcrição. Em seu relatório final, a comissão descreveria o depoimento de Markham como "confiável" e diria que "mesmo na ausência desse depoimento, há fortes evidências para se identificar Oswald como o assassino de Tippit". (Entrevista com Lane; relatório Warren, p. 168.)

★ ★ ★

Lane aceitou o convite da comissão para depor. A data foi marcada para quarta-feira, 4 de março. De todas as testemunhas chamadas pela comissão, Lane foi a única a requerer que seu depoimento fosse aberto ao público, no que foi atendido; convidaram-se repórteres para a sala do depoimento, no andar térreo do edifício VFW. "Acredito que aqui haja questões de grande interesse para todas as pessoas de nosso país, e assim seria útil e construtivo que as sessões fossem realizadas com a presença do público", declarou Lane. Ele percebeu como lhe seria proveitoso que a imprensa de Washington presenciasse aquele momento. Ao ter a possibilidade de se apresentar publicamente diante do presidente da Suprema Corte e dos outros senhores grisalhos da comissão, Lane poderia conquistar uma nova e mais ampla credibilidade como o principal crítico da comissão.

Rankin iniciou as perguntas. "O senhor tem alguma informação sobre os assuntos que estão sendo investigados por esta comissão que gostaria de nos apresentar?"

Lane embarcou num monólogo longo e detalhado destinado a reunir todas as provas que a polícia de Dallas e o FBI — e agora, aparentemente, também a comissão — estavam apresentando ao público para sugerir a culpa de Oswald. Como ele vinha fazendo desde o começo, seu método consistia em insinuar um trabalho de acobertamento sempre que conseguia encontrar pequenas discrepâncias nos registros oficiais e nos relatos da imprensa.

Ele começou enfocando as muitas fotografias que haviam aparecido nas semanas seguintes ao assassinato que apresentavam uma imagem de Oswald empunhando o rifle Mannlicher-Carcano de fabricação italiana que tinha sido identificado como a arma do crime. Uma foto publicada na capa da revista *Life* — foto que Marina Oswald dissera ter tirado no quintal de sua casa de New Orleans na primavera de 1963 — mostrava o rifle equipado com mira telescópica. Mas uma foto aparentemente idêntica distribuída pela Associated Press e publicada no *New York Times* e em outros jornais mostrava o rifle sem a mira. Esse detalhe, segundo Lane, sugeria que as fotos tinham sido alteradas, o que por sua vez poderia indicar um "crime" para ocultar uma conspiração. (A verdade, que a comissão logo demonstraria, deixava claro que não ocorrera nada disso. Em alguns casos, os editores de fotografia haviam alterado a foto para que a silhueta do rifle aparecesse com o máximo de definição — técnica que, embora questionável do ponto de vista ético, era empregada havia tempos por profissionais de jornais e revistas americanos.)

Em seguida, Lane citou declarações de testemunhas nos registros do FBI e da polícia de Dallas — declarações que a comissão também tinha em seus arquivos — contradizendo a versão oficial de que três tiros haviam sido disparados do Depósito de Livros Escolares do Texas, atingindo Kennedy e Connally por trás. Algumas testemunhas, segundo Lane, disseram ter escutado quatro ou mais tiros, enquanto outras insistiam que os tiros tinham vindo da frente da limusine — do local que passaria a ser conhecido como "aclive gramado", situado no lado leste da Dealey Plaza, ou do viaduto na estrada à frente do cortejo de automóveis. Lane argumentou que as declarações das testemunhas, juntamente com o relatório médico, constituíam "provas irrefutáveis de que o presidente havia sido alvejado na parte frontal do pescoço".

Em vez de desafiar Lane, o presidente da Suprema Corte e Rankin simplesmente permaneceram sentados, deixando-o falar durante quase três horas, assim como haviam permitido que a cliente de Lane, Marguerite Oswald, apresentasse seu confuso depoimento no mês anterior, em geral sem contestação. Aparentemente, a estratégia de Warren era impedir que Lane pudesse argumentar que seu depoimento não fora ouvido pela comissão. "Pedimos que o senhor viesse aqui hoje porque fomos informados de que o senhor dispunha de provas", Warren disse a Lane. "Estamos contentes em recebê-las. Queremos todas as provas que o senhor possui."

Durante seu depoimento, Lane repetiu uma solicitação que vinha fazendo publicamente havia semanas: ele desejava servir como advogado de defesa de Oswald perante a comissão, tendo acesso a todas as provas reunidas pela investigação. "O fato de Oswald não ter um julgamento verdadeiro decorre apenas de sua morte", Lane disse. "Todos os direitos concedidos a um cidadão americano acusado de um crime lhe foram retirados, até a sua vida." Ele declarou que Oswald merecia a "presença de um representante legal que pode atuar em seu favor em termos de solicitar novo exame das provas e de apresentar testemunhas".

Warren escutou pacientemente antes de recusar sua solicitação. "Sr. Lane, devo alertá-lo que a comissão, como já é de seu conhecimento, analisou seu pedido e o negou. A comissão não o reconhece como representante legal de Lee Oswald." Ele chamou a atenção para o fato de Marina Oswald, sua sobrevivente mais próxima, não haver solicitado um advogado para, no fundo, defender o fantasma do marido. "Não vamos discutir sobre isso", disse Warren.*

Na equipe da comissão, ninguém conseguiu apontar mais falhas nas alegações de Lane do que Melvin Eisenberg, o assessor de Norman Redlich. O jovem advogado havia se tornado o perito da comissão em criminologia e podia perceber como eram ridículas muitas das alegações de Lane, especialmente no que dizia respeito às provas científicas; ele imaginava que outros da equipe da comissão também fossem capazes de perceber a fragilidade daquela argumentação. "Seria ridículo ficarmos obcecados por Mark Lane", ele falou para si mesmo.[9] Eisenberg estava menos preocupado que os colegas da equipe com a insinuação de Lane de que todos faziam parte de uma conspiração destinada a ocultar a verdade sobre o assassinato de Kennedy. "Imaginei que enquanto oferecêssemos respostas honestas, nada poderia nos acontecer", ele disse. "Nossas reputações estavam a salvo."

Com a diligência que o levara a se formar como o primeiro da classe na Escola de Direito de Harvard cinco anos antes, Eisenberg tinha acabado de se aprofundar nos milhares de páginas dos textos de criminologia que recebera da Biblioteca do Congresso. A ciência, ele acreditava, tinha provado que Oswald era culpado acima de qualquer dúvida razoável: os testes de balística e as provas das impressões digitais demonstravam de maneira conclusiva que Oswald havia disparado os projéteis que mataram Kennedy e por pouco não mataram também o governador Connally. Eisenberg não podia excluir a possibilidade de que Oswald tivera cúmplices, mas tinha certeza de que ele havia puxado o gatilho naquela tarde na Dealey Plaza. "Não há dúvida alguma de que Oswald havia ao menos disparado as balas que entraram no corpo do presidente", argumentou Eisenberg.

O advogado não julgou difícil compreender a ciência envolvida na análise, a qual ele delineou para a comissão numa série de memorandos durante aquele inverno. Tudo se resumia a alguns princípios bem básicos de física, química e

---

* Warren insistiria mais tarde que a comissão fizera justiça a Oswald, mesmo morto, por meio de um acordo estabelecido em fevereiro com o presidente da Ordem dos Advogados Americana, Walter E. Craig, que concordara em avaliar o trabalho da comissão "com justiça para com o alegado assassino e sua família". Embora Craig tenha sido convidado a fazer um interrogatório cruzado com as testemunhas e tenha oferecido os nomes daquelas que deveriam ser intimadas, os registros mostram que ele e dois associados se envolveram pouco nas investigações (ver relatório Warren, pp. xiv-xv).

biologia. "Foi fácil", ele disse. "Não era ciência avançada." Em particular, ele considerava que tudo que estivesse ligado às evidências balísticas era extremamente direto. Poderia ser provado com praticamente 100% de certeza que os projéteis que passaram pelos corpos de Kennedy e Connally tinham sido disparados do rifle que Oswald comprara pelo correio. Como Eisenberg aprendeu com suas leituras, um rifle deixava sulcos definidos e outras marcas em balas que passassem por seu cano. Examinando as balas pelo microscópio, um investigador poderia identificar o rifle de Oswald como a arma do assassinato "com a exclusão de qualquer outro rifle na Terra", disse Eisenberg.

Em suas alegações pela inocência de Oswald, Lane baseava-se em relatos de testemunhas e outros tipos de provas que mereciam pouca, ou até mesmo nenhuma credibilidade, isso Eisenberg agora sabia. Foi desconcertante para Eisenberg, que nunca trabalhara na área de direito penal, descobrir que criminologistas conceituados atribuíam pouco valor ao depoimento das assim chamadas testemunhas oculares. Os filmes de Hollywood e os romances policiais populares talvez gostassem de sugerir que a melhor prova possível de um crime viria dos relatos das pessoas que o presenciaram, mas pelo que Eisenberg estava aprendendo com suas leituras, as testemunhas oculares com frequência percebiam erroneamente os fatos. Era comum pessoas que tinham presenciado o mesmo crime apresentarem relatos inteiramente discrepantes do que ocorrera, o que algumas vezes tinha como resultado a condenação — e até mesmo a execução — de inocentes.

Menos dignos de crédito ainda, Eisenberg aprendera, eram relatos de testemunhas sobre o que elas teriam *ouvido* numa cena de crime — o depoimento das chamadas "testemunhas auriculares". Com frequência esse relato estava completamente errado, em especial num espaço mais ou menos fechado como o da Dealey Plaza, onde o som dos tiros tinha ricocheteado de maneira assustadora e testemunhas entraram em pânico, prestando pouca atenção ao que ouviam porque estavam correndo para salvar suas vidas. Em um de seus memorandos, Eisenberg escreveu que não devia causar surpresa o fato de algumas testemunhas terem ouvido apenas dois ou três tiros, enquanto outras, quatro, cinco ou mais, e outras ainda insistirem que haviam escutado os tiros sendo disparados do aclive gramado e outros lugares situados na frente do cortejo presidencial, e não do Depósito de Livros Escolares do Texas.

Como parte de seu trabalho, Eisenberg encontrou-se com cientistas do laboratório de criminalística do FBI e ficou impressionado com o conhecimento técnico e a inteligência deles. Mesmo assim, ele julgava que a comissão não deveria basear-se exclusivamente no bureau para a análise científica, e portanto pediu permissão para contratar peritos de outras áreas para que examinassem as provas de natureza física. Para analisar as impressões digitais, ele propôs que a comissão procurasse peritos do laboratório de criminalística do departamento de polícia de Nova York. Com relação às armas, ele sugeriu que as provas fossem apresentadas a especialistas de renome nacional do Bureau de Identificação Criminal de Illinois. Os integrantes da comissão, já céticos quanto ao FBI, concordaram imediatamente.

Burt Griffin fez uma pausa em seu estudo sobre a vida de Ruby para cooperar com o levantamento de Eisenberg. Depois de pesquisar nos arquivos policiais do FBI e da polícia de Dallas, Griffin escreveu um memorando em 13 de março no qual se identificavam quatro homens em Dallas e nas vizinhanças da cidade bem parecidos com Oswald e que haviam sido confundidos com ele no dia do assassinato. Um quinto sósia, Billy Lovelady, que trabalhou com Oswald no Depósito de Livros Escolares do Texas, foi fotografado nas escadarias do depósito minutos após os tiros serem disparados. Os advogados da comissão não se surpreenderam que, mesmo depois de Lovelady ter se identificado publicamente como o homem nas fotografias, Mark Lane continuou a insistir que era Oswald nas escadarias — prova, segundo Lane, de que ele era inocente do assassinato do presidente, por não ter fugido da cena do crime.

21.

ESCRITÓRIOS DA COMISSÃO
WASHINGTON, DC
FEVEREIRO DE 1964

Várias semanas após o início da investigação, os advogados da equipe da comissão persistiam em não presumir más intenções da CIA. Os funcionários com quem eles tratavam eram inteligentes, muitas vezes afáveis, e pareciam sinceros quando garantiam que a CIA compartilharia as informações que tivesse sobre Oswald. Isso contrastava fortemente com a atitude de boa parte da equipe, e decerto dos membros da comissão, em relação a Hoover e ao FBI. Naquele momento, o FBI era visto como uma obstrução ao trabalho da comissão, provavelmente por querer esconder a trapalhada que foi a vigilância de Oswald antes do assassinato.

Então, em fevereiro, veio o primeiro e perturbador indício de que talvez a CIA também estivesse retendo alguma coisa. Naquele mês, a equipe ficou sabendo pelo Serviço Secreto que, nas horas imediatamente seguintes ao assassinato do presidente, a CIA tinha entregado a ele relatórios que detalhavam o que se sabia sobre a ida de Oswald à Cidade do México. A comissão conferiu duas vezes seus arquivos e concluiu que esses relatórios nunca tinham sido entregues a ela; a CIA nunca havia admitido que os relatórios sequer existiam.[1] O Serviço Secreto recusou-se a repassar os relatórios à comissão, alegando que, como tinham altíssimo grau de sigilo, essa decisão cabia à agência.

Desde que ingressara na comissão, Rankin se relacionava com a CIA sobretudo por meio do vice-diretor Richard Helms, homem de quem veio a gostar e que passou a respeitar. Rankin observou anos depois que na época tinha acreditado que Helms e outros altos funcionários da CIA estavam de fato cooperando. Contudo, a descoberta dos relatórios faltantes da CIA sobre a Cidade do México tinha alarmado Rankin, e, nesse caso, ele achou que precisava passar por cima de Helms. Em fevereiro, escreveu diretamente para John McCone, diretor da CIA, insistindo para que a agência repassasse cópias dos relatórios que tinha enviado ao Serviço Secreto sobre a viagem de Oswald ao México.[2] E, só para evitar futuras confusões, Rankin solicitava na carta que a CIA se preparasse para reunir e entregar todos os seus arquivos sobre Oswald, incluindo uma cópia de todas as comunicações feitas com outras agências governamentais sobre ele, antes e depois do assassinato. Depois dos mal-entendidos e da má vontade entre a comissão e o FBI, Rankin estava — polidamente, na opinião dele — deixando a CIA de sobreaviso.

A comissão recebeu a resposta em 6 de março, uma sexta-feira, dia em que a CIA entregou um grosso arquivo que, como constava, continha toda a informação reunida até aquele momento sobre Oswald, começando por sua tentativa de deserção para Moscou em 1959.[3] Willens, vice de Rankin, e outros vasculharam o arquivo e conseguiram detectar quase de imediato o que estava faltando. O arquivo não continha nenhum dos documentos ou cabogramas sobre Oswald que o posto da CIA na Cidade do México tinha enviado à sede da agência naquele outono, por exemplo.

Willens telefonou para Helms, que admitiu que parte do material ainda estava sendo retido por causa de "certos problemas não especificados". Willens recordou num memorando enviado a Rankin que Helms tentou dar uma explicação: "Ele disse que parte das informações mencionadas já foi repassada à comissão de outra forma e que outras partes do material traziam fatos irrelevantes ou fatos que ainda não tinham sido conferidos". Isso, respondeu Willens, era inaceitável; a comissão precisava ver tudo. Helms contestou, sugerindo — enigmaticamente — que o jovem advogado não compreendia plenamente as implicações de forçar a CIA a compartilhar tudo que tinham sobre Oswald. A CIA "preferiria não obedecer", disse. Ao contrário de Rankin, Willens julgava não ter autoridade para insistir que Helms fizesse qualquer coisa, e assim ambos concordaram em discutir o assunto numa reunião marcada em princípio para a semana seguinte, quando Helms planejava visitar os escritórios da comissão em Washington.

Na quinta-feira seguinte, por volta das onze horas, Helms sentou-se com Rankin e outros advogados da comissão, incluindo Willens, Coleman e Slawson. As perguntas a Helms foram diretas, incluindo a que, em muitos aspectos, era a principal: tinha a CIA certeza de que Oswald nunca trabalhara para ela como uma espécie de agente clandestino, talvez durante seus anos na União Soviética?

Helms garantiu aos advogados que Oswald nunca tinha trabalhado para a CIA em nenhuma função, e que ele e outros funcionários graduados da CIA, incluindo McCone, estavam dispostos a assinar declarações juramentadas, sob pena de perjúrio, para confirmar isso. Mas ele foi pressionado: se a CIA não tinha nada a ocultar, por que continuava a reter informações sobre a viagem de Oswald ao México?[4] Helms admitiu que a CIA tinha segurado alguns relatórios específicos porque poderiam revelar os métodos de espionagem da agência na Cidade do México, incluindo as operações de grampo e as câmeras de vigilância voltadas para as embaixadas cubana e soviética.

Rankin ainda queria acreditar que a CIA estava dizendo a verdade, e ele e os outros advogados ficaram impressionados com a necessidade de manter segredo sobre os métodos de espionagem da agência no México. Assim, Rankin ofereceu um meio-termo, aceito por Helms. No futuro, a CIA ofereceria um resumo saneado de todo relatório preparado para seus arquivos sobre Oswald, com o entendimento de que um membro da equipe da comissão poderia ir à sede da CIA para conferir os documentos originais completos.

Houve mais discussões sobre o México, incluindo a preocupação da comissão sobre as muitas lacunas no conhecimento da CIA a respeito de onde exatamente Oswald tinha ido na capital mexicana e das pessoas com quem tinha se encontrado por lá, em especial à noite. Ele se hospedou em um pequeno hotel perto da estação de ônibus, mas poderia ter ido a qualquer lugar da cidade depois do anoitecer, obviamente despercebido. Slawson lembrou-se de ter dito a Helms que "não havia registros das noites dele na viagem inteira". Helms então propôs que os próprios advogados da comissão fossem à Cidade do México. Eles estariam "numa boa posição para passar ao largo dos canais governamentais comuns e fazer o que precisava ser feito". O posto da CIA na Cidade do México faria o que pudesse para ajudá-los. Slawson ficou empolgado com a ideia.

Nos dias que se seguiram ao encontro com Helms, a CIA começou a entregar mais materiais, inclusive os relatórios que tinha passado ao Serviço Secreto sobre a viagem ao México. Entre eles havia um relatório, despachado pela CIA às 10h30 do dia seguinte ao assassinato, que alertava o Serviço Secreto para o fato de que o posto da CIA na Cidade do México tinha uma fotografia de monitoramento de um homem que poderia ser Oswald. A foto, contudo, ainda não tinha sido entregue à comissão e, numa carta destinada a Rankin, Helms explicava o porquê: a CIA não sentira necessidade de enviar a foto por ter rapidamente concluído depois do assassinato que o homem não era Oswald. A CIA, ele declarou, não queria sobrecarregar a comissão com indícios desnecessários, uma vez que a foto não tinha valor aparente. Ele convidou Rankin a enviar um investigador da equipe à CIA para ver a foto, que capturara a imagem de um homem de frente, com traços eslavos, que parecia muito mais alto e gordo que Oswald.

Naquilo que parecia ser um novo espírito de abertura, em março a CIA também deu permissão para que o Departamento de Estado entregasse dois cabogramas que Thomas Mann, então embaixador dos Estados Unidos no México, enviara ao departamento e à CIA em fins de novembro comunicando suas suspeitas de que tinha havido uma conspiração cubana no assassinato de Kennedy. Helms admitiu a assessores que "ficou pensando" se deveria permitir que os cabogramas fossem repassados à comissão. Slawson leu-os e percebeu — consternado — o quanto a comissão ainda não sabia sobre o que tinha acontecido no México.[5] Ele ficou espantado com o tom quase apavorado de Mann e com a convicção do embaixador de que Castro estava de algum modo por trás do assassinato do presidente. Os cabogramas também remetiam a documentos que a comissão desconhecia, incluindo transcrições de gravações da CIA de telefonemas de Oswald no México. Slawson encontrou o memorando em que Mann se referia aos relatórios da embaixada sobre o caso entre o ex-embaixador cubano no México e Silvia Duran, a mexicana "de tipo promíscuo" que lidara diretamente com Oswald. Slawson estava preocupado com o que mais poderia estar nos arquivos da embaixada.

Num memorando enviado a Rankin em 2 de abril, Slawson disse que a comissão precisava de cópias das transcrições de todos os telefonemas interceptados na Cidade do México que pudessem estar relacionados a Oswald. Além disso, "deveríamos olhar o arquivo inteiro da embaixada sobre tudo referente ao assassinato de Kennedy, inclusive cópias de todas as correspondências para outros órgãos do governo". E a comissão, disse, precisava saber muito mais a respeito daquela jovem mexicana: "Gostaríamos de mais informações sobre Silvia Duran — por exemplo, indícios de que ela era 'de tipo promíscuo'".

Em fins de março, Samuel Stern foi até a sede da CIA no subúrbio de Virgínia para começar a conferir os arquivos sobre Oswald. Posteriormente ele se lembrou de ter ficado impressionado com os sofisticados salões de arquivos da CIA, e também com seu novo sistema de processamento de dados, chamado Lincoln, que usava alguns dos primeiros computadores do governo federal.

Stern recebeu um inventário de todos os documentos de Oswald e então recebeu permissão para conferir — documento por documento — os arquivos efetivos para ter certeza de que estavam completos.[6] Encontrou os cabogramas preparados pelo posto da CIA na Cidade do México sobre Oswald — aqueles que tinham sido originalmente recusados à comissão. Até onde ele podia dizer, nada estava faltando do "paletó" de Oswald, como a coleção de arquivos era chamada. Aquela ideia era tão cínica, tão desprovida de fundamento, que Stern não a reproduziu num memorando enviado a Rankin sobre sua visita, mas ele se recordava claramente de ter pensado naquele dia em como teria sido fácil para a agência ter forjado todo aquele material, ou ter alterado o inventário e tirado do "paletó" os documentos que não queria compartilhar. O ofício da CIA era guardar segredos, e se ela não quisesse compartilhar alguns segredos sobre o assassinato de Oswald, a comissão não seria capaz de detectar isso. "Para nós, não havia jeito de ter certeza definitiva, absolutamente confiável, sobre coisa nenhuma", disse Stern.

Naquele inverno, David Slawson foi percebendo aos poucos que a CIA poderia estar tentando recrutá-lo. Depois ele passou a ter certeza disso. Nunca houve uma oferta direta, mas suas conversas com Ray Rocca e outros funcionários da CIA às vezes se voltavam para seus planos após o encerramento da comissão, com a óbvia sugestão de que ele poderia querer desistir de sua carreira de advogado e juntar-se a eles. "Eles deram a entender que, se eu tivesse interesse, eles teriam interesse."[7]

Ele ficou lisonjeado com a abordagem e na época não a viu como uma iniciativa para influenciar seu trabalho na comissão. A CIA era então uma instituição muito admirada, como Slawson disse depois. Ele de fato tinha considerado a ideia de entrar para a agência anos antes, depois de saber que alguns de seus colegas de Amherst tinham se tornado funcionários dela. "Eles pareciam empregar gente de muito talento", afirmou. Slawson tinha deixado sua pós-graduação em física na Universidade de Princeton porque achava que no direito teria uma carreira mais empolgante; talvez, pensou, a CIA fosse uma aventura ainda maior. Naquele momento, porém, ele tinha pouco tempo para pensar no próximo passo de sua carreira. Em apenas poucas semanas, esperava-se que ele se transformasse no especialista da comissão na assustadora questão de ter ou não ter havido uma conspiração estrangeira para matar o presidente, e ele estava fazendo boa parte desse trabalho sozinho. Coleman, seu colega na equipe que tratava da "conspiração", continuava a ir da Filadélfia para Washington apenas uma vez por semana, e havia semanas que ele dizia que não poderia ir de jeito nenhum.

Slawson decerto achava que não tinha tempo para se concentrar obsessivamente no que mais a CIA poderia estar tentando impedi-lo de saber. Apesar da confusão em torno dos documentos da Cidade do México, ele declarou: "Basicamente, eu achava que a CIA estava sendo sincera". Slawson dava valor especial à disposição de Rocca de compartilhar com ele as últimas notícias sobre os interrogatórios a Iúri Nosenko, ex-agente da KGB. Anos depois, Slawson disse que nunca tinha percebido nada do tumulto que isso tinha criado — que, praticamente desde o dia da deserção, o caso de Nosenko tinha colocado alguns analistas soviéticos da CIA, e também do FBI, contra o chefe de Rocca, James Angleton, diretor de contraespionagem da agência. Angleton estava convencido de que Nosenko era um agente duplo que tinha sido enviado aos Estados Unidos para tentar isentar a União Soviética de qualquer envolvimento no assassinato de Kennedy.

Iúri Ivanovich Nosenko, que tinha 36 anos quando desertou, mantinha contato com a CIA desde 1962, quando, viajando clandestino para a KGB na Suíça, uma prostituta roubou-lhe duzentos dólares, segundo contou.[8] De acordo com o relato da CIA, Nosenko abordou um diplomata americano que conhecia em Genebra e pediu um empréstimo, dizendo temer que, se não prestasse contas dos duzentos dólares, suas indiscrições sexuais fossem denunciadas a seus chefes da KGB. O incidente tornou-se uma oportunidade de recrutar Nosenko para ser um espião dos Estados Unidos.

Em fevereiro de 1964, três meses depois do assassinato de Kennedy, Nosenko contatou a CIA outra vez e disse que precisava desertar imediatamente, e que tinha importantes informações sobre Lee Harvey Oswald. A deserção de Nosenko foi notícia no mundo todo — saiu na primeira página do *New York Times* — antes de ele desaparecer, por anos, dos olhos do público.[9] Nosenko declarou aos agentes encarregados dele na CIA que tinha conferido pessoalmente os arquivos da KGB sobre Oswald e que eles provavam que o assassino de Kennedy nunca tinha sido agente russo. A agência de espionagem soviética considerava Oswald instável demais — "maluco", como Nosenko o classificou — para ser cogitado para trabalhos de inteligência. Qualquer ideia de recrutá-lo, disse Nosenko, tinha sido abandonada quando Oswald tentou suicídio em outubro de 1959, logo depois de ter chegado a Moscou.

O FBI acreditou em Nosenko. J. Edgar Hoover e seus assessores de contrainteligência, responsáveis por rastrear espiões comunistas em solo americano, concluíram que ele era um desertor de verdade. Em anos anteriores, o apoio de Hoover poderia ter dado ao russo toda a credibilidade de que ele precisasse para ser tratado como um herói em Washington. Mas Nosenko tinha em Angleton um adversário poderoso demais, e era Angleton quem controlava o fluxo de informações da CIA para a comissão — para Slawson, em particular. Angleton pediu à sua equipe que procurasse na história de Nosenko lacunas que pudessem provar que ele era agente duplo. Ele se preocupava sobretudo com o fato de Nosenko ter sido enviado de Moscou para desacreditar um desertor anterior da KGB que vivia nos Estados Unidos, Anatoli Golitsin.[10] Havia anos que Golitsin alimentava a paranoia de Angleton sobre a infiltração da KGB na CIA; Golitsin insistia que Nosenko era um agente duplo enviado aos Estados Unidos especificamente para desacreditá-lo.

Em quem acreditar? Se Nosenko estivesse dizendo a verdade, isso pareceria excluir o envolvimento soviético no assassinato. Se estivesse mentindo, isso sugeria que a KGB estava tentando encobrir sua relação com o homem que tinha acabado de matar o presidente.

Rocca insistiu com Slawson que as pessoas mais bem informadas da CIA achavam que Nosenko era um farsante, e Slawson se lembrou de ter enxergado a lógica disso. "As informações trazidas por Nosenko eram convenientes demais" para redimir o Kremlin, disse Slawson. Nosenko "tinha todas as marcas típicas de um embuste".[11]

Dentro da comissão, os arquivos relacionados a Nosenko eram tratados com tanto sigilo que alguns advogados nunca chegaram sequer a ouvir seu nome. Ele muitas vezes era referido apenas como "N". Slawson sabia que a comissão teria de decidir o que, entre as informações de Nosenko, poderia ser publicado no relatório final — se é que alguma parte poderia. Se a CIA estivesse certa em considerar Nosenko agente duplo, a comissão só serviria aos interesses do Kremlin ao divulgar as declarações dele. "Isso seria basicamente isentar Moscou." Quanto a isso tudo, Slawson, outra vez, teria de confiar na CIA, que se recusava a permitir que ele ou qualquer outra pessoa da comissão se encontrassem com Nosenko para tentar verificar suas alegações. "Pedi para vê-lo", disse Slawson, "e a resposta que recebi foi: 'De jeito nenhum'."

Slawson recordou que na época pouco lhe disseram sobre como Nosenko estava sendo tratado por seus interrogadores na CIA. Ele sabia que o russo estava sendo mantido na solitária, e se lembrou de ter ficado preocupado com outras condições severas que ele poderia enfrentar. Slawson havia muito admitia que o confinamento solitário, se mantido por muito tempo, poderia ser equivalente a "tortura psicológica".

Mas era muito pior do que Slawson imaginara. Investigadores do Congresso e até alguns funcionários da CIA posteriormente concordariam que Nosenko foi submetido a tortura durante anos. Ele foi mantido na solitária por mais de três anos — 1277 dias. Na maior parte desse tempo, ele ficou num centro de treinamento da CIA perto de Williamsburg, na Virgínia, numa cela construída especialmente para ele, sem isolamento térmico, iluminada por uma única lâmpada que ficava acesa 24 horas por dia. Ele não tinha ninguém com quem conversar, exceto seus interrogadores. Não recebeu nada para ler e lhe foram negados confortos básicos, incluindo escova e pasta de dente, por meses a fio. "Eu não tinha contato com ninguém", Nosenko disse depois. "Eu não podia ler, não podia fumar, não podia nem respirar ar puro."[12]

O Departamento de Justiça foi cúmplice da decisão de tratar Nosenko com dureza. Em abril de 1964, o departamento aprovou secretamente todos os elementos do confinamento do russo quando uma delegação de funcionários da CIA visitou o subprocurador-geral Nicholas Katzenbach em seu escritório. Katzenbach depois insistiria, sob juramento, que não conseguia se lembrar da reunião, mas os registros da CIA confirmaram que ela ocorreu. Os documentos mostravam que Katzenbach aprovou os planos da CIA para confinar Nosenko indefinidamente, sem nenhum processo legal ou apelação.

De outras maneiras, a CIA continuara a ser discretamente útil a Slawson. Ela o ajudou a preparar um pedido a ser enviado ao governo cubano, solicitando cópias de todos os documentos em sua embaixada e em seu consulado na Cidade do México envolvendo Oswald. O pedido teria de passar pelo governo da Suíça, que servia de intermediário diplomático entre Washington e o governo de Castro, e Slawson pediu a permissão da comissão para começar a preparar a papelada.[13]

Segundo Slawson, o pedido "subiu pelas vias oficiais até Earl Warren, e sua primeira resposta foi não". "A razão dada por ele era que ele não queria se basear em nenhuma informação de um governo que em si mesmo era um dos principais suspeitos do assassinato." Slawson estava perplexo. A comissão, pensava ele, tinha a responsabilidade de reunir provas onde quer que elas pudessem ser encontradas, e então, quando possível, tentar validá-las. Todavia, o presidente da Suprema Corte parecia estar disposto a impedir que algumas provas importantes simplesmente chegassem a ser reunidas.

Warren *tinha* permitido que a comissão abordasse o governo russo para pedir seus registros da estada de dois anos e meio de Oswald na União Soviética. Mas, para o presidente da Suprema Corte, Rússia e Cuba eram tipos diferentes de país. Ele via uma diferença entre os líderes comunistas grisalhos em Moscou, havia muito estabelecidos — ele tinha acabado de conhecer Khruschóv no último verão, durante suas férias com Drew Pearson —, e os irados jovens revolucionários barbudos liderados por Castro que tinham tomado o controle de Havana em 1959.

Slawson não via essa diferença, ao menos não no que dizia respeito a reunir as provas de que necessitava para realizar seu trabalho, e assim fez algo que, como admitiu, era muito inesperado em se tratando dele: decidiu ignorar Warren. "Temos de obter toda informação que pudermos", ele lembrou-se de ter pensado. Ele poderia estar arriscando seu emprego, mas "simplesmente desobedeci às ordens e fui adiante e fiz o pedido ao Departamento de Estado".

Abordar o governo de Castro era considerado algo tão sensível que a carta ao governo suíço tinha de ser assinada pessoalmente pelo secretário de Estado Dean Rusk. A Slawson só restava esperar que Warren, sem saber de nada disso, não esbarrasse em Rusk nos círculos sociais de Washington naquela primavera e começasse a discutir assuntos relacionados à comissão. O pedido de Slawson deu resultado: Havana entregou os documentos, incluindo cópias daquilo que parecia ser o requerimento de visto de Oswald, além das fotografias, em tamanho passaporte, que ele havia enviado.

235

Semanas depois, num de seus raros encontros face a face com o presidente da Suprema Corte, Slawson ouviu o pedido de uma atualização sobre os esforços da comissão para reunir provas junto a governos estrangeiros. Slawson mencionou, acanhadamente, que tinha acabado de receber de Cuba um pacote com documentos — os documentos que Warren tinha especificamente ordenado que ele não solicitasse.

Warren sentiu-se ultrajado. "Eu falei que não queríamos isso."

Slawson teve de mentir. "Lamento", disse a Warren. "Não entendi assim."

Uma vez que os papéis cubanos estavam à mão, Slawson ficou grato por Warren não ter feito nada para impedir seu uso. "Ele aceitou o fato de que nós tínhamos aquilo", disse Slawson. "Ele não fez nada para suprimir o material." Com ajuda adicional da CIA, boa parte dos papéis, incluindo a assinatura de Oswald no formulário do visto, foi validada.

22.

ESCRITÓRIOS DA COMISSÃO
WASHINGTON, DC
FEVEREIRO DE 1964

Fiel à sua palavra de que leria todo papel que chegasse aos escritórios da comissão, Norman Redlich passou boa parte de fevereiro folheando os arquivos do FBI que afluíam em torrentes e foi o primeiro a notar uma exclusão crucial.

Foi em algum momento no começo do mês que ele deparou com um documento intrigante: o registro datilografado, palavra por palavra, que o FBI fez daquilo que Oswald escrevera num caderno de endereços encontrado pela polícia de Dallas entre seus pertences.[1] O documento teria sido preparado pelo FBI como cortesia para a comissão e para outros investigadores, já que a caligrafia de Oswald poderia ser difícil de decifrar.

Redlich, como era típico, deu o próximo e trabalhoso passo, algo que, como sabia, outros membros da equipe poderiam não fazer. Ele decidiu comparar — página por página — o que estava no caderno de endereços com aquilo que o registro datilografado do FBI mostrava. Redlich não tinha experiência como promotor, mas vivia segundo a convicção de que um bom advogado conferia minuciosamente cada prova primária reunida para o caso, não importando o quão tedioso isso pudesse ser. Ele queria ter certeza de que o FBI não tinha feito nenhuma reprodução intencionalmente equivocada daquilo que Oswald escrevera.

Os registros à mão e datilografado batiam, ao menos nas primeiras 24 páginas do relatório do FBI. Então ele chegou à página 25. Pegou aquilo que deveriam ser as páginas correspondentes do caderno de endereços de Oswald e viu o que estava faltando. Naquela página, Oswald tinha escrito "AGENTE JAMES HASTY", versão com a grafia errada do nome de James Hosty, o agente do FBI em Dallas. Abaixo do nome do agente, Oswald anotara o endereço do escritório de Hosty e, aparentemente, o número da placa de seu carro do FBI. O registro trazia a data de 1º de novembro de 1963 — três semanas antes do assassinato.

Todavia, nem o nome do agente escrito errado, nem outra informação sobre Hosty fora transferida para o relatório do FBI. Redlich imediatamente desconfiou de que podia ser uma tentativa grosseira por parte do bureau de ocultar uma prova sobre seus laços com Oswald. Ele correu para encontrar Rankin, que também ficou alarmado. Uma coisa era, semanas antes, a comissão tentar deter reportagens jornalísticas de fontes pouco confiáveis que sugeriam que Oswald pudesse ter sido informante do FBI. Agora, ao que parecia, o bureau poderia estar de fato ocultando provas.

Rankin convocou uma reunião da equipe para o dia 11 de fevereiro de 1964 para anunciar o que Redlich tinha descoberto e pedir orientações. Vários advogados acharam que as exclusões eram a gota d'água. No mínimo, parecia que o FBI tentava esconder o fato de que estava monitorando de perto o assassino do presidente poucas semanas antes do assassinato, que Oswald tinha anotado o nome de um agente do FBI, seu endereço e o número da placa de seu carro. "Claro que achamos que eles estavam encobrindo algo", recordou-se Slawson.[2] Specter também estava convencido de que não se tratava de um esquecimento inocente. "Era a pior maneira de o FBI proteger-se — levantando a óbvia pergunta sobre o que mais tinha sido escondido que a comissão nunca descobriu."[3] Griffin viu nisso o momento em que os advogados da comissão se convenceram de que não poderiam confiar no FBI — nunca.[4]

Dessa vez, Rankin não ia oferecer a Hoover a cortesia de um encontro face a face. Em vez disso, escreveu ao diretor exigindo explicações sobre como e por que a exclusão tinha acontecido. "Escusado é dizer que gostaríamos de uma explicação completa", asseverou. A carta pedia que Hoover identificasse todos os agentes e supervisores que tinham preparado o relatório ou "tomado qualquer decisão de omitir informações do relatório".[5]

Hoover respondeu no mesmo tom; também se sentia ofendido. Insistiu, numa carta a Rankin, que a informação sobre Hosty não tinha sido incluída no relatório datilografado simplesmente porque não oferecia uma "pista investigativa" de nenhum valor. Em outros documentos do FBI que descreviam os conteúdos do caderno de endereços de Oswald, segundo o diretor, havia uma clara referência ao registro com o nome de Hosty — exceto naquele documento em particular. "Este órgão, desde o começo dessa investigação, mostrou e reportou todos os fatos relevantes e continuará a fazê-lo", declarou.

O próprio Hosty sabia que não era verdade o que Hoover escrevera. Mais tarde lhe disseram que o agente do FBI em Dallas que preparou o relatório datilografado — um amigo chamado John Kesler — tinha intencionalmente deixado de fora a informação sobre Hosty a fim de protegê-lo de um exame ainda mais minucioso por parte da cúpula do FBI. Nas palavras de Hosty, "Kesler estava só tentando me poupar da ira de Hoover".[6]

Era tarde demais para aquilo, como Hosty já tinha percebido. Em dezembro, ele recebera de Hoover uma reprimenda formal, que tinha a possibilidade de acabar com a sua carreira.[7] Sem fazer nenhuma referência direta ao assassinato ou a Oswald, Hoover escreveu: "A maneira como você cuidou de um caso recente de segurança foi grosseiramente inadequada". Hosty só podia presumir que a carta se referia ao fato de ele não ter entrevistado Oswald naquele outono e de não ter alertado o Serviço Secreto sobre a presença de Oswald na cidade. "Deveria ter estado claro para você que ele exigia uma classificação que tivesse garantido mais atenção investigativa", continuava a carta.

Hosty começou a se ver como vítima. Era melhor para o FBI criticar os supostos erros de um único agente de campo em Dallas do que questionar se o FBI como um todo tinha cometido erros muito maiores antes e depois do assassinato. "Fui um bode expiatório típico de J. Edgar Hoover", disse Hosty posteriormente. "Após o assassinato, Oswald tinha choramingado para a imprensa, declarando que ele era o saco de pancadas. Bom, eu sabia quem era o verdadeiro saco de pancadas." Muitos de seus colegas estavam de acordo. "Você vai ser o bode", disse-lhe Vince Drain, outro agente de Dallas.[8]

Hosty não podia negar que teve momentos de dúvida, perguntando-se: "Será que eu podia ter evitado o assassinato do presidente Kennedy?". Mas, com o tempo, ele se convenceu de que não tinha feito nada de errado; nada do que ele tinha descoberto antes do assassinato sugeria que Oswald fosse violento. Na verdade, Hosty achava que os registros deixavam claro que ele tinha sido diligente em sua investigação. O arquivo de Segurança Nacional sobre Oswald, aberto depois de ele ter voltado da Rússia em 1962, tinha aliás sido fechado por outro agente do FBI no Texas; esse agente achava que Oswald não representava nenhuma clara ameaça. Havia sido Hosty quem tinha reaberto o arquivo.

Ele sentira, quase desde o começo, que a sede do FBI estava determinada a encerrar logo a investigação do assassinato — com Oswald sendo identificado como único assassino — quaisquer que fossem os fatos. Não havia avidez nenhuma para procurar uma possível conspiração estrangeira, o que fez Hosty suspeitar que alguma coisa estava sendo escondida dele. "Eu não sabia o que estava acontecendo lá em Washington", disse. "Mas alguma coisa estava."[9] Ele se recordou de uma ordem inusitada vinda de Gordon Shanklin — o agente encarregado do escritório de campo do FBI em Dallas, e "alguém que não assoaria o nariz a menos que tivesse primeiro obtido permissão para isso" — em 23 de novembro, dia do assassinato. Shanklin disse a seus agentes que "Washington não quer que nenhum de vocês faça perguntas sobre o aspecto soviético desse caso. Washington não quer deixar o público perturbado". E foi Shanklin quem, no dia seguinte, ordenou Hosty a destruir o bilhete que Oswald entregara no escritório do FBI em Dallas, advertindo o bureau que deixasse de incomodar sua esposa — e que Hosty rasgou e jogou no vaso sanitário. (Ainda que Shanklin viesse a negar anos depois que tinha ordenado a destruição do bilhete, outros funcionários do escritório de campo do FBI em Dallas recordavam-se nitidamente de que a ordem tinha vindo dele.)

Apesar da reprimenda de Hoover, Hosty foi designado para trabalhar na investigação do assassinato. Excluí-lo poderia ser visto como uma confissão pública de que o escritório de campo de Dallas tinha cometido algum erro em seu monitoramento de Oswald antes do assassinato do presidente. Mas ele disse que lhe mandaram deixar seu nome de fora de qualquer documento que fosse enviado a Washington e que pudesse parar na mesa de Hoover. "Meu nome tinha causado uma humilhação pública para Hoover e para o FBI."

Nos meses que se seguiram ao assassinato do presidente, o principal objetivo de Hosty era fazer o que podia para manter seu emprego.[10] Ele tinha oito filhos

— e o caçula com apenas três meses na época. Seu filho de três anos, Dick, nascera com paralisia cerebral e precisava fazer fisioterapia intensiva, e cara, quatro vezes por semana. A maneira de sobreviver dentro do FBI, ele sabia, era obedecer ordens. "Em 1942, quando entrei para o Exército aos dezoito anos, uma das primeiras lições que aprendi foi que, em combate, um soldado tinha de obedecer ordens cegamente", escreveu. "Sob muitos aspectos, o FBI era igual ao Exército."

Em meados de dezembro, Hosty recebeu a ordem urgente de seguir uma pista: deveria determinar se havia veracidade numa história desconcertante contada por uma cubano-americana, aparentemente digna de credibilidade, que vivia na região de Dallas. A mulher, Silvia Odio, dizia ter encontrado Oswald, semanas antes do assassinato, na companhia de dois ativistas anti-Castro que tinham ido bater tarde da noite à porta dela. Odio, com 26 anos, filha de dois ativistas anti-Castro proeminentes e então presos em Cuba, tinha outras testemunhas, incluindo uma irmã adolescente que afirmou estar no apartamento na noite da visita de Oswald.

Hosty entrevistou Odio em 18 de dezembro.[11] Ela era, como recordou, "uma mulher de beleza impressionante, que fugira de Cuba quando seu pai tinha sido preso por Castro por deslealdade". Ela parecia pertencer à elite cubana que fugira para os Estados Unidos depois da ascensão de Castro ao poder — "a classe alta mimada de Cuba", nas palavras de Hosty. Ela era claramente inteligente e bem formada; seus estudos de direito em Cuba tinham sido interrompidos pela revolução de Castro, segundo informou.

Sua história, se verdadeira, indicaria que Oswald se aliara a cubanos anticastristas pouco antes do assassinato, ou — o que, para Hosty, era mais provável — que ele tentara infiltrar-se nesse movimento numa demonstração de apoio à revolução de Castro. Hosty sabia que, mais cedo naquele ano, enquanto morava em New Orleans, Oswald tinha tentado infiltrar-se num grupo anti-Castro conhecido como DRE, possivelmente para obter informações para o Comitê do Jogo Limpo com Cuba, grupo pró-Castro.

Segundo a descrição de Odio sobre o encontro, ela estava em casa numa noite em fins de setembro quando três estranhos chegaram à sua porta e se apresentaram como ativistas anti-Castro de passagem pelo Texas.[12] Dois dos homens eram latinos, possivelmente cubanos, e falavam espanhol; um dos latinos era chamado pelo "nome de guerra" Leopoldo. Disse que o terceiro homem obviamente não era latino, não falava espanhol e foi apresentado a ela como Leon Oswald, um americano "muito interessado na causa cubana". Leopoldo falou que os três homens tinham ido pedir a ajuda dela para levantar dinheiro e comprar armas para o movimento anti-Castro — pedido que Odio recebia com frequência por causa da proeminência de seu pai entre os grupos de exilados. "Somos muito amigos do seu pai", afirmou Leopoldo. Ele parecia estar dizendo a verdade, segundo Odio, porque sabia "muitos detalhes de quando tinham visto meu pai e das atividades dele". Leopoldo contou que ele e os outros dois homens tinham acabado de chegar de New Orleans — ele não explicou por que de New Orleans — e estavam prestes a partir numa viagem. "Não perguntei para onde iam", continuou Odio. No dia seguinte, Leopoldo lhe telefonou — ela pensou que ele estava tentando paquerá-la, outra experiência comum para Odio, considerando sua beleza — e perguntou o que tinha achado "do americano".

"Não achei nada", respondeu Odio.

"Você sabe que a gente está pensando em apresentá-lo para o movimento em Cuba, porque ele é muito bom, ele é meio pirado", disse ele.

Leopoldo descreveu o americano como um ex-fuzileiro naval, perito atirador, que achava que o presidente Kennedy merecia ser assassinado. "Ele nos disse que vocês, cubanos, não têm coragem, porque o Kennedy deveria ter sido assassinado depois da Baía dos Porcos, e que algum cubano deveria ter feito isso."

Ela não ouviu falar mais nada sobre "Leon Oswald" até depois do assassinato, quando ela e a irmã Annie viram na TV imagens do homem acusado de matar o presidente Kennedy — o mesmo que tinha aparecido em seu apartamento algumas semanas antes.

Annie, aluna da Universidade de Dallas, foi quem falou primeiro, lembrou-se Odio. "Ela disse: 'Silvia, você não conhece aquele homem?'. E eu disse: 'Conheço', e ela respondeu: 'Eu sei quem ele é. Foi aquele que veio bater na nossa porta'."

As irmãs Odio estavam assustadas demais para procurar o FBI ou a polícia de Dallas depois do assassinato porque temiam que o movimento anticastrista do pai viesse a ser culpado pelo assassinato de Kennedy, disse Silvia. Foi um amigo delas que entrou em contato com o FBI, sem que elas soubessem.

Durante a conversa com Hosty, Odio admitiu espontaneamente algo que, como ela sabia, poderia afetar a maneira como o FBI avaliaria sua história.[13] Ela tinha, em suas palavras, "perturbações emocionais" e sofria desmaios. Seus problemas mentais tinham começado depois de seu marido tê-la abandonado em Cuba, deixando-a com quatro filhos para sustentar. Na época do assassinato, ela estava sob tratamento de um psiquiatra de Dallas. Mas, como ela revelou a Hosty, outra pessoa também tinha visto Oswald na porta: sua irmã. E havia outras que atestariam sua credibilidade. Ela disse que, antes do assassinato, tinha contado em detalhes ao psiquiatra sobre a estranha visita dos três homens, incluindo o "anglo".

Hosty ficara intrigado com a história de Odio, ainda que entendesse o risco — considerando a determinação de Hoover de provar que Oswald tinha agido sozinho — de procurar indícios de uma possível conspiração. Ele entrou em contato com o dr. Burton Einspruch, psiquiatra de Odio, que confirmou que ela tinha comentado a visita dos três homens tarde da noite, logo depois de isso ter ocorrido. Einspruch disse a Hosty acreditar que ela estava contando a verdade.[14]

Anos depois, Hosty afirmou que nunca tinha duvidado da veracidade do relato de Odio — ela parecia acreditar no que dizia. "Ela não é dissimulada", observou. "Para ela, fazia sentido. Eu realmente creio que ela acredita ter visto Oswald." Mas Hosty tinha deparado com isso muitas vezes antes — testemunhas que ficavam confusas depois de um crime chocante e que acreditavam ter visto alguma coisa que não poderiam ter visto. Por fim, os problemas psiquiátricos de Odio levaram-no a desconsiderar sua história. Einspruch disse a Hosty que Odio sofria de "grande histeria, problema que na experiência dele era comum nas mulheres latino-americanas de classe alta". E Hosty achou que isso poderia explicar a confusão de Silvia Odio. Ele avaliou que Annie confirmara o relato da irmã por solidariedade familiar, não porque era verdade.

Nas semanas que se seguiram ao assassinato, Hosty teve muitos outros trabalhos a fazer e esqueceu a história de Silvia Odio. "Eu tinha uma pilha de outras pistas para seguir." Depois de tomar o depoimento dela, "eu meio que esqueci da existência de Odio".[15]

23.

ESCRITÓRIOS DA COMISSÃO
WASHINGTON, DC
FEVEREIRO DE 1964

Os relatórios do escritório de campo do FBI em Dallas sobre Silvia Odio foram enviados à equipe encarregada da "conspiração" — David Slawson e William Coleman. O FBI não deu a entender que os relatórios fossem particularmente importantes, mas Slawson, em especial, aproveitou-se deles.[1] Ele se lembra de ter lido sobre a moça de Dallas e de ter ficado empolgado com a ideia de que uma testemunha digna de credibilidade poderia colocar Oswald na companhia de cubanos anticastristas pouco antes do assassinato. Isso se encaixava numa das teorias conspiratórias que Slawson tratava com tanta seriedade.

Se, perguntava-se Slawson, a comissão determinasse que Castro não tinha nada a ver com o assassinato, seria possível que os mais inflamados adversários de Castro — os exilados cubanos anticastristas dos Estados Unidos — estivessem envolvidos, talvez como vingança por Kennedy não ter feito mais para derrubar o governo comunista de Havana? Ele tentou imaginar a teia conspiratória que poderia ligar os adversários de Castro ao assassinato de Kennedy. Sua teoria daquela conspiração era tão complicada que Slawson, apesar de todos os seus anos de estudo de física e de sua capacidade de apresentar os mistérios científicos do universo em termos que qualquer leigo poderia entender, achava difícil explicá-la a seus colegas de equipe. Ela conteria camadas de duplicidade — jogos duplos e até triplos feitos tanto por Oswald quanto pelos exilados anti-Castro com quem ele poderia ter encontrado.

Uma possibilidade: sabendo que Oswald era na realidade um franco defensor da revolução cubana, os exilados anticastristas poderiam ter armado para que ele levasse a culpa do assassinato, matando eles mesmos Kennedy e incriminando o americano ao colocar o rifle dele no Depósito de Livros Escolares do Texas. Outro cenário, ainda mais complexo: os anticastristas tinham mentido para Oswald, convencendo-o de que eles também defendiam Castro e que a melhor maneira de dar apoio ao governo cubano era matar Kennedy. Depois do assassinato, alguns grupos de exilados anticastristas tinham tentado provar que Oswald era de fato um agente de Havana e que o homicídio de Kennedy precisava ser retrucado imediatamente com uma invasão americana a Cuba. "Essa era a minha principal suspeita — de que a comunidade anticastrista, centrada sobretudo na Flórida, queria efetivamente incriminar Castro pelo assassinato, de modo a poder iniciar uma guerra", recordou-se Slawson. "Era isso que tornava a história de Silvia Odio tão interessante para mim."

Para a comissão, agora havia "as duas Silvias", como elas ficaram conhecidas nos escritórios. Havia Silvia Odio em Dallas e havia Silvia Duran na Cidade do México. O fato de ambas serem moças latinas exóticas e excepcionalmente atraentes não passou despercebido a Slawson e a seus outros colegas do sexo masculino.

De início, não havia muito o que Slawson pudesse fazer para investigar sozinho as alegações de Silvia Odio — ele só podia esperar que o FBI continuasse a investigação em Dallas, determinando especialmente a identidade dos dois latinos que teriam viajado com Oswald. Slawson disse, anos depois, que nunca tinha se concentrado no envolvimento ininterrupto de Hosty na investigação e em como isso poderia ter constituído um conflito de interesses. Ele declarou que não se recordava de ter notado o nome de Hosty em nenhum documento a respeito de Odio. Slawson e o restante da equipe da comissão ignoravam a censura de Hoover a Hosty e a diversos outros funcionários do FBI por suas falhas antes do assassinato.

Mas Slawson poderia fazer mais seguindo a pista dada por Silvia Duran. Desde cedo ele a considerara uma testemunha-chave em sua parte da investigação — "talvez a testemunha essencial" — considerando suas repetidas interações com Oswald no México. Como Helms havia recomendado, Slawson e Coleman planejaram ir ao México naquela primavera; durante a viagem, eles poderiam fazer pressão para conseguir conversar com Duran. Slawson leu os relatórios completos da CIA sobre Duran e estava ciente dos rumores de que ela era agente de inteligência — talvez do governo mexicano, talvez até do governo americano.

Slawson disse que nunca lhe foi explicado diretamente por que os oficiais da CIA e do FBI na Cidade do México não fizeram nenhum pedido para interrogar Duran eles mesmos, deixando isso a cargo da Dirección Federal de Seguridad, ou DFS, a brutal agência mexicana de espionagem. Isso complicava a investigação de Slawson, uma vez que os mexicanos não tinham entregado aos Estados Unidos nenhum tipo de transcrição do interrogatório de Duran. Em vez disso, enviaram apenas um resumo do que afirmaram que ela havia dito. Para Slawson, o resumo mais levantou questões do que respondeu.

Quando se tratava de imaginar teorias conspiratórias sobre o assassinato, Slawson sabia que era "um amador", como brincou depois. Inventar teorias estava efetivamente virando um negócio, e um negócio lucrativo. Marguerite Oswald e Mark Lane estavam no meio de sua turnê nacional de palestras, levantando dinheiro no caminho, e Lane planejava viajar pela Europa a fim de espalhar sua mensagem de que Oswald era inocente. Assim como seus colegas, Slawson disse que nunca se preocupou com Lane. "Era tão óbvio que ele mentia que eu nem conseguia imaginar que alguém fosse levá-lo a sério."

Na Europa, Lane encontraria uma plateia ainda mais ávida por teorias conspiratórias do que a dos Estados Unidos. A popular revista francesa *L'Express* tinha começado a publicar uma série de artigos de Thomas Buchanan, jornalista americano expatriado, sugerindo — a partir daquilo que posteriormente se descobriu não passar de indícios esparsos e confusos — que Kennedy havia sido morto por uma conspiração de magnatas de direita da indústria e comércio de petróleo do Texas. Com o tempo, Buchanan viria a dizer que Oswald e Ruby haviam se conhecido, e que Ruby tinha emprestado a Oswald o dinheiro de que precisava para reembolsar o Departamento de Estado por seus custos de viagem de volta aos Estados Unidos, em 1962. No final do inverno, Buchanan estava escrevendo um livro chamado *Quem matou Kennedy?* e já tinha editores interessados nos dois lados do Atlântico.

Nos Estados Unidos, Harold Feldman, da *Nation*, autor mais sério, continuava a sugerir que Oswald talvez tivesse sido informante do FBI.[2] Em fevereiro, Redlich redigiu um memorando detalhado afirmando que a reportagem de Feldman era "precisa o suficiente para merecer consideração". Redlich, ele mesmo autor de artigos publicados na *Nation*, achava que a revista levantava questões válidas sobre a aparente facilidade com que Oswald tinha recebido um novo passaporte ao retornar aos Estados Unidos, depois de sua deserção malograda para a União Soviética — fato que poderia sugerir algum elo secreto e de longa data entre Oswald e o Departamento de Estado ou a CIA. "De modo geral, é boa ideia estudar artigos como esse em vez de descartá-los por causa de suas inevitáveis incorreções factuais", escreveu Redlich. "Eles podem conter a semente de uma ideia que de outro modo poderíamos ignorar."

Redlich logo se tornaria ele próprio alvo de teorias conspiratórias. Em 12 de fevereiro, o *Tocsin*, um pequeno boletim de direita de Oakland, na Califórnia ("O Principal Semanário Anticomunista do Oeste"), publicou um artigo de primeira página sobre o trabalho de Redlich na comissão.[3] A manchete: "Agente Vermelho em Inquérito de Assassinato". Começava o artigo: "Um destacado membro de uma frente comunista é membro da equipe da Comissão Warren, que investiga o homicídio do presidente Kennedy. Seu nome é Norman Redlich, professor da Faculdade de Direito da Universidade de Nova York". O artigo sugeria que Redlich era espião esquerdista, chamando atenção para o fato de ele ter sido membro do Comitê de Emergência para as Liberdades Civis, um grupo de advogados sediado em Nova York que tinha sido taxado pelo FBI de ser fachada para atividades comunistas. O comitê foi organizado no começo da década de 1950 para defender pessoas sobre as quais a Comissão de Atividades Antiamericanas do Congresso lançava suspeitas de comunismo.

Em poucos dias, o deputado republicano John F. Baldwin, do norte da Califórnia, repassou uma cópia do artigo do *Tocsin* a Gerald Ford, seu colega republicano na Câmara. "Estou bastante preocupado com esse artigo sobre um homem que trabalha como consultor jurídico da Comissão Warren, da qual você é membro", escreveu Baldwin numa carta de reprimenda em 12 de fevereiro. "Talvez você queira fazer alguma coisa a respeito."[4]

No dia seguinte, Ford enviou uma resposta tensa a Baldwin: "Compartilho de sua preocupação com as alegações. [...] Estamos investigando". Ele observou para o colega que, quando a comissão se formou, "insisti, entre outros, que nenhum membro da equipe tivesse qualquer associação pregressa com grupos extremistas de qualquer tipo". Se Ford estava zangado, ele achava que tinha boas razões para isso. Apesar de sua insistência para que os membros da equipe não tivessem ligações políticas extremistas, de esquerda ou de direita, Redlich tinha sido contratado mesmo assim. Agora, como Ford podia ver, ele corria o risco de embaraçar-se com isso diante de seus colegas conservadores no Congresso.

Ford decidiu levantar informações por conta própria. Contatou a Comissão de Atividades Antiamericanas, na época chefiada pelo deputado Edwin Willis, democrata firmemente conservador da Louisiana, e pediu um relatório sobre Redlich.[5] Ford recebeu um memorando de duas páginas que listava as ligações de Redlich com grupos de defesa de liberdades civis e de direitos civis que a comissão considerava subversiva. Não era surpresa que Redlich tivesse sido alvo da ira da Comissão de Atividades Antiamericanas, uma vez que já tinha comparecido a diversas passeatas em Nova York para denunciar a comissão e seu trabalho.

As descobertas sobre Redlich eram a mais recente frustração de Ford para lidar com o presidente da Suprema Corte e a comissão. Apenas poucos dias antes, Ford tinha sido obrigado a responder a um furor provocado por desconcertantes comentários públicos de Warren no primeiro dia do testemunho de Marina Oswald. Indagado por repórteres no edifício VFW se a comissão tornaria pública a informação que ela e outras testemunhas tinham revelado, o presidente da Suprema Corte respondeu: "Sim, chegará a hora [...] mas pode não ser no tempo de vida de vocês. Não estou me referindo a algo em especial, mas poderá haver algumas coisas que envolvam segurança. Isso seria preservado, mas não tornado público".[6] A Associated Press citou uma declaração dele de que, se o testemunho da sra. Oswald revelasse segredos de Segurança Nacional, eles poderiam ter de ser ocultados por décadas — "e estou falando sério".

As declarações de Warren provocaram um alvoroço, uma vez que pareciam dar base aos argumentos dos teóricos da conspiração de que a comissão pretendia não revelar a verdade sobre o assassinato. O alvoroço chegou à equipe da comissão, e diversos dos advogados mais jovens se perguntavam do que estaria falando o presidente da Suprema Corte. Arlen Specter disse que sabia, no instante em que ouvira falar dos comentários, que Warren havia "prejudicado seriamente a reputação da comissão" e ameaçava "jogar uma pá de cal em cima de tudo que a comissão tinha feito".[7] Pelo que agora sabia sobre Warren, Specter achava que tinha entendido o que havia acontecido: o presidente da Suprema Corte tinha ficado desconcertado com as perguntas dos jornalistas e soltou algo que não queria, só para que eles parassem de pressioná-lo. Essa era "a maneira espontânea de evitar perguntas" de Warren, recordou-se Specter. O presidente da Suprema Corte não era "uma pessoa com presença de espírito".

A gafe resultou em zangados editoriais de jornais conservadores, que tinham sido hostis com Warren durante anos. O *Columbus Enquirer*, de Columbus, na Geórgia, afirmou que ele tinha "injetado uma nova nota sinistra" na investigação.[8] "As palavras de Warren poderiam minar a confiança do público", opinou o jornal num editorial, pedindo que a comissão "emitisse imediatamente uma declaração sobre o que ele quis dizer". O presidente da Suprema Corte foi denunciado em plena Câmara pelo deputado August Johansen, republicano de Michigan cujo distrito era próximo ao de Ford.[9] Acusava os comentários de Warren de "atingir o cerne do importantíssimo fator da confiança pública" na investigação.

Numa carta enviada a eleitores irados, Ford escreveu que ele também tinha ficado alarmado com aquilo que dissera Warren — e que o presidente da Suprema Corte estava simplesmente errado. "Posso assegurar, como membro da comissão, que todas as informações relativas à solene responsabilidade da comissão serão divulgadas assim que o relatório for publicado."

Amigos de Warren começaram a ficar preocupados, acreditando que ele tinha prejudicado seriamente a investigação. Lester Bernstein, editor sênior da *Newsweek*, ficou tão alarmado com a gafe que pediu a Katherine Graham, presidente da Washington Post Company, proprietária da revista, que lhe enviasse uma carta na Suprema Corte.[10] Ele sabia que ela era amiga próxima do presidente da Suprema Corte. Num tom que poderia ser interpretado como condescendente, Bernstein instava Warren a parar de falar com a imprensa. "Parece-me que o senhor está convidando a uma impressão indesejável — e desnecessária — ao discutir em público a investigação, mesmo cautelosamente, enquanto ela ainda está acontecendo", escreveu. "Lidar informalmente todos os dias com repórteres traz riscos de citações erradas, de equívocos e de exploração sensacionalista, elementos que, na minha opinião, estiveram todos presentes no recente clamor contra o senhor ter ou não ter dito que certas provas do caso seriam ocultadas 'enquanto vivermos'." Ele insistiu para que Warren contratasse um porta-voz experiente.

Numa carta separada a Warren que começava com "Caro presidente", a sra. Graham não discordava das avaliações de seu editor. "Acho-o muito inteligente e ele estava preocupado", escreveu, referindo-se a Bernstein. "Desculpo-me, e ele também, por ocupá-lo ainda mais. Isso foi algo que ele sentiu que precisava lhe dizer."

Warren respondeu a Graham, dizendo que as sugestões de Bernstein eram "muito apropriadas". A Bernstein, ele admitia numa carta que "você está certíssimo" e que tinha decidido mudar "minha relação com a imprensa, que tem sido na melhor das hipóteses delicada. A comissão estava realmente entre a cruz e a espada. Não queríamos nenhuma espécie de publicidade, mas durante algum tempo a pressão era quase histérica". Afirmou que suas palavras tinham sido mal interpretadas, mas não especificou de que maneira. "Apareci dizendo que parte dos testemunhos não seria liberada enquanto vivermos. Garanto que nada está mais distante de nossos desejos ou intenções."

Havia, na verdade, segredos que Warren pretendia guardar — talvez para sempre, certamente enquanto a investigação da comissão estivesse acontecendo. Muitos deles diziam respeito à vida privada de Marina Oswald.

Em 17 de fevereiro, uma segunda-feira, Hoover enviou uma carta confidencial a Rankin com a estranha — e, como logo se determinou, incorreta — notícia de que a jovem viúva talvez tivesse sido estuprada enquanto estava em Washington para dar seu testemunho à comissão.[11] O FBI soubera, por meio de um "informante confidencial", que talvez ela tivesse sido "submetida a ato sexual forçado" por James Martin, que administrava seus negócios, em seu quarto no Hotel Willard, escreveu Hoover. A história aparentemente tinha origem no cunhado de Marina, Robert, que a ouviu dela própria depois de seu regresso a Dallas.

Rankin reagiu imediatamente, convocando uma reunião naquele dia com Thomas Kelley, inspetor do Serviço Secreto que era o contato da agência com a comissão.[12] As implicações para o Serviço Secreto eram calamitosas, já que a sra. Oswald estava sob sua proteção em Washington. Como ela poderia ter sofrido violência sexual com os agentes do lado de fora da sua porta?

Rankin disse a Kelley que o Serviço Secreto precisava determinar de imediato se havia qualquer traço de verdade nisso. Kelley também estava chocado e "afirmou categoricamente que não tinha conhecimento" de nada parecido, Rankin lembrou. Sob o olhar de Rankin, Kelley pegou o telefone e ligou para o escritório regional do Serviço Secreto em Dallas e ordenou que um agente fosse de carro até a casa de Martin naquele instante para ver se Marina Oswald ainda estava lá.[13]

A resposta veio rapidamente: Marina tinha deixado a casa de Martin e fora morar com Robert Oswald. Dois dias depois, agentes do FBI em Dallas a entrevistaram e ela insistiu que não tinha havido estupro. Na verdade, disse, ela tinha consumado o ato uma única vez, em um romance de semanas com Martin. Isso ocorrera no dia 7 de fevereiro, sexta-feira, em seu quarto de hotel, depois de ela ter dispensado os agentes do Serviço Secreto naquela noite. Então, disse, Martin apareceu em seu quarto. "Tomei um banho e estava parcialmente vestida quando voltei ao quarto. Jim acabou de me despir, e logo depois disso tivemos uma relação sexual. Foi com meu consentimento, e eu não resisti."[14] Ela disse que tinha falado a Martin em Washington que, ainda que continuasse a recusar sua proposta de casamento, seria sua amante, mesmo enquanto continuasse morando com Martin e a esposa na casa deles.

Marina e Martin voltaram a Dallas — para a casa de Martin — naquele fim de semana. No domingo, durante uma visita ao túmulo do marido, Marina contou a Robert sobre seu encontro íntimo com Martin. Chocado, o cunhado insistiu para que ela rompesse imediatamente sua relação profissional com Martin e se mudasse para a casa dele, e ela concordou. Então ela deu um passo adiante e insistiu para que a esposa de Martin fosse informada de tudo que acontecera. "Sua esposa deveria saber toda a verdade", decidiu. Ela telefonou à sra. Martin naquela noite; como Martin estava ouvindo na extensão, Marina disse a ele que estava "encerrando seus serviços como administrador dos meus negócios e como meu amante".

O relato que ela fez ao FBI foi repassado à Comissão Warren. Ali, Rankin alarmou-se porque a jovem viúva — cuja credibilidade parecia essencial aos argumentos que a comissão elaborava contra seu marido — agora poderia ser tema de escândalo. Ele sabia que a história, se algum dia viesse a público, poderia demolir sem esforço a imagem que a comissão fizera dela como a mulher sem maldade que, em frangalhos, bravamente identificara o marido como assassino do presidente. Agora ela poderia ser retratada como uma ardilosa destruidora de lares.

A moralidade e a sinceridade de Marina estavam prestes a ser escrutinadas de modo ainda mais substancial. Robert Oswald era a próxima testemunha programada para depor em Washington e, antecipando-se a seu comparecimento, enviou à comissão uma cópia de um diário manuscrito que mantivera desde o assassinato. O diário continha um alarmante registro datado de um mês antes — domingo, 12 de janeiro. Naquele dia, escreveu Robert, ele e Marina planejavam visitar o túmulo de Lee, e ele foi à casa de James Martin para pegá-la. Antes de saírem, disse, Martin chamou Robert de lado e lhe revelou algo que ela tinha acabado de contar — que o marido tinha planejado matar o ex-vice-presidente Richard Nixon durante sua visita ao Texas em algum momento de 1963. No carro, Robert perguntou a Marina sobre a história de Nixon e ela a confirmou.

Para muitos membros da comissão, a revelação era um golpe novo e chocante na credibilidade de Marina. Ela não tinha contado a mais ninguém o plano para matar Nixon; com certeza ela não o tinha mencionado quando comparecera perante eles no início de fevereiro.

Ford ficou estupefato quando ficou sabendo do plano para matar Nixon. "Mas será possível que Marina tenha simplesmente esquecido esse incidente?", perguntava-se.[15] Ou será que ela poderia ter alguma razão sinistra para guardar esse segredo? "A Marina de muitos lados agora tinha mais um", disse.

Durante seu testemunho à comissão, Robert Oswald manteve perfeita compostura. Impressionou os membros com sua inteligência. "Lá estava um rapaz, vestido de maneira conservadora, de fala mansa, conscienciosamente tentando recordar incidentes da história de sua família de muitos anos atrás", recordou-se Ford. "Perguntei-me se eu mesmo conseguiria ser tão preciso se me fizessem perguntas como aquelas sobre a minha própria família."

Em seu testemunho, Robert disse que tinha relutantemente chegado à conclusão de que o irmão havia matado o presidente, e que o fizera sozinho.[16] Ele acreditava que Lee tinha a capacidade de usar um rifle e matar o presidente, ainda mais porque a comitiva presidencial passara devagar em frente ao Depósito de Livros Escolares do Texas. Como o irmão, Robert tinha sido fuzileiro naval, e sabia que Lee era considerado um competente atirador por seus treinadores militares. Os dois irmãos gostavam de caçar, e Robert disse que Lee lhe contara ter feito expedições de caça a pássaros enquanto vivia na Rússia.

Foram feitas a Robert perguntas detalhadas sobre a ameaça a Nixon, e ele repetiu o que tinha escrito no diário. Lembrou-se de como Marina tinha lhe contado, no dia da visita ao túmulo, que "Lee ia atirar no sr. Richard Nixon" quando ele esteve em Dallas num dia de 1963 e que ela o manteve "trancado no banheiro o dia inteiro" para impedi-lo. Robert não soube explicar por que ela não compartilhara essa história com a comissão.

Apesar das semanas de tensão entre Rankin e Hoover, os dois agora dividiam a mesma preocupação — Marina Oswald e seus segredos.

Em 24 de fevereiro, Rankin ligou para Hoover para discutir as novas revelações sobre a viúva de Oswald. Disse que estava preocupado com a divulgação do relacionamento ilícito dela com Martin, e perguntava a si mesmo se a constante insinceridade de Marina — referindo-se à descoberta tardia sobre o plano contra Nixon — significava que ela ainda tentaria fugir do país. Ele queria que o FBI a submetesse a vigilância agressiva, 24 horas por dia.

Hoover forneceu a seus assessores um memorando detalhado sobre a conversa telefônica: "O sr. Rankin disse que detestaria se ela fugisse de nós, o que é sempre uma possibilidade, ainda mais em Dallas, e cogitou uma operação em que a vigiaríamos e veríamos quem a visita por algum tempo".[17] Rankin, disse Hoover, pediu a opinião do diretor do FBI sobre o caráter de Marina e "se eu não achava estranho que Marina considerasse estar disposta a ser amante de Martin. [...] Eu disse que achava. Isso certamente mostra uma completa falta de caráter". Marina antes e Marina depois do assassinato "eram duas pessoas diferentes", Hoover declarou. Antes do assassinato do presidente, ela era "desleixada, nada atraente, mas alguém pegou-a e deu um jeito nela, e provavelmente isso tudo encheu sua cabeça de ideias". Os dois concordaram que havia um risco de que o namorico dela com Martin vazasse para algum jornalista e que isso minaria sua credibilidade. "As pessoas estão comentando lá em Dallas", advertiu Hoover.

Rankin e o diretor tinham um desprezo comum por Martin e James Thorne, ex-advogado dela. Os dois texanos tinham se recusado a aceitar a decisão de Marina de demiti-los; eles continuaram a insistir em sua porcentagem dos direitos sobre sua história. Rankin disse a Hoover que sabia que ela já assinara contratos com editoras e agências de notícias que já tinham lhe garantido "mais de 150 mil dólares, para que fique claro quanto dinheiro está em jogo".

"Isso não passa de uma sórdida extorsão", respondeu Hoover. "Esses dois indivíduos estão apenas fazendo tudo o que podem para tirar o máximo de dinheiro dela."

Rankin disse a Hoover que mantivesse Marina sob vigilância pelo tempo que achasse necessário. A comissão, segundo ele, queria determinar "que tipo de gente a visita quando ela não sabe que está sendo monitorada". Hoover recomendou que seus telefones fossem grampeados. O risco jurídico dos grampos seria baixo, uma vez que nunca haveria um julgamento em que sua existência pudesse ser revelada, disse. Em dias, oito agentes do FBI foram designados para a operação de monitoramento, que vigiaria Marina em sua casa e acompanharia seus movimentos por Dallas. Seu telefone foi grampeado. O FBI também entrou secretamente em sua casa recém-alugada e instalou microfones nas luminárias da sala de estar, na cozinha e no quarto.[18]

A próxima testemunha a comparecer à comissão era Martin, o amante rejeitado e ex-administrador dos negócios de Marina.[19] Ele usou seu testemunho para descrever a jovem russa viúva como pusilânime e gananciosa. Admitiu ter tomado parte numa campanha fraudulenta em nome de Marina "para criar na opinião pública a imagem de uma viúva de luto e de uma moça simples e perdida. Essa imagem não é verdadeira".

Warren tinha decidido de antemão que nada seria perguntado a Martin sobre seu romance com a sra. Oswald ou sobre seu encontro sexual em Washington. Mesmo assim, Warren permitiu que Martin fizesse uma acusação feroz sobre o caráter dela. "Ela é fria demais", disse, relatando à comissão que Marina havia demonstrado pouca tristeza em relação à morte do marido. A tristeza expressada por ela "não parecia verdadeira", afirmou Martin. "A coisa mais próxima de emoção que eu a vi demonstrar veio quando — cerca de uma semana depois de ela ter estado lá — ela viu uma foto de Jackie Kennedy." Ao ver a viúva do presidente, lágrimas escorreram dos olhos de Marina.

Martin lembrou-se de como Marina tentava se apresentar nas entrevistas como cristã devota, e que, como resultado, começaram a chegar pelo correio Bíblias em russo de presente. "Até onde sei, ela nunca leu uma página delas", disse. "Ela nunca abriu uma Bíblia." Mais ofensiva, sugeriu, era a maneira como ela zombava dos doadores bem-intencionados que enviavam pequenas quantias de dinheiro para ajudar a ela e as filhas: "Alguém mandava um dólar — sei lá, talvez fosse seu último dólar — e ela olhava e jogava a nota para o lado, dizendo: 'Ah, é só um dólar'". Ela era preguiçosa na casa da família Martin, deixando muitas vezes a esposa dele sozinha com as filhas dela, relatou. "Ela acordava entre dez e

O Air Force One, momentos depois de retornar à Base Aérea de Andrews, Maryland, vindo de Dallas, em 22 de novembro de 1963.

O presidente Lyndon Johnson rejeitou o conselho dos agentes do Serviço Secreto, que queriam que ele partisse do Aeroporto Love Field, em Dallas, no instante que subisse a bordo do Air Force One. O avião permaneceu em terra por mais 35 minutos, pois Johnson esperou a chegada de Jacqueline Kennedy e do caixão com o corpo do marido. A sra. Kennedy subiu logo depois que o caixão foi levado a bordo. Johnson então prestou formalmente o juramento, cena presenciada pela sra. Kennedy — ainda com as roupas respingadas de sangue que vestia no carro da comitiva — e por Lady Bird Johnson.

Biblioteca LBJ, foto de Cecil Stroughton

O presidente da Suprema Corte Earl Warren e sua esposa, Nina, no dia seguinte ao assassinato, diante da Casa Branca, aonde foram com outros membros da Suprema Corte para visita ao caixão do presidente no Salão Leste. No domingo, 24 de novembro, Warren, diante da sra. Kennedy e de sua filha, Caroline, proferiu um elogio fúnebre a Kennedy na rotunda do Capitólio, onde o caixão estava exposto para visitação pública.

O procurador-geral Robert Kennedy detestava o presidente Johnson, mas concordou em permanecer no cargo. Os dois, mostrados na Casa Branca em outubro de 1964, foram os funcionários do mais alto escalão do governo a não serem chamados para depor perante a Comissão Warren. ABAIXO: Kennedy e a esposa, Ethel, deixam a nova casa de Jacqueline Kennedy em Georgetown, depois de ajudá-la a se mudar, em 6 de dezembro de 1963.

Os Kennedy a bordo do iate da Guarda Costeira *Manitou*, velejando na baía de Narragansett, em 8 de setembro de 1962. A sra. Kennedy pode ser vista lendo a respeitosa biografia de Kennedy escrita por William Manchester, *Portrait of a President*, enquanto fuma.

À ESQUERDA: Embora Kennedy tivesse exigido a renúncia do diretor da CIA, Allen Dulles, como resultado do desastre da Baía dos Porcos em 1961, manteve-se amigo dele, visto aqui (à esquerda) em 27 de setembro de 1961, no anúncio de seu sucessor na agência de inteligência, o industrial californiano John McCone (à direita).

O embaixador nas Nações Unidas Adlai Stevenson (ao centro) é cercado por policiais depois de ser golpeado na cabeça com um cartaz por um manifestante anti-ONU em Dallas, em 25 de outubro de 1963. O incidente, um mês antes do assassinato, foi outro exemplo da hostilidade enfrentada por visitantes políticos proeminentes à conservadora Dallas. ABAIXO: Na manhã de seu assassinato, Kennedy disse à esposa que estavam "indo para o território dos malucos" depois de ver um anúncio no *Dallas Morning News* com moldura preta e o título "Bem-vindo, sr. Kennedy"; nele, seu governo era acusado de ser "tolerante com comunistas, simpatizantes e esquerdistas radicais nos Estados Unidos". Nas ruas surgiram panfletos retratando Kennedy como "Procurado por traição", numa imitação de cartaz de polícia.

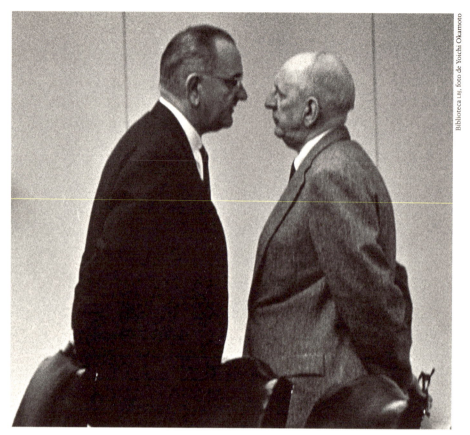

O presidente parece estar aplicando "o tratamento Johnson" ao seu mentor político, senador Richard Russell, da Geórgia, na Sala do Gabinete da Casa Branca em 12 de dezembro de 1963, três semanas depois do assassinato.

O presidente Johnson se encontra com o presidente da Suprema Corte Earl Warren numa fotografia sem data. Johnson convenceu o relutante Warren a chefiar a comissão, advertindo-o de que, se não o fizesse, poderia ser responsável por uma guerra nuclear em que morreriam dezenas de milhões de americanos.

Johnson é entrevistado no gramado da Casa Branca em 16 de abril de 1964 pelo poderoso colunista e especialista em escândalos Andrew "Drew" Pearson, amigo íntimo do presidente da Suprema Corte Warren.

A hostilidade entre o diretor do FBI J. Edgar Hoover e o procurador-geral Robert Kennedy não era segredo para seus auxiliares. Foi Hoover quem — numa breve ligação telefônica minutos depois de soarem os tiros na Dealey Plaza — deu a Kennedy a notícia de que seu irmão fora baleado. Nesta foto, os dois são vistos numa cerimônia na Casa Branca em 7 de maio de 1963.

Johnson se reúne no Salão Oval com Richard Helms, o agente de inteligência indicado pelo presidente para dirigir a CIA. Helms mais tarde admitiria que havia embargos à sua promessa de cooperação plena com a Comissão Warren; ele reconheceu não ter contado nada à comissão sobre os complôs da CIA para matar Castro.

Um retrato formal dos membros da Comissão Warren, tirado na sala de audiências em Washington, DC, sede dos Veteranos de Guerras no Exterior, onde a comissão tinha seus escritórios. Da esquerda para a direita: deputado Gerald R. Ford de Michigan, deputado Hale Boggs da Louisiana, senador Richard B. Russell da Geórgia, presidente da Suprema Corte Earl Warren, senador John Sherman Cooper, ex-presidente do Banco Mundial John McCloy, ex-diretor da CIA Allen Dulles, e o conselheiro-geral da comissão J. Lee Rankin.

À ESQUERDA: J. Lee Rankin, conselheiro-geral da comissão e ex-procurador, chefiou os advogados contratados para a investigação, que foram divididos em duplas, compostas de um consultor sênior e um parceiro júnior. Na maioria dos casos, os advogados juniores fizeram o grosso do trabalho. À DIREITA: Norman Redlich, professor de direito na Universidade de Nova York, foi o principal autor e editor do relatório final. A decisão de Rankin de contratar Redlich, que, segundo o FBI, era ligado a grupos de esquerda considerados subversivos pelo bureau, criaria um furor entre os membros da comissão.

A equipe de advogados da comissão se reúne para um retrato do grupo nos escritórios da sede nacional dos Veteranos de Guerras no Exterior. Fila da frente, da esquerda para a direita: Alfred Goldberg, Norman Redlich, J. Lee Rankin, David Slawson (de óculos), Howard Willens (sem óculos), David Belin. Segunda fila: Stuart Pollak, Arlen Specter, Wesley Liebeler (de cigarro na mão), Samuel Stern, Albert Jenner, John Hart Ely e Burt Griffin.

David Slawson, um dos advogados juniores, em pé ao lado do presidente da Suprema Corte Warren. Slawson foi o investigador-chave da comissão sobre a questão de uma possível conspiração estrangeira. À DIREITA: Arlen Specter, efetivamente abandonado pelo seu parceiro "sênior" na reconstituição dos acontecimentos do dia do assassinato, viria a se tornar conhecido como o "pai da teoria da bala única".

NO ALTO, À ESQUERDA,: David Belin foi o parceiro júnior da dupla responsável por identificar o assassino — presumivelmente, Oswald. NO ALTO, À DIREITA: Burt Griffin, advogado júnior da equipe que investigou o passado de Jack Ruby. ACIMA (da esquerda para a direita): Alfred Goldberg, historiador da Força Aérea, ajudou a esboçar e redigir o relatório; Melvin Eisenberg, assessor de Redlich, se tornou o perito interno em criminologia e pôde derrubar muitas das teorias conspiratórias; Joseph Ball, o advogado sênior da equipe encarregada de determinar o assassino, foi elogiado por seu trabalho duro. AO LADO: Richard Mosk preparou estudos sobre a pontaria de Oswald e seus hábitos de leitura surpreendentemente sofisticados.

Todas as fotos nesta página são cortesia do espólio de David Belin

NO ALTO, À ESQUERDA: William Coleman, advogado sênior da equipe da "conspiração", era um estrategista jurídico fundamental do movimento dos direitos civis; aqui, ao lado de Martin Luther King. NO ALTO, À DIREITA: Francis Adams, ex-comissário de polícia da cidade de Nova York, abandonou a investigação. ACIMA (da esquerda para a direita): Leon Hubert, ex-promotor de New Orleans, deixou a equipe da comissão bem cedo, zangado com a pouca atenção que estava sendo dada à sua investigação de Jack Ruby; Albert Jenner foi o advogado sênior na investigação da história de vida de Oswald; Samuel Stern foi o único investigador incumbido de estudar o histórico da proteção ao presidente e o desempenho do Serviço Secreto. AO LADO: Julia Eide era a inteligente e intimidadora secretária de Rankin.

NO ALTO, A PARTIR DA ESQUERDA (em sentido horário): Marina Oswald em Minsk; Marina e Lee em Minsk; os Oswald com a bebê June no Texas; certificado do Corpo de Fuzileiros Navais falsificado de Oswald (em nome de Alex Hidell); Oswald com rifle e pistola em New Orleans, 1963.

NO ALTO, A PARTIR DA ESQUERDA (em sentido horário): Oswald em uniforme do Corpo de Fuzileiros Navais; cartão de identidade falsificado de Oswald (em nome de Alex Hidell); Oswald e amigos na Rússia, inclusive Ella German, que se recusou a casar com ele, atrás, à direita; Oswald com colegas trabalhadores em Minsk; Oswald distribui panfletos "Tirem as mãos de Cuba" em New Orleans, em 1963.

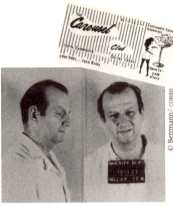

ACIMA, À ESQUERDA: Jack Ruby, "anfitrião" da boate burlesca Carousel Club, era conhecido em Dallas por seus esforços agressivos de cortejar a polícia e repórteres. Ruby posa com três atrizes da boate. ACIMA, À DIREITA: Cartão de visitas de Ruby; uma foto policial tirada depois de sua prisão pelo assassinato de Oswald; a rampa que se acredita que Ruby usou para ter acesso ao subsolo da central de polícia de Dallas e matar Oswald. ABAIXO: No domingo, 24 de novembro, Ruby matou Oswald ao vivo em rede nacional de TV, forçando passagem por uma multidão de repórteres e câmeras para disparar sua pistola à queima-roupa.

onze da manhã todo dia. [...] A única tarefa doméstica que ela fazia era lavar a louça de noite, e às vezes ela passava aspirador."

Martin admitiu que ele soubera da ameaça a Nixon e que a aconselhara a ficar quieta. "Não ande por aí dizendo um negócio desses às pessoas", falou. Ele receava que a credibilidade dela pudesse ser ainda mais prejudicada se os investigadores descobrissem — depois de todas as outras mentiras dela — que ela não tinha compartilhado informações sobre mais um plano do marido para assassinar uma figura pública proeminente.

Norman Redlich tomou parte no questionamento de Martin. Independentemente do desprezo que sentia pela testemunha, Redlich suspeitou que ele estivesse dizendo a verdade — que Marina Oswald não era quem parecia ser. "Como indicado pelo testemunho de Martin, há uma forte possibilidade de que Marina Oswald seja na verdade uma pessoa muito diferente — fria, calculista, avara, desdenhosa da generosidade e capaz de extrema falta de empatia nos relacionamentos pessoais", escreveu a Ranking num memorando datado de 28 de fevereiro.[20] Ele disse que talvez isso ajudasse a comissão a entender por que Oswald matou Kennedy. "Se Lee Oswald foi o assassino, o caráter e a personalidade de sua esposa devem ser considerados relevantes para que estabeleçamos o motivo. Há muitas explicações possíveis para o assassinato — uma trama estrangeira ou doméstica, a insanidade de Oswald ou suas motivações políticas." Outra possibilidade, escreveu, era que "Oswald era uma pessoa com perturbações mentais, com delírios de grandeza, levada a cometer esse ato por uma esposa que se casou com ele por razões egoístas, que o tratava mal em público, implicava com suas inadequações e levou-o a provar-lhe que ele era o 'grande homem' a que aspirava ser".

"Nem você nem eu desejamos manchar a reputação de qualquer indivíduo", disse a Rankin. "Não podemos, porém, ignorar que Marina Oswald repetidas vezes mentiu ao Serviço Secreto, ao FBI e a essa comissão sobre assuntos que são de interesse vital para o povo deste país e do mundo."

A pedido da comissão, o FBI também continuava sua operação de monitoramento de Mark Lane. Por intermédio de suas fontes no FBI, Ford reuniu suas próprias informações sobre Lane. Em 12 de fevereiro, ele teve outra reunião com Cartha DeLoach, assistente de Hoover, para discutir o trabalho da comissão. Dois dias depois, DeLoach escreveu a Ford anexando "um memorando, no qual você especificamente indicou ter interesse".[21] O memorando de três páginas, datilografado em papel comum, não no oficial do FBI, era um resumo daquilo que o bureau sabia sobre Lane, incluindo suas ligações com grupos de esquerda que o bureau taxava de frentes comunistas. Havia detalhes de seu histórico matrimonial e de sua vida sexual. "Aparentemente era de conhecimento geral nos círculos políticos de Nova York que Mark Lane e uma jovem solteira mantiveram uma íntima relação sexual durante 1960 e 1961 e que viveram juntos", dizia o memorando. No FBI de Hoover em 1964, o caso de um homem solteiro com uma mulher solteira era um fato digno de registro.*

---

* Lane disse saber que o FBI e outras agências do governo o haviam colocado sob vigilância, numa tentativa de reunir informações depreciativas sobre sua vida privada. Depois que ele começou a falar sobre o assassinato de Kennedy, passou a ser rotineiramente abordado por autoridades da imigração dos Estados Unidos quando voltava de viagens internacionais. Ele revelou que o incidente que mais o ofendeu foi ter sido temporariamente detido, em 1964, no aeroporto de Nova York — cujo nome acabara de ser trocado para John. F. Kennedy International Airport. "Não me permitiram entrar na minha cidade natal" sem embaraços. O fato de o FBI se esforçar para coletar informações depreciativas sobre sua vida — com o intuito de dividi-las com os membros da comissão — deixava Lane orgulhoso: "Fizeram o mesmo com Martin Luther King". (Entrevista de Lane.)

24.

ESCRITÓRIOS DA COMISSÃO
WASHINGTON, DC
MARÇO DE 1964

Principal investigador da comissão no Serviço Secreto, Sam Stern não precisou de muito tempo para perceber que o presidente Kennedy tinha sido um alvo fácil no Texas — o Serviço Secreto não havia feito nem perto do necessário para protegê-lo numa cidade onde se podia esperar violência.[1] Stern pôs-se a ler clippings de jornais antigos sobre a viagem de Adlai Stevenson a Dallas, em outubro. Na ocasião, Stevenson, embaixador americano na ONU, foi agredido com um cartaz na cabeça por uma mulher que estava numa manifestação anti-ONU. Ele leu também sobre o incidente em 1960 no qual Lyndon Johnson e Lady Bird Johnson foram alvo de escárnio e cusparadas no saguão do Adolphus Hotel. Apesar disso, naquela mesma cidade, o Serviço Secreto organizara um desfile no qual o presidente Kennedy e a primeira-dama passariam lentamente em carro aberto pelas multidões. No caminho traçado, eles passariam por diversos prédios altos, nos quais seria facílimo para um assassino posicionar-se e acertar o presidente com um tiro — aparentemente um assassino havia feito exatamente isso.

Ao contrário de outros jovens advogados da equipe da comissão, Stern só precisou de algumas semanas para compreender a fundo sua parte na investigação. Aquilo que descobriu em sua pesquisa sobre o Serviço Secreto não era nada animador, mas não era difícil de entender. O órgão era, em suas palavras, "das antigas, desatualizado", e os agentes que protegiam o presidente tinham uma "mentalidade policial" que não conseguiria se antecipar sequer a um assassino tosco.

O fato de Kennedy sempre ter cortejado o perigo em suas aparições públicas também não ajudava muito. Ele insistia em estar sempre acessível às multidões, frequentemente alarmando a equipe do Serviço Secreto ao ultrapassar os perímetros de segurança para apertar a mão de simpatizantes. Quando estava numa comitiva lenta, ele preferia que os agentes do Serviço Secreto andassem ao lado da limusine presidencial, em vez de permanecer de pé em suportes especiais nas laterais do veículo. Kennedy não queria que eles ficassem perto a ponto de dar a impressão de que ele tinha algo a temer.

Era uma coincidência funesta que a lei que criara o Serviço Secreto dos Estados Unidos tivesse chegado à mesa do presidente Lincoln na Casa Branca em 14 de abril de 1865 — dia de seu assassinato.[2] O Serviço Secreto foi estabelecido inicialmente como o braço antifalsificações do Departamento do Tesouro, que, após a Guerra Civil, lutava contra uma maré de dinheiro falso. Em 1901, um autoproclamado anarquista atirou no presidente William McKinley, e as responsabilidades do Serviço Secreto logo foram ampliadas, passando a incluir a proteção do presidente. Na virada do século, nenhum outro órgão federal de polícia era capaz de cumprir essa tarefa; passariam ainda sete anos até que o governo federal criasse o órgão que viria a ser o FBI.

Stern ficou assustado com boa parte daquilo que descobriu sobre a inadequação dos procedimentos que o Serviço Secreto tomava em relação às viagens para fora de Washington, a começar pelo uso habitual de limusines abertas. A limusine usada em Dallas — um Lincoln Continental 1961 conversível de quatro portas, chamado pelo Serviço Secreto pelo codinome "X100" — não oferecia a seus passageiros nenhuma espécie de proteção contra um atirador que atacasse de cima.[3] Um teto de plástico transparente poderia ser acoplado à limusine a fim de permitir que as multidões vissem o presidente em caso de mau tempo, mas o teto protegia contra a chuva e as temperaturas extremas — não contra tiros. "Ele não foi projetado para ser à prova de balas, nem é", escreveu Stern a Rankin.[4] Durante pelo menos três anos antes do assassinato, o Serviço Secreto procurou alguma empresa capaz de produzir um teto de plástico à prova de balas. (As especificações propostas pediam "proteção razoavelmente boa contra revólver calibre .45 disparado a uma distância de três metros".) O teto de plástico transparente foi levado a Dallas em 22 de novembro, mas não foi utilizado. A previsão do tempo era de um dia atípico para a época, quente e ensolarado.

Stern teve dificuldades para saber por onde começar a listar os outros deslizes do Serviço Secreto. O órgão, como descobriu, não adotava a prática de inspecionar prédios ao longo do trajeto das comitivas, com uma exceção: a cada quatro anos, eram inspecionados os prédios ao longo da rota do desfile presidencial inaugural em Washington, DC. Quando Stern perguntou por que as inspeções de prédios não eram rotina em todos os lugares, o Serviço Secreto respondeu que não dispunha de pessoal para realizar inspeções em cada uma das dúzias de cidades que o presidente poderia visitar a cada ano. "Não é viável inspecionar centenas de prédios e milhares de janelas", disse à comissão.

Mas por que, perguntou Stern, o Serviço Secreto não poderia ao menos inspecionar os prédios que oferecessem "os pontos mais estratégicos para um assassino" numa rota de comitiva? E por que alguns agentes não poderiam "passar um pente-fino em alguns prédios aleatórios imediatamente antes de a comitiva passar?". Um pente-fino no Depósito de Livros Escolares do Texas talvez tivesse encontrado Lee Harvey Oswald sentado com um rifle na janela do sexto andar.

Havia outras precauções simples que o Serviço Secreto poderia ter tomado e não tomou. Stern se perguntava por que o órgão não posicionava agentes de binóculo ao longo das rotas em que o presidente passaria para vigiá-las. Por que o Serviço Secreto não pedia aos responsáveis pelos edifícios localizados no trajeto de uma comitiva que ficassem atentos à presença de estranhos, ou que lacrassem temporariamente as janelas?

Ele ficou chocado, como disse, ao ver parte das filmagens televisivas do dia do assassinato. Assim como as multidões que tomavam as ruas, os policiais de Dallas foram contagiados pela empolgação de poder ver de relance o presidente e a primeira-dama. Eles não estavam olhando para cima em busca de ameaças, sobretudo para os prédios acima. "Foi horrível", disse Stern. "Se você assiste às imagens, os policiais de Dallas estão olhando para Kennedy durante todo o trajeto. Ninguém está conferindo os telhados. Ninguém está observando os edifícios. E mesmo assim lá estava Oswald, sentado numa janela aberta."[5]

Em Washington, a inadequação dos métodos usados pelo Serviço Secreto para identificar assassinos em potencial beirava o risível. O órgão tinha uma unidade especial, a Protective Research Section (PRS) [Seção de Pesquisa Protetora], cuja atribuição era manter uma minuciosa lista de pessoas de todo o país que poderiam apresentar algum risco para o presidente em suas viagens.[6] Stern descobriu que a lista, na época com 50 mil nomes, era composta quase integralmente de pessoas que tinham enviado cartas ou pacotes ameaçadores à Casa Branca, ou que haviam feito ligações ameaçadoras à central telefônica da Casa Branca. A PRS mantinha um "arquivo de viagens" separado com cerca de cem pessoas consideradas particularmente perigosas, mas uma busca no arquivo antes da viagem de Kennedy ao Texas não encontrou nenhum residente da região de Dallas na lista — uma surpresa, pensou Stern, considerando o ataque a Stevenson um mês antes. Era absurdo. "Se algum iletrado em Dallas não se desse ao trabalho de escrever uma carta ameaçadora à Casa Branca, mas saísse por aí dando pauladas na cabeça de Adlai Stevenson, não estaria na lista."

O Serviço Secreto contatava o FBI quando o presidente viajava. Era rotina nos escritórios regionais do FBI receber pedidos para alertar o Serviço Secreto caso soubessem de ameaças em cidades que o presidente planejava visitar, e isso aconteceu antes da visita de Kennedy a Dallas. O escritório de campo de Dallas deu ao Serviço Secreto uma lista de nomes dos residentes locais que atendiam aos critérios de risco potencial do FBI; o nome de Oswald não constava dela.

Na equipe da comissão, caberia a Stern emitir o juízo inicial sobre se o escritório do FBI em Dallas — e, de modo mais específico, o agente especial James Hosty — tinha violado as orientações do bureau ao não repassar o nome de Oswald ao Serviço Secreto. Como não é de surpreender, o Serviço Secreto parecia ansioso para culpar o FBI pelo que tinha acontecido. Em 20 de março, Stern entrevistou Robert Bouck, diretor da Seção de Pesquisa Protetora. Bouck disse que o FBI deveria ter alertado o Serviço Secreto sobre Oswald, ainda mais considerando sua malograda deserção para a Rússia e seu treinamento com armas como fuzileiro naval. Stern não estava tão convencido assim. Independentemente de suas posições políticas radicais, Oswald não tinha histórico de violência, e não havia registro dele fazendo nenhum tipo de ameaça a Kennedy ou a qualquer outra figura política. Hosty sabia desde antes do assassinato que Oswald trabalhava no Depósito de Livros Escolares do Texas, mas Stern achou compreensível que o agente do FBI não tivesse relacionado de imediato o prédio e o trajeto da comitiva que

Kennedy seguiria em 22 de novembro. O trajeto tinha sido divulgado na noite de 18 de novembro.

Stern lamentava por Hosty, cuja carreira no FBI estava obviamente em frangalhos. "Eu não achava que Hosty devia ser condenado por causa disso", disse ele posteriormente.[7] "Eu conseguia entender por que um ocupado agente local do FBI não veria Oswald como uma ameaça imediata." Stern também não achava que os agentes do Serviço Secreto no Texas que tinham saído para beber na noite anterior ao assassinato deveriam ser submetidos a medidas duras, que acabariam com suas carreiras. Drew Pearson, amigo de Warren, e outros jornalistas à cata de denúncias em Washington estavam tentando transformar aquilo num escândalo. "Mas não lembro de ficar chocado, nem de pensar que aquilo fosse tão terrível ou que Kennedy teria se importado se tivesse ficado sabendo", disse Stern. Ele decerto não pensava que o episódio da bebedeira merecia uma atenção especial no relatório final da comissão. "Acho que a história fala por si mesma, não precisa de hipérboles", declarou.

O presidente da Suprema Corte Warren chegaria a outra conclusão.

Ex-assistente jurídico do presidente da Suprema Corte, Stern, então com 33 anos, tinha uma visão particular de Warren, e os outros advogados da comissão com frequência lhe faziam perguntas sobre como tinha sido trabalhar para ele na Suprema Corte. Depois de diplomar-se em direito em Harvard em 1952, Stern tinha sido assistente jurídico do juiz de um tribunal federal de apelação em Washington, e depois foi contratado por Warren em 1955. Stern e outro assistente jurídico de Warren foram instalados num escritório ao lado da sala de conferências, o que significava que eles conseguiam ouvir os juízes discutindo os processos. Após a empolgação inicial de ter sido contratado para trabalhar na Suprema Corte, Stern ficou desapontado por não ter mais oportunidades para interagir com Warren. Ao contrário de outros juízes, o presidente da Suprema Corte tendia a não criar laços para a vida toda com seus assistentes. "Ele era muito caloroso, mas era uma espécie de afabilidade política", disse Stern. "Nunca me senti próximo dele pessoalmente." Era nos fins de semana em que todos iam para o escritório pôr o trabalho em dia que Warren chegava mais perto de ter uma relação próxima com os assistentes jurídicos. "Warren às vezes chegava na tarde de sábado, sentava e contava histórias de guerra da política da Califórnia dos velhos tempos." Durante essas conversas, recordou-se Stern, Warren deixava clara sua aversão a Richard Nixon, que, na visão dele, tinha-lhe custado suas chances para a Casa Branca.

Stern percebia como eram fortes os sentimentos de Warren por Kennedy.[8] No início do governo Kennedy, Stern compareceu a uma reunião de Warren com seus antigos assistentes jurídicos. A festa aconteceu no Metropolitan Club, um clube masculino de elite próximo da Casa Branca, e o presidente apareceu como convidado surpresa. "Kennedy veio, apertou a mão de todo mundo e disse ao presidente da Suprema Corte que respeitava muito seu trabalho, e Warren ficou todo sorrisos", recordou-se Stern. "Ele se rejubilou com isso."

Warren, como veio a crer Stern, "teria sido um ótimo presidente". Qualquer que tenha sido seu legado na Suprema Corte, foi "meio que um desperdício" que Warren tenha terminado ali, e não na Casa Branca. Ele não era um grande pensador ou estudioso do direito, mas era um político extraordinário — um verdadeiro líder, acreditava Stern. Warren tinha magnetismo e um senso de propósito e dignidade que faziam com que as pessoas desejassem comprometer-se e sacrificar-se para ajudá-lo. "Ele tinha a capacidade de reunir grupos opostos", disse Stern.

Como esperara, Stern teve pouco contato com o presidente da Suprema Corte na comissão. À distância, porém, ele ficou preocupado com a saúde de Warren. Ele o via nos escritórios da comissão no edifício vfw e "ele parecia doente, encatarrado", lembrou Stern. "Fiquei preocupado." Ele notava que a dupla função de Warren, na Suprema Corte e na comissão, tinha começado a desgastá-lo fisicamente, ainda que ele continuasse a aparecer regularmente nos escritórios da comissão toda manhã, antes de descer a rua e vestir sua toga preta para começar um dia inteiro na Corte.

25.

GABINETE DO DEPUTADO GERALD R. FORD
CÂMARA DOS REPRESENTANTES
WASHINGTON, DC
MARÇO DE 1964

Gerald Ford queria que Marina Oswald fosse tratada com dureza. Ford certamente estava sendo incentivado por seus conselheiros políticos e por alguns ferozes assessores anticomunistas a não descartar uma conspiração envolvendo a União Soviética ou Cuba, e as muitas mentiras da viúva de Oswald geraram novos receios de que ela estivesse ocultando provas de uma conspiração. Ele sabia que alguns investigadores da comissão suspeitavam que Marina talvez fosse uma agente "adormecida" de Moscou. Talvez ela não conhecesse de fato os planos do marido para matar Kennedy, mas ela poderia ter sido mandada aos Estados Unidos para dar cobertura e apoio a Oswald enquanto ele executava o plano secreto — qualquer que fosse — do Kremlin. Isso explicaria por que eles se casaram tão rápido depois de se conhecer, e por que receberam permissão para deixar a Rússia.

Em março, Ford escreveu a Rankin para recomendar que a viúva de Oswald fosse interrogada mais uma vez, agora com o uso de um detector de mentiras, na esperança de que ela ficasse intimidada e finalmente contasse toda a verdade.[1] "Se ela se dispusesse a fazer um teste com o polígrafo, isso ajudaria muito a satisfazer o interesse do público nessa questão toda", escreveu Ford. "Já sabemos que ela não 'ofereceu' uma série de informações que desde então surgiram. [...] Talvez ela não esteja 'oferecendo' tudo que sabe sobre os estudos, as atividades e os relacionamentos de Oswald com os soviéticos." Como muitos outros advogados da equipe, ele receava que a comissão não viesse a conhecer a verdadeira razão da ida de Oswald à Cidade do México — mas que Marina conhecesse. "Ela parece saber mais sobre a ida ao México do que nos disse." Ele recomendou que outras testemunhas passassem pelo detector de mentiras "onde quer que os registros apontem incoerências ou a ausência de total franqueza".

Ford continuava a exasperar-se com a liderança de Warren na comissão. O presidente da Suprema Corte nunca era indelicado com Ford e com os demais membros, mas era "brusco" e nunca os tratava como iguais, segundo Ford.[2] "Ele tomou algumas decisões que, ao menos nos primeiros meses, foram unilaterais." Warren "delegava poder demais a si mesmo" e "nada podia desviar-se de seus horários e de seu roteiro". Astro do futebol americano na Universidade de Michigan na década de 1930, Ford usou uma analogia do futebol americano para descrever o presidente da Suprema Corte: "Ele nos tratava como se fôssemos parte do time, mas ele era o capitão e o *quarterback*".

Quaisquer que fossem suas diferenças, o presidente da Suprema Corte tinha de admitir que Ford estava entre os membros mais diligentes da comissão, talvez o que trabalhasse mais duro, tirando o próprio Warren. O senador Russell tinha essencialmente desaparecido da investigação, e os dois outros parlamentares — o senador Cooper e o deputado Boggs — tinham registros de presença irregulares. Ford, porém, fazia questão de estar presente para ouvir o testemunho de quase todas as testemunhas importantes. Suas perguntas eram sempre bastante ponderadas e refletiam sua leitura atenta das provas.

Ford tinha reunido uma equipe de conselheiros de fora para ajudá-lo a preparar essas perguntas; os registros de Ford sugerem que ele nunca compartilhou esse fato com a comissão. O presidente da Suprema Corte e os demais membros bem poderiam ter ficado perturbados se descobrissem que Ford permitiu que um grupo de amigos e de conselheiros — alguns sem habilitação de segurança — lesse documentos delicados dos arquivos da comissão.

Ford pediu auxílio a três homens em particular. John Stiles, um de seus amigos mais antigos de Grand Rapids, Michigan, e coordenador de sua campanha em sua primeira disputa por uma vaga de deputado em 1948, acompanhava o trabalho da comissão diariamente, preparando longas listas de perguntas para Ford fazer às testemunhas.[3] Ford também pediu ajuda ao ex-congressista republicano John Ray, de Nova York, advogado formado por Harvard que decidira renunciar à sua cadeira na Câmara um ano antes. Depois, Ford recrutou Francis Fallon, jovem eleitor de Grand Rapids que estava estudando na Escola de Direito de Harvard, para examinar as provas.

Ford compartilhava documentos da comissão com seus três conselheiros quase na mesma hora em que o material chegava à mesa de seu escritório na Câmara. Quando os advogados da comissão viajaram a Dallas depois do julgamento de Ruby e começaram a tomar depoimentos das testemunhas lá, Ford pediu que cópias de todas as transcrições fossem enviadas a seu escritório "para que eu permanecesse inteiramente a par dos desenvolvimentos". Depois, compartilhou os depoimentos com seu trio de conselheiros.

Os memorandos que os conselheiros de Ford lhe enviavam muitas vezes não traziam assinatura nem rubrica, o que sugere o quão próximo ele era dos autores. Ele levava a sério seus conselhos, e com frequência convertia integralmente seus memorandos em cartas que mandava com seu próprio nome, em papel do Congresso, a Rankin, com longas listas de tarefas para a equipe da comissão. Em março, Ford passou a Rankin uma lista com inúmeras perguntas detalhadas que ele gostaria de ver respondidas pelas testemunhas que estavam na Dealey Plaza e na cena do assassinato do oficial Tippit.

Os conselheiros de Ford também prepararam listas de questões complementares para a equipe, motivadas pelos depoimentos das testemunhas. Depois que Mark Lane compareceu perante a comissão em março, Ford recebeu uma lista de três páginas com todas as alegações de encobrimento de Lane, tiradas página a página de uma transcrição de seu depoimento.[4] Ao lado de cada alegação havia um quadradinho para Ford e sua equipe marcarem, caso os fatos de Lane pudessem ser corroborados. (Uma cópia da lista guardada nos arquivos de Ford mostrava que nem um único quadradinho fora marcado.)

Ford também procurava os conselhos especializados de colegas da Câmara que eram médicos ou que tinham algum outro treinamento médico, e que poderiam esclarecer-lhe sobre os registros do hospital de Dallas e do relatório da autópsia. O deputado James D. Weaver, da Pensilvânia, cirurgião aposentado da Força Aérea que tinha começado uma segunda carreira na política republicana, examinou as provas médicas a pedido de Ford e escreveu para dizer que, considerando os inúmeros ferimentos na cabeça de Kennedy, "não havia nada que pudesse ter sido feito, em nenhum aspecto, para salvar a vida do falecido presidente".[5] Ele também compartilhou com Ford, de político para político, por que achava que tinha havido tanta confusão em torno das provas médicas — porque os médicos de Parkland, por exemplo, tinham inicialmente sugerido que o ferimento de saída na garganta de Kennedy poderia ter sido um ferimento de entrada. Os médicos tinham enfrentado o "assédio" de repórteres irresponsáveis — "da imprensa ou de quem dizia que era da imprensa", nas palavras de Weaver — para que dissessem coisas que não queriam dizer.

Os memorandos de Stiles e dos outros conselheiros de Ford refletiam seu constante receio de que a comissão estivesse negligenciando indícios de conspiração. Um memorando para Ford datado de 17 de março alertava para a possibilidade de que o presidente da Suprema Corte Warren "arbitrariamente descartasse a possibilidade de que o assassinato fosse parte de uma conspiração — e particularmente de uma conspiração que tivesse implicações internacionais ou que envolvesse uma potência estrangeira".[6] Stiles recordava a Ford as perturbadoras notícias vindas de Cuba nas semanas anteriores ao assassinato, incluindo a entrevista concedida por Castro a uma agência de notícias em setembro, na qual ele parecia ameaçar a vida de Kennedy. O memorando chamava a atenção para os mistérios que ainda rondavam o México: "A comissão conseguiu dar conta de todo o tempo passado por Oswald na Cidade do México?".

Por todo o inverno Ford continuou a ser soterrado por cartas de colegas republicanos da Câmara, bem como de eleitores conservadores, exigindo que Norman Redlich fosse demitido da equipe da comissão. "Como foi que esse lobo foi mandado para guardar o galinheiro?", perguntou numa carta o deputado Richard Poff, republicano da Virgínia.[7] Um médico do Texas escreveu ameaçando criar problemas políticos para Ford entre os eleitores de Michigan: "Como parlamentar, não venha me dizer que não pode fazer nada sobre esses comunistas profissionais na Comissão Warren, como Redlich. Se você não denunciá-los e despedi-los, vamos contar isso para a imprensa de Michigan".[8]

Em 3 de abril, Rankin escreveu a Ford a fim de chamar sua atenção para um artigo provocador que Redlich tinha escrito onze anos antes para a revista *Nation*.

O artigo, um ataque ao senador Joseph McCarthy, defendia a prerrogativa legal das testemunhas que compareciam perante McCarthy de invocar o direito ao silêncio garantido pela Quinta Emenda. Para Ford, o fato de Rankin só ter descoberto tardiamente o artigo, intitulado "Does Silence Mean Guilt?" [Silêncio significa culpa?], era apenas mais um sinal de que Redlich nunca deveria ter sido chamado.[9] McCarthy podia ter morrido em desgraça em 1957, mas ainda havia parlamentares, incluindo amigos de Ford, que discretamente davam vivas a cada menção de seu nome.

Não havia sido anunciado publicamente, mas Ford e os outros membros da comissão sabiam que o FBI estava conduzindo de forma discreta uma nova e intensiva investigação de fundo sobre Redlich em reação aos ataques públicos. Ford escreveu a Rankin em abril dizendo que a descoberta tardia do artigo da *Nation* provava que a investigação do FBI "deveria ser acelerada ao máximo" e que ele acreditava "que a comissão inteira deveria reunir-se para discutir a situação e tomar as medidas que pareçam apropriadas".[10] Numa carta em separado para Rankin em 24 de abril, Ford passou uma cópia de um editorial do *Richmond Times Herald*, o influente e ultraconservador jornal da Virgínia, com a manchete: "Quem contratou Redlich?". O editorial afirmava que "a aparente estreita afinidade entre simpatizantes comunistas e um membro-chave da investigação não inspira confiança na Comissão Warren".[11]

Ray, o ex-parlamentar que assessorava Ford, especulou que Redlich poderia de algum modo estar conectado com Mark Lane e outros teóricos da conspiração esquerdistas. Ele preparou um diagrama manuscrito para ver se conseguia determinar se Redlich e Lane tinham feito parte das mesmas "Frentes Comunistas", como Ray as rotulava — grupos esquerdistas de direitos e liberdades civis que o FBI catalogava como subversivos.[12] Na coluna da esquerda, ele listava grupos a que tanto Redlich quanto Lane tinham sido afiliados, incluindo o Comitê de Emergência para as Liberdades Civis, sediado em Nova York. Ao lado de cada grupo, ele assinalou os anos da afiliação de Redlich e de Lane, até onde conseguiu determiná-los. Ray escreveu a Ford para dizer que tinha abandonado a investigação depois de determinar que havia "menos coincidências do que eu tinha esperado encontrar". Em "Filiação ao Partido Comunista", escreveu Ray — tanto para Redlich quanto para Lane — "não há provas".

Um memorando de abril não assinado da equipe para Ford esboçava as maneiras como a comissão poderia forçar Redlich a sair.[13] O autor admitia que a posição de Redlich na comissão não era efetivamente "perigosa" para seu trabalho. "Ele não está em posição de ser tão importante, nem há nenhuma razão para ver problema no trabalho dele até agora", dizia o memorando. "Porém, o fato de ele permanecer na comissão será — e já é — criticado." O memorando recomendava que Redlich não fosse diretamente demitido, porque isso poderia criar confusão pública e levar algumas pessoas a presumir que "haveria ainda mais bases para teorias 'conspiratórias'" sobre o assassinato. Em vez disso, Redlich poderia ser mantido na folha de pagamentos, "e simplesmente passar a ser excluído do trabalho mais importante da comissão". Ele deveria ser remanejado para um "trabalho inofensivo" e ter seu salário preservado, a fim de restringir suas razões para se queixar.

Conservadores proeminentes do país inteiro consideravam Ford sua voz na comissão e seu melhor defensor contra os insistentes rumores, sobretudo na Europa, de que grupos de direita tinham tomado parte no assassinato. Nos jornais e revistas de esquerda da Europa, muitas vezes havia artigos mencionando H. L. Hunt, magnata do petróleo ultraconservador de Dallas, como um possível financiador do plano de assassinato. Um dos filhos de Hunt tinha ajudado a pagar o anúncio, com bordas negras, publicado no *Dallas Morning News* na manhã do assassinato, que acusava Kennedy de abandonar as guerrilhas anticastristas em Cuba. Kennedy, dizia o anúncio, tinha adotado o "Espírito de Moscou". Roteiros de rádio preparados pelo Life Line, grupo de extrema direita apoiado por Hunt, foram encontrados no carro de Jack Ruby no dia do assassinato.*

Em janeiro, o escritório de Ford em Washington recebeu uma enigmática carta de Hunt em que o magnata perguntava se Ford e o senador Russell não percebiam que estavam virando instrumentos de uma conspiração de esquerda mais ampla para esconder a verdade sobre o assassinato de Kennedy.[14] "Sei de muitas coisas favoráveis a seu respeito, mas não sei até que ponto o senhor está ciente dessa conspiração", escreveu Hunt, sem explicar em que consistia a conspiração. "Pode ser que o senhor e o senador Russell estejam apenas sendo usados na comissão de investigação do assassinato para dar prestígio e respeitabilidade a outras pessoas da vida pública que são consideradas pró-socialistas ou pró-comunistas por muitos astutos anticomunistas." Hunt incluía diversas cópias dos

---

* Ruby negava ligação com Hunt e insistia ter recebido os roteiros numa feira comercial local, na qual as companhias da família Hunt estavam promovendo seus produtos alimentícios de fabricação texana.

boletins recentes do Life Line, que dizia que seriam úteis para Ford em sua dedicação à "causa da Liberdade".

Comentários sobre os ataques de Ford a Redlich nos bastidores começaram a circular entre os outros jovens advogados da equipe, e eles receavam que Ford efetivamente tentasse expulsar Redlich da investigação. "Quando ouvi falar disso, achei que era absurdo", disse Goldberg, historiador da Força Aérea.[15] "Achei que era um puro estratagema político de Ford." Os ataques tinham começado a envenenar a reputação de Ford entre os amigos de Redlich na equipe. Muitos chegaram a dizer depois que presumiam que o deputado de Michigan estava tentando usar a comissão como degrau para ter mais poder na Câmara; eles temiam que Redlich estivesse prestes a se tornar vítima da ambição de Ford.

Em seu árduo trabalho na comissão, Ford pode ter sido motivado por algo mais do que o serviço público.[16] Ford e seu velho amigo Stiles tinham discretamente decidido escrever um livro sobre a investigação — a "história por dentro" da comissão — e achavam que ele teria o potencial de virar um best-seller. Queriam publicar o livro logo depois que a comissão emitisse o relatório final, talvez até semanas depois de sua divulgação. Naquela primavera, foram procurar um agente literário em Nova York, e também uma editora. Warren e diversos outros membros da comissão disseram depois que só ficaram sabendo algo sobre o projeto do livro nas últimas semanas da investigação. O presidente da Suprema Corte declarou a amigos que considerava o livro uma traição estarrecedora, que dava a impressão de que Ford ia lucrar com uma tragédia nacional. "Warren continuava zangado com aquilo muitos, mas muitos anos depois", recordou-se Alfred Goldberg, que se tornou amigo íntimo do presidente da Suprema Corte depois da investigação. "Aquilo certamente aumentou sua aversão a Ford." Goldberg disse que Warren achava que Ford era "simplesmente indigno de confiança — ele desprezava Ford".

26.

ESCRITÓRIOS DA COMISSÃO
WASHINGTON, DC
MARÇO DE 1964

David Belin não conseguia se segurar. Era uma clara violação das regras da comissão, que proibiam a equipe de discutir detalhes da investigação com gente de fora, mas Belin sentia necessidade de contar sua grandiosa e histórica aventura em Washington a seus amigos de Iowa. Ele enviava constantes atualizações sobre o trabalho da comissão numa série de cartas abertas a seus sócios no escritório Herrick, Langdon, Sandblon & Belin, em Des Moines.

Belin, 35 anos, orgulhoso nativo do Cinturão do Milho, gostava de referir-se a si mesmo como um "advogado rural", ainda que tivesse se formado com distinção pela Universidade de Michigan. Ele poderia ter escolhido um trabalho em escritórios de prestígio em Chicago ou em uma das grandes empresas automobilísticas de Detroit, mas Iowa era seu lar e para lá ele voltou para começar sua carreira de advogado.

Em janeiro de 1964, o "advogado rural" viu-se transplantado para a capital da nação — uma cidade que ele achava que tinha ficado tão glamorosa por causa de John Kennedy — e convidado a trabalhar com Earl Warren, presidente da Suprema Corte e um de seus heróis, para resolver os mistérios que giravam em torno da morte de Kennedy. Apesar do terrível evento que provocou a investigação, Belin estava entusiasmadíssimo. Uma coisa era ser celebrado em Iowa por suas realizações; receber aquele tipo de reconhecimento em Washington já era outra história.

Sua primeira carta ao escritório foi enviada em fins de janeiro, poucos dias depois de chegar a Washington. "Antes de tudo, um grande 'oi' para todo mundo na HLS&B!", começava. Se no escritório em Des Moines ele era conhecido por sua escrivaninha coberta de pilhas de papeladas dos clientes, "tive que mudar um pouco meus hábitos aqui em Washington, porque o material que estamos examinando foi classificado como top secret e temos um cofre em cada escritório para guardar tudo à noite".[1] Joe Ball, seu parceiro sênior na equipe da comissão, surpreendia-se com o quão pouco do que estavam lendo merecia ser classificado como secreto, escreveu Belin. "Ele não consegue entender por que esse material está marcado como top secret e, no que diz respeito à maior parte dele, tendo a concordar." Os dois estavam ficando escolados na tendência dos presunçosos burocratas federais, sobretudo do FBI e da CIA, de fingir que informações de rotina eram de algum modo secretas.

Segundo Belin, era eletrizante trabalhar para Warren. O presidente da Suprema Corte tinha sido "extremamente afável", e ele ficou empolgado quando Warren reconheceu-o na rua e "imediatamente sorriu para mim e me disse 'oi'". Na primeira reunião da equipe em janeiro, escreveu Belin, Warren falou em tons sombrios dos "rumores descontrolados em países no mundo inteiro" a respeito de ter ou não ter havido conspiração para matar Kennedy. "Pelo que disse Warren, o presidente Johnson falou que a situação pode tornar-se tão inflamável que poderia até levar a uma guerra, com todas as ramificações da destruição atômica." Belin sabia como isso seria irresistível para seus colegas em Iowa — e como eles ficariam empolgados em saber o que estava acontecendo atrás das portas da comissão do assassinato na longínqua Washington. E suas cartas eram o grande assunto do escritório por dias depois de terem chegado.

Belin sempre soube como satisfazer uma plateia. Criado num lar musical em Sioux City, era um prodígio do violino, tão talentoso que entrou na Juilliard School of Music em Nova York.[2] Todavia, sua família tinha pouco dinheiro, e ele dispensou a Julliard para entrar no Exército; seu plano era valer-se da G. I. Bill*

---

* Lei promulgada em 1944 que concedia benefícios aos veteranos de guerra. (N. T.)

para pagar a faculdade depois. Levou consigo seu violino e tocava em hospitais militares no Extremo Oriente e na rádio das Forças Armadas; para as apresentações de rádio, preferia sempre composições de Dvořák, que acreditava tocar particularmente bem.

Outra carta para Des Moines foi enviada em 11 de fevereiro.[3] Como nativo de Iowa, ele zombava da incapacidade do governo municipal de Washington de limpar as ruas depois daquilo que, para os padrões de seu estado natal, era uma branda tempestade de inverno: "Washington está completamente desorganizada hoje, porque durante a noite caíram 7,5 centímetros de neve". Em seguida, ele começou a compartilhar detalhes do recente testemunho a portas fechadas da mãe de Oswald. "Um dos advogados mais cínicos daqui sugeriu que Marguerite fosse indicada ao prêmio de 'Mãe do Ano' por seus grandes protestos em defesa do filho", escreveu, acrescentando que Warren tinha demonstrado notável paciência ao ficar sentado ouvindo as bobagens dela. "Se alguns de nós tivéssemos inclinações para fazer apostas, e eu, claro, não tenho, teríamos começado um bolão para ver quanto tempo o presidente da Suprema Corte ficaria lá ouvindo todas aquelas irrelevâncias."

No final do inverno, Belin tinha lido a maior parte das centenas de depoimentos das testemunhas reunidos em Dallas pelo FBI, pelo Serviço Secreto e pela polícia de Dallas. Belin nunca trabalhara como policial, mas tinha muita experiência examinando testemunhas e insistiu com seus colegas na equipe que não estava preocupado com as muitas discrepâncias que observara nos depoimentos sobre o que tinha acontecido na Dealey Plaza e na cena do assassinato do policial J. D. Tippit. Discrepâncias entre testemunhas importantes e bem-intencionadas eram comuns nos casos civis de que cuidava em Des Moines, e por isso era natural que também fossem ali. "Quando há duas ou mais testemunhas de um acontecimento súbito, você sempre terá pelo menos duas histórias diferentes sobre o que aconteceu."[4]

Algumas das discrepâncias de Dallas eram quase engraçadas. Por exemplo, os colegas de trabalho de Oswald no depósito de livros — ainda que claramente estivessem tentando dar um depoimento sincero — não conseguiam concordar nem sobre os detalhes mais básicos de sua aparência. James Jarman Jr., seu colega, ao responder sobre como Oswald se vestia, disse que ele sempre usava camiseta.

Outro colega, Eugene West, afirmou justamente o contrário: "Acho que nunca o vi trabalhando só de camiseta". Belin achou que os dois estavam dizendo o que achavam ser a verdade, ainda que um deles estivesse necessariamente errado.[5]

Havia discrepâncias muito maiores em outros pontos, particularmente nos depoimentos dos dois agentes do Serviço Secreto que estavam na limusine do presidente em Dallas. O agente Roy Kellerman, que estava sentado no banco do passageiro da frente, insistia que, após o primeiro tiro, ouviu Kennedy gritar: "Meu Deus, fui baleado!". Perguntou-se a Kellerman como ele podia ter certeza de que tinha sido Kennedy e não Connally a gritar. "A voz era dele", disse Kellerman. "Só havia um homem naquele banco de trás que era de Boston, e seu sotaque era muito evidente."[6]

Contudo, o agente que dirigia a limusine, William Greer, insistia que Kennedy não tinha dito nada depois do primeiro tiro. Connally e a esposa, Nellie, também na limusine, concordavam com Greer: o presidente permaneceu em silêncio. (A equipe da comissão determinou que os depoimentos de Greer e do casal Connally quase com certeza eram precisos, porque a primeira bala passou pelo aparelho fonador de Kennedy, impossibilitando-o de dizer qualquer coisa.) Contudo, ainda que seus relatos fossem totalmente contraditórios, perguntava Belin, alguém iria sugerir que Kellerman ou Greer estivessem mentindo?

As cartas de Belin a seus colegas ficaram mais sombrias em março, quando ele e Ball fizeram sua primeira viagem a Dallas. Eles viram a Dealey Plaza por si próprios e refizeram de carro todo o trajeto da comitiva de Kennedy. "Eu realmente não estava preparado para a experiência emocional de efetivamente ver o prédio pela primeira vez", escreveu Belin, acrescentando:

Com um agente do Serviço Secreto no volante, fizemos o percurso presidencial descendo a rua principal e seguimos diretamente para a Houston Street, onde o carro virou para a direita e ali, uma quadra adiante, erguido em crua realidade, estava o prédio do Depósito de Livros Escolares do Texas, sobre o qual eu tanto tinha lido nos dois meses anteriores. Numa questão de segundos, coloquei-me no cortejo real, com o filme colorido que realmente temos e que foi feito no dia do assassinato. O carro foi lentamente para o norte na Houston Street, chegando a uma quadra da esquina com a Elm, e meus olhos congelaram na janela da quina sudeste no sexto andar. Viramos à esquerda — um ângulo reflexo de cerca de 270 graus — e descemos pela entrada diagonal até a via expressa. Foi ali que os tiros abateram o presidente.[7]

Foi naquele momento, escreveu Belin, que sua mente foi avassalada por um "flash" de lembranças das sinistras provas que ele examinara em Washington — o relatório da autópsia, o filme de Zapruder, as fotografias dos fragmentos de balas e dos pedaços do crânio do presidente encontrados na Dealey Plaza.

Enquanto estava em Dallas, Belin refez, de táxi e a pé, aquilo que o FBI julgava ter sido o caminho de Oswald após o assassinato — primeiro, até sua pensão no bairro de Oak Cliff e depois até a cena do assassinato do policial J. D. Tippit. Belin achava cruel que o nome de Tippit e seu homicídio fossem esquecidos com frequência nas discussões sobre o assassinato de Kennedy, como se a morte do policial tivesse sido uma insignificante nota de rodapé aos acontecimentos daquele dia. Amigos na polícia descreviam Tippit — ele lhes dizia que suas iniciais "J. D." não significavam nada em particular —, de 39 anos, como um bom homem.[8] Paraquedista do Exército na Segunda Guerra Mundial, Tippit tinha participado da travessia do Reno dos Aliados em 1945 e recebido uma Estrela de Bronze. Em 1952, foi contratado pela polícia de Dallas como aprendiz, com salário mensal de 250 dólares. Deixou esposa e três filhos, o mais jovem com cinco anos.

Belin julgava que as provas de que Oswald tinha matado Tippit eram irrefutáveis. Dirigindo seu carro de patrulha, o policial notou Oswald andando na calçada. Tippit tentou pará-lo e questioná-lo, achando que ele batia com a descrição do assassino do presidente que tinha acabado de ser transmitida no rádio da polícia. Assim que desceu do carro, Tippit foi alvejado por quatro tiros — três no peito, um na cabeça — e os cartuchos encontrados na cena combinavam perfeitamente com a pistola Smith & Wesson de Oswald, comprada da mesma loja de encomendas postais de Chicago que lhe vendera o rifle Mannlicher-Carcano.

Como parte de sua excursão, Belin também visitou o Texas Theatre no West Jefferson Boulevard, a poucas quadras de distância do local do assassinato de Tippit. Oswald tinha sido preso no cineteatro — inicialmente pelo assassinato de Tippit, não do presidente — depois de ter passado pela bilheteria sem pagar e tentado se esconder na plateia escura. Belin disse a seus colegas de Iowa que fez absoluta questão de sentar-se "no assento em que Oswald foi capturado".

Belin e Ball separaram algumas horas para inspecionar o depósito de livros e entrevistar os colegas de Oswald, incluindo três homens que afirmaram estar no

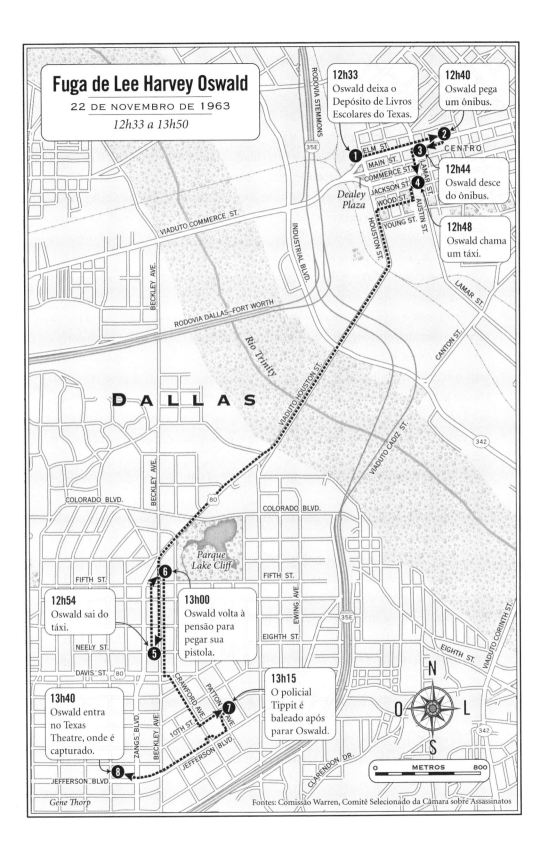

quinto andar do prédio, observando pela janela a comitiva de Kennedy passar, quando os tiros soaram. Os colegas concordaram nos primeiros depoimentos à polícia que tinham ouvido o ferrolho de um rifle indo para a frente e para trás logo acima deles; eles também disseram ter ouvido o som de cartuchos vazios caindo no chão. Belin queria testar a veracidade desse relato. O depósito tinha pisos de cimento espessos o bastante para suportar o peso de toneladas de livros escolares, e ele se perguntava se seria realmente possível alguém num andar abaixo captar o som relativamente sutil de um ferrolho de rifle e de cartuchos caindo no chão no andar de cima. Talvez, pensou, os colegas de Oswald tivessem imaginado aquilo que disseram ter ouvido.

Para o teste, Belin e Ball posicionaram um agente do Serviço Secreto com um rifle no sexto andar, na janela da quina sudeste, onde Oswald tinha sido visto.[9] Ball ficou com o agente, enquanto Belin desceu para o quinto andar com Harold Norman, um dos empregados do depósito. "Então gritei para que o teste começasse", escreveu Belin depois. "Realmente eu não esperava ouvir nada. Então, com nitidez impressionante, ouvi o barulho de um cartucho caindo no chão. Houve mais dois barulhos, quando dois outros cartuchos caíram no chão do andar de cima." Belin disse que também conseguiu ouvir o agente do Serviço Secreto mover "o ferrolho do rifle para a frente e para trás — e isso também com nitidez".

"Joe, se eu mesmo não tivesse ouvido, eu nunca teria acreditado", disse Belin a Ball.

Belin fez outro teste, a fim de determinar em quanto tempo Oswald poderia ter descido do sexto ao segundo andar, onde ele tinha encontrado seu supervisor, Roy Truly, e Marion Baker, policial de Dallas, segundos após os tiros.[10] Baker disse que tinha parado sua motocicleta e corrido para o prédio quando ouviu o disparo porque acreditava que o som vinha do depósito de livros. Belin corria atrás de Baker com um cronômetro enquanto o policial refazia seus movimentos, pulando de sua motocicleta do lado de fora do depósito e então correndo e subindo para o segundo andar. O teste deixou Belin sem fôlego. (Em sua carta aos amigos de Iowa, ele brincou dizendo que, quando entrou para a comissão, "ninguém tinha dito que haveria esforço físico".) O teste provou a Belin que Oswald teve tempo de descer para o segundo andar antes que o policial chegasse ali.

Belin ficou surpreso por ter sido o primeiro investigador a fazer esses testes. Apesar de todas as alegações de exaustivas investigações em Dallas, o FBI, o Serviço Secreto e as autoridades do Texas tinham deixado enormes lacunas nos registros. Ele ficou chocado ao deparar com uma importante testemunha que tinha sido praticamente ignorada por outros investigadores: Domingo Benavides, mecânico de carros que parou sua picape Chevy 1958 ao ver Tippit baleado perto do cruzamento da rua 10 com a Patton. "Eu mal podia acreditar no que o homem me contava", disse Belin.[11] Benavides afirmou que não só havia testemunhado o assassinato de Tippit como ainda tinha ido até o carro dele e tentado desesperadamente "usar o rádio da polícia para dizer ao departamento que um policial tinha sido baleado". Benavides encontrou dois cartuchos vazios, que o homem que ele identificou como Oswald jogara nos arbustos, e entregou-os à polícia.

Contudo, se tinha sido fácil para Belin encontrar Benavides, seu nome não aparecia em nenhum dos depoimentos das testemunhas feitos pelo FBI ou pela polícia de Dallas sobre o dia do assassinato. A polícia não se deu ao trabalho de levar Benavides à sua central na tarde do assassinato de Tippit para identificar Oswald, como tinha feito com outras testemunhas. Por que, perguntava Belin, tinha ficado para a comissão a descoberta dessa testemunha tão crucial?

Depois da viagem a Dallas, Belin voltou a Washington para começar a tomar depoimentos formais, sob juramento, das mesmas testemunhas que tinha encontrado no Texas. Entre elas estava o homem que ele considerava "a mais importante testemunha" da Dealey Plaza — Howard Brennan, o encanador de 44 anos que estava sentado num muro na esquina da Houston com a Elm Street, do outro lado da rua do depósito de livros, quando os disparos foram feitos. O lugar onde Brennan estava ficava a cerca de 33,5 metros da janela do sexto andar. Outras testemunhas, de grande credibilidade, disseram ter visto um rifle apontado para fora de uma das janelas de cima, incluindo um fotógrafo do *Dallas Times-Herald* que estava acompanhando a comitiva e que, após ouvir o primeiro tiro, apontou para cima e gritou para seus colegas: "Lá está a arma!". O relato de Brennan, porém, era de longe o mais detalhado, incluindo uma nítida descrição física do atirador. Nos minutos que antecederam os disparos, ele tinha olhado as janelas do depósito de livros e observado "um bocado de gente em diversas janelas", que pareciam aguardar ansiosamente a oportunidade de ver o presidente. "Vi, em particular, um homem no sexto andar."

Um instante depois de a limusine do presidente passar, disse Brennan, "ouvi um estalido e tive certeza de que era uma explosão" — de um motor de motoci-cleta, pensou.[12] Então ele ouviu um segundo barulho, que parecia um morteiro sendo jogado do depósito de livros. "Olhei para cima. E aquele homem — que eu tinha visto antes — estava mirando para dar o último tiro." O homem estava se-gurando "uma espécie de rifle esportivo" e estava "apoiado no lado esquerdo da janela, com a arma no ombro direito, segurando-a com o braço esquerdo, e tendo ajustado a mira deu o último tiro". Aquele foi o terceiro tiro — o que acertou o presidente na cabeça, Brennan afirmou. O assassino, segundo ele, era branco, ti-nha entre 72 e 77 quilos, e usava roupas de cor clara — uma descrição razoavel-mente precisa de Oswald. No caos que se seguiu, Brennan procurou policiais e lhes contou o que tinha visto. Minutos depois, os rádios da polícia da cidade intei-ra crepitavam com a descrição do atirador dada pelo departamento, aparente-mente baseada naquela fornecida por Brennan.

Naquela tarde, Brennan, abalado, foi levado à central de polícia para ver um grupo que incluía Oswald. Naquele instante, como Brennan confessou depois, ele decidiu mentir. Ainda que soubesse que o assassino do presidente estava bem dian-te dos seus olhos, Brennan olhou o grupo e afirmou não conseguir apontar o atira-dor. Mentiu, como depois explicou, porque temia que a morte de Kennedy tivesse a ver com alguma conspiração estrangeira — "atividade comunista" — e que ele poderia ser o próximo da fila. "Se ficassem sabendo com certeza que eu era teste-munha ocular, talvez minha família ou eu não tivéssemos mais segurança."

Belin achou decepcionante, mas tristemente compreensível, que Brennan não tivesse dito a verdade. Na época de seu testemunho em Washington, os jornais de todo o país traziam uma história chocante sobre o assassinato, naquele mês, de uma mulher da cidade de Nova York, Kitty Genovese, esfaqueada até a morte em sua casa no Queens — um ataque supostamente ouvido por 38 pessoas, nenhuma das quais tendo feito nada para responder a seus pedidos de socorro.* "Numa época em que as pessoas de Nova York não dão nenhum socorro a uma mulher enquanto é assassinada... talvez se possa esperar que uma pessoa, por temer algum tipo de conspiração comunista, não se apresente para identificar imediatamente o homem que matou o presidente dos Estados Unidos", veio a escrever Belin.[13]

---

* Posteriormente descobriu-se que esses artigos, sobretudo os do *New York Times*, eram terrivelmente exagera-dos. Nos anos seguintes, outros jornalistas e pesquisadores concluíram que apenas poucas testemunhas próxi-mas à cena do assassinato de Genovese teriam estado em condição de ver ou ouvir alguma coisa.

★ ★ ★

Belin precisava compreender os depoimentos confusos de outras testemunhas aparentemente dignas de credibilidade que acreditavam que os tiros não tinham vindo do depósito de livros, mas sim do chamado aclive gramado à frente da limusine presidencial. O testemunho mais convincente sobre um possível assassino no aclive gramado veio de Sterling M. Holland, supervisor da Union Terminal Railroad, que inspecionava os sinais no viaduto acima da comitiva. Ele disse que estava observando a comitiva, tentando ver Kennedy, quando ouviu tiros e viu o presidente curvar-se. Ao virar a cabeça para a esquerda, na direção do aclive gramado, Holland viu "uma baforada de fumaça" que "saía a cerca de 1,80 metro a 2,5 metros acima do chão", debaixo de um grupo de árvores. Disse que então correu para a área e viu entre doze e quinze policiais e pessoas à paisana que estavam procurando "cartuchos vazios", sugerindo que o atirador tinha estado ali.

O depoimento de Holland foi tomado em Dallas no começo de abril por Sam Stern, que tinha viajado ao Texas para ajudar com as entrevistas das testemunhas. Stern estava tão empolgado com aquilo que Holland contava — e com a clara indicação de um segundo atirador — que o jovem advogado pediu licença da sala de entrevistas por um momento para rastrear Belin, que também estava em Dallas.

O testemunho de Holland era "instigante", disse depois Stern. "A baforada de fumaça? O que ela significava?" Belin, porém, não se impressionou. "Ah, sim", comentou, desdenhoso. "Já sabemos disso."[14]

Stern ficou incomodado porque essa testemunha aparentemente importante poderia ser ignorada, mas cedeu diante daquilo que, na época, era o mais detalhado conhecimento de Belin sobre o que tinha acontecido na Dealey Plaza. Muito depois, Stern disse que o testemunho de Holland ainda o atormentava, e ele se perguntava se não deveria ter recebido mais atenção. "Ninguém levava aquilo a sério", disse. Nos anos que se seguiram ao assassinato, o testemunho de Holland seria usado por teóricos da conspiração como prova de que a comissão tinha ignorado uma testemunha-chave.

Belin veio a dizer que sempre tinha entendido a importância potencial do relato de Holland, mas que no fim das contas o supervisor da ferrovia estava entre aquelas testemunhas sinceras mas equivocadas. Como sabia Belin, nenhuma prova material — cartuchos usados ou qualquer outra coisa — jamais foi encontrada no aclive gramado. E parecia impossível imaginar que um atirador poderia ter disparado tiros de rifle de lá sem que ninguém o tivesse visto claramente — diversos espectadores estavam ali na hora em que a comitiva presidencial passou.

Belin e Ball também estavam tentando resolver problemas relacionados a outra testemunha-chave em potencial — Helen Markham, a garçonete do restaurante Eat Well que tinha testemunhado o assassinato de Tippit. Ao contrário de Domingo Benavides, Markham tinha sido levada para um reconhecimento de suspeitos pela polícia horas depois do crime, identificando Oswald como o assassino.

Se Howard Brennan era a testemunha mais importante da comissão no que dizia respeito à demonstração da culpa de Oswald, Markham seria lembrada como "a mais controversa", disse Belin.[15] Perguntas sobre a credibilidade dela perseguiriam a investigação por meses. Quando Markham chegou a Washington para dar seu testemunho, o estado em que sua súbita celebridade a deixara beirava o pânico. Mark Lane havia intensificado seus ataques públicos à credibilidade dela, afirmando que a entrevistara e que ela tinha retirado sua identificação de Oswald como assassino de Tippit. A comissão precisava determinar o que ela tinha efetivamente dito a Lane, se é que tinha dito mesmo alguma coisa, e por que ela teria mudado sua versão.

O presidente da Suprema Corte tentou tranquilizar Markham quando ela chegou aos escritórios da comissão e sentou-se na sala de reuniões. Warren "quase parecia um erudito pastor, olhando e sorrindo" para Markham, recordou-se Belin. Warren passou um bilhete manuscrito ao deputado Ford: "Essa testemunha provavelmente é histérica".[16]

Markham admitiu que estava muito perturbada: "Estou muito abalada".[17]

Ball, que conduziu o interrogatório, tentou acalmá-la. "Relaxe", disse. "Isso aqui é uma reunião bastante informal." Ele repassou com ela os acontecimentos de uma vida complicada — ela era divorciada e tinha cinco filhos para sustentar — antes de pedir-lhe para descrever o que tinha visto na tarde de 22 de novembro. Ela descreveu a morte de Tippit como um assassinato a sangue-frio, com Oswald apertando o gatilho da pistola segundos após o policial ter saído do carro. Depois de dar os tiros na cabeça e no peito do policial, Oswald olhou direto para ela, lembrou Markham. "Ele parecia ensandecido", disse. "Coloquei as mãos no rosto e fechei os olhos, porque eu sabia que ele ia me matar. Eu não conseguia gritar, não conseguia berrar. Congelei." Porém, em vez de apontar a arma para Markham e para outras testemunhas que poderiam identificá-lo, Oswald simplesmente "saiu trotando", declarou.

Markham disse que correu para o lado de Tippit e ouviu quando ele tentou — sem sucesso — pronunciar suas últimas palavras, enquanto o sangue formava uma poça em torno dele na rua. Depois, naquela tarde, ela identificou Oswald na polícia. "Eu reconheceria aquele homem em qualquer lugar", afirmou depois. "Tenho certeza."

Ball passou à questão de Lane, perguntando se ela tinha falado com ele e se desdiria alguma parte do seu relato. Ela negou ter falado com qualquer pessoa que conhecesse pelo nome de Mark Lane, ou que tivesse dito a qualquer pessoa que o assassino de Tippit era "baixo, gordo e com cabelo volumoso", como Lane tinha insistido. Desde novembro, contou, ela tinha sido entrevistada por um repórter da revista *Life*, que publicou alguns de seus comentários, e por um homem que se dizia jornalista francês e falava com sotaque. Ela não lembrava o nome do francês, mas afirmou que ele tinha feições "escuras", estatura média e usava "óculos de tartaruga" — uma descrição física que poderia bater com a de Lane.

Teria Lane fingido ser um repórter francês?[18] Norman Redlich, que observava o depoimento, deixou a sala e foi atrás de duas fotos de Lane publicadas em jornal, que então foram mostradas a Markham. "Nunca vi esse homem na minha vida", insistiu. Ball e Belin ficaram desconcertados, porque Lane testemunhara sob juramento que tinha falado com Markham. Lane poderia ser dissimulado, mas Belin achava difícil conceber que ele fosse mentir descaradamente à comissão e correr o risco de ser acusado de perjúrio.* Os conflitos entre o relato de Markham e o de Lane demorariam muitas semanas para serem resolvidos, e a credibilidade de ambos seria abalada no processo.

Aquilo consumia Belin na época e consumiria nos anos subsequentes, como ele mesmo contou. Ao menos seis testemunhas oculares dignas de crédito, além de Markham, tinham identificado Oswald como assassino de Tippit. Entre elas estava Benavides, que o próprio Belin encontrara. Cada vez mais Belin via o assassinato de Tippit como a "Pedra de Roseta" do assassinato de Kennedy — o acontecimento que explicava tudo mais, já que provava que Oswald era capaz de matar, e

---

* Apenas em junho a comissão tomou conhecimento sobre o fato de Lane haver gravado sua conversa telefônica com Markham.

que a única razão que ele tinha para disparar contra Tippit era fugir da polícia, que estava à procura do assassino do presidente. E contudo Lane e seu crescente exército de teóricos da conspiração foram capazes de convencer plateias crédulas de que a causa inteira contra Oswald era uma fraude porque uma única testemunha "volúvel" como Helen Markham poderia ter confundido suas palavras numa conversa telefônica de que não conseguia se lembrar.

Nunca tinha sido tão fácil entender a cena do crime na Dealey Plaza. Embora Belin tivesse certeza de que Oswald agira sozinho ao matar Tippit, ele continuava a suspeitar que Oswald não atuara só ao atirar no presidente. Belin estava convencido de que as balas apontadas para a limusine de Kennedy vieram de trás, excluindo-se a possibilidade de o tiro ter partido do aclive gramado ou de qualquer outro ponto localizado à frente da comitiva. Dada a confusão envolvendo a balística e os depoimentos conflitantes das testemunhas, Belin questionou o fato de a comissão ter descartado a possibilidade de que Oswald estivesse acompanhado de um cúmplice no depósito de livros. Seria possível que outro atirador estivesse posicionado em outro local atrás da comitiva? Belin entrara para a comissão acreditando que tinha havido uma conspiração para matar Kennedy e ainda estava ansioso para revelá-la, se existisse. Começando em janeiro, Mel Eisenberg, assessor de Redlich, organizou exibições do filme de Zapruder para a equipe. Eisenberg e vários outros, inclusive Belin e Specter, assistiram às mesmas imagens nauseantes horas a fio, analisando o filme quadro a quadro.

Em fins de fevereiro, a revista *Life*, com relutância, concordou enfim em entregar à comissão o filme original que comprara de Abraham Zapruder.[19] Até então, a equipe tinha dependido de cópias do filme feitas pelo Serviço Secreto e pelo FBI. O filme original era muito mais nítido e tinha "consideravelmente muito mais detalhes do que qualquer uma das cópias de que dispúnhamos", recordou-se Belin. A *Life* também concordou em dar à comissão slides coloridos de 35 mm de cada quadro. Belin estava empolgado com a oportunidade de ver o filme original — nisso estava sua grande esperança de comprovar a existência de uma conspiração, mostrando, talvez, que Oswald não tivera tempo suficiente para disparar todos os tiros que atingiram Kennedy e Connally.

A câmera amadora Bell & Howell de Zapruder estava sob a custódia do FBI, e seus técnicos determinaram que ela operava à velocidade de 18,3 quadros por segundo. Esse cálculo permitiu que o FBI determinasse a velocidade média da limusine de Kennedy na Dealey Plaza — dezoito quilômetros por hora. O FBI então comparou a velocidade da limusine com os resultados de testes que determinaram com que velocidade seria possível disparar tiros usando o rifle Mannlicher-Carcano de Oswald. Os testes mostraram que o intervalo mínimo para disparar "dois tiros sucessivos e bem calculados" com o rifle seria de 2,3 segundos — o equivalente a 42 quadros do filme de Zapruder. O FBI insistiu que essas evidências provavam que Kennedy e Connally tinham sido alvejados por balas diferentes. Assim, se Belin e seus colegas conseguissem demonstrar, a partir do filme de Zapruder, que os tiros tinham sido disparados contra a comitiva num intervalo de menos de 2,15 segundos, eles teriam a prova de que havia dois atiradores na Dealey Plaza.

Ao longo de muitos dias daquele fim de inverno e começo de primavera, a equipe de advogados ficou na sala de conferências com Lyndal Shaneyfelt, ex-fotógrafo de jornal que agora era o principal analista fotográfico do FBI. Juntos, eles viram o filme de Zapruder centenas de vezes. As imagens assombraram Belin pelo resto de sua vida, disse ele. "Eu acordava no meio da noite vendo o presidente acenando para as multidões e então, em poucos segundos, vendo o tiro fatal e a cabeça do presidente chacoalhar e despencar."

Shaneyfelt numerou todos os quadros do filme. A imagem mais perturbadora, marcada com o número 313, capturava o momento em que o presidente era baleado na cabeça e uma névoa de sangue subia pela limusine. Dois fragmentos identificáveis daquela bala, que parecia ter sido o terceiro e último tiro de Oswald, foram encontrados dentro da limusine. Os outros tiros pareciam ser o mistério maior. Pelo filme, era possível determinar que o primeiro tiro — a bala que o atingiu no alto das costas ou embaixo do pescoço — acertou-o em algum momento entre o quadro 210 e o 224; não era possível ser mais preciso porque a visão de Zapruder tinha sido obstruída por uma placa rodoviária naquele momento. (A partir do quadro 225, quando Kennedy voltava a estar visível, ele já havia sido baleado, porque sua mão se movia para a garganta.)

Shaneyfelt e a equipe de advogados concordaram que Connally fora alvejado quase certamente entre os quadros 207 e 225, considerando a localização de seus ferimentos e sua posição na limusine. Uma análise das provas médicas relacionadas a Connally, comparadas com a localização de seu corpo em outros momentos, mostrava que o mais tarde que ele poderia ter sido acertado por uma bala era o quadro 240.

Os cálculos restantes não eram complicados, Belin percebeu. Supondo-se que o FBI e o Serviço Secreto estivessem certos, a primeira e a terceira bala atingiram Kennedy e a segunda atingiu Connally. Se o presidente não tinha sido alvejado pela primeira vez antes do quadro 210 e Connally não depois do quadro 240, havia um máximo de trinta quadros de filme entre os dois tiros, ou menos de dois segundos. Oswald não teria tido tempo suficiente para disparar ambos os tiros. E isso, pensou Belin, significava que ele poderia ter a resposta que estava buscando — havia mais de um atirador na Dealey Plaza.

27.

ESCRITÓRIOS DA COMISSÃO
WASHINGTON, DC
MARÇO DE 1964

Era extraordinária a carga de trabalho de Arlen Specter. Ele tinha de fazer tudo o que os jovens advogados da equipe faziam e — depois do abrupto desaparecimento de Frank Adams, seu parceiro sênior — provavelmente mais. "Quando vou conseguir ver minha família na Filadélfia de novo?", perguntava aos colegas, nem tanto de brincadeira assim. Das 93 testemunhas que haviam prestado depoimento formalmente perante a comissão em Washington, 28 estiveram sob a responsabilidade de Specter.[1] Ele tomou os depoimentos da maior parte dos funcionários públicos e de outras pessoas que tinham feito parte da comitiva presidencial em Dallas, e de praticamente todos os médicos e equipe do Hospital Parkland e da sala de autópsia em Bethesda. Specter era responsável, em particular, por compreender os mínimos detalhes daquilo que suas testemunhas descreviam, e as transcrições dos depoimentos mostram que ele sempre estava bem preparado.

Ele também continuava a impressionar seus colegas com sua disposição de enfrentar o presidente da Suprema Corte e Rankin. Não que sempre conseguisse vencer: ele tinha recomendado que, quando os membros da comissão começassem a colher os depoimentos em Washington, iniciassem com as pessoas que haviam estado fisicamente próximas de Kennedy na comitiva. Logicamente, a primeira testemunha, defendia Specter, seria a viúva do presidente: "Jacqueline Kennedy teria sido um começo adequado", já que nenhuma outra pessoa tinha estado mais perto do presidente, fisicamente ou sob qualquer outro aspecto, no momento da sua morte.

Nas primeiras semanas da investigação, Specter tinha preparado uma lista com noventa perguntas que gostaria de fazer à ex-primeira-dama. Ele as dividiu em sete categorias, começando com "Acontecimentos de 22 de novembro de 1963 que antecederam o assassinato".[2] Ele acreditava que deveria lhe perguntar sobre cada detalhe do assassinato do marido, incluindo o que se lembrava de suas expressões faciais após a primeira bala ter perfurado sua garganta. Questão 31: "Qual reação teve o presidente Kennedy, se teve alguma, depois do primeiro tiro?". Ele também queria resolver o persistente mistério de por que a sra. Kennedy tinha tentado subir no porta-malas da limusine depois dos disparos. "Essa questão tem interesse histórico e provocou especulações", escreveu Specter a Rankin, oferecendo diversas explicações para o fato, inclusive a possibilidade de que ela estivesse apenas tentando fugir "da tragédia e do perigo no carro".

Em março, Specter se disse decepcionado, mas não surpreso, quando soube que a sra. Kennedy não deporia no começo da investigação, e que talvez nem fosse convocada a dar seu testemunho por causa da relutância de Warren em interrogá-la. "O presidente da Suprema Corte assumiu uma postura protetora em relação à sra. Kennedy", disse depois Specter.[3] Aquilo estabelecia dois pesos e duas medidas, o que para ele era terrível. Se aquilo tivesse sido um caso de homicídio dos tempos da Promotoria Pública da Filadélfia, os policiais e os detetives teriam feito perguntas ao cônjuge da vítima — sobretudo um cônjuge que esteve na cena do assassinato — horas após o crime ter acontecido. "Num caso de assassinato em primeiro grau, o Estado é obrigado a chamar todas as testemunhas oculares", afirmou. "É por causa de sua grande importância para que a verdade seja encontrada." Na investigação do assassinato do presidente, porém, a viúva poderia ser poupada de qualquer pergunta. "Minha opinião é que nenhuma testemunha está fora do alcance da lei quando se trata de fornecer provas", disse Specter. "Não acho que a sra. Kennedy estivesse um milímetro acima da lei." Ele igualmente acreditava que a comissão tinha de tomar o depoimento do presidente Johnson. O argumento em favor de interrogar o presidente era fortalecido pelas muitas teorias conspiratórias que sugeriam seu envolvimento no assassinato. Specter insistia que estava pronto para perguntar a Johnson — "na lata" — se ele tinha tido parte em uma conspiração. "Em outras circunstâncias, ele teria sido considerado um dos principais suspeitos", disse depois Specter. "Não acho que o presidente Johnson teve qualquer coisa a ver com o assassinato do presidente Kennedy, mas não acho que teria sido inapropriado perguntar."

Quando Specter finalmente começou a tomar depoimentos em Washington, suas primeiras testemunhas foram os dois agentes do Serviço Secreto que estavam na limusine de Kennedy — primeiro, Roy Kellerman, que estava no banco dianteiro da direita, e depois William Greer, o motorista. Ambos foram convocados a dar depoimento no dia 9 de março, uma segunda-feira.

Specter ficou com a impressão de que Kellerman era "o modelo perfeito para o papel" de um agente do Serviço Secreto.[4] Ex-operário da indústria automobilística e ex-policial do estado de Michigan, Kellerman, de voz mansa — tão suave que os colegas tinham lhe dado de brincadeira o apelido de "Gabby" —, "tinha 1,93 metro, pesava mais de novena quilos e era musculoso e bonito". Se Kellerman tinha a aparência exigida por seu papel, Specter, contudo, não estava convencido de que o agente tinha feito um bom trabalho no dia do assassinato. Specter achou-o surpreendentemente frio, até blasé, ao discutir os últimos momentos da vida do presidente que ele tinha jurado proteger. Specter perguntou por que Kellerman não pulou para o banco de trás da limusine, onde Kennedy e Connally estavam gravemente feridos, após ouvir os disparos na Dealey Plaza, ao menos para proteger seus corpos da possibilidade de tiros adicionais na ida até o Hospital Parkland. Kellerman insistia que não havia nada que ele pudesse ter feito; ele achava que serviria melhor às vítimas ficando no banco da frente, onde poderia passar mensagens de rádio a Greer. Specter concluiu que Kellerman "era o homem errado para aquela função — estava com 48 anos, era grande e seus reflexos não eram rápidos".

Greer era uma testemunha muito mais simpática. Imigrante irlandês de 54 anos que chegara adolescente aos Estados Unidos, ainda falava com um leve sotaque. Tinha entrado para o Serviço Secreto depois de servir na Marinha na Segunda Guerra Mundial e ter trabalhado por quase uma década como chofer de famílias abastadas na área de Boston. Ele deixou claro para Specter que tinha ficado em frangalhos com o assassinato de Kennedy. "Ele tinha claramente um profundo afeto por Kennedy, que senti que era recíproco", em parte por causa da herança irlandesa em comum, disse Specter. Greer era atormentado por seus atos na comitiva, inclusive por não ter acelerado imediatamente depois de ouvir o primeiro disparo. As fotos e as filmagens de TV da cena sugeriam que ele tinha na verdade pisado no freio depois do primeiro tiro, virando-se para ver o que estava acontecendo e possivelmente fazendo de Kennedy um alvo mais fácil. Quando Jacqueline Kennedy soube desses detalhes, seus amigos disseram que ela ficou furiosa, reclamando que os agentes do Serviço Secreto serviam para proteger o presidente tanto quanto a babá dos filhos dela.[5] Depois, quando William Manchester publicou sua história do assassinato, ele contou que Greer chorou ao pedir desculpas à sra. Kennedy no Hospital Parkland, dizendo que ele deveria ter desviado o carro para tentar salvar o presidente.[6]

O presidente da Suprema Corte, que presenciou a maior parte dos testemunhos conduzidos por Specter, achava que os métodos de interrogação do jovem advogado eram metódicos a ponto de fazer perder tempo. Certamente, pensava Warren, estavam jogando fora o tempo *dele*. Ao questionar Kellerman e Greer, por exemplo, Specter pediu aos agentes que dessem sua mais precisa estimativa do tempo transcorrido entre cada um dos tiros, de onde cada tiro parecia ter vindo e de que distância. Também pediu que marcassem num mapa onde achavam que a comitiva estava quando cada um dos tiros tinha sido disparado. Specter considerava sua obrigação perguntar sobre os "mínimos detalhes do assassinato", não importando quanto tempo aquilo tomasse.[7] Warren discordava, e assinalava seu incômodo para Specter batendo os dedos bem alto. Durante o testemunho de Kellerman, lembrou Specter, "a bateção de dedos do presidente da Suprema Corte atingiu um crescendo" e "ele me chamou de lado e me pediu para acelerar".

Warren disse a Specter que "não era realista esperar respostas relevantes para perguntas sobre o tempo transcorrido" entre os tiros, sobretudo quando os agentes não tinham uma lembrança clara de ter ouvido os disparos isoladamente. Specter, porém, recusava a ordem do presidente da Suprema Corte para acelerar. "Não, senhor", lembra-se de ter dito a Warren. "Essas questões são essenciais." Specter recordou a Warren que as pessoas iriam "ler e reler esses registros por anos, se não por décadas, talvez por séculos". Ele tinha muita experiência com tribunais de apelação na Pensilvânia e sabia como os juízes de apelação esquadrinhavam as transcrições de julgamentos, procurando o menor erro ou incoerência do promotor. As transcrições da comissão seriam mais minuciosamente examinadas do que qualquer transcrição de qualquer processo que ele promovesse. Specter achava que Warren, que tinha passado uma parte tão grande de sua carreira na Justiça gerenciando promotores em vez de promover os casos ele mesmo, não compreendia isso. "Não sei se Warren tinha qualquer entendimento de como seria uma transcrição", lembrou Specter. "Aquele era meu trabalho, e eu ia fazê-lo direito."

Warren não estava contente com a rebeldia de Specter, "mas ele não me mandou mudar minha abordagem", disse Specter. "Além de batucar os dedos, Warren não interferia na averiguação."

Clint Hill, o próximo agente do Serviço Secreto a dar depoimento, era, na opinião de Specter, o verdadeiro herói do dia do assassinato. Ele achava que qualquer pessoa que examinasse bem o filme de Zapruder veria que Hill — um nativo de Dakota do Norte de 31 anos que trabalhava para o Serviço Secreto havia nove anos — tinha salvado a vida de Jacqueline Kennedy. Hill estava no carro de acompanhamento logo atrás da limusine presidencial. Assim que ouviu o primeiro tiro, saltou para a rua e correu para o casal Kennedy, subindo no porta-malas da limusine. "Eu ficava impressionado toda vez que assistia ao filme de Zapruder e via Hill precipitar-se para a limusine, mal segurando a alça de proteção esquerda e pulando no pequeno estribo traseiro exatamente quando o carro acelerava", disse Specter. O jovem agente empurrou a sra. Kennedy para dentro da limusine quando ela começou a subir no porta-malas. Sem seus atos, disse Specter, "a sra. Kennedy teria rolado no asfalto na hora em que o Lincoln acelerou, caindo bem na frente do carro de apoio que ia ganhando velocidade."

Specter foi complacente com a admissão de Hill de que tinha quebrado as regras do Serviço Secreto ao ter saído para beber na noite anterior ao assassinato — o agente confessou ter tomado um uísque com refrigerante no Press Club em Fort Worth e depois ter ido a outro clube, onde permaneceu até voltar ao hotel às 2h45. Quaisquer que fossem os efeitos do álcool, Specter acreditava que "os reflexos de Clinton Hill dificilmente poderiam ter sido mais rápidos no momento em que foram necessários para salvar a vida da sra. Kennedy".

Hill deu a Specter uma explicação convincente, ainda que horripilante, de por que a sra. Kennedy tinha tentado subir no porta-malas.[8] "Ela tinha subido no assento e estava, me parecia, tentando pegar alguma coisa perto do para-choque direito do carro", disse Hill.

Specter: "Havia alguma coisa ali atrás que você tenha observado que ela poderia estar tentando pegar?".

Hill achava que ela estava tentando pegar os pedaços do crânio do marido que tinham sido arremessados pela segunda bala que o acertou. O impacto "removeu um pedaço da cabeça do presidente, e ele tinha nitidamente se curvado para a esquerda", disse Hill, recordando a névoa de sangue e as partículas de carne no banco de trás da limusine. "Sei que no dia seguinte achamos o pedaço da cabeça do presidente" na rua em Dallas. Ele recordou que seu único impulso foi pôr a primeira-dama de volta no compartimento de passageiros. "Agarrei-a e coloquei-a de volta no banco de trás, me arrastei para cima do banco de trás e fiquei ali."

Specter também era responsável pelo exame das provas médicas, e boa parte delas estava uma bagunça, como ele logo veio a descobrir. O registro feito pelos médicos da emergência no Hospital Parkland e depois pelos patologistas no Hospital Naval de Bethesda estava cheio de informações contraditórias e imprecisas. Specter logo percebeu como a confusão poderia dar origem a teorias conspiratórias. Os problemas começaram horas depois do assassinato, quando os médicos do Hospital Parkland realizaram uma imprudente coletiva de imprensa. Diante de uma multidão de repórteres frenéticos, o dr. Malcolm Perry, que tinha cuidado do presidente na sala de emergência, deu a entender que uma das balas que haviam atingido o presidente viera da frente da comitiva, e não do Depósito de Livros Escolares do Texas ou de algum outro ponto atrás da limusine de Kennedy. "Sim, pode-se supor isso", comentário que sugeria ter havido ao menos dois atiradores. Alarmado, Hugh Sidey, repórter da revista *Time*, advertiu Perry: "Doutor, o senhor percebe o que está fazendo? Está nos confundindo".[9]

Perry depois admitiu que não tinha inspecionado os ferimentos de perto o suficiente para emitir um juízo sobre de onde as balas tinham vindo, mas muitos noticiários naquela tarde trataram suas especulações como fato. Nenhuma agência de notícias deve ter causado mais confusão naquele dia do que a Associated Press, a maior do país, que afirmou em uma de suas primeiras notícias que Kennedy tinha sido alvejado "no meio do rosto".[10] (Naquela tarde, a Associated Press também teve de corrigir notícias de que Johnson tinha sido levemente ferido no tiroteio, e que um agente do Serviço Secreto tinha sido morto na comitiva.)

O relatório da autópsia também estava cheio de lacunas, refletindo a pressa dos patologistas do Bethesda para finalizar o trabalho. Os médicos não tiveram tempo sequer de traçar a trajetória das balas através do corpo do presidente, o que seria um procedimento de rotina na autópsia de uma vítima de tiros. Dois agentes do FBI que observaram a autópsia anotaram — e apresentaram como fato — aquilo que os patologistas mais tarde descreveriam como uma especulação mal informada sobre a primeira bala que atingiu o presidente não ter penetrado fundo em seu corpo, mas sim ter saído pelo orifício em suas costas.

Antes de tomar o depoimento formal dos patologistas do Bethesda, Specter foi ao Hospital Naval perto de Washington para entrevistar os médicos em 13 de março, uma sexta-feira. Ele pediu a Ball, talvez o advogado processual mais experiente da equipe da comissão, para ir junto. No hospital, eles encontraram o comandante James Humes, o patologista que tinha supervisionado a autópsia. Humes, agitado, exigiu que Specter e Ball mostrassem suas identidades. "Ele estava muito desconfiado", disse Specter, recordando que tirou do bolso "as únicas credenciais que Ball e eu tínhamos para mostrar" — os crachás que usavam para entrar no prédio dos escritórios da comissão em Washington.[11] "Meu crachá, para começar, nem parecia muito oficial, e o fato de a fonte usada no meu nome não ser igual à do resto do crachá não ajudava."

Humes ainda não estava satisfeito, e foi preciso que um superior na administração do hospital, almirante da Marinha, desse uma ordem para que ele cooperasse. "Ele estava absolutamente aterrorizado", lembrou Ball. "Não queria falar com a gente."

Specter e Ball pressionaram Humes para antes de tudo explicar por que tinha havido tanta confusão sobre a trajetória da primeira bala. Humes disse aos dois advogados que a trajetória não tinha sido óbvia, uma vez que os médicos do Hospital Parkland tinham feito uma traqueostomia para permitir que o presidente respirasse, mascarando o ferimento de saída no pescoço. No começo da autópsia, explicou Humes, veio de Dallas a notícia de que os médicos de Parkland haviam feito massagem cardíaca no presidente, e que uma bala tinha sido encontrada numa maca do hospital. Isso levou Humes e seus colegas a especular em voz alta, na mesa da autópsia, sobre a possibilidade de que a bala tivesse sido empurrada para fora do corpo de Kennedy quando seu corpo foi massageado. Mas isso era só especulação, e estava errada, afirmou Humes. À medida que a autópsia continuava, os patologistas puderam ver que os músculos na parte da frente do pescoço do presidente estavam muito machucados — prova, julgaram, de que a bala tinha passado por seu pescoço e saído pela frente.

Humes disse que ele e os colegas do Hospital de Bethesda ficaram chocados quando souberam, semanas depois, que os agentes do FBI na sala de autópsia tinham continuado a promover a teoria da massagem cardíaca em seus relatórios formais. Um relatório do FBI emitido em dezembro dizia direta — e incorretamente — que "não havia ponto de saída" para a bala que entrou nas costas do presidente. Outro relatório do FBI, datado de janeiro, dizia direta — e incorretamente — que a bala "tinha penetrado menos do que a distância de um dedo".[12]

Specter trouxera uma cópia do relatório da autópsia consigo e pediu a Humes que o repassasse, linha por linha, explicando como os patologistas da Marinha tinham chegado àquelas conclusões. Pediu também que desse uma cronologia das versões iniciais e finais do relatório. Onde estavam as primeiras versões?

Foi então, segundo Specter, que Humes admitiu ter destruído todas as notas que fizera, junto com o exemplar original do relatório da autópsia, a fim de impedir que eles algum dia viessem a público.[13] Ele os tinha queimado na lareira de casa, num subúrbio de Maryland, disse, porque estavam manchados com o sangue do presidente da sala de autópsia e ele temia que eles se tornassem algum tipo de peça horripilante de museu. Specter ficou perplexo com a revelação. Ele se lembrou de ter pensado — naquele momento, enquanto estava sentado na frente de Humes — que aquilo tinha toda a chance de virar escândalo caso saísse da comissão. Na Filadélfia, Specter tinha passado tempo suficiente com juízes e jurados, sem falar dos cínicos repórteres dos tribunais, para saber qual seria a reação à descoberta de que documentos fundamentais como aqueles haviam sido incinerados. Aquilo "daria às pessoas uma abertura para falar que alguma coisa estava sendo encoberta".

Specter disse posteriormente que tendia a acreditar que Humes não tinha tentado esconder nada de importante ao destruir a papelada. "Concluí que ele era ingênuo e inexperiente, que não percebia quanta gente estaria espiando atrás dele, mas que não tinha maldade." Contudo, ele temia que os teóricos da conspiração fossem presumir que Humes estava "tentando ocultar seus erros ou coisa pior".

Humes teve outra revelação naquela tarde, ainda que essa tenha sido bem-vinda. Dizia respeito à primeira bala que atingiu Kennedy. Ainda que Humes não a tenha mencionado no relatório da autópsia, ele falou que a bala teria saído da garganta do presidente em alta velocidade e permanecido em grande parte intacta; ela não tinha atingido nada duro — nenhum osso, nenhum tendão mais grosso

— ao passar por seu pescoço. A bala certamente não tinha caído para trás saindo do corpo do presidente, como sugerido pelo relatório do FBI.

Então onde ela estava? Se ela estava em alta velocidade quando saiu do corpo de Kennedy e não foi encontrada na limusine, o que ela acertou depois? Tinha-se presumido que a bala encontrada na maca de Connally no Hospital Parkland era aquela que o tinha acertado — e, de acordo com o FBI e com o Serviço Secreto, somente ele. Specter meditou sobre essas questões no fim de semana, pensando em voltar ao assunto na segunda, quando Humes daria seu depoimento formal em Washington. Specter teria a oportunidade de mostrar a Humes parte das provas físicas de Dallas que o patologista nunca tinha visto, incluindo quadros do filme de Zapruder.

Specter depois recordaria o testemunho de Humes em Washington como algo histórico, certamente um ponto de virada na investigação da comissão, porque aquela era a primeira vez que qualquer pessoa esboçava a hipótese que ficaria conhecida como a teoria da bala única.[14]

A virada veio quando Humes, sob juramento, viu a imagem ampliada do quadro do filme de Zapruder que mostrava as mãos de Kennedy indo até o pescoço, aparentemente após ele ter sido atingido pela primeira bala. Humes olhou a foto por um momento, observando a posição do presidente no banco de trás, e como Connally estava sentado num assento reclinável logo à sua frente.

"Vejo que o governador Connally está sentado diretamente à frente do falecido presidente", disse Humes. "Sugiro a possibilidade de que esse projétil, após ter atravessado a parte baixa do pescoço do falecido presidente, tenha de fato atravessado o tórax do governador Connally."[15] Assim, em termos leigos, o patologista estava especulando que a primeira bala que atingira Kennedy também tinha atingido Connally.

Subitamente, disse Specter, tudo fazia sentido. O FBI e o Serviço Secreto tinham errado ao concluir que Kennedy e Connally haviam sido atingidos por balas diferentes. Eles foram atingidos pela mesma bala, aquela que primeiro passou pelo pescoço do presidente e depois acertou Connally nas costas. A teoria de Humes poderia resolver a confusão da comissão a respeito de Oswald ter ou não ter tido tempo suficiente para efetuar os disparos. O assassino talvez não tivesse tido tempo de apertar o gatilho três vezes no tempo em que, segundo o filme de

Zapruder, Kennedy e Connally foram atingidos, mas ele teria tido tempo de puxar o gatilho duas vezes — uma bala teria atingido os dois, outra teria atingido Kennedy na cabeça. Muitas testemunhas na comitiva e na multidão na Dealey Plaza estavam convencidas de ter ouvido três disparos, por isso a comissão teria de averiguar o que teria acontecido com a terceira bala; Specter achava que esse tiro devia, de algum modo, ter errado o alvo.

A Humes foi mostrada aquela que viria a ser lembrada como a mais importante prova física que a comissão recuperara em Dallas — o núcleo de chumbo revestido de cobre, achatado mas praticamente intacto, do projétil de 6,5 milímetros que teria sido encontrado na maca de Connally no Hospital Parkland. À medida que as provas eram trazidas durante os depoimentos na comissão, elas eram numeradas, e Specter então colocou uma etiquetazinha da comissão — CE#399 — no tubinho de plástico transparente que continha a bala.

Se Humes estava certo, CE#399 tinha de ser a bala que acertou tanto Kennedy quanto Connally. Specter pediu a Humes que olhasse a bala no tubinho. Presumindo que ela só tivesse atingindo tecidos moles no pescoço de Kennedy, poderia ela também ter causado todos os ferimentos de Connally? Humes mostrou-se inicialmente cético. "Acho extremamente improvável", disse. Ele sabia, pelos registros médicos de Connally, que haviam sido encontrados fragmentos metálicos no tórax, na coxa e no pulso no governador. Aquela bala parecia imaculada demais para ter deixado tantos pedaços de metal.

Specter não se sentiu desencorajado pela resposta do patologista — pelo fato de Humes estar se distanciando quase no mesmo instante da valiosa teoria que tinha acabado de apresentar à comissão. Quando olhou para a ampliação do filme de Zapruder, Specter pensou que a teoria da bala única simplesmente parecia correta. Humes, como ele sabia, tinha experiência limitada em balística — e pouca experiência realizando autópsias de homicídios, aliás — e poderia não saber como julgar o peso dos fragmentos metálicos encontradas no corpo de Connally. Specter suspeitou que os fragmentos fossem tão pequenos que poderiam ter perfeitamente saído da mesma bala — aquela que ele segurava em suas mãos.

Specter estava zangado por ser obrigado a tomar o depoimento de Humes sem lhe mostrar as fotos e as radiografias da autópsia de Bethesda — aquelas que o próprio Humes tinha mandado tirar.

Três meses após o início das investigações, Specter ainda não recebera permissão para ver as fotos e as radiografias, refletindo aquilo que no seu entender era a complacência de Warren com a família Kennedy. Specter tinha pressionado Rankin diversas vezes a respeito disso, e Rankin ficava adiando, dizendo que a comissão precisava primeiro chegar a uma decisão sobre como e se as fotos e radiografias seriam apresentadas no relatório final. Por ora, as ordens eram para que Specter se baseasse no testemunho especializado de Humes e de outros patologistas. Para esse testemunho, Humes tinha tentado ajudar trazendo os diagramas dos ferimentos do presidente preparados por um desenhista da Marinha em Bethesda, mas tanto ele quanto Specter sabiam que os desenhos eram baseados na memória imperfeita de Humes.

Agora, com a presença de Warren e dos demais membros da comissão na sala de testemunhas, Specter decidiu registrar oficialmente sua preocupação com a situação — recordando ao presidente da Suprema Corte o absurdo de discutir o relatório da autópsia do presidente Kennedy sem ter acesso a todas as provas médicas.

Specter se virou para Humes e perguntou como ele podia estar certo de que os diagramas feitos pelo desenhista da Marinha eram precisos, uma vez que o artista não tinha visto as fotos da autópsia nem presenciado a autópsia em si.

"Se fosse necessário fazê-los em escala absolutamente realista, acho que seria quase impossível que ele conseguisse sem as fotografias", admitiu Humes, dando a Specter a resposta que ele queria. Humes explicou que não olhava as fotos desde a noite da autópsia, quando o Serviço Secreto levou-as para guardá-las em local seguro; ele reconheceu que elas seriam úteis para que seu depoimento fosse mais correto. "As fotos mostrariam de maneira mais precisa e detalhada a natureza dos ferimentos", disse. Elas ofereciam "uma imagem mais explícita da imensa deformidade" imposta à cabeça do presidente.

Specter disse posteriormente lembrar-se do rosto de Warren franzindo-se enquanto ouvia.

E o presidente da Suprema Corte interrompeu, invertendo o jogo em relação a Specter, e fez sua própria pergunta a Humes: "Posso perguntar uma coisa, comandante? Se tivéssemos as fotos aqui e o senhor pudesse olhá-las outra vez e reformular sua opinião, isso faria com que o senhor alterasse alguma parte do depoimento que deu aqui?".

Era compreensível que Humes hesitasse em sugerir diante de Warren e dos demais membros da comissão que desconhecia os fatos: "Até onde posso dizer, sr. presidente da Suprema Corte, não alteraria".

Era essa a resposta que Warren estava esperando.

Specter dividiu sua frustração com Belin e com alguns outros jovens advogados. Todos achavam muito errado que a comissão lhes impedisse o acesso a qualquer prova, ainda mais às provas médicas mais básicas de como o presidente tinha morrido. "Era perigoso", achava Belin. "Aquilo violava as normas básicas e elementares de procedimento probatório, conhecidas por qualquer aluno de direito nos Estados Unidos."[16] Ele disse também ter ficado ofendido com a decisão da comissão — ao menos com a decisão de Warren — de permitir que a família Kennedy decidisse quais provas poderiam ser vistas. "Era um tratamento especial para poucos privilegiados", disse Belin. A equipe não enfrentava nenhuma restrição semelhante quanto ao exame das fotos da autópsia do policial J. D. Tippit, algumas das quais eram quase tão horripilantes quanto as do presidente Kennedy. "Se a viúva de Tippit quisesse guardar para si as fotos e as radiografias do marido, ela não conseguiria" fazer isso, afirmou Belin. "Então por que a família do presidente Kennedy deveria ser tratada de outro modo?"

Enfim Specter obteve uma explicação mais completa. As fotos e as radiografias, disseram-lhe, estavam sob a custódia de Robert Kennedy no Departamento de Justiça, e o irmão do falecido presidente não queria liberá-las para a comissão por temer que elas pudessem vir a público — opinião que veio a ser compartilhada por Warren.

A família Kennedy temia que "aquelas horrendas imagens viessem a público", disse Specter. "Eles temiam que o povo americano lembrasse de John F. Kennedy como um cadáver mutilado, com metade da cabeça arrancada, e não como o jovem presidente galante." Ele também enxergava um cálculo político da família Kennedy. "Parecia que a família queria preservar a imagem do ex-presidente em parte para o futuro benefício político de seus membros. Robert e Edward, os irmãos mais novos, eram muito parecidos com o falecido presidente. Qualquer dano à imagem de John Kennedy poderia prejudicá-los."[17]

28.

ESCRITÓRIOS DA COMISSÃO
WASHINGTON, DC
SEGUNDA-FEIRA, 16 DE MARÇO DE 1964

Warren não queria que Specter ficasse esperando para ir ao Texas. "O presidente da Suprema Corte não deixava ninguém ficar plantado", disse Specter.[1] Assim, na segunda-feira, 16 de março, mesmo dia em que a comissão tomou o depoimento de Humes e dos outros patologistas do Hospital Naval de Bethesda, Warren pediu-lhe que fosse imediatamente a Dallas para tomar o depoimento dos médicos e da equipe do Hospital Parkland.

"Bem, senhor, a Páscoa judaica é no meio da semana, e eu tenho que me preparar para ver essas testemunhas", disse Specter, que gostaria de passar o feriado religioso com a família. "Acho que posso ir daqui a uma semana."

"Gostaria que você fosse hoje à tarde", respondeu Warren.

Os dois chegaram a um meio-termo. Specter concordou em ir na quinta-feira. Ele cuidou para que sua esposa e seus filhos fossem para o Kansas, para passar o feriado com a família.*

---

* Embora Specter tenha proposto essa explicação em suas memórias e a tenha mencionado em entrevistas con-

Specter esperava que sua viagem ao Texas esclarecesse diversos mistérios relacionados às provas médicas. Por que, por exemplo, os médicos do Hospital Parkland a princípio sugeriram aos repórteres que o ferimento na garganta do presidente era um ferimento de entrada, e não de saída, o que descartaria um tiro do depósito de livros? E qual era o conjunto de provas para a bala em boa parte intacta encontrada no corredor do primeiro andar do hospital — a bala que, para Specter, tinha atravessado os corpos de Kennedy e de Connally? Os testes balísticos provaram que o projétil tinha sido disparado pelo rifle de Oswald.

Specter estava curioso para ver por si mesmo o Hospital Parkland e para encontrar-se com os médicos da emergência que no dia 22 de novembro tinham deparado com o desafio de tentar salvar a vida do presidente dos Estados Unidos. O hospital mostrou-se totalmente diferente das clínicas luxuosas e bem equipadas de Washington, onde um presidente e sua família normalmente receberiam cuidados médicos. O Parkland era um centro médico enorme, barulhento e encardido na periferia de uma cidade grande — "um hospital-escola de treze andares, cheio de corredores e com paredes amareladas", lembrou Specter. Foi-lhe concedida uma pequenina sala de reuniões para fazer as entrevistas, e ele começou a trabalhar imediatamente, pedindo ao hospital que marcasse horários com "todos os membros da equipe, mesmo aqueles que só tivessem tido um envolvimento tangencial" no tratamento de Kennedy e de Connally. "Eu queria tomar o testemunho juramentado de cada médico, enfermeira, assistente ou observador que estivesse envolvido." Na quarta-feira, 25 de março, entrevistou treze testemunhas detalhadamente.

Specter depois declararia que, naquelas circunstâncias, a performance da equipe do Parkland no dia do assassinato tinha sido "soberba". O dr. Charles Carrico, o cirurgião-residente que foi o primeiro a tratar Kennedy, disse a Specter que o coração do presidente ainda estava batendo quando ele chegou à sala de emergência. "Do ponto de vista médico, suponho que ele ainda estivesse vivo", afirmou Carrico. Mas, como Specter agora sabia, uma parte tão grande do cérebro de Kennedy tinha sido arrancada que os esforços dos médicos eram inúteis, apesar de "cada esforço desesperado e imaginável para salvá-lo".

Os médicos do Hospital Parkland tinham uma explicação lógica para a con-

---

cedidas ao autor deste livro, o feriado religioso na verdade começou mais tarde naquele mês. Em 1964, o primeiro dia da Páscoa caiu num sábado, 28 de março.

fusão sobre o ferimento na garganta do presidente e para terem sugerido inicialmente que o ferimento fosse um ponto de entrada. (O erro havia sido eternizado na papelada do hospital, quando um dos médicos da sala de emergência descreveu o furo na garganta de Kennedy como algo "considerado o ferimento de uma entrada de bala".)[2] Como os médicos explicaram, eles simplesmente não viraram o corpo do presidente em nenhum momento, por isso não viram o ferimento de entrada atrás. Após a morte de Kennedy ser declarada, segundo os médicos, eles simplesmente deixaram a sala de emergência sem fazer nenhum outro exame. "Ninguém, naquela hora, tinha ânimo para examiná-lo", disse Carrico. Em outros casos, ele e os colegas poderiam inspecionar um cadáver "para seu próprio aprendizado e curiosidade". Naquele caso, disse Carrico, "não peço desculpas. Eu simplesmente vi o presidente morrer". Specter suspeitou que, se os médicos tinham pensado em virar o corpo do presidente para examiná-lo, abandonaram essa ideia quando notaram a presença da sra. Kennedy. "Eles não queriam cutucar o corpo com a viúva olhando."

Specter andou pelo hospital e examinou os equipamentos médicos que tinham sido usados no atendimento ao presidente. Mostraram-lhe a maca de metal utilizada para transportar Connally. Se a teoria da bala única estivesse certa, a bala teria caído daquela maca após Connally ter sido movido para a mesa de cirurgia na ala cirúrgica do segundo andar. A partir de outros depoimentos, Specter ficou sabendo que a maca usada para transportar Kennedy não estava em nenhum lugar próximo da área onde a bala fora encontrada.

Um atendente testemunhou que, depois de Connally ser transferido para a mesa de cirurgia, a maca foi levada de elevador ao primeiro andar, onde seria limpa para ser reutilizada. O testemunho-chave veio de um engenheiro do hospital, Darrell Tomlinson, que recordava ter encontrado a maca no elevador do primeiro andar, tê-la levado até o corredor e a encostado na parede ao lado de outra maca.[3] Ele disse que então ouviu o som de uma bala caindo no piso; aparentemente, ela estava escondida debaixo de um colchão de borracha em uma das macas. Specter ficou frustrado com o depoimento de Tomlinson; o engenheiro se confundia com diversos detalhes e não conseguia dizer com certeza de qual das duas macas a bala tinha caído. Mesmo assim, Specter disse que, naquelas circunstâncias, só poderia haver uma conclusão sobre a origem da bala: ela tinha de ter caído da maca de Connally.

Ao retornar a Washington, Specter sentou-se com David Belin para conver-

A teoria da bala única

A equipe da comissão concluiu que a primeira bala a atingir a limusine presidencial foi disparada por Lee Harvey Oswald do sexto andar do Depósito de Livros Escolares do Texas e feriu tanto o presidente Kennedy como o governador Connally. Críticos alegam que uma única bala — que apelidaram de "bala mágica" — não poderia ter causado tanto estrago e permanecido relativamente intacta. Análises científicas posteriores respaldaram a teoria da comissão.

Depósito de Livros Escolares do Texas

1. Viajando a uma velocidade estimada entre 520 e 610 metros por segundo, a bala penetra no corpo de Kennedy por trás.

Presidente Kennedy

2. Passando por seu corpo em ângulo ligeiramente descendente, a bala não atinge estruturas ósseas importantes e sai pelo pomo de Adão, perto do nó da gravata.

3. A bala continua em movimento descendente, penetra nas costas de Connally, despedaça sua costela direita e sai abaixo de seu mamilo direito, causando um grande ferimento em seu peito.

Governador Connally

4. Perdendo velocidade enquanto continua a descer, a bala passa pelo pulso direito de Connally, rompendo um nervo e um tendão.

5. Com a maior parte do impulso dissipado, a bala perfura superficialmente a coxa esquerda de Connally, dez a quinze centímetros acima de seu joelho esquerdo. A bala quase intacta é encontrada perto de uma maca no Hospital Memorial Parkland.

Todd Lindeman e Gene Thorp   FONTES: Comissão Warren, Comitê Selecionado da Câmara sobre Assassinatos, ABC News.

sar detalhadamente sobre a teoria da bala única. Num certo sentido, Specter sabia que seu amigo de Iowa podia estar desapontado com a teoria; foi a análise detalhada do filme de Zapruder feita por Belin naquele inverno e os instantes precisos dos tiros que sugeriam a presença de um segundo atirador — e, portanto, de uma conspiração. Mas, ao ouvir Specter, Belin não pôde negar a lógica da teoria da bala única, e mais tarde afirmou que aceitou rapidamente que era a verdade. Oswald não dera três tiros contra a limusine; havia disparado apenas dois — e um deles acertou tanto Kennedy como Connally. Nas décadas seguintes, estudos científicos, utilizando métodos aos quais a Comissão Warren não tinha acesso em 1964, validariam a teoria da bala única, embora viesse a se tornar talvez o mais controverso dos achados da comissão. Na equipe, nunca foi motivo de controvérsia; na verdade, diversos advogados da equipe se lembrariam de ter abraçado prontamente a teoria quando a ouviram naquela primavera. "Simplesmente parecia sensata", disse Sam Stern.

Isso ainda deixava em aberto a questão do que acontecera com o outro tiro que a maioria das testemunhas pensara ter ouvido na Dealey Plaza. Se um tiro acertara o presidente na cabeça e o outro atingira tanto Kennedy como Connally, onde fora parar o terceiro? A equipe discutiu o assunto semanas a fio, mas não chegou a uma resposta final, definitiva, exceto concluir que a bala obviamente tinha errado a limusine. Uma forte possibilidade, citada no relatório final da comissão, era que o primeiro tiro tivesse errado. Oswald pode ter disparado a primeira vez — e errado — justamente quando a limusine de Kennedy dobrou a esquina para entrar na Elm Street, aproximando-se do grande carvalho que teria obstruído momentaneamente a visão de Oswald. Isso poderia tê-lo levado a disparar rápido demais, sabendo que seu alvo estava prestes a ficar oculto pelos galhos da árvore. Se Oswald errara o primeiro tiro, a explicação também podia ser porque estivesse nervoso, alguns dos advogados pensaram. Ao puxar o gatilho da primeira vez, Oswald pode ter ficado atordoado com o monstruoso significado do que estava prestes a fazer.[4]

John e Nellie Connally concordaram em testemunhar perante a comissão em abril. Specter presumia que seria ele quem faria as perguntas, já que tinha colhido os depoimentos das outras testemunhas presentes à comitiva de Dallas — ninguém conhecia melhor as provas médicas. O testemunho do casal Connally tinha se tornado ainda mais importante com a descoberta — que deixou Specter surpreso — de que as roupas que o governador usava no dia do assassinato, retalhadas, tinham sido lavadas a seco e passadas. As roupas haviam sido "completamente arruinadas no que dizia respeito a seu valor probatório", disse Specter.[5] A decisão de lavá-las, como se descobriu depois, tinha sido tomada pela sra. Connally. "Eu não aguentava olhar o sangue", disse, insistindo que mandara o lavador "tirar as manchas, mas não fazer nada para alterar os furos ou os outros danos."[6]

Specter teve um sobressalto quando ouviu, poucos dias antes do testemunho dos Connally, que não seria ele quem conduziria o interrogatório. Em seu lugar, a pedido de Warren, Rankin o faria. Specter presumia que essa decisão refletia a irritação de Warren com a maneira como ele tinha interrogado as primeiras testemunhas. Rankin deu a notícia a Specter, que tentou convencer-se a si mesmo de que não se importava. "Não fazia para mim a menor diferença se eu ia interrogá-los ou não", disse Specter. "Não era eu quem decidia isso."

Rankin pediu a ajuda de Specter. "Arlen", disse, "prepare-me."

Specter aproveitou a oportunidade para lembrar Rankin — na verdade, para avisá-lo — de quantos detalhes ele teria de compreender antes de interrogar testemunhas tão importantes. Specter não ia "amenizar a situação", como disse, e inundou Rankin de fatos e números, e também de termos médicos e balísticos, que ele teria de dominar rapidamente. "Salientei para Rankin que a bala tinha uma velocidade inicial de aproximadamente 670 metros por segundo; que, no momento em que atingiu o presidente, a velocidade da bala era de cerca de 610 metros por segundo e que a bala teria uma velocidade de saída de aproximadamente 580 metros por segundo." Rankin ouvia Specter explicar como o Exército acabara de concluir testes balísticos para tentar reproduzir os ferimentos das vítimas "com uma solução gelatinosa e carne de bode comprimida" e que a bala tinha desacelerado quando "entrou levemente à esquerda da axila direita do governador e saiu abaixo de seu mamilo direito, deixando um grande ferimento de saída, e adentrou a região dorsal de seu pulso e saiu pela região volar, por fim alojando-se em sua coxa".

Anos depois, Specter ria ao lembrar-se da cara de Rankin. "Na hora em que terminei, Rankin, sabendo que tinha pouco tempo para mergulhar em todos aqueles detalhes, balançou a cabeça desesperado", recordou.

Rankin desistiu na hora. "Você vai ter de interrogar Connally", disse a Specter, que admitiu sentir certo prazer em anular a decisão do presidente da Suprema Corte. "Warren queria Rankin, mas não conseguiu se livrar de mim."

O depoimento dos Connally estava programado para a tarde de terça-feira, 21 de abril. Naquela manhã, o governador do Texas e a esposa foram convidados aos escritórios da comissão para assistir, pela primeira vez, à versão integral do filme de Zapruder. Specter, que já o tinha visto centenas de vezes, lembrou-se de ficar fascinado, sentado ali, "olhando o governador Connally vendo ele mesmo levar um tiro". Nellie Connally achou "nauseante, mas estranhamente surreal, a experiência" de ver o filme, "como se tudo estivesse acontecendo a outra pessoa em algum outro tempo e lugar".[7] Ela ficou particularmente perturbada, disse, com a imagem do tiro na cabeça do presidente e com a tentativa de Jacqueline Kennedy de sair do compartimento de passageiros. "Eu vi o filme sem acreditar quando mostrou Jackie engatinhando em cima do porta-malas. Que diabos ela estava fazendo?"

O testemunho da sra. Connally era, sob muitos aspectos, tão importante quanto o do governador, já que suas lembranças não estavam prejudicadas pela dor física e pelo choque que o marido tinha sofrido. E isso era parte do problema de Specter. A primeira-dama do Texas, articulada e enérgica, estava convencida de que o marido e Kennedy tinham sido alvejados por balas distintas. Ela acreditava que a primeira bala tinha acertado Kennedy na garganta — ela sabia disso, disse, porque tinha se virado depois do primeiro tiro e viu o presidente pondo a mão no pescoço — e que uma segunda bala, disparada instantes depois, acertou o marido nas costas. Foi a terceira bala, afirmou, que espatifou o crânio do presidente, no momento em que o marido estava encurvado em seu colo.

Enquanto os Connally viam o filme, Specter percebeu a influência que Nellie podia exercer sobre o marido. O casal começou a discutir se ela tinha puxado o marido ferido para o colo, ou se ele tinha caído ali. Ela insistia que o tinha puxado para baixo.

"Não, Nellie, você não me puxou", disse o governador. "Fui eu que caí no seu colo."

"Não, John", respondeu ela. "Você não caiu — eu que te puxei."

Specter lembrou que a discussão durou algum tempo — "eles ficavam indo e voltando várias vezes".[8] David Belin, que também observava a disputa, recordou que o casal Connally só encerrou o debate quando percebeu que havia outras pessoas ouvindo-os discutir. A sra. Connally então mandou parar o filme e o casal saiu, disse Belin. "Quando eles voltaram, Nellie Connally e o governador estavam de acordo — com a versão da sra. Connally."[9]

Specter ficou preocupado que a sra. Connally tivesse convencido o marido a alterar seu relato, ainda mais porque o testemunho aparentemente sólido do casal poderia ser para sempre considerado um ataque digno de credibilidade à teoria da bala única. Ela veio a escrever depois sobre sua convicção de que o marido não poderia ter sido atingido por uma bala que também atingira o presidente. Insistia que o marido tivera tempo de virar para trás e para a frente no carro após o primeiro tiro ser ouvido e antes de ser atingido. "Nem balas 'mágicas' ficam paradas no ar tanto tempo", disse ela.[10]

Depois do almoço, o casal Connally voltou ao edifício VFW para seu testemunho formal. Toda a comissão reuniu-se para ouvi-los. Specter disse que aquela foi a primeira vez que via o senador Russell nos escritórios da comissão para um depoimento de uma testemunha — ele estava ali por respeito a outro governador sulista, presumiu Specter. (Russell tinha sido governador da Geórgia pelo Partido Democrata antes de ser eleito para o Senado em 1932.) Specter ficou impressionado com a aparência solitária de Russell, um homem quase sem vida fora dos gabinetes do Senado, que nunca se casara. "Russell estava vestido de maneira imaculada, com paletó azul, camisa branca engomada e meias de cor castanha que mal cobriam seus tornozelos", disse Specter. "Era um solteirão. Ninguém cuidava das meias dele."[11]

O governador Connally depôs primeiro, e seu depoimento, por sua descrição daquilo que tinha acontecido dentro da limusine do presidente quando a comitiva virou a esquina da Elm Street e se aproximou do depósito de livros, foi de virar o estômago. "Ouvi um barulho que imediatamente julguei ser um tiro de rifle", disse ele a Specter. "Instintivamente me virei para a direita porque o som parecia vir de cima do meu ombro direito. [...] A única coisa que me passou pela cabeça foi que aquilo era uma tentativa de assassinato."[12]

Ele disse que não tinha lembrança de ter ouvido o segundo tiro — o tiro que julgava tê-lo atingido — mas "ou eu estava em estado de choque ou o impacto foi tamanho que nem registrei o som". Mas ele o sentiu: "Parecia que alguém tinha me batido nas costas". O sangue começou a jorrar de seu peito, e ele presumiu que estava prestes a morrer. "Eu sabia que tinha sido alvejado e imediatamente achei, por causa daquela quantidade de sangue [...], que provavelmente tinha um ferimento letal."

"Então simplesmente me curvei", disse. "E a sra. Connally me puxou para o colo dela. Aí eu reclinei com a cabeça no colo dela, o tempo inteiro consciente, e com os olhos abertos."

Naquele momento ele ouviu outro tiro, que, segundo lhe contaram depois, tinha sido o terceiro. Ele disse ter presumido que Kennedy era o alvo. "Ouvi o tiro muito claramente. Ouvi o tiro acertá-lo", disse. "Nunca me passou pela cabeça que ele tivesse acertado qualquer pessoa que não o presidente."

De repente, disse, o compartimento de passageiros estava coberto de sangue e de fragmentos de tecido humano. O tecido era "azul-pálido — tecido cerebral, que eu reconheci imediatamente, e do qual me lembro muito bem". Em suas calças, declarou Connally, havia "um pedaço de tecido cerebral quase do tamanho do meu dedão". Ele se lembra de ter gritado: "Ah, não, não, não [...]. Meu Deus, eles vão matar todos nós".*

Connally concordou com a esposa quanto a balas distintas terem acertado ele e Kennedy. "O homem disparou três tiros e acertou as três vezes que disparou", disse. "Obviamente ele tinha mira muito boa." Ele disse que o presidente ficou em silêncio depois do primeiro tiro. Depois do último, ele ouviu a sra. Kennedy gritar: "Mataram meu marido. [...] O cérebro dele está na minha mão".

Quando Specter lhe pediu que descrevesse seus ferimentos, Connally sugeriu que seria mais fácil que os membros da comissão vissem por si mesmos. "Se a comissão tiver interesse, prefiro que vocês olhem. Alguma objeção?"

Não houve objeção, e Connally tirou a camisa, primeiro apontando para o ferimento de entrada logo abaixo da omoplata direita, virando-se em seguida para mostrar de onde o tiro tinha saído no peito. Specter se lembrava de "uma cicatriz feia, enorme, de uns dez centímetros, debaixo do mamilo direito dele". A cena produziu o único momento de humor naquele dia de depoimentos, em tudo o mais sombrio. Specter lembrava que teve de conter uma risada quando a secretária de Rankin, Julia Eide, entrou na sala e ficou chocada ao ver o governador de peito nu. "Ela entrou no meio do depoimento e viu Connally sem camisa, ficou boquiaberta e saiu."[13]

---

* A observação de Connally de que "eles" estavam tentando matar os ocupantes da limusine viria a ser citada com frequência por teóricos da conspiração como prova de que o governador do Texas sabia que havia mais de um atirador. Connally disse depois que não teve nenhuma intenção de dizer isso, e que aceitava a conclusão de que Oswald agira sozinho.

O testemunho de Connally foi útil a Warren e a outros que acreditavam que Oswald tinha agido sozinho — porque o governador disse que ele também estava convencido disso. "Ali você tinha um indivíduo com uma mente completamente pervertida, louca, que, por alguma razão, queria… um lugar nos livros de história da nação." Connally também estava convencido de que todos os tiros tinham vindo de trás — da direção do Depósito de Livros Escolares do Texas.

Em seu testemunho, Connally especulou que Oswald poderia ter querido atingir também a ele, e não só a Kennedy. Antes de ser eleito governador, em 1962, Connally tinha sido secretário da Marinha da administração Kennedy, o que o tornava responsável pelos fuzileiros navais. Enquanto ainda estava na Rússia, Oswald tinha escrito uma carta a Connally pedindo-lhe que anulasse a dispensa não honrosa que recebera da Marinha após tentar desertar. (Ele havia obtido uma dispensa "não honrosa", um nível menos punitivo que a dispensa desonrosa.) Seu pedido foi rejeitado. Talvez Oswald ainda sentisse o aguilhão da dispensa ali na Dealey Plaza. Era possível, segundo Connally, que ele "fosse um alvo como qualquer um".

Quando Connally terminou seu testemunho, depois de quase três horas, e ia deixando a sala, Specter pôde ver como Warren estava incomodado — outra vez transtornado com o detalhado e demorado interrogatório de Specter. Quando a sra. Connally entrou na sala e prestou juramento, Warren assumiu o comando: "Sra. Connally, a senhora se importa de nos contar a história tal como a ouviu e seremos breves". A promessa de Warren — "seremos breves" — era dirigida a Specter, como ele bem sabia.

O testemunho dela foi igualmente arrepiante. Nos momentos posteriores aos disparos, a sra. Connally, assim como o marido, presumiu que ele estivesse mortalmente ferido. "Então houve um movimento imperceptível, não apenas uma coisinha que me permitiu saber que ainda havia alguma vida, e foi aí que eu comecei a dizer a ele: 'Está tudo bem, fique parado'." Então ela ouviu o terceiro tiro. "Parecia que balas usadas estavam caindo sobre nós", recordou. Mas não eram balas usadas. "Comecei a ver um material, tecido cerebral ou sei lá, era material humano, pelo carro inteiro e sobre nós." Ela concordava com o marido sobre os tiros terem vindo de trás — do lado do depósito de livros. "De trás da gente… da direita."

Warren ficou pensando para ver se decifrava a teoria da bala única. No escritório da Promotoria de Oakland na década de 1920 e 1930, ele participara de diversos processos de homicídio em que as balas voavam de todas as maneiras possíveis para um corpo — e de um corpo para outro —, e por isso para ele fazia sentido que a bala que voara da garganta de Kennedy tivesse acertado Connally. Ele tinha sido convencido pelo argumento de que a bala que atingira Kennedy no pescoço "só tinha passado por carne" e numa velocidade mais do que suficiente para acertar o homem sentado exatamente na frente dele na limusine.

Para Warren, Connally estava equivocado em crer que fora atingido por uma bala distinta — o que era compreensível, considerando o choque causado por seus ferimentos. "Não dei praticamente credibilidade nenhuma ao testemunho de Connally", disse depois o presidente da Suprema Corte.[14] Sua perspectiva foi reforçada por outro membro da comissão, John McCloy, seu companheiro veterano do Exército na Primeira Guerra Mundial. McCloy tinha servido na Europa e sabia como os soldados podiam ficar confusos no campo de batalha após serem alvejados por balas ou estilhaços de bombas e granadas, com frequência não percebendo por vários minutos que tinham sido séria e às vezes mortalmente feridos. McCloy contou a Warren que sabia de dois soldados alvejados por balas que não se deram conta disso "por um tempo considerável" e "então, alguns segundos depois, caíram mortos".

29.

PENTÁGONO
WASHINGTON, DC
MARÇO DE 1964

Stuart Pollak, advogado de 26 anos do Departamento de Justiça, viu repetidas vezes Lee Harvey Oswald, sobressaltado, contorcer-se de dor, apertar a barriga e começar a morrer. Em março, Pollak, emprestado à comissão do assassinato, recebeu a tarefa de examinar os filmes que capturaram a cena na central de polícia de Dallas no domingo, 24 de novembro, quando Jack Ruby surgiu de uma multidão de repórteres e de câmeras e matou Oswald. "Devo ter assistido àquilo umas mil vezes", disse Pollak depois. "Eu ia ao Pentágono, e ali eles tinham uma sala, uma sala de projeção, onde passavam o filme pra mim, de novo e de novo e de novo. Todos os filmes de todas as diferentes câmeras de TV daquele assassinato."[1]

Cabia a Pollak determinar se os filmes davam qualquer pista de que Ruby tinha cúmplices na multidão — talvez um policial que tivesse tentado abrir caminho para que ele chegasse a Oswald. O jovem advogado deveria determinar se houve troca de olhares ou qualquer outro sinal de reconhecimento entre Oswald e Ruby, considerando os rumores em Dallas de que eles se conheciam. "Eu estava procurando outras pessoas que se movessem, outras perspectivas. Os olhos estão se movendo? Ruby está agindo sozinho? Os policiais estão ajudando?", Pollak perguntava-se.

Depois de assistir ao filme tantas vezes, ele conseguia apontar um por um o elenco quase inteiro de personagens em cada um dos quadros — os repórteres e policiais que estavam no aperto em volta de Oswald. Mas ele não conseguia ver nada que sugerisse uma conspiração, ou que Ruby e Oswald tivessem reconhecido um ao outro. "Descobrimos que não havia muito a descobrir."

Pollak ficou impressionado com o nível de minúcia que cada aspecto da vida de Oswald estava sendo analisado, incluindo seus momentos finais, como consequência de ter sido assassinado por Ruby. Se Oswald estivesse vivo e fosse a julgamento, Pollak achava que o público poderia ter aceitado que os dados mais importantes da vida do assassino fossem revelados no tribunal. Agora, como ele tinha sido assassinado ao vivo na TV e não pôde ser julgado, até os mínimos detalhes da vida e da morte de Oswald — quadro a quadro, milissegundo a milissegundo — estavam sendo analisados. "Fiquei impressionado, estávamos fazendo um trabalho e tanto", disse depois.

Outros tiveram maior sucesso em apontar algo significativo nos filmes feitos em Dallas. Alfred Goldberg, historiador da Força Aérea, foi responsável pelo exame de diversas filmagens da aparição de Oswald numa coletiva de imprensa tarde da noite na central de polícia de Dallas, em 22 de novembro, horas depois do assassinato do presidente. A polícia queria que Oswald fizesse uma aparição pública para a imprensa a fim de provar que ele não estava sendo maltratado na prisão. Depois de ver os filmes diversas vezes, Goldberg notou alguém na multidão de repórteres e fotógrafos que não devia estar ali — Jack Ruby, fingindo ser jornalista. "Lá estava ele", lembrou Goldberg. "Ruby estava bem ali, a apenas poucos metros de Oswald."[2] Era uma descoberta valiosa, que sugeria que Ruby tivera a oportunidade de matar Oswald na noite de sexta, em vez de esperar até domingo. Ali estava um argumento contra a ideia de uma conspiração para silenciar Oswald, uma vez que os conspiradores aparentemente desejariam vê-lo morto o mais cedo possível, antes que pudesse contar qualquer segredo.

Goldberg tinha assumido a tarefa maior de reunir todas as filmagens de TV de Dallas que tivessem capturado imagens do assassinato — as filmagens das redes nacionais de TV, e também o filme de suas afiliadas locais no Texas e de canais independentes. Ele acabou juntando 770 quilos de filme e, por meio de seus contatos na Força Aérea, conseguiu que fossem levados para Washington em aviões militares.

$\star\,\star\,\star$

Pollak era um entre vários advogados a passar pelo escritório da comissão com encargo temporário. Era sua segunda oportunidade de trabalhar sob o comando do presidente da Suprema Corte. Após formar-se em Stanford e receber de Harvard o diploma em direito, *magna cum laude*, em 1962, Pollak foi imediatamente contratado como assistente jurídico de Warren. Sua visão era semelhante à de Sam Stern, o outro ex-assistente jurídico de Warren na equipe da comissão. "O presidente da Suprema Corte não era um peso pesado intelectual, mas o bom senso e a decência dele eram fora do comum", disse Pollak.[3] Warren estava ansioso para que a Suprema Corte emitisse decisões que refletissem o que era melhor para o país, às vezes sem se preocupar com pormenores jurídicos ou com precedentes. "Ele dizia: 'Vamos abrir caminho na lei'."

Pollak entrou na Divisão Criminal do Departamento de Justiça no verão de 1963. No dia do assassinato, estava na sala de espera do assistente da Procuradoria-Geral, Herbert "Jack" Miller, chefe da divisão, quando chegou a primeira notícia de Dallas. Miller saiu abalado do escritório. "Ele cruzou a porta e me deu a terrível notícia: 'Atiraram no presidente'", lembrou Pollak. "Não estava claro se ele estava vivo ou morto."

Miller pediu-lhe que corresse à biblioteca do departamento "para descobrir de que jurisdição federal dispomos" para processar o assassino de um presidente. Pollak ausentou-se por cerca de uma hora — a morte de Kennedy foi anunciada enquanto ele estava na biblioteca — e voltou com uma surpreendente descoberta. "Não temos jurisdição", lembrou-se Pollak. "Atirar no presidente não era crime federal."

O supervisor imediato de Pollak era Howard Willens, assistente adjunto do procurador-geral. Quando Willens entrou para a equipe da comissão, convidou Pollak a juntar-se a ele, oferta que recusou. No começo de 1964, Willens tentou de novo, agora oferecendo a Pollak a oportunidade de ajudar a redigir o relatório final da comissão. Dessa vez Pollak concordou e foi dividir o escritório com Alfred Goldberg. Os meses seguintes foram, segundo Pollak, a mais intensa experiência de trabalho de sua vida. "Em toda a minha carreira, nunca dediquei tantas horas — toda noite, todo fim de semana."

Houve dias em que os californianos — a começar pelo presidente da Suprema Corte, Pollak e Joseph Ball — pareciam estar por toda parte nos escritórios da comissão. Richard Mosk, natural de Los Angeles, tinha estado um ano atrás de Pollak tanto em Stanford quanto na Escola de Direito de Harvard. Mosk, de 24 anos, conhecia Warren por intermédio do pai, Stanley Mosk, à época procurador--geral do estado da Califórnia. Mosk júnior escreveu ao presidente da Suprema Corte pedindo um emprego na comissão e foi contratado em fevereiro como associado.

A primeira missão de Richard Mosk esteve longe de ser glamorosa: consistia em estudar a história das intimações do Congresso e criar um formulário de intimação que a comissão pudesse usar.[4] Logo o trabalho ficou mais interessante, ainda que de um jeito um tanto exótico. Em março, pediram-lhe que determinasse quem estava por trás de uma série de misteriosos anúncios classificados que haviam aparecido em dois grandes jornais de Dallas nas semanas que antecederam o assassinato. O primeiro, em 15 de outubro, surgiu na seção de anúncios pessoais do *Morning News*: "Running Man — Por favor, me telefone. Por favor! Por favor! Lee". O segundo foi publicado no dia seguinte. "Quero Running Man. Favor telefonar. Lee". Será que Lee Oswald tinha usado os classificados para comunicar-se com um cúmplice do assassinato com o codinome "Running Man"? Após alguns telefonemas, Mosk ficou decepcionado ao descobrir que os anúncios eram apenas parte da campanha publicitária de um novo filme, chamado *The Running Man* [À sombra de uma fraude], protagonizado por Lee Remick. (O filme também era estrelado pelo ator inglês Laurence Harvey e, segundo uma lenda de Hollywood, foi um fracasso de bilheteria porque estreou na época do assassinato com estrelas de nome Lee e Harvey.)

Também foi pedido a Mosk que listasse todos os livros que Oswald pegara nas bibliotecas públicas do Texas e de New Orleans, para ver se suas leituras davam uma pista de um possível motivo para o assassinato. "Ele tinha bastante leitura para um sujeito sem formação", disse Mosk. "Não acho que ele tinha QI alto, mas ao menos estava tentando ler aquele negócio." A lista continha diversas biografias de líderes mundiais, como as de Mao e Khruschóv, assim como a de Kennedy. Oswald também gostava de romances de espionagem, incluindo os thrillers de James Bond escritos por Ian Fleming.

Um livro da lista merecia um exame especial — *The Shark and the Sardines* [O tubarão e as sardinhas], de Juan José Arévalo, ex-presidente da Guatemala, conto alegórico sobre a dominação das nações latino-americanas ("as sardinhas") pelos Estados Unidos ("o tubarão"). Em fins de abril, Mosk escreveu um memorando a

David Slawson para chamar a atenção para uma passagem do livro em que Aréva-lo escrevia que "estadistas" estrangeiros envolvidos na repressão da América Lati-na deveriam ser "eliminados, talvez pela rebelião armada".[5] Mosk observava que havia ligações entre a editora do livro e o Comitê do Jogo Limpo com Cuba, o grupo pró-Castro que Oswald afirmara apoiar, e que o autor e a tradutora do livro eram "todos intimamente relacionados ao governo de Castro". Mais tarde seria revelado que a tradutora, June Cobb, americana que vivia na Cidade do México, era informante remunerada da CIA, e depois ela viria a ter lugar de destaque na investigação da misteriosa viagem de Oswald ao México.

Mosk dividia um escritório com outro jovem advogado temporariamente empregado pela comissão: John Hart Ely, de 25 anos, que se formara pela Escola de Direito de Yale no ano anterior e que tinha acabado de ser contratado como um dos assistentes jurídicos de Warren na Suprema Corte. Ely tinha concordado em trabalhar na comissão até que começasse sua atividade na Corte. Dois anos antes, ele tinha trabalhado como temporário no prestigioso escritório de direito de Arnold, Fortas & Porter, em Washington.[6] O escritório pedira que ele escreves-se a primeira versão do sumário para a Suprema Corte em nome de um cliente *pro bono*, Clarence Gideon, prisioneiro da Flórida cujo nome seria imortalizado em Gideon vs. Wainwright — o caso histórico em que a Suprema Corte, então presidida por Warren, decidiu que réus criminais sem recursos tinham direito a um advogado gratuito. Ely tinha razão em estar orgulhoso de sua participação no caso, e mostrou a Mosk uma cópia da edição da *Time* daquela primavera que chamava a atenção para seu papel no sumário de Gideon. "Ele me passou a revis-ta, e eu coloquei os pés na mesa" para ler o artigo, disse Mosk. Aquilo produziu um momento assustador para Mosk, porque Lee Rankin entrou no escritório naquele instante. "Era a primeira vez que Rankin entrava no nosso escritório, e lá estava eu, com os pés na mesa, lendo a *Time*." Mosk causaria uma impressão muito melhor com o passar das semanas.

Ely estava prestes a ter seu próprio momento de estranheza com Rankin — em torno da descoberta de um fato desagradável relacionado à saúde de Oswald. Ely tinha recebido a missão de fazer um minucioso exame de Oswald como fuzi-leiro naval; ele resumiu suas descobertas num memorando datado de 22 de abril.[7] Ely teve acesso aos arquivos pessoais de Oswald, incluindo seus registros médicos, e chegou a informações que julgou que deveriam ser levadas ao conhecimento dos demais advogados, como o fato de que Oswald tivera uma namorada japonesa enquanto servia no Japão que "talvez fosse prostituta", e que no mesmo ano fora diagnosticado com gonorreia.

Rankin, como sugerido pelos documentos da comissão, ficou chocado ao saber que Ely estava disposto a pôr no papel algo tão vulgar sobre a vida privada de Oswald — mesmo que fosse verdade. Rankin, aparentemente pudico, foi falar com Ely em 5 de maio para deixar claro seu descontentamento. Depois, no mesmo dia, Ely fez um vil pedido de desculpas, insistindo, em um memorando, que tinha sido mal compreendido e que não estava recomendando novas investigações daqueles assuntos. "Mencionei a doença venérea de Oswald, assim como todos os demais fatos com que me deparei", escreveu Ely. "Tentei tratar aquilo como qualquer outro acontecimento da vida de Oswald, e não pretendi sugerir que haveria qualquer efeito probatório em relação a Oswald ter ou não ter matado o presidente Kennedy, nem 'difamar' Oswald."[8] Por insistência de Rankin, o relatório final da comissão não fez nenhuma referência à luta de Oswald contra uma doença sexualmente transmissível, nem a seu possível romance com uma prostituta.

30.

ESCRITÓRIOS DA PROMOTORIA
DALLAS, TEXAS
TERÇA-FEIRA, 24 DE MARÇO DE 1964

A cada semana, o desprezo da comissão pelo departamento de polícia de Dallas só aumentava. Não era só a incompetência do departamento, sobretudo quando se tratava do caos que tinha permitido que Oswald fosse morto sob custódia da polícia. Muitas vezes, era a incapacidade dos policiais de Dallas de dizer a verdade, mesmo sob juramento.

Burt Griffin, advogado da comissão, estava convencido, por exemplo, de que o sargento Patrick Dean da polícia de Dallas tinha mentido várias vezes sobre as circunstâncias do assassinato de Oswald. Veterano de onze anos da força policial, Dean era o responsável pela segurança do subsolo da central de polícia na manhã em que Ruby se enfiou lá dentro e abateu Oswald. O fato de Ruby ter conseguido entrar no subsolo supostamente seguro era prova de que Dean e seus colegas não tinham feito seu trabalho, ou, o que era mais alarmante, que alguém na polícia tinha ajudado Ruby, talvez sabendo que ele mataria Oswald. Griffin achava possível que Ruby, um sujeito delirante, tivesse sido encorajado a agir por policiais de Dallas que buscavam vingança depois do que Oswald fizera com a reputação da cidade.

Dean apresentara diversas versões contraditórias sobre o que havia acontecido no subsolo e o que ele tinha ouvido Ruby dizer imediatamente depois de ser preso.[1] Todavia, em março, quando Dean, como testemunha estrela da Promotoria, depôs no julgamento de Ruby por assassinato, ele já tinha fixado a versão que ajudaria a levar Ruby para o corredor da morte.

Segundo o testemunho de Dean, Ruby afirmou em sua primeira interrogação policial, minutos após ter atirado em Oswald, que tinha entrado no subsolo por uma rampa da rua principal, passando por um inocente guarda da polícia. Durante o mesmo interrogatório, disse Dean, Ruby afirmou que o assassinato tinha sido premeditado. Especificamente, segundo Dean, Ruby soltou que tinha pensado pela primeira vez em matar Oswald dois dias antes, quando participara da coletiva de imprensa na noite de sexta-feira na central de polícia. Os promotores citaram o testemunho de Dean para convencer o júri de que o assassinato de Oswald tivera dois dias de planejamento — que não era o resultado de insanidade temporária, como diziam os advogados de defesa — e que Ruby devia morrer na cadeira elétrica.

Griffin não era a única pessoa em Dallas que achava que Dean estava mentindo.[2] Os advogados de defesa de Ruby disseram que estavam convencidos disso, sobretudo porque ninguém mais corroborava o testemunho do policial. Griffin achava que Dean tinha motivação para mentir tanto para encobrir seu próprio "abandono do dever" como para tentar obter publicidade para si. Era notável o desejo de fama de Dean. No dia do assassinato de Oswald, ele tinha — sem permissão de seus superiores — concedido diversas entrevistas sobre o que tinha visto no subsolo e o que sabia de Ruby. Igualmente sem permissão, ele atravessou a cidade de carro naquela tarde para ir ao Hospital Parkland, onde conseguiu ficar com a família de Oswald, velando seu corpo junto à viúva e à mãe.

Griffin achava possível que Dean tivesse efetivamente visto Ruby descer a rampa sem ter feito nada para detê-lo. O policial tinha relações amigáveis com Ruby havia anos e era cliente ocasional do Carousel Club; Dean poderia ter presumido que Ruby simplesmente queria a emoção de testemunhar o momento histórico em que Oswald aparecesse outra vez à frente das câmeras. Griffin conseguia entender por que Dean mentiria se tivesse deixado Ruby entrar no subsolo; ele não ia querer perder o emprego. "Se alguém no departamento de polícia o tivesse deixado entrar ou estivesse ciente de que ele entraria, esse sujeito perderia o emprego, e o departamento de polícia cairia em total descrédito", disse Griffin depois.

Quanto à afirmação de Dean de que Ruby tinha reconhecido que o assassinato fora premeditado, Griffin acreditava que ele havia sido provavelmente motivado pelo desejo do policial de ajudar a Promotoria numa condenação importantíssima. Aquela mentira, nas palavras de Griffin, era ainda mais "repreensível" na medida em que era a razão por que Ruby enfrentaria a pena de morte.

Quando Griffin tomou o depoimento de Dean em Dallas, em fins de março, ele queria confrontá-lo com o que julgava ser suas mentiras.[3] No fim de cerca de duas horas de interrogatório, Griffin anunciou a Dean que gostaria de continuar a conversa "off-the-record", sem a presença do relator jurídico. Dean inocentemente concordou.

"Eu disse a Dean que ele não estava falando a verdade", lembrou Griffin. "Disse quais eram os dois pontos em particular do seu testemunho que eu julgava indignos de crédito: que Ruby havia dito em 24 de novembro que tinha entrado no subsolo pela rampa da rua principal e que pensou em matar Oswald na noite de 22 de novembro."

Dean disse que ele ficou chocado com a acusação de perjúrio. "Não consigo imaginar aonde o senhor pretende chegar", afirmou. "Repeti quase exatamente as palavras do próprio Ruby. [...] Foram esses os fatos, e não havia nada que eu pudesse fazer para mudá-los."

Griffin tentou suavizar o golpe. "Tomei muito cuidado para explicar a Dean que eu julgava entender por que ele estava dando um colorido a seu testemunho e que eu acreditava que ele era uma pessoa basicamente honesta e sincera. Não me recordo de usar em nenhum momento a palavra perjúrio. [...] Eu com toda certeza não lhe disse que ele ia ser processado por nada." Ele aconselhou Dean a considerar contratar um advogado caso precisasse "emendar substancialmente" seu testemunho.

Dean voltou a insistir que estava dizendo a verdade, e Griffin saiu do "off" sem obter a confissão que esperava. Ele tentou concluir o testemunho de Dean numa nota amigável. O relator jurídico voltou e Griffin, falando oficialmente, declarou: "Aprecio muito a ajuda que o sargento Dean nos deu essa noite, e espero, tenho certeza, que se surgir alguma outra coisa que ele ache que terá valia para a comissão, vai apresentá-la voluntariamente".

O confronto com Dean rapidamente "explodiu na minha cara", reconheceu

Griffin depois. O sargento de polícia saiu da sala de testemunhas e entrou em contato com Henry Wade, promotor de Dallas que tinha obtido a condenação de Ruby. Dean alertou que a Comissão Warren parecia disposta a minar seu testemunho e, portanto, a retirar a condenação. Wade imediatamente entrou em contato com Rankin em Washington para protestar.

Dean disse que depois ficou sabendo que Wade também telefonou ao presidente Johnson, antigo amigo texano do promotor, para reclamar das táticas da comissão, e particularmente de Griffin.[4] A história vazou para os jornais de Dallas, que noticiaram que Griffin estava sendo "reconvocado" a Washington.

Griffin poderia ter previsto o que aconteceria em seguida, considerando sua crença de que a investigação sobre Ruby tinha sempre sido tratada como enteada do trabalho da comissão. Quando ficou sabendo da agitação em Dallas, o presidente da Suprema Corte ficou do lado do sargento Dean, e não do lado de Griffin. Qualquer que fosse a opinião de Warren sobre a sinceridade de Dean, ele não queria a comissão envolvida em brigas públicas com as autoridades de Dallas. No começo de junho, Dean foi convidado a Washington para testemunhar e recebeu um pedido de desculpas do próprio presidente da Suprema Corte. "Membro nenhum da nossa equipe tem o direito de dizer a qualquer testemunha que ela está mentindo ou que seu testemunho é falso", disse Warren. "Não lhe cabe fazer isso."[5]

O embate com Dean veio num momento já delicado para Griffin e Hubert, que estavam começando a se indagar se algum dia conseguiriam terminar sua parte da investigação. Pelas provas que haviam reunido, era impossível descartar a possibilidade de que — de algum modo, de algum jeito — Ruby tenha, de fato, tomado parte de uma conspiração para matar Kennedy ou Oswald, ou mesmo ambos. Ruby tinha laços inegáveis, ainda que indiretos, com gângsteres que poderiam ter razões para querer ver o presidente morto devido à guerra do Departamento de Justiça contra o crime organizado. "Ele tinha incontáveis laços com gente do submundo", disse Griffin. E havia uma conexão cubana. Ao longo dos anos, Ruby quis participar de negócios aparentemente escusos em Cuba que lhe teriam possibilitado fazer contato com cubanos — tanto defensores quanto oponentes de Fidel Castro — que poderiam estar implicados no assassinato do presidente.

No final do inverno, Warren tinha abandonado as esperanças de cumprir seu prazo de 1º de junho para concluir a investigação. Os advogados da comissão tiveram então um novo prazo, 15 de junho, para preparar as primeiras versões de suas contribuições para o relatório final. Mas, para Griffin e Hubert, aquele prazo era otimista demais. Em março, eles enviaram um memorando a Rankin para lembrá-lo o quanto de seu trabalho básico de detetives não estava concluído. Ainda não tinha havido nenhum esforço para conferir todos os nomes, números de telefone e endereços encontrados nos pertences de Ruby, nem ninguém tinha feito uma análise minuciosa dos registros dos telefonemas que ele e alguns de seus associados tinham feito nos dias que antecederam o assassinato de Oswald.

Logo após uma reunião da equipe, em 3 de abril, os dois advogados encontraram-se com Rankin e pediram uma ajuda extra.[6] Estimavam que seriam necessários outros três investigadores, trabalhando com eles por pelo menos mais um mês, para concluir o trabalho. A resposta que obtiveram de Rankin foi, para eles, insultuosa. Ele disse que o guarda-costas de Warren talvez pudesse ajudá-los; não havia mais ninguém disponível.

No dia seguinte, Griffin e Hubert prepararam algo semelhante a uma insurreição. Mandaram um memorando a Rankin e a Willens, recomendando que a comissão deixasse as questões relacionadas a Ruby e ao assassinato de Oswald completamente de fora do relatório final da comissão. "Não acreditamos que os aspectos relacionados a Ruby no caso deveriam ser incluídos", escreveram. "Não há possibilidade de que esse trabalho possa ser feito adequadamente de modo a ser útil no relatório final."[7]

Eles disseram que a comissão poderia oferecer ao público uma explicação razoável sobre o porquê das questões relacionadas a Ruby não terem sido tratadas, considerando que ele continuava a apelar da condenação por homicídio. "Se a condenação de Ruby for reaberta e nosso relatório for de algum modo hostil a ele, a comissão poderá ser justamente criticada por emitir um relatório que prejudicou seu direito a um julgamento justo", escreveram os dois advogados. A inclusão de material sobre Ruby no relatório poderia criar um sério conflito de interesses para o presidente da Suprema Corte. "Será adequado", perguntavam, "que uma comissão de tanto prestígio e posição quanto esta faça extensivos comentários sobre uma pessoa cujo processo está em apelação e que certamente chegará à Suprema Corte dos Estados Unidos?"

A resposta de Willens foi franca. Mandou-lhes terminar o trabalho da melhor maneira que pudessem e disse que não esperassem maior assistência. Não lhes cabia decidir quais informações seriam incluídas no relatório da comissão. "Devemos proceder como se certamente fôssemos publicar algo a respeito", escreveu Willens.[8]

Griffin e Hubert ampliaram seu protesto, agora com um memorando de onze páginas a Rankin que listava todas as perguntas sem resposta sobre Ruby. Citavam as muitas lacunas nas provas da comissão sobre as atividades de Ruby nos meses que antecederam o assassinato de Kennedy. Também esboçaram uma explosiva teoria sobre os laços entre Ruby e Oswald: "Acreditamos, a partir de provas já disponíveis, que existe a possibilidade de que Ruby tenha se envolvido em negócios ilegais com elementos cubanos que podem ter tido contato com Oswald. Sugerimos que essas questões não sejam deixadas 'no ar'. Elas devem ou ser mais exploradas, ou deve-se tomar a firme decisão de não fazê-lo, com base em razões declaradas para essa decisão".[9]

O memorando essencialmente acusava o blefe dos superiores e produziu o que Willens posteriormente chamou de "discussão substancial" sobre aquilo que poderia ser feito para satisfazer Griffin e Hubert.[10] Num memorando datado de 1º de junho, Willens ordenou a Griffin: "Apresente-me por escrito nos próximos dias úteis cada pedido investigativo" que seja "necessário para completar a investigação". No mesmo dia, Hubert comunicou a Rankin que deixaria a investigação no fim da semana. Ressentindo-se da maneira como a comissão ignorara seu trabalho, Hubert planejava havia semanas reduzir seu trabalho na comissão e voltar para New Orleans. Agora ele queria simplesmente ir embora. Disse a Rankin que precisava de dois dias "para limpar minha mesa e esvaziar meu apartamento".[11] Falou que estaria disponível para retornar a Washington nos finais de semana, se necessário, para projetos especiais, e que viajaria a Dallas se a comissão enfim tomasse o depoimento de Ruby.

Isso, como se decidiu, não seria necessário. Dias depois, quando a comissão finalmente organizou uma viagem ao Texas para interrogar Ruby, Hubert e Griffin não foram convidados, e Arlen Specter foi no lugar deles. Seus colegas se sentiram mal por Hubert e Griffin. Segundo David Belin, eles eram "advogados brilhantes que tinham ficado arruinados por não serem autorizados a estar presente ao interrogatório do homem que estavam investigando havia tantos meses".[12] Mais tarde, porém, Griffin insistiu que compreendia e que aceitava a decisão. Depois de seu confronto com o sargento Dean, "eu tinha me tornado uma fonte de constrangimento", disse ele. Sua volta a Dallas poderia levar a protestos das autoridades locais.

O homem que estava no centro de tanta turbulência na Comissão Warren, Jack Ruby, tinha passado a maior parte do inverno e da primavera numa cela de prisão em Dallas — às vezes tentando ferir-se, se não matar-se.

Enquanto os advogados de defesa se preparavam para apelar de sua condenação pelo homicídio de Oswald, Ruby estava sendo mantido na prisão do condado de Dallas. Em 26 de abril, pouco depois da meia-noite, ele enganou os guardas e conseguiu que eles lhe trouxessem um copo d'água, para tentar se ferir outra vez.[13] Quando os guardas se afastaram, Ruby partiu de cabeça contra a parede de concreto de sua cela. Foi encontrado sangrando, inconsciente, e levado a um hospital para fazer radiografias, que revelaram não haver nenhum ferimento grave. Ao vasculhar a cela, os guardas descobriram que ele tinha começado a remover o forro de suas roupas de prisioneiro, aparentemente para fazer uma forca.

Na tarde seguinte, Ruby teve uma visita — o dr. Louis West, professor de psiquiatria do Centro Médico da Universidade de Oklahoma, que tinha sido contratado como consultor pelos advogados que cuidavam da apelação de Ruby. West reuniu-se com Ruby numa sala privada para entrevistas e achou-o "pálido, trêmulo, agitado e deprimido". Ele conseguia enxergar o grande corte na cabeça de Ruby. Por que ele tinha tentado se machucar?, perguntou o médico.

Ruby disse que se sentia culpado. "Os judeus dos Estados Unidos estão sendo massacrados", respondeu. "Vinte e cinco milhões de pessoas." Eles estavam sendo mortos em retaliação por "toda a confusão" que ele tinha criado ao assassinar Oswald. Ruby contou que Earl, seu irmão, estava entre as vítimas do genocídio — "torturado, horrivelmente mutilado, castrado e queimado na rua na frente da cadeia". Ruby disse que "ainda ouvia os gritos" dos judeus morrendo. "As ordens para esse pogrom terrível devem ter vindo de Washington, para permitir que a polícia cometa esses assassinatos em massa sem que as tropas federais sejam convocadas ou se metam nisso", disse a West. Ele era responsável pelo "desaparecimento de um grande povo com 4 mil anos de história".

Quando West tentou assegurá-lo de que estava errado, Ruby "ficou mais desconfiado da minha sinceridade, e uma ou duas vezes parecia prestes a me atacar", disse o psiquiatra.

"Não venha me dizer que você não sabe disso — todo mundo deve estar sabendo disso", falou Ruby, explodindo. Ele tinha batido a cabeça contra a parede "para acabar com aquilo".

Em seu relatório aos advogados de defesa, West disse que Ruby com frequência se referia a Oswald como "o falecido" ou "aquela pessoa".

No dia seguinte, West voltou para ver Ruby, e ele parecia estar em melhor estado. Contudo, enquanto West observava, Ruby teve alucinações que o levavam a "levantar-se rapidamente, ir para um canto da sala e ficar com a cabeça virada, os olhos arregalados e precipitando-se para os lados". Noutro momento, Ruby "foi para debaixo da mesa para prestar atenção" nas vozes que estava ouvindo. "As alucinações eram de gemidos e de gritos humanos, às vezes de crianças ou de uma só criança", escreveu West. Ruby acreditava que eles vinham de "judeus sendo torturados".

West disse estar convencido de que aquilo não era representação. "Ruby neste momento é tecnicamente insano", concluiu. Ruby era "obviamente psicótico — ele está completamente preocupado com os delírios de perseguição que os judeus estariam sofrendo por causa dele. Ele se sente desesperado, vil e culpado porque se responsabiliza pelos assassinatos em massa de seu próprio povo". O lugar de Ruby não era na cadeia, disse West. "Esse indivíduo deveria estar num hospital psiquiátrico para ser observado, estudado e tratado."

Duas semanas depois, um psiquiatra de Dallas, Robert Stubblefield, visitou Ruby a pedido do juiz de seu processo e concordou que ele tinha uma doença mental grave e precisava de tratamento hospitalar. Ruby admitiu imediatamente para Stubblefield que tinha matado Oswald, e que o fizera — como tinha dito desde o início — para ajudar Jacqueline Kennedy. "Matei Oswald para que a sra. Kennedy não precisasse vir a Dallas testemunhar", disse. "Eu amava e admirava o presidente Kennedy."[14]

Segundo o relatório de Stubblefield, Ruby insistiu, outra vez, que tinha agido sozinho ao matar Oswald. Seus inimigos "acham que eu conhecia Oswald, que era tudo parte de alguma trama", disse Ruby ao psiquiatra. "Não é verdade. Quero fazer um teste no detector de mentiras para provar que não conheço Oswald, que não tomei parte no assassinato do presidente Kennedy. Depois disso, não me importo com o que me acontecer."

31.

DEPARTAMENTO DE ESTADO
WASHINGTON, DC
TERÇA-FEIRA, 7 DE ABRIL DE 1964

Nos últimos dias de planejamento da viagem à Cidade do México, David Slawson e William Coleman decidiram que a prioridade maior na capital mexicana era marcar uma entrevista com Silvia Duran. A importância dela para a investigação só havia aumentado desde janeiro, quando os dois advogados ouviram seu nome pela primeira vez. "Duran poderia ser minha testemunha mais importante", Slawson disse para si mesmo. "Imagine o que ela pode saber."[1] A pedido da CIA, Duran seria citada, pelo nome, como uma fonte essencial de informações no relatório final da comissão sobre a visita de Oswald ao México. A CIA não estava disposta a dar nenhum detalhe de suas minuciosas operações de fotovigilância e escutas telefônicas na Cidade do México. A agência queria que a comissão, sempre que possível, atribuísse informações somente a Duran, se o depoimento dela coincidisse com o que a CIA também descobrira através de espionagem. Se as coisas acontecessem conforme o desejo da agência, o que Duran revelasse aos seus interrogadores mexicanos — ou, pelo menos, o que os mexicanos alegassem que ela revelara — seria o único registro publicamente disponível de muitas das atividades de Oswald no México.

Um dia antes da partida, Slawson e Coleman foram convidados a comparecer ao Departamento de Estado para uma reunião com o secretário assistente de Estado Thomas Mann, ex-embaixador americano no México, que deixara o cargo havia apenas quatro meses.[2] Os dois advogados foram conduzidos através do saguão, passaram pelas fileiras de bandeiras estrangeiras de cores vivas que decoram os corredores e entraram no gabinete de Mann. Ele os convidou a sentar e pediu desculpas pelas caixas empilhadas: ainda estava se instalando de volta em Washington e andava ocupadíssimo. Em seu novo cargo, explicou, supervisionava todos os assuntos latino-americanos para o Departamento de Estado e, como era amigo do presidente Johnson, seu conterrâneo do Texas, fazia visitas frequentes à Casa Branca.

Uma vez que tivera finalmente a chance, apenas duas semanas antes, de ler todos os cabogramas top secret que Mann enviara do México desde o final de novembro, Slawson sabia como poderia ser valioso o ponto de vista do ex-embaixador sobre a questão de uma conspiração estrangeira. Então os dois advogados fizeram a pergunta sem rodeios: Mann ainda estava convencido de que o assassinato de Kennedy era um complô cubano?

Estava, respondeu ele, embora ainda não pudesse prová-lo. Mann disse que sentia "em minhas entranhas" que Castro era "o tipo de ditador que poderia ter realizado esse tipo de ação brutal, fosse devido a uma esperança de ganhar alguma coisa com isso, fosse simplesmente por vingança". O fato de Oswald ter visitado as embaixadas cubana e russa antes do assassinato "parecia suficiente [...] para provocar as preocupações mais graves" de que ele tivesse agido sob o comando dos cubanos, possivelmente com a concordância tácita de seus aliados soviéticos. Mann afirmou que sua suspeita de complô comunista só ficara mais forte depois que soube do espião nicaraguense na Cidade do México que alegava ter visto Oswald receber 6500 dólares na Embaixada cubana, e depois de ser informado sobre o telefonema interceptado entre o presidente de Cuba e o embaixador cubano no México, no qual os dois comentavam os rumores de que Oswald valera a pena.

Mann desculpou-se, dizendo que tinha de sair para outra reunião, mas convidou Slawson e Coleman a consultá-lo novamente depois da viagem. Ao despedir-se com um aperto de mão, Mann virou-se para Slawson e perguntou se a comissão achava que ele havia reagido com exagero aos indícios. Havia sido "indevidamente precipitado" ao suspeitar de uma conspiração cubana no assassinato? Não, respondeu Slawson. Embora os indícios apontassem cada vez mais para longe de algum envolvimento estrangeiro na morte de Kennedy, os investigadores da comissão não "viram nada no que o embaixador fizera que fosse injustificado".

Nos dias que antecederam a viagem, Slawson recebeu um briefing separado da CIA sobre o que esperar na capital mexicana. "A CIA me disse que a Cidade do México era, por assim dizer, um quartel-general de espionagem para muitos países — como Istambul costumava ser em filmes policiais. Os espiões sempre se encontravam em Istambul."[3] No início da década de 1960, a Cidade do México era uma capital da espionagem da Guerra Fria, e Slawson estava animado para ver isso com os próprios olhos.

Na quarta-feira, 8 de abril, Slawson e Coleman, acompanhados por Howard Willens, embarcaram num avião da Eastern Airlines, no Aeroporto de Dulles, e foram para a Cidade do México, onde chegaram às dezoito horas. Foram recebidos no aeroporto por Clark Anderson, adido jurídico do FBI no México. Devido à cor de sua pele, Coleman estava acostumado a ser importunado quando viajava, tanto nos Estados Unidos como no exterior, e um funcionário da imigração tentou impedir sua entrada no país, questionando se ele tinha os atestados necessários de vacinação. Ele foi admitido depois que um gerente de Eastern Airlines disse "algo no sentido de que o sr. Coleman era um representante da Comissão Warren", escreveu Slawson mais tarde.

Coleman ficou nervoso durante a visita, temendo que sua vida estivesse em perigo por causa dos segredos que conhecia da comissão. Ele sofrera ameaças de violência no passado — eram comuns para quem se destacasse no movimento de direitos civis —, mas era muito mais assustador enfrentar o perigo nas ruas da capital de um país estrangeiro. Se tivesse havido uma conspiração para matar Kennedy, Coleman achava possível que alguns comparsas de Oswald ainda estivessem no México, dispostos a sequestrá-lo e forçá-lo a contar o que sabia. "Se os mexicanos estivessem envolvidos na conspiração, talvez quisessem me matar." Naquela primeira noite, teve dificuldades para dormir em seu quarto no Continental Hilton Hotel, especialmente depois que ouviu um barulho misterioso.

"Por volta das três horas da manhã, ouvi um arranhão na janela e pensei: 'Oh, meu Deus, alguém veio para me matar'", relembrou Coleman. "É melhor dar o fora daqui. [...] Eu estava morrendo de medo."

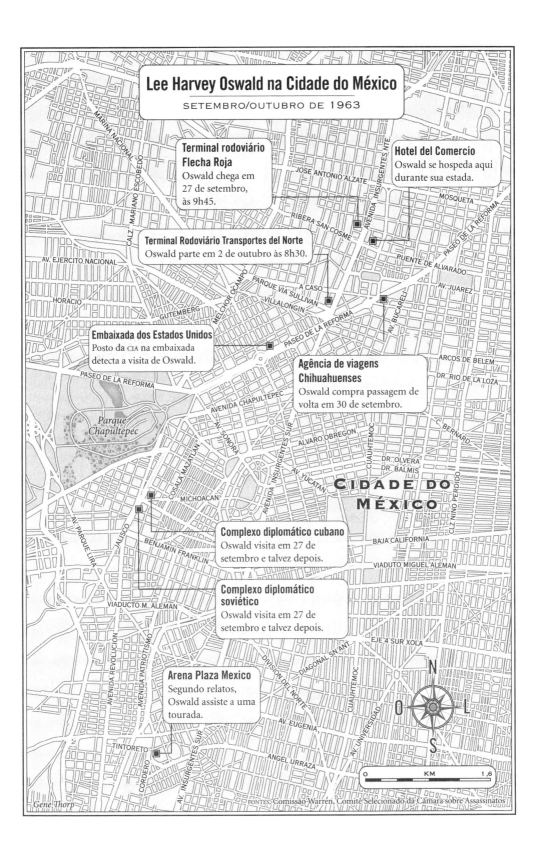

No dia seguinte, perguntou a um funcionário da CIA que estava na frente do hotel se houvera alguma ameaça. Não, o homem da CIA o tranquilizou. "Não se preocupe, nós o vigiamos a noite toda."

Naquela manhã, a delegação da comissão chegou ao extenso complexo da Embaixada americana no Paseo de la Reforma, onde foram apresentados a Winston Scott, chefe do posto da CIA, e ao embaixador recém-chegado Fulton Freeman, que estava na cidade havia apenas dois dias. Em uma reunião com Scott e o embaixador, Coleman explicou que os advogados da comissão planejavam se reunir com autoridades mexicanas e esperavam obter depoimentos, especialmente de Duran. Freeman estava informado o suficiente para saber da importância de Duran, e como ela era um tema delicado para o governo mexicano. O embaixador disse que "ver Silvia Duran seria uma questão altamente sensível e que deveria ser discutida em detalhes" antes que alguém se aproximasse dela, lembrou Slawson. Freeman falou que daria sua aprovação para uma entrevista com Duran, "desde que a víssemos na Embaixada americana e deixássemos claro para ela que sua presença era totalmente voluntária".

Slawson e Coleman se reuniram separadamente com Anderson e seus colegas do FBI na embaixada. Embora Anderson viesse a admitir anos depois que a investigação do bureau na Cidade do México havia sido limitada, naquele dia ele deixou seus visitantes com a impressão de que o FBI fora agressivo no acompanhamento das pistas sobre Oswald. Anderson passou "uma impressão muito boa de competência", Slawson escreveu mais tarde.

Os advogados da comissão perguntaram a Anderson o que ele achava de Duran.[4] Ele disse que acreditava que ela era uma "comunista devota" que, embora casada e mãe de uma criança pequena, tinha reputação de levar uma vida particular escandalosa. Nas palavras de Anderson, ela era um "pimenteiro mexicano" e notadamente "sexy". Ele concordava com o embaixador que um pedido para entrevistá-la seria um "ponto sensível" para o governo mexicano, mas disse que tentaria ajudar. E tinha uma boa notícia para eles a respeito de Duran: naquela mesma manhã, o FBI obtivera finalmente uma cópia de sua declaração assinada aos interrogadores mexicanos sobre Oswald, um documento sobre o qual a comissão não tinha nenhum conhecimento anterior. Slawson e Coleman disseram que queriam uma cópia o mais rápido possível.

Os dois advogados passaram a maior parte da tarde com Scott e descobriram que o chefe do posto da CIA estava à altura de sua reputação de inteligência incomum. Ele impressionou Slawson com seu charme manso de sulista, e os dois homens logo estabeleceram um vínculo ao descobrir que compartilhavam um amor por matemática e ciências. Ambos falaram sobre como quase acabaram na academia — Slawson formado em física pela Universidade de Princeton, Scott em matemática pela Universidade de Michigan. "Tínhamos uma coisa em comum", lembrou Slawson. "Havia algo simpático entre nós." (Como Scott era agente secreto da CIA, identificado oficialmente para o governo mexicano como funcionário do Departamento de Estado, Slawson retirou todas as referências ao seu nome verdadeiro em seus relatórios posteriores sobre a Cidade do México, substituindo-o pela letra "A".)

Slawson e Coleman ficaram impressionados quando Scott desceu com eles até uma sala à prova de som da embaixada para seu briefing inicial sobre Oswald. "Era no fundo do porão, talvez fosse até um subsolo do porão", lembrou Slawson. "Tudo o que nos foi dito ou mostrado naquela sala era considerado top, top secret." Durante o briefing, que também teve a participação do número dois da CIA na embaixada, Alan White, Scott ligou um pequeno rádio; segundo ele, o rádio abafaria o som da conversa, uma precaução para o caso de alguém tentar ouvir o que falavam lá dentro. "Era tudo muito sinistro e misterioso", disse Slawson.

Quando começou o briefing, Scott esforçou-se para convencer os advogados de que ele e a agência pretendiam cooperar plenamente com a comissão e que ele não esconderia nada, mesmo com algum risco para a CIA. Disse que compreendia que os advogados tinham "sido liberados para top secret e que não revelaríamos para ninguém, além da comissão e sua equipe imediata, as informações obtidas através dele sem antes liberá-las junto a seus superiores em Washington", lembrou Slawson. "Nós concordamos com isso."

Scott então descreveu em detalhes como Oswald fora rastreado no México, com o uso de algumas das tecnologias de vigilância mais sofisticadas da CIA, inclusive grampos em quase todos os telefones das embaixadas soviética e cubana e câmeras escondidas, instaladas do lado de fora das duas embaixadas. O monitoramento exaustivo começou, segundo ele, poucas horas depois da primeira aparição de Oswald na Embaixada cubana. Scott descreveu em seguida como o escritório da Cidade do México reagira ao assassinato, compilando imediatamente dossiês sobre "Oswald e todos os outros em todo o México" que pudessem ter tido contato com o suposto assassino. Ele pegou as transcrições do que afirmou ser os telefonemas de Oswald para as embaixadas cubana e soviética. Os advogados da comissão levantaram o nome de Duran, e Scott reconheceu que ela tinha sido de "interesse substancial para a CIA" muito antes do assassinato de Kennedy por causa de seu caso com o diplomata cubano Carlos Lechuga, quando ele era embaixador de Cuba no México — o diplomata era agora embaixador cubano nas Nações Unidas, em Nova York. Scott contou que, depois do assassinato, a CIA trabalhara em estreita colaboração com as autoridades mexicanas, "especialmente nos interrogatórios de Duran".

Slawson se impressionou com a aparente abrangência do briefing de Scott. Porém, embora desse ouvidos a Scott, o jovem advogado se punha sempre atento para tentar perceber se ainda havia informações por revelar. Scott sabia de detalhes sobre a ida de Oswald ao México que seus colegas da CIA jamais haviam passado para a comissão, apesar de a agência se empenhar para que a investigação não fosse prejudicada. Outras informações que já haviam sido compartilhadas pela CIA estavam cheias de "distorções e omissões", Slawson agora sabia. Ele e Coleman tinham levado sua própria cronologia das atividades de Oswald no México, com a intenção de mostrá-la a Scott e pedir seus comentários. "Mas depois que vimos como nossas informações estavam distorcidas, percebemos que isso seria inútil."

Ele perguntou a Scott por que, tendo em vista o detalhado sistema de fotovigilância, a comissão ainda não havia recebido fotos de Oswald. Scott respondeu que infelizmente não havia fotos. "A cobertura fotográfica estava limitada, de modo geral, às horas diurnas durante a semana, por causa da falta de fundos e porque não havia meios técnicos adequados para tirar fotografias à noite de longa distância, sem luz artificial", contou aos advogados. Colegas de Scott diriam mais tarde que a resposta era claramente evasiva. Oswald não visitara as embaixadas à noite, e o posto da Cidade do México era um dos mais bem financiados e equipados da CIA. Mas Slawson e Coleman aceitaram a explicação de Scott, mesmo porque não tinham como contestá-la. Slawson se surpreendera ao saber que não havia fotos. "Lembro de ficar intrigado, mas eu era inocente demais para pensar que eles esconderiam coisas deliberadamente", confessou Slawson depois. "Acho que eu era ingênuo."

Os advogados passaram a questões maiores. Perguntaram a Scott e White se acreditavam que poderia haver uma conspiração internacional para o assassinato e se a Cidade do México poderia estar envolvida nisso. Não, disseram os dois. Eles achavam que "se tivesse havido tal conspiração, eles, ao menos àquela altura, já teriam alguma indicação concreta de sua existência".

Quando o briefing chegava ao fim, Scott fez uma oferta: os advogados da comissão gostariam de ouvir as gravações dos telefonemas de Oswald? "Nós ainda temos as fitas. Vocês querem ouvi-las?", perguntou ele.[5]

"Acho que não preciso", disse Slawson. "Não acho que vou descobrir alguma coisa."

Mas Coleman quis ouvi-las: "Como bom advogado processual, quero ver e ouvir todas as provas".

Slawson contou que subiu as escadas para se encontrar com um grupo de agentes do FBI e deixou seu parceiro na sala de segurança, puxando os fones de ouvido enquanto se preparava para ouvir as gravações da voz de Oswald.

Anos mais tarde, após a morte de Scott, Slawson ficou indignado quando a CIA declarou que a cena que ele descreveu na sala de segurança da agência na Cidade do México era produto de sua imaginação — que Coleman não poderia ter ouvido as fitas porque elas tinham sido destruídas, conforme a rotina, antes do assassinato de Kennedy. (Coleman aumentou a confusão quando, mais tarde, disse que tinha uma memória falha e que não conseguia se lembrar de ter ouvido as fitas, embora tenha dito também que não tinha dúvidas sobre a qualidade da memória de Slawson: "Se David diz que é verdade, então é verdade".)[6] A alegação da CIA de que as fitas haviam sido destruídas antes do assassinato era "uma grande mentira", Slawson diria mais tarde.

Na sexta-feira, 10 de abril, no segundo dia na Cidade do México, o FBI levou Slawson e Coleman para dar um passeio pela capital. Eles viram o exterior das embaixadas e dos consulados de Cuba e da União Soviética, o terminal de ônibus aonde Oswald supostamente chegava e partia da cidade, e o Hotel del Comercio, o lugar modesto onde ele havia se hospedado. Viram o restaurante, ao lado do hotel, onde Oswald fez muitas de suas refeições, sempre escolhendo o prato mais barato do cardápio. Os empregados do restaurante lembravam que Oswald era tão frugal que sempre dispensava a sobremesa e o café, sem perceber que estavam incluídos no preço da refeição.

Depois do passeio, Slawson, Coleman e Willens foram levados ao gabinete de Luis Echeverría, um poderoso funcionário mexicano, então na iminência de ser nomeado ministro do Interior do país e que mais tarde seria eleito presidente do México. Echeverría, que estivera próximo de Scott durante anos, iniciou a conversa dando sua "firme opinião de que não havia conspiração estrangeira envolvida" no assassinato de Kennedy — "pelo menos nenhuma conspiração ligada ao México", disse Slawson. Coleman pressionou Echeverría a fim de obter permissão para entrevistar testemunhas mexicanas, especialmente Silvia Duran. Uma entrevista com Duran poderia ser possível, disse o mexicano, mas teria de ser informal — designada como um simples encontro social — e realizada fora da Embaixada americana. O governo não poderia permitir que os investigadores da comissão "dessem a impressão de que uma investigação oficial estava sendo realizada pelo governo norte-americano em solo mexicano".

Coleman afirmou que a entrevista com Duran era "da maior importância" para a comissão, e Echeverría disse que entendia o motivo. O depoimento dela "era da maior importância" para o México também. Foram suas declarações aos interrogadores que levaram o governo mexicano a concluir "que nenhuma conspiração havia sido urdida durante as visitas de Oswald ao México".

Echeverría pediu desculpas e disse que tinha de terminar a reunião imediatamente, porque era esperado em um almoço com a rainha Juliana da Holanda, então em visita oficial ao México.

"*Nós* gostaríamos de almoçar com Silvia Duran", disse Coleman brincando.

Echeverría respondeu com uma brincadeira grosseira sobre Duran, sugerindo que as mulheres mexicanas eram menos atraentes do que as cubanas. Os advogados da comissão "não se divertiriam tanto quanto achavam porque Duran não era uma bela cubana, apenas uma mexicana".

Naquela tarde, Slawson e Coleman pediram conselhos a outros funcionários da Embaixada americana sobre como conseguir uma entrevista com Duran. O mais alto auxiliar do embaixador, Clarence Boonstra, chefe adjunto da missão, disse duvidar que os mexicanos lhes permitissem ver Duran, sobretudo se isso significasse colocá-la sob custódia novamente — ela já havia sido presa duas vezes desde o assassinato, a primeira a pedido da CIA. Nas palavras de Slawson, Boonstra "achava que os mexicanos eram politicamente sensíveis demais para correr o risco de pegá-la uma terceira vez". E pelo que o diplomata sabia a respeito de Duran (Boonstra chamou-a de "comunista") e seu marido ("um comunista muito militante e uma pessoa muito amarga em geral"), ele duvidava que ela concordasse em ser interrogada voluntariamente.

Os advogados da comissão disseram que mesmo assim queriam tentar, talvez convidando-a para uma refeição informal, como Echeverría sugerira. Inspirado por aquilo que eles tinham aprendido sobre a espionagem da CIA, Slawson e Coleman insinuaram que poderiam arranjar uma vigilância eletrônica própria, convidando Duran para um almoço em um "lugar privado" na Cidade do México que pudesse ser equipado "com aparelhos de gravação, para que não fossem necessárias anotações".

Boonstra teve outra ideia: sugeriu que a comissão levasse Duran aos Estados Unidos para uma entrevista — e tirasse o governo mexicano da jogada, rotulando a viagem como outra coisa, talvez um intercâmbio cultural ou para um tratamento médico. Duran poderia estar disposta a cooperar, afirmou ele, desde que isso não criasse mais problemas para si mesma com seu próprio governo. "Valia a pena considerar a ideia", Slawson respondeu, dizendo que a "levaria aos escalões mais altos da comissão depois que retornasse aos Estados Unidos".

Com Duran escondida e tantos outros obstáculos atravessados em seu caminho, Slawson e Coleman desistiram de entrevistar Duran antes de saírem da Cidade do México. Decidiram que quando voltassem a Washington tentariam pôr em execução a ideia de Boonstra de levá-la aos Estados Unidos. Além disso, Coleman queria voltar para casa na Filadélfia o mais rápido possível, então reservou lugar num voo no domingo. Slawson e Willens fizeram reserva para voltar a Washington na segunda-feira.

No sábado à noite, a Embaixada norte-americana organizou uma recepção para os investigadores da comissão, na qual houve um encontro estranho entre Slawson e Scott.[7] O advogado relembrou que o agente da CIA o puxou de lado para uma conversa, que logo tomou um rumo desconfortável, com Scott falando de alguns de seus deveres mais vis na agência. Contou-lhe que era periodicamente obrigado a montar armadilhas para seus colegas na Cidade do México, para ver se eles trairiam os Estados Unidos por dinheiro ou alguma outra recompensa. "Ele disse que tinha de testar seus melhores amigos e colegas da CIA a cada dois ou três anos, oferecendo-lhes algum tipo de suborno para ver se eles aceitariam", Slawson lembrou.

"É a coisa mais difícil que faço", disse Scott. "Eu me pergunto se teria entrado para a agência se soubesse que isso fazia parte do meu trabalho."

Os comentários de Scott foram tão disparatados — tão fora do lugar, no meio de uma recepção descontraída na embaixada — que Slawson teve certeza de que ele estava tentando lhe passar uma mensagem. Achou que Scott queria fazer-lhe um favor, convencendo-o a não ceder às tentativas de recrutamento da agência em Washington. "Eu li aquilo como um aviso para mim: não aceite."

A festa da embaixada foi inesquecível para Slawson por outro motivo infeliz. "Eles serviram bom champanhe e — você sabe como é champanhe — fiquei tão bêbado e com tanta sede que ao voltar para o hotel bebi água da torneira" por engano. Logo começou a passar mal e sua viagem ao México teve um final vergonhoso. "No domingo eu estava arrasado. Foi difícil até mesmo entrar no avião para voltar a Washington." Demorou um ou dois dias para se sentir melhor, e voltou aos escritórios da comissão na semana seguinte com uma tarefa: achar uma maneira de trazer Silvia Duran a Washington.

32.

CASA DE JACQUELINE KENNEDY
WASHINGTON, DC
TERÇA-FEIRA, 7 DE ABRIL DE 1964

Jacqueline Kennedy estava luminosa. Faltavam poucos minutos para o meio-dia na terça-feira, 7 de abril, quatro meses e meio depois do assassinato, e aquele era o primeiro encontro de William Manchester com a sra. Kennedy com o objetivo de entrevistá-la para o livro que ela havia autorizado.

"*Sr. Manchester*", disse ela, com aquela "voz sussurrante inimitável", ao recebê-lo na sala de estar de sua nova casa na N Street, em Georgetown.[1] Ela fechou as portas de correr "com um movimento amplo, e inclinou-se ligeiramente a partir da cintura", ele contou mais tarde. Vestia uma blusa preta e calças amarelas de lycra, "e pensei que, aos 34 anos, com sua beleza de camélia, ela poderia ser tomada por uma mulher de vinte e poucos anos". A relação entre Jacqueline Kennedy e Manchester azedaria depois, mas, no início de sua colaboração, ele achou que ela não poderia ter sido mais agradável ou prestativa.

"Minha primeira impressão — e isso nunca mudou — foi de que eu estava na presença de uma grande atriz trágica", afirmou. "Digo isso no melhor sentido da palavra."

Manchester estava nos primeiros estágios da pesquisa do livro, que era para ser essencialmente a história autorizada pela família do assassinato e suas consequências. Com o tempo, ele veio a acreditar que se tratava, sobretudo, de um esforço para desestimular outros escritores a tentar um projeto semelhante que a família não pudesse controlar.

Suas cinco entrevistas com a viúva do presidente, realizadas entre abril e julho, foram, sem surpresa, as mais dolorosas que ele faria para o livro. Ele contou que a sra. Kennedy falou sobre tudo, inclusive sobre o que tinha acontecido exatamente dentro da limusine quando os tiros foram disparados na Dealey Plaza. "Ela não escondeu nada durante as entrevistas. Cerca de metade das pessoas que entrevistei mostrou um profundo sofrimento emocional quando tentava responder às minhas perguntas, mas nenhuma das outras sessões foi tão comovente como aquelas com Jackie."

As entrevistas foram gravadas por Manchester em um gravador Wollensak de rolo, volumoso, mas confiável. Conforme seu acordo com a família Kennedy, as dez horas de conversas gravadas com a ex-primeira-dama seriam entregues à planejada biblioteca presidencial de Kennedy, em Boston, depois que o livro estivesse terminado. "Os futuros historiadores podem ficar intrigados com os estranhos ruídos de pancadinhas que se ouvem nas fitas", escreveu Manchester. "Eram cubos de gelo. A única maneira de passarmos aquelas longas noites era com a ajuda de grandes jarras de daiquiris." A sra. Kennedy e Manchester fumavam durante as entrevistas e, por isso, "ouvem-se também sons frequentes de fósforos sendo riscados".

Nos escritórios da comissão do assassinato, Arlen Specter e os outros advogados da equipe estavam cientes do livro de Manchester — era um tema de fofocas febris em Washington — e que ele equivalia a uma investigação paralela do jornalista aprovada pela família Kennedy. Specter irritou-se porque Manchester estava entrevistando a sra. Kennedy enquanto o pessoal da comissão tinha seu acesso a ela negado pelo presidente da Suprema Corte. Specter se perguntava por que era aceitável que a viúva do presidente falasse para um jornalista sobre o assassinato, mas não que fosse entrevistada pela comissão federal encarregada de explicar ao público americano por que seu presidente fora assassinado.

Ele não sabia a dimensão da coisa, mas a sra. Kennedy era apenas uma das várias testemunhas importantes que concordaram em ser entrevistadas por Manchester naquela primavera. Robert Kennedy aceitou gravar uma entrevista em 14 de maio, mas mostrou-se muito menos comunicativo do que a cunhada. "Suas respostas são abruptas, muitas vezes monossilábicas", disse Manchester.

Em alguns casos, Manchester teve acesso a importantes testemunhas do governo muito antes da comissão. Quatro dias depois do primeiro encontro com a sra. Kennedy, ele entrevistou John McCone, o diretor da CIA que só deporia perante a Comissão Warren em meados de maio.[2] E, ao contrário da comissão, Manchester foi autorizado a interrogar o presidente Johnson e sua esposa. A Casa Branca concedeu uma entrevista com a primeira-dama em 24 de junho. De início, o presidente ofereceu-se para dar uma entrevista pessoalmente, mas "descobriu que não conseguiria suportá-la", disse Manchester. Em vez disso, respondeu por escrito a uma lista de perguntas.

Durante o inverno e o início da primavera, Specter continuou a pressionar para entrevistar os Johnson e elaborou uma longa lista de perguntas para fazer a eles, assim como fizera uma lista para Jacqueline Kennedy. Uma vez mais, Specter se decepcionaria com Warren. O presidente da Suprema Corte não apresentou nenhuma objeção quando a Casa Branca anunciou que o presidente Johnson, em vez de depor perante a comissão, prepararia uma declaração por escrito sobre suas lembranças do dia do assassinato.[3] A declaração de 2025 palavras só chegaria ao escritório da comissão em 10 de julho, e foi considerada inexata e oportunista por alguns dos inimigos políticos do novo presidente, especialmente por assessores de Robert Kennedy. Johnson dizia que fizera tudo o que podia nas primeiras horas depois do assassinato para confortar a sra. Kennedy e buscar conselhos por telefone com o procurador-geral — conversas que, em alguns casos, Robert Kennedy disse que nunca ocorreram.

O presidente da Suprema Corte admitiria depois que deveria ter insistido no testemunho face a face de Johnson, ao menos para evitar a aparência de que a comissão deixara perguntas sem resposta de uma testemunha-chave da comitiva. "Acho que teria sido um pouco melhor se ele tivesse testemunhado", disse Warren anos mais tarde. "Mas ele mandou um recado dizendo que faria uma declaração e a sra. Johnson faria o mesmo. Então, nós nem sequer discutimos o assunto com ele."[4]

Por sua vez, a sra. Johnson deu um depoimento na forma de uma transcrição de uma gravação que ela fizera em 30 de novembro, oito dias depois do assassinato. Funcionários da comissão lembraram que era uma representação muito bem-feita de tudo o que ela havia testemunhado. Descrevia sua chegada ao Hospital

Parkland e seu olhar para trás, em direção à limusine de Kennedy, enquanto era levada às pressas para a sala de emergência: "Lancei um último olhar por cima do ombro e vi, no carro do presidente, uma coisa cor-de-rosa, como um monte de flores, deitada no banco detrás. Acho que era a sra. Kennedy deitada sobre o corpo do presidente".[5] Mais tarde, no hospital, a sra. Johnson viu-se "cara a cara com Jackie" em um pequeno corredor. "Acho que era bem em frente à sala de cirurgia. Ela estava muito sozinha. Acho que nunca vi ninguém tão sozinha em minha vida."

Incentivado pela família Kennedy, o presidente da Suprema Corte continuou oferecendo ajuda a Manchester. Warren concordou em dar uma entrevista revelando suas lembranças sobre o assassinato e sobre os dias que se seguiram. Manchester depois recordou que Warren "foi sempre polido comigo e reconheceu que, embora as linhas das duas investigações pudessem ocasionalmente se cruzar, elas decerto não corriam paralelas".[6] Ao longo dos meses seguintes, Warren e Manchester permaneceram em contato, disse o escritor. "Trocamos algumas confidências, e inevitavelmente tivemos nossos caminhos cruzados." A pedido da família Kennedy, Manchester teve acesso a quase todas as provas físicas mais importantes da cena do assassinato, inclusive ao filme completo de Zapruder — imagens do assassinato às quais o público não teria acesso por décadas. Manchester disse que foi autorizado a passar o filme "setenta vezes" e inspecioná-lo "quadro a quadro".

Manchester ganhou um passeio de Air Force One de um dos pilotos do avião e foi convidado para inspecionar as alas de cirurgia do Hospital Parkland e o necrotério do Hospital Naval Bethesda.[7] Foi autorizado a desencaixotar e inspecionar o caixão original do presidente, que não foi usado para o enterro porque havia sido danificado durante a viagem de Dallas a Washington.

O livro de Manchester era apenas um elemento da campanha da família Kennedy para dar forma a como o público se lembraria do presidente e do dia de seu assassinato. Em seus diários inéditos de novembro de 1964, o colunista Drew Pearson narra a reação muitas vezes cruel contra a família, em grande parte consequência dos esforços da sra. Kennedy para controlar o legado de seu marido.

336

Os Kennedy sempre inspiraram uma mistura de inveja e desprezo entre os detentores de poder de Washington, e as fofocas sobre eles não terminaram com a morte violenta do presidente. Se Pearson contou um pouco do que estava ouvindo ao seu amigo Warren, isso poderia ajudar a explicar por que o presidente da Suprema Corte tornou-se tão protetor da família. Pearson sabia que os inimigos dos Kennedy não tinham sido silenciados pelo assassinato, nem mesmo por poucas horas. Na segunda-feira, 25 de novembro, dia do funeral do presidente, Pearson registrou em seu diário que a posição da sra. Kennedy junto ao público não poderia ter sido melhor: "Jackie tem reinado suprema, como evidentemente deveria".[8] Mas, em uma anotação desse mesmo dia, ele lembrou que depois de assistir ao funeral do presidente na TV naquela manhã, foi almoçar com amigos no Carlton Hotel, a duas quadras da Casa Branca, "e temo que não fomos tão gentis com Jackie Kennedy quanto a multidão que chora lá fora".

O principal tema da conversa do almoço foi o casamento conturbado de Kennedy. "Recordamos a maneira descarada como Kennedy teve casos com outras mulheres" e como a sra. Kennedy tinha viajado para a Grécia e passado um tempo no iate do magnata grego Aristóteles Onassis no começo daquele ano, "principalmente para irritar o marido". Pearson observou que Onassis estava em Washington para o funeral e esperava-se que passasse um tempo com a irmã da sra. Kennedy, Lee Radziwill, que tivera um romance bem divulgado com o grego naquele verão, enquanto se preparava para se divorciar do marido. "Será interessante ver se o divórcio e o novo casamento de Radziwill com Onassis darão certo agora", escreveu Pearson.

Quatro dias depois, o colunista almoçou com Joe Borkin, um influente advogado de Washington, que advertiu que "a maré começou a virar contra Jackie em vários pontos", em especial depois da divulgação de que ela havia insistido em muitos dos floreios mais dramáticos do funeral e sepultamento do marido, entre eles a procissão ao ar livre em que o presidente Johnson, o presidente francês Charles de Gaulle e outros líderes mundiais haviam marchado pela Connecticut Avenue. O evento provocara pânico no Serviço Secreto. Johnson admitiu a amigos que ficou com medo de ser assassinado por um pistoleiro na multidão. "Ela exigiu que os chefes de Estado caminhassem atrás do corpo no funeral, o que poderia ter significado um ataque cardíaco para Lyndon, pneumonia para De Gaulle e risco de morte para os governantes do mundo livre se um assassino quisesse arriscar a sua própria vida", de acordo com o diário de Pearson.

Borkin disse a Pearson que cresciam os ataques à sra. Kennedy nos bastidores por causa de seus planos de instalar uma tubulação de gás no Cemitério Nacional de Arlington, para a denominada "chama eterna" que marcaria o túmulo do presidente. A medida foi considerada arrogante. "Há apenas uma outra luz eterna diante de um túmulo, e está em Paris, no túmulo do soldado desconhecido", Pearson anotou em seu diário. "Algumas pessoas acham que Kennedy ainda não se classifica para isso."

Nos dias seguintes ao funeral, vários relatos na imprensa descreveram o esforço da sra. Kennedy para persuadir o presidente Johnson a rebatizar o Centro Espacial Nacional na Flórida com o nome de seu marido — Cabo Kennedy, em vez de Cabo Canaveral — e pôr o nome de Kennedy no novo centro cultural nacional que estava sendo construído junto ao rio Potomac. "Lincoln demorou cerca de 75 anos para ter um memorial, e Teddy Roosevelt e Franklin Delano Roosevelt ainda não têm um memorial", escreveu Pearson depois do almoço com Borkin. "Mas já querem chamar o centro cultural de Centro Kennedy."

Pearson observou que, nas semanas seguintes ao assassinato, houve ataques piores à sra. Kennedy devido a suas repetidas e bem divulgadas visitas ao cemitério de Arlington, como se essas demonstrações de devoção fossem uma tentativa de reescrever a história de seu casamento. "As senhoras parecem pensar que as cinco visitas de Jackie à sepultura foram demais e também tem havido muito comentário sobre o fato de Bobby Kennedy, seu cunhado, a acompanhar em algumas dessas viagens", Pearson escreveu em seu diário.

Pearson sabia que parte do veneno direcionado à sra. Kennedy vinha de pessoas que eram supostamente suas amigas mais devotadas, entre elas Marie Harriman, esposa de Averell Harriman, ex-governador do estado de Nova York e eminência parda do Partido Democrata. O casal Harriman se ofereceu para sair temporariamente de seu palacete em Georgetown para que a sra. Kennedy e seus filhos pudessem ficar lá enquanto procuravam uma casa própria. Mas quando estava arrumando suas coisas a fim de mudar-se para um hotel nas proximidades e abrir caminho para os Kennedy, a sra. Harriman ligou para Luvie, esposa de Pearson, para dizer que "se arrependia de ter cedido sua casa para Jackie". De acordo com o diário de Pearson, a sra. Harriman "conversou com Luvie pelo telefone hoje, reclamando que estava limpando suas gavetas, guardando seus artigos de toalete e se preparando para ir para o Georgetown Inn, onde, segundo ela, a comida é terrível. [...] Marie se pergunta por que Jackie não poderia ter ido para a Virgínia por um mês de luto e depois voltar e achar uma casa para ela. Mas não, Jackie gosta de Georgetown e *tem* de ficar lá".

Em sua coluna, Pearson certamente não estava acima dos mexericos sobre a sra. Kennedy. Em 10 de dezembro, ele informou que um médico da Casa Branca havia medicado a sra. Kennedy e seus filhos para ajudá-los a enfrentar o funeral. "Os telespectadores do funeral de Kennedy ficaram impressionados com a maneira como a viúva do presidente ficou perto de seu cunhado", reportou a coluna. "Isso não foi por acaso. O médico deu tranquilizantes a Jackie e pediu aos dois irmãos para ficarem ao lado dela, caso ela fraquejasse. Caroline e John Jr. tomaram tranquilizantes infantis, caso ficassem travessos demais."[9]

A coluna publicou um desmentido raivoso da sra. Kennedy enviado através de uma amiga, a socialite de Washington Florence Mahoney, "que me telefonou para dizer que Jackie Kennedy estava muito contrariada", escreveu Pearson.[10] "Florence diz que Jackie afirma que não é verdade e foi muito emotiva a esse respeito." Ele admitiu em seu diário que se arrependia de ter publicado a nota, pelo menos na forma como tinha aparecido. A história, disse ele, viera de Jack Anderson, seu parceiro de reportagem. "Quisera ter usado de melhor juízo ao editá-la", afirmou Pearson. "Liguei para Jack Anderson, que escreveu a nota e que jura que é verdade. Não tenho certeza." A nota também irritou Robert Kennedy, que cancelou uma entrevista marcada. Seu porta-voz, Ed Guthman, "me telefonou em nome de Bobby Kennedy para dizer que ele estava magoado comigo e não me veria", declarou Person.

Pelo contrato com a editora Harper & Row, William Manchester tinha três anos para terminar o livro.[11] Desde o início, ele temeu que não conseguiria concluí-lo no prazo. Em comparação com os prazos da Comissão Warren, a diferença era brutal. Havia uma pressão constante do presidente da Suprema Corte sobre a equipe para acabar o trabalho. Warren sempre achou que a investigação estava "demorando demais", disse Alfred Goldberg. "Os membros da comissão queriam voltar para seus empregos. Warren queria voltar para a Corte."[12]

Em abril, Rankin pediu a Goldberg para preparar um esboço final do relatório, bem como um memorando que recomendasse um estilo de escrita uniforme para a equipe. Ele também queria que Goldberg elaborasse uma breve introdução ao relatório, que estabeleceria seu tom e seu objetivo.

Em seu memorando sobre estilo, Goldberg sugeriu que o relatório fosse escrito para o público em geral: "Ele deve ter por objetivo alcançar o máximo de clareza e coerência por meio do uso de linguagem simples e direta". Ele achava que boa parte do relatório deveria assumir a forma de uma narrativa — uma cronologia bem documentada do assassinato e suas consequências.[13] O relatório talvez tivesse centenas de páginas, "e parece-me que é demais esperar que o público leitor, do qual nem todos serão advogados, ou mesmo historiadores, tateie em busca do fio de uma narrativa através de quinhentas páginas do que será principalmente análise".

Desde sua infância em Baltimore, Goldberg sabia que a história era mais bem apresentada como uma narrativa absorvente, embora com adesão rigorosa aos fatos. Sua carreira como historiador nasceu, segundo ele, nas páginas dos livros de G. A. Henty, o prolífico romancista britânico do século XIX que escreveu mais de cem histórias de aventura para crianças que "cobriam toda a história do mundo", desde o Egito Antigo. Ele calculou que aos doze anos "já tinha lido provavelmente umas cinquenta ou sessenta delas".

Goldberg recomendou a Rankin que o relatório da comissão incluísse uma seção especial sobre "teorias e rumores" para responder às muitas teorias conspiratórias que estavam sendo espalhadas por Mark Lane e outros. "Esta parte deve demonstrar que a comissão estava plenamente consciente dessas questões e tomou o devido conhecimento delas", disse Goldberg, advertindo, no entanto, que o capítulo sobre "rumores" deveria ser breve. "Explorar essas questões em detalhes lhes daria muito mais do que lhes é devido."

Em 16 de março, ele entregou a Rankin seu primeiro esboço de uma introdução:

O assassinato do presidente John F. Kennedy em Dallas, Texas, em 22 de novembro de 1963, chocou e entristeceu o povo dos Estados Unidos e, na verdade, a maioria dos povos do mundo. Poucas horas depois do fato, a polícia de Dallas deteve e posteriormente acusou do assassinato Lee Harvey Oswald, que havia, naquele ínterim, supostamente matado a tiros o policial de Dallas J. D. Tippit. Na manhã de 24 de novembro de 1963, o próprio Oswald foi baleado e ferido mortalmente, quando estava sob custódia policial, na central de polícia de Dallas. O assassinato de Oswald desencadeou uma enxurrada de boatos, teorias, especulações e alegações que ameaçaram obscurecer e distorcer os fatos verdadeiros que cercam o assassinato do presidente Kennedy.[14]

Ao ser divulgado no âmbito da comissão, o rascunho de Goldberg provocou uma resposta irada de alguns advogados da equipe. Eles argumentaram que o relatório deveria ser parecido com um parecer judicial cheio de fatos ou com um artigo de exame de uma lei — o tipo de escrita que eles entendiam mais — e concentrar-se em provas científicas e depoimentos de testemunhas que definiriam presumivelmente Oswald como o único assassino do presidente. Goldberg pressentira que haveria essa reação, principalmente entre os advogados mais jovens. "Todos haviam sido prodígios nas melhores faculdades de direito, muito cheios de si mesmos", ele lembrou.[15] Os advogados tinham sido treinados para escrever resumos legais secos, não a história mais facilmente digerível que Goldberg estava propondo.

Ninguém da equipe foi mais hostil à abordagem de Goldberg do que David Belin. "Do ponto de vista geral, sou contra todo o esboço proposto", escreveu Belin depois de ler a proposta do historiador. "Acredito que é essencial que o relatório seja preparado pelos advogados que trabalharam em cada área com os padrões de um documento legal, em vez da discussão de uma abordagem histórica. Na medida do possível, o relatório deve ser escrito tendo por base os fatos averiguados. Deve haver um mínimo de opiniões e conclusões, além daquelas claramente demonstradas pelos fatos."[16]

Goldberg não cedeu. Em 28 de abril, enviou um novo memorando a Rankin, com outro apelo apaixonado para que as conclusões da comissão fossem estruturadas em uma narrativa do assassinato de leitura fácil.[17] O memorando dava um cutucão nada sutil em Belin e outros jovens advogados: "Este relatório deve ser uma narrativa e os membros da equipe devem lembrar-se de que ele se destina ao público, e não a advogados".

33.

ESCRITÓRIOS DA COMISSÃO
WASHINGTON, DC
ABRIL DE 1964

David Slawson entendeu por que Silvia Duran talvez não quisesse falar. Se os relatórios provenientes do México estavam corretos, o governo dos Estados Unidos era responsável pelo tratamento rude que ela sofrera desde que sua primeira prisão fora solicitada pelo posto da CIA na Cidade do México. Ele ouviu que os hematomas em seu corpo talvez fossem o de menos; havia relatos de que ela sofrera um colapso nervoso em consequência dos interrogatórios duros da polícia secreta do México.[1] Slawson supôs que "ela foi torturada — não temos certeza disso, mas suspeitamos fortemente". Ele desconfiava que fosse essa a razão de o governo mexicano tentar impedir a comissão de entrevistá-la. "Creio que eles simplesmente a maltrataram e não queriam que isso fosse divulgado."

Depois de voltar da Cidade do México, Slawson começou a pressionar a CIA para conseguir uma entrevista com Duran fora do México. Ele examinou o novo relatório do interrogatório de Duran que o FBI lhe dera na Cidade do México, mas estava cheio de lacunas. O governo mexicano não fornecia uma transcrição das palavras de Duran. Em vez disso, o melhor que ofereciam era um resumo, assinado por Duran, de declarações em que ela insistia que não sabia nada sobre uma conspiração de Oswald para matar Kennedy. Slawson lembrou-se de ter pensado que teria ficado mais impressionado se Duran tivesse escrito a declaração de próprio punho. Em vez disso, os resumos eram datilografados, dando a entender que ela havia assinado documentos escritos antes. "Era tudo de segunda mão", recordou Slawson. "E isso não era o bastante, obviamente."

De longe, Slawson e Coleman tinham uma impressão favorável de Duran. Quaisquer que fossem suas opiniões políticas, diziam que ela era inteligente e corajosa. "Pelo que ouvimos falar dela, era uma verdadeira mulher de caráter", disse Slawson. "Não me lembro se isso se devia a uma leitura das entrelinhas ou o quê, mas Bill e eu tínhamos algum motivo para ver que essa mulher era franca e honesta." Ele achou que ela poderia dizer coisas em Washington que tivera muito medo de contar no México. Mesmo que ela mantivesse o que dissera aos seus interrogadores mexicanos, Slawson acreditava que era importante para a comissão julgar a credibilidade face a face. "Havia, é claro, alguma chance de obter mais detalhes dela, especialmente se ela confiasse em nós", disse Slawson. "E se não batêssemos nela."

O primeiro desafio, segundo ele, era simplesmente descobrir onde estava Duran. Horacio, seu marido protetor, a escondera e estava bloqueando o acesso a ela. "Não conseguíamos chegar até ela, a CIA não conseguia chegar até ela, ninguém conseguia", recordou-se Slawson. "Ela estava se escondendo", e seu marido estava "enlouquecido como o diabo" devido à maneira como ela fora tratada.

Slawson não conseguiu lembrar exatamente quando recebeu a notícia, mas poucas semanas depois de seu retorno do México, Ray Rocca informou que a agência fizera contato com o casal Duran e acreditava que Silvia concordaria em ir a Washington. Segundo Slawson, Rocca parecia empolgado com a notícia — "ele estava realmente ansioso" — e queria ajudar na logística. Rocca perguntou se a comissão queria que a agência desse o próximo passo e fizesse arranjos para Duran viajar, provavelmente com o marido. "Bill e eu não precisamos pensar dois minutos para dizer 'sim, sim'", recordou-se Slawson.

Ele ficou animado ao pensar que teria agora uma chance de falar com a mulher que, mais do que qualquer outra pessoa, inclusive possivelmente Marina Oswald, talvez soubesse o que se passava pela cabeça de Oswald nas semanas anteriores ao assassinato de Kennedy. Slawson suspeitava que, para Oswald, Duran pudesse ter parecido uma alma gêmea. Ela era uma companheira socialista e defensora de Fidel Castro. Era capaz de falar com ele em inglês e parecia querer ajudá-lo a obter o visto para uma viagem a Cuba. Segundo Slawson, ela havia sido "muito, muito solidária com ele".

Slawson deu a Rankin a boa notícia da CIA sobre Duran e pediu permissão para começar a organizar a viagem. "E Lee disse que ia falar com o chefe." Era típico de Rankin não tomar uma decisão como esta sozinho, por mais óbvia que a decisão parecesse ser, relembrou Slawson. "Ele não tomava nenhuma decisão sem a aprovação do chefe."

E Rankin voltou com a resposta inesperada e desconcertante de Warren. "O chefe diz que não", contou ao estupefato Slawson. Não haveria entrevista com Duran.

Slawson não conseguiu lembrar se Rankin dera uma explicação detalhada para o raciocínio de Warren, mas o presidente da Suprema Corte parecia sugerir que o apoio de Duran a Castro e seu declarado socialismo — ela negou a seus interrogadores mexicanos que fosse comunista — faziam dela uma testemunha inaceitável. Era um raciocínio semelhante à decisão anterior de Warren de impedir Slawson de procurar a papelada do governo cubano sobre Oswald — uma decisão que Slawson decidira ignorar, por sua conta e risco.

Ao transmitir a decisão de Warren sobre Duran, Rankin amorteceu o golpe dizendo a Slawson que "a decisão não era definitiva" e que ele poderia apelar diretamente a Warren se achasse tão fundamental entrevistá-la.

Slawson ficou espantado diante da ideia de que lhe poderia ser negada a oportunidade de falar com Duran. "Era estúpido, estúpido", pensou. Assim como seu colega Arlen Specter achava que precisava das fotos e radiografias da autópsia de Kennedy para fazer seu trabalho de reconstrução dos eventos na Dealey Plaza, Slawson precisava falar com Duran, se a comissão quisesse afastar qualquer possibilidade de uma conspiração. A comissão não tinha de aceitar ao pé da letra qualquer coisa que Duran tivesse a dizer, ele lembrou a si mesmo. "Nós não tínhamos de aceitar sua palavra", disse Slawson. "Mas deveríamos falar com o inimigo se fosse necessário."

Ele falou para Rankin que queria ver Warren o mais rápido possível e pediu ajuda a Howard Willens, que era "totalmente solidário" com o plano de trazer Duran a Washington. Cada vez mais, Willens era visto por Slawson e outros membros da equipe como o melhor advogado — muito mais do que Rankin. Houve relatos de que, por trás de portas fechadas, Warren estava irritado com o

344

que considerava impertinência de Willens. "Ele achava que Howard era desrespeitoso", declarou Slawson. "Howard talvez fosse o único que não concordava com ele cara a cara." Warren, por sua vez, confirmou isso anos mais tarde, dizendo que Willens "foi muito crítico em relação a mim a partir do momento que veio para nós" do Departamento de Justiça.[2]

Slawson estava nervoso enquanto se preparava para o encontro. Warren aparecia nos escritórios da comissão praticamente todos os dias, mas continuava a manter pouca interação com os advogados jovens da equipe. Ele raramente iniciava uma conversa. "Ele era o presidente da Suprema Corte dos Estados Unidos, e você não estava lá para bater papo com ele", disse Slawson. "Ele teria cortado o papo se você tentasse." Ainda assim, Slawson e Willens conseguiram marcar logo uma reunião e, segundo Slawson, foram recebidos gentilmente por Warren, que os saudou em seu gabinete com um sorriso. "Ele pediu que nos sentássemos, e então apresentamos nosso caso para ele."

Slawson explicou por que Duran poderia ser uma testemunha tão importante, uma vez que poderia dar informações sobre Oswald que ela não teria arriscado a compartilhar com a polícia mexicana. Ele argumentou que havia a possibilidade de que a polícia mexicana a tivesse intimidado, até mesmo torturado, de tal modo que ela não quisera revelar detalhes que apontassem para uma conspiração gestada em solo mexicano.

O que havia a perder se falássemos com ela?, Slawson lembrou-se de ter perguntado a Warren. "Talvez haja algo valioso a ganhar."

Warren não hesitou em sua resposta: ele não tinha mudado de ideia. Não haveria nenhuma entrevista com Duran. Slawson disse que se lembrava das palavras exatas de Warren: "Você simplesmente não pode acreditar em uma comunista. Nós não falamos com comunistas. Você não pode confiar que um comunista dedicado nos dirá a verdade, então para quê?".

Ele não solicitou mais argumentos. "Ele nos deu sua opinião, e ponto final", lembrou Slawson. Na Suprema Corte, o presidente podia ter a reputação de defensor dos direitos da esquerda política, inclusive dos comunistas, mas nesse caso "ele aceitou o estereótipo do comunista como alguém próximo do mal", categoria na qual aparentemente incluía Silvia Duran.

Slawson saiu do escritório de Warren sentindo-se derrotado. Ele recordou de ter se virado para Willens e dizer: "Meu Deus, isso é uma grande decepção e um grande erro". Mas afora pedir demissão da equipe, o que nunca considerou seriamente, Slawson concluiu que não havia mais nada que pudesse fazer.

Décadas mais tarde, ele disse que continuava perplexo com a decisão de Warren sobre Duran: "É uma loucura o fato de não termos falado com ela". Ele chegou a se perguntar se a decisão foi um cálculo político — Warren talvez temesse que os adversários de direita da comissão o criticassem por dar credibilidade a uma suposta comunista. Mais preocupante, disse Slawson, era a possibilidade de que Warren tivesse sido secretamente pressionado a deixar Duran de lado. À luz do que ele soube mais tarde sobre a CIA, Slawson suspeitava — mas não podia provar — que a agência de espionagem pedira a Warren para não entrevistar Duran. Slawson acreditou que Rocca fora sincero ao oferecer ajuda para levar Duran a Washington. Mas ele se perguntava se outras pessoas, em cargos muito mais elevados na agência, não estavam com medo do que Duran pudesse revelar sobre Oswald, ou sobre as operações de inteligência americanas na Cidade do México.

Mais tarde, ele soube que Warren havia cedido à pressão da CIA em relação a outra possível testemunha estrangeira, Iúri Nosenko, o desertor russo. Em junho, Warren se reuniu com Richard Helms para ouvir o pedido da CIA de que a comissão retirasse qualquer referência a Nosenko de seu relatório final. Segundo Warren, Helms "me chamou de lado e me disse que a CIA havia finalmente decidido que o desertor era um impostor".[3] Ele concordou com o pedido, embora a comissão nunca tivesse tido oportunidade de entrevistar Nosenko, ou mesmo de apresentar perguntas escritas a ele através de seus contatos na CIA. "Eu estava convencido de que não devíamos, em hipótese alguma, basear nossas conclusões no testemunho de um desertor russo", disse Warren mais tarde. Nosenko, tal como Duran, não era confiável.

Quando a comissão começou a discutir a forma de organizar e escrever seu relatório, Willens enviou memorandos para a equipe listando as "pontas soltas" das investigações, muitas das quais envolviam Slawson e questões sobre uma possível conspiração estrangeira. Não se tratava de uma crítica sobre a qualidade do trabalho de Slawson, disse ele. Era reflexo, na verdade, da gigantesca tarefa de tentar provar ou refutar uma conspiração com indícios que muitas vezes pareciam vagos ou conflitantes.

346

Embora as provas apontassem claramente que não havia nenhum envolvimento do Kremlin, em abril Slawson decidiu pedir ao FBI e à CIA para reunir mais informações sobre a estada de Oswald na União Soviética, inclusive indícios que pudessem corroborar a alegação, em seu "Diário Histórico", de que ele tentara suicídio logo depois de sua chegada, em outubro de 1959. Oswald escreveu, em 21 de outubro, que tentou acabar com sua vida depois que as autoridades soviéticas se recusaram inicialmente a permitir que ele ficasse no país: "Decidi acabar com isso. Embeber o pulso em água fria para anestesiar a dor. Depois, cortar meu pulso esquerdo. Depois, mergulhar o pulso na banheira de água quente". Uma hora depois, ele foi descoberto por uma guia turística russa e levado para o hospital, "onde deram cinco pontos em meu pulso".

Slawson achava que a comissão não podia ignorar a possibilidade de Oswald estar mentindo e que a tentativa de suicídio fora inventada como parte de uma cortina de fumaça da KGB, possivelmente para permitir que ele desaparecesse das ruas de Moscou por um tempo a fim de receber treinamento de espião. O relatório da autópsia de Oswald mostrava que havia uma cicatriz em seu pulso esquerdo, mas Slawson queria ter certeza de que era profunda e dramática o suficiente para sugerir uma tentativa real de suicídio. Specter era o responsável pelas provas médicas e Slawson mandou-lhe um memorando pedindo que questionasse os patologistas de Dallas sobre a cicatriz: "Se o incidente do suicídio é uma fabricação, o tempo supostamente gasto por Oswald na recuperação do suicídio em um hospital de Moscou poderia ter servido para que ele ficasse sob custódia da polícia secreta russa sendo treinado, submetido à lavagem cerebral etc.".[4] Slawson sabia que a CIA estava tão interessada em verificar o relato de Oswald sobre a tentativa de suicídio que pensara em exumar seu corpo para inspecionar a cicatriz. O FBI se opôs à ideia e a CIA a abandonou, temendo que isso pudesse inspirar ainda mais teorias conspiratórias.

Naquela primavera, a Cidade do México nunca esteve longe dos pensamentos de Slawson. Depois de sua viagem para lá em abril, ele redigiu uma carta para o FBI listando dezenas de novas perguntas para as quais a comissão queria respostas. Ele pedia ao bureau que preparasse estimativas detalhadas de quanto Oswald poderia ter gastado na Cidade do México, até o custo de aquisição de seis postais ilustrados encontrados em seu poder depois do assassinato. Uma vez que Oswald tinha comparecido a uma tourada, Slawson queria que o FBI descobrisse "o custo de uma entrada de tourada para a seção em que Oswald provavelmente sentou". A ideia era determinar se Oswald precisaria aceitar dinheiro de alguém para cobrir suas despesas de viagem.

Slawson também tinha muitas perguntas não respondidas sobre "a outra Silvia" — Silvia Odio, a mulher de Dallas que alegava ter encontrado Oswald na companhia de ativistas anti-Castro. Slawson estava convencido de que o FBI tivera muita pressa ao descartar a história dela. Em um memorando a seus colegas de 6 de abril, ele dizia que sua pesquisa indicava que "a sra. Odio demonstra ser uma pessoa estável e inteligente".[5] Ele estava cada vez mais convencido de que ela estava falando a verdade, pelo menos tal como ela a entendia. "Há uma possibilidade substancial de que, se a sra. Odio recuar de sua história, não vai ser porque não acredita nela, mas porque está assustada."

O FBI informou que não conseguira encontrar os dois homens latinos que supostamente teriam sido vistos com Oswald à porta de Odio, mas isso não surpreendeu Slawson: ele suspeitava de que a dupla poderia ter se escondido para evitar a acusação de envolvimento no assassinato, e que eles poderiam ter tentado, desde então, intimidar Odio para que ficasse em silêncio. "A essa altura, eles já podem facilmente ter pressionado ou ameaçado a sra. Odio para ficar quieta."

Slawson planejava uma viagem a Dallas naquela primavera, em parte, para colher o depoimento de Odio. Antes da viagem, seu colega Burt Griffin, já no Texas, foi convidado a entrevistar testemunhas que pudessem corroborar a história de Odio, inclusive seu psiquiatra, Burton Einspruch. Griffin descobriu Einspruch em seu consultório no Hospital Parkland, instituição que já figurava em grande parte da investigação em Dallas. "Einspruch afirmou que tinha muita fé na história da srta. Odio de ter conhecido Lee Harvey Oswald", informou Griffin.[6] O psiquiatra lembrava que ela lhe havia contado — antes do assassinato — sobre seu encontro inquietante com os três estranhos, inclusive com o homem que ela agora identificava como Oswald. "Ao descrever a personalidade da srta. Odio, o dr. Einspruch declarou que ela é dada a exageros, mas que os fatos básicos que fornece são verdadeiros", escreveu Griffin. "Sua tendência a exagerar é do tipo emocional, característica de muitos povos latino-americanos, sendo somente de grau, sem afetar o fato básico."

As alegações de Odio intrigaram vários outros advogados da equipe da comissão. Slawson estava tão envolvido em outros trabalhos em Washington que não se opôs quando Jim Liebeler, que se tornara seu grande amigo, ofereceu-se para assumir a tarefa de entrevistar Odio durante uma viagem que tinha programada para Dallas. Liebeler tinha um motivo especial para querer fazer a entrevista: as fotografias de Odio enviadas à comissão pelo FBI mostravam que ela era, como foi dito, tão bonita quanto uma modelo. Em Dallas, Liebeler também estava programado para entrevistar Marina Oswald, e ela também era linda.

34.

ESCRITÓRIOS DA COMISSÃO
WASHINGTON, DC
MAIO DE 1964

Wesley "Jim" Liebeler era uma força da natureza. Um verdadeiro libertário, disposto a ignorar — ou, melhor, a insultar — quem tentasse lhe impor regras. Quando se tratava de política, era um republicano conservador. Era ferozmente anticomunista e não escondia isso, e ouviam-se rumores na equipe — à primeira vista falsos — de que era membro da ultraconservadora John Birch Society. Rankin lembrava-se de Liebeler como um "conservador extremado no ninho de liberais de nossa equipe, e ele logo se desencantou com alguns colegas".[1] Seu desdém dirigia-se com frequência a Norman Redlich, que era tão liberal em questões políticas quanto Liebeler era conservador. "O sr. Redlich e eu temos visões profundamente diferentes no que diz respeito a questões políticas", diria Liebeler mais tarde.[2]

Para muitos membros da equipe, Liebeler também se enquadrava no papel de trapaceiro charmoso. Décadas mais tarde, vários o descreveriam como uma das pessoas mais memoráveis que conheceram: a simples menção de seu nome provocava um sorriso. Para Slawson, ele era um "leviano" nas atitudes em relação à autoridade, a começar por sua exigência de que as secretárias incompetentes da comissão fossem substituídas.[3] Griffin contou que ele e Liebeler "não concordavam em nada" quando se tratava de política e que Liebeler era franco sobre suas diferenças. "Mas apesar de toda a sua agressividade, ele tinha uma coisa afetuosa", disse Griffin. "Mesmo quando falava que você era um idiota em relação a algum assunto, ele o fazia de uma forma que você sabia que ele não julgava que você fosse um idiota." Ele achava que Liebeler "se importava profundamente com as pessoas".

Outros tinham recordações menos simpáticas. Specter achava que Liebeler era muito inteligente, mas também "espinhoso" e um "maluco", propenso a ataques bizarros de raiva. Ele se recordou de ter ido almoçar com Liebeler no The Monocle, um restaurante muito frequentado em Capitol Hill, perto dos escritórios da comissão, e observar espantado seu colega explodir porque o ovo em seu picadinho de carne em conserva não estava mole o suficiente. "Com um tom de voz exigente, insultante, ele chamou o garçom e disse: 'Droga, quando se cozinha o ovo, ele deve sangrar em cima do picadinho'."

Warren deixou claro que não gostava de Liebeler, como relembraram vários advogados. Depois de meses na investigação, ele fez o que seria impensável na maioria dos grandes escritórios de advocacia ou agências do governo da época: deixou crescer a barba. "Era uma grande e bela barba, toda vermelha", lembrou Rankin. "Isso irritou o presidente da Suprema Corte."[4] Warren ficou tão contrariado que pediu para Rankin mandar Liebeler cortá-la. Segundo Rankin, ele tentou convencer Warren a desistir daquilo. "Eu disse: 'Veja, ele tem o direito de usar seu cabelo do jeito que quiser, e se quer usar barba, ele tem direito'." Specter lembrou-se de ter pensado que Warren era um hipócrita: o "grande igualitário e defensor dos direitos civis" irritar-se com a decisão de Liebeler de deixar crescer suas suíças. Segundo Specter, Warren decidiu punir Liebeler "banindo-o" por um tempo para outro andar do edifício vfw.

Liebeler excitava seus colegas contando histórias sobre suas façanhas em Washington com diferentes mulheres, e gostava de longas noitadas de farra e bebida, para as quais costumava convidar os demais advogados. A revolução sexual da década de 1960 estava em andamento e ele pretendia participar dela, apesar de ter uma esposa em Nova York. "Era um mulherengo muito louco", relembrou Slawson.

"Ele fazia qualquer coisa — absolutamente tudo", lembrou Griffin, que voltava feliz para sua casa e sua esposa todas as noites. "Eu levo uma vida muito puritana. Mas Liebeler, apesar de todo o seu conservadorismo político, não era nada conservador em relação a todo o resto." Quanto ao álcool, "ele não tinha nenhuma restrição", disse Griffin. Suas façanhas noturnas não eram segredo porque "ele falava sobre isso o tempo todo". Os outros advogados da equipe não viam nenhum sinal de que as atividades noturnas de Liebeler afetassem seu trabalho, e ele voltava de manhã para o escritório energizado pelas aventuras da noite anterior. O álcool parecia não lhe causar nenhum efeito, talvez porque fosse "um cara grande, talvez com mais de 1,85 metro de altura e uns noventa ou cem quilos", disse Griffin.

Independente do estado de seu casamento, Liebeler deixava claro que era dedicado aos seus dois filhos, que estavam com a mãe em Nova York enquanto ele trabalhava em Washington. Com o passar do tempo, seu filho mais novo, Eric mostrou-se disposto a perdoar o pai por algumas de suas fraquezas, porque o admirava muito, "como um homem que queria viver cada mísero dia" como se fosse o último. "Ele via cada dia como um dia em que deveria fazer algo interessante, algo intenso, algo valioso."[5]

Liebeler sentia-se mais feliz e mais produtivo quando sumia nos quase trinta hectares da casa de verão da família em Vermont, nos arredores da Floresta Nacional das Montanhas Verdes. Ao entrar para a comissão, ele pediu permissão a Rankin para ir de avião a Vermont a cada poucas semanas, às expensas da comissão, para trabalhar e limpar sua cabeça. Rankin concordou, sem se dar conta de que Liebeler encheria sua pasta de documentos confidenciais que leria durante a viagem — fato que, mais tarde, voltaria para assombrar o dois.

O parceiro sênior de Liebeler na "equipe Oswald" da comissão, como ficou conhecida, era Albert Jenner, o dinâmico advogado litigante de Chicago. A relação entre eles entrou em colapso quase instantâneo. Os dois passaram a se desprezar mutuamente e mal se falavam após as primeiras semanas. "Por fim, decidi fazer minha própria coisa, fui em frente e fiz a maior parte do trabalho original sozinho", contou Liebeler.[6] De acordo com Specter, as diferenças de personalidade entre Jenner e Liebeler não poderiam ser mais gritantes. Enquanto Liebeler era um Falstaff moderno, "Bert Jenner era conhecido principalmente por sua postura seca", disse Specter, lembrando-se das refeições da equipe em que Jenner exigia que sua comida não levasse tempero. "Ele comia salada sem molho."[7]

As responsabilidades da equipe acabaram sendo divididas para que os dois não precisassem se cruzar. Liebeler concentrou-se nas questões sobre o possível motivo de Oswald, enquanto Jenner procurava provas de uma conspiração doméstica envolvendo contatos de Oswald com pessoas dentro dos Estados Unidos depois de seu retorno da Rússia, em 1962.

Em Chicago, Jenner era uma figura muito admirada.[8] Era um dos advogados mais bem remunerados do país — viria a ser um dos primeiros a cobrar cem dólares por hora de clientes empresariais —, e os clientes pagavam sem discutir devido ao seu sucesso no tribunal. Ele também era bem-visto por grupos de liberdades e direitos civis por seu compromisso de oferecer assessoria jurídica gratuita aos pobres e por entrar com recursos para prisioneiros condenados à morte como trabalho *pro bono*. Na comissão, ganhou a reputação de se esforçar no trabalho. Ao contrário de outros advogados seniores da equipe, Jenner passou a maior parte de seu tempo em Washington até o final da investigação. Ainda assim, ele desconcertava alguns de seus novos colegas com seus hábitos de trabalho e sua obsessão por detalhes. Alfred Goldberg relembrou a leitura de um rascunho de relatório sobre Oswald escrito por Jenner que, em 120 páginas, tinha quase 1200 notas de rodapé, inclusive uma nota especialmente irrelevante em que ele identificava a localização geográfica exata da cidade soviética de Minsk, onde Oswald morou.[9] Specter se lembrava de um segundo relatório "inútil" de vinte páginas sobre Oswald que Jenner havia escrito. "Dizia-se que foi lido e jogado no lixo."

Jenner encaixava-se em um modelo que alguns jovens advogados haviam encontrado em suas próprias empresas. Ele era um advogado litigante muito bem pago que sabia conquistar um júri e impressionar um juiz, mas que deixava a tarefa de reunir provas e dar sentido a elas aos associados juniores. O certo é que parecia não ter capacidade de organizar seus pensamentos no papel. "Jenner era um pé no saco", relembrou Slawson. "Todos faziam cara de impaciência." Tal como outros advogados da comissão, Slawson se perguntava se Jenner sofria de uma deficiência de aprendizagem porque, em vez de ler as transcrições dos depoimentos de testemunhas, "fazia sua secretária lê-las em voz alta para ele" por horas a fio.

Liebeler e Jenner foram ambos convidados a recorrer aos serviços de pesquisa de John Hart Ely, o jovem advogado que estava prestes a ir trabalhar na Suprema Corte como um dos assistentes jurídicos de Warren. Ely assumiu vários projetos de investigação para Liebeler e Jenner, entre eles um levantamento de todas as casas em que Oswald morara durante sua infância e adolescência, a começar pelo orfanato de New Orleans, onde sua mãe o colocou em 1942, com três anos de idade. Era incrível, pensou Ely, que a sra. Oswald tivesse largado o filho no orfanato um dia depois do Natal. Se havia alguma dúvida de que Oswald tinha direito a se sentir desenraizado, ela foi dissipada pelo memorando de seis páginas de Ely que listava dezessete moradias, em quatro estados diferentes, em lugares tão distantes como Covington, Louisiana e Bronx, Nova York, em que Oswald viveu com a mãe.[10] Com frequência, Oswald e seus irmãos ficavam em uma casa e uma escola por apenas algumas semanas antes que a mãe decidisse mudar de novo, muitas vezes por um capricho sobre onde poderia encontrar uma vida melhor.

Depois disso, pediram a Ely para fazer uma reconstrução detalhada da carreira militar de Oswald, que começou em 24 de outubro de 1956, seis dias depois de completar dezessete anos, quando se alistou no Corpo de Fuzileiros Navais.[11] Ely examinou seus registros do treinamento de campo, inclusive sua instrução de três semanas no uso de um M-1, rifle padrão dos militares. Em dezembro de 1956, quando foi finalmente testado em suas habilidades de atirador, Oswald classificou-se como "atirador de primeira", a classificação média entre as três utilizadas pelo Corpo de Fuzileiros Navais. (A classificação mais alta era "expert" e a mais baixa aceitável era "atirador").

Ely entrevistou muitos colegas de Oswald dos fuzileiros navais e obteve uma visão consistente sobre ele como recluso e antissocial — "solitário" e "nulidade" eram descrições comuns. Quando levado a conversar com outros fuzileiros, Oswald admitia logo que era marxista e esperava visitar a União Soviética, talvez até viver lá. Um colega lembrou que Oswald, que estava estudando o idioma russo, "tocava discos de canções russas tão alto que dava para ouvir do lado de fora do quartel". Outro disse que Oswald chamava os outros fuzileiros de "camaradas" e que usava palavras russas para dizer sim e não — *da* e *nyet* — em conversas comuns. Em consequência, alguns fuzileiros começaram a chamar Oswald de "Oswaldovitch". Um ex-fuzileiro naval relembrou que Oswald falara em querer "ir para Cuba para treinar as tropas de Castro".

Ely ouviu diferentes lembranças da vida de Oswald longe do quartel. Eram relatos conflitantes sobre seus hábitos de consumo alcoólico — alguns recordavam de Oswald bêbado, e outros, de que ele não bebia nada — e sua atitude em relação às mulheres. Havia rumores persistentes de que era homossexual, sobretudo porque era visto muito raramente na companhia de mulheres fora da base. Outros tipos de boatos, envolvendo armas de fogo e violência, pegaram mais. Ele foi levado à corte marcial depois que se machucou com uma pistola sem registro calibre 22 que havia comprado para si; a pistola caiu de seu armário e disparou, ferindo-o acima do cotovelo esquerdo. Ele foi levado à corte marcial de novo por causa de uma briga com um sargento. Ely também relatou denúncias, nunca comprovadas, de que Oswald estava envolvido na morte de outro fuzileiro, o soldado Martin Schrand, que foi morto por um tiro de sua própria arma, em janeiro de 1958, quando os dois homens serviam nas Filipinas.

Ely ficou surpreso com a pouca atenção que os investigadores da comissão — bem como o FBI e outras instituições policiais — estavam dando à carreira de Oswald na Marinha e recomendou que vários de seus colegas fuzileiros fossem encontrados e interrogados sob juramento sobre o que haviam testemunhado durante quase três anos sobre o Oswald de uniforme. "No Corpo de Fuzileiros Navais, Oswald refletiu muito sobre o marxismo, a União Soviética e Cuba", escreveu.

Jenner assumiu a tarefa de investigar o passado das pessoas de Dallas que haviam feito amizade com Oswald e sua família e que, suspeitava-se inicialmente, poderiam estar envolvidas no assassinato. A comissão pedira ao FBI para realizar investigações sobre três pessoas em particular: Ruth Paine, seu ex-marido Michael e George de Mohrenschildt, o excêntrico geólogo de 54 anos nascido na Rússia que era a coisa mais próxima de um verdadeiro amigo que Lee Oswald tivera em Dallas.

Os Paine estavam sob suspeita graças, em parte, a suas opiniões liberais sobre assuntos estrangeiros e direitos civis, que os isolavam de seus vizinhos nos subúrbios conservadores de Dallas. O interesse de Ruth pela União Soviética recebeu exame especial. Ela era quaker, estudava russo desde 1957 e participara de um programa quaker de amizade por correspondência com cidadãos soviéticos. Ela disse que seu interesse em aprender russo a pusera em contato com Marina Oswald; as duas mulheres foram convidadas para uma festa à qual compareceram vários expatriados russos, o que acabou por levar a uma amizade entre elas.

Quando o casamento dos Paine ruiu, em 1962, Michael saiu de casa. No início de 1963, Ruth convidou Marina — então cuidando da filha June, de um ano de idade, e grávida de novo — para ir morar com ela. Recém-desempregado, Lee planejava deixar o Texas em abril para procurar trabalho em sua cidade natal, New Orleans. Ruth, que tinha dois filhos, propôs que Marina ficasse com ela até que Lee encontrasse emprego e pudesse sustentar a família em Louisiana. Ruth disse que via a presença de Marina como uma chance de melhorar seu russo.

Em maio, Marina foi a New Orleans atrás de seu marido; Ruth Paine a levou de carro até New Orleans. Mas Oswald teve problemas para se manter no emprego em Louisiana, tal como havia acontecido no Texas, e o casal voltou para a área de Dallas naquele outono. Em vez de viver com o marido enquanto ele procurava trabalho, Marina voltou a morar com Ruth e lá permaneceu até o dia do assassinato. Durante a semana, Lee morava em uma pensão em Dallas e, nos fins de semana, ia para a casa de Paine, na cidade vizinha de Irving.

Depois do assassinato, o casal Paine chamou a atenção por sua reação estranhamente plácida ao caos ao seu redor. Para alguns investigadores, isso parecia sugerir que eles talvez soubessem dos planos de Oswald. Guy Rose, um detetive de homicídios de Dallas, disse à comissão que se espantou quando chegou à casa dos Paine na tarde do assassinato, antes do anúncio da prisão de Oswald, e a sra. Paine veio até a porta e disse calmamente: "Eu estava esperando você aparecer, entre".[12] Mais tarde, a mãe de Oswald, Marguerite, e seu irmão Robert alimentaram a suspeita de que os Paine estivessem de alguma forma envolvidos no assassinato do presidente.

De Mohrenschildt tinha o passado de um thriller da Guerra Fria. Mundano e sofisticado, fluente ou conhecedor de pelo menos seis idiomas, ele nasceu na Rússia czarista e era de uma família abastada, com laços com a nobreza. Seus pais fugiram para a Polônia quando a família enfrentou a perseguição dos comunistas que chegaram ao poder em Moscou. George de Mohrenschildt entrou nos Estados Unidos em 1938, apesar das suspeitas, registradas em arquivos do Departamento de Estado, de que poderia ser um espião da Alemanha nazista. Ele negou qualquer vínculo nazista e nada jamais foi provado nesse sentido. De início, estabeleceu-se em Nova York e teve vários empregos diferentes, entre eles, no cinema; por um tempo, foi instrutor de polo. Misturou-se facilmente na alta sociedade de Manhattan e passava os verões nas praias de Long Island. Jenner e outros advogados da comissão ficaram espantados ao descobrir que entre as amizades de Long Island de De Mohrenschildt estava a família de Jacqueline Bouvier, a futura esposa do presidente Kennedy. "Éramos muito próximos", disse De Mohrenschildt sobre os Bouvier. "Víamo-nos todos os dias. Eu conheci Jackie naquela época, quando ela era uma garotinha." A futura primeira-dama era "uma criança muito decidida, muito inteligente e muito atraente".[13]

Ele se mudou para o Texas para tentar a sorte na indústria do petróleo; para tanto, formou-se primeiro em engenharia e geologia na Universidade do Texas. Trabalhando com petróleo, assumiu tarefas em vários países, como Iugoslávia, França, Cuba, Haiti, Nigéria e Gana. Ele admitiu que, embora morasse no Texas no início da Segunda Guerra Mundial, fez alguns trabalhos de espionagem — a pedido de um amigo francês — para os serviços de inteligência franceses. Segundo contou, nunca foi um funcionário oficial de uma agência de espionagem francesa, mas "coletei fatos sobre as pessoas envolvidas em atividades pró-germânicas", e tentou sobrepujar empresas alemãs na compra de petróleo cru do Texas.

Em 1962, De Mohrenschildt já estava estabelecido em Dallas com sua quarta esposa quando foi apresentado por outros expatriados russos ao casal Oswald, então reduzido ao que chamou de "extrema pobreza". Ele ficou especialmente preocupado com Marina — "uma alma perdida, vivendo em cortiços, sem saber uma única palavra de inglês, com aquele bebê de aparência doentia — ambientes horríveis". No ano seguinte, ele estimou que viu os Oswald "dez ou doze vezes, talvez mais". No outono de 1962, ajudou Marina a escapar do marido por um tempo, depois de descobrir que Lee tinha batido nela, deixando-a com um olho roxo.

De Mohrenschildt lembrou-se de uma visita aos Oswald na primavera de 1963, na qual Marina exibiu um rifle que seu marido acabara de comprar. Ela zombou da compra. "Aquele idiota louco está fazendo tiro ao alvo o tempo todo", disse ela. De Mohrenschildt lembrou-se também de ter perguntado a Oswald por que comprara a arma. "Eu gosto de tiro ao alvo", ele respondera. Na época, os jornais do Texas estavam cheios de matérias sobre a busca aparentemente infrutífera da polícia por um atirador que tentara matar o general reformado do Exército Edwin Walker. O pistoleiro não identificado, à espreita do lado de fora da casa de Walker em Dallas, havia disparado nele através de uma janela, errando por centímetros. Mais tarde, Marina viria a reconhecer que ela tivera certeza, poucas horas depois do ataque, de que o marido era o responsável.

Segundo De Mohrenschildt, durante a visita ele tentou fazer uma piada sobre o atentado a Walker. "Você então é o cara que deu um tiro sorrateiro no general Walker?", ele perguntou. "Eu sabia que Oswald não gostava do general Walker."

Oswald não respondeu, apesar de uma expressão "peculiar" ter aparecido em seu rosto. "Ele meio que murchou quando fiz essa pergunta."

Depois de meses de análise criteriosa dos arquivos do FBI sobre os Paine e De Mohrenschildt, Jenner disse acreditar que eles não tinham nada a ver com o assassinato. De certa forma, ele passou a ver o casal Paine e De Mohrenschildt — com suas vidas abaladas, perseguidos por uma persistente desconfiança de suas ligações com o assassinato — como mais outras vítimas de Oswald. Para ter certeza da inocência deles, no entanto, Jenner submeteu os três a horas de interrogatório, sob juramento, especialmente sobre indícios que sugeriam que eles talvez tivessem pressentido o que Oswald estava prestes a fazer.

Jenner perguntou diretamente para Ruth Paine durante seu depoimento em Washington: "Sra. Paine, a senhora é, agora, ou já foi membro do Partido Comunista?".[14]

"Não sou agora e nunca fui membro do Partido Comunista", ela respondeu.

Jenner tentou formular de forma diferente: "Você agora tem ou já teve alguma inclinação que poderíamos chamar de inclinação para o Partido Comunista?".

"Não", respondeu ela. "Pelo contrário. [...] Ofende-me a parte da doutrina comunista que acha que a violência é necessária para atingir os seus objetivos."

Seu interesse pela língua russa, segundo ela, era consequência de sua fé. "Deus me pediu para estudar línguas", explicou. Ela escolhera o russo porque coincidia com os esforços da Igreja Quaker de organizar programas de intercâmbio na União Soviética.

Ela convidou Jenner e os comissários a fazer perguntas contundentes para provar a sua veracidade, até mesmo perguntas embaraçosas sobre o porquê de seu casamento ter desmoronado.

"Os membros da comissão manifestaram algum interesse nisso", Jenner admitiu. "Eles estão tentando resolver em suas cabeças quem é Ruth Paine e, se posso usar uma expressão coloquial, qual é a sua [...]. Qual foi a causa da separação entre seu marido e a senhora, na sua opinião?"

A resposta, segundo ela, era simples. Seu marido foi sempre gentil e atencioso, mas não a amava. Disse isso com tranquilidade. "Nós nunca brigamos, nunca tivemos nenhuma diferença séria de opinião, só que eu queria viver com ele e ele não estava tão interessado em estar comigo."

Ela admitiu que, meses antes do assassinato, temia que Oswald fosse capaz de violência — sabia que ele batia em Marina — e que talvez tivesse uma conexão preocupante com a Embaixada soviética em Washington. Ela havia encontrado a cópia de uma carta que ele tinha escrito para a embaixada, referindo-se à vigilância do FBI quanto às suas atividades em Dallas.

Então, por que ela permitira que ele entrasse em sua casa? E por que, tendo em vista o que sabia, ajudou-o a conseguir um emprego no Depósito de Livros Escolares do Texas? Jenner achava que Paine tinha respostas razoáveis para ambas as perguntas. Ela não queria as visitas de fim de semana de Oswald em sua casa. "Eu teria sido mais feliz se ele nunca aparecesse." Mas estava ansiosa para ajudar Marina e animada com a chance de melhorar seu russo. Ela também apreciava a companhia que Marina oferecia. Com o fim do casamento, "eu estava sozinha". Ela prontamente reconheceu que ajudou Oswald a obter o emprego no depósito de livros e explicou, em detalhes, como tudo aconteceu. Ela estivera numa reunião informal com um grupo de amigas, entre elas, Marina; uma das mulheres mencionou que seu irmão trabalhava no depósito de livros e que talvez uma vaga fosse aberta lá. Marina pediu a Paine que ligasse para o depósito. O emprego estava disponível e Lee foi contratado em outubro. Paine enfatizou que não tinha ideia de que o depósito ficava na Dealey Plaza.

Jenner passou dois dias tomando o depoimento de De Mohrenschildt, que levou várias horas só para fazer um resumo de sua história de andanças pelo mundo, a começar por sua infância na Rússia. Ele parecia entender por que as pessoas podiam supor o pior em relação à sua amizade com Oswald, tendo em vista sua vida "boêmia" não convencional. "De tempos em tempos, surgem todos os tipos de especulações", ele admitiu para Jenner. "Eu sou muito franco."[15]

Quanto mais ele respondia às perguntas de Jenner, mais sua história sobre sua improvável amizade com Oswald fazia sentido. De Mohrenschildt disse que achava Lee Oswald um "sujeito solidário", que parecia querer se aperfeiçoar, embora fosse um "caipira de pouca instrução". Os Oswald "estavam muito infelizes, perdidos, sem um tostão, confusos". Ele disse que achou ridículo imaginar que a União Soviética ou qualquer outra potência estrangeira recrutaria Oswald para ser espião. "Eu jamais acreditaria que algum governo seria estúpido o suficiente para confiar a Lee alguma coisa importante", disse ele. "Um indivíduo instável, confuso, uma pessoa sem instrução, sem formação? Que governo lhe daria algum trabalho confidencial?"

Ele declarou que continuou a sentir pena de Oswald, mesmo depois de descobrir que ele batia em Marina. "Não culpo Lee por dar-lhe uma boa porrada no olho." Segundo De Mohrenschildt, Marina ridicularizava abertamente o marido na frente dele e de sua mulher pelos defeitos de Oswald como marido, inclusive sua falta de interesse em sexo. Disse que achava que Oswald era "uma pessoa assexuada". Marina era "direta a respeito disso" e contava ao casal De Mohrenschildt, com o marido escutando, que "ele dorme comigo apenas uma vez por mês, e eu nunca obtenho satisfação com isso".

De Mohrenschildt afirmou que ele e a esposa estavam tão desconfortáveis com as queixas abertas de Marina sobre sua vida sexual que cortaram a amizade com o casal em meados de 1963, quando ele estava prestes a ir ao Haiti para um empreendimento comercial. "Este é realmente o momento em que decidimos nos afastar deles. Decidimos não vê-los mais porque achamos revoltante aquela discussão de hábitos conjugais na frente de estranhos como nós."

Embora achasse impossível acreditar que Oswald fosse um espião, De Mohrenschildt disse que às vezes temia que, de algum modo, ele não tivesse boas intenções. "Ele estivera na Rússia soviética — ele poderia ser qualquer coisa", declarou. Ele testemunhou que perguntou a outro amigo expatriado russo em Dallas se achava que era "seguro para nós ajudar Oswald". O amigo disse que estivera em contato com o FBI a respeito de Oswald, e que o bureau não tinha preocupações.

De Mohrenschildt disse acreditar que também mencionou o nome de Oswald em 1962 para outro amigo, Walter Moore, que era conhecido por ser "um homem do governo — do FBI ou da CIA", e que Moore não falou nada que sugerisse que Oswald representava um risco. Mais tarde, a comissão confirmou que Moore era, de fato, um funcionário da CIA atuante no Texas, cujo escritório era responsável pela coleta de informações dos moradores da região de Dallas que tivessem recentemente visitado ou trabalhado em países comunistas.[16] A investigação não encontrou nenhuma prova de que Moore estivera em contato com Oswald, embora a divulgação pela comissão de uma amizade entre Moore e De Mohrenschildt viesse a alimentar teorias conspiratórias sobre o assassinato durante as décadas seguintes.

35.

ESCRITÓRIOS DA COMISSÃO
WASHINGTON, DC
MAIO DE 1964

Em seus jantares de fim de noite com a equipe, Specter e outros jovens advogados começaram a zombar dos membros da comissão, fazendo piadas sobre a "Branca de Neve e os Sete Anões". Warren e os outros membros no papel dos anões, e "Branca de Neve era, alternadamente, Marina ou Jacqueline Kennedy", contou Specter. "Warren era Zangado", enquanto o deputado Boggs da Louisiana era "Feliz", porque às vezes chegava ao escritório da comissão depois de "tomar vários coquetéis no final da tarde". Specter achava que Dulles poderia ser "Soneca" ou "Dunga", tendo em vista a presença estranha, às vezes quase incoerente do ex-chefe da espionagem.[1]

Slawson, o advogado da equipe que trabalhava mais próximo de Dulles, estava cada vez mais convencido de que ele, aos 71 anos, dava sinais de senilidade, talvez provocada por sua humilhante expulsão pública da CIA depois do fiasco da Baía dos Porcos.[2] Dulles cochilava com frequência em audiências da comissão e sua gota parecia não melhorar ao longo dos meses de investigação. Em março, quando Malcolm Perry, o médico da sala de emergência do Hospital Parkland, em Dallas, chegou à sede da comissão para prestar depoimento, foi puxado de lado por Dulles, que perguntou se ele tinha alguma sugestão para a dor em seus pés. "Desculpe, não é a minha área", respondeu Perry, perplexo.

Com o tempo, Specter veio a concordar com Slawson que Dulles talvez tivesse esquecido grande parte do que sabia sobre as operações de inteligência americanas contra Castro e outros adversários estrangeiros que pudessem querer Kennedy morto. E era possível que Dulles jamais tivesse sabido de alguns dos segredos mais bem guardados da agência; seus assessores podiam ter escondido essas informações dele, talvez até mesmo a seu pedido, para lhe permitir uma negação plausível. Quando Dulles entrou para a comissão, "todo mundo achava que ele era muito inteligente", disse Specter. "Acabou por se revelar um bobo."

Involuntariamente, Dulles provocava momentos alegres em algumas das audiências mais sombrias da comissão. Specter se lembrava de ter se esforçado para evitar uma risada quando, durante um exame dos frascos que continham dois fragmentos de metal retirados do corpo de Kennedy, Dulles interrompeu a sessão com o surpreendente anúncio de que, na realidade, o frasco continha quatro fragmentos, e não dois. O agente do FBI que participava da sessão "correu de um lado da mesa para o outro a fim de inspecionar o conteúdo dos frascos, pegou dois dos fragmentos e os esmagou entre os dedos", recordou-se Specter.[3]

"Não, sr. Dulles", disse o agente, exasperado. "Isto aqui são dois cacos de tabaco que caíram do seu cachimbo."

Specter não foi o único a dar uma risadinha quando Dulles ficou confuso durante o depoimento do dr. James Humes, o patologista do Hospital Bethesda. Ao discutir o que acontecera com as roupas de Kennedy em Dallas, Humes explicou que a gravata do presidente havia sido cortada no Parkland Hospital para ajudá-lo a respirar. Seguindo os procedimentos, o tecido foi cortado para soltar o nó. "Dulles talvez estivesse distraído, ou quem sabe cochilou", contou Specter, porque quando Humes segurou as duas peças da gravata Christian Dior estampada de azul e obviamente cara, Dulles, que às vezes falava como um diretor de uma escola inglesa, exclamou espantado: "Nossa, o sujeito usava uma gravata fabricada em série". Specter recordou que "todos haviam achado engraçado o fato de alguém", por um momento, "ter desconfiado de que John Kennedy usara uma gravata produzida em série".

Dulles merecia crédito por pelo menos fazer um esforço para assistir ao depoimento de testemunhas essenciais. O mesmo não acontecia com a maioria dos membros da comissão. Pelo que Specter percebia, a maioria deles continuava a ignorar até mesmo os fatos básicos do assassinato: "Não acho que os membros da comissão soubessem muita coisa sobre o caso".[4] Warren e os outros nunca convidavam os advogados juniores para as sessões executivas, e Specter disse que, em seus poucos encontros com a equipe, a maioria dos membros "vinha e ficava sentada lá — eles nunca faziam perguntas ou davam sugestões. Dirigimos a investigação nós mesmos".

Poucos, entre os advogados da equipe, eram mais críticos a Warren do que Specter. Ele tentava sempre atenuar suas críticas, afirmando que Warren era um grande presidente da Suprema Corte. "Ele tinha um profundo senso de decência [...] a consciência moral da nação." Mas Specter achava que ele não tinha profundidade intelectual similar. "Warren não era um grande advogado. Não era brilhante. Nem mesmo realmente inteligente." Na direção da comissão, disse ele, sua teimosia e sua impaciência — e, o mais alarmante, sua lealdade inabalável aos Kennedy — prejudicaram a investigação. Specter acreditava que Warren estava pegando atalhos na investigação, apressando-a de modo que ameaçava criar novas teorias de conspiração. Uma vez que Warren se convenceu desde cedo que Oswald agira sozinho, "estava tudo claro e óbvio para ele". Sua atitude era do tipo "vamos acabar logo com essa droga", disse Specter. "Warren queria tudo feito às pressas."

Specter achava que isso punha uma grave responsabilidade nas costas da equipe, tendo em vista a relutância de Lee Rankin em enfrentar o presidente da Suprema Corte. Os jovens advogados sentiam-se obrigados a tentar bloquear ou reverter algumas das piores decisões de Warren — em defesa da própria reputação dele. "Nós realmente achávamos que éramos os guardiões dele", disse Specter. "Warren estava fazendo um monte de coisas caóticas. Tínhamos de evitar que ele se metesse em apuros. Isso é ruim de dizer? Acontece que é a verdade."

Specter também fazia juízos severos sobre alguns advogados da equipe, especialmente aqueles que tinham quase desaparecido de Washington. Ele não conhecia bem David Slawson, mas sabia que Coleman, o parceiro de Slawson, quase nunca estava lá. "Não sei se Bill fez alguma coisa."* Na visão de Specter, quase todo o trabalho importante de detetive estava sendo feito por apenas quatro advogados: "Quando era realmente preciso, com quem você realmente podia contar

---

* Embora os registros da comissão indicassem que Coleman trabalhou menos horas que a maioria dos outros advogados, Specter parecia não saber, até o ano de sua morte, em 2012, que Coleman havia assumido compromissos especiais da comissão fora de Washington.

era com Belin, Ball, Redlich e comigo". Ele também admirava o trabalho que estava sendo feito por Howard Willens, o vice de Rankin, apesar dos contínuos rumores que corriam pela equipe de que Willens estava lá principalmente para passar informações a Robert Kennedy no Departamento de Justiça.

Na visão de Specter, nenhuma das decisões de Warren era pior do que sua recusa em permitir que a equipe examinasse as fotos da autópsia de Kennedy. Para ele, os desenhos grosseiros do artista do Hospital Bethesda que supostamente representavam os ferimentos do presidente eram inúteis. "Eles são inexatos, enganosos." Durante a primavera, Specter continuara a pleitear com Rankin para conseguir que Warren reconsiderasse a decisão. "Eu infernizei Rankin." Um dos colegas de Specter lembrou-se de tê-lo visto em lágrimas ao sair de uma reunião para discutir o assunto. Specter insistiu que não chorou, mas "lembro de discussões longas e amargas".[5]

David Belin recordou-se de ter ido jantar com Specter uma noite no restaurante The Monocle e sugerir que ambos fossem embora em protesto contra a não liberação das fotos. Eles sabiam que seria uma atitude extraordinária que provocaria possivelmente um escândalo para Warren e a comissão. Belin disse que estava tão irritado quanto Specter com aquilo. Sentia-se ultrajado porque o presidente da Suprema Corte parecia mais decidido a proteger a privacidade da família Kennedy do que permitir que o pessoal da comissão tivesse acesso a provas médicas essenciais. Os Kennedy, segundo Belin, estavam sendo tratados como se "fossem algum tipo de elite, similar à nobreza de uma monarquia europeia do século XVIII".[6]

Anos depois, Specter não contestou a lembrança de Belin do jantar, mas insistiu que nunca pensou em renunciar: "Eu não iria largar por causa disso". O que ele fez foi apresentar um protesto formal — no papel, em memorando para Rankin — que deixaria registrado para sempre a raiva que sentia. "Não era um memorando para livrar a minha cara", enfatizou Specter mais tarde. Segundo ele, era um apelo final para obter a prova de que precisava para fazer seu trabalho e determinar exatamente como o presidente dos Estados Unidos fora assassinado. "Era um memorando escrito para tentar persuadir Rankin a obter as malditas fotos e radiografias."[7]

O memorando, datado de 30 de abril, começava dizendo: "Em minha opinião, é indispensável que possamos obter as fotografias e radiografias da autópsia do presidente Kennedy".[8] Em seguida, listava as razões pelas quais a comissão assumia um risco terrível ao se basear na representação do esboço que o artista da Marinha fizera dos ferimentos do presidente, em vez de se valer das fotos e radiografias reais; já havia discussão na equipe sobre a reprodução dos esboços no relatório final da comissão. Specter lembrava Rankin que o próprio artista da Marinha nunca vira as fotos ou radiografias; a precisão dos esboços dependia das "lembranças nebulosas" dos patologistas do Bethesda, que também tiveram negado o acesso às fotos — fotos que eles mesmos mandaram tirar. Specter advertiu, profeticamente, que "algum dia, alguém pode comparar os filmes com os desenhos do artista e achar um erro significativo que pode afetar substancialmente o testemunho essencial e as conclusões da comissão".

No memorando, Specter propunha uma solução. Recomendava que se pedisse a Robert Kennedy que concedesse acesso às fotos e radiografias da autópsia, em troca de um compromisso de que seriam "vistas somente por um número mínimo de pessoas da comissão, com o único propósito de corroborar (ou corrigir) os desenhos do artista, e o filme não faria parte dos registros da comissão".

Specter enviou o memorando antes de uma sessão executiva da comissão prevista para o mesmo dia. Seria a primeira reunião do grupo em mais de um mês. Rankin disse a Specter que não podia prometer nada, mas fora convencido pelos argumentos do jovem advogado e concordava em fazer um apelo à comissão. Rankin sabia que o argumento para rever as fotos e radiografias da autópsia se tornara muito mais convincente na esteira do testemunho de Connally, que tinha sido uma contestação direta da teoria da bala única. Se Connally continuasse a insistir que tinha sido atingido por uma bala distinta, talvez dependesse das fotos e radiografias da autópsia provar que o governador do Texas, sob outros aspectos tão crível, estava errado.

Na reunião da comissão, Rankin não mencionou o nome de Specter — ele supunha que isso provocaria a hostilidade de Warren — e apresentou a solicitação das fotos e radiografias da autópsia como um apelo de toda a equipe: "A equipe acha que algum membro da comissão deveria examinar essas imagens".[9] Ele admitia o que os membros da comissão já sabiam — que as fotos e radiografias estavam sob a custódia de Robert Kennedy, e que ele não queria liberá-las para ninguém. Rankin disse que havia inicialmente compartilhado a preocupação de Kennedy. "Achei que nós poderíamos evitar que essas fotos [...] fizessem parte do nosso registro, porque a família tem uma posição definida em relação a elas", disse Rankin. "Eles não querem que o presidente seja lembrado em conexão com essas imagens. Essa é a ideia básica."

Mas Rankin disse que tinha mudado de ideia, especialmente levando em conta a confusão sobre a prova balística. "Um médico e um membro da comissão deveriam examiná-las para que pudessem informar à comissão que não há nada inconsistente com os outros resultados", disse ele, acrescentando que Robert Kennedy talvez aceitasse fazer um acordo. "Acho que ele reconheceria a necessidade e permitiria esse exame limitado."

Warren, no entanto, não se convenceu. Ele concordou em permitir que Rankin abordasse Kennedy para perguntar sobre um exame limitado das fotos e radiografias da autópsia, mas queria deixar claro que "não as queremos em nosso registro. [...] Seria uma coisa mórbida para o futuro". E essas foram suas últimas palavras à comissão sobre o tema das fotos e radiografias da autópsia, pelo menos de acordo com as longas transcrições confidenciais das sessões executivas da comissão. Algumas semanas depois, Warren declarou, de uma vez por todas, que as fotos e as radiografias estavam fora do alcance dos advogados da comissão, e que elas permaneceriam sob a custódia do procurador-geral por tempo indeterminado. "Elas eram horríveis demais", disse ele mais tarde. "Eu assumo total responsabilidade por isso."

A reunião de 30 de abril representou uma rendição a uma questão diferente, que havia perseguido os membros da comissão desde o início: eles poderiam afirmar com absoluta certeza que Oswald nunca fora algum tipo de agente ou informante do FBI ou da CIA? Ambas as agências haviam dito várias vezes que não tinham nenhuma relação, formal ou informal, com a assassino do presidente. Mas por que, então, o FBI tentara aparentemente encobrir provas de seus contatos com Oswald em Dallas antes do assassinato? E por que a CIA segurou, e depois adulterou, algumas provas da vigilância que exerceu sobre ele no México?

Warren decidiu que a solução era que a comissão dissesse o que sabia — que a investigação não encontrara nenhuma prova de que Oswald trabalhara para o FBI ou para a CIA — e depois colocasse os homens que dirigiam as duas agências sob juramento para atestar isso. J. Edgar Hoover e John McCone deveriam depor, sob a ameaça de acusação de perjúrio, que Oswald nunca estivera a serviço deles. O presidente da Suprema Corte também queria que os dois declarassem, sob juramento, que não houvera conspiração para matar Kennedy: "Eu gostaria de ter o testemunho deles por causa dessas declarações — declarações da direita e da esquerda — de que *houve* uma conspiração". Hoover e McCone precisavam dizer sob juramento que desconheciam qualquer prova "de que houve uma conspiração com alguém — do governo, com indivíduos ou de alguma outra forma".

Na reunião, Warren disse que a comissão também deveria pensar em tomar agora o depoimento de Robert Kennedy, não tanto como chefe do Departamento de Justiça, mas como irmão do presidente morto. Ele argumentou que o depoimento de Kennedy seria muito importante para convencer o público da verdade das conclusões da comissão. Seria difícil imaginar que ele esconderia informações sobre uma conspiração para assassinar o próprio irmão. "Se ele testemunhasse que não tinha nenhuma informação, acho que, para qualquer pessoa razoável, isso teria uma força tremenda." Rankin concordou: "É pouco verossímil que o irmão do presidente ficasse calado se houve uma conspiração nos Estados Unidos para matar seu irmão".

Os membros da comissão continuavam a ser atormentados pelos teóricos da conspiração — e continuavam a monitorá-los secretamente, com a ajuda do FBI. Além da vigilância sobre Mark Lane, a comissão solicitou ao FBI a ficha de Thomas Buchanan, o americano formado em Yale que escrevia para a revista francesa *L'Express* e que continuava a defender sua teoria de que empresários ultraconservadores do Texas estavam por trás do assassinato. Os arquivos do FBI sobre Buchanan detalhavam que ele se exilara na Europa depois de ser demitido do cargo de repórter do *Washington Star*, em 1948, quando os editores descobriram sua filiação ao Partido Comunista americano.

Em sua reunião de abril, os membros da comissão fizeram circular cópias de um artigo publicado uma semana antes pela United Press International que tratava de Buchanan. Começava assim: "Milhões de europeus se recusam a acreditar que o assassinato de John F. Kennedy não fazia parte de uma conspiração maior, que ainda não foi revelada". Buchanan se tornara um fenômeno de mídia na Europa e estava prestes a encontrar um novo público nos Estados Unidos. Seu livro *Quem matou Kennedy?* estava programado para ser publicado em inglês em maio. Ele era tratado como digno de credibilidade por organizações jornalísticas de renome de toda a Europa, entre elas, a BBC e o *Manchester Guardian*, na Grã-Bretanha. O artigo da United Press International observava que Lane estava viajando por toda a Europa naquela primavera, ministrando palestras muito bem frequentadas, nas quais defendia a inocência de Oswald.

Warren disse a seus colegas da comissão que estava tão preocupado com os teóricos da conspiração — Buchanan e Lane, em particular — que queria abrir os arquivos da comissão para um punhado de repórteres antes de divulgar o relatório final. Propôs que a comissão convidasse discretamente a United Press International e a agência de notícias rival, a Associated Press, para começar a examinar o trabalho de investigação e falar com sua equipe. As agências seriam, então, solicitadas a sugerir caminhos de investigação que a comissão pudesse ter deixado escapar — "qualquer coisa que possa estar na cabeça deles em relação ao que deve ser investigado", disse Warren. Seria uma maneira de provar que a comissão não tinha nada a esconder. McCloy achou que era "uma sugestão importante", especialmente porque as teorias da conspiração haviam tomado conta da Europa. "Com as visitas do sr. Lane por lá, há um sentimento arraigado de que existe uma conspiração profunda aqui."

Thomas Kelley, o inspetor do Serviço Secreto que servia como contato de sua agência com a comissão, viajou para Dallas com Specter em maio para algumas investigações finais no local.[10] Durante a viagem, Kelley puxou Specter de lado e disse que queria amenizar as preocupações dele por não ter visto as fotos e as radiografias da autópsia do presidente. Ele contou que tinha uma foto do cadáver de Kennedy e que a mostraria a Specter quando voltassem ao hotel. "Quando Kelley e eu estávamos sozinhos em um quarto de hotel, ele me mostrou uma pequena foto da parte detrás do corpo de um homem, com um buraco de bala na base do pescoço, exatamente onde os cirurgiões da autópsia disseram que Kennedy tinha sido baleado", recordou-se Specter.

Ele supôs que Kelley fora enviado por Warren ou alguém da comissão para lhe mostrar a imagem — possivelmente para acalmá-lo diante de seus protestos para que as provas médicas se tornassem públicas. "Eles sabiam que estavam tendo problemas comigo", Specter lembrou. "Isso foi numa época anterior aos informantes", mas ainda assim a comissão queria acalmá-lo por temerem o que ele pudesse fazer. A foto não resolveu nada na mente de Specter. Ele não tinha como saber nem mesmo se aquele era o corpo do presidente. "Era um monte de besteira", disse ele mais tarde. "Eu sei o que é uma prova."*

Em Washington, mostraram a Alfred Goldberg o que ele acreditou serem outras fotos não autenticadas do Serviço Secreto do corpo de Kennedy na mesa de autópsia.[11] Ao examiná-las, compreendeu melhor do que antes por que Warren decidira impedir a equipe de vê-las: "Lembro muito bem de ver aquelas fotos e ficar chocado com elas".

---

* Specter veria finalmente as fotos da autópsia no Arquivo Nacional, em abril de 1996, quando era senador dos Estados Unidos pela Pensilvânia. Ele descreveu o que viu: "As fotos são horríveis. John F. Kennedy está deitado em uma mesa de autópsia, seu belo rosto descolorido e distorcido pelo ferimento de bala escancarado em sua cabeça. Quando olhei para o presidente morto, senti novamente as mesmas ondas de náusea que me atingiram quando li pela primeira vez os relatórios médicos, 35 anos antes. Também fiquei impressionado com a condição física robusta do presidente, que de algum modo tornava as fotos ainda mais medonhas. Kennedy, aos 47 anos, tinha ombros e braços musculosos bem definidos, uma barriga lisa e uma cabeleira farta". (Specter, *Passion for Truth*, p. 89.)

36.

ESCRITÓRIOS DA COMISSÃO
WASHINGTON, DC
TERÇA-FEIRA, 19 DE MAIO DE 1964

Norman Redlich estava assustado, vários de seus colegas podiam ver. Em abril, Gerald Ford intensificou seus ataques por baixo do pano, na esperança de convencer os outros membros da comissão de que Redlich precisava ser forçado a deixar a equipe antes que sua presença causasse danos duradouros. Ford tinha munição nova para sua luta: o relatório completo do FBI sobre os antecedentes de Redlich fora concluído em março e documentava seus anos de envolvimento com grupos de liberdades e direitos civis que o FBI rotulava de subversivos.

Outros ataques públicos contra Redlich vinham de alguns colegas republicanos de Ford no Congresso, bem como de um poderoso grupo de colunistas de jornais e comentaristas de rádio de direita. Em um discurso no plenário da Câmara, o deputado republicano da Flórida Ed Gurney chamou a nomeação de Redlich para a comissão de "uma incrível violação da segurança dos Estados Unidos", já que ele ganhara acesso a documentos governamentais altamente secretos.[1] O radialista e colunista de jornal Fulton Lewis Jr., anticomunista fervoroso, outrora aliado do senador Joseph McCarthy, assumiu a campanha. Redlich foi denunciado em vários editoriais de jornais. "É absolutamente inconcebível que o presidente da Suprema Corte Earl Warren contrate ou permita que seja contratado um funcionário essencial com o passado de esquerda e desobediência civil de Norman Redlich", trovejou o *St. Louis Globe-Democrat*. "Ter um homem na comissão que defende a contestação da política anticomunista dos Estados Unidos é inacreditável."[2] Em maio, o *New York Times* publicou uma breve notícia sobre a controvérsia intitulada "Grupo de auxiliares de Warren tem um defensor dos comunistas".

A comissão recebeu tantas cartas denunciando Redlich que Mel Eisenberg, seu assessor, foi encarregado de escrever uma resposta formal em defesa do colega. "A comissão não tem conhecimento de nenhum indício que nos leve a duvidar do professor Redlich no que diz respeito a sua integridade, lealdade e total dedicação ao trabalho desta comissão e aos interesses dos Estados Unidos", dizia a carta.[3] Preparou-se um texto para que as secretárias da comissão pudessem lê-lo pelo telefone em resposta às muitas pessoas que ligavam para atacar Redlich.[4]

A investigação dos antecedentes de Redlich feita pelo FBI centrava-se em sua participação no conselho executivo do Comitê de Emergência para as Liberdades Civis.[5] Os arquivos do FBI também documentavam sua oposição à pena de morte — vista pelo bureau como prova de ideias potencialmente subversivas — e seu trabalho na organização de recursos legais para condenados à morte mantidos em prisões do estado de Nova York. Ao seu trabalho com um grupo de outros professores e estudantes de direito foi atribuída a salvação de cinco homens da cadeira elétrica entre 1960 e 1963. Em matéria da revista *Life*, Redlich dizia que seu objetivo último era ver a pena de morte abolida no estado de Nova York. Até então, "quando salvo um homem da cadeira, já aboli a pena de morte ao menos para ele".

As testemunhas do caráter de Redlich entrevistadas pelo FBI eram entusiásticas — entre elas, vários de seus colegas na Universidade de Nova York, bem como seus vizinhos em um prédio de apartamentos de propriedade da universidade, em Greenwich Village. Elas retratavam um homem que podia ser espinhoso e possuía um ego considerável, mas que tinha um comprometimento inspirador com a justiça. Até mesmo as poucas pessoas entrevistadas que não gostavam de Redlich faziam o tipo de crítica que seus admiradores teriam considerado uma prova de sua força de caráter. O gerente de seu prédio queixou-se a um agente do FBI de sua campanha para acabar com a segregação em áreas públicas e permitir que empregadas usassem os elevadores sociais do edifício.

Indignados com os ataques a Redlich, vários jovens advogados da comissão protestaram junto a Rankin contra o que consideravam "macarthismo" e "perseguição aos vermelhos" por parte de Ford — termos que relembraram ter usado para descrever as ações do congressista republicano. Em 1964, o macarthismo não era uma lembrança distante e alguns colegas de Redlich achavam que sua carreira e até sua segurança física poderiam estar em perigo se ele fosse demitido, especialmente de forma tão pública. Talvez fosse impossível para Redlich conseguir outro emprego no governo que exigisse uma aprovação dos órgãos de segurança.

Eisenberg, tão próximo de Redlich quanto qualquer outro membro da equipe, disse que nunca viu medo no rosto dele: "Ele parecia um jogador de pôquer". Outros, porém, recordavam da situação de forma diferente. "Redlich estava com medo", disse David Slawson. "E eu estava com medo por ele."[6]

A esposa de Redlich, Evelyn, pediatra de Manhattan, disse que os ataques significaram um "período difícil" para a família. Muitas vezes, eram marcados pelo antissemitismo. Ela lembrou como ficou ofendida quando, ao visitar a casa de campo da família em Vermont, ouviu alguém se referir a seu marido como "o menino judeu de Earl Warren". Houve um momento de pânico naquele verão, quando ela escutou um tiro soar perto da casa de Vermont. Por um instante, ela temeu que o tiro pudesse visar seu marido em consequência dos ataques em Washington. "Fiquei bastante abalada, e a polícia veio", ela relembrou. Eles concluíram que o tiro havia sido disparado por um garoto que estava caçando.[7]

Rankin parecia indeciso quanto ao grau de agressividade que deveria empregar para defender Redlich. Ele era o responsável por contratar Redlich e lhe dar um papel de destaque na equipe da comissão, então assumiu a responsabilidade pela controvérsia. O que o incomodava, disse ele mais tarde, era que Redlich nunca lhe falara sobre seus vínculos com o Comitê de Emergência para as Liberdades Civis e outros grupos polêmicos. Ele achava que Redlich deveria ter lhe contado.

Depois de ler o relatório do FBI, Ford não queria acordo. Ele queria o professor de direito de 38 anos totalmente fora da equipe da comissão. Se Redlich se recusasse a renunciar, Ford queria que ele fosse despedido. Ele insistiu para que a comissão realizasse uma reunião especial com o objetivo de discutir a questão, que Warren e Rankin marcaram para terça-feira, 19 de maio. A situação era considerada tão grave que todos os sete membros da comissão compareceram à sessão.

Warren abriu a reunião e voltou-se imediatamente para Rankin.[8] A comissão se reuniu, disse Rankin, para considerar os resultados das novas e intensivas investigações do FBI sobre o passado de Redlich e Joseph Ball. A nova investigação sobre Ball fora provocada por queixas de militantes californianos de direita que ainda estavam irritados com as críticas públicas feitas por ele, anos antes, à Comissão de Atividades Antiamericanas do Congresso por sua campanha de caça a comunistas entre os advogados da Costa Oeste. Rankin informou que não havia nada no relatório do FBI que sugerisse que Ball tivesse qualquer vínculo subversivo, e os membros da comissão concordaram que ele deveria ficar. "Nós precisamos muitíssimo dele", disse Rankin.

O verdadeiro debate, a comissão sabia, era a respeito de Redlich. Rankin abriu a discussão admitindo que sentia alguma culpa pela controvérsia já que era "aquele que contratou Norman". Ele lembrou as excelentes credenciais jurídicas de Redlich, primeiro como estudante da Escola de Direito de Yale, onde se formara em primeiro lugar de sua turma, em 1950, e agora como professor de direito tributário constitucional na Universidade de Nova York. "Tudo o que eu sabia dele era bom." Mas a escolha do verbo no pretérito — "sabia" — pode ter sido deliberada. Rankin disse que, embora "eu, pessoalmente, sinta que não há nenhuma dúvida a respeito da lealdade do sr. Redlich como cidadão americano ou de sua dedicação à comissão", seu envolvimento em grupos controversos veio como uma surpresa desagradável. "Eu sabia que ele estava muito interessado em liberdades e direitos civis, mas não sabia que ele era membro do Comitê de Emergência para as Liberdades Civis."

Ele alertou os membros da comissão sobre a dificuldade de substituir Redlich e como sua saída seria um desastre logístico para a comissão porque ele deveria ser o principal redator e editor do relatório final. "Ele trabalhou muitas horas, mais do que qualquer outra pessoa", disse Rankin. "Acho que ele está mais familiarizado do que ninguém com o trabalho." Redlich lera todos os relatórios de investigação que chegaram aos escritórios da comissão — dezenas ou centenas de milhares de papéis — e sua demissão significaria a perda de todo esse conhecimento. Rankin também instava os membros da comissão a considerar como a saída de Redlich iria prejudicar o moral. Seus colegas estavam "muito abalados com o ataque a ele. [...] Eles têm trabalhado intimamente com ele e estão totalmente satisfeitos com a sua completa lealdade".

Foi então a vez de Ford, que começou elogiando o homem que queria mandar embora: "Eu gostaria de deixar registrado que fiquei tremendamente impressionado com a capacidade do professor Redlich. Acho que ele é um homem brilhante. E, no trabalho que vi na comissão, acho que ele contribuiu significativamente para o que fizemos. Ele foi muito diligente".

Ford insistiu que queria ser justo com Redlich e não exagerar na acusação contra ele: "Ao ler o relatório do FBI, não há uma centelha de prova de que ele seja membro do Partido Comunista ou tenha sido membro do Partido Comunista". Mas Redlich, disse ele, ainda estava ligado a muitos grupos de esquerda controversos e potencialmente subversivos. "Acho lamentável que alguém inteligente como ele, e uma pessoa tão boa como ele, pareça estar envolvido em algumas dessas causas." Ford lembrou aos outros que tentara, meses antes, evitar exatamente o tipo de situação embaraçosa que a comissão enfrentava agora — quando advertira contra a contratação de qualquer membro da equipe associado com a "direita radical ou a esquerda radical". E mesmo assim Redlich fora contratado. "Acho que os fatos são claros que não devemos manter o seu emprego", disse Ford, pedindo uma votação formal para demiti-lo. "Proponho que, nas atuais circunstâncias, o trabalho de Norman Redlich encerre-se a partir de 1º de junho."

À medida que a conversa girava em torno da mesa, Ford tinha motivos para acreditar que sua proposta venceria. Os três outros parlamentares da comissão — Russell, Cooper e Boggs — e Allen Dulles se manifestaram para dizer que concordavam com Ford. Russell disse que os arquivos do FBI pintavam Redlich como um "cruzado de nascença — e acho que ele vai ser controverso enquanto estiver vivo". E continuou: "Não estou dizendo nada contra seu caráter ou patriotismo [...] mas ele esteve ligado a muitos grupos de simpatizantes. De minha parte, não quero assumir a responsabilidade de empregá-lo". Boggs disse que estava ouvindo críticas a Redlich vindas de democratas e republicanos: "Trata-se de um assunto que preocupa aqueles de nós que estão no Congresso. E isso não é algo que pode ser posto de lado. Precisa ser respondido".

Coube a Warren, então, resgatar Redlich. Warren tinha uma reputação bem merecida — primeiro na política da Califórnia, depois na Suprema Corte — de forçar os adversários a passar para o seu lado, e ele estava prestes a demonstrar aos membros da comissão como fazia isso. Anos mais tarde, Rankin ainda se maravilhava com o desempenho de Warren naquela reunião.

O desdém de Warren por Ford era bem conhecido dos outros membros e de boa parte da equipe. Assim, o presidente da Suprema Corte começou a defesa de

Redlich devolvendo para Ford suas próprias palavras. "Observei o professor Redlich aqui e tenho a mesma opinião sobre ele que o deputado Ford manifestou", disse Warren. "Acho que ele é um homem capaz. E também passei a acreditar que ele é um homem dedicado ao trabalho dessa comissão. Sei que a equipe, cada membro dela, se sente da mesma maneira em relação a ele, e acham que uma grande injustiça foi feita devido ao ataque que lhe tem sido feito por uns poucos membros do Congresso." Warren não precisava lembrar aos presentes que Ford estava entre esses "poucos".

Se a comissão cedesse à pressão para demitir Redlich, "estaria marcando-o como um indivíduo desleal — e isso é um dano que jamais poderá ser remediado, enquanto ele viver", continuou Warren. "Isso afeta sua esposa, afeta seus filhos. […] Disseram-me que um dos comentaristas, ao informar sobre o que se passava no Congresso, chegou a dar o endereço da casa dele em Nova York, e estou certo que com o único propósito de atormentar sua esposa e seus filhos. E disseram-me que eles foram perseguidos por isso, e serão perseguidos, enquanto a injustiça permanecer."

Em seguida, Warren encurralou Ford. Ele declarou que se Ford e os outros queriam realmente forçar a saída de Redlich, a comissão constituiria um tribunal em que Redlich pudesse se defender. "O mínimo que poderíamos fazer seria conceder-lhe um julgamento no qual ele pudesse se defender, e no qual pudesse mostrar que é um bom cidadão americano e não é desleal. Esse é o jeito americano de fazer as coisas."

De início, apenas um dos membros ficou ao lado de Warren — John McCloy. O argumento de McCloy era menos apaixonado e mais prático. Redlich, disse ele, era "um homem que é definitivamente um pouco viciado em causas", mas não representava um risco de segurança. "Acho que se soubesse sobre isso no início, eu teria ficado com o pé atrás", McCloy admitiu. "Mas não adianta chorar sobre o leite derramado." Se a comissão demitisse Redlich, isso seria percebido como ceder a pressões de críticos de direita, o que depois abriria a investigação aos ataques da esquerda. "Não vejo como vai nos ajudar em alguma coisa demiti-lo", disse McCloy. "Trata-se de um bom homem, ele tem uma abordagem honesta, embora se incline nessa direção."

Então Rankin manifestou-se fazendo uma dupla advertência adicional aos membros da comissão — as duas aparentemente sinistras. Sem Redlich, os membros da comissão teriam de enfrentar a perspectiva de ter de escrever o relatório eles mesmos, ou encontrar alguém que trabalhasse tão duro quanto o homem que queriam dispensar. "Não imaginei que vocês iriam querer a tarefa de tentar fazer o rascunho", disse Rankin, como se essa fosse a única opção que lhes restasse. Eles também precisavam ser lembrados de que, se demitissem Redlich por ser um risco à segurança, admitiriam efetivamente que haviam permitido que um possível subversivo passasse meses vasculhando alguns dos arquivos de Segurança Nacional mais confidenciais do governo. Essas alegações seriam "a pior coisa que poderia acontecer a esta comissão".

Russell foi o primeiro a recuar. "Estamos numa situação difícil de qualquer maneira", disse ele.

E então o humilde Ford — sem nenhuma disposição para assumir o cargo de promotor-chefe no "julgamento" que Warren propunha agora para Redlich — retirou totalmente sua moção. "Eu não empregaria ninguém que fosse filiado a qualquer organização ou qualquer causa de um extremo ou de outro", disse ele. "Mas não quero insistir nessa questão. Acho que expressei minha opinião com detalhes suficientes."

Warren encerrou rapidamente a reunião. O emprego de Redlich estava garantido e ele estaria no trabalho dentro de alguns dias, elaborando o texto do relatório final da comissão.

A notícia da decisão tomada pela comissão foi recebida com alegria — e alívio — pelos colegas de Redlich. Ela acalmou algumas críticas a Warren que estavam se tornando comuns na equipe. Ele se redimira ao intervir; isso certamente renovou a fé de alguns jovens advogados no presidente da Suprema Corte como defensor da equidade e da decência.

A gratidão de Redlich ficou evidente na maneira como ele passou a lidar com seu trabalho.[9] Antes, ele em geral se colocava entre os advogados que eram contra as exigências da comissão de acelerar o trabalho e começar a escrever o relatório final. Depois que seu emprego foi salvo, no entanto, alguns colegas de Redlich acharam que ele passou a estar subitamente ansioso por fazer o que o presidente da Suprema Corte queria — cumprir as exigências para que se apresentasse um relatório final conclusivo dentro de semanas. "O tom de Redlich mudou", disse Burt Griffin. "Isso fez uma grande diferença. Minha opinião é que, depois que seu emprego ficou a salvo, Redlich parou de resistir à pressão para terminar o trabalho mais rapidamente do que o resto de nós" acreditava que fosse possível. "Warren salvara sua pele, e ele sabia disso."

37.

CASA DE JAMES HOSTY
DALLAS, TEXAS
QUINTA-FEIRA, 23 DE ABRIL DE 1964

O telefone tocou por volta das 22h30 na casa do agente especial do FBI James Hosty, em Dallas, naquela quinta-feira, 23 de abril. Quem ligava àquela hora, tarde da noite, era o repórter Hugh Aynesworth, do *Dallas Morning News*, trazendo uma notícia desagradável.[1]

"Vamos publicar uma matéria amanhã e eu queria ver se você quer fazer algum comentário", disse Aynesworth.

O artigo alegaria que Hosty sabia, muito antes do assassinato, que Oswald era potencialmente perigoso e capaz de assassinar Kennedy, e que ele e o FBI não tinham compartilhado nada dessa informação com o departamento de polícia de Dallas ou o Serviço Secreto. A fonte da matéria era o tenente da polícia de Dallas, Jack Revill, a quem Hosty dissera, na tarde do assassinato, que Oswald estivera sob vigilância do FBI durante semanas e que o bureau estava bem ciente da ameaça que ele representava. O relato de Revill havia sido registrado em um memorando interno que a polícia enviara para a Comissão Warren.

Hosty insistiria mais tarde que as alegações de Revill eram mentira e que ele não havia dito aquilo. Mas Hosty não podia dizer isso a Aynesworth. De acordo com a política do FBI, Hosty precisava de permissão para falar com um repórter. "Sem comentários", foi tudo o que disse a Aynesworth antes de desligar. Ele tentou voltar para a cama, na esperança de que a história não fosse tão "horrível" como parecia.

Poucas horas depois, o telefone tocou novamente, acordando Hosty de um sono profundo, e dessa vez o interlocutor era seu chefe no escritório de campo Dallas, agente especial Gordon Shanklin. "Ouça, Aynesworth me ligou mais cedo para dizer que vão publicar uma matéria sobre você ter dito a Revill que sabia que Oswald era capaz de matar o presidente."

Shanklin mandou Hosty ir ao escritório naquele minuto para preparar uma mensagem que pudesse ser enviada durante a noite para a sede do FBI em Washington, a fim de tentar evitar alguns dos danos que o artigo poderia causar. Hosty apressou-se em vestir-se. "Andando para o meu carro, olhei para as casas de todos os meus vizinhos, perguntando-me o que eles pensariam naquela manhã, sentados em suas cozinhas, tomando o café de roupão e lendo o *Morning News*."

Ele chegou ao escritório por volta das 3h15 da manhã e viu um exemplar da primeira edição do jornal sobre a mesa de Shanklin. A manchete em negrito na primeira página denunciava: "FBI SABIA QUE OSWALD ERA CAPAZ DE AGIR, INDICAM RELATÓRIOS".

"Oh, meu Deus", gemeu Hosty. Ele leu rapidamente a matéria, convencido de que tinha sido plantada pela polícia de Dallas, na tentativa de transferir para ele a culpa — de novo — da trapalhada que permitiu que Kennedy, e depois Oswald, fossem assassinados. A informação na matéria era atribuída a "uma fonte próxima à Comissão Warren". De acordo com Aynesworth, Hosty havia dito a Revill que o FBI sabia que Oswald era capaz de assassinar, "mas que não imaginamos que iria fazê-lo". A polícia afirmava que o memorando de Revill fora apresentado horas depois de sua conversa com Hosty.

Hosty largou o jornal e se virou para Shanklin: "Este artigo está todo errado. Não entendo como eles podem imprimir uma porcaria como esta". Era verdade, disse ele, que tinha falado com Revill no dia do assassinato e sugerido que Oswald era a "parte culpada". Mas insistiu que não tinha dito nada sobre Oswald ter um temperamento violento ou ser capaz de matar o presidente. Antes do assassinato, ele não tinha noção de que Oswald representava um perigo para Kennedy, ou para qualquer outra pessoa. Era isso o que pretendia dizer à Comissão

Warren quando testemunhasse em Washington no início de maio, um encontro que ele já temia.

Shanklin mandou Hosty fazer um resumo de sua versão dos fatos, que eles enviariam imediatamente por teletipo a Washington. Esperavam que fosse a primeira coisa que Hoover visse de manhã, antes que tivesse a chance de ler a reportagem do *Morning News*. Shanklin e Hosty podiam ter certeza de que Hoover ficaria furioso com a história — furioso com a polícia de Dallas e furioso com eles.

O teletipo fez algum bem aos agentes de Dallas. Para alívio de Shanklin e Hosty, Hoover partiu para o ataque na manhã seguinte, aparentemente em defesa deles. Com a negação de Hosty na mão, o diretor do FBI emitiu um comunicado em Washington que negava de forma categórica as acusações feitas pela polícia de Dallas. As afirmações de Revill, declarava ele, eram "absolutamente falsas".

Hosty estava grato por "manter meu emprego por mais um dia", ainda que estivesse mais convencido do que nunca de que o seu futuro no FBI era duvidoso. O artigo de Aynesworth foi reproduzido por jornais de todo o país.

Hosty passou a maior parte da semana seguinte preparando-se para seu testemunho perante a comissão em Washington.[2] Ele começou o que chamou de "revisão tediosa, mas completa de tudo" o que havia nos arquivos de Oswald no FBI em Dallas. Não demorou muito para que percebesse que estavam faltando dois importantes documentos. Ambos tinham vindo de Washington naquele outono e diziam respeito à viagem de Oswald ao México. Um deles era um relatório de 18 de outubro da sede do FBI que esboçava o que o bureau sabia acerca da vigilância da CIA sobre Oswald no México. O outro era um memorando de 19 de novembro preparado pelo escritório de campo do FBI em Washington sobre o conteúdo de uma carta que Oswald escrevera para a Embaixada soviética em Washington, referindo-se à sua viagem ao México e a seus contatos lá com um diplomata soviético; o diplomata havia sido identificado como agente secreto da KGB. Hosty tentou imaginar por que alguém havia retirado os dois documentos. Alguém estava tentando escondê-los "na esperança de que eu já não os tivesse visto?".

Ele não tinha resposta para esse mistério quando voou para Washington em 4 de maio, um dia antes de seu depoimento. Quis chegar lá um dia antes, para ver se conseguia uma boa noite de sono antes daquilo que poderia ser um dos dias mais difíceis de sua vida. Na manhã seguinte, vestiu terno escuro, camisa branca bem engomada e uma gravata neutra — "o uniforme de um agente do FBI" — e entrou nos escritórios da comissão, no edifício VFW, em Capitol Hill, com outros dois agentes do FBI que também haviam sido chamados a depor. Estavam acompanhados do diretor assistente do FBI Alan Belmont, que supervisionava todas as investigações criminais do bureau. "Não consegui evitar quando comecei a suar", Hosty relembrou.

Samuel Stern, advogado da comissão, recebeu Hosty e disse que precisava lhe fazer algumas perguntas preliminares antes de entrar na sala de testemunhas para depor. Stern queria esclarecer a confusão sobre o que Hosty sabia exatamente a respeito de Oswald antes do assassinato. O que ele sabia sobre a viagem de Oswald ao México? Hosty disse que se lembrava de ter lido dois relatórios sobre a vigilância da CIA sobre Oswald no México — os documentos que desde então haviam desaparecido dos arquivos em Dallas.

Segundo Hosty, Belmont parecia chocado com a menção dos relatórios. "Ele se inclinou e murmurou em meu ouvido: 'Droga, achei que tinha dito a eles para não deixar você vê-los'."

Hosty ficou espantado com o comentário. "Ali estava o chefe de todas as investigações do FBI admitindo que a sede do FBI estava deliberadamente tentando esconder coisas de mim." O que acontecera com Oswald no México que o FBI não queria que Hosty soubesse? "Eu compreendo a política do não-precisa-saber, mas o que estava acontecendo?"

Naquela tarde, Hosty foi escoltado até a sala de audiência da comissão, que se assemelhava com o tipo de sala de conferências que "se encontra em um prestigioso escritório de advocacia, bem decorado, com duas estantes que pareciam ser de livros de direito". Em um canto, Hosty pôde ver o para-brisa danificado da limusine do presidente Kennedy, que a comissão examinara como prova. "Tremi quando olhei para aquilo", Hosty recordou.

Warren e vários outros membros da comissão estavam sentados em torno de uma grande mesa de conferência de madeira, "todos me olhando com expectativa". Hosty foi convidado a sentar-se à cabeceira da mesa, com Stern à sua esquerda e, ao lado de Stern, o presidente da Suprema Corte. Ao lado direito de Hosty estava o deputado Ford. Quando o relator jurídico acenou com a cabeça para Warren dizendo que estava pronto, o presidente da Suprema Corte pôs Hosty sob juramento e pediu a Stern para conduzir o interrogatório.

Hosty previra a maioria das primeiras perguntas — sobre a história da inves-

380

tigação do FBI a respeito de Oswald, inclusive a transferência da investigação, em 1963, do escritório de campo em Dallas para o de New Orleans, e de volta para Dallas, pois Oswald movia-se entre as duas cidades. Hosty ficou alarmado quando os membros da comissão interromperam Stern com perguntas que pareciam destinadas a mostrar que o FBI tinha a responsabilidade — especificamente, que Hosty tinha a responsabilidade — de avisar o Serviço Secreto sobre a presença de Oswald em Dallas, antes da visita de Kennedy à cidade.

"Ocorreu-lhe que ele era uma pessoa potencialmente perigosa?", perguntou o senador Cooper.[3]

"Não, senhor", respondeu Hosty. "Antes do assassinato do presidente dos Estados Unidos, eu não tinha nenhuma informação que indicasse violência por parte de Lee Harvey Oswald."

Ele esperava perguntas difíceis sobre o artigo de Aynesworth, mas ficou aliviado ao perceber que a comissão parecia tão cética acerca da matéria quanto ele. Isso se confirmou quando Warren pediu para manter a conversa off-the-record, de modo que o relator jurídico não anotasse o que seria dito. Os membros da comissão, segundo Hosty, lhe disseram que estavam "revoltados" com a polícia de Dallas; eles sugeriram que também acreditavam que o memorando de Revill era uma impostura, escrito meses depois do assassinato para criar uma trilha de papel que possibilitaria que a polícia fizesse do FBI um bode expiatório.

Hosty também ficou aliviado das perguntas que não estavam sendo feitas. Não houve questionamento sobre o bilhete manuscrito que Oswald entregara ao escritório do FBI no início de novembro — o bilhete que Hosty havia rasgado, jogado no vaso sanitário e dado a descarga. Sua esperança era de que talvez isso significasse que a comissão jamais soubera da existência do bilhete, ou da sua destruição. Stern perguntou se Hosty retivera alguma de suas próprias anotações do dia do assassinato. Hosty respondeu que, como a maioria dos agentes, costumava jogar fora as anotações escritas à mão depois de usá-las para preparar relatórios datilografados. Ele não tinha guardado nenhuma anotação sua sobre Oswald, disse ele.*

---

* Na verdade, Hosty guardara suas anotações manuscritas, fato que mais tarde ele insistiria que não se lembrara no momento do seu depoimento à comissão. "Vários meses depois da divulgação do relatório Warren, descobri as anotações entre os papéis que estavam em cima da minha mesa. Percebendo o seu significado, optei por mantê-las e as guardei em segurança em outro lugar." (Hosty, *Assignment: Oswald*, p. 146.)

O interrogatório terminou às 17h10. Hosty deixou os escritórios da comissão achando que seu testemunho tinha corrido bem, ou pelo menos tão bem quanto poderia esperar. Era um dia quente de primavera, e ele desceu a pé o Capitol Hill e andou pelo National Mall até a sede do FBI, na esquina da rua 9 com a Pennsylvania Avenue. "Sentindo-me melhor e contente por aquilo ter acabado, meus passos estavam um pouco mais leves e apreciei a grama verde e as belas árvores que floresciam no Mall."

Não chegava a ser uma política de portas abertas, mas todos os agentes do FBI sabiam que podiam solicitar um encontro privado com Hoover quando visitavam Washington. O diretor do FBI às vezes deferia o pedido, às vezes não. Hoover disse que achava essas reuniões uma forma útil de reforçar o moral do agente e de coletar informações que talvez não chegassem a ele de outro modo.

Hosty solicitou uma reunião com Hoover quando estava na capital e tomou como bom sinal o fato de o diretor ter concordado.

Por volta das catorze horas da quarta-feira, 6 de maio, ele viu-se no gabinete de Hoover, diante do "Velho" em pessoa. "Hoover estava com a cabeça enterrada em pilhas de papéis", disse Hosty. "Ao lado dessa mesa havia uma única cadeira, onde ele me mandou sentar com um aceno, ao olhar para cima e me ver. Afundei na cadeira baixa, ficando bem menor do que Hoover. Tenho certeza de que esse era o efeito desejado."

Hoover largou a caneta e girou sua cadeira na direção dele. "Desandei a falar a única coisa que queria dizer: 'Sr. Hoover, eu só queria lhe agradecer pessoalmente por ficar ao meu lado e me defender publicamente em relação ao memorando de Revill há poucas semanas'."

"Oh, isso não foi nada", Hoover disse, sorrindo.

Hosty não teve chance de dizer muito mais. Hoover tomou a palavra e fez um monólogo que durou vários minutos, no qual descreveu seu almoço naquele dia na Casa Branca com o presidente Johnson, que acabara de adiar a aposentadoria compulsória do diretor do FBI. "O presidente me disse que o país não podia ficar sem mim", ele contou, obviamente encantado. E passou a falar sobre sua amizade com Johnson e sua aversão por Robert Kennedy. O procurador-geral, afirmou ele, "me causa nojo".

Referiu-se depois a Warren e à comissão. "Ele me disse que o FBI tinha uma fonte na comissão", Hosty lembrou. "A informação que tinha e considerava confiável era que a comissão livraria o FBI de qualquer erro no caso de Oswald por uma margem de cinco a dois." De acordo com Hoover, apenas Warren e McCloy votariam contra o FBI. "Ele me contou que Warren o detestava", disse Hosty.

Apesar da aparente autoconfiança diante de um agente subalterno como Hosty, Hoover estava realmente com algo parecido com pânico naquela primavera. Estava convencido de que a Comissão Warren e sua equipe estavam vazando histórias para repórteres em Washington, Dallas e outros lugares, concebidas para minar seu legado e até mesmo ameaçar a própria sobrevivência do bureau. Por insistência da comissão, Hoover fora reduzido a responder às denúncias escandalosas de tabloides. Em 5 de maio, Rankin escreveu a Hoover para exigir uma resposta detalhada do FBI a uma matéria de primeira página do *National Enquirer* — o tabloide semanal sensacionalista que se anunciava como "O jornal mais animado do mundo", mais conhecido por matérias focadas em sexo e violência —, que afirmava que o FBI havia encoberto provas de que Oswald e Ruby se conheciam.[4] O artigo alegava que o Departamento de Justiça havia pressionado a polícia de Dallas no início de 1963 para postergar a prisão tanto de Oswald como de Ruby pelo envolvimento deles em um suposto plano para matar o general Walker. Em consequência do artigo, agentes do FBI receberam ordens para entrevistar o chefe de polícia de Dallas, Jesse Curry, que insistiu que a matéria do *Enquirer* era uma invenção e que a polícia de Dallas jamais ouvira falar de Oswald, até o dia de sua prisão. Em 8 de maio, Hoover escreveu a Rankin afirmando que não havia nenhuma verdade no artigo do tabloide.

Na quinta-feira, 14 de maio, o próprio Hoover foi chamado a depor perante a comissão.[5] Parecia ser mais um sinal da má vontade entre Hoover e Warren o fato de o presidente da Suprema Corte não ter oferecido palavras de boas-vindas ou de apoio ao diretor do FBI, acostumado a ser tratado com tal deferência em todas as outras audiências em Washington. Depois do juramento de Hoover, às 9h15, Warren foi direto ao assunto, delineando o que a comissão queria: uma declaração incondicional de Hoover, sob juramento, de que o FBI não estava escondendo provas relacionadas a Oswald.

"O sr. Hoover será chamado a depor no que diz respeito a Lee H. Oswald ter sido alguma vez agente, direta ou indiretamente, ou um informante, ou agido em nome do FBI, a qualquer título, em qualquer momento, e se ele sabe de alguma prova confiável de qualquer conspiração, seja nacional ou estrangeira, envolvida no assassinato do presidente Kennedy", disse Warren. Hoover não estaria isento de nenhuma questão, nem mesmo das alegações mais ultrajantes de uma revista de fofocas. A comissão, afirmou Warren, queria saber o que Hoover tinha "a dizer sobre o artigo do *National Enquirer*".

Rankin conduziu o interrogatório e Hoover, como prometido, negou totalmente que o FBI tivesse tido algum tipo de relação com Oswald. "Eu posso dizer com toda ênfase que em nenhum momento ele foi funcionário da agência, a qualquer título, seja como agente ou como empregado especial, ou como informante." Quanto à possibilidade de uma conspiração: "Não consegui encontrar nenhuma centelha de evidência que mostrasse alguma conspiração estrangeira ou nacional que culminasse com o assassinato do presidente Kennedy".

Hoover testemunhou que acreditava que Oswald matara o presidente Kennedy, e que fizera isso sozinho. Era verdade que o FBI tinha Oswald sob vigilância na época do assassinato, mas o bureau não tinha nenhuma indicação de que Oswald fosse violento. "Não havia nada até o momento do assassinato que desse qualquer indicação de que esse homem era um personagem perigoso, que poderia fazer mal ao presidente." O artigo do *National Enquirer*, disse ele, era uma "mentira absoluta".

Naquele mesmo dia, logo depois do depoimento de Hoover, o diretor da CIA, John McCone, e seu vice, Richard Helms, entraram na sala de testemunhas para dar seu depoimento.[6] Tal como Hoover, eles reafirmaram, sob juramento, que não tinham provas de que Oswald já fora algum tipo de agente do governo, ou que ele fizera parte de uma conspiração para matar o presidente. Eles disseram que a viagem de Oswald ao México fora completamente investigada pela CIA, e que a investigação não revelara nada que indicasse que Oswald tinha cúmplices lá ou em qualquer outro lugar.

No mês de julho, em Dallas, Hugh Aynesworth conseguiu outro grande furo de reportagem. De fontes que não identificou, obtivera uma cópia do "Diário Histórico", relato manuscrito de Oswald sobre sua deserção frustrada.[7]

Marina Oswald disse que grande parte do melodramático "Diário" — tão cheio de erros ortográficos e gramaticais que a equipe da comissão achou que

Oswald era disléxico — fora escrita depois que eles deixaram a União Soviética. Representava o desencanto de Oswald e seu desespero final com a vida na Rússia; ele descrevia sua tentativa de suicídio no quarto do hotel em Moscou, bem como seu empenho fracassado em cortejar outra mulher russa, Ella German, antes de se decidir por Marina. "Casei com Marina para ferir Ella", ele confessava.

Duas semanas depois do furo de Aynesworth no *Morning News*, todo o diário foi publicado pela revista *Life*.[8] David Slawson, que era responsável pela análise do diário para a comissão, disse que ficou horrorizado com os vazamentos. Ele estava convencido de que iriam pôr em perigo a vida de vários russos mencionados no diário que haviam ajudado Oswald de uma forma que o governo soviético poderia considerar traição.

Slawson preocupava-se, em particular, com uma mulher russa, uma guia turística do governo, que conheceu Oswald logo depois de sua chegada a Moscou e que talvez tivesse tentado avisá-lo do futuro sombrio que o aguardava na Rússia.[9] Guias oficiais de turismo "estão normalmente sob o controle da KGB", Slawson sabia. O alerta dela viera na forma de um presente para Oswald — um exemplar do romance *O idiota*, de Dostoiévski (Oswald se refere a ele em seu diário como "IDEOT de Dostoiévski"). Slawson achava que o livro era um "aviso disfarçado de que ele era um idiota e deveria voltar". Ele temia que a guia pudesse ter cometido "um crime grave, semelhante ao de um agente do FBI que alertasse secretamente um desertor russo a voltar para a Rússia". Slawson também se preocupava com a família de Alexander Ziger, que fora amiga de Oswald em Minsk; Ziger também havia aconselhado Oswald a voltar para os Estados Unidos. "Fomos informados de que os Ziger tentam há muitos anos escapar da Rússia" e que "eles são, provavelmente, suscetíveis de perseguição mais do que o normal" por serem judeus, escreveu Slawson.

O advogado planejara originalmente citar somente trechos editados do diário no relatório final da comissão, para evitar que os nomes dos contatos russos de Oswald fossem revelados. Depois do vazamento, no entanto, achou que a comissão precisava "publicar todo o diário, sem nenhuma exclusão de qualquer natureza", caso publicasse alguma coisa dele. Se a comissão publicasse apenas trechos, chamaria a atenção para as partes do diário que não tinham sido publicadas — seria muito fácil para a KGB cruzar o relatório da comissão com o que tinha sido publicado no jornal de Dallas e na *Life* para ver o que estava faltando.

A polícia de Dallas e o FBI tentaram descobrir quem vazara o diário. Marina Oswald era uma suspeita óbvia, dada sua ânsia de vender outras informações, mas ela o negou. A *Life* insistiu que ela não era sua fonte, embora a revista informasse que havia publicado o diário "com plena permissão dela" e tivesse mudado alguns nomes a seu pedido "para evitar represálias contra conhecidos de Oswald".[10]

Algumas semanas depois, um detetive da polícia de Dallas, H. M. Hart, informou a seus superiores que havia identificado um suspeito do vazamento: o deputado Gerald Ford. Em memorando de 8 de julho, Hart revelava que um "informante confidencial" dissera que Ford, que tinha acesso ao diário através dos arquivos da comissão, vendera uma cópia para o *Morning News* e que também o havia oferecido para as revistas *Life* e *Newsweek*.[11] Os diretores das organizações jornalísticas pagaram então 16 mil dólares a Marina Oswald "pelos direitos autorais mundiais do diário", informava Hart. Ford insistiria que não tinha nada a ver com os vazamentos, e investigadores do FBI diriam mais tarde que descobriram que a fonte dos vazamentos era um supervisor do departamento de polícia de Dallas. Mesmo assim, Ford estava tão alarmado com os rumores que pediu ao FBI que tomasse uma declaração formal dele negando que havia vendido para agências de notícias informações de arquivos da comissão. A declaração foi redigida pelo diretor assistente do FBI Cartha "Deke" DeLoach, o contato de longa data de Ford no bureau, durante uma reunião no gabinete do deputado no Congresso. Ford "desejava afirmar de forma inequívoca, e fornecer uma declaração assinada, se necessário, que não vazou a informação em questão", relatou DeLoach.[12]

A verdade, revelada anos depois, era que Ford não tinha relação alguma com o vazamento das informações. Hugh Aynesworth, o repórter de Dallas, admitiu ter vendido naquele verão o diário à revista *Life* por 2500 dólares. A venda foi aprovada pelo editor do *Morning News*, mediante um acordo de que a quantia seria paga à esposa do repórter, permitindo a Aynesworth alegar que, tecnicamente, não tinha recebido dinheiro da *Life*. Dessa forma, o regimento interno da revista não seria violado. Aynesworth contou que a *Life* havia prometido dar os créditos do furo jornalístico ao *Morning News* — fato que não se confirmou. Embora ele nunca tenha chegado a confirmar ou negar que o diário fora obtido através de Marina Oswald, Aynesworth sabia que, por sua causa, a *Life* teve de pagar uma multa de 20 mil dólares, já que "se alguém tinha posse do diário, essa pessoa era provavelmente Marina". [13]*

---

*Considerada a inflação, os 2500 dólares pagos a Aynesworth em 1964 equivaleriam a 18 800 dólares em 2013, ao passo que os 20 mil dólares restituídos a Marina valeriam 150 700 dólares.

38.

DEPÓSITO DE LIVROS ESCOLARES DO TEXAS
DALLAS, TEXAS
DOMINGO, 24 DE MAIO DE 1964

Toda semana havia uma nova decisão exasperante do presidente da Suprema Corte, ou ao menos assim parecia a Arlen Specter. Ao longo da primavera, ele e outros membros da equipe pressionaram para que se realizassem exames no local do crime, em Dallas, inclusive uma reconstituição completa da cena na Dealey Plaza. Os advogados da equipe propunham captar a cena tal como Oswald a teria visto da janela do sexto andar do Depósito de Livros Escolares do Texas. O rifle de Oswald seria levado ao prédio e uma câmera seria anexada à parte superior dele, possibilitando que um fotógrafo captasse as imagens quando uma limusine parecida com a de Kennedy passasse lentamente pelo lugar. Homens de tamanho semelhante aos de Kennedy e Connally seriam postos na limusine, alinhados como no filme de Zapruder. Seria uma valiosa forma de testar a teoria de que uma única bala disparada do sexto andar poderia ter atravessado os corpos de ambas as vítimas.

Mas, para o espanto de Specter, Warren não queria de forma alguma testes no local: não achava que fossem necessários. "Warren era resolutamente contra", disse Specter. "Ele achava que a equipe estava dando importância demais àquilo."

Ele se lembrava de Warren dizer: "Nós sabemos o que aconteceu. Temos o relatório do FBI".[1] Por intermédio de Rankin, a equipe pressionou Warren para que reconsiderasse sua decisão. E temendo possivelmente uma rebelião liderada por Specter, ele cedeu.

Realizada com a ajuda do FBI, a reconstituição foi marcada para o início da manhã de domingo, 24 de maio. O domingo foi escolhido na esperança de evitar interrupções do tráfego no centro. Warren não planejava estar presente; ele deixaria para ir a Dallas em junho, quando pretendia tomar o depoimento de Jack Ruby.

A reconstituição foi bem-sucedida e Specter disse que ficou ainda mais confiante na teoria da bala única. O FBI fizera o que a comissão pedira. A câmera acoplada ao rifle de Oswald ofereceu as imagens que Specter esperava, inclusive uma visão clara de como uma única bala disparada do sexto andar teria atravessado o pescoço de Kennedy antes de atingir Connally. A câmera de Zapruder e outras duas câmeras amadoras que haviam captado as cenas do assassinato na Dealey Plaza também foram levadas a Dallas para a reconstituição, e o FBI também conseguiu reproduzir as imagens dessas câmeras.

Specter recebeu outra boa notícia.[2] Novos testes de balística apoiavam a teoria da bala única; eles mostravam que os fragmentos de metal no pulso de Connally eram tão minúsculos que poderiam ter vindo da mesma bala que atravessou o pescoço do presidente. A bala de Parkland pesaria 10,368 ou 10,432 gramas antes de ser disparada; agora pesava 10,277 gramas. As radiografias do pulso de Connally mostravam que os fragmentos deixados no seu corpo pesavam provavelmente muito menos do que a diferença.

A trajetória das balas disparadas pelo rifle de Oswald e os danos que poderiam causar ao corpo foram testados tanto pelo FBI como pelos militares. A partir de abril, o Arsenal do Exército em Edgewood, Maryland, um centro de pesquisa de alta segurança do Departamento de Defesa nos arredores de Washington, usou o rifle Mannlicher-Carcano de Oswald para uma série de testes.[3] Perguntou-se a cientistas do Exército se poderiam confirmar que o rifle poderia ter causado os ferimentos de Kennedy e Connally. Os resultados do teste, descritos em um relatório do Exército, constituem uma leitura sinistra. Na tentativa de reproduzir o efeito das balas quando atingiram os dois corpos, os cientistas dispararam o rifle em uma série de diferentes alvos, entre eles crânios humanos cheios de gelatina e braços de cadáveres humanos. Treze cabras fortemente anestesiadas também foram usadas como alvos para recriar os ferimentos no peito de Connally; as cabras foram cobertas por camadas de pano que se assemelhavam ao paletó, à camisa e à camiseta que o governador estava usando. O pessoal ligado a animais da equipe da comissão contraiu-se diante das fotos dos testes feitas pelo Exército, entre elas, a de uma das cabras, amarrada viva, à espera de um tiro.

Os testes do Exército também sustentavam amplamente a teoria da bala única. "Os resultados indicaram que os ferimentos sofridos pelo presidente e pelo governador Connally, inclusive o grande ferimento na cabeça do presidente, poderiam ser causados" pelo rifle de Oswald e o tipo de bala que ele usou, afirmava o relatório. "A bala que feriu o presidente no pescoço tinha velocidade restante suficiente para responder por todos os ferimentos do governador." Em apoio à teoria da bala única, o relatório fazia uma pergunta óbvia: para onde foi a bala que atingiu Kennedy no pescoço se não para as costas de Connally? Não havia nenhum outro sinal dela na limusine. Se a bala tivesse atingido outra coisa no veículo, segundo o relatório, "o dano teria sido muito evidente e muito maior do que o leve dano que foi encontrado no para-brisa".

Como seus colegas e muitos dos médicos e cientistas que entrevistou, Specter disse que deixara de se sentir incomodado com um fenômeno preocupante visto no filme de Zapruder: o modo como a cabeça do presidente saltara para trás quando ele foi atingido pelo segundo tiro, como se a bala tivesse vindo de frente, não de trás.[4] Médicos e especialistas em balística explicaram aos investigadores da comissão que muitas vezes era difícil adivinhar como o corpo reagiria a um tiro; o ferimento podia causar espasmos do sistema nervoso que moveriam o corpo de várias maneiras incomuns. Para um leigo, os movimentos poderiam parecer desafiar a física. Era um pensamento terrível, Specter admitiu, mas ele comparou o que viu no filme de Zapruder com o que havia visto quando criança em Wichita, numa ocasião em que seu pai matou uma galinha para o jantar da família. Depois que a cabeça da ave foi cortada, seu corpo continuou a mover-se incontrolavelmente. "Assim, por instinto, fiz a analogia do assassinato com o frango", disse Specter. "São apenas espasmos, apenas nervos."

David Belin era capaz de parecer muitas vezes um chefe de torcida da comissão, mas apesar de toda a sua exuberância no início da investigação, naquela primavera sentia-se com frequência desanimado. "Por mais fascinante que fosse o trabalho, havia uma porção quase igual de frustração — frustração com a ajuda do secretariado, frustração por não ter advogados suficientes para fazer a investigação, frustração com a hipocrisia" da decisão da comissão de tratar Marina Oswald de forma tão delicada, mesmo depois de estar claro que ela havia mentido sob juramento. Havia "frustração com todo o transcorrer do nosso trabalho".[5] Ele estava com raiva de Rankin, que deveria ser o intermediário entre os membros da comissão e os advogados da equipe. "Em nenhum momento houve uma linha adequada de comunicação entre a comissão e seus advogados, tampouco havia uma boa troca de ideias entre Rankin e os advogados, ou entre os próprios advogados", disse Belin. Ele se considerava, junto com Specter, um pai da teoria da bala única, mas os membros da comissão não pareciam interessados em discutir nem mesmo aquele tema importante.

Belin achava que tinha sugestões valiosas sobre como o relatório final deveria ser escrito. Em um memorando, ele insistiu para que o relatório incluísse longos trechos do depoimento de testemunhas importantes, para que os leitores pudessem entender todo o impacto do que elas tinham a dizer. Ele acreditava que isso exigiria mais de um volume. "Eu queria ter uma grande quantidade de testemunhos reproduzidos textualmente, que eu achava que seria a maneira mais eficaz de mostrar a verdade." Mas ele não conseguia uma audiência com Rankin e os outros até mesmo para discutir essa proposta. "Nisso, como em quase todo o resto, senti que eu nunca 'tive meu dia no tribunal' — estávamos ocupados demais com as árvores para ver a floresta."

Como todo mundo, Belin estava exausto. Ele calculou que estava trabalhando setenta horas por semana — mais ainda do que Redlich, que nunca parecia sair do escritório, nem mesmo para dormir. E ficou alarmado ao perceber que em breve precisaria deixar Washington, mesmo com tanto trabalho a ser feito em sua parte da investigação. Seus sócios do escritório de advocacia em Des Moines insistiam para que ele voltasse. Ele planejava sair antes do Memorial Day e depois ir a Washington para estadas curtas, quando o escritório permitisse.

Uma noite, Belin refletiu sobre todas essas frustrações em uma conversa com Specter. O relatório da comissão não seria bom o suficiente, declarou. "Expressei minha decepção diante do que poderia ter sido uma obra monumental de investigação com um grupo extremamente talentoso de advogados, e um trabalho para nota A+ estava, em vez disso, se transformando em uma obra medíocre de classe B." O equilibrado Specter instou seu amigo a não esquecer que a investigação, quaisquer que fossem suas falhas, parecia estar estabelecendo os fatos sobre o assassinato. "A coisa mais importante é que encontramos a verdade", disse ele.

Belin sofria porque muitas de suas ideias foram ignoradas. Ele insistira que Marina Oswald, Jack Ruby e outras testemunhas-chave deveriam ser interrogadas com o uso de um polígrafo. Escreveu vários memorandos sobre o assunto para Rankin. Se Marina Oswald se visse atada a um detector de mentiras, ela poderia revelar segredos sobre sua vida com Oswald na Rússia — um assunto sobre o qual a comissão não tinha quase nenhuma outra maneira de testar sua credibilidade. "Se ela recusasse nosso pedido, isso poderia indicar que tinha algo a esconder."[6] Ele tinha a mesma opinião sobre a necessidade de submeter Ruby ao polígrafo, mas isso também foi rejeitado, com "a maioria da equipe alinhada contra mim". Warren ficou do lado da equipe, contra Belin. Ele dizia que os polígrafos eram "instrumentos do Big Brother".

Belin achou que era apenas mais uma coincidência bizarra em uma investigação cheia delas: ele era amigo do rabino de Jack Ruby.[7] Havia conhecido o belo, dinâmico e jovem rabino Hillel Silverman, da Congregação Shearith Israel, uma sinagoga conservadora em Dallas, no verão de 1963, durante uma missão de estudos religiosos que os dois haviam levado a Israel.

Então, em uma de suas primeiras visitas a Dallas, Belin foi ver seu amigo, o rabino Silverman, que continuara a visitar Ruby regularmente na prisão. Ele disse a Silverman que reconhecia que grande parte do que era dito entre um rabino e um congregado era confidencial, "mas eu me perguntava se ele tinha alguma dúvida sobre a existência de uma conspiração". Silverman acreditava em Ruby quando ele insistia que agira sozinho?

"Jack Ruby é absolutamente inocente de qualquer conspiração", respondeu Silverman. "Sem dúvida." Ruby garantira ao rabino que agira sozinho, e Silverman tinha certeza de que ele estava dizendo a verdade. Ele contou ao rabino que, se tivesse agido sob as ordens de alguém, teria baleado Oswald quando o encontrou pela primeira vez, na sexta-feira à noite, na entrevista coletiva da polícia. "Se eu tivesse a intenção de matá-lo, poderia ter puxado o gatilho na hora, porque a arma estava no meu bolso", disse Ruby. De acordo com o rabino, Ruby sempre deu a mesma explicação para ter matado Oswald: "para salvar a sra. Kennedy do calvário de ter que voltar para o julgamento".

Diante da convicção de Silverman de que Ruby atuara sozinho, Belin tinha um favor importante a pedir, e precisava que o rabino o mantivesse em segredo. "Eu disse a ele que, embora estivesse convencido de que Ruby não estava envolvido em uma conspiração de assassinato, o mundo jamais se convenceria, exceto se ele se submetesse a um exame de polígrafo", relembrou Belin. "Disse-lhe também que a Comissão Warren jamais pediria a Ruby para submeter-se ao exame, mas que o próprio Ruby poderia solicitá-lo." O polígrafo poderia complicar a apelação da sentença de morte de Ruby, mas era difícil ver como sua situação poderia ficar muito pior.

Belin perguntou a Silverman se ele tentaria convencer Ruby a solicitar um polígrafo. O interrogatório de Ruby por Warren estava programado para algum momento de junho. Ele poderia fazer o pedido diretamente ao presidente da Suprema Corte.

O rabino concordou em tentar.

39.

ESCRITÓRIOS DO PROCURADOR-GERAL
DEPARTAMENTO DE JUSTIÇA
WASHINGTON, DC
JUNHO DE 1964

Robert Kennedy não queria depor perante a comissão. Foi a mensagem retransmitida a Warren no início de junho por Howard Willens, em seu aparentemente embaraçoso papel duplo de membro sênior da equipe da comissão e contato do Departamento de Justiça com a investigação.

Kennedy não explicou — pelo menos, não por escrito — por que estava tão fortemente convencido de que não deveria ser obrigado a depor. Warren decidiu não forçar a questão — ele parecia disposto a aceitar que seria muito doloroso para Kennedy ser questionado por alguém sobre o assassinato do irmão. Não surpreende que não tenha incluído os jovens advogados da comissão na decisão. Se tivessem perguntado a eles, vários disseram mais tarde que teriam pressionado a favor do testemunho do procurador-geral, especialmente sobre se ele suspeitava de uma conspiração. Robert Kennedy sabia quem eram os inimigos de seu irmão. Ele havia sido, quase sem dúvida, o conselheiro mais próximo do presidente durante a crise dos mísseis de Cuba, em 1962, e no enfrentamento de outras ameaças da União Soviética, de Cuba e de outros adversários estrangeiros do país, bem como na luta contra os inimigos internos, como a Máfia e os líderes sindicais corruptos. Se tivesse havido uma conspiração, ele ao menos poderia ter um forte palpite sobre quem estaria por trás disso, e por quê. David Slawson sabia como seria importante o testemunho de Kennedy, especialmente no tocante a Cuba.[1] Os círculos da política externa em Washington sabiam muito bem que, depois da Baía dos Porcos, o presidente Kennedy pusera o irmão no comando da guerra secreta do governo contra Castro. "Ele era o confidente do presidente no que dizia respeito a Cuba", disse Slawson.

Em vez de testemunho juramentado, Kennedy estava disposto a conceder uma breve declaração escrita à comissão. Depois de consultar Kennedy e o subprocurador-geral Nicholas Katzenbach, Willens enviou um memorando a Rankin com dois esboços de cartas anexos.[2] A primeira carta seria assinada por Warren e enviada a Kennedy, perguntando se o procurador-geral tinha alguma informação que quisesse compartilhar com a comissão. A segunda era para Kennedy assinar: tratava-se de uma resposta a Warren, em que ele confirmaria que não tinha nenhuma informação a compartilhar. "O procurador-geral preferiria lidar com suas obrigações para com a comissão dessa maneira, em vez de aparecer como testemunha", escreveu Willens.

No memorando, Willens disse que Kennedy deixara claro para ele que não havia acompanhado de perto a investigação da comissão, o que ajudava a explicar por que ele tinha tão pouco a acrescentar. "O procurador-geral me informou que não recebeu nenhum relatório do diretor do FBI sobre a investigação do assassinato, e que suas principais fontes de informação foram o presidente da Suprema Corte, o subprocurador-geral e eu."

A carta de Warren, datada de 11 de junho, dizia na íntegra:

Prezado Procurador

Durante todo o curso da investigação conduzida por esta comissão, o Departamento de Justiça foi muito prestativo no encaminhamento de informações para a investigação desta comissão.

A comissão está agora no processo de conclusão da investigação. Antes de publicar seu relatório, a comissão gostaria de ser informada se o senhor está ciente de alguma informação adicional relacionada ao assassinato do presidente John F. Kennedy que não tenha sido enviada à comissão. Tendo em vista as alegações amplamente divulgadas sobre o assunto, a comissão gostaria de ser informada, em particular, se o senhor tem alguma informação que sugira que o assassinato do presidente Kennedy foi causado por uma conspiração nacional ou estrangeira. Escusado dizer que, se o senhor tem sugestões a fazer sobre a investigação dessas denúncias ou de qualquer outra fase do trabalho da comissão, estamos prontos para examiná-las.

Em nome da comissão, gostaria de agradecer ao senhor e seus representantes pela ajuda que proporcionaram à comissão.[3]

Tendo em vista a decisão de Warren de não pressioná-lo a depor, a comissão esperava que Kennedy, agradecido, assinaria rapidamente a carta de resposta e a enviaria de volta. Em vez disso, para a surpresa de Warren e da equipe, Kennedy levaria quase dois meses para responder.

À exceção do irmão, talvez ninguém tenha tido mais influência junto ao presidente Kennedy do que o assistente especial Kenneth O'Donnell, o persistente advogado de quarenta anos, de Massachusetts, que era o centro do círculo de assessores da Casa Branca conhecido como a "máfia irlandesa".[4] O'Donnell, que fizera parte do planejamento da viagem ao Texas, estivera presente na comitiva em Dallas. Ele estava em um carro do Serviço Secreto, logo atrás da limusine do presidente.

Ele comunicou à comissão que também não queria testemunhar. Fez sua secretária na Casa Branca informar Arlen Specter que outro assessor próximo de Kennedy, Dave Powers, que estivera sentado ao lado de O'Donnell na comitiva, poderia ser chamado em seu lugar, uma vez que daria testemunho idêntico. Specter protestou com Rankin, e O'Donnell foi finalmente convencido a depor, embora não fosse obrigado a comparecer aos escritórios da comissão. Specter e Norman Redlich foram à Casa Branca na segunda-feira, 18 de maio.

O relato de O'Donnell sobre a viagem a Dallas era semelhante ao testemunho dos outros, embora ele tivesse uma história notável para contar sobre sua última conversa com o presidente, na manhã do assassinato.[5] Eles haviam falado, disse ele, sobre como seria fácil para alguém com um rifle matar Kennedy. O cenário da conversa foi o Hotel Texas, em Fort Worth, quando o presidente se preparava para ir a Dallas. "A conversa ocorreu no quarto dele, com a sra. Kennedy e comigo, talvez uma meia hora antes de sair do hotel", relatou O'Donnell. "Tanto quanto me lembro, ele estava comentando com sua esposa sobre a função do Serviço Secreto, e sua interpretação do papel deles."

Segundo O'Donnell, Kennedy disse que "se alguém quisesse realmente atirar no presidente dos Estados Unidos, não seria uma tarefa muito difícil — tudo o que tinha a fazer era entrar em um prédio alto com um rifle com mira telescópica, e não havia nada que alguém pudesse fazer".

Specter perguntou a O'Donnell o que a sra. Kennedy achou da avaliação sombria do marido. "Acho que o tom geral da conversa era que ela concordava que isso era — nesta democracia — isso é inerente."

Em seu depoimento, O'Donnell deixou escapar algo de que ele rapidamente se arrependeu de ter dito aos advogados da comissão, e que daria a Specter uma ideia de como a família Kennedy pretendia controlar a narrativa do assassinato. Specter pediu a O'Donnell para descrever a viagem de volta a Washington a bordo do Air Force One e suas conversas com a sra. Kennedy no avião. Como era de seu feitio, Specter centrava-se nos mínimos detalhes.

"Sobre o que vocês falaram?", ele perguntou.

"Nós rememoramos", respondeu O'Donnell.

"Ela comeu alguma coisa na viagem de volta?"

"Não, acho que nós dois tomamos um drinque", disse O'Donnell. "Tentei fazer com que ela tomasse uma bebida forte." Ela aceitou a bebida — um uísque com água, foi relatado mais tarde —, mas preferiu conversar, segundo ele.

Depois de concluir a entrevista, Specter voltou aos escritórios da comissão e foi confrontado por Rankin, muito agitado.

"Por que você perguntou a O'Donnell sobre a sra. Kennedy ter tomado uma bebida no avião?"

"Lee, eu não fiz isso", Specter respondeu, explicando que O'Donnell tinha dado a informação espontaneamente.

"Bem, eles nos ligaram e estão enfurecidos com isso", disse Rankin. "Estão reclamando."

Specter imaginou que O'Donnell entrara em pânico ao pensar que o público poderia saber que a primeira-dama tinha bebericado para acalmar os nervos no dia do assassinato do marido, como se isso fosse um sinal de fraqueza. "Acho que o que aconteceu com O'Donnell foi que, depois que deixou escapar que ela bebeu, ficou muito nervoso e quis transferir a culpa para mim", disse Specter mais tarde.

"Isso nunca aconteceu", ele disse a Rankin. "Verifique a transcrição." A transcrição provou que Specter estava certo.[6]

No final da primavera, a equipe achava que Warren pretendia concluir a investigação da comissão sem tomar o depoimento de Jacqueline Kennedy. Ele nunca escondera seu desconforto com a possibilidade de questionar formalmente a sra. Kennedy sobre as circunstâncias da morte do marido, e havia postergado o assunto por meses, mesmo depois de ter sido levantado com tanta insistência por Specter. Warren era tão protetor da ex-primeira-dama "quanto teria sido de uma de suas próprias filhas", disse Specter mais tarde. Quando ele pressionava Rankin sobre o agendamento do depoimento dela, recebia sempre a mesma resposta: "Nenhuma decisão foi tomada".

Disseram a Specter, mas ele nunca conseguiu confirmar de forma conclusiva, que Warren cedeu e concordou finalmente em entrevistar a sra. Kennedy só por insistência do colega de comissão John McCloy. Consta que, em conversas a portas fechadas, McCloy ficou furioso com isso, dizendo a Warren que a comissão não tinha escolha senão entrevistá-la.[7] Ela estivera na comitiva — era a testemunha ocular mais próxima do assassinato do marido. Além disso, "ela está falando sobre o assassinato em todos os coquetéis de Washington", McCloy relatou a Warren. Os dois certamente sabiam que ela estava discutindo o assassinato com William Manchester para o livro dele. Specter disse que lhe contaram que, durante a discussão, McCloy várias vezes chamou intencionalmente Warren de "sr. presidente da comissão" em vez de "sr. presidente da Suprema Corte", o que McCloy sabia que era um "insulto mordaz" para Warren, em geral um rigorista quanto a ser chamado por seu título na Corte.

Mas se haveria uma entrevista com Jacqueline Kennedy, Warren iria fazê-la pessoalmente, sem a presença de nenhum dos jovens advogados da comissão. Specter, que tomou o depoimento dos outros passageiros da comitiva presidencial de Dallas, não saberia nada da entrevista até depois de ela ocorrer. Warren também decidiu que tomaria o testemunho da sra. Kennedy na casa dela. Ele não ia insistir que ela atravessasse a metade da capital para vê-lo.

Pouco depois das dezesseis horas de sexta-feira, 5 de junho, o carro oficial do presidente da Suprema Corte parou em frente ao número 3017 da N Street, a mansão de tijolos da era colonial que a sra. Kennedy comprara algumas semanas após o assassinato.[8] Sombreada por árvores de magnólia, a casa de dezessete cômodos ficava na parte mais seleta de Georgetown, na mesma rua de uma casa muito menor, onde ela e o então senador Kennedy haviam desfrutado seus primeiros anos de casamento.

Essa nova casa era para ser o santuário da sra. Kennedy, um lugar para construir uma nova vida para si mesma. Mas desde o momento em que chegou, Warren pôde ver que a casa se tornara uma prisão virtual para ela e seus dois filhos. Havia uma guarda da polícia 24 horas para afastar os paparazzi — essa palavra ainda era nova em Washington e fora apresentada ao público americano por um filme de Fellini, em 1960 — e o desfile de turistas pasmados que queriam ter um vislumbre da ex-primeira-dama. Para a consternação dos novos vizinhos da sra. Kennedy, vendedores ambulantes acamparam em ambas as extremidades da rua, vendendo pipoca e refrigerante para os turistas. Enquanto era conduzido para a casa da sra. Kennedy, Warren, acompanhado somente por Rankin e um relator jurídico, decidiu que a entrevista seria rápida e, na medida do possível, indolor para a jovem viúva.

Robert Kennedy encontrou-se com Warren na porta e assistiu ao testemunho da cunhada. Que ela quisesse a presença do cunhado não era nenhuma surpresa para a família e os amigos da sra. Kennedy. Com a bênção de sua esposa Ethel, o procurador-geral estivera ao lado de Jacqueline Kennedy todos os dias desde o assassinato, passando com frequência longas tardes com ela em Georgetown. "Eu vou compartilhá-lo com você", Ethel falou para a cunhada.[9] Eles sentaram-se em torno de uma mesa na sala de estar da sra. Kennedy, a mesma sala que ela estava usando para suas entrevistas com Manchester. Warren tentou imediatamente deixá-la à vontade. Aquilo não seria um interrogatório, ele prometeu: "Sra. Kennedy, a comissão gostaria apenas que a senhora dissesse com suas próprias palavras, à sua maneira, o que aconteceu na ocasião do assassinato do presidente. E queremos que isso seja breve. Queremos que seja em suas próprias palavras e queremos que diga qualquer coisa que achar apropriado".

Com isso, ele virou-se para Rankin, que faria as perguntas.

"Por favor, diga o seu nome para o registro", começou Rankin.

"Jacqueline Kennedy."

"E a senhora é a viúva do ex-presidente Kennedy?"

"Correto."

Rankin: "A senhora pode voltar ao momento em que chegou ao aeroporto de Love Field em 22 de novembro e descrever o que aconteceu depois que vocês pousaram?".

Sra. Kennedy: "Descemos do avião. O então vice-presidente e a sra. Johnson estavam lá. Eles nos deram flores. E, em seguida, o carro estava à espera. Mas havia uma grande multidão lá, todos gritando, com bandeiras e tudo o mais. E fomos apertar as mãos deles".

Com suas primeiras perguntas, Rankin conduziu a sra. Kennedy, gentilmente, através da cronologia do que aconteceu na hora anterior ao assassinato e do que ela se lembrava da comitiva. Perguntou onde ela estava sentada no carro em relação ao marido e aos Connally.

A sra. Kennedy se lembrou de como estava quente em Dallas naquele dia, e como ela acolheu a visão de um túnel à distância quando a limusine do presidente entrou na Houston Street. A comitiva ia em direção ao túnel, passando pela Dealey Plaza.

"Lembro de ter pensado que estaria mais fresco sob aquele túnel."

Rankin: "E então a senhora lembra do que aconteceu quando saíram da Houston e entraram na Elm, ao lado do edifício do depósito?".

A sra. Kennedy lembrava que a sra. Connally apontara para a multidão que os saudava e se voltou para o casal Kennedy para dizer: "Vocês certamente não podem dizer que o povo de Dallas não lhes deu uma bela recepção".

Rankin: "O que o presidente disse?".

Sra. Kennedy: "Acho que ele disse: 'Não, certamente não', ou algo assim. E, em seguida, o carro ficou muito lento e não havia muitas pessoas por perto. E então…".

Houve uma pausa.

"Você quer que eu conte o que aconteceu?", ela perguntou.

Com a pergunta, era como se a sra. Kennedy quisesse lembrar Warren e Rankin do que eles estavam lhe pedindo para fazer — oferecer em sacrifício ao registro público os detalhes do que tinha acontecido dentro da limusine quando os tiros foram disparados.

Rankin: "Sim, se a senhora quiser, por favor".

E então ela começou: "Eu estava olhando desse jeito, para a esquerda, e ouvi uns barulhos terríveis, sabe? E o meu marido nunca fez nenhum som. Então eu me virei para a direita. E tudo o que lembro é de ver meu marido, com uma espécie de olhar interrogativo no rosto e a mão erguida. Devia ser sua mão esquerda. E assim que me virei e olhei para ele, pude ver um pedaço de seu crânio e lembro que era cor de carne, com pequenos sulcos no topo. Lembro-me de pensar que parecia como se ele tivesse uma leve dor de cabeça. E só lembro de ter visto isso. Não havia sangue nem nada. E então ele meio que fez isso…".

Ela levou a mão à cabeça, explicando que seu marido "pôs a mão na testa e caiu no meu colo. E então eu só me lembro de cair sobre ele e dizer: 'Oh, não, não, não', quer dizer: 'Oh, meu Deus, atiraram no meu marido'. E 'eu te amo, Jack', lembro de gritar. E abaixada no carro, com a cabeça dele no meu colo. E isso pareceu uma eternidade. Sabe, depois surgiram fotos em que apareço subindo na parte de trás. Mas eu não lembro de nada disso".

Rankin perguntou se ela se lembrava do agente do Serviço Secreto Clint Hill subindo no porta-malas e a empurrando de volta para o compartimento de passageiros.

"Eu não me lembro de nada. Eu estava abaixada assim. E, por fim, lembro de uma voz atrás de mim, ou algo assim, e depois lembro das pessoas no banco da frente, ou alguém, finalmente soube que algo estava errado, e uma voz gritando, que deve ter sido o sr. Hill, 'vá para o hospital', ou talvez fosse o sr. Kellerman, no banco da frente. Mas alguém gritando. Eu estava abaixada segurando-o."

"Eu estava tentando segurar seus cabelos", ela disse, descrevendo o grande pedaço do crânio de Kennedy que fora arrancado pela segunda bala. "Da frente, não havia nada — suponho que deve ter tido. Mas na parte de trás podia-se ver, sabe, estava tentando segurar seus cabelos, e seu crânio."

Rankin: "A senhora tem alguma lembrança de quantos tiros houve, se um ou mais?".

Sra. Kennedy: "Bem, deve ter havido dois, porque o que me fez virar foi o grito do governador Connally. E isso me confundia, porque primeiro eu me lembrava que foram três, e eu costumava pensar que meu marido não fez nenhum som quando foi baleado. E o governador Connally gritou. E então outro dia li que foi o mesmo tiro que atingiu os dois. Mas eu costumava pensar que, se estivesse olhando para a direita, eu teria visto o primeiro tiro atingi-lo, então eu poderia tê-lo puxado para baixo, e então o segundo tiro não o teria acertado. Mas eu ouvi o governador Connally gritando e isso me fez virar, e quando me virei para a direita meu marido estava fazendo isso…”.

Ela levou a mão ao pescoço. “Ele estava recebendo uma bala”, disse ela. “E esses são os dois únicos tiros de que me lembro. Li que houve um terceiro tiro. Mas eu não sei. Lembro apenas daqueles dois.”

Rankin: “A senhora tem alguma lembrança da velocidade em que estava o carro?”.

Sra. Kennedy: “Nós estávamos desacelerando ao virar a esquina. E havia muito poucas pessoas”.

Rankin perguntou se ela achava que a limusine havia parado em algum momento depois dos tiros.

Sra. Kennedy: “Não sei, porque… acho que não paramos. Mas houve uma confusão. Eu estava abaixada no carro e todo mundo estava gritando para ir para o hospital e se podia ouvi-los no rádio e, de repente, me lembro de uma sensação de enorme velocidade, que deve ter sido quando decolamos”.

Rankin: “E então, dali vocês foram tão rapidamente quanto possível para o hospital, é isso mesmo?”.

Sra. Kennedy: “Sim”.

Rankin: “A senhora lembra de alguém dizer mais alguma coisa durante o momento do tiroteio?”.

Sra. Kennedy: “Não. Não houve nenhuma palavra. Só do governador Connally. E então eu suponho que a sra. Connally estava meio que chorando e cobrindo o marido. Mas eu não me lembro de palavras. E havia um grande para-brisa entre… sabe… eu acho. Não tem?”.

Rankin: “Entre os assentos”.

Sra. Kennedy: “Então, você sabe, aqueles pobres homens na frente, não dava para ouvi-los”. Ela se referia aos dois agentes do Serviço Secreto no banco da frente.

Rankin virou-se para o presidente da Suprema Corte: “O senhor consegue pensar em mais alguma coisa?”.

“Não, acho que não”, disse Warren, encerrando o testemunho dela em cerca de nove minutos após o início. “Acho que essa é a história e foi para isso que viemos. Agradecemos muito, sra. Kennedy.”

A transcrição do depoimento de Jacqueline Kennedy foi incluída nos arquivos publicados da comissão, embora a comissão optasse por deixar de fora, sem uma explicação explícita do motivo, três frases em que a sra. Kennedy descrevia sua tentativa de manter o crânio do presidente no lugar, começando com as palavras "Eu estava tentando segurar seus cabelos". Na transcrição oficial, a comissão substituiu esse trecho pela frase: "Referência a ferimentos apagada".[10]

40.

DEPÓSITO DE LIVROS ESCOLARES DO TEXAS
DALLAS, TEXAS
DOMINGO, 7 DE JUNHO DE 1964

Earl Warren não tinha a menor vontade de ir ao Texas, mesmo nas semanas finais do inquérito, e sua relutância era compreensível. Se havia uma grande cidade dos Estados Unidos que era território inimigo para o presidente da Suprema Corte era Dallas, onde seu amigo, o presidente, havia sido assassinado e onde ele sabia que moravam e trabalhavam muitos dos líderes ultraconservadores e segregacionistas do movimento nacional Impeachment para Earl Warren. Ele estava certo de que em uma viagem a Dallas era provável que visse vários outdoors com esse slogan. Warren afirmou a amigos que nunca se irritou com os cartazes; era sua esposa, Nina, que se sentia ofendida: "Eu era capaz de sorrir diante deles, mas não era tão fácil convencer minha esposa".[1]

Embora relutante, ele concordara em ir a Dallas para tomar o depoimento de Jack Ruby, marcado para domingo, 7 de junho.[2] A viagem também lhe daria a chance de ver pessoalmente a Dealey Plaza e o Depósito de Livros Escolares do Texas. Com a ajuda de Specter, Rankin começou a organizar um itinerário completo de uma semana para Warren. Specter recordou-se de que a viagem estava originalmente "repleta de reuniões e inspeções", mas Warren não concordou — ele não queria gastar tanto tempo em Dallas. Rankin propôs então um fim de semana longo, organizado em torno do depoimento de Ruby; Warren partiria de Washington na hora do almoço de sexta-feira e retornaria na segunda-feira, a tempo de participar das discussões na Suprema Corte.

"Vou lhe dar o domingo", disse Warren, de acordo com Specter. A viagem se limitaria a um único dia. Ele não concordava em passar nem mesmo uma noite em Dallas.

Specter sentiu-se mal por seu colega Burt Griffin, o especialista em Ruby da comissão; Griffin ficaria em Washington por causa de sua rusga com a polícia de Dallas. Specter teria alegremente recusado a viagem se Warren e Rankin tivessem lhe dado essa chance; ele teria preferido ir para casa na Filadélfia e "passar todo o fim de semana com minha esposa e meus filhos pequenos".

Rankin pediu a Specter para ajudar a organizar um passeio para Warren no domingo de manhã em Dallas. O foco seria a Dealey Plaza, bem como a rota de Oswald através da cidade até a cena do assassinato do policial Tippit, e depois até o Texas Theatre. Quando a excursão chegasse ao depósito de livros, Rankin queria que Specter fizesse uma apresentação completa para Warren sobre a teoria da bala única — "desde a posição do assassino no sexto andar", disse Specter.

Na sexta-feira, 5 de junho, Specter fez em Washington o planejamento de última hora para a viagem. Ele tinha esperança de sair do escritório mais cedo naquela tarde e pegar um trem para Filadélfia; queria passar pelo menos parte do fim de semana com sua família antes de retornar a Washington e pegar o voo para Dallas na manhã de domingo. Mas ele precisava falar com Rankin antes de sair, e não o encontrava em nenhum lugar. Então Specter esperou. "Perdi o trem das dezesseis horas e depois o das dezessete."

Foi naquela tarde que Warren e Rankin, sem contar a Specter, foram à casa de Jacqueline Kennedy em Georgetown para tomar seu depoimento. Rankin retornou ao escritório da comissão logo depois das dezessete horas e topou com Specter no banheiro dos homens.

"Rankin disse que tinha ouvido que eu estava procurando por ele", relembrou Specter. "Eu disse que tinha os detalhes resolvidos para a viagem de domingo a Dallas."

Com relutância, Rankin revelou então onde estivera, e Specter lembrou que Rankin "se preparou" para a resposta irritada do jovem advogado.

Specter estava furioso. Ele vinha pressionando havia meses para entrevistar a sra. Kennedy, e agora Warren e Rankin tinham ido falar com ela, sem sequer a cortesia de lhe comunicar com antecedência.

"Eu não disse nada", contou Specter mais tarde. "Não precisava. Rankin sabia que eu estava irado."

Specter recordou-se de ter respirado fundo e decidido que não havia motivo para um protesto maior, não naquele momento, pelo menos. "O que foi feito feito está." Ele tentou deixar de lado a raiva e se concentrar em sua prioridade imediata: chegar à Filadélfia durante a noite.

Rankin também estava de mau humor. Warren fizera questão que ele participasse da viagem à Dallas, o que significava que não poderia ver sua esposa em Manhattan naquele fim de semana. Em vez disso, estaria no Texas, trancado em uma sala de interrogatório com Jack Ruby e Warren. Tal como Specter, Rankin estava ficando cansado de passar tanto tempo em Washington. "Parece que vou ter de dormir no maldito avião", queixou-se.

No domingo de manhã, Specter estava de volta a Washington. Warren se ofereceu para pegá-lo no hotel na ida para a Base da Força Aérea Andrews, em Maryland, onde embarcariam em um pequeno avião JetStar do governo com destino ao Texas. Warren estava surpreendentemente de bom humor, lembrou Specter. No avião, os dois conversaram sobre beisebol. Naquela tarde, um jogo entre o San Francisco Giants, a equipe de Warren, e o Philadelphia Phillies, da cidade natal de Specter, decidiria o primeiro lugar na Liga Nacional. "Assim, as linhas de batalha estavam claras", disse Specter.

Eles desembarcaram em Dallas no meio da manhã e foram direto para o trabalho. O deputado Ford e o advogado da comissão Joe Ball tinham viajado para lá separadamente e se encontraram com Warren, Rankin e Specter para a visita ao depósito de livros. A presença do presidente da Suprema Corte e sua delegação nas ruas de Dallas atraiu pequenos grupos amistosos. Aproveitando o talento político que havia aperfeiçoado na Califórnia, "Warren conversou e brincou com os transeuntes", contou Specter.

No depósito de livros, levaram Warren ao sexto andar e lhe mostraram o lugar onde se acreditava que Oswald havia se posicionado. A cena do dia do assassinato fora recriada para a inspeção de Warren, inclusive com as pilhas de caixas de bloquinhos de madeira para crianças — conhecidos como "Cartilhas Rolantes", uma vez que cada bloco continha letras e palavras com as quais as crianças podiam compor frases — que Oswald havia montado para esconder o que estava fazendo. Warren não conseguiu resistir aos seus instintos de político e tirou alguns blocos das caixas para assinar e dar como lembrança quando voltou para a rua; Specter ganhou um deles.

Por volta das onze horas, Specter e Warren estavam na janela do sexto andar. "Warren assumiu uma postura silenciosa e pensativa junto à janela, que eu sabia que era a minha deixa para começar", lembrou Specter. "Por cerca de oito minutos, ele não disse uma palavra enquanto eu resumia" a teoria da bala única. Enquanto ele falava, "Warren ficou com os braços cruzados sobre o peito e estudou a Dealey Plaza", Specter lembrou. "À exceção da multidão aplaudindo e da comitiva presidencial, nossa visão da Dealey Plaza, da Elm Street e da tripla passagem subterrânea era a mesma de Oswald quando se agachou junto à janela seis meses e meio antes."

Specter abriu a apresentação lembrando Warren da "prova física incontestável" da culpa de Oswald, inclusive a descoberta de seu rifle Mannlicher-Carcano no sexto andar — a apenas alguns centímetros de onde Warren estava naquele momento — e as provas de balística que comprovaram que a bala encontrada no Hospital Parkland fora disparada do mesmo rifle. As impressões digitais de Oswald estavam no rifle, e os cartuchos usados encontrados no sexto andar condiziam com o rifle e as balas disparadas.

Ele relembrou para Warren as conclusões do relatório da autópsia, e como os patologistas da Marinha demonstraram que uma bala entrara pela base do pescoço de Kennedy por trás e saíra pela garganta, cortando o nó de sua gravata. Specter usou então seu dedo e apontou para fora da janela, a fim de mostrar a trajetória da bala logo depois de atingir o pescoço do presidente. Ele explicou que os testes no local, feitos havia duas semanas, tinham mostrado que a bala teria então entrado nas costas de Connally, saído pelo peito, atravessado o pulso e se alojado na coxa. Warren já vira o filme de Zapruder várias vezes e por isso Specter não precisava lembrá-lo do que aconteceu depois, quando uma segunda bala atingiu o presidente na parte de trás da cabeça.

"Quando terminei minha apresentação, o presidente da Suprema Corte permaneceu em silêncio", lembrou Specter. "Ele se virou e afastou-se, ainda sem dizer nada." Specter estava aborrecido porque Warren não se deu ao trabalho de dizer qualquer coisa, nem que fosse para cumprimentá-lo pela qualidade da apresentação. Mas o silêncio de Warren, Specter concluiu, sinalizava provavelmente que ele aceitara na íntegra a teoria da bala única.

Do depósito de livros, o grupo foi levado para a cadeia do condado de Dallas, do outro lado da rua, onde usariam a cozinha do xerife para tomar o depoimento de Ruby. Segundo Ford, o lugar era relativamente pequeno, com cerca de 3 x 5 metros, e "muito austero". Uma mesa, de cerca de 1 x 2,5 metros, fora disposta no meio do cômodo, com cadeiras em volta para Ruby e seus interlocutores.[3]

Specter lembrou que Warren havia solicitado especificamente um pequeno espaço para o depoimento de Ruby, a fim de limitar o número de pessoas que poderiam testemunhar o evento. "Um enxame de figurões de Washington e do Texas havia baixado" em Dallas, na esperança de fazer parte desse momento histórico, contou Specter. Mas nem todos puderam entrar. Havia tão pouco espaço que Warren teve de deixar um membro de sua própria delegação fora da sala. "Ao estudar a lista, ele encontrou apenas uma pessoa que poderia excluir — eu", disse Specter.[4] "Então, sentei no escritório do xerife para assistir ao jogo de beisebol entre o Philadelphia e o San Francisco na televisão. Na época, não me importei muito. Em retrospecto, deveria."*

Por volta das 11h45, Ruby foi trazido por assistentes do xerife. Ele usava um pulôver de prisão branco e sandálias de tiras, dadas aos presos sob risco de suicídio, em vez de sapatos com cordões. Ford lembrou que Ruby se sentou e se entreteve com um pequeno pedaço de lenço de papel e um elástico. Ele estava "sem barba, tinha um início de calvície, o nariz aquilino, mãos e pés grandes para uma pessoa magra e pequena", disse Ford. Um dos advogados de Ruby, Joe Tonahill, se juntou a eles. De início, Ruby pareceu "surpreendentemente racional e bastante composto — por certo uma atuação muito diferente da dos relatórios psiquiátricos que eu lera antes da viagem", de acordo com Ford. Mas Ruby também era inescrutável. Ele tinha o "hábito de olhar diretamente para você por um período" antes de olhar para longe, por isso era "difícil saber o que" ele estava pensando.

---

* Specter tinha outros motivos para estar agitado naquela tarde, uma vez que os Phillies de sua cidade natal foram derrotados pelos San Francisco Giants por quatro a três, em dez *innings*, levando o time rival a manter o primeiro lugar na Liga Nacional.

Mesmo antes de fazer o juramento, Ruby tinha uma questão urgente para Warren: "Sem um detector de mentiras em meu testemunho, em minhas declarações verbais ao senhor, como o senhor sabe se eu estou dizendo a verdade?".[5]

"Não se preocupe com isso, Jack", disse Tonahill.

Warren entrou em cena: "O senhor queria perguntar alguma coisa, não é, sr. Ruby?".

Ruby: "Eu gostaria de conseguir um teste de detector de mentiras, ou soro da verdade, sobre o que me motivou a fazer o que fiz. [...] Agora, sr. Warren, não sei se o senhor tem alguma confiança no teste do detector de mentiras e no soro da verdade, e assim por diante".

Warren admitiria mais tarde que não pensou rápido o suficiente e viu-se concordando com o pedido de Ruby. "Se o senhor e seu advogado querem algum tipo de teste, vou providenciá-lo. Eu ficaria contente em fazer isso, se o senhor quiser."

Ruby ficou satisfeito. "Eu quero fazer."

Warren: "Teremos o maior prazer de fazê-lo".

Isso posto, Ruby queria ter certeza de que teria tempo, naquela visita, para contar sua história completa.

"Vocês têm limite de tempo?", ele perguntou.

Warren: "Não, nós temos todo o tempo que o senhor quiser".

O depoimento mal havia começado, mas Ruby já queria saber: "Estou aborrecendo vocês?".

Warren: "Vá em frente, tudo bem, sr. Ruby, conte-nos a sua história".

O relato de Ruby sobre o que aconteceu nos dois dias — que começou em 22 de novembro, com a notícia do assassinato de Kennedy, e terminou em 24 de novembro, com Ruby atirando em Oswald na central de polícia — seria longo e complicado. Ele disse que soube dos tiros na Dealey Plaza segundos depois do ocorrido; estava a poucos quarteirões de distância, no *Dallas Morning News*, pondo anúncios de fim de semana do Carousel Club. Ele ficou arrasado com a notícia da morte de Kennedy: "Eu fiquei muito emocionado. [...] Não conseguia parar de chorar". Decidiu imediatamente fechar sua boate no fim de semana.

Naquela noite, aproveitou-se de sua amizade com policiais de Dallas para entrar na central de polícia e assistir à entrevista coletiva em que Oswald foi apresentado aos repórteres. Ruby disse a estranhos na sala de imprensa que era um jornalista israelense; se alguém contestasse sua presença, ele sempre poderia dizer as poucas palavras em iídiche que aprendera na infância.

408

Àquela altura, seu testemunho se tornou tão incoerente que foi quase impossível para Warren entendê-lo. Ruby mencionou nomes — de amigos, de familiares, de strippers e de outros empregados do Carousel Club — e lugares e datas que não significavam nada para Warren e os demais. Em momentos de coerência, no entanto, ele negava consistentemente que tivesse participado de uma conspiração para silenciar Oswald. Ele insistiu que não conhecia Oswald e que não tinha ideia de matá-lo até ler um artigo de jornal naquela manhã de domingo que sugeria que a sra. Kennedy talvez tivesse de voltar a Dallas para depor. "Eu me senti muito emocionado e arrebatado pela sra. Kennedy, com toda aquela luta pela qual ela passara", disse Ruby. "Alguém devia isso ao nosso amado presidente, que ela não precisasse voltar para encarar esse julgamento hediondo."

Matar Oswald foi um ato impulsivo, ele afirmou. Ruby sabia dos rumores de que alguns de seus contatos do crime organizado poderiam tê-lo instigado a isso, mas disse que "ninguém me pediu para fazer nada. [...] Eu nunca falei com ninguém sobre tentar fazer alguma coisa. Nenhuma organização subversiva me deu qualquer ideia. Nenhuma pessoa do submundo fez qualquer tentativa de entrar em contato comigo".

Ford relembrou que o depoimento de Ruby andou mais ou menos bem por cerca de 45 minutos, até que ele e seu advogado começaram a discutir por motivos que não estavam claros, e o relator jurídico parou de registrar a sessão. A cena ficou então "terrivelmente tensa", segundo Ford. A situação ficou crítica e era imprevisível se Ruby seria capaz de continuar. Warren, disse ele, "tentou tranquilizar e foi muito paciente em persuadir" Ruby.

No final do corredor, Elmer Moore, um agente do Serviço Secreto designado para viajar com o presidente da Suprema Corte e protegê-lo, encontrou Specter no gabinete do xerife, assistindo ao jogo de beisebol.[6] Ele anunciou que a presença de Specter era necessária o mais rápido possível na cozinha. "Eles querem você", disse ele. "Ruby quer um judeu no recinto." Specter conhecia o suficiente sobre Ruby para saber que ele valorizava sua herança judaica e que ficara obcecado pela ideia de que os judeus estavam sendo massacrados por causa dele.

Specter seguiu Moore pelo corredor. Ao entrar na cozinha, percebeu que Ruby o estudava. "Olhando diretamente para mim, ele articulou em silêncio as palavras 'você é judeu?'."

Specter não disse nada. Ruby repetiu a pergunta com os movimentos da boca: "Você é judeu?". E depois, uma terceira vez.

Specter disse que tentou permanecer impassível, sem nem mesmo um aceno com a cabeça. Ele não queria que nada daquilo fosse registrado pelo relator jurídico. "Eu não vacilei nem respondi de forma alguma."

Naquele exato momento, o relator jurídico ficou sem papel; Ruby saltou e puxou Warren para um canto, fazendo um gesto para que Specter se aproximasse. Joe Ball, o outro advogado da equipe da comissão, levantou-se e tentou entrar na conversa.

"Você é judeu?", perguntou Ruby.

"Não", respondeu Ball.

"Então vá embora", ordenou Ruby.

Em seguida, Ruby virou-se para Warren. "Senhor, o senhor tem de me levar para Washington. Estão cortando os braços e as pernas de crianças judias em Albuquerque e El Paso."

"Eu não posso fazer isso", disse Warren.

Ruby instou Warren a falar com Abe Fortas, o conhecido advogado de Washington que era íntimo do presidente Johnson e logo seria nomeado para a Suprema Corte — e que era judeu. "Fale com Fortas", disse Ruby. "Ele vai resolver isso."

Ford percebeu que Ruby relaxou diante da comprovação — não ficou claro por quem — de que Specter realmente era judeu. "Isso parecia lhe dar confiança para continuar a testemunhar."[7]

Quando o relator jurídico estava pronto para retomar, Ruby, Warren e Specter voltaram aos seus lugares. Ruby notou que seu advogado Tonahill passou um bilhete a Ford. Ele insistiu para que fosse autorizado a lê-lo, e a conversa parou enquanto o bilhete era entregue a Ruby, que era hipermetrope e se esforçou para entender as palavras no papel. Warren emprestou seus óculos a Ruby.

"Veja, eu disse que ele era louco", escrevera Tonahill.[8]

Ruby pôs o bilhete de lado, aparentemente sem se incomodar com o insulto de seu advogado, e voltou-se para Warren. Queria que ele confirmasse mais uma vez que lhe seria permitido fazer um teste de polígrafo ou ser injetado com soro da verdade. "Pentotal", disse ele, referindo-se ao pentotal sódico, o sedativo chamado às vezes de "soro da verdade". Ele pediu novamente para ser levado a Washington.

"Eu pareço dramático? Desequilibrado?"

Warren tentou mantê-lo calmo: "Não, o senhor está falando muito, muito racionalmente".

"Eu quero dizer a verdade e não posso dizê-la aqui", disse Ruby, usando palavras que soariam sinistras quando lidas por teóricos da conspiração nos anos seguintes.

Essa era a primeira vez que Specter, que perdera o início do depoimento de Ruby, ouvia falar sobre seu pedido de um polígrafo — e sobre o acordo de Warren para submetê-lo ao aparelho. Specter disse que compreendeu imediatamente que o presidente da Suprema Corte cometera um erro terrível. Ele sabia que Warren, como a maioria dos veteranos sérios do Judiciário, dava pouco crédito aos polígrafos; com efeito, já havia vetado a ideia de aplicá-lo em Marina Oswald. No entanto, tinha acabado de prometê-lo — sob registro — para o assassino aparentemente delirante de Oswald.

Ruby tentou intensificar a pressão sobre Warren, afirmando que sua vida estava em perigo se permanecesse em Dallas. Ele estava convencido de que "outras pessoas" — sugeriu que eram membros da John Birch Society, organização de extrema direita — estavam tentando ligá-lo a uma conspiração para matar Kennedy. E porque ele era judeu, os judeus em todos os lugares estavam sendo assassinados em represália pelo assassinato do presidente. "O povo judeu está sendo exterminado neste momento", disse ele. "Sou usado como bode expiatório. Eu sou tão bom e culpado quanto o assassino do presidente Kennedy. Como o senhor pode remediar isso, sr. Warren?" Se ele pudesse chegar a Washington e testemunhar, disse Ruby, "talvez o meu povo não seja torturado e mutilado".

Specter percebeu como Warren estava aturdido quando disse a Ruby: "Pode ter certeza de que o presidente e toda a sua comissão farão tudo o que for preciso para que seu povo não seja torturado".

Depois de mais de três horas, Warren decidiu interromper o depoimento, insistindo que estava fazendo isso para o bem de Ruby. "Acho que nós cansamos o sr. Ruby. Agradecemos pela paciência e disposição de testemunhar dessa maneira para nós."

Ruby: "Tudo o que eu quero é dizer a verdade, e a única maneira que vocês podem saber disso é pelo polígrafo".

Warren: "Faremos isso pelo senhor".

Ainda esperando sair de Dallas no final do dia, o presidente da Suprema Corte partiu para um almoço tardio no apartamento de Robert Storey, um ex-presidente da Ordem dos Advogados Americana. O fim do almoço produziu o que foi, para Specter, outra demonstração impressionante da falta de jeito do presidente da Suprema Corte quando chamado a tomar decisões rápidas. Depois de deixar o apartamento de Storey, Warren notou um grupo de repórteres e fotógrafos no final do corredor, ansiosos para ouvir o que tinha a dizer sobre o seu dia em Dallas. "Em vez de virar à esquerda e encarar a turba, ele pegou um corredor à direita e desceu um lance de escadas para evitar falar com eles", contou Specter.[9] Teria sido fácil para Warren sorrir e oferecer um educado "sem comentários" para os repórteres. Em vez disso, criou uma cena desconcertante em que o presidente da Suprema Corte dos Estados Unidos podia ser visto fugindo, quase em pânico, de um grupo de repórteres que queria lhe fazer algumas perguntas simples.

Naquela noite, no avião que os levava de volta para casa, Warren confessou a Specter como estava descontente por ter prometido um teste de polígrafo a Ruby. "Eu não acredito em polígrafos", disse ele. "Eu não acredito em Big Brother."[10]

Specter falou para Warren que ele não tinha escolha, senão ir em frente com o teste, a menos que Ruby mudasse de ideia sobre o pedido. "O senhor prometeu-lhe um polígrafo", disse Specter. "Seria horrível se a comissão negasse uma promessa registrada oficialmente." Se negassem um polígrafo a Ruby agora, "na melhor das hipóteses, pareceria que a comissão não exauriu todas as pistas". Na pior das hipóteses, pareceria um "encobrimento" destinado a evitar que Ruby expusesse uma conspiração. Warren podia não acreditar em testes de polígrafo, mas pesquisas de opinião sugeriam que o público norte-americano acreditava. "Sr. presidente da Suprema Corte", disse Specter, "o senhor não pode lhe dar as costas."

41.

ESCRITÓRIOS DA COMISSÃO
WASHINGTON, DC
QUINTA-FEIRA, 18 DE JUNHO DE 1964

O diretor do Serviço Secreto James Rowley tinha motivo para temer por seu emprego quando testemunhou perante a Comissão Warren — e certamente tinha motivo para temer que sua agência de 99 anos de idade pudesse não sobreviver à investigação da comissão. Nascido no Bronx, Rowley, 56 anos, era o primeiro diretor do Serviço Secreto a ter um presidente assassinado sob sua responsabilidade, e enfrentaria o interrogatório mais duro de todos os funcionários seniores do governo que depuseram perante a comissão.[1] Outras agências — o FBI, em particular — podiam ter tentado intencionalmente ocultar informação da investigação. No caso do Serviço Secreto, o encobrimento parecia indiscutível. Warren tinha prova do que considerava conduta escandalosa — a decisão de vários agentes do Serviço Secreto, que participariam da comitiva presidencial em Dallas, de sair para beber na véspera do assassinato — e de como Rowley tentara esconder do público os detalhes do episódio. Parte da ira do presidente da Suprema Corte pode ter sido abastecida pela sua amizade com Drew Pearson, que havia divulgado em primeira mão a história da bebedeira dos agentes no programa de rádio que ele usava para promover sua coluna do jornal. Qualquer que fosse a razão do ultraje, Warren entrou na sala de audiências da comissão no dia do depoimento de Rowley com atitude de promotor.

Pouco depois das nove horas de 18 de junho, Rowley prestou juramento e foi imediatamente golpeado com perguntas sobre o incidente da bebida.[2] A primeira pergunta substanciosa de Rankin foi, na verdade: "O senhor ficou sabendo, em relação à viagem na qual ocorreu o assassinato, de que certos agentes do Serviço Secreto haviam estado no Press Club e no que era chamado Cellar, em Fort Worth, na noite anterior?".

Rowley: "Bem, isso chegou ao meu conhecimento por meio de uma transmissão feita pelo sr. Pearson... que agentes ficaram embriagados na noite anterior". Ele disse que imediatamente despachou um inspetor do Serviço Secreto para o Texas, para investigar.

Rankin: "E o que descobriu?".

Rowley admitiu que muito do que Pearson informara era verdade, embora dissesse não acreditar que algum agente tivesse ficado bêbado, como alegava o jornalista. A investigação interna mostrou que nove agentes tinham bebido; três viraram um scotch cada um, enquanto "os outros tomaram duas ou três cervejas" cada. No dia seguinte, pelo menos quatro desses agentes foram designados para a comitiva presidencial, inclusive Clint Hill, que parecia ter salvado a vida de Jacqueline Kennedy. Rankin perguntou: "O senhor descobriu se houve ou não violação dos regulamentos do Serviço Secreto por parte desses homens?". Era uma pergunta para a qual Rankin — e Warren — já sabiam a resposta.

Rowley: "Sim, houve violação".

Para deixar o ponto de vista da comissão o mais claro possível, Rankin pediu então a Rowley que citasse o regulamento específico do manual do Serviço Secreto que proibia beber em serviço, e que o lesse em voz alta. Rowley recebeu em mãos uma cópia do manual do empregado e folheou até o primeiro capítulo da Seção 10: "Os empregados estão estritamente intimados a abster-se do uso de bebida alcoólica durante as horas em que estiverem oficialmente empregados em seu posto de serviço ou quando puderem razoavelmente esperar que possam ser chamados para desempenhar um dever oficial".

As regras eram mais rigorosas para agentes designados para o destacamento pessoal do presidente. Rowley foi solicitado também a lê-las: "O uso de bebida alcoólica de qualquer espécie, inclusive cerveja e vinho, por parte dos membros específicos do destacamento da Casa Branca e agentes especiais cooperando com eles, ou por parte de agentes especiais em atribuições semelhantes quando em situação de viagem, é proibido". Era uma transgressão digna de demissão, admitiu Rowley, lendo o restante do regulamento: "A violação ou leve desrespeito aos parágrafos acima ou o uso excessivo ou impróprio de bebida alcoólica em qualquer momento serão causa de afastamento".

Rankin fez a pergunta seguinte em um tom que, para ele, não tinha traços de agressividade. Como Rowley podia ter certeza de que seus agentes não poderiam ter salvado a vida do presidente? "Como o senhor pode saber se o fato de terem saído, como saíram na noite anterior […] nada teve a ver com o assassinato?", Rankin indagou. "O senhor fez alguma coisa para disciplinar esses homens pela violação dos regulamentos do Serviço Secreto?"

Rowley defendeu a si mesmo e a seus agentes. Disse acreditar que os agentes na comitiva haviam atuado "de maneira exemplar", quaisquer que tivessem sido os efeitos decorrentes do álcool. "Eu considerei, sim, que tipo de punição seria aplicada", disse ele. "Aí considerei também o fato de que esses homens de forma nenhuma tiveram… sua conduta não teve influência nenhuma no assassinato." Puni-los poderia levar o público a acreditar "que foram responsáveis pelo assassinato do presidente. Não achei que isso fosse justo, e que eles não mereciam aquilo. […] Não pensei, à luz da história, que deveriam ser estigmatizados por algo assim, nem suas famílias nem seus filhos".

Warren não engoliu nada daquilo: "O senhor não acha que se um homem fosse para a cama razoavelmente cedo, e não ficasse bebendo a noite anterior, ele estaria mais alerta do que tendo ficado acordado até as três, quatro ou cinco horas da manhã, indo a pontos de beatniks e tomando uns tragos pelo caminho?". Warren estava usando a descrição de Pearson do Cellar, um clube noturno, como "ponto de beatniks".

Enquanto a comitiva presidencial avançava por Dallas, os agentes do Serviço Secreto deveriam estar vasculhando a multidão e os edifícios ao longo da rota em busca de ameaças, comentou Warren. A comissão ouvira depoimentos de testemunhas que disseram ter visto um cano de rifle apontando da janela do sexto andar do Depósito de Livros Escolares do Texas antes de se ouvirem os tiros, mas os agentes do Serviço Secreto não tinham notado absolutamente nada. "Algumas pessoas viram um rifle no edifício", disse o presidente da Suprema Corte. "Será que um homem do Serviço Secreto nessa comitiva, que supostamente deveria observar tais coisas, teria mais possibilidade de observar algo do tipo se estivesse livre dos efeitos do álcool ou da falta de sono, do que não estando? Não acredita que teriam estado muito mais alertas, mais afiados?"

"Sim, senhor", reconheceu Rowley. "Mas não creio que pudessem ter evitado o assassinato."

Warren não tinha acabado. Essa conduta imprópria ia além dos agentes, ele sugeriu. Abrangia o próprio desempenho de Rowley, uma vez que o diretor do Serviço Secreto estava aparentemente disposto a ignorar a conduta imprópria de seus empregados. "Parece-me que todos obtiveram um completo atestado de saúde", disse Warren. "Só me pergunto se isso é consistente com os fatos que esta comissão deveria receber."

Rowley: "Como eu disse antes, nós não desculpamos seus atos, nem tentamos minimizar a violação. Mas, nas circunstâncias, tomei a decisão que julgava correta. [...] Não penso que essas pessoas devam ser culpadas pela tragédia".

Semanas depois, Warren ficou desanimado ao ler as minutas do relatório final da comissão referentes ao Serviço Secreto e seu desempenho em Dallas. As minutas, escritas por Sam Stern, ex-assistente jurídico de Warren na Corte, não incluíam nenhuma crítica direta aos agentes que tinham saído para beber. E tampouco Stern fazia qualquer crítica dura no esboço do capítulo sobre a falha do agente do FBI James Hosty em alertar o Serviço Secreto para a presença de Oswald em Dallas. Depois de meses bancando o perito interno da comissão em assuntos do Serviço Secreto, Stern ainda não conseguia reconhecer nenhuma afronta no incidente da bebida — ele continuava a se impressionar com o fato de tantos agentes do Serviço Secreto e seus supervisores parecerem genuinamente lamentar o que acontecera em Dallas e aceitar alguma responsabilidade pelo assassinato. Veio como uma desagradável surpresa para Stern descobrir como eram diferentes os sentimentos do presidente da Suprema Corte. Warren ordenou que as minutas de Stern fossem reescritas para fazer ataques diretos aos agentes do Serviço Secreto e a Hosty. "Teríamos parecido uns tolos se não tivéssemos mencionado os agentes do Serviço Secreto saindo na véspera do assassinato", disse Warren mais tarde. "Teríamos ficado mal se deixássemos de apontar que o FBI tinha motivos para prestar atenção em Oswald antes do acontecimento, levando em consideração tudo que sabia."

Tanto quanto Warren queria ser duro com o Serviço Secreto, Gerald Ford queria ser duro com o Departamento de Estado. O departamento era um oponente tradicional de Ford e outros republicanos conservadores no Congresso, que viam nele um bastião de liberais da Ivy League, todos muito ansiosos para chegar a uma acomodação com nações atrás da Cortina de Ferro. Muitos funcionários do departamento ainda estavam traumatizados com os ataques à lealdade deles feitos pelo senador Joseph McCarthy na década de 1950.

Ford disse aos seus auxiliares que acreditava haver no departamento prova de incompetência, se não pior, na forma de lidar com Oswald no decorrer dos anos, a começar pela decisão, em 1962, de permitir que ele retornasse da Rússia para casa. Por que Oswald deveria ter permissão de reclamar seus direitos plenos como cidadão depois de anunciar para diplomatas americanos em Moscou, pouco depois de sua volta de lá, em 1959, que queria renunciar à sua cidadania? O departamento não só permitiu a Oswald regressar aos Estados Unidos, trazendo junto sua nova esposa russa, como lhe deu um empréstimo de cerca de quatrocentos dólares para cobrir suas despesas de viagem.[3] Ford também se sentia indignado, disse ele, com as declarações públicas emitidas pelo Departamento de Estado em Washington, poucas horas depois da morte de Kennedy, de que não havia prova de uma conspiração estrangeira no assassinato — um julgamento feito antes de qualquer investigação séria ter começado.

O secretário de Estado Dean Rusk foi chamado a depor ante a comissão na quarta-feira, 10 de junho, sobre a atuação do departamento.[4] David Slawson foi o advogado da equipe responsável por preparar a lista de perguntas a Rusk. Ele sempre considerou o severo secretário de 55 anos, natural do estado da Geórgia, como uma figura inexpressiva — opinião largamente compartilhada, conforme se descobriu, dentro da administração Kennedy. "Rusk parecia ser um deliberado não pensador", recordou-se Slawson.[5]

Kennedy escolhera Rusk, um diplomata de carreira, para dirigir o Departamento de Estado, preterindo vários outros candidatos, certamente mais carismáticos e de perfil mais elevado, porque "pretendia ser seu próprio secretário de Estado", segundo o amigo e conselheiro do ex-presidente, Arthur M. Schlesinger Jr.[6] Com o passar do tempo, o presidente desesperou-se com a submissão e a falta de disposição de Rusk para expressar uma opinião. "Em geral era impossível saber o que ele pensava", escreveu Schlesinger. "Sua palidez de espírito aparentava ser quase compulsiva." Jacqueline Kennedy contou a Schlesinger, pouco depois do assassinato, que o marido tinha intenção de substituir Rusk num segundo mandato. "Dean Rusk parecia ser dominado por aquela apatia e medo de tomar a decisão errada", disse ela. "Isso deixava Jack louco da vida."[7]

Rusk fora mantido por Johnson no Departamento de Estado para mostrar continuidade com a política externa de Kennedy e passou a ser mais assertivo, aparentemente por estar mais à vontade com um outro sulista na Casa Branca. Ele acabou se tornando um defensor público dos planos de Johnson para uma escalada do envolvimento militar no Vietnã.

Em seu depoimento para a comissão, Rusk pouco tinha a oferecer além do que o Departamento de Estado vinha consistentemente dizendo desde a morte de Kennedy — que não acreditava que os soviéticos ou os cubanos estivessem envolvidos. "Seria um ato de imprudência e loucura dos líderes soviéticos empreender uma ação dessas", disse. "Não tem sido nossa impressão que a loucura tenha caracterizado as ações da liderança soviética em tempos recentes." Quanto a Cuba, "teria sido uma loucura ainda maior de Castro ou do seu governo estarem envolvidos".

Rankin entrou na conversa, perguntando a Rusk se havia lido os cabogramas enviados a Washington pelo embaixador dos Estados Unidos no México, Thomas Mann, logo após o assassinato — Mann estava convicto de que Castro estava por trás do assassinato. Rusk reconheceu ter lido os cabogramas e que eles haviam "levantado questões de caráter extremamente abrangentes envolvendo a possibilidade" de uma conspiração estrangeira, "de modo que tive um interesse pessoal muito profundo na época". Mas a investigação dessas alegações pela CIA e pelo FBI no México e em outros lugares desde então "esgotou-se no devido curso", nas palavras de Rusk, sem prova de envolvimento cubano.

Ford pressionou com críticas de que o departamento fora rápido demais em tornar públicas declarações que excluíam uma conspiração estrangeira, imediatamente após o assassinato. Rusk defendeu suas declarações: "Não tínhamos então prova desse tipo, e tampouco temos agora, e as implicações de sugerir provas na ausência delas teriam sido enormes".

Ford: "Não compreendo isso".

Rusk: "Bem, deixar a impressão de que tínhamos provas que não podíamos descrever ou discutir, quando na verdade não tínhamos prova numa questão de tamanha importância, podia ter nos criado uma situação muito perigosa em termos de…".

Ford interrompeu: "Não teria sido igualmente efetivo dizer 'sem comentários'?".

Rusk: "Bem, infelizmente, com as práticas da imprensa, sem comentários teria sido tomado como confirmação de que havia prova".

Para o interrogatório de Rusk, Ford estava, como de hábito, bem informado e resolveu questionar Rusk para saber se ele tinha se dado ao trabalho de tomar conhecimento de indícios que pudessem apontar para uma conspiração comunista. Perguntou ao secretário de Estado se estava ciente de reportagens que informavam que Castro, poucas semanas antes do homicídio de Kennedy, havia advertido publicamente que retaliaria com violência os líderes americanos que haviam planejado o seu assassinato e o de seus companheiros cubanos.

Rusk disse que não se lembrava de ter lido nada sobre as ameaças de Castro, nem antes nem depois do assassinato de Kennedy.

Depois do testemunho de Rusk, Ford ficou convencido de que o Departamento de Estado não deveria "se safar" no relatório final da comissão. Dois dias depois, telefonou a Rankin para deixar claro esse ponto. Rankin não estava no escritório, então Ford falou com Slawson, que estava fazendo listas de perguntas para outras pessoas do Departamento de Estado. "Não podemos nos permitir pegar leve ou sermos moles com as testemunhas", Ford lhe disse. "O ônus da prova de que agiram corretamente é deles. Temos que dificultar as coisas ao máximo para eles. Nosso papel apropriado é de 'advogado do diabo'."[8]

Ford perguntou a Slawson o que achava dos contatos do Departamento de Estado com Oswald ao longo dos anos, e se o departamento poderia ter feito mais para impedi-lo de ter a chance de matar o presidente. Slawson disse que não conseguia ver como o departamento podia ter qualquer responsabilidade pelo assassinato. A decisão de permitir a Oswald regressar aos Estados Unidos "parecia ter sido correta", e outros americanos que haviam desertado atrás da Cortina de Ferro e depois mudaram de ideia, segundo Slawson, foram tratados da mesma maneira.

Não era a resposta que Ford buscava. Ele era da opinião de que a decisão do Departamento de Estado de permitir que Oswald retornasse havia sido tomada "de forma muito automática e rotineira". Se Slawson não fosse duro com os assessores de Rusk, Ford deixou claro, ele seria.

42.

GABINETE DO DIRETOR
FBI
WASHINGTON, DC
QUARTA-FEIRA, 17 DE JUNHO DE 1964

J. Edgar Hoover insistia em revisar todo documento importante do FBI antes de ser enviado à comissão. Quando o FBI descobria uma nova prova relacionada ao assassinato ou tinha respostas para perguntas feitas por um dos membros ou alguém da equipe da comissão, a informação era passada a ela na forma de uma carta em papel timbrado do bureau, assinada por Hoover. Ele mandou centenas de cartas à comissão durante a investigação — frequentemente várias por dia — e elas tinham um formato padrão. Cada uma delas era endereçada diretamente a Lee Rankin ("Caro sr. Rankin") e despachada por meio de portadores armados para os escritórios da comissão em Capitol Hill. Muitas das cartas de Hoover eram classificadas como top secret, palavras datilografadas em cada página.

Quando os documentos do FBI chegavam, Rankin os compartilhava com Redlich.[1] E se as cartas de Hoover fossem particularmente interessantes ou importantes, Redlich as mostraria, por sua vez, ao seu assessor direto, Mel Eisenberg. Os dois, ambos nova-iorquinos orgulhosos, haviam se tornado bons amigos durante os meses da investigação. "Dividíamos uma sala e conversávamos o tempo todo", disse Eisenberg. Em junho, Eisenberg voltara em tempo parcial para seu escritório de advocacia em Nova York, mas ainda ficava em Washington dois ou três dias por semana. Quando as cartas de Hoover envolviam questões sobre um possível envolvimento estrangeiro no assassinato, eram rotineiramente encaminhadas para David Slawson.

Na quarta-feira, 17 de junho, segundo os arquivos de Hoover, o diretor do FBI preparou uma carta top secret para Rankin, especialmente sensível. O conteúdo era explosivo, ou pelo menos tinha potencial para ser. Segundo a carta, parecia que diplomatas cubanos na Cidade do México tinham conhecimento prévio do plano de Oswald para matar Kennedy — porque Oswald lhes contara. Se a informação reunida pelo FBI fosse correta, Oswald caminhara até a Embaixada cubana no México em outubro de 1963 e anunciara: "Eu vou matar Kennedy".[2]

Hoover pode ter receado a reação da comissão a essa carta. O que significava que diplomatas cubanos no México sabiam semanas antes dos planos de Oswald para assassinar o presidente? Era essa prova de conspiração estrangeira que Hoover parecia tão determinado a excluir? Mais fundamental para o FBI, poderia essa informação sugerir que o bureau tinha feito uma má investigação na Cidade do México, e que poderia haver ainda outras pessoas naquele país que precisavam ser rastreadas porque tinham sabido de antemão, ou até mesmo encorajado, os planos de Oswald?

A fonte definitiva da informação na carta era, notavelmente, o próprio Fidel Castro. As palavras do ditador cubano haviam sido retransmitidas ao FBI por um informante "confidencial" do bureau, que "fornecera informação confiável no passado", segundo Hoover. De acordo com o informante, recentemente tinha-se ouvido por acaso Castro falar em Havana sobre o que seus diplomatas sabiam a respeito de Oswald na Cidade do México. "Nossa gente no México nos deu detalhes num relatório completo de como ele agiu quando veio ao México", Castro teria dito.

Segundo Castro, Oswald ficou furioso quando lhe disseram que não obteria, de imediato, um visto de viagem para Cuba. E voltou sua raiva não contra o governo cubano, mas contra a nêmesis de Castro — Kennedy. Oswald parecia culpar o presidente americano pelo corte nas relações com Cuba que agora lhe estariam dificultando começar uma nova vida em Havana. "Oswald invadiu a embaixada, exigiu o visto e quando lhe recusaram saiu dizendo: 'Eu vou matar Kennedy por isso'", Castro teria dito. Ele falou que os diplomatas cubanos no México não levaram Oswald a sério e ignoraram sua ameaça contra a vida do presidente, acreditando que o jovem americano pudesse ser algum tipo de provocador da CIA. O governo cubano, Castro continuava a insistir, não teve nada a ver com o assassinato do presidente.

Na carta, Hoover não fornecia nenhuma pista da identidade da fonte confidencial do FBI em Havana. Anos mais tarde, o bureau revelaria que se tratava de Jack Childs, um homem de Chicago que posava de membro devoto do Partido Comunista americano, mas na verdade trabalhava para o FBI. Childs visitou Castro em Havana em junho de 1964, o mesmo mês em que Hoover preparou sua carta para Rankin. O irmão de Childs, Maurice, também era membro do Partido Comunista e fazia espionagem para o FBI. O trabalho dos irmãos Childs — a Operação Solo, como o bureau a chamava — viria a ser considerado uma das maiores realizações do FBI durante a Guerra Fria. Sob o pretexto de promover a causa do comunismo, os irmãos viajaram pelo mundo comunista, encontrando-se com Khruschóv, Mao e Castro, entre outros, e assim alimentavam o FBI com o que ficavam sabendo. Os registros do bureau mostravam que as informações dos irmãos Childs eram notavelmente precisas.[3]

Mas a comissão nunca teria a chance de ponderar sobre as implicações de tudo isso — inclusive sobre a possibilidade de Oswald ter anunciado em voz alta a diplomatas cubanos na Cidade do México que pretendia matar o presidente — porque a carta de Hoover a Rankin, de junho de 1964, parece jamais ter chegado à comissão. O que aconteceu com a carta permaneceria um mistério décadas depois. Ela não pôde ser encontrada nos arquivos da comissão guardados no Arquivo Nacional nem nos arquivos pessoais de Rankin, que sua família doou ao Arquivo Nacional depois de sua morte. Ex-membros da equipe ficaram perplexos quando ouviram falar da existência da carta.

Eisenberg não teve recordação de tê-la visto, nem de Redlich ou qualquer outra pessoa ter falado nela. Disse que estava convencido de que teria ouvido sobre a carta se Redlich a tivesse visto, uma vez que era tão obviamente importante. David Slawson estava convicto de que tampouco vira a carta — afirmou que teria se lembrado de um documento que era uma "verdadeira bomba". Embora nada no registro público sugira que a carta de Hoover tenha chegado à comissão, uma cópia aportou em um outro órgão: na CIA. Décadas depois de a Comissão Warren finalizar a investigação, a carta apareceu nos arquivos da CIA que tiveram o sigilo quebrado como resultado do contínuo debate sobre a morte de Kennedy.*

Na Cidade do México, quando a primavera se transformou em verão, em 1964, o chefe do posto da CIA Winston Scott e seus assessores na Embaixada dos Estados Unidos puderam começar a relaxar. Parecia que eles escapariam de críticas no relatório final da Comissão Warren. O posto podia ter falhado em detectar a ameaça apresentada por Oswald, mas dentro da agência de espionagem tudo levava a crer que o relatório Warren não encontraria falha na operação de Scott.

A maioria dos principais assessores de Scott não tinha ficado sob nenhum escrutínio direto durante a investigação. Quando os advogados da comissão visitaram a Cidade do México, em abril, suas questões para a CIA foram respondidas quase exclusivamente pelo próprio Scott. Não havia registro de terem entrevistado a maioria dos assessores de Scott, inclusive Anne Goodpasture — a "mulher braço direito de Scott" — e Davis Atlee Phillips, um de seus agentes secretos de maior confiança.

Phillips, um texano de 41 anos que fora recrutado pela agência quando trabalhava como jornalista no Chile em 1950, estava encarregado de todas as operações de espionagem dirigidas contra a Embaixada cubana. Tinha longa experiência em lidar com Cuba — fora inserido clandestinamente em Havana duas vezes na década de 1950 e fez parte do planejamento da CIA para a Baía dos Porcos.[4] Scott descrevia Phillips como "o melhor oficial de ação secreta" com quem ele já trabalhara. No começo dos anos 1960, quando James Bond era uma fenômeno cultural novo, Phillips até se parecia com o personagem. Homem jovem de bela aparência, originalmente buscara a carreira de ator em Nova York. Depois da Segunda Guerra Mundial foi atraído para uma carreira muito diferente — que não obstante requeria talento de ator — na recém-criada CIA.

Em seus muitos anos trabalhando como agente secreto, Phillips podia ser perdoado por perder a conta dos nomes falsos pelos quais supostamente atendia.

---

* A pedido do autor, em 2012 o Arquivo Nacional pesquisou a questão do motivo de uma cópia da carta de Hoover, datada de 17 de junho de 1964, ter sido encontrada nos arquivos da CIA que haviam entrado em domínio público, mas não nos da comissão. O Arquivo Nacional declarou que era incapaz de determinar a resposta.

Ele tinha dois pseudônimos formais na CIA (Michael C. Choaden e Paul D. Langevin) e estimava que, com o passar dos anos, chegou a usar até duzentos outros nomes e pseudônimos.[5]

Phillips acreditava ter um trabalho especialmente importante no México. A Embaixada cubana ali era um estágio intermediário para Castro "exportar suas ideias de revolução para a América Latina", disse anos depois. "Eu devia saber o que os cubanos estavam fazendo na Cidade do México, especificamente na embaixada deles, e tentar obter o máximo de informação possível sobre suas intenções."[6] Ele era responsável por recrutar agentes para espionar Cuba — sobretudo dentro da Embaixada cubana —, bem como por monitorar americanos que fizessem contato com a embaixada e pudessem oferecer-se como espiões para o governo de Castro.

A CIA não tinha autorização para observar cidadãos americanos no México ou em qualquer outro país estrangeiro "a menos que estivessem claramente engajados no jogo de espionagem", Phillips disse mais tarde.[7] Mas se um americano visitasse a Embaixada cubana e parecesse suspeito, "seria imprudente não observá-lo o tempo suficiente para descobrir suas intenções". Em alguns casos, recordou-se, ele tentou interceptar potenciais traidores no México antes que tivessem a chance de entregar segredos aos cubanos. Posteriormente se gabaria de um de seus sucessos pessoais no começo dos anos 1960 — como frustrara os planos de traição de um "oficial militar dos Estados Unidos de médio escalão" que apareceu na Cidade do México com intenção de vender segredos de defesa para Cuba. Nesse caso, Phillips despachou um agente mexicano que "falava inglês fluentemente e podia se fazer passar por um tipo da inteligência cubana" para se encontrar com o oficial. Fingindo ser um espião cubano pronto a pagar pelos segredos do americano, o agente mexicano disse ao oficial para regressar aos Estados Unidos e aguardar instruções posteriores de Havana. A investigação foi então entregue ao FBI. "Não sei como o caso terminou", escreveu Phillips. "Mas deve ter sido um choque para o militar desleal quando bateram à sua porta" e o visitante era do FBI.

Depois do assassinato, Phillips insistiu que Oswald jamais entrara na categoria de alguém digno de muita atenção, mesmo depois de ser visto nas embaixadas cubana e soviética no México — Oswald era apenas "um pontinho na tela do radar do posto" da CIA. Na época de sua visita, disse o agente, Oswald não parecia ser mais do que um turista americano em busca de aventuras querendo um visto que lhe desse a chance de conhecer a vida num país comunista. Suas façanhas do passado, inclusive sua deserção fracassada para a União Soviética, só seriam descobertas mais tarde, depois que Oswald tinha deixado o México e já era tarde demais para a CIA agir. Antes do assassinato, reconheceu Phillips, ele já ouvira falar de Silvia Duran.[8] O posto da CIA na Cidade do México estava bem ciente da emaranhada vida romântica dessa mulher, inclusive seu conhecido caso com o ex-embaixador cubano no México. Phillips disse que tinha lido uma transcrição — em outubro, antes do assassinato — de uma conversa telefônica grampeada entre Duran e diplomatas soviéticos sobre a requisição de vistos envolvendo um homem americano que mais tarde acabaria se revelando ser Oswald. Mas a conversa "não significou nada para mim, sinto dizer, até o assassinato".

Phillips disse anos depois que chegou à conclusão de que Oswald era "um sujeito bobão que decidiu matar o presidente… e conseguiu", e que "não havia prova para mostrar que os cubanos ou os soviéticos o levaram a isso".

Phillips considerava que havia se encontrado com alguns membros da equipe da Comissão Warren quando eles visitaram o México, mas os documentos da comissão não fazem menção a esse nome. Suas ações não atrairiam escrutínio intenso até anos depois, quando investigadores do Congresso e outros questionaram se Phillips mentira sobre o que sabia de Oswald. Nos anos seguintes, Phillips irritou-se com teorias conspiratórias que sugeriam que ele e seus colegas da CIA poderiam ter tentado recrutar Oswald para espionar Cuba, ou que haviam realizado mal uma operação — similar àquela do oficial militar americano traidor —, tentando interceptar Oswald na Cidade do México antes de ele fazer contato com os cubanos. Phillips disse que a ideia de que ele tivesse feito parte de "um encobrimento do assassinato de um dos meus presidentes me perturba um bocado, e aos meus filhos".

Mas é possível que ninguém — na CIA ou em qualquer outra área do governo — tenha feito mais para confundir o registro sobre Lee Harvey Oswald e o que o governo sabia sobre ele antes do assassinato de Kennedy. Às vezes, o esforço de Phillips para turvar o registro do que aconteceu no México parecia quase patológico. Ele era, por profissão, um homem que transitava na trapaça. Por vezes parecia que ele era simplesmente incapaz de contar a verdade, se ele a soubesse, sobre a visita de Oswald ao México. Mesmo tendo continuado a insistir que Oswald fora apenas um "pontinho" no radar da CIA, a agência acabou revelando cabogramas confidenciais que mostravam que Oswald de fato tinha sido seguido de perto nas ruas da capital mexicana, e que a CIA havia alertado o FBI, o Departamento de Estado e outras agências — antes do assassinato — de suas atividades ali.

Talvez o mais significativo tenham sido as reiteradas declarações erradas de Phillips, sob juramento, acerca de seu próprio paradeiro em setembro e outubro de 1963, quando Oswald estava no México.[9] Enquanto inicialmente alegava que estivera no México durante toda a visita de Oswald, os registros da CIA mostravam que Phillips estivera fora do país durante boa parte do período, se não todo ele. Na época, esteve em Washington ou em Miami. Durante sua visita a Miami, trabalhou com um escritório da CIA que estava ajudando a mobilizar grupos anticastristas de exilados cubanos — inclusive pelo menos um dos grupos nos quais Oswald tentara se infiltrar no ano anterior.

Perto do fim da vida, Phillips parecia pronto a capitalizar as teorias conspiratórias sobre Oswald. Parecia querer atormentar outros sobre a possibilidade de a CIA ter mentido sobre Oswald e de na verdade ter alguma responsabilidade sobre a morte de Kennedy. Ao morrer, em 1988, Phillips deixou um esboço datilografado de oito páginas para uma novela que poderia ser um relato de ficção do seu trabalho no México. O esboço referia-se a personagens baseados nele mesmo e em Winston Scott, identificado na novela como Willard Bell, bem como a um teórico da conspiração parecido com Mark Lane. Oswald era identificado com seu nome real, assim como o ex-diretor da CIA — e membro da Comissão Warren — Allen Dulles.

O esboço incluía uma passagem na qual o personagem baseado em Phillips contava ao filho a verdade sobre Oswald:

> Eu era um dos dois oficiais do caso que cuidavam de Oswald. Depois de trabalhar para estabelecer sua autenticidade marxista, nós lhe demos a missão de matar Fidel Castro em Cuba. Eu o ajudei quando ele foi à Cidade do México para obter um visto, e quando ele regressou a Dallas para esperar o visto, eu o vi duas vezes lá. Nós ensaiamos o plano muitas vezes: em Havana, Oswald deveria assassinar Castro com um rifle de tiro da janela superior de um prédio no trajeto pelo qual Castro frequentemente passava num jipe aberto. Se Oswald era um agente duplo ou um psicopata, não tenho certeza, e não sei por que ele matou Kennedy. Mas sei que ele usou precisamente o plano que bolamos contra Castro. Logo, a CIA não previu o assassinato do presidente, mas foi responsável por ele. E eu compartilho dessa culpa. Allen Dulles

deu ao outro agente da CIA e a mim 800 mil dólares em dinheiro para financiar a operação e esconder Oswald para sempre depois da morte de Castro. Quando o esquema deu errado de forma tão terrível, Dulles nos mandou ficar com o dinheiro — temendo que uma tentativa de lançá-lo nos fundos operacionais da agência pudesse causar problemas.

Você pode imaginar como essa triste história tem me perturbado. Muitas vezes pensei em revelar a verdade, mas por algum motivo não consegui. Talvez você, ao ler isto, resolva que é a hora da verdade.[10]

43.

NA COSTA DE CUBA
VERÃO DE 1964

William Coleman não escreveu nada sobre a tarefa mais arriscada que assumiu numa longa carreira no direito e no serviço público. Ele contou que lhe foi dito que jamais deveria falar — nunca — sobre tal tarefa, a não ser para informar Warren, Rankin e possivelmente o presidente Johnson acerca dos resultados. Nenhuma documentação foi guardada nos arquivos da comissão, pelo menos não nos arquivos liberados pelo Arquivo Nacional.[1]

A missão daquele verão começou na costa atlântica da Flórida, para onde Coleman disse ter sido levado de Washington de avião. Quando chegou, foi transferido para o barco do governo dos Estados Unidos — "Não sei se era um barco da CIA ou da Marinha" — para a viagem às águas próximas a Cuba. A cerca de trinta quilômetros da costa, segundo ele, o barco parou quando avistou um iate — de Fidel Castro. Na embarcação estava o próprio Castro, que ali aguardava para responder à pergunta que Coleman fora enviado para fazer: o líder cubano havia ordenado o assassinato do presidente Kennedy?

Coleman pensou que fora escolhido para a tarefa porque era o advogado sênior da equipe da "conspiração" e, o mais importante, porque sabia-se na comissão que ele havia se encontrado com Castro antes. Eles haviam se conhecido na década de 1940 ou 1950 no Harlem, quando Castro estava em Nova York em uma das diversas visitas que fez aos Estados Unidos antes de chegar ao poder.[2] Apesar das reclamações que faria mais tarde sobre a decadência capitalista que a cidade podia representar, Castro dizia que adorava Nova York. Havia passado boa parte da sua lua de mel na cidade, em 1948, e voltou muitas vezes na década seguinte. Como Coleman, o futuro líder cubano era apreciador da música noturna e dos clubes dançantes do Harlem.

Como negro, naquela época Coleman não tinha permissão para frequentar os nightclubs do centro de Manhattan. Então, ele e seus amigos esperavam até a uma da manhã, quando alguns dos mais populares artistas negros daquele tempo terminavam suas apresentações noturnas no centro e se dirigiam ao Harlem para entreter plateias negras. A cantora Lena Horne tornou-se boa amiga de Coleman. Era uma época mágica. "Lena e toda aquela gente talentosa, eles vinham para o Harlem e os clubes, e a gente tinha todos eles juntos no mesmo salão", recordou-se Coleman. "A gente era capaz de dar o braço direito para estar lá às quatro da manhã." Foi nesses clubes ao longo da rua 125 onde Coleman, um republicano de longa data, fez amizade com Nelson Rockfeller, o futuro governador do estado de Nova York e colega amante do jazz.

Coleman lembrou-se de ter ficado impressionado com Castro, que falava um pouco de inglês. "Nunca pensei que ele viria a ser o chefe daquele país", disse. "Mas era um sujeito impressionante. Tinha formação em direito. Era um cara muito atraente, esperto."

Agora, tantos anos depois, Castro era o temido ditador da Cuba comunista, o homem que, dois anos antes, levara o mundo à beira de uma guerra nuclear e que John Kennedy quis tão desesperadamente tirar do poder. Coleman considerava "a ironia das ironias" que fora ele o escolhido para assumir a missão secreta de ver seu velho conhecido dos clubes de jazz e lhe perguntar se ele matara o presidente.

Conforme foi explicado a Coleman, Castro enviara uma mensagem a Washington dizendo que queria dar seu testemunho para a comissão — para convencê-la de que ele nada tinha a ver com a morte de Kennedy. "Castro indicou que queria ver alguém, e eu era o sujeito para fazer isso."

Anos depois, Coleman disse que se lembrava de ter discutido a missão apenas com Rankin e com Warren. "Estou bastante seguro de que conversei com o presidente da Suprema Corte sobre o assunto", disse. "A coisa toda foi feita aos cochichos." Pediram a ele que não contasse nada a Slawson, seu parceiro júnior na equipe. Havia bons motivos para o sigilo, segundo Coleman. Se o encontro fosse mal encaminhado ou se tornasse público, poderia gerar um escândalo ou algo pior. "Se eu fizesse uma bobagem, se eu dissesse a coisa errada", Castro poderia apropriar-se da fala dele para isentar-se oficialmente do assassinato de Kennedy. "No dia seguinte, poderia convocar uma coletiva de imprensa e dizer: 'Até o sr. Coleman disse que eu não fiz isso'."*

Ainda assim, Coleman sentiu que sua missão valia o risco. "Decidi que tínhamos de fazer aquilo."

A capacidade de Coleman de manter por décadas a viagem em segredo de seus colegas era próprio de seu caráter. Nascido e criado na Filadélfia, William Thaddeus Coleman Jr. orgulhava-se de ser um "advogado da Filadélfia", termo muito usado em todo o país para descrever um advogado discreto e capaz — um advogado de advogado. O fato de Coleman, com seus 43 anos, ter ascendido tanto na profissão já em 1964, contrariando tantas probabilidades, era por si só um tributo ao seu enorme talento. Apenas doze anos antes, apesar de ter se graduado como primeiro da classe no curso de direito em Harvard e ter trabalhado como assistente jurídico na Suprema Corte para o lendário Felix Frankfurter, não conseguiu achar emprego em nenhum escritório na sua cidade natal. Coleman fazia questão de nunca se queixar a outros advogados da discriminação que enfrentara em sua carreira. Em vez disso, falava com orgulho sobre tudo que conquistara, apesar da cor da sua pele. Sua inabilidade em encontrar emprego na Filadélfia no início da carreira era o exemplo de racismo óbvio e repulsivo que o corroía. "Aquilo realmente me incomodou."

---

* Coleman disse que o autor deste livro foi o primeiro jornalista a quem contara sobre a missão secreta. Outros ex-membros da equipe da comissão disseram ao autor que tinham ouvido boatos sobre o encontro de Coleman com o líder cubano. Questionado sobre os rumores, Coleman confirmou que a história era verdadeira. Afirmou que não fez nenhuma menção ao encontro com Castro em suas próprias memórias, *Counsel for the Situation* [Conselho para a situação], publicadas em 2011, porque entendia que a informação era sigilosa.

Por fim, conseguiu emprego em 1949 num escritório de Nova York que crescia depressa, o Paul Weiss, onde se tornou o primeiro associado negro da história do escritório — e um dos primeiros associados negros de qualquer escritório de tamanho razoável no país. Embora trabalhasse em Nova York, permaneceu devotado à Filadélfia e ali estabeleceu sua residência — isso exigia que ele viajasse de trem todo dia duas horas e meia em cada direção, indo e voltando de Manhattan. Durante anos, seu despertador tocava às 5h50 todo dia útil, e ele nunca chegava de volta para o jantar antes das 20h30. Na Paul Weiss, Coleman começou a conquistar seu lugar na história do movimento dos direitos civis.[3] Em 1949, Thurgood Marshall — então consultor-chefe do Fundo de Defesa Legal da Associação Nacional para o Progresso das Pessoas de Cor e mais tarde juiz da Suprema Corte — pediu a ele que se envolvesse em litígios judiciais para acabar com a segregação nas escolas públicas do país. Pouco depois, Coleman foi solicitado a ajudar a redigir peças processuais a serem apresentadas à Corte em nome das famílias negras do Kansas que buscavam dessegregar as escolas públicas de Topeka, no caso que ficou conhecido como Brown vs. Conselho de Educação. Quando chegou a hora de Marshall argumentar a causa diante da Suprema Corte, em dezembro de 1953, ele convidou Coleman, então com 33 anos, a sentar-se ao seu lado na mesa dos advogados.[4]

Em 1952, Coleman finalmente realizou seu sonho de ir trabalhar para um grande escritório de advocacia na Filadélfia. Sua contratação como associado da Dilworth, Paxson, Kalish & Green levou um grupo de secretárias brancas a ameaçar pedir demissão se tivessem que trabalhar para um negro. Conforme lembrou Coleman, o sócio sênior do escritório acabou com o protesto dizendo às secretárias que podiam ir embora se quisessem, porque podiam "achar gente quase tão boa quanto vocês para substituí-las". Coleman, segundo ele, não podia ser substituído facilmente. "Quando vocês vierem a conhecê-lo, vão descobrir que ele é um ser humano decente." As secretárias ficaram.[5]

Anos mais tarde, Coleman disse que esquecera muitos detalhes da viagem para o encontro com Castro no iate — por exemplo, se o capitão e os marinheiros americanos estavam armados —, mas se lembrava de ter passado para o barco cubano e de ter visto num primeiro relance Castro barbado, depois de anos. O líder cubano reconheceu Coleman de imediato e o saudou como amigo, segundo disse. "Ele certamente sabia que havíamos nos encontrado em Nova York. [...] Foi uma conversa bastante animada."

O encontro durou cerca de três horas. Coleman pressionou Castro sobre cada cenário possível no qual o governo cubano pudesse estar envolvido no assassinato de Kennedy, mesmo indiretamente. Castro negou qualquer ligação de Cuba com o crime. Na verdade, recordou-se Coleman, "ele disse que admirava o presidente Kennedy". Apesar da invasão da Baía dos Porcos e de todas as outras tentativas da administração Kennedy de afastá-lo do poder, mesmo de matá-lo, Castro insistiu que "ainda assim não pensava mal" de Kennedy.

Sempre cauteloso, Coleman não aceitou as negações de Castro como verdade e disse que saiu do encontro sem certeza de nada. Ao regressar a Washington, tudo que pôde oferecer a Rankin e Warren foi sua opinião de que não ouvira nada que enfraquecesse a declaração de Castro sobre sua inocência na morte de Kennedy. "Não estou dizendo que ele não fez", afirmou Coleman. "Mas voltei e falei que não tinha achado nada que me levasse a pensar que havia alguma prova de que ele *tivesse feito*."

Earl Warren insistiu com seus colegas de comissão que jamais deixassem vazar informações. No fim da primavera, porém, alguém estava vazando, e em detalhes, que havia possibilidade de a comissão concluir que Oswald agira sozinho. O primeiro vazamento foi para Anthony Lewis, o correspondente do *New York Times* na Suprema Corte, que era próximo de Warren e Rankin pelos anos que cobria o tribunal. Em 1963, Lewis ganhou o prêmio Pulitzer por sua cobertura na Corte; em junho de 1964, publicou *Gideon's Trumpet* [Trombeta de Gideon], uma história do caso Gideon vs. Wainwright, que se tornou um marco na Suprema Corte.[6] O livro era efusivo em elogios ao presidente da Suprema Corte e a Rankin pelo papel que desempenharam no caso, no qual o tribunal decidiu que réus criminosos sem recursos deviam ser providos de advogados gratuitos.

Poucos dias depois da publicação do livro, o *Times* trouxe na primeira página uma história de Lewis sobre a Comissão Warren com a manchete: COMISSÃO DEVE REJEITAR TEORIA DE CONSPIRAÇÃO NA MORTE DE KENNEDY. O artigo dizia que se esperava que o relatório final da comissão, meses antes de ser concluído, "sustentasse a crença original das autoridades legais deste país de que o presidente foi morto por um homem agindo sozinho, Lee H. Oswald".[7] Grande parte da história foi escrita sem menção a fontes, como se a informação fosse um fato inquestionável. Lewis informou que "um porta-voz da comissão", não nomeado no artigo, confirmara que a comissão derrubaria as muitas teorias conspiratórias sobre o assassinato, em especial as difundidas por Mark Lane. Embora fosse impossível identificar o "porta-voz" com certeza, as agendas pessoais de Rankin mostram que ele se encontrou com Lewis nos escritórios da comissão por cerca de quarenta minutos, três dias antes da publicação do artigo. Artigos igualmente vazados surgiram em outros jornais.[8]

As matérias deixaram Ford indignado. Ele viu os vazamentos como um esforço de alguém da comissão para manipular o resultado da investigação antes de todos os fatos serem considerados. Isso tinha se tornado uma queixa constante dos conselheiros de Ford nos bastidores, preocupados que a comissão — Warren, em particular — continuasse ignorando provas que pudessem apontar para uma conspiração comunista. Ford solicitou uma reunião urgente para expor seus protestos, e Warren a programou para quinta-feira, 4 de junho. O único item da pauta eram os vazamentos. Warren, Dulles e McCloy participaram da reunião, junto com Ford.

Warren de imediato passou a palavra a Ford, que, sóbrio, advertiu que parecia haver um espião entre eles. "Na minha opinião, alguém em algum lugar está plantando ou vazando essas histórias", disse, acrescentando que pensava saber quem era. "Tenho algumas conclusões pessoais, mas não posso prová-las, então não quero fazer nenhuma alegação." Afirmou que os vazamentos se destinavam a prejulgar os achados da comissão. "Eles estão produzindo uma atmosfera por todo o país que criará, penso eu, uma opinião pública predeterminada do que podemos ou não podemos concluir", declarou. "Não gosto de ser citado quando ainda não fiz meu julgamento final."[9]

Warren tentou tranquilizar Ford. "No que me concerne, compartilho plenamente dos seus sentimentos", disse. "Estou inclinado a pensar que a maior parte disso vem do ar e de especulação. Não tenho conhecimento de ninguém falando com ninguém." Ford insistiu que a comissão emitisse uma declaração pública desmentindo que tivesse chegado a uma conclusão. Warren e os outros concordaram prontamente. Uma breve declaração saiu no dia seguinte afirmando que a comissão se aproximava do fim da investigação, mas estava "considerando o conteúdo e a forma do relatório" e que não chegara a nenhuma decisão.

Mais uma rodada de depoimentos aconteceria em Washington antes que a investigação terminasse. Alguns dos que já tinham sido ouvidos foram chamados de novo depois de ficar claro que sua credibilidade fora posta em dúvida. Poucos enfrentaram mais incertezas sobre sua sinceridade do que Marina Oswald e Mark Lane — ambos foram reconvocados para explicar lacunas em seus depoimentos anteriores feitos sob juramento.

Nos quatro meses decorridos desde o primeiro testemunho de Marina, a percepção da sua honestidade e do seu caráter tinha mudado drasticamente entre os membros da comissão, e para pior. Desde fevereiro, a comissão ouvira muitos relatos nada lisonjeiros sobre sua vida romântica aparentemente descuidada e suas bebedeiras pesadas. (O FBI continuava a grampear sua casa, inclusive o quarto.) "Ela se tornou uma fumante inveterada e bebedora contumaz de vodca pura", escreveria mais tarde William Manchester em seu livro.[10] Os membros da comissão tinham preocupações mais substanciais sobre a possibilidade de ela ter cometido perjúrio em seu depoimento anterior, em especial ao negar saber com antecedência dos planos do marido de matar o presidente. A negativa agora estava sendo questionada com base na descoberta de que ela contara tanto ao administrador de seus negócios quanto ao seu cunhado — mas não à comissão — sobre a trama do marido para matar Nixon. Os advogados da equipe agora suspeitavam que, se Oswald tinha contado à esposa seus planos de matar Nixon e Walker, teria contado também seu plano de matar Kennedy.

Marina Oswald voltou aos escritórios da comissão na quinta-feira, 11 de junho.[11] Dessa vez, não houve declaração de Warren para recebê-la ou para expressar gratidão por seu depoimento. Não houve preocupação paternal com o seu bem-estar e o de seus filhos. O interrogatório, comandado por Rankin, beirou a hostilidade.

Rankin: "Sra. Oswald, gostaríamos que a senhora nos contasse sobre o incidente referente ao sr. Nixon".

Marina pareceu entender o tamanho do apuro em que estava metida: "Lamento muito não ter mencionado isso antes", começou ela em russo, fazendo-se entender por meio de um tradutor. "Eu tinha me esquecido totalmente do incidente com o vice-presidente Nixon quando estive aqui da primeira vez. Não estava tentando enganá-los."

Ford a pressionou: "A senhora pode nos contar por que não mencionou esse incidente?".

Marina: "Eu estava muito cansada e sentia que tinha contado tudo".

Ela relatou então o que afirmou ser a história inteira sobre a ameaça a Nixon: como, em meados de abril de 1963, vários dias depois da tentativa de assassinar Walker, Oswald lhe contara que estava em vias de sair para as ruas atrás de Richard Nixon. O marido alegava que Nixon estava em visita a Dallas naquele dia. Agarrou a pistola que guardava em casa e disse: "Vou sair e dar uma olhada, e talvez não use a minha arma. Mas se houver uma oportunidade conveniente, talvez use, sim". Ela contou que ficou apavorada com a ameaça e tentou trancar o marido no banheiro para impedir que ele saísse. "Na verdade, nós brigamos por vários minutos e aí ele se acalmou", disse. "Lembro que eu lhe disse que, se ele saísse, seria melhor ele me matar."

Mesmo enquanto tentava explicar as lacunas de seu depoimento anterior, Marina criava nova confusão, sobretudo porque a equipe da comissão já havia determinado que Nixon não visitara Dallas em abril de 1963. Alguns membros da comissão questionaram se ela estaria confundindo o ex-vice-presidente Nixon com o então vice-presidente Lyndon Johnson, que visitara Dallas naquele mês. No entanto, ela tinha certeza de não estar confundindo. "Lembro claramente o nome Nixon", disse. "Nunca ouvi falar de Johnson antes de ele se tornar presidente."

Allen Dulles tomou a palavra: se o seu marido tinha tentado matar Walker e ameaçado matar Nixon, "não lhe ocorreu na época que havia o perigo de ele tentar usar essas armas contra outra pessoa?". "Ele nunca fez nenhuma declaração contra o presidente Kennedy?", insistiu Dulles.

"Nunca", ela retrucou. "Ele sempre teve um sentimento favorável ao presidente Kennedy."

Marina fez um novo apelo à simpatia da comissão, tentando explicar sua falha em não avisar a polícia — ou qualquer outra pessoa — que o marido era capaz de violência política. Permanecera em silêncio, disse ela, porque ficara apavorada com a possibilidade de o marido algum dia ser detido e preso, abandonando-a num país onde não tinha família e apenas poucos amigos. Queria permanecer nos Estados Unidos e estava preocupada com a possibilidade de ser deportada para a Rússia se entregasse o marido. "Lee era a única pessoa que me apoiava", disse.

"Eu não tinha amigos, não falava inglês e não podia trabalhar, e não sabia o que aconteceria se ele fosse para a cadeia."

Havia meses que Lee a atormentava com a possibilidade de ser forçada a voltar para a Rússia sem ele, declarou. O marido tinha um lado "sádico" e a fez "escrever cartas para a Embaixada russa afirmando que eu queria voltar para a Rússia", prosseguiu. "Ele gostava de me provocar e me atormentar dessa maneira. […] Várias vezes ele me fez escrever essas cartas." Sob protestos, ela postava as cartas. Disse que havia se resignado com a possibilidade de um retorno solitário ao seu país natal. "Quero dizer, se meu marido não quisesse mais que eu vivesse com ele e quisesse que eu voltasse, eu voltaria", disse. "Eu não tinha escolha."

Na quinta-feira, 2 de julho, data do segundo e último testemunho de Mark Lane, ele já era bem conhecido do público americano e da maioria dos integrantes da comissão.[12] Aos 37 anos, Lane era agora uma celebridade com admiradores no mundo todo, ávidos por ouvi-lo explicar como Lee Oswald havia sido falsamente incriminado e como o presidente da Suprema Corte estava acobertando a verdade. Quando a comissão obrigou Lane a voltar a Washington sob ameaça de uma intimação judicial, ele teve de abreviar uma viagem pela Europa, onde estava dando palestras e arrecadando dinheiro.

O motivo alegado pela comissão para chamá-lo a testemunhar uma segunda vez era exigir que ele revelasse a fonte de algumas de suas afirmações mais chocantes, especialmente sua declaração sobre uma reunião ocorrida no Carousel Club uma semana antes do assassinato, da qual teriam participado o policial J. D. Tippit e um conhecido ativista anticastrista. A equipe da comissão não encontrou nada para comprovar o boato, tampouco nenhum dos repórteres em Dallas que ouviram a história do mesmo advogado texano bêbado que a vinha espalhando havia meses. A comissão também ainda estava tentando resolver a confusão em torno da alegação de Lane de que a garçonete de Dallas, Helen Markham, uma das testemunhas do assassinato de Tippit, havia recuado da sua identificação de Oswald como o assassino.

Depois de tomar seu lugar na mesa das testemunhas, Lane não perdeu tempo: deixou claro que não responderia a nenhuma das perguntas centrais da comissão e declarou que não havia meio de forçá-lo.

Warren pareceu brigar consigo mesmo para conter a raiva. A menos que

Lane fornecesse as fontes de suas alegações mais afrontosas, "temos todos os motivos para duvidar da veracidade do que o senhor nos contou até agora", declarou o presidente da Suprema Corte, efetivamente acusando o jovem advogado de perjúrio. Lane sentia-se livre para conduzir sua própria "inquisição" do assassinato e repetir qualquer rumor ultrajante que chegasse aos seus ouvidos, disse Warren. "O senhor não fez nada a não ser nos atrapalhar."

Lane foi desafiador: "Eu não disse nada em público, sr. presidente da Suprema Corte, que não tenha dito antes perante esta comissão. Quando falo diante de uma plateia, eu realmente me considero dizendo a verdade, da mesma forma que, quando testemunhei perante esta comissão, também disse a verdade". De Lane, a comissão não tiraria mais nada.

PARTE III
O relatório

O presidente da Suprema Corte Warren entrega o relatório da comissão ao presidente Johnson, 24 de setembro de 1964.

44.

CASA DE EARL E NINA WARREN
SHERATON PARK HOTEL
WASHINGTON, DC
JUNHO DE 1964

A dedicada esposa de Warren, Nina, era a mais preocupada de todos. Dizia que o presidente da Suprema Corte, que fizera 73 anos em março, estava trabalhando tanto que pusera sua saúde em risco. Ao longo da primavera, a comissão absorvera cada minuto livre de seu dia e sua noite fora da Corte. Todas as noites, antes de dormir, ficava sentado na cama tentando dar conta da crescente pilha de transcrições de depoimentos de testemunhas recentes.

Desde que chegara a Washington, uma década antes, Warren tentava permanecer em boa forma física. Gostava de nadar para exercitar-se. Drew Pearson achava que o musculoso presidente da Suprema Corte, com seus cabelos brancos, parecia um leão-marinho velho, mas satisfeito enquanto deslizava pela água. Contudo, durante a maior parte de 1964, Warren teve de desistir das suas visitas de fim de tarde à piscina do Clube da Universidade de Washington — simplesmente não havia tempo. "A Comissão Warren era um entrave para ele", disse Bart Cavanaugh, ex-administrador municipal de Sacramento, Califórnia, e um dos amigos mais próximos de Warren.[1] "Era uma tensão terrível." Cavanaugh visitou os Warren naquela primavera. "A sra. Warren disse que ele estava terrivelmente desgastado, que havia perdido um peso considerável." Ela insistiu que Cavanaugh a ajudasse a tirar a cabeça do marido do trabalho, fazendo-o sair da cidade. "A sra. Warren disse: 'Por que vocês dois não dão uma fugida e vão passar o fim de semana em Nova York?', e nós fizemos isso", contou Cavanaugh. "Fomos de carro até Nova York e assistimos a um jogo." Mas, na semana seguinte, de volta a Washington, a pressão dos dois trabalhos de período integral de Warren ressurgiu.

Seu agravamento aumentava à medida que cada um dos prazos finais que estabelecia para o trabalho da comissão escorregava. Warren começava a ficar preocupado que não teria férias de verão naquele ano. Já no começo de junho, apenas o sempre eficiente Arlen Specter — trabalhando sem a ajuda nem o estorvo do seu parceiro sênior Francis Adams, já ausente havia muito tempo — terminara uma primeira versão de sua parte do relatório, delineando os acontecimentos do dia do assassinato. A maioria das outras equipes já sabia havia semanas que seus prazos finais eram impossíveis de cumprir.

Warren parou de esconder sua irritação com os atrasos. Slawson recordou-se da fúria de Warren quando os prazos finais de junho não foram cumpridos. Em 29 de maio, última sexta-feira do mês, Rankin deu-se conta de que seria preciso dizer a Warren, de uma vez por todas, que a equipe não conseguiria cumprir o prazo para finalizar a primeira versão dos capítulos do relatório na segunda-feira, 1º de junho. Quando Rankin se preparava para passar o fim de semana em casa, pediu a Willens para dar a notícia: "É melhor você dizer ao chefe que não vai ficar pronto". O presidente da Suprema Corte ficou "furioso", lembrou-se Slawson. Para Willens, a ira de Warren era compreensível. Durante a maior parte de sua vida, o presidente da Suprema Corte havia controlado não só o seu próprio cronograma como o das pessoas que trabalhavam para ele. Agora, seu cronograma estava à mercê de um grupo de jovens advogados, a maioria dos quais ele mal conhecia. Ele sentiu que era "prisioneiro da equipe", segundo Willens.[2]

Warren, que via de regra fugia de Washington em julho e agosto para evitar o pantanoso calor da capital, reduziu suas férias para um mês. Planejava sair no dia 2 de julho para ir pescar na sua amada Noruega, lar ancestral da família, e regressar no começo de agosto, a tempo de supervisionar a redação final do relatório. Antes de partir, deu um jeito de responder a algumas cartas de censura que vinha recebendo durante o ano de advogados proeminentes de todo o país, que queriam lhe dizer como agira mal em aceitar a tarefa de dirigir a comissão. Em suas respostas tardias, Warren deu razão aos críticos e disse que assumira a tarefa apenas porque o presidente Johnson insistira. "Compartilho da sua opinião de que não cabe aos membros da Corte aceitar atribuições externas", Warren escreveu a Carl Shipley, um advogado de valores mobiliários de Washington. "Eu tinha me manifestado tanto dentro como fora dos círculos da Corte a esse respeito." Para explicar o motivo pelo qual aceitou a tarefa, Warren usou uma das citações prediletas do presidente Grover Cleveland: "Às vezes, como você sabe, somos confrontados com uma condição e não com uma teoria. Nessa situação, o presidente impressionou-me tanto com a gravidade da conjuntura do momento que senti, em sã consciência, que não podia recusar".[3]

A Suprema Corte acabara de concluir outro período processual repleto de acontecimentos, com os juízes decidindo diversos casos de referência, inclusive *New York Times* vs. Sullivan — uma decisão unânime anunciada em março na qual o tribunal deu um golpe em favor tanto da liberdade de expressão quanto dos direitos civis.[4] A decisão enfraqueceu a capacidade de funcionários públicos de utilizar a leis de difamação para punir jornalistas. Na época, as leis estavam sendo usadas para levar à falência organizações de notícias que informassem abusos contra direitos civis no Sul. Em 22 de junho, em Escobedo vs. Illinois, a Corte manteve a decisão de que suspeitos de crimes tinham direito a um advogado durante interrogatórios policiais — uma extensão das proteções concedidas a réus criminosos na decisão unânime de Gideon vs. Wainwright no ano anterior. Ao contrário dos casos Sullivan e Gideon, Escobedo teve um resultado apertado: a decisão foi por uma parca maioria de cinco a quatro. A margem de um voto sugeria que a campanha de Warren para expandir os direitos de réus criminosos estava perdendo impulso.

Warren diria mais tarde que sempre entendera que seria difícil obter unanimidade na comissão — estabelecer pontes entre sete homens que, em outras circunstâncias, não concordavam em quase nada.[5] "Politicamente, tínhamos tantos opositores quanto permitia o número de pessoas", lembrou-se. "Estou seguro de que eu era um anátema para o senador Russell por causa das decisões raciais da Corte." Ele ficou surpreso com a hostilidade que havia entre o congressista democrata Boggs e o republicano Ford: "Eles não eram amistosos — não havia camaradagem entre eles". O presidente da Suprema Corte tinha muito mais respeito por Boggs do que por Ford, mesmo o democrata sendo muito menos ativo na investigação. "Boggs era um bom membro", disse o presidente da Suprema Corte. "Abordava as questões objetivamente. Eu o achei muito útil." Boggs também tinha melhor disposição. "Boggs era amigável e Ford antagonista." Warren disse que veio a ter grande respeito pelo bom senso de John McCloy, que parecia sempre erguer-se acima dos partidos. "Ele era objetivo e extremamente prestativo." E apesar da excentricidade e tendência de Allen Dulles de cochilar durante as reuniões, ele "também era muito prestativo […] um pouquinho tagarela, mas trabalhava duro e era um bom membro".

No fim da primavera, Warren julgou ter conquistado a maioria dos integrantes da comissão para sua convicção de que Oswald agira sozinho. "A teoria da não conspiração decerto era a decisão básica do caso." O opositor mais declarado era Ford, que continuava a sugerir a possibilidade de Oswald ter participado de uma conspiração, provavelmente com o envolvimento de Cuba. "Ford queria sair por uma tangente seguindo um complô comunista." Warren também não tinha certeza de qual seria a posição de Russell, considerando quão pouco o senador participara da investigação.

O trabalho de redigir os esboços do relatório foi quase todo deixado a cargo da equipe, o que era típico de uma comissão federal de alta qualidade. Warren e os outros membros decidiram que entrariam com seu peso depois que lhes fosse apresentada a primeira versão dos capítulos. Como planejara havia muito, Redlich, agora garantido no emprego graças ao presidente da Suprema Corte, assumiu o papel de editor principal do relatório, trabalhando com Willens e Alfred Goldberg. Rankin reservou-se a decisão final sobre a edição, pelo menos até o esboço chegar aos membros da comissão. Sua meta, segundo ele, era editar o relatório buscando um estilo sóbrio, uniforme, e ater-se o máximo possível aos fatos do caso contra Oswald, sem superestimá-los. "Eu queria que tudo fosse o mais preciso possível", recordou-se Rankin. Os membros da equipe que quisessem reclamar do modo como seus capítulos haviam sido reescritos teriam direito imediato a uma audiência, anunciou ele.[6]

Entre os advogados, as linhas gerais do relatório já eram conhecidas havia semanas: a comissão concluiria que Oswald assassinara o presidente Kennedy e provavelmente agira sozinho. O debate principal era sobre com que veemência apresentar as conclusões e se a comissão deveria reconhecer que havia prova inconclusiva da culpa de Oswald. Os advogados teriam de decidir, por exemplo, se e como mencionar o depoimento de testemunhas na Dealey Plaza que estavam convencidas de que os disparos contra a limusine de Kennedy tinham vindo da frente, e não do Depósito de Livros Escolares do Texas, contra a traseira do veículo.

Pela primeira vez, Rankin passou a se preocupar seriamente com o orçamento — como a comissão pagaria a publicação do que decerto seria um relatório final mastodôntico, acompanhado de vários volumes adicionais de depoimentos de testemunhas. Durante os primeiros meses da investigação, o presidente Johnson fora fiel à sua palavra: a Casa Branca providenciara o dinheiro e outros recursos de que a comissão necessitava. Dezenas de milhares de dólares foram transferidos para as contas bancárias da comissão, a partir de pouco mais de um telefonema de uma das secretárias de Rankin para a Casa Branca. "Recebemos todo o dinheiro de que precisávamos, e em nenhum momento nos foi dito que deveríamos nos limitar", recordou-se Rankin com gratidão.

Mas naquela primavera, depois de se reunir com o Departamento de Imprensa do Governo, Rankin ficou estarrecido com o custo estimado de publicar o relatório inteiro e os volumes adicionais: pelo menos 1 milhão de dólares.* "Quando eu disse isso ao presidente da Suprema Corte, ele ficou muito chocado", contou.

"Meu Deus, não podemos gastar dinheiro desse jeito", disse o frugal Warren.

Rankin lembrou o presidente da Suprema Corte do voto de transparência da comissão. Era importante que a comissão publicasse não só o relatório final, mas também o máximo possível de depoimentos e provas.

"Bem, isso cabe ao Congresso", Warren retrucou, recusando-se a aprovar o orçamento sozinho. "Não sei se vão aprovar uma coisa como essa ou gastar o dinheiro." Orientou Rankin a conversar com os quatro membros do Congresso que participavam da comissão e perguntar se conseguiriam convencer seus colegas na Câmara e no Senado a aprovar a despesa.

Rankin começou por Russell, que, como presidente da Comissão das Forças Armadas do Senado, supervisionava bilhões de dólares por ano de gastos federais em programas militares.

"Quanto vai custar?", Russel perguntou.

Rankin disse 1 milhão de dólares.

---

* Considerando os efeitos da inflação, 1 milhão de dólares em 1964 equivale a cerca de 7,5 milhões de dólares em 2013.

Russell prometeu vir com o dinheiro. "Pode ir em frente", falou. "Vamos arranjar o dinheiro para você." Para um senador que supervisionava o orçamento do Departamento de Defesa, 1 milhão de dólares mal era um erro de arredondamento.

Rankin perguntou a Russell se precisaria consultar os outros legisladores: Boggs, Ford e Cooper. "Eu falo com eles", Russell respondeu. "Vamos arranjar o dinheiro."

Rankin também estava ansioso com as escrivaninhas que iam se esvaziando nos escritórios da comissão. David Belin retornara a sua casa, em Iowa, no final de maio, e Leon Hubert partiria dias depois. Arlen Specter deixaria de trabalhar em período integral em Washington em junho, depois de terminar a primeira versão de seu capítulo. Entre os advogados juniores que haviam trabalhado na investigação desde o início, apenas Griffin, Liebeler e Slawson ainda estariam em suas mesas a maior parte do tempo naquele verão, com mais ou menos uma dúzia de secretárias e outros auxiliares de escritório. Se o relatório final tinha que ser feito, Rankin sabia que precisaria contratar mais advogados, e depressa. Warren concordou em enviar vários assistentes jurídicos da Suprema Corte para ajudar e para começar o processo de verificar duas vezes as informações e preparar as notas de rodapé do relatório. O juiz Arthur Goldberg permitiu que um de seus assistentes jurídicos, Stephen G. Breyer, 25 anos, graduado pela Escola de Direito de Harvard, participasse temporariamente da equipe da comissão.*

Considerando o quanto Redlich e Willens estariam ocupados com a redação efetiva do relatório, Rankin quis um novo assistente em período integral. Em 12 de maio, dia do seu 24º aniversário, Murray Laulicht, estudante da Escola de Direito de Columbia, recebeu um telefonema de Nova York solicitando que se apresentasse imediatamente em Washington para uma entrevista de emprego. Laulicht, aluno do terceiro ano que estava prestes a se graduar como primeiro da classe, estava livre para ir. No mesmo dia fizera seu último exame — sobre legislação patrimonial e fiduciária. Estava no escritório de Rankin na manhã seguinte e recebeu uma proposta de emprego no ato. "Rankin queria que eu começasse naquele mesmo dia", disse, recordando-se do choque com a brusquidão da oferta.

---

* Breyer viria a ingressar na Suprema Corte como juiz em 1994.

O assassinato à queima-roupa de J. D. Tippit, oficial de polícia de Dallas, foi visto pelo advogado da comissão David Belin como a "Pedra de Roseta" para justificar que Oswald era culpado também pelo assassinato do presidente. ABAIXO, À ESQUERDA: O assassinato de Tippit foi presenciado pela garçonete Helen Markham, vista aqui ao lado de um policial; mais tarde nesse dia, ela identificou Oswald numa fila de reconhecimento. ABAIXO, À DIREITA: Logo depois do assassinato de Tippit, Oswald foi detido ao tentar se esconder no auditório escuro do Texas Theatre, nas redondezas. Em seu bolso havia um bilhete de transferência de ônibus (mostrado com uma chave) que, segundo Belin, Oswald pretendia usar para chegar a outro ônibus que lhe permitiria fugir para o México.

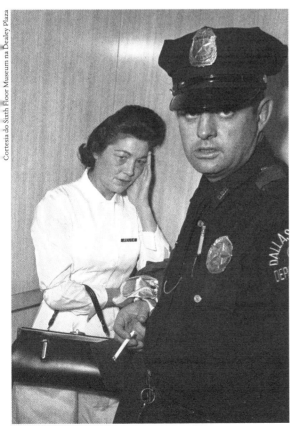

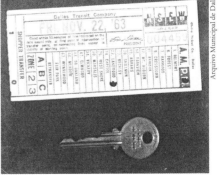

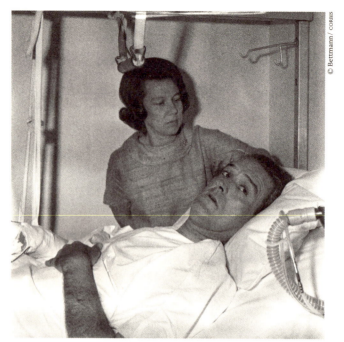

O governador do Texas John Connally é confortado pela esposa, Nellie, no Hospital Parkland em Dallas, enquanto se recupera dos ferimentos a bala sofridos quando participava da comitiva presidencial na Dealey Plaza. ABAIXO: Hugh Aynesworth, repórter do *Dallas Morning News*, entrevista Marina Oswald, enquanto a filha June brinca no chão.

O almirante George Burkley, médico da Casa Branca, insistiu que os patologistas militares apressassem a autópsia de Kennedy no Hospital Naval Bethesda na noite do assassinato.

Os patologistas da autópsia: o comandante naval James Humes (ao centro) foi encarregado da autópsia, assistido pelo comandante naval J. Thornton Boswell (à esquerda) e pelo tenente-coronel do Exército Pierre Finck (à direita). A decisão de Humes de destruir o relatório original da autópsia e suas anotações deflagraria teorias conspiratórias de que ele estaria tentando ocultar provas. ABAIXO, À ESQUERDA: James Rowley, diretor do Serviço Secreto, enfrentaria alguns dos mais ásperos questionamentos da comissão depois de admitir que não tomara medidas disciplinares contra os agentes da comitiva presidencial que haviam saído para beber na noite anterior ao assassinato. ABAIXO, À DIREITA: James Hosty, agente especial do FBI em Dallas, teve a carreira arruinada por ser o encarregado da vigilância sobre Oswald na época do assassinato e não detectar a ameaça que ele representava.

À ESQUERDA, ACIMA: Marguerite Oswald parecia se deliciar com sua súbita celebridade. Sorrindo, ela conversa com Joe B. Brown, juiz de Dallas que supervisionou o julgamento de Jack Ruby pelo assassinato de seu filho. ACIMA: Marguerite com Mark Lane, o advogado de Nova York contratado para representá-la que logo se estabeleceria como um dos principais críticos da Comissão Warren. À ESQUERDA, ABAIXO: Marina, a jovem viúva de Oswald, durante sua viagem a Washington para testemunhar pela primeira vez perante a comissão, foi acompanhada por Jim Martin, o administrador de seus negócios com quem teve um relacionamento que ficaria sob o escrutínio da comissão. ABAIXO: Robert, o irmão mais velho de Oswald, depois de depor perante a comissão em 20 de fevereiro de 1964, em Washington.

Marina Oswald em Washington, no depoimento perante a Comissão Warren, disse que estava convencida de que seu marido matara o presidente e que ele agira sozinho. ABAIXO, À ESQUERDA: A amiga de Marina, Ruth Paine, com o ex--marido Michael em Washington; os Paine ficaram enredados na investigação. ABAIXO, À DIREITA: George de Mohrenschildt, engenheiro do ramo petrolífero nascido na Rússia que tentou ajudar os empobrecidos Oswald, disse que rompeu a amizade com o casal depois que Marina zombou abertamente do desempenho sexual do marido.

A comissão determinou que Oswald disparou seu rifle da janela do canto do sexto andar do Depósito de Livros Escolares do Texas, com vista para a Dealey Plaza; pilhas de caixotes com livros teriam ocultado o que ele estava fazendo. ABAIXO: Com uma câmera anexada ao rifle de Oswald, o FBI teria tentado recriar a visão do assassino na janela no momento em que a bala foi disparada contra a cabeça do presidente.

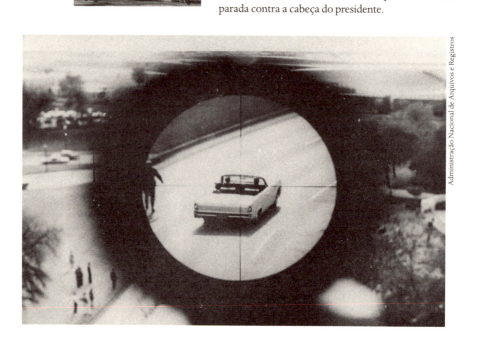

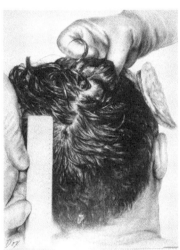
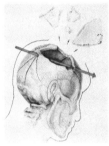
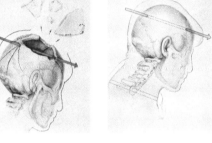

As provas (em sentido horário, a partir do alto): o rifle Mannlicher-Carcano de Oswald, de fabricação italiana; reconstituição do ferimento fatal na cabeça feita por dois artistas; a camisa ensanguentada do presidente; a bala que, conforme estava convencida a comissão, atingiu tanto Kennedy como Connally; reconstituição artística, baseada em fotos da autópsia, do ferimento na cabeça do presidente, com o crânio aberto do lado direito.

O presidente da Suprema Corte Earl Warren e Gerald Ford em visita a Dallas em 7 de junho de 1964, para inspecionar a Dealey Plaza e tomar o depoimento de Jack Ruby. Aqui, eles deixam o Depósito de Livros Escolares do Texas, seguidos pelo conselheiro-geral da comissão J. Lee Rankin e pelo advogado da equipe Joseph Ball. ABAIXO: Em setembro, o senador Richard Russell (ao centro) organiza sua própria visita a Dallas para ver a Dealey Plaza e entrevistar Marina Oswald. Em frente ao Depósito de Livros Escolares do Texas, o senador da Geórgia com os colegas de comissão Hale Boggs (à esquerda, na ponta) e John Sherman Cooper (à direita, de chapéu).

Os advogados da equipe da comissão fizeram várias reconstituições na Dealey Plaza. David Belin aparece na janela do quinto andar do Depósito de Livros Escolares do Texas, num experimento para determinar o que teria sido visto e ouvido dali quando os tiros de rifle foram disparados da janela no andar superior. ABAIXO: Arlen Specter explica a teoria da bala única, com agentes do governo posicionados numa limusine nos lugares onde o presidente Kennedy e o governador Connally haviam sentado.

Embora funcionários da CIA e do FBI tivessem descartado o envolvimento cubano, o embaixador americano no México e outros estavam convencidos de que o assassinato estava ligado ao governo de Fidel Castro, que aparece aqui depois de ter capturado um marlim no Caribe. ABAIXO: Numa foto de 7 de setembro de 1963, Castro discute com o correspondente da Associated Press Dan Harker (de braços cruzados), durante um encontro em Havana. Num artigo resultante, Harker reportou que Castro ameaçara impor retaliações aos funcionários americanos que tinham líderes cubanos como alvo de violência.

A decisão do advogado Wesley "Jim" Liebeler de deixar a barba crescer ofendeu o presidente da Suprema Corte, que mandou que ele a raspasse.
Com o tempo, Liebeler se tornaria o maior contestador de regras da comissão. Embora casado, ele se gabava de suas conquistas femininas enquanto trabalhava na equipe.
ABAIXO: Silvia Odio, uma refugiada cubana em Dallas que parecia digna de crédito ao insistir ter visto Oswald com ativistas anticastristas semanas antes do assassinato, queixou-se anos depois aos investigadores do Congresso que Liebeler a convidara ao seu quarto de hotel e tentara seduzi-la.

Em dezembro de 1965 o diplomata americano Charles Thomas (à direita) ouviu da escritora mexicana Elena Garro de Paz (ao centro) que ela havia encontrado Oswald numa festa dançante na Cidade do México, semanas antes do assassinato. Garro alegou que sua prima, Silvia Tirado de Duran, funcionária da Embaixada cubana, também estava na festa e fora amante de Oswald por um breve período. À esquerda está a filha de Garro, Helena, que também relatou ter visto Oswald na festa. O homem entre Garro e a filha não foi identificado. ABAIXO, À ESQUERDA: Thomas e sua esposa, Cynthia, numa festa na Cidade do México em meados da década de 1960. ABAIXO, À DIREITA: Charles e Cynthia Thomas nos degraus de sua *hacienda* na Cidade do México com a filha Zelda, que nasceu no México em 1965.

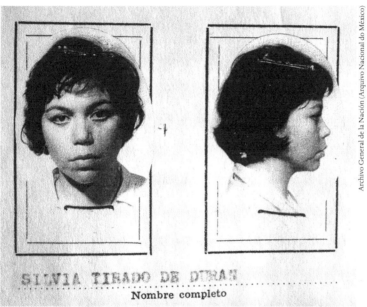

Funcionária do Consulado cubano na Cidade do México e socialista declarada, Silvia Duran esteve sob vigilância da CIA e do governo mexicano por meses antes do assassinato de Kennedy. NO ALTO: Duran (ao centro) é vista com seu marido Horacio, um jornalista mexicano, e uma mulher não identificada. ACIMA: Foto policial de Duran, tirada depois de ser presa pela polícia mexicana a pedido da CIA. À DIREITA: Duran sorridente numa foto da década de 1970 obtida pelo Comitê Selecionado da Câmara sobre Assassinatos, que a entrevistou.

Centro Dolph Briscoe de História Americana, Universidade do Texas em Austin

NO ALTO: O "caçador de espiões" da CIA, James Jesus Angleton, tirou da frente um colega de agência para assumir o controle da informação compartilhada com a Comissão Warren. ACIMA: Chefe do posto da CIA na Cidade do México, Winston "Win" Scott, num filme amador de seu casamento em 1962, ao qual compareceu o presidente do México, Adolfo López Mateos, mostrado na extrema esquerda com Scott. Na foto seguinte, o agente da CIA David Phillips aparece à esquerda de López Mateos; à direita de Scott vê-se o futuro presidente do México, Gustavo Díaz Ordaz. ABAIXO: O embaixador americano no México Thomas Mann, em conversa com o presidente Johnson, estava convicto de que Cuba estava envolvida no assassinato.

O promotor de New Orleans Jim Garrison (ao centro) declarou em 1967 que havia descoberto uma conspiração no assassinato de Kennedy que a Comissão Warren falhara em detectar — ou encobrira. Ele aparece aqui com Mark Lane (à esquerda) em New Orleans, em 28 de março de 1967. ABAIXO: As testemunhas de Garrison incluíam Dean Andrews, um espalhafatoso advogado de New Orleans que já havia dito à comissão que lhe fora pedido para ir a Dallas defender Oswald horas depois do assassinato. Segundo o advogado, o pedido fora feito por um misterioso protetor de Oswald — "Clay Bertrand". Andrews, que aparece escoltado pelos xerifes de New Orleans em agosto de 1967, seria mais tarde condenado por perjúrio.

NO ALTO, À ESQUERDA: Diante de sua casa em 2013, Silvia Duran ainda insiste que nunca se encontrou com Oswald fora do Consulado cubano. NO ALTO, À DIREITA: Helena Garro, filha de Elena Garro, num fórum na Cidade do México em homenagem à sua falecida mãe, em 2013; ela afirma que viu Oswald na festa da família Duran. ACIMA, À ESQUERDA: As alegações de Duran também são refutadas por sua ex-cunhada Lidia Duran Navarro, que se lembra de que Silvia falou em ter um encontro com Oswald. ACIMA, À DIREITA: Francisco Guerrero Garro, proeminente jornalista mexicano, declarou em 2013 que também viu Oswald na festa. ABAIXO: Em janeiro de 2013, Robert Kennedy Jr. revelou que seu pai jamais aceitara as conclusões da Comissão Warren. Aqui, com sua irmã Rory em entrevista ao apresentador de TV Charlie Rose, em Dallas.

Ele "implorou" a Rankin alguns dias a mais. "Eu não trouxe nenhuma roupa", lembrou-se de ter dito a Rankin. "Prometo que, na mesma noite que eu me formar, venho para cá."[7]

Ambos chegaram a um acordo. Laulicht concordou em começar a trabalhar em 4 de junho, um dia depois de receber seu diploma. "Assim, literalmente na noite em que me graduei em Columbia, eu voltei" para Washington. Seus novos colegas deram as boas-vindas a Laulicht, que trouxe um novo olhar para as provas sobre o assassinato que eles vinham analisando havia meses. E o que Laulicht lhes disse foi tranquilizador. Depois de revisar vários capítulos da primeira versão do relatório, sentiu que a comissão estava certa ao concluir que Oswald agira só. Escutou os debates sobre a teoria da bala única, que lhe pareceu lógica.

Ele estava empolgado por trabalhar em Washington, embora também intimidado — como judeu observador — por razões culturais. A cidade não facilitava a vida de quem seguia uma dieta kosher; lembrou-se de ter pedido salada de frutas num restaurante perto do escritório da comissão e descobrir que era servida com Jello-O, uma marca de gelatina proibida pelas leis dietéticas judaicas, pois era feita com subprodutos animais. Durante o resto do verão, "comi um bocado de batatas chips e coisas do tipo". No escritório, ficou assombrado ao descobrir uma máquina saída direto da ficção científica — "uma tecnologia nova fenomenal chamada máquina de xerox". Ficou tão impressionado que insistiu com sua família em Nova York para investir na companhia. "Minha mãe comprou uma ações da Xerox e se deu muito bem."

Rankin tinha uma incumbência inicial para ele. Laulicht foi designado a ajudar Burt Griffin a concluir sua investigação sobre Jack Ruby — especificamente, a escrever a biografia de Ruby, que seria incluída no relatório. Pelo que leu das provas, Laulicht disse que não teve problema em acreditar que o assassinato de Oswald cometido por Ruby fora impulsivo e que ele agira sozinho. "Era apenas um sujeito esquentado capaz de fazer uma coisa dessas." Ruby estava tão obcecado em vingar Kennedy que podia ser comparado a um sobrevivente do Holocausto, pensou Laulicht. "É o que um sobrevivente seria capaz de fazer se visse um nazista." O conhecimento de Laulicht da cultura judaica mostrou-se proveitoso para resolver um mistério sobre Ruby. Griffin e Hubert, que não eram judeus, tinham sido incapazes de compreender as origens do apelido de infância de Ruby — "Yank", ou algo que soava assim quando pronunciado pelos vizinhos de Ruby que falavam iídiche, em Chicago. Seria uma abreviação de *yankee*, uma referência a algumas opiniões fortemente pró-americanas que Ruby tinha quando criança? Não, Laulicht pôde perceber. O verdadeiro apelido de Ruby era "Yank", uma versão abreviada da tradução para o iídiche do nome Jack — "Yankel". Mistério resolvido, disse Laulicht.

Outro que chegara mais tarde à equipe, Lloyd Weinreb, de 27 anos, formado havia dois anos pela Escola de Direito de Harvard, estava muito menos empolgado que Laulicht por estar ali. Depois de um período como assistente jurídico do juiz John Marshall Harlan na Suprema Corte, Weinreb fora contratado pela Divisão Criminal do Departamento de Justiça e designado para trabalhar para Howard Willens. Como Willens ainda estava em serviço na comissão, pediu a Weinreb que viesse ajudar na investigação. "Ele me perguntou se eu iria para lá por algumas semanas, o que eu não queria nem um pouco fazer", lembrou-se. Mas como Willens "ia ser o meu chefe, pensei que seria insensato dizer não".[8]

Weinreb ficou alarmado desde o momento em que chegou ao edifício VFW. Pôde ver as escrivaninhas vazias e descobriu rápido, diante dos advogados remanescentes, o trabalhão que restava por fazer. "Lembro-me de ter tido uma sensação de um escritório onde todo mundo estava caindo fora", com uns poucos "pobres coitados ficando para trás". E o trabalho se revelaria "horroroso", com expectativa de a equipe trabalhar catorze ou quinze horas por dia, sete dias por semana, durante o verão, até o relatório ser finalizado. Ficou surpreso ao descobrir que as salas não tinham ar-condicionado nos fins de semana, apesar das temperaturas que em Washington podiam chegar com frequência a mais de 35°C no auge do verão. "Era um prédio vagabundo", disse ele. "Miserável. Penso que muita coisa da baixa qualidade dos relatórios Warren vem dessas situações muito banais."

A Weinreb foi dada a incumbência de redigir a biografia de Oswald, que depois seria publicada no relatório final. A tarefa ficara a princípio sob a responsabilidade de Albert Jenner, mas ele se mostrara incapaz de terminá-la, dada a sua obsessão em confirmar os mais ínfimos detalhes da história de vida de Oswald. "Jenner ainda estava tentando seguir pistas absolutamente remotas", disse Weinreb. "Não conseguia abandoná-las." Jenner "simplesmente não tinha noção do que era fazer história. Sua ideia era que qualquer pessoa mencionada em qualquer lugar — um primo de quinto grau que Oswald jamais vira — precisava ser verificada", opinou.

Weinreb tinha a forte impressão de que, em meados do verão, era Willens quem mantinha a investigação de pé, assumindo responsabilidades que deveriam ser de Rankin. "A essa altura, Howard era essencialmente o encarregado da equipe", disse. "Willens era uma pessoa muito mais forte do ponto de vista intelectual do que Rankin", declarou. "Rankin parecia ser um burocrata de nível médio." Weinreb não teve contato com Warren, o que não foi surpresa, dado que já sabia dos "perímetros protetores" do presidente da Suprema Corte em lidar com seus assistentes e a equipe administrativa no tribunal.

Weinreb chegou a achar interessante a tarefa de escrever a biografia. Disse que primeiro saiu em busca dos relatos do histórico da vida dele, inclusive os arquivos top secret da CIA sobre a época que Oswald passara na Rússia. Era a primeira vez que Weinreb via documentos confidenciais de Segurança Nacional. "Lembro de ter tido uma sensação de, uau, isto é coisa de detetive." A maior parte do material biográfico de Oswald foi encontrada em grandes pastas — com dez ou quinze centímetros de espessura — que haviam sido compiladas de relatórios da CIA e do FBI. Ao começar a folheá-las, porém, Weinreb detectou um problema. Estavam faltando muitos papéis que esperava encontrar, aparentemente tirados por outros membros da equipe para escrever suas partes do relatório. "Não havia absolutamente nenhuma ordem nas provas", disse ele. Alguns advogados da equipe pareciam estar se aferrando a arquivos, com medo de que pudessem desaparecer nas gavetas de outra pessoa. "Você literalmente percorria as salas para ver se conseguia descobrir alguma coisa, e quando achava você escondia no fundo da sua gaveta" para manter a posse. "E você punha no fundo da gaveta porque não queria que ninguém mais pegasse."

Weinreb não ficou angustiado por causa da redação da biografia em si; era conhecido por seus colegas assistentes na Suprema Corte como um redator elegante e rápido. Orgulhava-se de não precisar reescrever seu trabalho — seu primeiro esboço em geral era a versão final. E também não ficou angustiado, disse, com a questão de se Oswald tinha matado o presidente e se participara de uma conspiração. De tudo que pôde ver nos arquivos da comissão, Oswald parecia ser o assassino solitário. Weinreb podia entender por que as teorias conspiratórias haviam se desenvolvido, mas a prova contra Oswald era esmagadora, declarou. "Teria sido necessária muita coisa para me fazer pensar o contrário."

Richard Mosk começou a fazer planos de deixar a equipe da comissão em meados de agosto — fora chamado a retomar o serviço nos reservistas da Guarda Nacional. Antes de partir, concluiu um estudo detalhado das habilidades de Oswald como atirador.[9] Ele não teve dificuldades para acreditar que Oswald tinha a habilidade de disparar os tiros que mataram Kennedy e atingiram Connally. O rifle Mannlicher-Carcano era "uma arma de grande precisão", escreveu.

Mosk revisou o depoimento de quatro peritos atiradores de elite, inclusive o do major Eugene Anderson, chefe assistente da Divisão de Tiro do Corpo de Fuzileiros Navais dos Estados Unidos.[10] Anderson testemunhou que os tiros que atingiram o pescoço e a cabeça de Kennedy não eram "particularmente difíceis", sobretudo levando em conta a lentidão com que a comitiva presidencial se deslocava. Um especialista em armas de fogo do FBI, Robert Frazier, disse à comissão que Oswald "não teria tido nenhuma dificuldade em atingir" seus alvos, em especial porque o rifle estava equipado com mira telescópica. "Quer dizer, não é preciso nenhum treinamento para disparar uma arma com mira telescópica." Um atirador simplesmente "colocaria a cruz na frente do alvo" e apertaria o gatilho. "Isso é tudo o que é necessário."[11]

45.

CASA DE SILVIA ODIO
DALLAS, TEXAS
JULHO DE 1964

Naquele verão, Silvia Odio estava tentando seguir a vida adiante. A refugiada cubana de 27 anos dizia que, no geral, tinha ficado quieta em relação ao que acontecera em dezembro, quando dois agentes do FBI apareceram sem avisar nos escritórios da companhia química onde ela trabalhava. Eles queriam que ela relatasse a história que contara a amigos sobre como Oswald e dois jovens latinos tinham aparecido na porta do seu apartamento em Dallas, antes do assassinato. Odio ficara assustada com a maneira como o FBI tinha entrado em contato com ela — mandando agentes ao seu local de trabalho, e não à sua casa —, e a visita aborrecera seu patrão. "Isso trouxe um bocado de problemas no meu trabalho", disse ela depois. "Vocês sabem como as pessoas estavam com medo na época. Minha empresa e alguns funcionários ficaram muito preocupados com o fato do FBI ter ido me procurar." E depois da entrevista de dezembro, ela não ouviu mais nada do FBI.[1] O bureau tinha desconsiderado por completo sua história — a mesma contada por Annie, sua irmã adolescente — e isso era estarrecedor e insultuoso.

Mas em junho ela ficou sabendo que a Comissão Warren poderia levar seu relato mais a sério. Wesley Liebeler ligou de Washington perguntando se ela estaria disponível para depor sob juramento quando ele fosse a Dallas, mais tarde naquele verão. Odio concordou, embora tenha dito que continuava preocupada que sua história, se viesse a público, pudesse de algum modo pôr em perigo seus pais, que continuavam sob custódia como prisioneiros políticos em Cuba. Seu pai, Amador, havia sido um importante empresário na década de 1950 — foi descrito pela *Time* como "o magnata dos transportes" de seu país — e se tornara um oponente aberto de Castro.[2] Fora líder de um grupo anticastrista relativamente moderado conhecido como Jure — Junta Revolucionária Cubana. No exílio, Silvia continuava membro da Jure.

Liebeler planejava viajar para ver Odio e outras testemunhas em Dallas e New Orleans assim que tivesse finalizado a primeira versão de seu capítulo do relatório da comissão — uma análise dos possíveis motivos de Oswald para matar o presidente. Ele entregou seu texto de 98 páginas em 23 de junho.[3] Nele, avaliou que Oswald não tinha começado a pensar em matar Kennedy até pouco antes do assassinato, talvez algumas horas antes, e provavelmente não antes de terça-feira, 19 de novembro, dia em que a comitiva presidencial foi anunciada pela primeira vez nos jornais de Dallas.

Ele reconhecia no relatório que ninguém podia afirmar com certeza por que Oswald matara Kennedy. Em vez disso, Liebeler forneceu uma lista de possíveis motivos, vinculando sua infância atribulada, seu desejo declarado de fama global e seu comprometimento com o marxismo e a revolução cubana. "Lee Harvey Oswald era um homem profundamente alienado do mundo em que vivia", escreveu Liebeler. "Ele nunca parecia ser capaz de se relacionar de maneira significativa com nenhuma parte deste mundo. Sua vida era caracterizada por isolamento, frustração, desconfiança, fracasso em quase tudo que tentava fazer e, cada vez mais, por um sistema de delírio e fantasia destinado a protegê-lo de seu próprio fracasso e impotência." O marxismo de Oswald o tornava hostil a líderes de governo americanos e "aumentava sua alienação da sociedade ao seu redor".

Ao mesmo tempo que escrevia essas palavras, Liebeler admitia aos colegas de equipe que podia estar errado e que poderia haver prova de conspiração que eles não haviam detectado. Estava incomodado em especial com as muitas lacunas no conhecimento da comissão sobre as atividades de Oswald nos meses que precederam o assassinato. Ele sabia como Slawson estava insatisfeito com a incapacidade do FBI e da CIA de relatar dias inteiros da viagem de Oswald ao México. Havia lacunas semelhantes na linha do tempo de suas atividades em New Orleans e Dallas. E o relato de Silvia Odio, se verdadeiro, significava que Oswald viajara na companhia de exilados anticastristas semanas antes do assassinato e poderia ter falado abertamente sobre seu desejo de ver o presidente Kennedy morto.

Liebeler foi primeiro a New Orleans, onde foi recebido pelo sopro de calor e umidade que explicava a sabedoria popular de que apenas os loucos, os pobres e os ricos com ar-condicionado permaneciam ali no auge do verão. A cidade natal de Oswald voltara a ser seu lar por vários meses a partir de abril de 1963. Marina achava que ele regressara por medo de ser detido no Texas por causa de sua tentativa fracassada de assassinar Edwin Walker.

Foi em New Orleans que Oswald tentou pela primeira vez se tornar conhecido como defensor da revolução de Castro e a se identificar com o Comitê do Jogo Limpo com Cuba. Naquela primavera, Oswald pretendia estabelecer a filial do comitê em New Orleans. Usou um de seus pseudônimos — Lee Osborne — para imprimir formulários de afiliação e panfletos com o slogan "Tirem as Mãos de Cuba".

Ao mesmo tempo, parecia que Oswald tentava infiltrar-se em grupos anticastristas da cidade, talvez para reunir informações que ele pudesse compartilhar mais tarde com o governo cubano a fim de demonstrar sua lealdade a Castro.[4] Em 5 de agosto, segundo o FBI, Oswald visitou Carlos Bringuier — um advogado nascido em Cuba que era ativo no movimento anticastrista — e pediu que se juntasse à luta dos exilados.[5] * Bringuier disse ao FBI que Oswald se identificou como ex-fuzileiro com treinamento em guerrilha. No dia seguinte ao primeiro encontro, Oswald deu a Bringuier seu manual do Corpo de Fuzileiros Navais para provar seu passado militar.

---

* Membros do Diretório Revolucionário Estudantil (DRE), grupo militante anti-Castro comandado por Bringuier, atuaram na operação na Baía dos Porcos. Embora seus líderes tivessem sido instruídos a ser duros com o presidente Kennedy — depois que este falhou na deposição de Castro —, o grupo continuou a aceitar dinheiro e outros auxílios oferecidos pelo governo dos Estados Unidos, fornecidos principalmente através da CIA. (Comitê Selecionado da Câmara sobre Assassinatos, "Anti-Castro Activities", v. x, mar. 1979.)

Se Oswald estava de fato tentando infiltrar-se em grupos anticastristas, sua missão chegou a um fim violento alguns dias depois, quando Bringuier e dois outros exilados cubanos o encontraram numa esquina distribuindo panfletos do Comitê do Jogo Limpo com Cuba. Houve uma briga, Oswald foi preso e passou a noite na cadeia. Lá, pediu para falar com um agente do FBI, aparentemente para criar um registro oficial do que estava fazendo. Disse ao agente que pertencia ao Comitê do Jogo Limpo com Cuba e que o presidente da seção local era um homem que ele identificou como A. J. Hidell — o pseudônimo que Oswald usaria para comprar o rifle Mannlicher-Carcano. Marina Oswald afirmou que achava que o marido usara o pseudônimo Hidell porque rimava com Fidel. Liebeler tomara o depoimento de Bringuier em New Orleans em abril e o julgou digno de crédito.

Em julho, quando voltou a New Orleans, Liebeler se encontrou com outras pessoas que, segundo ele, tinham muito menos credibilidade, mas que ainda precisavam ser entrevistadas para que o registro da comissão estivesse completo. Entre elas estava Dean Andrews Jr., um advogado insignificante e espalhafatoso que parecia viver num constante estado carnavalesco. Mesmo na exótica New Orleans, era difícil não prestar atenção nele, tanto por sua aparência — era obeso e usava óculos escuros todo o tempo, inclusive dentro de casa — quanto por seu estilo inusitado de falar. Ele falava na linguagem de um *cajun** moderninho: um homem na moda era um *"swinging cat"* [gato balançante] e um bom bar era um *"freaky joint"* [ponto doido].[6]

Poucos dias depois do assassinato de Kennedy, Andrews entrara em contato com o FBI para informar que Oswald tinha visitado seu escritório de advocacia no verão de 1963, buscando auxílio para reverter sua "indesejável" dispensa do Corpo de Fuzileiros Navais. Essa parte da história de Andrews fazia sentido para o FBI e para a Comissão Warren, já que sabiam que Oswald ficara perturbado com a dispensa não honrosa. Contudo, a história que Andrews contou ao FBI ia bem além disso. Oswald visitara seu escritório na companhia de um trio de jovens homossexuais latinos — "três rapazes gays" — parecendo ser ele mesmo homossexual. "Ele se entendia com os garotos", disse Andrews. "Não desmunhecava, mas parecia fazer parte do bando."

E Oswald parecia ter um patrono misterioso em New Orleans. Apenas horas

---

* Grupo étnico residente no estado da Louisiana, descendente dos acadianos expulsos do Canadá, com linguagem e hábitos próprios, com grande influência da cultura francesa das Antilhas. (N. T.)

depois do assassinato, Andrews disse ter recebido uma ligação telefônica de um advogado local que conhecia, Clay Bertrand, que estava de alguma forma ligado aos "três rapazes gays" e que era, ele próprio, bissexual. Bertrand pediu a Andrews que fosse a Dallas imediatamente para defender Oswald. A comissão pressionara o FBI para que verificasse o relato de Andrews, em especial que localizasse Bertrand, mas o bureau alegou que não conseguira encontrar indícios que sugerissem que ele sequer existia. E a descrição de Bertrand feita por Andrews vivia mudando, inclusive na terça-feira, 21 de julho, quando depôs sob juramento.

Liebeler pediu a Andrews, mais uma vez, que desse uma descrição física de Bertrand.

"Ele tem mais ou menos 1,72 metro. Cabelo cor de areia, olhos azuis, tez avermelhada", respondeu.

Liebeler espiou de novo o relatório do FBI e viu que Andrews descrevera Bertrand com 1,85 metro ou 1,87 metro de altura. Como poderia Bertrand ser quinze centímetros mais baixo do que ele tinha estimado inicialmente?

"Agora estou chutando", Andrews reconheceu.*

Nesse mesmo dia, Liebeler tomou um depoimento que considerou mais útil de um barman cubano-americano, Evaristo Rodriguez, que contara ao FBI que Oswald tinha passado por seu bar na Decatur Street, o Habana Bar, em algum momento de 1963. Oswald estivera na companhia de dois homens, um deles visivelmente latino. Rodriguez recordava-se de que Oswald parecia estar bêbado e "se jogou" sobre o bar antes de pedir uma limonada. O homem latino pediu uma tequila. "Então eu disse a ele que o preço da tequila era cinquenta centavos", contou Rodriguez. "O homem reclamou do preço, achou caro demais, e falou umas coisas mencionando que era cubano [...] e frases no sentido de que o dono do bar devia ser um capitalista."[7]

Embora outras testemunhas insistissem que Oswald não bebia pesado depois que voltara da Rússia, Liebeler ficou surpreso de ele ter estado no bar na companhia de um cubano que compartilhava de forma tão aberta suas opiniões

---

* O depoimento de Dean Andrews poderia ter sido ignorado não fosse o promotor de New Orleans, Jim Garrison, ter alegado em 1967 que Clay Bertrand era o pseudônimo de um respeitável empresário local, Clay Shaw, que foi então processado por ele por envolvimento no assassinato de Kennedy. Antes da absolvição de Shaw, o caso foi visto como uma chocante exibição de má conduta da Promotoria. Mesmo assim, Garrison, interpretado por Kevin Costner, foi o herói de *JFK*, o filme de Oliver Stone, de 1991, sobre o assassinato de Kennedy. Andrews foi interpretado pelo comediante John Candy.

anticapitalistas. O advogado pediu uma descrição física do cubano. Rodriguez disse que achava que o homem devia ter uns vinte e tantos anos, perto de trinta, e que tinha um contorno do couro cabeludo irregular — estava ficando careca de um jeito esquisito na parte da frente da cabeça. Liebeler se lembrou de que, em suas primeiras entrevistas ao FBI, Silvia Odio descrevera um dos latinos que viajava com Oswald — "Leopoldo" — com uma área calva estranha na parte frontal da cabeça.[8]

46.

ESCRITÓRIOS DA COMISSÃO
WASHINGTON, DC
JULHO DE 1964

Durante meses, o FBI tivera conhecimento de relatos de que a comissão vinha dando tratamento inadequado a documentos sigilosos. Gerald Ford fora o primeiro integrante a ficar sob suspeita, com rumores de que estava vazando arquivos secretos, talvez até mesmo os vendendo, o que ele furiosamente negava. O primeiro caso documentado de uma quebra de sigilo séria por parte de um membro da comissão foi o do congressista Boggs, que deixou uma cópia de um documento ultrassecreto da Casa Branca sobre o assassinato no banco dianteiro de seu Mercury sedã oficial em abril.[1] Boggs estacionara o carro, que tinha identificação de que era de uso do seu gabinete da Câmara, no Aeroporto Internacional da Amizade, em Baltimore, não longe de Washington. Um homem da Pensilvânia que estacionou seu carro na frente do Mercury de Boggs notou o documento no banco, com o carimbo de TOP SECRET, e chamou o FBI. As portas do carro estavam destrancadas, o homem pôde ver.

Mas a quebra de sigilo de Wesley Liebeler foi muito mais séria do que a de Boggs pelo nível de negligência — e por ter sido levada diretamente aos cuidados de J. Edgar Hoover. O chefe do FBI soube da violação de segurança por uma carta que lhe fora enviada em junho por James R. David, um oficial da Marinha aposentado de Wilmette, Illinois, que queria informar o que presenciara a bordo de um voo da Northeast Airlines que partia de Keane, New Hampshire, para Nova York, em 31 de maio, o domingo do fim de semana do Memorial Day.[2] David estava sentado em um dos dois lugares no fundo do avião. O voo estava cheio e o último assento foi ocupado por um homem que tinha "cabelo ruivo, cara vermelha e uma barba ruiva bastante espessa". David foi incapaz de determinar o nome do homem, mas ele carregava uma "maleta executiva fina" com as iniciais W. J. L. em relevo.

Logo depois de tomar seu assento, segundo David, o homem ruivo abriu a maleta e tirou um relatório cuja capa o identificava como "Departamento de Justiça dos Estados Unidos, Cópia nº 10 de 10, Comissão Presidencial do Assassinato do Presidente Kennedy". David disse que ficou atônito quando o homem começou — "de forma indiscreta" — a folhear o documento, que era claramente ultrassecreto. "Cada página estava identificada no alto e na base com letras vermelhas em negrito que diziam: TOP SECRET", escreveu David. "Eu poderia ter lido a maior parte do relatório sem muita dificuldade. No entanto, por causa da classificação do documento como de segurança, não tive interesse em fazê-lo — com exceção de que, para maior identificação, tentei memorizar a sentença que aparecia no alto da página 412 e ler, se não me falha a memória, o seguinte:

"Sr. Rankin: 'Ele tirava dinheiro da carteira de vez em quando?'.

Sra. Oswald: 'Não'."

O FBI não demorou muito para determinar que o homem ruivo era Liebeler, que estava no voo para Nova York vindo de sua casa de campo em Vermont.

Hoover repassou a informação a Rankin, à primeira vista deixando a cargo da comissão — ao menos naquele momento —, decidir como lidar com Liebeler. E Hoover mandou um bilhete pessoal a David agradecendo-o por alertar o FBI pelo que vira no avião. Os arquivos de Hoover mostram que uma investigação velada sobre David foi conduzida para se certificar de que ele próprio não constituía risco para a segurança. A verificação não encontrou nenhuma informação depreciativa.[3]

Outros advogados da equipe disseram que ficaram sabendo vagamente do incidente, que Rankin pareceu ansioso por manter em sigilo com medo de que virasse um escândalo — com certeza deve ter receado que Hoover vazasse a notícia da brecha na segurança num momento oportuno para o bureau. Slawson disse que, pelo que entendeu, Liebeler foi "apenas repreendido de forma muito, muito intensa" por Rankin, e que "Warren o fez saber, por meio de Rankin, que estava bastante descontente". Nenhum dos advogados da equipe lembrava-se de Liebeler especialmente preocupado com o incidente.[4]

Segundo os colegas, Liebeler estava muito mais ansioso com a maneira como a comissão pretendia reescrever ou mesmo descartar seu esboço do capítulo sobre os motivos de Oswald para matar o presidente. Liebeler se dedicara como escravo àquele esboço durante semanas, e agora — em boa medida por insistência de Redlich, pensava ele — a maior parte do seu duro trabalho seria editada e excluída do relatório final.[5] Redlich e Rankin concordavam que aquele esboço redundava numa tentativa de psicanalisar um homem morto, e que seria impossível a comissão concluir, como Liebeler concluíra, que o marxismo de Oswald e seu apoio a Castro pudessem ter algo a ver com sua decisão de matar Kennedy. Rankin acreditava que a busca pela fama, e não o marxismo, era uma explicação muito mais plausível para o assassinato — opinião compartilhada por alguns membros da comissão. Rankin se preocupava com a possibilidade de que a sugestão de Liebeler, ao afirmar que as posições pró-Castro de Oswald o teriam levado a matar Kennedy, pudesse ser aproveitada pelos legisladores conservadores que queriam culpar Cuba pelo assassinato.

O esboço de Liebeler circulou entre alguns integrantes da comissão. Ford passou sua cópia para Francis Fallon, o estudante de Michigan da Escola de Direito de Harvard que estava revisando documentos da comissão a seu pedido. No fim de julho, Fallon devolveu o esboço com um bilhete sugerindo que Ford não se desse ao trabalho de lê-lo. O esboço "está muito malfeito e será completamente reescrito".[6]

A viagem de verão de Liebeler a New Orleans e Dallas deu a ele a chance de voltar a sua atenção para algo diferente das brigas internas da comissão. Depois de concluir suas entrevistas em New Orleans, voou para o Texas, onde se encontraria com Silvia Odio e Marina Oswald. Ele reservara a maior parte do dia de 22 de julho, uma quarta-feira, para tomar o depoimento de Odio nos escritórios da Promotoria Federal. Reservou a sexta-feira para Marina, que responderia a perguntas de verificação sobre a tentativa de assassinar Walker e sobre sua vida com o marido em New Orleans.

Odio disse que estava nervosa com a sessão de interrogatório, que começou às nove horas, e fez questão de ser pontual. Ela chamou a atenção ao entrar no edifício — era bonita como as fotos que Liebeler vira em Washington sugeriam.

"Queremos lhe fazer algumas perguntas sobre a possibilidade de ter visto Lee Harvey Oswald", começou Liebeler.[7]

"Antes de começar, deixe-me lhe dar uma carta do meu pai que ele me escreveu da prisão. Pode ficar com ela."

Silvia Odio lhe entregou uma carta de uma página escrita à mão em espanhol, datada de 25 de dezembro, que seu pai mandara a ela e seus outros nove filhos para lhes desejar feliz Natal.[8] A maior parte do tempo, o governo de Castro impedia prisioneiros políticos de enviar correspondência, exceto uma única carta para a família por ocasião dos feriados.

Era uma carta significativa, explicou Silvia, porque nela seu pai respondia a uma pergunta que ela lhe fizera numa carta enviada em outubro — um mês antes do assassinato de Kennedy. Na carta, ela mencionava o estranho encontro à sua porta com o americano que ela agora acreditava ser Oswald e seus dois companheiros latinos. Ela perguntou ao pai se era verdade que ele conhecia os três homens. Na sua resposta, o pai dizia que não os conhecia e que ela devia ser cautelosa. "Diga-me quem é esse que diz ser meu amigo", escreveu ele. "Tenha cuidado." Sua resposta conferia credibilidade ao relato, pois parecia fornecer prova adicional de que o encontro em seu apartamento, ou algo parecido, de fato ocorrera.

Nas horas em que prestou depoimento, Odio se mostrou inteligente e sofisticada, uma mulher que acreditava que estava dizendo a verdade. "Odio podia estar certa", disse Liebeler a si mesmo, perguntando-se por que o FBI fora tão insistente em dizer que ela estava enganada. O FBI desprezara sua história porque acreditava que Oswald estivesse no México na época em que Odio afirmou que ele estivera em seu apartamento. Todavia, depois de lidar com o FBI durante meses, Liebeler sabia que não devia aceitar tudo o que os agentes dissessem ao pé da letra. Imaginava se o FBI teria se enganado em relação às datas, ou entendido mal o itinerário de ida e volta de Oswald ao México. Quando voltasse a Washington, resolveu ele, pediria permissão a Rankin para pressionar o FBI a examinar de novo o calendário das viagens de Oswald. E também pediria ao FBI que começasse a buscar seriamente "Leopoldo" e o outro homem latino.

O que aconteceu em Dallas na noite do depoimento de Odio permaneceria um segredo durante anos. Ela disse que optou por não contar a ninguém porque poderia significar um escândalo capaz de prejudicar a ela e sua família, opondo sua palavra à de Liebeler.[9]

Liebeler, segundo ela, tentou seduzi-la.

A encrenca começou logo depois de terminar o depoimento, quando Liebeler a convidou para jantar. "Isso me surpreendeu, mas eu estava com medo, e fui." Comeram no hotel Sheraton no centro de Dallas, onde Liebeler estava hospedado, e tiveram à mesa a companhia de um homem que ela lembrava ser um dos advogados de Marina Oswald — anos depois, não conseguia recordar-se do seu nome.

"À mesa houve uma espécie de conversa de duplo sentido entre o advogado e ele", lembrou-se Odio. "Eu não tinha certeza de que queriam que eu ouvisse a conversa." Logo, porém, a conversa adquiriu um tom grotesco de confronto, quando Liebeler se virou para Odio e exigiu saber se ela mentira no depoimento, sugerindo que havia escondido informação, talvez sobre seu envolvimento com outros grupos anticastristas. "Eu não estava escondendo nada", disse. Pareceu-lhe que Liebeler estava envolvido num "joguinho" para testar sua credibilidade. Ele "continuou me ameaçando com um teste no detector de mentiras".

Segundo Odio, os três estavam bebendo. Liebeler parecia ter esperança de que "talvez, se eu tomasse alguns drinques e a conversa ficasse descontraída, eu iria adiante e ofereceria a informação que ele achava que eu estava escondendo". Odio ficou grata, disse, por ter se limitado a um único drinque — um Bloody Mary. Lembrou-se de ter ficado aliviada ao pensar: "Meus Deus, não estou tão bêbada assim". Lembrou-se também de ter pensado: "Silvia, chegou a hora de você calar a boca. Eles não querem saber a verdade".

Liebeler continuou a pressioná-la, tentando fazê-la morder a isca com o que pareciam ser declarações afrontosas sobre a investigação da comissão. Ela se recordou de Liebeler dizer ao outro homem que "se realmente descobrirmos que isso é uma conspiração, você sabe que temos ordens do presidente da Suprema Corte Warren de encobrir as coisas". (Anos mais tarde, Odio foi indagada por um investigador do Congresso se Liebeler usara exatamente essas palavras. "Sim, senhor, posso jurar que sim.")

Depois do jantar, o outro advogado foi para casa e Liebeler pediu a ela que o acompanhasse até seu quarto para rever algumas fotos relacionadas com a investigação. "Ele me convidou para subir ao quarto", disse, reconhecendo que não tinha sido ingênua — desconfiava que o convite nada tinha a ver com o trabalho da comissão: ele estava tentando seduzi-la.

"Eu fui", disse Odio. "Fui para o quarto dele. Queria ver até onde um investigador do governo iria e o que estavam tentando fazer com uma testemunha." No quarto, "ele fez investidas", contou. "É claro que não aconteceu nada porque eu estava em perfeito juízo. […] Disse que ele estava louco."

Ela contou que Liebeler tentou lisonjeá-la, falando que seus colegas em Washington estavam com ciúmes. "Ele mencionou que tinham visto meu retrato e que chegaram a fazer brincadeiras sobre ele na Comissão Warren — dizendo 'olha que moça bonita você vai encontrar, Jim', e coisas do tipo."

Odio afirmou que ficou chocada ao descobrir que ela, supostamente uma testemunha significativa na investigação do assassinato do presidente, tinha virado alvo sexual de um dos investigadores. "Eu estava esperando o mais elevado respeito", disse. "Não estava esperando piadas na investigação do assassinato do presidente." Para Liebeler "era um jogo. […] Eu estava sendo usada no jogo dele".

De volta a Washington, Liebeler não contou nada aos colegas sobre seu desastrado encontro com Odio. Mas se gabou de um jeito estranho do que tinha acontecido quando esteve com Marina Oswald em Dallas, em 24 de julho, dois dias depois do depoimento de Odio.

Ele anunciou que tentara seduzir — sem sucesso — a viúva de Oswald. Tinha "um sorriso no rosto" ao descrever o encontro, segundo Slawson, que se lembrou que ele e os colegas não tiveram dúvida da verdadeira história. Era a natureza de Liebeler, que não conseguia se conter se houvesse uma mulher bonita por perto.[10]

Anos mais tarde, alguns dos ex-colegas de Liebeler ficaram constrangidos em admitir que na época — no verão de 1964 — acharam divertido, não ofensivo, que ele tivesse tentado fazer sexo com a viúva do assassino do presidente. Retrospectivamente, disse Slawson, "foi, é claro, uma coisa imprudente e estúpida". E ficou mais horrorizado ao imaginar a tentativa de Liebeler de seduzir Odio. Na equipe, havia sido Slawson, mais do que qualquer outro, quem tinha visto a potencial importância de Odio como testemunha e compreendido como ela poderia vincular Oswald a uma conspiração envolvendo exilados anticastristas. Ele sabia das lutas da jovem refugiada em Dallas e da sua decisão de buscar auxílio psiquiá-trico. Teria sido "simplesmente cruel" por parte Liebeler investir sobre ela, disse. Para Slawson, Liebeler teve muita sorte de as reclamações de Odio não virem à tona na época — isso poderia ter acabado com a carreira dele.

47.

ESCRITÓRIOS DA PROMOTORIA
DALLAS, TEXAS
QUARTA-FEIRA, 22 DE JULHO DE 1964

Durante a viagem a Dallas, Liebeler entrevistou várias outras testemunhas, inclusive Abraham Zapruder, o fabricante local de roupas femininas cuja câmera de cinema amadora havia captado os essenciais e torturantes momentos do assassinato. Zapruder — sob juramento e entre acessos de soluços ao recordar a cena na Dealey Plaza — chegou perto de cometer perjúrio ao ser interrogado.

Warren, em particular, ficara alarmado durante meses com o fato de Zapruder ter vendido os direitos do filme para a revista *Life*, assim como quando Liebeler o pressionou a revelar quanto lhe fora pago. Para Warren, a venda do filme estabelecera um terrível precedente para a comercialização de provas judiciais.

"Eu gostaria de lhe perguntar, se não se importa de nos dizer, quanto recebeu pelo filme", Liebeler questionou Zapruder. "A comissão sente que seria útil."[1]

Zapruder resistiu. "Eu apenas me pergunto se deveria ou não responder, porque isso envolve muitas questões, não se trata apenas de um preço."

Liebeler tentou a pergunta de novo.

"Recebi 25 mil dólares", respondeu Zapruder, explicando que todo o dinheiro tinha sido doado para o fundo de auxílio a policiais e bombeiros de Dallas, com a sugestão de que fosse para a viúva do policial J. D. Tippit.*

"O senhor deu todos os 25 mil dólares?", indagou Liebeler.

"Sim", Zapruder respondeu. "Estou surpreso que vocês não saibam disso. Não gosto muito de falar no assunto."

Liebeler pareceu impressionado com a generosidade de Zapruder. "Nós a agradecemos muito pela resposta", falou. "Eu gostaria de dizer que seu filme tem sido uma das coisas mais úteis para o trabalho da comissão." O advogado explicou como o filme fora usado para determinar a prova balística "com um bom grau de precisão dos fatos".

Zapruder reagiu modestamente: "Eu não fiz nada".

O que ele não tinha feito, de fato, foi contar a Liebeler toda a verdade sobre a venda do filme. Anos depois, a *Life* reconheceria que concordou, poucos dias após o assassinato, em pagar a Zapruder pelo menos 150 mil dólares pelos direitos do filme, em prestações anuais de 25 mil dólares.[2] (Em 2009, o governo federal viria a adquirir os direitos dos herdeiros de Zapruder por 16 milhões de dólares, depois de rejeitar um pedido inicial da família de 30 milhões de dólares.) Zapruder vendera o filme para a *Life* depois de oferecê-lo a diversas organizações de notícias — inclusive a CBS, o *Saturday Evening Post* e a Associated Press —, comparando ofertas rivais. Richard B. Stolley, chefe do escritório da *Life* em Los Angeles que negociou o acordo, disse que Zapruder estava preocupado com a "exploração" e obteve a promessa da revista de tratar as imagens com o maior respeito possível. Mas Zapruder também "entendia claramente seu valor para o futuro financeiro da família", declarou Stolley.[3]

Em Dallas, Liebeler também tomou o depoimento de Edwin Walker, o general reformado do Exército que aparentemente fora alvo de tentativa de assassinato por parte de Oswald sete meses antes do homicídio de Kennedy. Walker, um segregacionista declarado e membro proeminente da ultraconservadora John Birch Society, fora forçado pelo presidente Kennedy a deixar o Exército em 1961, depois de saber que o general distribuíra material da Birch Society para as tropas sob seu comando na Alemanha.[4] Walker lembrava-se de como escapara por um

---

* Considerando os efeitos da inflação, 25 mil dólares em 1963 equivale a cerca de 190 mil dólares em 2013.

triz de ser atingido na cabeça quando uma bala adentrou sua casa em Dallas na noite de quarta-feira, 10 de abril. "Eu estava sentado à minha escrivaninha", declarou. "Eram nove horas da noite em ponto, e a maioria das luzes na casa estavam acesas e as persianas levantadas." Ele estava curvado sobre a mesa, trabalhando no seu imposto de renda, quando ouviu uma explosão por cima da cabeça. Virou-se e viu um buraco de bala na parede.[5]

Marina Oswald tinha dito à comissão que o marido admitira para ela nessa mesma noite que fora ele o responsável. Segundo Marina, Oswald chamava Walker de "fascista" e o comparava a Adolf Hitler, afirmando que o assassinato de Walker era justificado por causa de suas opiniões políticas. Fotos de Walker foram encontradas entre os pertences de Oswald.

Embora Marina tivesse dito que estava convencida de que o marido agira sozinho ao tentar matar Walker, o general reformado não tinha certeza. Walker afirmou que vinha conduzindo sua própria investigação para tentar determinar se Oswald tinha cúmplices, inclusive Jack Ruby. Walker, cujo antissemitismo era bem conhecido, se referia a Ruby apenas pelo seu nome de nascimento, Rubinstein. "As indicações de que Rubinstein e Oswald tinham alguma associação não parecem ser somente minhas, mas de todo o país." Pressionado por Liebeler, Walker admitiu que não tinha prova de conspiração, além das teorias de Mark Lane e outros.

O testemunho de Walker para a comissão foi ideia dele. Semanas antes, o general reformado o exigira num telegrama para Warren, afirmando que queria testemunhar em parte porque desejava acabar com a especulação de que ele e seus simpatizantes de direita no Texas tivessem algo a ver com a morte de Kennedy. "Estou cansado de culparem a direita, estou farto disso, e está na hora da comissão limpar o nome da cidade de Dallas", disse ele a Liebeler.

Alguns dias antes, Arlen Specter também estivera em Dallas para supervisionar o exame de Ruby no polígrafo. Ele estava aborrecido com a tarefa, que lhe fora dada pelo presidente da Suprema Corte, que — na opinião de Specter — tinha feito uma "besteira estúpida" seis semanas antes ao concordar com o pedido de Ruby.[6] O polígrafo estava programado para sábado, 18 de julho, o que significava que Specter teria de passar outro fim de semana de verão sufocante no Texas.

O FBI relutara em aplicar o polígrafo. Auxiliares de Hoover disseram à comissão que poderia ser impróprio sujeitar um homem no corredor da morte ao teste, em especial alguém que parecia mentalmente perturbado. Mas a comissão insistiu, e por fim o bureau mandou um dos mais experientes especialistas em polígrafo, Bell Herndon, conduzir o exame, que seria realizado na cadeia do condado de Dallas. Specter abriu a sessão às onze horas, perguntando se Ruby de fato queria seguir adiante com o exame. Se Ruby tivesse mudado de ideia, disse Specter, a comissão estava pronta para cancelar o teste. "Isso encerrará a questão, no que diz respeito à comissão."[7]

Um dos advogados de defesa de Ruby, Clayton Fowler, o aconselhara a não realizar o teste com o polígrafo. Ele deixou a sala para discutir o assunto com Ruby pela última vez: "Se ele insistir, não posso e não vou impedi-lo". Ambos voltaram alguns minutos depois. "Ele diz que vai fazer o teste, independente dos seus advogados", anunciou Fowler.

Specter virou-se para Ruby e lembrou-lhe que os resultados do polígrafo podiam ser usados por promotores para minar sua apelação. Ruby, porém, estava seguro de sua decisão — disse que o teste era bem-vindo. "Vou responder a qualquer coisa, sem relutância", disse. "Não há nada a esconder. Quero responder a tudo e qualquer coisa."

Ruby sentou-se na cadeira que fora aparelhada com o polígrafo. Herndon, o examinador, esticou um tubo de borracha em volta do peito de Ruby para monitorar sua respiração. Pequenos censores foram presos aos seus dedos para medir padrões elétricos na sua pele; um medidor de pressão foi posto em seu braço esquerdo. Amarrado às máquinas, Ruby repetiu o que contara a Warren um mês antes — que matara Oswald por impulso. "Não houve conspiração", disse. "Eu me senti tão arrebatado… que naquele momento particular daquela grande tragédia, de algum modo senti que podia poupar a sra. Kennedy da provação de voltar aqui para o julgamento."

"E tudo que você contou à Comissão Warren é verdade?", perguntou Specter.

"Sim", respondeu Ruby.

Specter tinha duas listas de perguntas para Ruby — uma preparada por ele, outra pelos advogados de Ruby. As duas listas combinadas eram tão compridas, e as respostas de Ruby tão desarticuladas, que um exame que normalmente teria levado cerca de 45 minutos demorou quase nove horas. Specter disse que exagerou apenas um pouco ao descrevê-lo como "o mais longo teste de polígrafo da história".[8] O interrogatório só terminaria às 21 horas. No dia seguinte, Specter e

Herndon voaram juntos de volta para Washington. Herndon disse que Ruby "tinha passado no teste com distinção e era evidente que não estava envolvido no assassinato". Embora Specter ainda estivesse cético quanto à precisão dos exames de polígrafo, também estava convencido de que Herndon tinha razão.

O FBI e a comissão estavam tentando amarrar outras pontas soltas em Dallas. Ainda havia confusão sobre o motivo de o departamento de polícia de Dallas e de seu infeliz chefe, Jesse Curry, não terem feito mais para proteger Oswald na manhã do seu assassinato — sobretudo porque tanto o departamento quanto o FBI haviam recebido dezenas de ameaças telefônicas contra a vida de Oswald horas antes.

Curry, de cinquenta anos, já se tornara alvo de zombaria da comissão. Foi ele quem havia permitido que a central de polícia de Dallas se transformasse num circo nos dias posteriores ao assassinato de Kennedy, deixando Jack Ruby vagar pelos corredores praticamente à vontade. Curry e o promotor de Dallas, Henry Wade, haviam cometido repetidos erros em suas declarações aos repórteres nas horas seguintes ao assassinato de Kennedy — declarações que complicaram o trabalho da comissão e forneceram a Mark Lane e outros a oportunidade de alegar que houvera encobrimento. Uma das piores declarações equivocadas veio na noite do assassinato, quando Wade disse aos repórteres que a polícia havia recuperado no depósito de livros um rifle Mauser fabricado na Alemanha — na verdade, tratava-se do rifle de fabricação italiana Mannlicher-Carcano. Posteriormente Wade admitiu o erro, mas era tarde demais para impedir Lane de argumentar, por décadas, que lá fora encontrado um rifle Mauser, mais uma prova de que não havia sido Oswald quem matara o presidente.

A comissão não fora capaz de resolver uma séria discrepância entre os relatos dados ao FBI por Curry e o capitão W. B. Frazier sobre os fatos nas horas matinais que antecederam a morte de Oswald.[9] Frazier trabalhara durante o turno da noite de sábado e ficou assustado quando soube por um relatório aparentemente digno de crédito que uma turba de cem pessoas iria se reunir no centro da cidade no domingo para matar Oswald. Ele consultou o chefe da Divisão de Homicídios, que disse que Curry deveria ser notificado imediatamente para que o departamento intensificasse a segurança de Oswald naquela manhã. Frazier tentou ligar várias vezes para a casa de Curry entre 5h45 e seis horas da manhã. O telefone estava constantemente ocupado, e Frazier disse que pediu a ajuda da telefonista, que lhe informou que a linha parecia estar com defeito. Às seis horas, quando encerrou seu turno, Frazier ainda não conseguira a ligação e deixou nas mãos do oficial de plantão tentar contatar o chefe de polícia e avisá-lo de que a vida de Oswald parecia estar em perigo.

Questionado pelo FBI depois do assassinato de Oswald, Curry insistiu que seu telefone de casa estava funcionando direito e que não recebeu nenhuma ligação sobre as ameaças a Oswald. O relato de Frazier, segundo ele, estava errado.

Em julho, a comissão pediu ao FBI que tentasse resolver a discrepância entre os relatos. E numa entrevista com o bureau em 17 de julho, Curry anunciou que precisava corrigir o registro. Havia descoberto que sua esposa tinha tirado o telefone do gancho naquela noite de sábado para permitir que o casal conseguisse dormir um pouco. Ele reconheceu o que isso significava: na última noite de vida de Lee Oswald, e apenas duas noites depois que o presidente dos Estados Unidos fora baleado nas ruas de Dallas, o chefe de polícia estava inacessível.

48.

ESCRITÓRIO DE ADVOCACIA DE HERRICK, LANGDON, SANDBLOM & BELIN
DES MOINES, IOWA
AGOSTO DE 1964

A comissão sofreu tropeções de relações públicas ao longo do ano. Para a equipe da comissão, nenhum fora mais prejudicial do que a declaração dada por Warren aos repórteres em fevereiro, de que toda a verdade sobre o assassinato poderia não vir a ser conhecida "no tempo de vida de vocês". David Belin, de volta ao seu escritório de advocacia em Iowa naquele verão, escreveu a Willens em agosto para dizer que o comentário do "tempo de vida" feito por Warren fora tão prejudicial que precisava ser abordado — e formalmente repudiado — no relatório da comissão. Era preciso deixar claro que Warren tinha feito uma declaração seriamente inapropriada. "Pelo que eu saiba, não existe outro jeito de eliminar os temores de tanta gente de que estamos maquiando coisas e impedindo que as pessoas conheçam os verdadeiros fatos."[1]

Mas essa recomendação, como tantas outras sugeridas por Belin, não surtiu efeito no relatório final, que não faria nenhuma referência à gafe de Warren. E ainda que Belin e outros jovens advogados da equipe não tivessem meios de saber a extensão do fato, a comissão começara a censurar pesadamente seus arquivos naquela primavera. E o mais significativo de tudo, a comissão de súbito deixou de fazer um registro esmiuçado de suas próprias deliberações.

Durante os seis primeiros meses da investigação, reuniões da comissão a portas fechadas haviam sido cuidadosamente registradas por um relator jurídico, com base no entendimento de que as transcrições seriam classificadas como ultrassecretas e não liberadas ao público por anos, se o fossem algum dia. A abordagem se destinava a dar segurança aos membros da comissão para que pudessem falar abertamente, mas também a assegurar ao público que havia um registro completo que poderia ser consultado por futuras investigações. Warren contratou para a tarefa a Ward & Paul, uma respeitada companhia privada especializada em relatórios jurídicos de Washington que trabalhava com frequência para a CIA e o FBI quando precisavam tomar um depoimento de caráter sigiloso. A companhia empregava um número de relatores jurídicos com alto nível de idoneidade em termos de segurança.

Mas isso mudou em junho, quando a comissão, por razões não explicadas, cancelou o acordo com a Ward & Paul e deixou de fazer as transcrições de suas deliberações internas. Os arquivos da comissão não revelam quem tomou essa decisão, que significava que o público estaria privado para sempre de saber com exatidão o que os membros da comissão discutiram em suas deliberações finais e mais importantes — e como a comissão chegara perto de produzir um relatório final dividido.

A última reunião totalmente transcrita ocorreu na tarde de 23 de junho, terça-feira, com a presença de três membros — Warren, Ford e Allen Dulles. O foco era a questão da censura: deveria a comissão despir o relatório final de todas as referências a Iúri Nosenko, o desertor russo? O lobby da CIA para censurar o material de Nosenko fora eficaz e houve pouca discussão entre os três integrantes. "Tenho sido levado a acreditar, mediante pessoas que acredito conhecer, que existe uma grave questão de confiabilidade no fato de o sr. Nosenko ser um desertor voluntário", declarou Ford. "Eu teria graves questões em relação a utilizar o que ele diz com referência a Oswald." Warren concordou: "Eu sou alérgico a desertores, e acho apenas que não devemos confiar em nenhum desertor, a menos que se saiba que ele está falando a absoluta verdade, e que ela possa ser corroborada em todos os aspectos. E não temos o menor meio de corroborar o que esse homem diz".[2]

A sessão executiva seguinte estava marcada para segunda-feira, 29 de junho, quando a comissão começaria a debater a sério as conclusões para o relatório final. Todos os sete membros compareceram. Em vez de uma transcrição, a comissão preparou um sumário de nove páginas do que se discutiu na sessão, e mesmo esse sumário acabaria desaparecendo dos arquivos da comissão. Uma cópia foi descoberta décadas depois nos papéis pessoais de Rankin.[3]

Segundo o sumário, a maior parte da reunião foi tomada pela discussão sobre uma lista de conferência de 72 questões que a equipe da comissão acreditava que o relatório deveria abordar, inclusive a importantíssima questão sobre se havia ou não prova de conspiração. À medida que percorriam a lista, os membros, de forma geral, se alinhavam com a equipe sobre as conclusões a que deviam chegar. Embora o debate se pautasse em torno da teoria da bala única, eles concordaram com as evidências de que os três tiros contra o presidente foram disparados por detrás da limusine de Kennedy, que todos os tiros vieram do sexto andar do depósito de livros e que Oswald era o único atirador.

Os membros da comissão hesitaram, porém, ao chegar à questão 48: "Havia prova de conspiração estrangeira?". Segundo o sumário, a comissão "postergou a resposta a essa pergunta — e disse que seria respondida mais tarde".

Os integrantes rejeitaram, de uma vez por todas, o esboço do capítulo redigido por Liebeler sobre os motivos de Oswald. De acordo com o sumário, os membros da comissão "não estavam dispostos a atribuir nenhum motivo específico nem se envolver em teorias ou terminologia psiquiátrica". O esboço era "suave demais e simpático a Oswald".

Havia um tipo diferente de censura em marcha na comissão, grande parte dela dirigida à apresentação de um relatório final que não fizesse leitores delicados ruborizar. Rankin queria os esboços dos capítulos limpos de tudo que pudesse ser considerado de mau gosto, indecente ou violação de privacidade — mesmo da privacidade de Oswald.

David Slawson insistiu uma última vez para que a comissão revelasse no relatório que Oswald fora portador de doença venérea enquanto estava nos Fuzileiros Navais. Num memorando a Rankin, perguntou se a gonorreia de Oswald fora tratada de forma adequada e se isso poderia ter afetado sua saúde mental. "Vale a pena no mínimo inquirir confidencialmente um médico competente, especialista nesse tipo de doença ou área correlata, para descobrir se a gonorreia, em particular, pode ter esse tipo sério de sequela."[4] Na verdade, como Slawson viria a descobrir mais tarde, a gonorreia não tratada pode ter complicações físicas devastadoras, mas não necessariamente ocasiona uma doença mental. Como Rankin já havia determinado, não houve menção à doença venérea de Oswald no relatório.

Stuart Pollak, o jovem advogado de Departamento de Justiça alocado para a comissão, recebeu a tarefa de rever os esboços dos capítulos e as transcrições de algumas testemunhas, os quais seriam publicados mais tarde, com foco em outros exemplos de mau gosto ou violações de privacidade. Em memorandos, ele repassou os capítulos página por página, citando cada caso em que alguém mencionado no relatório era acusado de um crime, indiscrição sexual ou outro tipo de lapso. Não ficou surpreso com os vários exemplos de material sobre o Carousel Club de Ruby e as descrições das strippers e suas performances no palco. Num memorando, Pollak questionou se o relatório devia manter a descrição feita por uma testemunha de uma das strippers mais populares do clube, Janet "Jada" Conforto, de quem dizia que era "só um pouquinho indecente em sua atuação", exigindo que Ruby "apagasse as luzes de vez em quando e pedisse a ela para limpar um pouco o número".[5]

Pollak citou todos os casos de irreverência. "O registro inclui diversas profanidades suaves, tais como a referência a um 'maldito'", escreveu. Ele indagou também se no relatório deveriam figurar alguns detalhes mais mórbidos sobre o cadáver do presidente e suas roupas ensanguentadas. "É realmente necessário incluir uma descrição das roupas de baixo do presidente?"

Quanto ao alegado assassino, Pollak escreveu: "Entendo que tudo sobre Lee Oswald é essencial para uma avaliação completa do indivíduo". Ainda assim, ponderou se a comissão devia citar cada detalhe desagradável de que tomara conhecimento sobre a vida privada de Oswald, em particular sobre sua sexualidade. "Talvez se devesse dirigir atenção para as referências a ele como um possível homossexual […] e a suas relações sexuais insatisfatórias com Marina."

Rankin também solicitou à equipe a exclusão de algumas descrições mais gráficas dos experimentos do Exército realizados, a pedido da comissão, para tentar replicar os ferimentos de Kennedy e Connally. Os membros da comissão eram escrupulosos, sugeriu Rankin, em descrever testes em que cabras vivas haviam sido baleadas. Ele pediu que a expressão "carne animal" fosse "substituída pelo termo 'cabra'" sempre que aparecesse.[6] Da mesma forma, os membros não queriam revelar que o Exército tinha dado tiros em pulsos de cadáveres humanos buscando reproduzir os ferimentos em Connally. A comissão "orientou para que a referência a 'pulso do cadáver' seja substituída por 'estrutura óssea' ou outra expressão", escreveu Rankin.

Naquele verão, testemunhas de posições importantes do governo que haviam se apresentado perante a comissão tiveram o direito de requisitar mudanças no registro escrito de seu depoimento. Poucos fizeram uso da oferta, mas houve um pedido de edição de última hora por parte do diretor do Serviço Secreto, James Rowley. Numa breve nota para a comissão em 30 de junho, Rowley solicitou uma mudança sutil, mas reveladora, em sua resposta sobre os agentes do Serviço Secreto que haviam saído para beber na noite anterior ao assassinato.[7] A alteração estava relacionada a uma passagem do seu depoimento na qual Warren, aparentemente agitado, havia questionado se os agentes poderiam ter protegido o presidente se não tivessem bebido horas antes.

A resposta original de Rowley foi: "Sim, senhor, mas não creio que pudessem ter feito nada que não tenham feito".

Em sua nota, Rowley pediu que essas palavras fossem substituídas por: "Sim, senhor, mas, mesmo assim, ainda não acredito que isso pudesse ou tivesse evitado a tragédia".

Com essa revisão, Rowley estava modificando a defesa de seus agentes. Ele parecia agora sugerir que os agentes poderiam ter sido capazes de fazer alguma coisa mais para salvar o presidente se tivessem permanecido totalmente sóbrios na véspera. Depois de consultar Warren, Rankin concordou em revisar a transcrição com palavras um pouco diferentes, de modo que a resposta de Rowley para a posteridade rezaria: "Sim, senhor, mas não creio que pudessem ter evitado o assassinato".

49.

CÂMARA DO CONSELHO MUNICIPAL
CRACÓVIA, POLÔNIA
SEGUNDA-FEIRA, 29 DE JUNHO DE 1964

O polonês parecia nervoso ao se postar junto a Robert Kennedy para fazer o que descreveu como "uma pergunta pessoal". O jovem, um oficial do Partido Comunista local da Cracóvia, segunda maior cidade do país, disse que seus conterrâneos queriam ouvir a "versão de Kennedy sobre o assassinato".[1]

Kennedy pareceu tomado de surpresa. Por quase sete meses, ele havia conseguido evitar comentários públicos sobre o assassinato do irmão. A criação da Comissão Warren dera ao procurador-geral uma justificativa para seu silêncio — ele insistia que não queria prejulgar a investigação nem influenciar seus resultados. Mas a triunfal viagem de Kennedy à Europa em junho — primeiro para a Alemanha, onde descerrou uma placa homenageando o irmão na recém-batizada John F. Kennedy Platz em Berlim, e agora para a Polônia — pareceu elevar seu estado de espírito. As multidões na Polônia comunista ovacionavam a cada menção ao nome do irmão.

Assim, resolveu responder à pergunta do jovem polonês.

O presidente Kennedy, disse, fora assassinado por um "desajustado" chamado Lee Harvey Oswald, que fora motivado por sua raiva contra a sociedade americana. "Não há dúvida" sobre a culpa de Oswald, declarou Kennedy. "Ele era um comunista declarado, mas os comunistas, por causa da sua atitude, não queriam nada com ele." Kennedy prosseguiu: "O que ele fez foi em seu próprio nome. [...] A ideologia, na minha opinião, não motivou seu ato. [...] Foi um ato isolado de uma pessoa que protestava contra a sociedade". Seus comentários ganharam rapidamente as manchetes nos Estados Unidos, uma vez que o procurador-geral parecia estar endossando o que se esperava que a Comissão Warren concluísse em seu relatório final.

Durante a maior parte de 1964, Kennedy parecia estar mais do que de luto — ele efetivamente se escondeu. Ele tinha aceitado a oferta de Johnson de continuar como procurador-geral, declarando estar comprometido com a agenda do irmão no Departamento de Justiça, sobretudo no que se referia aos direitos civis. Mas Kennedy ignorou boa parte de suas responsabilidades no departamento, mantendo-se afastado da sede no edifício da Pennsylvania Avenue por dias a fio. Em vez disso, passava seu tempo em Hickory Hill, a mansão da época da Guerra Civil que ele e Ethel tinham comprado de Jack em 1957, ou em Georgetown, com Jacqueline e as crianças. Parecia encontrar conforto real apenas na companhia da família, em especial de seus oito filhos — Ethel estava grávida do nono.

Kennedy se fechou numa concha, evidenciando seu desespero — passara a se vestir com as roupas do irmão. Quando fazia suas visitas noturnas regulares ao túmulo no Cemitério Nacional de Arlington, em geral estava vestindo o casaco de couro favorito de Jack ou o velho sobretudo do presidente morto. Antes de viajar à Europa, quando o tema do assassinato vinha à tona, Kennedy insistia que não estava prestando atenção aos trabalhos da Comissão Warren e que tinha pouco interesse na questão de se Lee Harvey Oswald agira sozinho. "O que me importa?", era a resposta rotineira ao ser indagado sobre o trabalho da comissão. "Nada disso vai trazer Jack de volta."[2]

Mas como sabiam seus assistentes e amigos mais próximos, esses comentários se destinavam em boa parte ao consumo público. Anos depois, eles admitiriam que Kennedy jamais deixara de suspeitar que houvera uma conspiração para matar seu irmão. Ao longo de 1964, alguns dos seus assessores no Departamento de Justiça — e amigos de outras partes — continuaram a buscar, a seu pedido, indícios de que Oswald não fora um atirador solitário. Kennedy parecia preocupado, em particular, com a possibilidade de Castro ou a Máfia estar por trás do assassinato.

Kennedy teria sabido que havia uma lógica terrível nas teorias sobre a conexão cubana com o assassinato do irmão, uma vez que os Estados Unidos vinham tentando por tanto tempo assassinar Castro, às vezes com a ajuda da Máfia. Em 1964, Kennedy já sabia dos complôs para matar o líder cubano havia pelo menos dois anos, como os registros governamentais mais tarde mostrariam. Depois do desastre da Baía dos Porcos, em abril de 1961, seu irmão o encarregara de administrar a guerra secreta contra Castro, conhecida na CIA como Operação Mangusto. Entre os funcionários envolvidos na operação, havia pouca dúvida de que o objetivo era provocar a morte violenta de Castro.

Kennedy estivera ciente do envolvimento da Máfia em conspirações da CIA contra Castro pelo menos desde maio de 1961, apenas quatro meses depois que prestara juramento como procurador-geral, ocasião em que foi advertido por Edgar J. Hoover, num memorando, de que a agência estava envolvida em "negócios sujos" em Cuba com Sam Giancana, o chefão da Máfia de Chicago.[3] Está claro que Kennedy leu o memorando do FBI porque anotou na margem: "Espero que isso seja acompanhado com todo o vigor". Um ano depois, ele foi informado de que os "negócios sujos" incluíam complôs da CIA para assassinar Castro. Numa reunião em maio de 1962 requisitada por ele, os encarregados da CIA de prestarem informações lhe disseram os nomes das figuras do crime organizado envolvidas nos complôs, inclusive Giancana. Segundo um resumo da CIA das informações prestadas, Kennedy afirmou aos seus interlocutores da agência de espionagem que o envolvimento da Máfia nos esquemas era uma surpresa bastante desagradável: "Confio que, se algum dia resolverem fazer de novo negócios com o crime organizado — com gângsteres —, vocês tratarão de informar o procurador-geral". Mas teria mesmo sido uma surpresa, considerando o relatório enviado a ele por Hoover um ano antes? E, mesmo tendo os amigos de Kennedy insistido mais tarde que ele jamais teria aprovado uma ordem de assassinar um líder estrangeiro, o fato é que os esforços da CIA para assassinar Castro continuariam até as últimas horas da administração Kennedy, numa época em que Robert dirigia a guerra secreta contra Cuba. O inspetor-geral da CIA, o cão de guarda interno da agência, determinaria anos mais tarde que, no mesmo dia do assassinato do presidente, um oficial da CIA estava se encontrando em Paris com um agente cubano para lhe entregar uma caneta envenenada — uma esferográfica equipada com uma agulha hipodérmica que podia ser carregada com um veneno mortal, adquirível comercialmente, conhecido como Blackleaf 40 — para ser levada a Havana. O inspetor-geral escreveu que "é provável que, no momento exato em que o presidente foi atingido, um oficial da CIA estivesse se encontrando com um agente cubano [...] e lhe entregando um dispositivo de assassinato para ser usado contra Castro".[4] Mesmo após o assassinato do irmão, Kennedy continuou a receber relatórios sobre os esforços em andamento da Máfia para matar Castro, com ou sem o apoio da CIA. Em junho de 1964, mais ou menos na época da viagem do procurador-geral à Alemanha e à Polônia, a CIA encaminhou ao seu gabinete um memorando detalhado sobre relatos de uma nova oferta por parte de "elementos da Cosa Nostra", trabalhando com cubanos anticastristas, para assassinar o líder cubano. "Eles se ofereceram para assassinar Castro por 150 mil dólares", dizia o memorando.[5]

Jamais pôde ser determinado com certeza se em 1964 o presidente Johnson sabia dos complôs contra Castro, embora as gravações, mantidas por muito tempo em segredo, de suas conversas telefônicas na Casa Branca sugiram que a CIA lhe contou sobre os planos e o envolvimento da Máfia, até 1967. Ainda assim, nos primeiros meses na presidência, Johnson parecia ter uma forte suspeita de que o assassinato era, de alguma forma, um ato de vingança de um governo estrangeiro. Naquele inverno, Johnson disse ao seu secretário de imprensa, Pierre Salinger, que tinha a mesma função na administração Kennedy, que o assassinato fora "retaliação divina" pelo reconhecido envolvimento americano nas mortes de Rafael Trujillo, o ditador da República Dominicana, e do presidente Ngo Dinh Diem, do Vietnã do Sul — o líder vietnamita havia sido assassinado menos de três semanas antes de Kennedy, durante um golpe de estado apoiado pelos americanos.[6]

Como Johnson havia de desconfiar, seu comentário foi rapidamente repassado a Kennedy, que ficou furioso: "Retaliação divina?", indagou o procurador-geral, estarrecido. Numa conversa em abril de 1964 com seu amigo, o historiador Arthur M. Schlesinger, Kennedy descreveu a frase como "a pior coisa que Johnson" já dissera.

Mas será que Johnson estava errado? Apesar de sua fúria contra o novo presidente, Kennedy tinha suas próprias suspeitas de que um líder estrangeiro na mira da administração Kennedy havia simplesmente atacado antes: Castro. Segundo Schlesinger, ele perguntou a Kennedy naquele outono — "talvez sem o menor tato" — se ele realmente acreditava que Oswald agira sozinho. "Ele disse que não podia haver dúvidas sérias de que Oswald fosse culpado, mas ainda havia discussão se tinha feito tudo sozinho ou como parte de um complô maior, organizado por Castro ou por gângsteres."

Assim, naquele mês de junho, Kennedy deparou com um dilema ao receber a carta do presidente da Suprema Corte Warren, em nome da comissão, perguntando se ele tinha "alguma informação que sugira que o assassinato do presidente Kennedy foi causado por uma conspiração nacional ou estrangeira".

Deveria Kennedy revelar o que sabia sobre os complôs contra Castro e suas suspeitas de conspiração envolvendo Cuba? Qual seria o impacto da revelação de que ele estivera ciente, durante anos, de que a CIA não só tentara matar Castro, mas havia recrutado a Máfia para fazê-lo — os mesmos mafiosos que supostamente seriam alvo de processos por parte do Departamento de Justiça?

Os estrategistas políticos de Kennedy com certeza não teriam gostado que uma informação dessa viesse a público, sobretudo no verão de 1964, quando estavam — às vezes de forma bizarra, ao que parecia — tentando engendrar especulações de que o procurador-geral era a escolha óbvia para ser o companheiro de chapa de Johnson em novembro. Embora pouco fizesse para ocultar seu desprezo por Johnson, Kennedy também não reprimia a especulação sobre sua candidatura. As pesquisas de opinião mostravam que ele era, por larga margem, a escolha mais popular para o número dois da chapa democrata.

Kennedy adiou a resposta à carta de Warren. "O que eu faço?", escreveu ele num minúsculo bilhete manuscrito e sem data para um assessor, que semanas depois o lembrou de que a comissão aguardava sua resposta.[7]

Por fim, em 4 de agosto, o procurador-geral assinou uma carta de uma página ao presidente da Suprema Corte, sem dar a menor indicação do que realmente sabia, ou do que suspeitava:

> Eu gostaria de afirmar definitivamente que não sei de nenhum indício digno de crédito para apoiar as alegações de que o assassinato do presidente Kennedy tenha sido causado por uma conspiração nacional ou estrangeira. Gostaria de lhes assegurar que toda a informação de algum modo relacionada com o assassinato do presidente John F. Kennedy de posse do Departamento de Justiça foi encaminhada à Comissão Presidencial para apropriada análise e consideração. Não tenho neste momento sugestões a fazer referentes a uma investigação adicional que deva ser empreendida pela comissão antes da publicação de seu relatório.[8]

Considerando o que mais tarde viria a ser descoberto sobre as suspeitas de Kennedy, a carta era, na melhor das hipóteses, evasiva e, na pior, uma tentativa de desviar a comissão da pista de provas de uma possível conspiração na morte de seu irmão. O palavreado da carta podia ser literalmente verdade, porém mascarava seus obscuros temores de que Oswald não agira sozinho. Kennedy podia não ter nenhum "indício digno de crédito" de uma conspiração, mas tinha suspeitas de sobra. Podia não estar ciente de informação "de posse do Departamento de Justiça" que sugerisse uma conspiração, mas ela podia existir em outra parte — especialmente na CIA.

Embora a comissão já tivesse descartado a necessidade de seu depoimento, Kennedy encerrou a carta com uma oferta de aparecer diante da comissão para responder a perguntas — uma oferta que ele podia estar confiante de que não seria aceita. Além do presidente Johnson, o procurador-geral era o funcionário do mais alto escalão do governo a não ser solicitado a prestar depoimento juramentado para a investigação.

50.

GABINETE DO DIRETOR
FBI
WASHINGTON, DC
AGOSTO DE 1964

Lee Rankin ficou genuinamente constrangido com as exigências que a comissão fez ao FBI. Os pedidos de informações e assistência continuaram sem parar ao longo de todo o verão de 1964, mesmo enquanto a comissão estava se mobilizando para terminar o relatório. Em 18 de agosto, Rankin telefonou a Alex Rosen, chefe da Divisão Geral de Investigação do bureau, para agradecer ao FBI por sua disposição em atender às solicitações, "independente de quão ridículo o pedido pudesse ter parecido".

Nas semanas finais da investigação, os agentes do FBI no Texas e do outro lado da fronteira, no México, se desdobraram para sair à caça de novas pistas para a comissão. Agentes na Cidade do México foram solicitados a entrar em contato com cada loja de artigos de prata daquela enorme cidade à procura do estabelecimento que poderia ter vendido a Oswald o bracelete que ele dera a Marina. A comissão queria a busca realizada, mesmo que sua equipe estivesse convencida de que o bracelete fosse na verdade feito no Japão e comprado por Oswald depois de ter voltado aos Estados Unidos. O escritório do FBI na Cidade do México foi solicitado a conduzir investigação semelhante em cada estabelecimento fotográfico onde Oswald pudesse ter tirado fotos para seu pedido de visto para Cuba.

E o mais significativo, a comissão queria que o FBI realizasse uma reinvestigação meticulosa das alegações de Silvia Odio. "A confiabilidade da sra. Odio tem sido atestada por várias pessoas honradas que a conhecem", escreveu Rankin a Hoover em 24 de julho, acrescentando que a comissão queria que Annie Odio, irmã de Silvia, fosse entrevistada novamente o mais depressa possível.[1] Hoover respondeu em 12 de agosto para informar que o FBI entrevistara Annie Odio e que, embora ela sustentasse o relato da irmã, o FBI ainda estava convencido de que a investigação estava num beco sem saída. "Nenhuma ação futura é contemplada nessa questão particular na ausência de um pedido específico da comissão", escreveu Hoover.[2]

Wesley Liebeler disse que ficou abismado com a carta. Por que o FBI tinha tão pouco interesse em seguir a pista de uma testemunha digna de crédito, cujo relato poderia apontar para uma coparticipação no assassinato do presidente? Ele deu início a seu próprio e detalhado exame das alegações de Odio, comparando seu relato do encontro com o que se sabia da cronologia da viagem de Oswald ao México. O resultado sugeriu a Liebeler que, embora o tempo tivesse sido extraordinariamente espremido, Oswald poderia ter feito a viagem a Dallas no fim de setembro. Se tivesse tido acesso a um carro particular ou tivesse tomado um avião, poderia ter passado em Dallas, ainda que por algumas horas, antes de cruzar a fronteira do México.

No fim de agosto, Liebeler redigiu uma carta detalhada para Rankin assinar, na qual a comissão exigia que o FBI reabrisse e reinvestigasse cada parte da história de Odio. Rankin tinha certeza de que a carta não seria bem recebida por Hoover, mas a enviou mesmo assim. "É uma questão de importância para a comissão que as alegações da sra. Odio sejam provadas ou refutadas", dizia a carta a Hoover. "O senhor poderia, por favor, conduzir a investigação necessária para determinar quem foi que a sra. Odio viu em ou por volta do final de setembro ou começo de outubro de 1963?"[3] A carta fornecia a análise detalhada de Liebeler do cronograma das viagens de Oswald e apontava as semelhanças entre a descrição de Odio de um dos dois latinos à sua porta — "Leopoldo" — e o homem de quem se dissera repetidas vezes ter sido visto na companhia de Oswald num bar de New Orleans.

O pedido da comissão foi transmitido para o escritório de campo do FBI em

Dallas, e a tarefa de acompanhamento foi entregue ao agente especial James Hosty, o mesmo que havia investigado — e descartado — as alegações de Odio em dezembro. Hosty disse mais tarde que revirou os olhos ao ler a tarefa — ele revisaria exatamente a mesma evidência que examinara meses antes. Àquela altura, perguntou-se: "Será que esse pesadelo vai acabar?". Naquele verão, Hosty era uma figura pública em Dallas por todos os motivos errados, segundo ele. Qualquer um na cidade que lesse com atenção um jornal conheceria o seu nome, e todos seus vizinhos sabiam que era ele o agente do FBI marcado por ter investigado Oswald antes do assassinato e não ter percebido a ameaça que ele representava. Hoover e seus assessores em Washington pareciam determinados a provar que Oswald agira sozinho ao matar Kennedy, e nada que Hosty descobrira desde o assassinato parecia minar o argumento deles. Seria necessário que um "corajoso, e possivelmente inconsequente" agente do FBI ousasse sugerir que Hover pudesse estar errado. "Quanto tempo mais vou ter que ouvir o nome Lee Harvey Oswald?", Hosty perguntou a si mesmo. "Eu estava cansado daquilo."[4]

No fim do verão, o desprezo de Hoover por Warren e outros membros da comissão era quase total, mesmo que continuasse a temer como o relatório final viria a tratar o FBI. Os arquivos de Hoover haviam se tornado uma série de comentários venenosos sobre a comissão e o trabalho dela. As opiniões do diretor do bureau eram muitas vezes expressas em notas breves, escritas com sua característica caligrafia redonda, no rodapé dos memorandos de seus assessores.

Muitos de seus comentários mais irados eram provocados pela cobertura da imprensa. Com base na leitura de suas anotações manuscritas, Hoover parecia assumir que qualquer artigo num jornal ou revista importante que criticasse o FBI por suas ações, antes ou depois do assassinato, havia sido plantado pela comissão — em alguns casos, pelo próprio presidente da Suprema Corte. Naquele inverno, depois que a *Nation* questionou se Oswald não teria sido informante do FBI, Hoover escreveu aos seus auxiliares pedindo uma análise meticulosa de quem estava alimentando a revista com informação.[5] Seu palpite era Warren: "A *Nation* é a Bíblia de Warren", escreveu. Quando o *Dallas Times-Herald* revelou detalhes da investigação da comissão sobre a possibilidade de Oswald ter sido propenso à violência quando servia nos Fuzileiros Navais, um auxiliar de Hoover preparou um resumo do artigo, indicando que ele parecia estar baseado num "vazamento por parte de um membro da comissão". No rodapé do memorando, Hoover anotou: "Tem cara de Warren".

O diretor do FBI achava que a comissão, longe de pôr fim aos boatos sobre Oswald e uma possível conspiração para matar Kennedy, continuava a alimentá-los, sobretudo depois da declaração de Warren aos repórteres de que talvez não se soubesse toda a verdade sobre o assassinato "no tempo de vida de vocês". "Se Warren tivesse ficado com a sua grande boca calada sobre isso, essas conjecturas não teriam surgido", escreveu.

Hoover convenceu-se de que o FBI também era vítima da incompetência — e, segundo ele, da venalidade — do departamento de polícia de Dallas e do escritório do promotor de Dallas. Acreditava que os funcionários encarregados da lei continuavam a fornecer informação depreciativa sobre o FBI para a comissão na esperança de ter um tratamento mais leniente no relatório final da comissão. Mais cedo naquele ano, Hoover ordenara discretamente ao escritório de campo do FBI em Dallas que cortasse o contato com o promotor de homicídios da cidade, William Alexander, porque acreditava que ele estava espalhando o boato de que Oswald fora informante do FBI. E desconfiava também do chefe de Alexander, o promotor Henry Wade. "Este cara é simplesmente um f.d.p. dos piores", Hoover escreveu sobre Alexander. "Instrua o escritório de Dallas a não ter nenhum contato com ele e a ser mais cauteloso com Wade."[6]

Quando a investigação da comissão começou a perder força, Hoover admitiu aos auxiliares que o bureau havia lidado mal em suas tratativas com ela, muitas vezes criando suspeitas sobre o que ele acreditava ser injustificado. Depois de um incidente em que funcionários de nível médio do FBI fizeram uma leitura restrita de um pedido por informação pregressa sobre Jack Ruby, provocando protestos da comissão sobre o que teria levado alguns documentos a serem retidos, Hoover escreveu que estava ficando "cada vez mais preocupado com o nosso fracasso em lidar de forma adequada com esse assunto". E disse num memorando posterior: "Não entendo por que damos interpretações restritas aos pedidos da comissão".[7]

Em março, um dos braços direitos de Hoover, William Branigan, escreveu para recomendar que o FBI rejeitasse uma solicitação da comissão para uma vigilância mais meticulosa das aparições públicas de Mark Lane e Marguerite Oswald. Sugeriu o potencial para um escândalo caso se soubesse que a comissão estava mandando seguir os seus críticos. "Os pedidos da comissão são bastante amplos e, se interpretados literalmente, poderiam representar um pesado fardo investigativo para nós, que seria também um grande constrangimento em potencial", escreveu Branigan. Hoover, porém, estava cauteloso em contradizer a comissão. "Não gosto dessa constante relutância da nossa parte em atender plenamente aos pedidos da comissão. Percebo agora como muitos deles são absurdos e impraticáveis", escreveu. "Mas é fato que pelo menos Warren é hostil ao bureau & estamos fornecendo munição a ele com nossos equívocos."[8]

Rankin diria mais tarde que grande parte da sua energia naquele ano foi dirigida a tentar salvar algum tipo de relacionamento com o bureau. Nos bastidores, a investigação era confrontada com repetidas ameaças, por parte de Hoover e do bureau, de que a assistência do FBI seria encerrada. Naquela primavera houve uma cena por causa da decisão da comissão de chamar peritos externos para rever algumas provas físicas que já haviam sido examinadas pelo laboratório do FBI, inclusive as balas e os fragmentos de bala de Dallas. O gesto fora encarado pelos auxiliares seniores de Hoover como uma afronta ao bureau, por sugerir que a comissão não confiava nos resultados do laboratório. Hoover também pareceu ficar ofendido: "Concordo que está ficando cada vez mais intolerável lidar com essa Comissão Warren".[9]

A certa altura, ele parece ter autorizado o diretor-assistente Alex Rosen a ameaçar o corte de toda assistência do laboratório à comissão. "Fiz ver ao sr. Rankin que o nosso laboratório estava muito sobrecarregado com um grande volume de trabalho e que, se os exames que fazíamos não iam ser aceitos, parecia não haver razão para que os peritos do nosso laboratório estivessem amarrados nesses exames", Rosen escreveu.[10]

Rankin tentou remendar a questão. Falou repetidas vezes por telefone com Rosen, desculpando-se pelas muitas "solicitações não razoáveis" que a comissão fizera. Tentou ser conciliador, elogiando o laboratório do bureau e insistindo que os peritos externos apenas confirmariam a precisão dos achados do FBI. Depois de mais apelos de Rankin, inclusive declarações de "total respeito pelo FBI e pelo trabalho do laboratório", o bureau abrandou a ameaça. Ainda assim, Hoover sentiu que o confronto era um bom momento para lembrar seus assessores que ignorassem palavras de elogio ou "conversa mole" ouvidas de Rankin e seus colegas da comissão. "Não dou crédito nenhum a comentários feitos por Warren ou outro membro da comissão", Hoover escreveu numa cópia de um dos memorandos de Rosen. "Eles estão procurando 'falhas' do FBI e, não tendo achado nenhuma, vêm com essa conversa 'melosa'."[11]

★ ★ ★

Apesar de sua hostilidade a Warren, Hoover se empenhou em manter um bom relacionamento com o membro da comissão que poderia defender o FBI na elaboração do relatório: Gerald Ford. Seus arquivos mostram que em abril ele se encontrara com Ford numa festa na casa de Cartha DeLoach. No dia seguinte, Hoover enviou um bilhete a Ford: "Quero que saiba o quanto apreciei conversar com a sra. Ford e com o senhor ontem à noite durante a festa na casa de DeLoach. Fiquei particularmente contente de poder discutir dessa maneira informal alguns assuntos vitais de seu interesse, bem como do FBI". A carta não revelava quais eram esses "assuntos vitais". "É sempre encorajador saber que temos congressistas vigorosos e alertas como o senhor, cientes das necessidades e dos problemas que confrontam o nosso país", prosseguiu. "Quando tiverem uma oportunidade, ficarei feliz em receber a sra. Ford e o senhor na sede do FBI para um passeio especial por nossas instalações. E, logicamente, quero que se sinta livre para me ligar toda vez que a nossa ajuda se fizer necessária, ou quando pudermos ser úteis."[12]

Ao longo daquele ano, o FBI também levantara informações sobre William Manchester enquanto ele fazia pesquisas para seu livro. DeLoach pediu uma verificação do passado do escritor, e os resultados foram animadores.[13] Como correspondente do *Baltimore Sun* em Washington, Manchester lidara de maneira ocasional com o bureau, e um exame dos arquivos do FBI mostrou que "nossas relações com ele foram extremamente cordiais no passado", segundo DeLoach. Naquela primavera, Robert Kennedy pedira a Hoover que se encontrasse com Manchester — a solicitação havia chegado ao diretor do FBI por meio de Edwin Guthman, secretário de imprensa de Kennedy, cujo escritório auxiliava a agendar os compromissos do autor. Hoover, que raramente estava com humor para atender aos pedidos do procurador-geral, de início se recusou a ser entrevistado para o livro. Em vez disso, Manchester foi convidado a conversar com DeLoach, e o gabinete de Kennedy organizou o encontro para 22 de abril.

Enquanto delineava um plano de pesquisa para DeLoach, Manchester pressionou pela oportunidade de falar diretamente com Hoover — disse que desejava ter uma compreensão ampla do que acontecera em Washington nas horas seguintes ao assassinato do presidente, inclusive a sequência exata dos telefonemas entre o diretor do FBI e Robert Kennedy nos quais Hoover dera a notícia da morte. (Kennedy já contara a Manchester como ficara impressionado com o tom frio, quase robótico de Hoover durante as ligações.) Manchester insinuou a DeLoach que Hoover corria um risco caso optasse por não contar a sua versão da história, pois o outro lado — contado por Kennedy — podia não ser muito lisonjeiro. O escritor deixou claro o quanto já sabia. Segundo DeLoach, Manchester disse que havia "visitado a casa do procurador-geral e a piscina ao lado da qual o procurador-geral estava parado na hora em que o diretor lhe telefonou".

Hoover cedeu e concordou com a entrevista, reservando uma hora para Manchester no começo de junho.[14] Conforme o previsto, grande parte da entrevista se concentrou nas conversas telefônicas entre Hoover e Robert Kennedy no dia do assassinato. O diretor do FBI retratou seu tom nesses telefonemas como profissional, não frio, e pareceu sugerir que tinha sido Kennedy a pôr fim às conversas iniciais, não ele. No primeiro telefonema, depois de contar a Kennedy que seu irmão levara um tiro e estava sendo conduzido às pressas ao hospital, "o procurador-geral ficara em silêncio alguns instantes e então solicitou" que o FBI "o mantivesse informado de todos os fatos posteriores" antes de encerrar a ligação. O procurador-geral, disse ele, "não era do tipo explosivo" e pareceu razoavelmente calmo durante a chamada, dadas as circunstâncias.

Hoover forneceu a Manchester a sua constante defesa do fracasso do FBI em alertar o Serviço Secreto sobre a presença de Oswald em Dallas — "nós tínhamos alguma informação referente a Oswald; porém, era de natureza bastante efêmera" — ao mesmo tempo que repetiu seu ataque à competência da polícia de Dallas. "Se o FBI tivesse Lee Harvey Oswald sob custódia [...] ele jamais teria sido morto por Jack Ruby", disse. "Tudo isso poderia ter sido evitado se a polícia de Dallas tivesse tomado as medidas apropriadas."

A entrevista terminou com uma pergunta que Hoover e seus assessores poderiam ter considerado estranha: Por que o diretor do FBI não comparecera aos serviços fúnebres ou ao enterro do presidente, que haviam ocorrido a apenas algumas quadras da sede do FBI no centro de Washington? Teria sido impossível, Hoover retrucou. Havia muito trabalho a ser feito, tanto para administrar a investigação em Dallas e na Cidade do México — "as pistas tinham se espalhado para o México" — como para supervisionar os arranjos para a segurança dos muitos dignitários estrangeiros que tinham viajado a Washington naquele fim de semana para as cerimônias fúnebres. Conforme Hoover explicou, não saíra de sua "mesa de trabalho".

51.

ONE CHASE MANHATTAN PLAZA
NOVA YORK, NY
TERÇA-FEIRA, 21 DE JULHO DE 1964

Durante boa parte do verão, John McCloy, assim como a maioria dos membros da comissão, cuidou da investigação à distância. Ficou trabalhando em seus luxuosos escritórios no One Chase Manhattan Plaza, o arranha-céu de sessenta andares em aço branco no sul de Manhattan que abrigava tanto o banco Chase Manhattan, que ele presidira entre 1953 e 1960, quanto o tradicional escritório de advocacia que levava seu nome: Milbank, Tweed, Hadley & McCloy.[1] Seu nome era tão associado ao banco e ao escritório que em seu cartão de visitas não havia número de andar ou de sala — era desnecessário. Havia centenas de escritórios e milhares de trabalhadores no prédio, mas uma carta endereçada apenas a John McCloy, One Chase Manhattan Plaza, Nova York, chegaria a ele.

Depois de ter dado uma olhada em algumas das primeiras versões dos capítulos enviados de Washington, McCloy concluiu que a comissão deveria simplesmente admitir — talvez Oswald tivesse sido treinado pela KGB para espionar. Isso não significava que tinha havido uma conspiração russa para matar Kennedy — de jeito nenhum. McCloy havia dito aos outros membros da comissão que concordava que Oswald tinha sido o único atirador e que era difícil imaginar que a União Soviética estivesse envolvida no assassinato. Mas era possível que os russos em algum momento tivessem considerado usar Oswald como agente "adormecido", que, depois de regressar aos Estados Unidos, ficasse esperando, talvez anos, para realizar uma operação em nome de Moscou. O fato de Oswald saber algo da arte de espionar — como usar nomes falsos para abrir caixas postais — sugeria que ele tinha passado por algum treinamento da KGB. O relatório da comissão só teria a ganhar, segundo McCloy, se admitisse que ainda havia muitos mistérios sobre o passado de Oswald.

Em 21 de julho, McCloy ditou uma carta para Lee Rankin e pediu à sua secretária que a identificasse como PESSOAL. Escrevia para elogiar a última versão do capítulo em que a comissão considerava — e descartava — a possibilidade de uma conspiração estrangeira. "Acho essa versão muito melhor do que a anterior", disse McCloy a Rankin. Mas ele tinha uma sugestão. "Em algum lugar", escreveu, "acho que deveria ser acrescentado algo assim":

> A comissão observou que Oswald realmente apresentava certa tendência ao uso de práticas clandestinas, o que levanta a suspeita de que ele recebeu alguma instrução rudimentar em atividades clandestinas. [...] Não é inteiramente impossível que as autoridades soviéticas tenham considerado usá-lo como uma espécie de "agente adormecido" nos Estados Unidos, o qual poderiam convocar no futuro, mas nossa visão mais refletida é que, mesmo nessa condição, elas teriam tido sérias dúvidas quanto à sua confiabilidade.[2]

Em outras palavras, a KGB talvez até tivesse considerado usar Oswald como espião, mas em última instância os russos eram espertos demais para ter qualquer coisa a ver com "aquele vagabundo", como McCloy com frequência se referia a ele.

Depois de chegar a Washington, a carta desapareceu. Se a sugestão de McCloy inspirou debates na comissão, isso não se refletiria em seus registros ou no relatório final. A carta, que diversos advogados da equipe dizem nunca ter visto, ficou guardada nos documentos pessoais de Rankin no Arquivo Nacional, aparentemente esquecida. Anos depois, os advogados não se surpreenderam que o presidente da Suprema Corte pudesse ter resistido à sugestão de McCloy de deixar em aberto a possibilidade de que houvesse laços entre Oswald e a KGB. Naquele verão, Warren parecia determinado a produzir um relatório final que acabasse com as especulações de que Oswald não era um rapaz violento e delirante, alienado das pessoas e das instituições — por certo alguém que o Kremlin jamais consideraria um espião.

David Slawson tinha escrito boa parte da versão que McCloy acabara de ler, e o jovem advogado estava contente com a maneira como o relatório tinha aproveitado sua contribuição.[3] Quando o trabalho de redação se intensificou, Slawson estava convencido de que não havia conspiração estrangeira, ou ao menos nenhum indício digno de credibilidade de que tivesse havido. Ele guardou seu juízo definitivo sobre o assunto para quando o FBI concluísse, no final do verão, o reexame das alegações de Silvia Odio em Dallas. Se o relato dela sobre o encontro com Oswald fosse verdadeiro, tudo mudaria, e a questão da conspiração teria de ser reaberta. Caso se comprovasse que as declarações de Odio eram falsas, porém, Slawson se sentiria confortável com a conclusão, referida na versão de 15 de julho, de que a comissão tinha investigado "todos os rumores e alegações" e não tinha encontrado "nenhuma prova digna de credibilidade de que a União Soviética, Cuba ou outra nação estrangeira" estivesse envolvida no assassinato. Todos os fatos da vida de Lee Harvey, desde seu nascimento até sua morte, tinham sido examinados "na busca por provas de conexões estrangeiras subversivas".[4]

Como admitiu Slawson, ele não ficou completamente satisfeito com o resultado. Ainda estava incomodado porque muitas informações sobre a viagem de Oswald ao México seriam atribuídas diretamente — por ordem da comissão — à testemunha central que ele não tivera permissão para entrevistar: Silvia Duran. Ela seria identificada pelo nome mais de trinta vezes no relatório, com referências a afirmações que fizera — sob constrangimento e talvez até sob ameaça de tortura — à polícia mexicana. A equipe chegou a um acordo sobre o texto final a respeito da credibilidade de Duran. Ela apareceria como "uma importante fonte de informações", cujos relatos haviam sido confirmados por "fontes de confiabilidade extremamente alta", uma referência cifrada às operações de grampo e de escuta na Cidade do México. "O testemunho dela foi verdadeiro e preciso em todos os aspectos materiais", concluiria o relatório.[5]

William Coleman assumiu a tarefa de redigir a cronologia da viagem de Oswald ao México para o relatório. O texto inicial fazia amplas afirmações que sugeriam que Coleman, ainda mais do que Slawson, tinha confiança de que a CIA e o FBI haviam compartilhado tudo o que sabiam. "Eu confiava particularmente na CIA", Coleman viria a dizer mais tarde.[6]

Segundo sua versão de 25 páginas sobre a viagem ao México, datada de 20 de julho:

> A comissão realizou uma investigação intensiva para determinar o que Oswald fez em sua viagem e qual o propósito dela. Como resultado, a comissão foi capaz de reconstruir e explicar a maior parte das ações de Oswald naquele período. [...] A comissão está confiante de que aquilo que sabe sobre as atividades de Oswald no México representa bem tudo o que ele fez ali, e que, enquanto esteve no México, Oswald não fez nenhum contato que tivesse qualquer relação com o assassinato.[7]

À medida que o verão chegava ao fim, a equipe começava a se dividir em dois campos: os satisfeitos com a maneira como suas versões estavam sendo editadas por Rankin e seus assessores, e os insatisfeitos — ou até furiosos. Não parecia haver meio-termo. Arlen Specter achava que seu resumo dos acontecimentos do dia do assassinato e sua explicação de boa parte das provas médicas tinham sido editados com cuidado e respeito por Redlich.[8] Outros podiam ter achado que Redlich se irritava facilmente e que gostava de marcar território, mas Specter só tinha elogios a fazer — os dois viriam a ser amigos por toda a vida. "Norman foi o arquiteto do relatório, e ele essencialmente preservou meu trabalho", recordou-se Specter. "É preciso lembrar que as partes do relatório foram juntadas a toda a velocidade. Dou muito crédito a Redlich."*

Foi só depois da edição das primeiras versões que Specter percebeu como alguns membros da comissão relutavam em aceitar a teoria da bala única, ou ao menos em aceitar a maneira como ela tinha sido apresentada. Após ler os rascu-

---

* Como senador dos Estados Unidos, Specter deu a entender que seu respeito e apreço por Redlich pesaram em sua decisão, em 1987, de se juntar aos colegas do Senado que rejeitaram a indicação de Robert Bork, juiz de tribunal federal de apelação e ex-professor de direito de Yale, para a Suprema Corte. Numa entrevista até então inédita, dada em 1996, Specter disse que ficara ofendido com relatos de um incidente ocorrido anos antes da indicação, em que o conservador Bork ridicularizara o notável progressista Redlich num discurso durante um jantar em Nova York, na presença dele. "Redlich estava muito doente e foi ao jantar por cortesia" a Bork, afirmou Specter. "Quando Redlich me contou o que tinha ocorrido [...] fiquei com uma visão muito negativa de Bork, o que não o ajudou em nada" em sua sabatina no Senado. (Entrevistas com Specter.)

nhos sobre balística, McCloy escreveu a Rankin em junho para alertar que a comissão deveria ter cuidado em não confiar de forma exagerada na teoria. "Acho que há esforços demais para provar que a primeira bala a atingir o presidente foi também responsável pelos ferimentos de Connally", disse. "Sob muitos aspectos, esse capítulo é o mais importante do relatório e deveria ser o mais convincente." McCloy anexou um memorando datilografado de oito páginas à carta, em que propunha outras 69 mudanças na edição do relatório, muitas das quais voltadas a abrandar aquilo que considerava uma linguagem muito acalorada. Segundo ele, algumas expressões desnecessariamente dramáticas o deixavam alarmado, como a referência ao "fatídico dia" do assassinato. "Se isso vai ser um documento histórico, não há necessidade de usar expressões como 'dia fatídico'."[9] A expressão foi excluída.

Um ataque mais direto à teoria da bala única veio do senador Cooper, que em outros aspectos tinha sido uma figura secundária na investigação. Em 20 de agosto, ele enviou um memorando a Rankin sugerindo que a teoria estava, simplesmente, errada. Cooper ficara impressionado com o testemunho de Connally. "Com base em que se diz que um tiro causou todos os ferimentos?", perguntou. "A mim pareceu que o depoimento do governador Connally nega essa conclusão. Eu não poderia concordar com essa afirmação."[10]

Ninguém parecia mais zangado com a maneira como o relatório estava sendo editado do que David Belin. Já de volta a seu escritório de advocacia em Des Moines, ele fervia de raiva ao ler as primeiras versões dos capítulos enviados de Washington. Em cartas a Rankin, ele reclamava que o relatório estava levantando questões desnecessárias sobre a confiança da comissão em seus próprios achados. O relatório, segundo ele, estava redigido de maneira defensiva, concentrando-se excessivamente em refutar aquilo que não era verdadeiro — as teorias conspiratórias espalhadas sobretudo por Mark Lane e outros. Belin ficara chocado ao descobrir que um capítulo inteiro seria dedicado a provar que todos os tiros disparados contra a comitiva de Kennedy tinham vindo do Depósito de Livros Escolares do Texas e não, como diziam os teóricos da conspiração, do aclive gramado. "As provas da origem dos tiros estão entre as provas mais contundentes que mostram que Oswald foi o assassino", afirmou. "Apresentar um capítulo à parte sobre isso é querer melhorar o que já está bom." Os teóricos da conspiração "conseguiram conduzir a comissão para um caminho falso", prosseguiu. "Não é possível que haja dúvidas sobre a origem dos tiros, e não são necessárias 69 páginas datilografadas para provar isso."[11]

Belin também ficou irado ao descobrir que a comissão pretendia ignorar a investigação, que levara adiante sozinho naquela primavera, sobre um mistério que o aborrecera desde o início: para onde Oswald se dirigia depois dos disparos? Sabia-se que Oswald tinha deixado o depósito de livros minutos depois do assassinato e chegado à sua pensão do outro lado da cidade — primeiro de ônibus, depois de táxi, após o ônibus ter ficado preso no trânsito subitamente caótico. Na pensão, ele pegou seu revólver calibre 38 Smith & Wesson e começou a caminhar na direção leste — foi então que ele deparou com o policial Tippit e o matou, antes de sair correndo. A pergunta era: para onde? A falta de uma rota de fuga evidente alimentou rumores de que Oswald conhecia Jack Ruby e de que ele estava indo para o seu apartamento, que ficava a cerca de um quilômetro na direção que ele seguia. Belin, contudo, estava convencido de que os rumores estavam errados. "Fizemos todos os esforços para encontrar indícios dignos de credibilidade de um possível laço entre Oswald e Ruby", disse. "Nenhum foi encontrado."[12]

Seria possível que Oswald não tivesse uma rota de fuga? Alguns colegas de Belin desconfiavam que Oswald não tinha um destino em mente e sempre tivera intenção de ser capturado ou morto. Isso poderia explicar por que ele deixara 170 dólares para Marina naquela manhã — ele também deixara para trás sua aliança de casamento. Mas Belin estava convencido de que Oswald estava fugindo para algum lugar específico e que havia pistas de seu destino num pequeno pedaço de papel encontrado em seu bolso: uma passagem de ônibus, emitida minutos após o assassinato. Para Belin, o bilhete de passagem sugeria que Oswald — que costumava andar de ônibus em Dallas e conhecia bem os horários — planejava tomar outro ônibus, que o levaria para fora da cidade. "Devia ter um motivo para ele guardar aquela passagem de ônibus."

Belin achava que o destino mais provável de Oswald era o México, e depois Cuba. Liebeler lembrou do testemunho de um dos colegas fuzileiros navais de Oswald, segundo o qual ele uma vez contara que iria para Cuba através do México, se um dia se metesse em encrenca com a lei. Para Belin, era significativo que Oswald tivesse mentido tão descaradamente para a polícia de Dallas ao ser interrogado depois do assassinato, afirmando que nunca tinha ido ao México. "Não é razoável presumir que a negação de sua ida ao México seja uma prova circunstancial forte, que indique que alguém no México estivesse de algum modo envolvido, direta ou indiretamente, com o assassinato? Quem seria essa pessoa?" O advogado acreditava que essas questões remontavam à visita de Oswald, naquele outono, à Embaixada cubana no México, onde era quase certo que ele teria encontrado diplomatas cubanos e outros que viam a administração Kennedy como uma ameaça mortal. Belin achava que havia ao menos uma possibilidade de que, no México, Oswald tivesse tido "uma conversa com um agente ou simpatizante de Castro sobre um revide contra Kennedy e recebido a promessa de ajuda, talvez até financeira, caso conseguisse" matar o presidente. Alguém poderia ter esperado por Oswald na fronteira para ajudá-lo — por definição, ao que parecia, um cúmplice no assassinato. Era "pura especulação", admitiu Belin, mas soava lógico.

Com a ajuda do FBI, ele analisou as rotas de ônibus que saíam de Dallas para ver se Oswald teria um jeito fácil de chegar ao México. Depois de dias com mapas e horários espalhados sobre a mesa, Belin achou que tinha identificado a provável rota de Oswald, e isso não foi tão complicado. Com a passagem em mãos, Oswald poderia ter chegado a um ponto das linhas Greyhound, que naquele dia tinham um ônibus saindo de Dallas às 15h15 para Laredo, na fronteira do Texas com o México.

Belin apresentou sua teoria a Rankin e a Redlich num memorando detalhado. Ofereceu uma explicação sobre o motivo de Oswald ter deixado o dinheiro para Marina em vez de guardá-lo para a passagem — ele não precisava do dinheiro porque tinha um revólver. "Mesmo que ele não tivesse dinheiro suficiente para chegar ao México, a arma o teria ajudado a obtê-lo", disse. Depois de assassinar Tippit a sangue-frio, Oswald não teria escrúpulos em usar a arma de novo para roubar transeuntes, ou mesmo um banco.

Reconhecendo que não podia provar que o México era o destino de Oswald, Belin, contudo, achava importante que o relatório da comissão ao menos sugerisse para onde Oswald se dirigia, mesmo que apenas para amenizar os rumores sobre o encontro com Ruby.

Foi Norman Redlich, sobretudo, quem objetou qualquer menção à teoria no relatório. A comissão não deveria levantar questões sobre a rota de Oswald — e menos ainda sugerir que ele estava indo para o México, onde tantas perguntas já tinham sido feitas e deixadas sem resposta — sem provas, disse ele. "Norman argumentou que, como aquilo era uma teoria e não um fato, não se deveria fazer nenhuma menção a ela no relatório final", lembrou-se Belin. "Norman ganhou a discussão."

Naquele verão, Alfred Goldberg ficou atordoado quando soube o que o presidente da Suprema Corte pretendia fazer com os arquivos da comissão — queria que fossem picados ou incinerados. "Warren queria destruir todos os registros", lembrou-se Goldberg.[13] "Ele achava que aqueles registros iam trazer mais agitação do que deviam", oferecendo aos teóricos da conspiração provas de disputas internas na equipe da comissão, que Mark Lane e outros então usariam, de maneira seletiva, para levantar dúvidas sobre a culpa de Oswald. Warren tinha outras razões para destruir os arquivos, segundo Goldberg. Ele temia que boa parte da papelada entregue à comissão por órgãos do governo, em particular pela CIA, revelassem segredos de Segurança Nacional relacionados apenas tangencialmente ao assassinato do presidente. "Ele achava que o país e o mundo estariam melhor se esses materiais nunca viessem a público", disse Goldberg, que decidiu que tinha de agir rápido — e de maneira discreta — para convencer Warren a mudar de ideia. Como historiador, Goldberg ficava chocado com a ideia de que tantas fontes primárias sobre um ponto de virada na história americana seriam negadas a futuros estudiosos. Pior, ele estava convencido de que, se o público viesse a saber o que havia acontecido, as teorias conspiratórias poderiam sair do controle — Lane e outros acabariam tomando a destruição dos documentos como prova de que algo estava sendo encoberto.

Para Goldberg, se havia alguém que pudesse mudar a cabeça de Warren era Richard Russell. Por mais que houvesse diferenças entre eles, o senador era um dos homens mais respeitados da capital, e o presidente da Suprema Corte certamente o ouviria. "Ninguém em Washington ousava ignorar o conselho do senador Richard Russell", disse Goldberg. Ele se dirigiu, então, a Alfredda Scobey, a representante de Russell junto à equipe, a fim de pedir ajuda. Ela, por sua vez, foi ter com o veterano senador da Geórgia, que concordou em falar com o presidente da Suprema Corte. E o convenceu de que, apesar do risco de expor segredos do governo, "seria bem pior se destruíssemos os documentos", disse Goldberg. Warren imediatamente voltou atrás em sua ordem. Russell, disse Goldberg, "salvara o dia".

Aquele verão foi o mais atarefado da vida de Goldberg. Nas últimas semanas da investigação, ele prometeu a si mesmo que iria para casa toda noite ao menos para dormir algumas horas, mas, a partir de junho, jornadas de catorze horas passaram a ser a norma, sete dias por semana. Ele teve um dia de folga — o Quatro de Julho, que Rankin insistiu que fosse honrado com o descanso da equipe. Em geral Goldberg só saía do escritório bem depois da meia-noite. "A maioria ficava até uma, duas, três da manhã."

Sobretudo naquelas horas da madrugada, ele e os demais advogados eram gratos à crescente frouxidão das regras da comissão quanto aos documentos confidenciais. "A gente podia empilhar as coisas nas mesas", disse Goldberg. "Eu achava ótimo." Os agentes do FBI que visitaram os escritórios da comissão em meados de setembro relataram à sede do bureau que encontraram "uma total falta de organização no que diz respeito aos registros [...] sem controle nenhum de qualquer documento, e nenhuma responsabilidade por esses documentos, confidenciais ou não". As duas fotocopiadoras Xerox da comissão "são usadas constantemente por qualquer membro da equipe ou por qualquer empregado" para copiar arquivos, incluindo os classificados como top secret.[14]

Goldberg assumiu diversas atribuições de redação. Ele escreveu um capítulo especial que listava, e refutava, os principais boatos e teorias da conspiração. Dividiu os rumores em dez categorias, que iam da origem das balas que alvejaram a comitiva presidencial aos acontecimentos relacionados à cena do assassinato do policial Tippit e às alegações de laços entre Oswald e Ruby. Ele reduziu a lista a 122 "especulações e rumores", e então respondeu a cada um com a "conclusão da comissão" que apresentava a verdade, tal como determinada pela investigação. Na introdução ao capítulo, Goldberg comentava que todo grande assassinato provocara teorias da conspiração e que elas começavam a circular de modo quase instantâneo. "Os rumores e as teorias sobre o assassinato de Abraham Lincoln que são divulgados ainda hoje foram espalhados em grande parte meses depois de sua morte."

Para sua pesquisa, Goldberg tentou ler todas as centenas de artigos em revistas e jornais que sugeriam uma explicação alternativa para o assassinato de Kennedy. "Era muita literatura", recordou Goldberg. "Já havia uma rede subterrânea em operação, com todo tipo de alegação, especulação e rumor."[15] Ele ficou furioso depois de ler o primeiro dos principais livros conspiratórios — *Quem matou Kennedy?*, de Thomas Buchanan, o americano expatriado que escrevia para a revista *L'Express*. O livro, lançado nos Estados Unidos pela editora G. P. Putnam's Sons, sustentava que houvera pelo menos dois atiradores na Dealey Plaza. Buchanan sugeria que a conspiração tinha o apoio de empresários direitistas do Texas. "Eu achava um nonsense, era isso que a maior parte desses livros era", disse Goldberg. Ele se sentia ofendido pela maneira como tantos acadêmicos e jornalistas supostamente sérios não se preocupavam em pesquisar os fatos básicos sobre o assassinato antes de sair publicando histórias conspiratórias truncadas. "Aquilo dava um bom dinheiro a muita gente", disse. Os teóricos da conspiração eram, "em sua maioria, ignorantes, malucos ou desonestos". Goldberg acreditava que Lane, Buchanan e outros estavam se aproveitando da confusão de milhões de americanos que achavam difícil aceitar que o homem mais poderoso do mundo pudesse ser derrubado por um "sujeitinho tão ridículo" como Lee Harvey Oswald. "As pessoas ficariam muito mais confortáveis se soubessem que aquilo era o resultado de uma conspiração, que figuras importantes estavam envolvidas", disse Goldberg. "Como alguém tão insignificante podia ter causado tudo aquilo?"

O historiador sentia-se orgulhoso porque seu trabalho de detetive tinha acabado com um conjunto de rumores específico e bastante divulgado. Por meses, Mark Lane e outros criaram alarmismo com o desaparecimento de Darryl Click, um texano que havia sido identificado como o taxista que levara Oswald à sua pensão depois do assassinato. O *New York Times*, o *Washington Post* e outros jornais publicaram uma transcrição da coletiva de imprensa de 24 de novembro, em que Henry Wade, promotor de Dallas, tinha mencionado a corrida de táxi e parecia ter citado Click pelo nome.[16] Mas Lane e os demais não conseguiam encontrar registro de Click nas listas telefônicas, nem em outros registros públicos. Para Goldberg, a confusão sobre Click e seu paradeiro "foi aproveitada por todos os teóricos da conspiração". "Havia pistas de um tenebroso mistério." Para tentar resolvê-lo, Goldberg obteve uma gravação em áudio da coletiva de Wade. "Eu a ouvia sem parar", disse. "Escutei 75 vezes." E encontrou o erro — cometido pela pessoa que fizera a transcrição, que por certo havia se enganado com o forte sotaque texano de Wade. A transcrição publicada pelo *Times* e por outros veículos trazia Wade dizendo que Oswald "pegou o táxi de um Darryl Click e foi para a sua pensão". Na verdade, Wade tinha dito que "Oswald pegou um táxi para Oak Cliffs e foi para sua pensão". Oak Cliffs era o bairro da cidade onde ficava a pensão. Para um ouvido desacostumado ao sotaque texano, "Oak Cliffs" tinha soado como "Darryl Click". Mas não existia nenhum Darryl Click.

Para preparar o apêndice dos "rumores", Goldberg usou o relatório final do advogado da comissão Richard Mosk e do investigador do Serviço do Imposto de Renda Philip Barson, um contador que se juntara à equipe para completar a investigação sobre a história financeira de Oswald e ver se ele poderia ter recebido dinheiro de fontes suspeitas, talvez de cúmplices. Goldberg estava impressionado. Em seu relatório de julho, Mosk e Barson tinham conseguido dar conta — até quase de centavos — do dinheiro que tinha entrado e saído do bolso de Oswald nas suas últimas semanas de vida, a começar por 25 de setembro, dia em que foi de New Orleans para o México.[17] Sua renda com o salário e o seguro desemprego totalizava 3665,89 dólares, ao passo que suas despesas, incluindo o custo da viagem ao México, perfaziam 3479,79 dólares. Era uma diferença de 168 dólares — e o paradeiro dessa quantia era conhecido, já que Oswald tinha deixado 170 dólares em dinheiro para Marina numa gaveta da cômoda do quarto.

Depois de se dar conta de que, desde janeiro, só não tinha pensado na vida perturbada de Jack Ruby praticamente nas horas em que estava dormindo, Burt Griffin enfim estava disposto a aceitar a conclusão que a comissão parecia inclinada a adotar — de que Ruby não participara de nenhuma conspiração para matar Oswald.[18] Mas ele se ouriçou com as primeiras versões dos capítulos que tratavam de Ruby. Griffin achava que eles tinham ido longe demais ao sugerir que a comissão havia respondido a todas as perguntas significativas sobre o passado de Oswald. "Acredito que a comissão se equivoca ao fazer qualquer declaração que indique que sua investigação desse ponto foi exaustiva", escreveu Griffin a Willens em 14 de agosto.[19]

Naquele mês, Griffin e outros advogados que permaneceram na equipe da comissão receberam a tarefa de ler todos os capítulos que não haviam sido escritos por eles, editando e verificando os fatos mencionados nos trabalhos uns dos outros. Como era típico, ninguém encarou esse trabalho com mais vontade — e, às vezes, com mais agressividade — do que Liebeler. Sob muitos aspectos, ele se tornou a pessoa "do contra" da comissão. Nas palavras de Griffin, Liebeler era "o advogado júnior de uma equipe envolvida num processo, ou o interrogador que ia atrás dos pontos fracos" que os críticos poderiam acabar encontrando. "Ele queria que o relatório fosse tão bem redigido e as provas tão precisas que um advogado do outro lado não pudesse dizer que a equipe da comissão tinha feito um trabalho inadequado ou tirado conclusões indevidas."

Griffin e seus colegas disseram que na época não se deram conta, mas, ao se estabelecer como o principal crítico interno, Liebeler estava deixando um rastro com o registro dos ânimos exaltados de que os teóricos da conspiração se serviriam décadas depois para argumentar que a comissão — e o próprio Liebeler — tinha contribuído para um monstruoso acobertamento.

52.

ESCRITÓRIOS DA COMISSÃO
WASHINGTON, DC
AGOSTO DE 1964

A energia de Norman Redlich era quase sobre-humana. Ele conseguia viver dormindo pouco, muitas vezes menos de quatro horas por noite, e devorava uma refeição em sua mesa nos poucos minutos que uma secretária levava para trocar a fita da máquina de escrever. Ele se sentia honrado por ter a função de principal autor e editor do relatório. O documento provavelmente seria lido e estudado dali a centenas de anos — por seus netos, pelos filhos de seus netos "e assim por diante", como dizia à família. Com 38 anos, e mais jovem do que a maior parte de seus colegas do corpo docente da Escola de Direito da Universidade de Nova York, Redlich entendia que decerto seria por aquilo que seria lembrado, mais do que por qualquer outra coisa que viesse a fazer em sua longa carreira.

A esposa de Redlich, Evelyn, lembrou que, mais ou menos no começo da investigação, o marido se convenceu de que Oswald tinha agido sozinho. "Norman nunca cogitou ideias conspiratórias", disse. "Nenhuma."[1] E por isso foi muito fácil para Redlich fazer aquilo que Warren queria que ele realizasse naquele verão: concluir o relatório o mais rápido possível e fazer com que os mirabolantes rumores relacionados ao assassinato expirassem.

Não era só de Warren que vinha a pressão para que o relatório fosse concluído. Ainda que o presidente da Suprema Corte insistisse que o presidente Johnson não havia imposto nenhum prazo, o que os advogados da comissão ouviam era diferente. Diversas vezes naquele verão, a mensagem que chegou a eles, por intermédio de seus principais assessores, era que o presidente exigia que o relatório fosse concluído antes do fim de agosto, quando aconteceria a Convenção Nacional do Partido Democrata em Atlantic City, Nova Jersey, e Johnson seria indicado para disputar a presidência com Barry Goldwater, senador republicano do Arizona. Pelo que os advogados ouviam, Johnson não queria ser pego de surpresa por nada no relatório antes da campanha. "De vez em quando alguém chegava e dizia: 'Johnson mandou um recado'", lembrou Lloyd Weinreb. "E o recado é o seguinte: 'Cadê a porra do relatório?'."[2]

A equipe sentia a pressão. Weinreb contou que uma tia, que visitou Washington e viu como ele estava exausto, insistiu que ele tirasse um fim de semana para ficar com a esposa. "Ela falou: Lloyd, você precisa dar uma fugida", disse ele. "Ela nos deu algum dinheiro para fazer isso." Ele planejava uma única noite de domingo na cidade portuária de Annapolis, Maryland. "Assim, ao meio-dia de domingo, fomos de carro para um hotelzinho em Annapolis e íamos passar a noite ali." Porém, assim que chegaram, o telefone tocou. "Recebemos um telefonema de Lee Rankin dizendo que era melhor voltarmos a Washington." Não havia tempo nem para uma única noite longe, e o casal voltou imediatamente para casa. "Fiquei com raiva", disse Weinreb. Em suas palavras, ele tinha sido abençoado com uma esposa que custava a se zangar. "Minha mulher é uma pessoa muito afável."

Pela primeira vez, os ânimos começaram a inflamar entre alguns advogados da comissão. Weinreb se recordou de diversas brigas naquele verão com Wesley Liebeler, em especial sobre como o relatório deveria descrever o autoproclamado marxismo de Oswald e se isso o teria motivado a matar Kennedy. "Aquilo era motivo de muita controvérsia entre a gente", lembrou Weinreb. "Liebeler era um cara de direita" que dizia que a motivação de Oswald "era completamente política, que ela tinha a ver com Castro." Weinreb estava convencido de que Liebeler estava errado. "Eu não achava que fosse política, e ainda não acho."

As batalhas de Liebeler com Redlich eram muito mais ferozes.[3] Além de grandes diferenças em suas opiniões políticas, os dois nunca tinham se dado bem, e agora discutiam sobre a redação do relatório. Liebeler falou para os colegas que Redlich estaria tão ansioso para terminar o relatório e agradar Warren que estava fazendo manobras para suprimir linhas investigativas de última hora que ainda poderiam apontar para uma conspiração. Havia diversos exemplos, segundo Liebeler. Um deles era que muitos membros da equipe tinham ficado preocupados ao descobrir, naquele verão, que o FBI nunca havia determinado a origem das digitais encontradas nas caixas que estavam no sexto andar do Depósito de Livros Escolares do Texas — as caixas que Oswald aparentemente tinha empilhado em torno de sua posição de atirador. Pelo menos onze digitais pertenciam a alguém que não era Oswald.

Apesar do pouquíssimo tempo que restava para a investigação, Liebeler e outros advogados da equipe achavam que o FBI tinha que determinar de quem eram aquelas digitais. Redlich, porém, resistia e tentava passar ao largo do assunto, como se a questão fosse desimportante. Griffin juntou-se a Liebeler no protesto contra Redlich: "Não dá para descartar onze digitais. É preciso descobrir de quem elas são". Era possível que as digitais identificassem cúmplices do assassinato. "Podia ter um time de futebol inteiro ali", Griffin advertiu. Murray Laulicht, que acabara de se juntar à equipe, lembrou-se que Redlich achava que era tarde demais para se preocupar com as digitais, especialmente se isso significasse atrasar o relatório. "Que foi, você quer as impressões digitais de Dallas inteira?", ele se lembrou de Redlich ter perguntado, irritado.

Redlich também resistia em consultar o FBI acerca de um conflito sobre se a marca da palma da mão de Oswald tinha sido identificada no cano do rifle encontrado no depósito de livros. Um especialista em digitais da polícia de Dallas afirmou que a marca parecia ser de Oswald, enquanto um especialista do FBI que inspecionou o rifle posteriormente não encontrou digital nenhuma. Liebeler era da opinião de que as duas questões — a origem das impressões digitais nas caixas e a discrepância sobre a marca no rifle — tinham de ser resolvidas. "Os registros não poderiam ser deixados naquela condição em que estavam", declarou.

Rankin ficou do lado de Liebeler e enviou cartas a J. Edgar Hoover em fins de agosto pressionando por esclarecimentos sobre as digitais.[4] As respostas chegaram nos últimos dias da investigação: o FBI relatou que a maior parte das digitais não identificadas anteriormente era de um funcionário do bureau e de um policial de Dallas que tinha levado as caixas como provas. O FBI concluiu que a impressão da palma da mão de Oswald de fato tinha estado no cano da arma, como a polícia de Dallas verificara. O especialista do FBI que inspecionara o rifle não estava ciente de que a polícia de Dallas havia coletado a impressão da palma da mão com uma fita adesiva.

Liebeler tinha uma reclamação mais ampla: ele achava que Redlich estava redigindo a versão final do relatório como um "sumário de promotor", sem deixar nenhuma dúvida sobre a culpa de Oswald. Liebeler disse a seus colegas que concordava que Oswald fora o único assassino. Mesmo assim, segundo ele, o relatório deveria deixar claro que havia provas que poderiam ter apontado em outra direção, se Oswald tivesse tido um julgamento.

Em fins de agosto, a frustração de Liebeler transbordou em conversas com Redlich e Willens, nas quais os dois pareciam sugerir que ele seria culpado se a comissão tivesse deixado passar provas de uma conspiração doméstica. "Não posso ser pessoalmente responsabilizado pela condição atual do trabalho sobre as conspirações", escreveu Liebeler, no final de agosto, num memorando irritado endereçado aos dois. "Estou mais do que disposto, se for capaz, a aceitar toda a minha parcela de responsabilidade pelo trabalho desta equipe. Não posso, contudo, colocar-me na posição sugerida pelas [...] declarações orais feitas por vocês dois, as quais, espero, vocês admitirão, depois de refletir, serem falsas e injustas."[5]

Faltando supostamente apenas alguns dias de investigação, Liebeler estava perplexo com a quantidade de trabalho que faltava fazer. Ele teve um sobressalto em agosto, quando chegou a notícia de que Marina Oswald tinha — nas palavras dela — acabado de se recordar que havia lembranças da viagem de Oswald ao México dentro de uma pequena mala marrom que ela guardara depois do assassinato.[6] O FBI, segundo ela, nunca se preocupou em inspecionar a mala. Isso soou um alarme de última hora para a equipe da comissão a respeito da competência básica do FBI. Liebeler se perguntava que outras provas o FBI poderia ter deixado escapar devido à desorganização ou à preguiça de seus agentes. Diversos itens foram encontrados na mala, inclusive um bilhete de passagem de ônibus da viagem de Oswald ao México.

Na sexta, 4 de setembro, enquanto Liebeler se preparava para deixar Washington e passar o fim de semana do Dia do Trabalho em sua casa de campo em

Vermont, chegaram as provas tipográficas da versão editada por Redlich do Capítulo 4 — o que tratava das provas que estabeleciam que Oswald era o assassino. Sobraria pouco tempo para Liebeler aproveitar o feriado porque, à medida que lia, ele ia ficando cada vez mais transtornado com aquilo que Redlich fizera — ou, mais precisamente, com aquilo que Redlich permitira que ficasse das versões anteriores no capítulo.[7]

Liebeler ficou perturbado, em primeiro lugar, com os muitos erros factuais, grandes e pequenos, que detectou. Para ele, alguns erros eram compreensíveis, tendo em vista o vasto número de pessoas envolvidas no "processo extremamente doloroso" de escrever e editar. Ele estava mais irritado com o tom geral do relatório e a forma como ainda estava "exagerando" para sugerir que Oswald era tão claramente culpado que nem era preciso incomodar os leitores com fatos que pudessem contradizer aquela conclusão. "Havia afirmações que na verdade não poderiam ser fundamentadas", disse. "Havia uma tendência a minimizar ou a não dar a mesma ênfase a indícios contrários."

Liebeler decidiu fazer algo dramático para protestar. E assim ele se sentou diante de uma máquina de escrever que ficava guardada na casa de Vermont e datilografou um memorando de 27 páginas, totalizando mais de 6700 palavras, que desconstruía o capítulo, parágrafo por parágrafo. Ele apontou dezenas de exemplos do que descreveu como erros e exageros. À sua maneira, o memorando era uma obra-prima, que atestava sua inteligência aguçada e sua memória fenomenal — ele conseguia recordar até os mínimos detalhes de provas e depoimentos das testemunhas e compará-los com aquilo que estava lendo naquela versão.

Na parte talvez mais contenciosa do memorando, Liebeler disse que discordava ferozmente de Redlich e de outros membros da equipe que acreditavam que o treinamento de Oswald com armas nos Fuzileiros Navais indicava que ele não tivera dificuldades para atirar na Dealey Plaza. Liebeler achava que o relatório devia observar que Oswald já tinha sido objeto da zombaria de seus companheiros fuzileiros durante a prática de tiro e que ele quase não passara num teste de mira. Os indícios, dizia, tendiam a "mostrar que Oswald não era bom atirador e que não estava interessado em seu rifle enquanto era fuzileiro" — contudo, esse indício conflitante não constava da versão. "Falando com franqueza, esse tipo de seleção daquilo que foi documentado poderia afetar seriamente a integridade e a credibilidade de todo o relatório." E continuou: "A coisa mais honesta e sensata a fazer, considerando o que se sabe até o momento sobre a destreza de Oswald com um rifle, seria escrever uma breve seção indicando que há testemunhos dos dois lados sobre diversas questões. A comissão então concluiria que a melhor prova de que Oswald era capaz de disparar seu rifle com a rapidez com que disparou e acertar o alvo é o fato de que ele fez isso. Pode ter sido pura sorte. Provavelmente foi, em grande medida. Mas aconteceu".

Quando voltou de Vermont naquele fim de semana, Liebeler pôs o memorando sobre a mesa de Redlich. De início, não ouviu nada a respeito. "Realmente não houve nenhuma resposta por um tempo considerável", recordou ele.[8]

Então, muitos dias depois, novas provas das páginas daquele capítulo chegaram aos escritórios da comissão, e Liebeler começou a ler para ver o que tinha sido alterado em função de seu memorando, se é que havia. A resposta, segundo ele, era quase nada — suas queixas mais sérias tinham sido ignoradas. Ele marchou escritório de Rankin adentro para protestar. Vendo como Liebeler estava encolerizado, Rankin concordou em rever o capítulo com ele naquele instante. Pediu a Liebeler que pegasse uma cópia de seu memorando e um conjunto das provas tipográficas e voltasse a seu escritório. "Nós dois nos sentamos e começamos a examinar o capítulo", disse Liebeler. Willens juntou-se a eles, mas aparentemente não antes de chamar Redlich, que naquele dia estava em Manhattan, em sua mesa na Universidade de Nova York. Ao perceber que sua versão estava sendo desfeita, Redlich correu para o Aeroporto La Guardia e pegou um voo para Washington. Naquela mesma tarde estava nos escritórios da comissão. Os quatro então passaram "o resto daquele dia e boa parte da noite revendo o memorando e as provas tipográficas, e minha lembrança é que consideramos e discutimos todas as questões", recordou Liebeler. Ele conseguiu algumas mudanças, mas ficou longe de obter todas. Ao longo das duas semanas seguintes, bombardeou Rankin e os outros com mais memorandos, totalizando 8 mil palavras adicionais.

Liebeler sabia que seus volumosos memorandos daquele verão tinham criado um registro permanente do quanto ele havia lutado por aquilo que considerava questões de princípio na redação do relatório. Assim, em dado momento, ele decidiu guardar consigo cópias de seus memorandos. Começou a retirá-las dos escritórios da comissão, colocando-as em sua pasta e arquivando-as em casa, de início em seu apartamento em Washington. Se chegasse um momento em que o legado da comissão fosse atacado e ele precisasse defender sua própria reputação, Liebeler teria à disposição todos os seus memorandos e arquivos — e poderia publicá-los.

O senador Richard Russell estava sempre se desculpando por todas as reuniões da comissão que tinha perdido. Como previra desde o começo, 1964 acabou sendo um ano terrível em sua longa carreira no Senado. Ele passou a maior parte dos primeiros seis meses do ano tentando, em última instância sem sucesso, bloquear as portentosas leis de direitos civis que Johnson oferecera como tributo a Kennedy, sobretudo a Lei de Direitos Civis de 1964. Alguns dos companheiros segregacionistas de Russell tinham esperanças de que sua íntima amizade com Johnson pudesse convencer a Casa Branca a mitigar a lei. Russell, porém, tinha pressentido desde o começo que não havia esperanças. Ele descreveu a votação da lei no Senado, em 19 de junho, como "o último ato do mais longo debate e da maior tragédia já ocorridos no Senado dos Estados Unidos".[9] A lei passou por maioria acachapante, 73 contra 27, e foi promulgada por Johnson em 2 de julho. Russell foi elogiado pelo presidente depois de o georgiano insistir repetidas vezes para que seus concidadãos sulistas obedecessem à lei de forma pacífica. "A violência e a desobediência não podem tomar o lugar da campanha racional e lógica que devemos travar", disse Russell.[10]

A ausência do senador na comissão significava que ele essencialmente renunciara a suas chances de controlar a maneira como a investigação era conduzida, incluindo como a equipe era selecionada e quais as atribuições dela. A controvérsia em torno de Norman Redlich naquela primavera tinha criado problemas para Russell com os eleitores conservadores de seu estado. Russell preparou uma carta que poderia ser enviada aos georgianos que escreviam para reclamar. "Permita-me repetir que eu não sabia que Redlich trabalhava para a comissão até as audiências serem praticamente concluídas", escreveu, culpando Lee Rankin pela contratação. "Quando a questão foi colocada para a comissão, deixei claro que, se tivesse conhecimento de seu currículo e de sua contratação, teria me oposto vigorosamente [...] e disse ao sr. Rankin que eu achava que ele tinha sido negligente."[11] Em maio, ele reclamara de Redlich diretamente a Johnson. "Fiquei lendo até as 23h30 os relatórios do FBI sobre algum filho da puta que esse sujeito Rankin pôs para trabalhar aqui na Comissão Warren", disse ao presidente num telefonema gravado. "Está todo mundo furioso porque ele é comunista e tal [...] um esquerdista."[12]

Porém, ainda que pouco participasse do trabalho cotidiano da comissão, Russell continuava a monitorar a investigação com a ajuda de Alfredda Scobey. Toda noite, ele insistia em levar para casa as transcrições dos depoimentos das testemunhas e ficava lendo os documentos "até achar que meus olhos iam queimar", como reclamou para um assistente.[13]

À distância, Russell não gostava do que lia. Ele disse repetidas vezes à sua equipe no Senado que estava incomodado com a maneira como Warren gerenciava a "comissão do assassinato". (Powell Moore, ex-secretário de imprensa de Russell, diria mais tarde que o senador se recusava a chamá-la de Comissão Warren. "O senador Russell sempre insistiu em chamá-la de comissão do assassinato.")[14] Se a comissão se dirigia para a conclusão de que Oswald tinha agido sozinho, Russell nunca teve certeza disso. Ele dizia que achava difícil acreditar que Oswald pudesse "ter feito tudo aquilo sozinho", e estava preocupado com o que lera sobre a visita de Oswald ao México e a amizade que manteve com um grupo de jovens cubanos enquanto vivia na cidade russa de Minsk.

A promulgação da Lei dos Direitos Civis permitiu que Russell se envolvesse — a contragosto, segundo disse — no trabalho da comissão. Ele anunciou que gostaria de ver ele mesmo a cena do assassinato e entrevistar Marina Oswald. Pediu a Rankin que organizasse uma ida a Dallas. Os outros dois legisladores sulistas da comissão — o senador Cooper do Kentucky e o deputado Boggs da Louisiana — concordaram em ir junto. Cooper recordou que Russell esperava ser capaz de dobrar a viúva de Oswald e de convencê-la a lhe contar segredos que ainda não revelara à comissão.

Warren, queixou-se Russell, tratara Marina com gentileza demais, mesmo depois de todas as mentiras que tinha contado à comissão. O presidente da Suprema Corte "era excessivamente paternal", disse ele à sua secretária do Senado. "Ela devia ter sido tratada com algo parecido a um interrogatório de terceiro grau."[15]

A delegação de Russell chegou a Dallas no sábado, 5 de setembro, e no dia seguinte visitou o depósito de livros. Russell quase causou pânico nas ruas próximas ao armazém. O *Dallas Morning News* noticiou que cerca de 150 excursionistas tiveram um sobressalto quando olharam para cima e viram um homem idoso com um rifle na janela do sexto andar, que parecia estar mirando neles. Então explicaram a eles que era o senador Russell segurando a arma para tentar imaginar o que Oswald teria visto. "Bom, espero que ele não esteja usando balas de verdade", disse uma mulher, fugindo para se proteger.[16]

Naquela tarde, a delegação foi até uma base militar nas proximidades para encontrar Marina Oswald. Russell chegou com uma longa lista manuscrita de perguntas. A sessão durou mais de quatro horas, e os parlamentares não descobriram quase nada que já não tivesse sido revelado antes. As perguntas de Russell se concentraram no relacionamento entre a sra. Oswald e o marido. Ele a provocou, sugerindo que Oswald na verdade havia sido "um marido muito dedicado" que teria direito à lealdade dela.[17]

"Não", respondeu a sra. Oswald. "Ele não era um bom marido."

Russell lembrou que em seu testemunho ela tinha dito que Oswald a ajudava nas tarefas domésticas e que tratava bem as filhas.

"Bem, eu também falei que ele me bateu várias vezes", respondeu. "Ele não era bom quando batia em mim."

Russell: "Ele bateu em você muitas vezes?".

Marina: "Muitas".

Russell a pressionou para falar sobre certos aspectos de sua vida na Rússia antes de conhecer Oswald, incluindo suas ligações com o Partido Comunista, e de um tio que trabalhava para o Ministério do Interior russo. Ela percebeu aonde as questões iam chegar — ele parecia sugerir que ela própria era uma espécie de espiã. "Quero assegurar à comissão que nunca recebi missão nenhuma do governo soviético", declarou.

O único desenvolvimento surpreendente em seu testemunho veio quando a sra. Oswald apresentou por conta própria sua nova teoria de que o marido não pretendia matar o presidente, tendo na verdade apontado seu rifle para o governador Connally. O governador era o alvo, disse, porque ele, enquanto secretário da Marinha, tinha se recusado a intervir para reverter a dispensa não honrosa de seu marido dos Fuzileiros Navais.

Russell duvidou que ela tivesse razão: "Acho que a sra. está confundindo terrivelmente os indícios".

A sra. Oswald reconheceu de imediato que aquilo era só especulação. "Não disponho de nenhum fato", declarou.

Sua presença nesse dia refletiu uma confiança aparentemente recém-descoberta. Nas outras ocasiões em que havia comparecido perante a comissão, sempre trouxera um advogado junto. Dessa vez, não. "O advogado me custa muito dinheiro", afirmou ela.

Durante o interrogatório, Russell, como Warren antes dele, pareceu amolecer na presença da bela jovem viúva russa. Disse que estava contente que ela estivesse escrevendo suas memórias e tivesse encontrado tantos outros modos de vender sua história para jornais e revistas, uma vez que isso proporcionava um meio de sustentar a si mesma e as filhas. "Eu tinha esperanças de que a senhora encontrasse algum modo de comercializá-la com o pessoal do cinema ou no mundo editorial."

★ ★ ★

Em questões de Segurança Nacional, Russell era quase com certeza o homem mais bem informado do Congresso, e era assim havia anos. Em 1965, Russell celebraria seu décimo ano como presidente da Comissão das Forças Armadas do Senado. Nessa função, ele tinha o conhecimento das informações mais confidenciais obtidas tanto pelo Pentágono quanto pela CIA — na época, os orçamentos dos dois órgãos estavam sob a sua supervisão.

Depois que Fidel Castro chegou ao poder em Havana em 1959, Russell viria a conhecer muitos segredos, em especial sobre Cuba. Ele sabia como a administração Kennedy havia lutado desde seus primeiros dias no poder para derrubar o governo cubano. Isso parecia explicar por que, em suas conversas com o presidente Johnson e outros depois do assassinato, Russell sentiu, quase de imediato, que Castro poderia estar envolvido ou, se não Castro em pessoa, algum elemento do governo cubano que acreditava estar operando em seu nome. Ele não manifestou as mesmas suspeitas em relação a líderes soviéticos.

Russell sentia também que, qualquer que fosse a verdade sobre o assassinato, a CIA e o FBI não estavam necessariamente ansiosos para descobri-la, mesmo que apenas para se proteger da descoberta de que houvera uma conspiração que as duas agências deveriam ter sido capazes de desmantelar. Nos arquivos de seu gabinete, Russell mantinha uma pequena e sinistra anotação que escrevera para si mesmo depois da primeira reunião da comissão em dezembro: "Algo estranho está acontecendo", descreveu, referindo-se à investigação feita pela CIA e pelo FBI sobre a visita de Oswald ao México. A investigação estava apenas começando, mas já parecia haver pressa em demonstrar que Oswald era o assassino solitário, quaisquer que fossem as provas — para mostrar que ele era "sempre o único considerado" como assassino, segundo o senador. "Esta é, para mim, uma posição insustentável."[18]

Russell sabia que a CIA e o FBI haviam insistido desde o início que não conseguiram achar nenhuma prova de conspiração estrangeira. Mas, pela sua longa experiência, sabia também que as agências eram capazes de mentir — ou de embaralhar tanto os fatos que ninguém jamais seria capaz de descobrir a verdade. Também alarmante para Russell era a possibilidade de Warren estar sendo informado em particular — pela CIA? Pela Casa Branca? Pelo próprio presidente? — sobre aspectos sensíveis da investigação. Naquele primeiro encontro em dezembro, escreveu, o presidente da Suprema Corte parecia saber mais sobre a possibilidade de um envolvimento cubano do que estava dizendo. Warren parecia saber, por exemplo, a respeito de um relatório não confirmado da CIA de que Oswald poderia ter recebido milhares de dólares na Embaixada cubana no México. Russell ficou surpreso de Warren já ter sido informado sobre isso. O presidente da Suprema Corte "sabia a mesma coisa que eu e muito mais sobre [a] CIA".

A viagem de última hora de Russell a Dallas não tinha acabado com sua suspeita de conspiração. Também não tinha posto um fim a seu ceticismo quanto à teoria da bala única. Russell respeitava Connally e, se o governador acreditava que tinha sido atingido por uma bala distinta, Russell não ia duvidar dele. Assim, de volta a Washington, ele sabia que estaria diante de um dilema na hora em que a comissão se preparasse para a reunião a fim de aprovar o relatório final. Russell precisava perguntar a si mesmo se aporia seu nome a conclusões que não conseguia aceitar. Em meados de setembro, ele telefonou para uma secretária e começou a ditar seu dissenso formal — documento que permaneceria secreto, em seus arquivos do Senado, durante anos depois de sua morte.[19]

Russell começou rejeitando a teoria da bala única: "Não subscrevo a conclusão da comissão quanto à possibilidade de que tanto o presidente Kennedy quanto o governador Connally foram alvejados pela mesma bala. [...] O repetido exame do filme de Zapruder aumenta minha convicção de que a bala que passou pelo corpo do governador Connally não foi a mesma bala que passou pelas costas e pela nuca do presidente".

E então passou a questões relacionadas a Oswald ter agido sozinho: "Se partilho a conclusão de meus colegas de que não há provas claras e definitivas que relacionem qualquer pessoa ou grupo em conspiração com Oswald para assassinar o presidente, há aspectos desse caso sobre os quais não consigo chegar a conclusões absolutamente certas". Ele disse que ainda estava alarmado com os relatórios sobre a associação de Oswald com estudantes cubanos em Minsk e com a falta de um "relato detalhado de todos os movimentos, contatos e associações de Oswald em sua visita secreta ao México". E escreveu que não podia compartilhar "uma descoberta categórica de que Oswald tenha planejado e perpetrado o assassinato sem o conhecimento, incentivo ou assistência de outra pessoa".

Nos últimos dias da edição do relatório, a equipe por fim recebeu do FBI notícias sobre Silvia Odio e suas afirmações de ter encontrado Oswald na porta de seu apartamento em Dallas. O FBI disse que tinha novas informações que provavam que a jovem cubana estava errada. Agentes do FBI haviam finalmente identificado os três homens que tinham sido vistos na porta de Odio — e Oswald não estava entre eles. A notícia chegou em 21 de setembro numa carta de J. Edgar Hoover. Segundo Hoover, o bureau tinha rastreado um caminhoneiro cubano de 34 anos, Loran Eugene Hall, que afirmava ser um dos militantes anti-Castro que tinham ido ver Odio. Hall se identificou como um mercenário profissional, que se voltara contra Castro depois de servir em seu exército guerrilheiro.[20]

Em setembro de 1963, segundo Hall, ele estava de passagem por Dallas com dois companheiros das guerrilhas anti-Castro — Lawrence Howard, americano de origem mexicana, e William Seymour, que não era latino e falava apenas algumas palavras em espanhol — para levantar dinheiro para a causa, e tinham ido à casa de uma mulher que ele acreditava ser Odio. Hall achava que ela poderia ter confundido Seymour com Oswald.

Hoover admitiu que a investigação estava em andamento e que agentes do FBI seguiam à procura de Howard e Seymour. Contudo, houve uma sensação de alívio na comissão com as notícias de última hora do FBI. Agora o relatório final podia excluir o que antes parecia ser o depoimento mais forte de uma testemunha sugerindo que Oswald poderia ter tido cúmplices.

David Slawson, que havia insistido de forma tão vigorosa para que as afirmações de Odio fossem investigadas, não conseguiu se lembrar, anos depois, se tinha lido a carta de Hoover — tampouco se lembrou dos detalhes de como o FBI tinha esclarecido tais afirmações.[21] Assim como seus colegas, ele estava ocupado demais com a tarefa de concluir sua parte do relatório. Não houve discussão, ou ao menos nenhuma que Slawson pudesse recordar, sobre levar alguém da comissão para entrevistar Hall — simplesmente não havia mais tempo para isso. "Só podíamos presumir que o FBI estava certo."

Com base na carta de Hoover, as partes do relatório que tratavam de Odio foram reescritas às pressas para explicar — e refutar — aquilo que ela tinha afirmado. No relatório, a comissão congratulava-se por ter instado o FBI a revisitar a história de Odio: "Apesar do fato de que parecia quase certo que Oswald não poderia ter estado em Dallas no momento em que a sra. Odio achou que ele estivesse, a comissão solicitou ao FBI que conduzisse novas investigações a fim de determinar a validade do testemunho da sra. Odio". O relatório chamava a atenção para o sucesso do FBI em rastrear Loran Hall e revelar que tinham sido ele e seus dois companheiros a aparecer à porta de Odio. "Ainda que o FBI não tivesse concluído investigação dessa questão no momento em que o relatório foi para o prelo, a comissão concluiu que Lee Harvey Oswald não esteve no apartamento da sra. Odio em setembro de 1963."[22]

Ainda que a comissão estivesse prestes a fechar as portas e não pudesse mais monitorar a investigação do FBI em Dallas, o bureau continuou a investigar o caso Odio, e o relato que tinha apresentado à comissão caiu por terra quase de imediato. Com o tempo, Loran Hall mudaria sua história mais de uma vez, chegando a insistir — sob juramento, perante investigadores do Congresso — que o FBI tinha deturpado suas palavras e que ele nunca visitara o apartamento de Odio.[23] Ele achava que os agentes do FBI que o tinham entrevistado inicialmente deviam ter inventado a história para acalmar a comissão. Seymour e Howard também foram localizados — ambos insistiram que não conheciam Odio e que nunca tinham ido a seu apartamento. Havia provas para embasar suas negações. O FBI conseguiu confirmar que Seymour estivera trabalhando na Flórida na noite em que ele supostamente esteve no Texas.

Os agentes do FBI em Dallas fizeram outra visita a Silvia Odio em 1º de outubro, uma semana depois de o relatório da comissão ser publicado, e lhe mostraram fotos de Hall, Howard e Seymour. Ela não reconheceu nenhum deles e mais uma vez insistiu — como insistiria por décadas a fio — que era Lee Harvey Oswald que ela vira na porta de sua casa em Dallas, em setembro de 1963.[24]

53.

GABINETE DO DEPUTADO GERALD R. FORD
CÂMARA DOS REPRESENTANTES
WASHINGTON, DC
SETEMBRO DE 1964

Estava ficando difícil manter segredo em torno do projeto do livro de Gerald Ford. Um círculo cada vez maior de editores nova-iorquinos sabia de seus planos de escrever um livro que seria um relato de quem estava do lado de dentro da investigação, a ser lançado logo depois de o relatório da comissão vir a público. Ford e Jack Stiles, seu amigo e coautor, estavam sendo assessorados pela agência de talentos William Morris na negociação de um contrato com a editora Simon and Schuster.

O contrato final dava a Ford um adiantamento de 10 mil dólares e até 15% do preço de capa de cada exemplar até a recuperação do adiantamento — o contrato da versão brochura seria negociado depois.[1] Só o adiantamento era equivalente a quase metade do salário anual de 22 500 dólares de Ford na Câmara.* O livro, que

---

* O salário dos deputados em 1963 — 22 500 dólares por ano — seria equivalente a cerca de 168 mil dólares em 2013, considerando a inflação. O adiantamento de 10 mil dólares a Ford seria equivalente a cerca de 75 mil dólares.

trataria sobretudo da vida de Oswald e de suas possíveis motivações para matar Kennedy, recebeu o título de *Portrait of the Assassin* [Retrato do assassino], ainda que Ford tivesse sugerido a princípio "O assassino de Kennedy". Ford tinha sido apresentado à editora por Edward K. Thompson, editor da revista *Life*, que queria publicar um trecho do livro junto com o lançamento do relatório final da comissão.

A Simon and Schuster decidiu seguir com o livro apesar de disputas internas, tanto sobre a qualidade das amostras dos capítulos que estavam lendo — "um texto de suspense desajeitado e forçado", nas palavras de um editor — quanto sobre a legitimidade de Ford em assumir todo o projeto. "Ainda estou perturbado com a ideia de um membro daquele augusto corpo estar escrevendo sozinho uma 'história por trás dos panos'", escreveu outro editor.[2]

Ford tinha trabalhado durante o verão para manter a *Life* e a Simon and Schuster interessadas no projeto, chegando a convidar editores da revista e da editora para ir a Washington ler os documentos internos da comissão guardados em seu escritório. Ele fez essa oferta mesmo num momento em que estava enfrentando questionamentos do FBI sobre o vazamento do "Diário Histórico" de Oswald para a *Life*. "Falei com Jerry Ford por telefone", escreveu Thompson, editor da revista, em 8 de julho, a um executivo da Simon and Schuster. "Ele deu a entender que alguém podia querer dar uma olhada em alguns documentos básicos em seu escritório de Washington [...] e se você achar que isso deve ser feito, fale comigo."[3] Thompson pôs sua curiosidade jornalística de lado e recusou a oferta para ver os arquivos confidenciais. Ele lembrara Ford, como escreveu, que documentos sozinhos não vendem livros. Os leitores iriam querer ler a "contribuição pessoal" de Ford — seus pensamentos particulares sobre a investigação e sobre Oswald. "Não vejo grande propósito em examinar documentos que até agora vêm estritamente da comissão."

Em face das críticas subsequentes de que estava tentando lucrar com o assassinato, Ford insistiu que o livro seria uma valiosa contribuição para o registro histórico. Ele também não via nada de errado, como disse, em sua decisão de permitir que Stiles e seus outros conselheiros informais — incluindo John Ray, o parlamentar aposentado, e Francis Fallon, o aluno de direito de Harvard — examinassem documentos confidenciais. "Eles faziam uma boa equipe", disse Ford sobre seu círculo de conselheiros. "Jack era escritor, John, advogado. Eles preparavam perguntas para eu fazer nas audiências da comissão e analisavam as transcrições, procurando discrepâncias." Sem eles, afirmou, ele poderia ter se atrasado muito em seu trabalho para a comissão.

De todo modo, aquele ano se mostrou particularmente atarefado para Ford. Por fazer parte do Comitê de Orçamento da Câmara, ele estava sempre soterrado em trabalho, e em 1964 foi arrastado para as profundezas da política nacional. Naquele verão, foi amplamente noticiado que ele estava entre os possíveis candidatos a vice de Barry Goldwater.[4] Fallon, que completara 23 anos naquele ano, ficou impressionado com o compromisso de Ford com a investigação, apesar de suas pesadas atribuições no Congresso. Para ele, o único defeito de Ford como membro da comissão era sua tendência a presumir o melhor sobre o FBI e J. Edgar Hoover.

Quando o verão estava para terminar, Fallon insistiu para que Ford pressionasse a comissão a continuar procurando provas de uma conspiração. Num memorando de 31 de julho, ele disse a Ford que estava preocupado porque o relatório estava passando por cima de indícios de que Oswald tinha sido treinado como espião na União Soviética. "Não aceite que camuflem nada", disse Fallon a Ford. "Há áreas demais em que não temos informação suficiente. Tente conseguir mais, se possível. Garanta fontes de declarações atribuídas a 'fontes confidenciais'."[5]

Stiles, amigo de Ford, expressou suspeitas ainda mais fortes. Em 4 de setembro, com a investigação quase no fim, ele instou Ford a considerar novamente a possibilidade de que Oswald tivesse sido espião de alguém. "Temos alguma prova real de que Oswald não era um agente? De que ele era não temos prova, mas encerrar o assunto de vez já é outra questão."[6]

Ford insistiu que não estava fechando porta nenhuma prematuramente. Depois ele diria que tinha ponderado com cuidado todas as teorias conspiratórias, incluindo algumas que não haviam sido disseminadas de forma ampla entre o grande público. Em maio, um repórter do *Detroit Free Press*, o maior jornal matutino do estado natal de Ford, contatou-o para perguntar sua opinião sobre os rumores de que Oswald tinha participado de uma conspiração para matar Kennedy iniciada em New Orleans, na época em que ele morou lá, em 1963.[7] Os rumores eram difíceis de acompanhar e continham elementos lascivos, o que explicava por que muitos repórteres de fora da Louisiana tinham se recusado a investigá-los.

Os rumores giravam em torno de um homem de New Orleans envolvido com grupos de direita que buscavam derrubar Castro: David Ferrie, um ex-piloto da Eastern Airlines que tinha sido interrogado tanto pela polícia de New Orleans quanto pelo FBI logo depois do assassinato. Quando adolescente, Oswald havia pertencido a um esquadrão da Louisiana da Patrulha Civil Aérea (PCA) — um grupo voluntário mantido pela Força Aérea dos Estados Unidos para incentivar entusiastas da aviação. Há registros de que Oswald tinha sido membro do esquadrão local na época em que Ferrie estava ajudando a coordená-lo. Ferrie negaria terminantemente conhecer Oswald, embora anos mais tarde viesse a surgir uma fotografia que parecia mostrá-los juntos num encontro da PCA.

Ford rabiscou notas para si mesmo enquanto ouvia a história cada vez mais bizarra sobre Ferrie (cujo nome ele gravava como "Ferry"), que tinha sido demitido da companhia aérea "por atividade homossexual" com rapazes adolescentes e que — segundo o repórter — usava "peruca e sobrancelhas falsas". (Ferrie sofria de alopecia, doença que causa a perda de pelos e cabelos.)

Segundo o repórter de Detroit, Ferrie também tinha ligações com figuras do crime organizado. Ele trabalhava meio período como investigador para um advogado de New Orleans que representava Carlos Marcello, chefe da máfia local, e havia rumores de que Ferrie pilotara o avião que trouxera Marcello de volta aos Estados Unidos depois de uma tentativa do Departamento de Justiça de deportá-lo durante o governo Kennedy.

"Provavelmente conheceu O na PCA", escreveu Ford em suas notas, referindo-se a Oswald e à Patrulha Civil Aérea. "Lee Harvey Oswald — Homossexual?" Ele tentava imaginar como esses detalhes poderiam fazer sentido: se Oswald tinha laços com Ferrie, ou pela orientação sexual comum ou por meio de grupos de exilados cubanos, será que isso significava que ele também tinha ligação com um chefão da Máfia que quisera se vingar de Kennedy?

Na equipe da comissão, a investigação dos rumores sobre Ferrie — e sobre a possibilidade de outros laços entre Oswald e figuras do crime organizado de New Orleans — tinha ficado a cargo de Wesley Liebeler. Durante sua viagem a New Orleans em julho, Liebeler não achou nada que fundamentasse a ideia de uma conspiração mais ampla envolvendo Ferrie ou a Máfia. Como resultado, não houve menção aos rumores sobre Ferrie no relatório final da comissão. "O FBI trabalhou imensamente sobre Ferrie", disse Liebeler depois.[8] "Só que esse trabalho simplesmente não levou a nada."*

---

* Liebeler também investigou as alegações de que Oswald tivera ligações com Carlos Marcello por intermédio

★ ★ ★

No fim da investigação, Ford disse que passara a aceitar que as teorias conspiratórias sobre o assassinato eram inevitáveis, considerando "a complexidade dos acontecimentos, as bizarras coincidências factuais" que a comissão ia descobrindo. "Em retrospecto, as coincidências inacreditáveis que aconteceram não poderiam ter acontecido — e mesmo assim aconteceram."[9]

Em conversas com Stiles, Ford tentava discorrer sobre todas as conspirações possíveis. Eles encontraram maneiras úteis de moldar a discussão, sobretudo depois de perceber que a maior parte das teorias conspiratórias exigia que Oswald tivesse sido "infiltrado" no Depósito de Livros Escolares do Texas. Será que isso poderia ser verdade? Eles examinaram os fatos relacionados à maneira como ele tinha arrumado o emprego em outubro — como, por insistência de Marina Oswald, Ruth Paine tinha telefonado a um supervisor do depósito de livros, que aceitou encontrar Oswald, e então o contratou. O depósito de livros tinha dois armazéns em Dallas. A menos que o supervisor fizesse parte da conspiração, havia sido mera coincidência que ele tivesse designado Oswald para o prédio com vista para a Dealey Plaza.

Ford tinha outra maneira eficaz de organizar o debate — a análise de calendários dos últimos meses de 1963. Se Oswald e seus cúmplices tinham de algum modo conseguido que ele arrumasse um emprego no depósito de livros, eles precisariam ter tido conhecimento de que a comitiva de Kennedy passaria na frente do prédio. Ford examinou a cronologia da viagem de Kennedy ao Texas e de sua organização pela Casa Branca. As linhas do tempo mostravam que os planos de Kennedy para visitar o Texas em 21 e 22 de novembro vieram a público no fim de setembro.[10] Mas a inclusão de Dallas no itinerário só foi confirmada em 9 de novembro — três semanas depois de Oswald ter sido contratado pelo depósito de livros. E foi só em 19 de novembro, apenas três dias antes da chegada de Kennedy, que a rota da comitiva, que passaria pelo depósito de livros, foi divulgada. Era "pura coincidência" que Oswald fora posto num prédio de onde poderia disparar diretamente contra Kennedy, segundo Ford. "O destino o colocou no lugar certo na hora certa para desempenhar seu papel sinistro."

---

de um tio que vivia em New Orleans, Charles "Dutz" Murret, agenciador de apostas que estaria ligado à rede criminosa de Marcello. A comissão não encontrou nenhuma prova de elo entre Murret e o assassinato.

De modo análogo, Ford achava que a cronologia dos acontecimentos de domingo, 24 de novembro, dia em que Oswald foi assassinado, provava que Ruby também não fizera parte de uma conspiração. A "mera coincidência" tinha dado a Ruby o tempo de que precisava para chegar ao subsolo da central de polícia e atirar em Oswald. A transferência de Oswald para a prisão do condado havia sido retardada no último minuto a pedido de um inspetor fiscal ávido por uma oportunidade para fazer perguntas ao assassino acusado; o inspetor tinha estado no culto dominical de sua igreja e não podia chegar lá antes. Esse breve atraso deu a Ruby — que estava do outro lado da rua na agência da Western Union, enviando 25 dólares para uma de suas strippers — o tempo de que ele precisava. Se a transferência de Oswald tivesse sido adiantada em apenas dois ou três minutos, Ruby teria chegado tarde demais.

Ford estava frustrado com a incapacidade da comissão de chegar a um juízo sobre as motivações de Oswald. Em seu livro com Stiles e em comentários posteriores sobre o assassinato, Ford apresentou a suposição mais razoável daquilo que levou Oswald a matar Kennedy, e ela seria, sob muitos aspectos, a explicação mais detalhada e cuidadosa oferecida por qualquer membro da comissão.

Na visão de Ford, muitas das respostas poderiam ser encontradas no "Diário Histórico" de Oswald. A principal motivação de Oswald em tudo que fazia não tinha a ver com política, acreditava o deputado. Seu "dito marxismo" era "uma maçaroca de dialética revolucionária com sonhos de uma sociedade melhor que ele não conseguia tocar". Na verdade, para Ford, Oswald era motivado por um desejo desesperado de atenção e por uma teimosia infantil que o impedia de desistir de qualquer ato com o qual tivesse se comprometido. Ford tinha quatro filhos, três dos quais meninos, e ele achava que conhecia bem o suficiente a psicologia infantil para julgar que Oswald não tinha superado os impulsos de um imaturo. O "Diário Histórico" era um "vívido autorretrato de um rapaz que, quando não podia ter o que queria, recorria a atos estouvados e melodramáticos para chamar a atenção para si mesmo", escreveu. "Quando frustrada pelas circunstâncias, uma pessoa comum poderia dar socos na mesa ou, melhor ainda, aprender uma lição. Não era esse o caso de Lee Harvey Oswald. [...] Ele era como uma criança que, se não conseguisse a atenção que queria, via que quebrar um brinquedo ou fazer uma bagunça era a maneira mais fácil de obter reconhecimento."

Para Ford, outro fator motivara Oswald, ainda que não o tivesse abordado em seu livro nem mencionado em público. Dizia respeito à sexualidade de Oswald. A comissão tinha ouvido de testemunhas, diversas vezes, que o casal tinha problemas sexuais. Ford achava que Oswald era impotente e que o fato de Marina zombar de sua performance sexual na frente dos outros o deixara tão humilhado que ele decidira provar sua masculinidade com um rifle. "Tenho a sensação, e acho que outros também tinham, de que ele, Oswald, estava sendo espicaçado pela mulher por ser impotente", disse Ford numa entrevista concedida em 2003 e publicada depois de sua morte. "Ele tinha de fazer alguma coisa para exibir sua força."[11]

Enquanto Ford e seus conselheiros liam as versões dos capítulos do relatório, reuniram as longas listas de sugestões editoriais que o deputado tinha apresentado à comissão. As mudanças editoriais de Ford eram mais fáceis de rastrear, uma vez que ele as tinha apresentado — para cada versão dos capítulos — numa carta em papel timbrado da Câmara dirigida a Rankin. Muitas das sugestões de Ford foram aceitas, já que diversas vezes ele pegava erros, refletindo a leitura atenta que seus conselheiros tinham feito das versões. Em 2 de setembro, ele escreveu a Rankin para insistir que a comissão corrigisse uma afirmação que sugeria que Oswald raramente bebia álcool — declaração que poderia enfraquecer possíveis testemunhas dignas de credibilidade que tinham afirmado vê-lo em bares em New Orleans e em Dallas. "Está claramente registrado que ele bebia, às vezes demais, enquanto estava na Rússia, e também em New Orleans em 1963."[12] Como recomendou o deputado, o trecho foi suprimido.

Ford insistiu em outra mudança que viria a ser controversa, pedindo que uma frase-chave sobre as provas médicas fosse reescrita para esclarecer a localização do orifício de entrada da primeira bala no corpo de Kennedy — a mesma bala que aparentemente também atingira Connally. A versão original dizia que "uma bala havia entrado em suas costas, num ponto levemente acima do ombro e à direita da espinha".[13] Em sua cópia, Ford eliminou algumas palavras e alterou a frase para: "Uma bala havia entrado na base da sua nuca, levemente à direita da espinha". A mudança foi feita. Ford explicou anos depois que estava só tentando esclarecer a localização do ferimento. "Para qualquer pessoa razoável, 'acima do ombro e à direita' soa muito alto e excessivamente para o lado — e era assim que soava para mim." Os teóricos da conspiração diriam mais tarde que Ford estava na verdade tentando enganar os leitores quanto à trajetória da bala, numa tentativa de fortalecer a teoria da bala única. Na verdade, a mudança de Ford pareceu refletir a contínua confusão da comissão sobre onde exatamente as balas tinham ido parar.

Décadas depois, um exame autorizado pelo Congresso, realizado por uma equipe de médicos especialistas independentes, estabeleceu que os patologistas da Marinha que conduziram a autópsia tinham cometido erros impressionantes, incluindo a localização incorreta dos dois ferimentos de entrada no corpo de Kennedy.[14] Quando patologistas de fora finalmente tiveram acesso às fotos da autópsia, concluíram que o primeiro tiro acertou mais baixo do que o relatório da autópsia tinha sugerido, e que o ferimento de entrada na cabeça estava nada menos do que dez centímetros acima.

Warren dizia que para ele era alarmante olhar o calendário em setembro e perceber como faltavam poucos dias para a primeira segunda-feira de outubro — naquele ano, 5 de outubro —, que marcaria o começo de uma nova sessão da Suprema Corte. Ele e Rankin anunciaram um cronograma para a conclusão do trabalho da comissão. A última sessão executiva estava marcada para a sexta-feira, 18 de setembro, às dez horas, na sala de audiências do edifício vfw, com o dia inteiro para que os membros da comissão debatessem e aprovassem o relatório. As provas editadas finais seriam então transferidas para o Departamento de Imprensa do Governo, com uma cópia do relatório encadernado pronta para ser entregue ao presidente Johnson em mãos na quinta-feira seguinte, 24 de setembro, na Casa Branca.

Warren estava mais determinado do que nunca a produzir um relatório unânime; qualquer coisa menos do que isso poderia levar o público a concluir que os fatos em torno do assassinato do presidente ainda estavam incertos, ou que estavam sendo ocultados. "Teria sido um desastre se não tivéssemos chegado à unanimidade", disse ele a Drew Pearson.[15] Warren lembrou a Pearson outra vez, com orgulho, a campanha de bastidores que fizera para chegar a uma decisão unânime em Brown vs. Conselho de Educação em 1954. Ele recordou a satisfação que sentiu no momento em que a decisão de Brown foi lida em voz alta por ele na Corte: "Quando a palavra 'unanimemente' foi dita, uma onda de emoção varreu a sala". Foi uma "manifestação emocional instintiva que não pode ser descrita".[16]

Mas para obter um veredicto unânime num processo importante da Suprema Corte, Warren com frequência precisava de meses de planejamento — e de lisonjas. No caso Brown, o que ele fez foi, na verdade, um agressivo lobby ao longo de meses para convencer colegas a assinar a decisão, chegando até a visitar um juiz no hospital para fazer pressão. Para obter unanimidade no relatório de assassinato, porém, o presidente da Suprema Corte só disporia de alguns dias, no máximo de duas semanas. Se Warren quisesse manter os prazos que havia estabelecido, a última sessão executiva, em 18 de setembro, seria sua última e única chance de convencer os membros da comissão de que eles deviam falar em uníssono sobre a morte do presidente.

Como a comissão deixara de fazer as transcrições de suas deliberações, ao menos daquelas que algum dia pudessem ser tornadas públicas, não há como dizer com certeza como Warren conseguiu a unanimidade no relatório, nem quão perto ele pode ter chegado de não obtê-la. Ao longo dos anos, porém, alguns membros contariam o que aconteceu naquele dia.

Russell revelaria mais tarde que tinha chegado à reunião pronto para assinar um dissenso — afinal, ele já havia redigido um — e suspeitava que outros membros da comissão se uniriam a ele num desafio a Warren. Por semanas ele vinha dizendo que não acreditava na teoria da bala única, ou que ao menos não conseguia defendê-la. Contudo, as versões dos capítulos que lhe foram mostradas antes da reunião concluíam que a teoria tinha de ser verdadeira. O senador também acreditava quase com a mesma firmeza que a comissão devia deixar em aberto a possibilidade de que Oswald tinha feito parte de uma conspiração. Mas os capítulos, como ele os havia lido, afirmavam claramente que Oswald agira sozinho.

Depois da reunião, Russell disse a seus assistentes que Warren, de início, tinha se recusado obstinadamente a alterar o relatório para levantar qualquer dúvida sobre a teoria da bala única. "Warren simplesmente não cedia", contou à sua secretária de longa data no Senado. "Ele estava inflexível, dizendo que era assim que ia ser."[17] Segundo Russell, Warren explicou a necessidade de um relatório unânime e então instou a comissão a adotar as conclusões tais como apresentadas pela equipe. Russell recordou que Warren passou o olhar pela sala, encarando os demais membros, e declarou, antes de convidar à discussão: "Estamos todos de acordo e vamos assinar o relatório".

Foi então que Russell levantou a voz para corrigir — e desafiar — o presidente da Suprema Corte. Eles *não* estavam de acordo. Haveria dissenso, advertiu, sobretudo a respeito da teoria da bala única. "Jamais assinarei esse relatório se essa comissão diz categoricamente que o segundo tiro passou por ambos" — Kennedy e Connally, declarou. Ele se sentia ofendido com a ideia de que a comissão fosse questionar a convicção de Connally de ter sido alvejado por uma bala distinta. O senador Cooper levantou a voz em apoio a Russell, dizendo que também acreditava em Connally e assinaria um dissenso. Russell recordou que o congressista Boggs sugerira que ele também não estava totalmente convencido da teoria da bala única.

Naquilo que esperava que fosse o último dia de trabalho substancial da comissão, Warren subitamente deparou com uma insurgência e com a possibilidade de um relatório dividido. Dois, talvez três membros estavam preparados para divergir.

Nos anos que se seguiram à investigação, Warren repetiu diversas vezes que acreditava firmemente na teoria da bala única e que compreendia o argumento apresentado com paixão pela equipe de que, se Oswald agira sozinho, a teoria tinha de ser verdadeira. Mas Warren tinha passado a maior parte da sua carreira não no tribunal, e sim na política. Ele sabia — provavelmente tão bem quanto qualquer outra pessoa naquele recinto — que, se concessões poderiam ser desagradáveis caso significassem um obscurecimento da verdade, elas também poderiam ser o preço para concluir um trabalho. Por isso, ele concordou em negociar.

O resultado foi um estilo, aprovado tanto por Warren quanto por Russell, que amenizava o texto original e deixava aberta a possibilidade de que Connally tivesse sido alvo de uma bala distinta — asserção que, para a equipe da comissão, simplesmente não fazia sentido. O desajeitado texto acordado para o relatório ficou assim:

> Ainda que não seja necessário para qualquer conclusão essencial da comissão determinar exatamente qual tiro alvejou o governador Connally, os especialistas apresentam provas muito convincentes de que a mesma bala que perfurou o pescoço do presidente também causou os ferimentos de Connally. Contudo, o testemunho do governador Connally e alguns outros fatores levaram a certa divergência de opinião no tocante a essa probabilidade, mas não há dúvidas na mente de nenhum membro da comissão quanto a todos os tiros que causaram os ferimentos do presidente e do governador Connally terem sido disparados da janela do sexto andar do Depósito de Livros Escolares do Texas.[18]

Russell queria outras mudanças no relatório. Anunciou que estava preparado para divergir de novo se a comissão não deixasse em aberto a possibilidade de conspiração. Disse que concordava que Oswald parecia ser o único atirador, mas afirmou que era errado sugerir que não havia nem a remota possibilidade de que ele tivesse tido cúmplices em Dallas ou outro lugar. "Concordo integralmente com os fatos diante de nós, mas não podemos dizer que em algum momento do futuro não surgirá alguma outra prova", Russell contou a Warren. "Não podemos fechar a porta categoricamente para fatos que podem vir à tona."

Segundo Ford, dessa vez ele deu seu apoio a Russell, e a nova redação desse ponto foi menos tortuosa. Em vez de fazer uma declaração incondicional de que não tinha havido conspiração, o relatório foi reescrito de modo a dizer que a comissão não havia encontrado "prova" de conspiração, deixando aberta a possibilidade de que as provas poderiam surgir algum dia. Com isso, o presidente da Suprema Corte conseguiu o que queria: um relatório unânime que, esperava, acabaria para sempre com os sombrios rumores sobre o assassinato daquele presidente que ele tinha admirado tanto, e até amado. Warren anunciou que os sete membros da comissão se encontrariam de novo dali a seis dias na Casa Branca para apresentar o relatório ao presidente Johnson.

Lee Rankin saiu da reunião e foi explicar a seus assessores, Howard Willens e Norman Redlich, o que tinha acontecido. Willens ficou horrorizado. Para muitos advogados da equipe, ao recuar do apoio pleno à teoria da bala única, a comissão estava sendo desonesta. "Rankin esforçou-se para explicar a decisão para Redlich e para mim, mas não conseguíamos aceitar as desculpas que ele apresentava", recordou Willens.[19] As mudanças tinham sido feitas obviamente "por deferência a Connally", não por causa de um compromisso com a verdade. O equívoco do governador do Texas em insistir que tinha sido atingido por uma bala distinta era compreensível, mas ainda assim era um equívoco. Contudo, agora a comissão estava sugerindo que Connally poderia estar certo, o que deixava aberta — para sempre — a possibilidade de um segundo atirador. "A concessão era indefensável e prejudicava a credibilidade do relatório", diria Willens depois. "Ela levantou mais questões do que respondia e deu conforto a teóricos da conspiração por décadas a fio."

Nenhum membro da comissão relatou qualquer debate sério na reunião sobre o rigor das críticas formuladas ao FBI e ao Serviço Secreto no relatório. Os órgãos seriam censurados por não compartilhar informações sobre as possíveis ameaças ao presidente; o escritório do FBI em Dallas e o agente James Hosty, em especial, seriam destacados por não terem compartilhado o nome de Oswald com o Serviço Secreto antes da visita de Kennedy. "O FBI assumiu uma visão indevidamente restritiva de seu papel no trabalho de inteligência preventiva antes do assassinato", concluía o relatório. "Um tratamento mais cuidadoso na coordenação do caso Oswald pelo FBI poderia muito bem ter levado as atividades de Oswald a receberem a atenção do Serviço Secreto."[20]

As críticas ao Serviço Secreto foram mais duras. A comissão pedia que a agência "reformulasse completamente" a maneira como colhia informações sobre possíveis ameaças ao presidente.[21] O relatório pedia que o presidente Johnson formasse um comitê governamental para monitorar a performance do Serviço Secreto. Como insistira Warren, o relatório descrevia como os agentes da comitiva presidencial em Dallas tinham saído para beber na noite anterior ao assassinato. O relatório sugeria, mas não dizia explicitamente, que os agentes poderiam ter salvado a vida do presidente: "Pode-se conceber que aqueles homens que tinham dormido pouco e tomado bebidas alcoólicas, mesmo em quantidades limitadas, poderiam ter estado mais alertas".[22]

Apesar de seu apoio declarado a Hoover, Ford diria mais tarde que não procurou amenizar a crítica do relatório ao FBI — ele achava que Hoover ficaria confortado em ver que o Serviço Secreto era um alvo muito maior. Segundo a leitura de Ford das conclusões, "coisa de 80% das nossas críticas" se voltavam para o Serviço Secreto. "Encontramos apenas falhas de menor intensidade do FBI."[23]

Segundo os membros da comissão, também não houve debate sobre as duras críticas do relatório aos agentes municipais da lei de Dallas, em especial ao departamento de polícia e à incompetência que tinha permitido que Oswald fosse assassinado ao vivo em cadeia nacional. Como Russell diria depois, de forma jocosa, "a minha impressão era de que o departamento de polícia de Dallas estava determinado a deixar Oswald ser executado sem julgamento".

Uma proeminente agência federal escapou das críticas: a CIA. O relatório não dizia diretamente, mas a comissão pareceu aceitar a avaliação da agência de espionagem de que tivera um desempenho competente em sua ocasional vigilância de Oswald no decorrer dos anos, inclusive na Cidade do México. A CIA pareceu sair da investigação com o respeito da maioria dos integrantes da comissão e da equipe, ainda que fosse apenas porque — em contraste agudo com o FBI — tivesse se mostrado ansiosa por cooperar.

O único registro oficial da última sessão executiva da comissão foi um árido resumo de sete páginas que nada dizia sobre os acalorados debates descritos mais tarde por Russell e Ford.[24] Com o propósito de explicar o que tinha acontecido na reunião, o resumo era fundamentalmente desonesto. O documento datilografado — seu autor não é identificado — não fazia nenhuma menção à disputa em torno da teoria da bala única, nem descrevia o debate que levou a comissão a deixar em aberto a possibilidade de uma conspiração. O resumo não fazia nenhuma referência às ameaças de dissenso de Russell. As atas mostrariam apenas que o relatório final foi aprovado, e que foi aprovado por unanimidade.

54.

SALÃO OVAL
CASA BRANCA
WASHINGTON, DC
SEXTA-FEIRA, 18 DE SETEMBRO DE 1964

O presidente Johnson queria conversar com seu velho amigo Richard Russell e fez a central telefônica da Casa Branca encontrar o senador em sua casa na Geórgia, onde ele tinha ido passar o fim de semana.[1] O último encontro da Comissão Warren para aprovar o relatório tinha acontecido mais cedo naquele dia, e Russell — exausto, como disse — saiu de Washington poucas horas depois.

A gravação da conversa telefônica não deixa claro se Johnson estava ciente da reunião da comissão naquele dia. Ele parecia muito mais ansioso para ter uma conversa com o Russell que outrora, quando presidente da Comissão das Forças Armadas, era para ele um mentor. Johnson fora consumido ao longo do dia por relatórios de um embate no mar do Sul da China entre dois contratorpedeiros americanos e quatro navios de patrulha do Vietnã do Norte. Apenas um mês antes, um conflito entre navios de guerra americanos e norte-vietnamitas no golfo de Tonkin levara Johnson a ordenar bombardeios de instalações militares do Vietnã do Norte e fizera com que o Congresso aprovasse a chamada Resolução do Golfo de Tonkin, concedendo ao presidente amplos poderes para responder às ameaças do Norte comunista. A resolução viria a permitir que Johnson ordenasse os primeiros grandes envios de tropas americanas ao Vietnã.

No final do dia daquela sexta-feira, Johnson estava aliviado com as notícias de que os relatórios iniciais do confronto com os norte-vietnamitas naquela manhã eram exagerados. Contudo, a seis semanas da eleição presidencial, e sendo o Vietnã um tópico da campanha potencialmente explosivo, Johnson queria discutir a situação no Sudeste Asiático — e suas implicações políticas — com Russell, cujo apoio ele desejaria para qualquer movimentação que levasse à escalada do combate no Vietnã.

Johnson conseguiu falar com Russell antes das vinte horas.

"Pois é, você nunca fica na cidade", disse Johnson ao senador em tom de brincadeira. "Acho que você não gosta muito daqui."

"Bom, mas o senhor viajou", respondeu Russell, referindo-se a uma viagem que Johnson fizera à Costa Oeste dias antes. "Mas olha, essa coisa da Comissão Warren me deixou acabado."

Ele explicou que a comissão tinha aprovado o relatório final naquela tarde. "Sabe o que eu fiz? Saí, peguei um avião e vim para casa. Não tinha nem uma escova de dente. Aqui eu tenho alguma coisa. Eu não estava nem com os meus anti-histamínicos para o meu enfisema."

Johnson: "Por que você saiu correndo assim?".

Russell: "Bem, eu estava moído de tanto discutir aquele bendito relatório".

Johnson: "Bom, você devia ter ficado mais uma hora e ido pegar as suas roupas".

"Não, não", respondeu Russell. "É que eles estavam tentando provar que a mesma bala que atingiu primeiro Kennedy foi a mesma que atingiu Connally [...] que passou por ele e pela mão dele, pelo seu osso, pela sua perna e tudo mais."

Johnson: "Que diferença faz qual bala acertou Connally?".

Russell: "Bom, não faz lá muita diferença. Mas eles acham… a comissão acha que a mesma bala que acertou Kennedy acertou Connally. Bom, eu não acho!".

"Nem eu", respondeu Johnson, comentário que parecia refletir seu respeito por Russell e não uma compreensão minuciosa da teoria da bala única.

"E eu não conseguia assinar", continuou Russell. "E eu falei que o governador Connally deu um testemunho diretamente contrário, e eu não ia aprovar isso.

Então, por fim, fiz com que eles dissessem que havia uma divergência na comissão, que uma parte dela achava que não tinha sido assim."

Johnson queria saber o que o resto do relatório diria: "E no geral, o que é que o relatório diz? Que foi Oswald mesmo, e que ele tinha algum motivo?".

Russell: "Bom, que ele era um sujeito bem misantropo que [...] nunca tinha ficado satisfeito com nada neste mundo, nem na Rússia nem aqui, e que ele queria colocar o nome dele na história, essas coisas. Não acho que o senhor vai desgostar do relatório. É bem longo, mas...".

Johnson: "É unânime?".

Russell: "Sim, senhor".

Johnson: "Hum".

Russell: "Fiz o que pude para inserir um dissenso, mas eles fizeram um acordo para eu desistir e me deram um fiozinho dele". (Russell pareceu se referir à concessão de Warren em reescrever o relatório para deixar um "fio" de dúvida, tanto sobre a teoria da bala única quanto sobre a possibilidade de conspiração.) Com isso, a conversa passou para os desenvolvimentos no Vietnã.

Os últimos dias antes da publicação do relatório foram febris. Os advogados remanescentes da comissão — e a equipe de assistentes jurídicos da Suprema Corte chamados para ajudar — conferiram e reconferiram o texto. "Eu simplesmente trabalhei feito um cão naqueles últimos dias", recordou David Slawson.[2] Seu escritório de advocacia em Denver estava desesperado para que ele voltasse para trabalhar num importante caso antitruste — de início, seus sócios foram assegurados de que ele voltaria em meados da primavera —, e assim Slawson declarou que a sexta-feira, 18 de setembro, seria seu último dia por ali. Era o dia em que os membros da comissão aprovariam o relatório final.

Em suas horas finais nos escritórios da comissão, ele começou a se sentir mal. "Pensei: 'Deus do céu, vou ficar gripado'", contou. Mas não era gripe. Na verdade, ele estava exausto, à beira de um colapso. "Quando saí na noite de sexta, deitei na cama e [...] não me levantei até domingo. Passei dois dias sem comer nada. Só dormi." No domingo, ele se sentiu bem o suficiente para começar a viagem de carro de três dias até Denver.

John McCloy disse que estava levemente perturbado com a pressa para finalizar a investigação.[3] Ele achava que a comissão tinha chegado às conclusões cer-

528

tas, mas que o relatório poderia ter sido mais bem redigido, de maneira mais clara. "Não tínhamos pressa para julgar", recordou, mas "havia algumas questões de estilo. [...] Eu tive a impressão no final de que estávamos correndo um pouco". Isso ajudava a explicar diversos erros por desleixo, incluindo muitas notas de rodapé com a numeração errada, assim como vários nomes grafados de forma incorreta e muitos casos em que a informação de um capítulo saía repetida, quase palavra por palavra, em outro.

Nos preparativos para fechar o escritório, a comissão determinou quais advogados da equipe haviam trabalhado mais duro — isso era medido pelos dias de trabalho que eles tinham cobrado da comissão — e aqueles que praticamente não tinham feito nada. Sem que ninguém ficasse surpreso, os registros mostraram que Frank Adams, o tão ausente parceiro de Specter, era quem tinha trabalhado menos — um total de dezesseis dias e cinco horas. Coleman vinha em segundo, ainda que tivesse trabalhado quatro vezes mais do que Adams, totalizando 64 dias. Entre os advogados juniores, Burt Griffin era quem tinha trabalhado mais dias — 225, seguido por Liebeler, com 219, e Slawson, com 211. O advogado sênior com o maior número de dias de trabalho era Lee Rankin — 308, o que significava que tinha trabalhado mais do que um dia cheio todo dia, incluindo fins de semana, desde que fora contratado em dezembro.[4] Poucos na equipe duvidavam que isso fosse verdade.

Nas semanas finais da investigação, as três mulheres que, mais do que quaisquer outras, tinham sido objeto da atenção da comissão — Jacqueline Kennedy, Marina Oswald e Marguerite Oswald — fizeram contato com a comissão. A sra. Kennedy mandou dizer por intermediários que gostaria de assumir a custódia das roupas ensanguentadas do marido. Em sua última sessão executiva, os membros da comissão consentiram, desde que ela concordasse em deixar as roupas disponíveis para futuras investigações "a fim de dar apoio ao trabalho realizado pela comissão".

Warren contaria depois que tinha se recusado a entregar as roupas incondicionalmente. "A jovem sra. Kennedy pediu-me as roupas do presidente", disse ele a Drew Pearson, segundo o diário de Pearson. "Suspeitei que ela quisesse destruí-las, então declinei. Não podíamos suprimir nem destruir nenhuma prova."[5] No final das contas, ela não ficou com as roupas. "Por fim, enviamos as roupas, as radiografias e as fotos para o Departamento de Justiça com instruções de que não deveriam ser mostradas ao público", disse Warren. As roupas depois foram entregues ao Arquivo Nacional para serem perpetuamente preservadas.

A viúva e a mãe de Oswald também ficariam insatisfeitas. Até os últimos dias de trabalho da comissão, Marina Oswald pediu que os pertences do marido fossem devolvidos, incluindo o rifle Mannlicher-Carcano e o revólver Smith & Wesson. O pedido das armas foi recusado, decisão facilitada com a descoberta de que ela estava tentando vendê-las a colecionadores.

Os advogados da equipe disseram que não ficaram surpresos quando chegou uma carta, em meados de agosto, de um agente literário de Manhattan que representava Marguerite Oswald.[6] A sra. Oswald, segundo o agente, insistia que a comissão fosse impedida de fazer qualquer uso de seu depoimento ou de qualquer material que ela tivesse dado à investigação — "fotografias, documentos de qualquer espécie ou qualquer outra propriedade dela" — sem sua permissão. A comissão precisaria de seu "consentimento por escrito, do qual no momento não dispõe", advertia o agente. Por segurança, o agente enviou cópias da carta à Casa Branca, ao presidente da Câmara e ao presidente do Senado. A sra. Oswald, como ele deixava claro, gostaria de deixar todos no governo federal de sobreaviso quanto a suas exigências. Sem sucesso, porém: a comissão ignorou a carta e publicou seu depoimento completo.

Assim como sua nora, a sra. Oswald estava ocupada vendendo suvenires da vida do filho. Mais cedo naquele ano, ela tinha vendido à revista *Esquire* dezesseis cartas que seu filho lhe enviara da Rússia, por, assim diziam, 4 mil dólares. As cartas foram publicadas junto com fotos da sra. Oswald tiradas para a revista pela famosa fotógrafa Diane Arbus.[7] A sra. Oswald também gravou, naquele ano, um disco em que lia trechos das cartas.

Na manhã da quinta-feira, 24 de setembro, o presidente da Suprema Corte Warren ergueu a caixa azul-marinho que continha uma cópia do relatório final — com dez centímetros de espessura, 888 páginas e 296 mil palavras — e a entregou ao presidente Johnson na Sala do Gabinete da Casa Branca. Um enxame de repórteres e de fotógrafos registrou a cena. "É bem pesado", disse o presidente — essas foram as únicas palavras que ele falou que os repórteres conseguiram entender.[8] A Casa Branca divulgou naquele dia uma carta que o presidente tinha escrito a Warren: "A comissão, como sei, foi guiada pela determinação de encontrar e contar toda a verdade por trás desses acontecimentos terríveis".

Os outros seis membros da comissão participaram com Warren da cerimônia. Por causa de um acordo com os secretários de imprensa da Casa Branca, o relatório não foi divulgado ao público naquele dia. Johnson planejava levá-lo consigo para seu rancho em Johnson City, no Texas, a fim de lê-lo no fim de semana. No sábado, as organizações de notícias receberiam cópias com base no acordo de que haveria embargo de notícias até as 18h30 de domingo, horário da Costa Leste.

As três redes de televisão anunciaram aquela noite planos de programas ao vivo para revelar as conclusões do relatório. A CBS News planejou um especial de duas horas que incluiria entrevistas com diversas testemunhas oculares do assassinato do presidente Kennedy e do policial Tippit. "Conseguimos 26 testemunhas, todas elas tinham comparecido perante a comissão e todas elas nos contaram a mesma história que contaram à comissão", disse Leslie Midgley, produtor do programa.[9] O *New York Times* anunciou planos de publicar o relatório inteiro na edição de segunda-feira e, dois dias depois, de publicar o relatório completo em livro em parceria com a Bantam Books, com preço de capa de dois dólares. Para os leitores de Washington que não queriam esperar, o relatório oficial publicado pelo Departamento de Imprensa do Governo estaria disponível para venda às 8h30 de segunda-feira — 3,25 dólares pela edição em capa dura, 2,50 dólares pela brochura. A comissão anunciou planos de publicar os 26 volumes do apêndice — contendo grande parte das provas da investigação e dos depoimentos das testemunhas — mais tarde naquele ano.

A manchete do *New York Times* naquela segunda-feira ocupava toda a largura da primeira página em tipos apenas um pouco menores do que os usados dez meses antes para a manchete que reportava a morte de Kennedy:[10]

COMISSÃO WARREN CONSIDERA OSWALD CULPADO E DIZ QUE ASSASSINO E RUBY AGIRAM SOZINHOS, CENSURA SERVIÇO SECRETO E PEDE REESTRUTURAÇÃO.

Anthony Lewis, do *Times*, que recebeu muitos dos vazamentos da comissão, escreveu um vasto artigo de 3 mil palavras na primeira página. Abrindo o parágrafo, apresentava as conclusões do relatório como fatos, como se não houvesse questionamentos sobre a verdade daquilo que a investigação levantara:

WASHINGTON, 27 de setembro — O assassinato do presidente Kennedy foi obra de um só homem, Lee Harvey Oswald. Não houve conspiração, nacional ou estrangeira.

O artigo elogiava o relatório por seus "meticulosos detalhes, equanimidade e neutralidade" e por seu "estilo genuinamente literário". Continuava o artigo: "Poucos daqueles que amavam Kennedy, ou este país, conseguirão lê-lo sem emoção". Num editorial, o *Times* declarava que o relatório era "abrangente e convincente", acrescentando: "Os fatos — reunidos à exaustão, conferidos de forma independente e apresentados com coerência — destroem as bases das teorias conspiratórias que cresceram como erva daninha neste país e no exterior".

A revista *Time* também era só elogios: "Em sua forma final, o relatório da comissão impressiona pelo detalhismo, notabiliza-se pelos judiciosos cuidado e comedimento, sem deixar de ser profundamente convincente em suas principais conclusões".[11]

Havia algumas poucas notas dissonantes nos grandes jornais do país. James Reston, respeitado colunista de Washington do *Times*, sugeriu que, apesar de a comissão ter "tentado, como serva da história, descobrir a verdade", tinha deixado muitas perguntas sem resposta. "O mistério central de quem matou o presidente foi respondido pela comissão ao custo de trazer à tona um novo catálogo de mistérios", incluindo por que Oswald tinha feito o que fez — o relatório se limitava a especular sobre suas motivações. Sobre essa questão, Reston concluiu que "os distintos membros da comissão e de sua equipe obviamente desistiram de encontrá-las".[12]

Warren estava contente com a resposta da família Kennedy. Apenas poucas semanas antes da publicação do relatório, Robert Kennedy havia deixado o cargo de procurador-geral para participar da disputa por uma vaga de senador por seu recém-adotado estado de Nova York. No dia da publicação, ele deu aos repórteres uma declaração por escrito dizendo que acreditava que a Comissão Warren tinha estabelecido a verdade sobre o assassinato do irmão. Seus elogios vieram sem ressalvas, mas afirmou: "Não li o relatório, nem pretendo". Seria simplesmente doloroso demais, diziam seus amigos. E concluiu:

Mas fui informado de seu conteúdo e estou inteiramente satisfeito que a comissão tenha investigado todas as pistas e examinado todos os indícios. O inquérito da comissão foi abrangente e consciencioso. [...] Como disse na Polônia no último verão, estou convencido de que Oswald foi o único responsável por aquilo que aconteceu, e que ele não teve qualquer ajuda ou assistência de outrem. Ele era um revoltado que não conseguia se ajustar nem aqui, nem na União Soviética.[13]

A seu pedido, o irmão sobrevivente, senador Edward Kennedy, de Massachusetts, leu o relatório e combinou um encontro com o presidente da Suprema Corte nos escritórios da comissão para discutir como ela chegara às suas conclusões.[14] "Bobby me pediu [...] porque emocionalmente não conseguia fazê-lo", Kennedy recordou-se mais tarde em suas memórias. "Quando consegui falar com ele por telefone, Warren me disse que ficaria feliz em me dar um resumo e repassar as partes especialmente contenciosas." O presidente da Suprema Corte "me deu um resumo completo, conforme solicitei", disse ele. "Fiz muitas perguntas. O processo todo levou cerca de quatro horas." Ele lembrou-se de que Warren lhe dissera "de forma bastante persuasiva que sentia uma responsabilidade com a nação de fazer aquilo direito". E Kennedy disse que saiu convencido de que a comissão fizera o trabalho direito e que Oswald agira sozinho. "Relatei a Bobby que eu aceitava o relatório da comissão e achava que ele também devia aceitar. Bobby concordou prontamente." Segundo Edward Kennedy, pelo menos, seu irmão "não queria continuar a investigar a morte de Jack".

Para Warren, também houve a alentadora resposta inicial do grande público. As pesquisas de opinião sugeriam que a investigação tinha convencido milhões de americanos de que não houvera conspiração. A Harris Survey fez sondagens em setembro e em outubro de 1964, pouco antes e logo depois da publicação do relatório, respectivamente. As sondagens mostravam que, depois do relatório, 87% dos que responderam acreditavam que Oswald tinha matado o presidente, sendo que dias antes eram apenas 76%. A fatia dos participantes da sondagem que acreditavam que Oswald tivera cúmplices caiu para 31%; pouco antes do relatório, era de 40%. Aquela seria a última vez que uma grande sondagem nacional mostrava que uma pluralidade de americanos aceitava a ideia de que Oswald agira sozinho.[15]

Alguns membros da comissão refestelaram-se naqueles primeiros louvores. O congressista Boggs apareceu no jornal semanal *National Observer* em 5 de outubro dizendo que devia escrever um livro porque tinha guardado anotações muito abrangentes. "Foi ele quem escreveu boa parte das 300 mil palavras do relatório final", declarou o jornal, uma afirmação que provocou risadas na equipe de advogados que conheciam a verdade.[16]

Um dos integrantes da comissão, porém, quis se distanciar quase imediatamente do relatório: Richard Russell. Ele deu uma entrevista ao *Atlanta Constitution*, maior jornal do estado da Geórgia, para um artigo publicado dois dias após o lançamento do relatório.[17] Ainda que tivesse descrito o relatório como "o melhor que poderíamos ter apresentado", expressou ceticismo quanto à comissão ter conhecido toda a verdade. Ainda não se sabia, disse, se Oswald tinha agido "com o apoio ou com o conhecimento de qualquer outra pessoa", acrescentando que a especulação sobre a morte de Kennedy "continuaria por centenas de anos ou mais".

J. Edgar Hoover recebeu sua cópia do relatório em 24 de setembro, mesmo dia em que o presidente Johnson, e imediatamente entregou-a ao diretor assistente James Gale, chefe dos assuntos internos do FBI. Hoover anexou uma nota: "Quero um exame cuidadoso, porque isso trata de falhas do FBI. O Capítulo 8 arrasa conosco".[18]

Para Hoover, as notícias eram tão ruins quanto ele temia havia tempos. A seus olhos, o FBI tinha sido desgraçado e poderia até ser extinto como consequência do relatório, considerando a sugestão de que o FBI perdera a oportunidade de impedir o assassinato do presidente. A comissão não acusava Hoover de nenhum desvio pessoal de conduta, ainda que mais tarde seus próprios arquivos deixassem claro que ele mentira repetidas vezes — e sob juramento. A mentira mais óbvia foi sua reiterada afirmação de que os agentes do FBI não haviam conduzido mal a investigação de Oswald antes do assassinato, ainda que ele estivesse discretamente aplicando medidas disciplinares àqueles mesmos agentes.

Depois de ler o relatório, Gale instou Hoover, em 30 de setembro, a iniciar uma segunda rodada de punições a funcionários do FBI. O relatório, escreveu Gale, "agora apresentou de maneira especialmente condenatória algumas das evidentes falhas que motivaram as medidas disciplinares aplicadas a nosso pessoal, como a ausência de uma investigação vigorosa após termos estabelecido que Oswald visitou a Embaixada soviética no México". Gale disse que era "adequado dessa vez considerar novos atos administrativos contra os responsáveis primários pelas negligências desse caso, que agora causaram vergonha pública ao

FBI".[19] Hoover concordou. Na nova onda de ações disciplinares, um total de dezessete agentes do FBI e outros seriam rebaixados ou punidos de alguma outra maneira; todos, exceto três, tinham sofrido medidas disciplinares na primeira rodada também. O agente James Hosty foi rebaixado e imediatamente transferido para Kansas City. "Não tenho nenhuma dúvida de que fracassamos na realização de alguns dos aspectos mais salientes da investigação de Oswald", escreveu Hoover a um grupo de assessores seniores em 12 de outubro. "Isso deve servir de lição a todos nós, mas me pergunto se alguns agora ao menos conseguem perceber isso."

Assim como na primeira rodada de punições, alguns no círculo íntimo de Hoover temiam que as notícias vazassem. "Acho que estamos cometendo um erro tático tomando essas ações disciplinares nesse caso neste momento", escreveu o diretor assistente Alan Belmont a Hoover em outubro. "O relatório da Comissão Warren acaba de ser publicado. Ele contém críticas ao FBI. Estamos no momento tomando medidas agressivas para questionar as conclusões da Comissão Warren tendo em vista que elas dizem respeito ao FBI. É importantíssimo, portanto, que não ofereçamos nenhuma base para que nossos críticos ou o público em geral possam dizer, com razão: 'Veja, a Comissão está certa'."[20]

Hoover discordou, zangado — não haveria demora. "Erramos", respondeu a Belmont. "Os atos administrativos aprovados por mim permanecerão. Não pretendo desculpar os atos que resultaram na perpétua destruição do FBI como a organização investigativa de mais alto nível."[21] Numa nota em separado para um assessor em 6 de outubro, ele escreveu que "o FBI nunca se redimirá dessa mancha, que poderia facilmente ter sido evitada se tivesse havido supervisão adequada e iniciativa".[22]

Ainda que estivesse de fato concordando, mesmo em segredo, com boa parte das críticas da comissão ao bureau, Hoover arremeteu contra o relatório. Numa série de cartas enviadas à Casa Branca e a Nicholas Katzenbach, procurador-geral interino, Hoover reclamou que o relatório era "gravemente impreciso em seu tratamento ao FBI".[23] Ofereceu uma lista detalhada daquilo que, segundo ele, eram os erros no retrato que a comissão pintara do FBI.

O gabinete de Hoover instruiu o inspetor James Malley, o contato do FBI com a comissão, a telefonar para Rankin em nome do diretor do bureau e informá-lo que ele "tinha prestado um grande desserviço ao FBI e que tinha sido mais McCarthy do que McCarthy".[24] Hoover também se preparava para revidar, se necessário, contra membros da equipe da comissão. Em fins de setembro, depois de ler um artigo elogioso no *Washington Post* que trazia um perfil de Rankin e da equipe de advogados ("Elogios à equipe do relatório Warren"), Hoover ordenou que os arquivos do FBI "fossem conferidos" atrás de informações sobre o passado das 84 pessoas registradas como membros da equipe oficial da comissão, incluindo secretárias e assistentes jurídicos — ato que foi entendido pelos auxiliares de Hoover como uma ordem para procurar informações depreciativas.[25] Em 2 de outubro, o gabinete de Hoover foi informado de que as pesquisas tinham sido concluídas e que "os arquivos do FBI contêm informações depreciativas a respeito dos seguintes indivíduos"[26] que haviam trabalhado para a comissão — dezesseis deles — "e seus parentes".*

Os escritórios da comissão em Capitol Hill foram fechados de vez em dezembro, e dois andares do espaço foram devolvidos ao grupo dos Veteranos de Guerras no Exterior. Alfred Goldberg foi um dos últimos membros da equipe a sair. Ele ficara para compilar os 26 volumes de provas, depoimentos de testemunhas e transcrições de audiências que seriam divulgados ao público em novembro.

Antes de deixar Washington, Rankin teve um último confronto com Hoover, e alguns advogados da equipe gargalharam quando ficaram sabendo. Em 23 de outubro, enquanto os 26 volumes do apêndice estavam sendo preparados para publicação, Hoover mandou uma carta zangada a Rankin, dizendo estar alarmado com o fato de a comissão estar prestes a violar a privacidade de tantas pessoas que haviam sido identificadas nos arquivos brutos do FBI, ao lançar os volumes. De repente, parecia que J. Edgar Hoover tinha virado um defensor da privacidade pessoal. Os arquivos "contêm informações consideráveis de natureza altamente pessoal, fornecidas a nossos agentes durante a investigação desses casos", advertiu Hoover. "Outra vez quero especificamente chamar a sua atenção para essa questão e ressaltar a responsabilidade que deve ser assumida pela comissão, caso esses documentos sejam postos à disposição do público."[27]

Rankin respondeu em 18 de novembro. Disse a Hoover que a comissão ten-

---

* O autor optou por não listar todos esses nomes, uma vez que a maior parte da informação não pareceu ser absolutamente "depreciativa". A mais longa entrada no memorando foi, sem surpresa, para Norman Redlich. Joseph Ball estava na lista, em parte, porque o FBI o considerava um "libertário de direitos civis" que "se injetara consistentemente em apoio ao movimento dos direitos civis".

taria "minimizar o uso de informações de natureza altamente pessoal", ao mesmo tempo que divulgaria para o público "o registro mais completo possível da investigação".[28]

Naquele mesmo dia, Rankin enviou outra carta a Hoover — uma que deve ter lhe proporcionado algum prazer em escrever. Hoover tinha prometido em público que investigaria o assassinato do presidente enquanto fosse necessário — o FBI iria atrás agressivamente de novas pistas. E então a segunda carta de Rankin em 18 de novembro foi a última tarefa que a comissão atribuiu ao FBI — uma sugestão final que o FBI teria de perseguir.

"Considerando sua contínua investigação do assassinato do presidente Kennedy, gostaria de chamar a sua atenção para o seguinte", escreveu Rankin. Enquanto os funcionários da comissão se preparavam para fechar o escritório, um membro da equipe recebera um telefonema de um homem de Nova York, identificado como Louis Kleppel, que reportou precisar compartilhar "informações de vital importância relacionadas ao assassinato do presidente", descreveu Rankin.

"O sr. Kleppel disse que era doente mental, um esquizofrênico, especificamente, mas que achava que o governo não tinha nada a perder em tomar seu depoimento."

Rankin deixaria a investigação a cargo dos homens de Hoover.

O senador Russell encontrou uma última maneira em 1964 para demonstrar o quanto desaprovava o relatório da comissão — este podia trazer o nome de Russell, mas isso não significava que traria sua assinatura efetiva, em tinta fresca.

Como uma pequena lembrança da investigação, Warren quisera dar a cada um dos membros da comissão — e a cada integrante da equipe — uma cópia do relatório final assinado à mão por todos os sete. (A página de capa do relatório trazia uma versão impressa de suas assinaturas.) Ele quis também dar a todos uma cópia autografada do retrato oficial conjunto dos membros. Então, mais de cem cópias do relatório e da foto foram reservadas para esse propósito, e os membros foram convidados a passar pelo escritório, conforme a conveniência de cada um, para as assinaturas.

Em 7 de dezembro, após todos os demais membros da comissão terem aparecido para assinar cópias do relatório e da fotografia, Julia Eide, secretária de Rankin, disse que ia desistir de Russell. O senador se recusara a assinar, insistindo havia semanas que estava ocupado demais com questões do Senado para atravessar a rua e ir aos escritórios da comissão. Ela telefonou para o escritório de Russell naquele dia e falou com uma de suas secretárias, que disse que o senador tinha acabado de ir para a Geórgia e não planejava voltar antes do Ano-Novo.

"Acho que as cópias vão ter de ser enviadas sem a assinatura dele", Eide escreveu a Rankin, dando a entender que sabia o quão perto a comissão havia chegado de um relatório dividido por causa de Russell. "E que diferença faz?", perguntou ela. "A mim não parecia que ele tivesse feito nada além de nos causar algumas dificuldades, então talvez os livros nem mereçam seu autógrafo."[29]

PARTE IV
Consequências

Vista da Embaixada dos Estados Unidos na Cidade do México, 1964.

Em setembro de 1964, logo após a Comissão Warren publicar seu relatório, começaram a aparecer informações nos arquivos confidenciais do governo que sugeriam que a história do assassinato precisaria ser reescrita. A maior parte das informações permaneceria secreta por décadas. Mas no turbilhão de questões não respondidas sobre o assassinato do presidente, o movimento da conspiração se fortaleceria, convencendo a maioria dos americanos de que Lee Harvey Oswald não agira sozinho. O legado da comissão ficaria sujeito a duras críticas, que, ao longo do tempo, incluiriam alguns dos homens que escreveram o relatório.

55.

OUTUBRO DE 1964 A 1965

Houve alívio — e até mesmo alegria — na CIA nos dias seguintes à apresentação do relatório Warren. O medo de que a agência fosse acusada de ter trabalhado mal na suposta vigilância agressiva a Oswald no México um ano antes — de que poderia ter, de algum modo, evitado o assassinato — fora injustificado. O resultado foi um crédito, assim pensou a agência, ao chefe do posto na Cidade do México, Win Scott, que assumira com veemência o papel pessoal de convencer a comissão de que a CIA fizera seu serviço de forma apropriada.

Num cabograma para o posto da Cidade do México em 25 de setembro, um dia depois de o relatório ser apresentado ao presidente Johnson, a sede da CIA prestou suas congratulações e agradecimentos a Scott: "Todos os componentes da sede envolvidos no caso OSWALD desejam manifestar seu apreço ao posto pelo seu esforço neste e em outros aspectos do caso".[1] O nome do velho amigo de Scott, James Angleton, que havia controlado discretamente a informação a ser partilhada com a comissão, não constava no cabograma congratulatório de Langley. Isso estava em total conformidade com a personalidade de Angleton, que parecia preferir espreitar nas sombras, mesmo dentro dos próprios corredores da CIA.

Assim, após todas as boas notícias de Washington e os tapinhas nas costas de seus amigos em Langley, o relatório que pousou na mesa de Scott duas semanas depois deve ter chegado como uma surpresa.

Datado de 5 de outubro, o relatório trazia uma informação que, se verdadeira, significava que Scott e seus colegas — e, por meio deles, a Comissão Warren — jamais souberam de toda a história sobre a viagem de Oswald à Cidade do México.[2] O relatório era de uma informante da CIA, June Cobb, uma americana que vivia no México e tinha um passado complicado. Tradutora de espanhol nascida em Oklahoma, Cobb vivera em Cuba no começo da década de 1960 e havia de fato trabalhado no governo Castro — aparentemente, na época, era simpática à revolução cubana. Agora, na Cidade do México, alugava um quarto na casa de Elena Garro de Paz, a escritora mexicana cuja fama crescera com a publicação de sua elogiada novela *Los recuerdos del porvenir* [Lembranças do porvir], em 1963. Scott conhecia a talentosa Garro, com suas opiniões firmes, do circuito de festas diplomáticas.

Cobb descreveu ter escutado uma conversa entre Garro, sua filha de 25 anos, Helena, e a irmã da escritora, Deva Guerrero, provocada pela notícia de Washington acerca do recém-publicado relatório da Comissão Warren. As mexicanas contavam uma história notável: recordavam-se de como as três tinham encontrado Oswald e seus dois amigos americanos "com jeito de beatniks" numa festa dançante dada pela família de Silvia Duran em setembro de 1963, apenas semanas antes do assassinato. Os Garro eram primos não consanguíneos dos Duran.

Quando Elena e filha "começaram a fazer perguntas sobre os americanos, que ficaram parados em pé a noite toda e não dançaram nada, foram levadas a outra sala", relatava Cobb. Elena disse que continuou a perguntar sobre os americanos, e o marido de Silvia falou que "não os conhecia", só sabia que Silvia os trouxera. Quando Elena voltou a pressionar para conhecer os americanos, disseram a ela que não havia tempo para apresentações. "Os Duran responderam que os rapazes estavam deixando a cidade na manhã seguinte, bem cedo", segundo Cobb. Afinal, como se constatou, eles não tinham ido embora tão depressa — Elena e a filha viram os jovens americanos no dia seguinte caminhando juntos pela Insurgentes, uma importante avenida da Cidade do México.

As três mulheres descreveram então seu espanto quando viram fotos de Oswald na televisão e nos jornais mexicanos nas horas que se seguiram ao assassinato de Kennedy: lembraram-se dele imediatamente da "festa do twist". No dia seguinte, souberam que Duran e o marido, Horacio, tinham sido levados em custódia pela polícia mexicana — as detenções "reforçaram" a certeza delas de que fora Oswald quem estivera na festa. Segundo Cobb, Elena disse que não relatou nada sobre Oswald à polícia por medo de que ela e a filha também pudessem ser presas. Todavia, agiram sem perder tempo de maneira a se distanciar dos Duran. As Garro "passaram tão mal" com a ideia de que Silvia e sua família pudessem ter tido algum tipo de ligação com o assassino do presidente que "romperam relações com os Duran".

Scott podia ter tido esperança de que a publicação do relatório da Comissão Warren significava que ele deixara para trás todas as questões sobre Oswald — e a ameaça que um dia pareceu pairar sobre sua carreira. Mas com a informação potencialmente explosiva de June Cobb, ele sabia que a embaixada precisava acompanhar o caso. A tarefa foi dada a um adido jurídico do FBI, Clark Anderson, o mesmo agente que, logo após o assassinato de Kennedy, fora encarregado da investigação local das atividades de Oswald no México. Se alguém deveria ter chegado antes às Garro, era Anderson.

A história que as três mulheres contaram a Anderson foi consistente, até os mínimos detalhes, com o relato que Cobb tinha escutado. Elena Garro disse que achava que a festa fora realizada na segunda-feira, 30 de setembro de 1963, ou num dos dois dias seguintes: terça-feira, 1º de outubro, ou quarta-feira, 2 de outubro; ela se lembrava de como julgara incomum ter uma festa num dia de semana. Cerca de trinta pessoas haviam estado na festa, dada na casa de Ruben Duran, cunhado de Silvia.[3] Era mais ou menos 22h30, segundo ela, quando "três jovem americanos brancos chegaram à festa. Foram recebidos por Silvia Duran e falaram só com ela. Eles meio que se isolaram do resto da festa e, até onde ela observou, não conversaram com mais ninguém". Garro disse que os americanos "pareciam ter entre 22 e 24 anos de idade". (Oswald tinha cerca de 23 na época.) Oswald, ela contou, vestia um suéter preto e parecia ter por volta de 1,75 metro de altura. (Essa era exatamente a altura de Oswald.) Um de seus dois companheiros americanos tinha cerca de 1,80 metro, cabelo loiro liso, um queixo comprido e era um pouquinho "beatnik" na aparência. Anderson perguntou a Garro se ela se lembrava de mais alguém na festa. Ela disse que sim: um rapaz mexicano que flertara com sua filha. O homem foi contatado pelo FBI e confirmou alguns elementos da história de Garro, embora insistisse que não vira ninguém parecido com Oswald.

Anderson enviou seu relatório para Washington em 11 de dezembro e, como sugerem seus arquivos, não fez mais nada. Não houve registro de esforço para contatar a irmã de Garro, que também estivera na festa. Anderson não tirou nenhuma conclusão final no relatório, mas sugeriu que as Garro simplesmente estavam enganadas acerca de ter visto Oswald. Foi um julgamento baseado em grande parte no fato de que Oswald não teria estado na Cidade do México em duas das três datas possíveis fornecidas por Elena Garro para a festa, presumindo que ele também tivesse sido visto na rua no dia seguinte. Nas palavras de Anderson: "Note-se que a investigação havia estabelecido que Lee Harvey Oswald partiu da Cidade do México de ônibus às 8h30 em 2 de outubro de 1963, e não poderia ter sido idêntico ao americano que a sra. Paz alegou ter observado na festa, se a festa ocorreu na noite de 1º ou 2 de outubro". O agente do FBI não assinalou o óbvio: que, em 30 de setembro, a primeira data fornecida por Garro, Oswald estava na Cidade do México e poderia ter sido visto na rua no dia seguinte.[4]

Não ficou claro, pelos arquivos de Scott, se ele notificou a sede da CIA sobre alguma coisa dessa história na época. Uma cronologia interna, feita mais tarde pela CIA, das ações de seu posto na Cidade do México indicou que nada desse material chegou a Langley em 1964. Se for verdade, isso significa que a sede da CIA não tomaria conhecimento das sras. Garro — e da "festa do twist" — por mais um ano.

Como sempre, ao que parecia, Wesley Liebeler não podia resistir a criar problemas.

No verão de 1965, ele concordara em se encontrar com Edward Jay Epstein, um estudante de pós-graduação da Universidade Cornell que queria entrevistá-lo sobre a Comissão Warren. Epstein, de trinta anos, estava escrevendo uma tese sobre o governo, tomando a comissão como estudo de caso para responder a uma questão proposta por um de seus professores: "Como funciona uma organização governamental numa situação extraordinária em que não haja regras ou precedentes para guiá-la?".[5] Liebeler convidou Epstein para se encontrar com ele na sua casa de campo em Vermont, onde sempre achava mais fácil pensar.

Nos dez meses que se seguiram à entrega do relatório da comissão, Liebeler, agora com 34 anos, fizera muitas mudanças em sua vida. Em vez de reassumir sua promissora carreira num escritório de advocacia em Manhattan, mudou-se para o Oeste, aceitando uma indicação para lecionar direito na Universidade da Califórnia em Los Angeles e se especializando em legislação antitruste. O estilo de vida do sul da Califórnia era atraente para Liebeler, bem como todas as jovens moças no campus.

Liebeler ficou intrigado com as credenciais de Ivy League de Epstein. Ali estava um estudioso, não um repórter atrás de escândalos, e Liebeler achou que a pesquisa de Epstein poderia ajudar a enfraquecer o exército de teóricos da conspiração que continuavam atacando as conclusões da comissão. Diversos livros que promoviam teorias conspiratórias sobre a morte de Kennedy, inclusive um de Mark Lane, estavam sendo elaborados. Liebeler sabia que não era o único a conversar com Epstein, que também havia solicitado entrevistas com os sete membros da comissão e acabou conversando com cinco deles — todos exceto Warren, que declinou, e o senador Russell, que foi forçado a cancelar a entrevista por motivo de doença. Epstein também entrevistou Lee Rankin, Norman Redlich e Howard Willens.

Embora concordasse com as conclusões do relatório, Liebeler disse a Epstein que tinha críticas à investigação. Seus comentários foram tipicamente enérgicos — e indiscretos — e ele seria citado ao longo da tese de Epstein. Liebeler explicou como os advogados da equipe da comissão haviam feito quase todo o trabalho real de detetive. Indagado quanto do trabalho fora feito pelos sete integrantes, Liebeler respondeu: "Em uma palavra, nada".[6] ("Mais tarde ele diria não se recordar de ter feito o comentário para Epstein, apesar de não negar que estava correto.) Epstein posteriormente se lembraria de como — em comentários que não foram publicados em sua tese — Liebeler "ridicularizou os sete membros da comissão, dizendo que a equipe os chamava de 'Branca de Neve e os Sete Anões' por causa da recusa deles de questionar as alegações da esposa russa de Oswald, Marina, que era a 'Branca de Neve'".[7] Liebeler tinha um rol um pouco diferente dos colegas para identificar cada anão com um membro da comissão. Achava que "'Dunga' era Warren, que desconsiderava todo testemunho que impugnasse a credibilidade de Marina", enquanto "Soneca" era Allen Dulles "porque adormecia com frequência durante o depoimento de testemunhas e, quando despertado, fazia perguntas inapropriadas". John McCloy era "Zangado" porque "se irritava quando os advogados da equipe não prestavam atenção suficiente a suas teorias sobre um possível envolvimento estrangeiro".

Liebeler revelou as intensas restrições de tempo enfrentadas pela equipe, uma situação piorada pela incompetência do FBI — descreveu a investigação do assassinato feita pelo bureau como "uma piada". Contou a Epstein sobre o comentário infeliz de Rankin no fim da investigação, referente à necessidade de conduzir o trabalho a uma conclusão, ainda que houvesse perguntas não respondidas: "Nós deveríamos estar fechando portas, não abrindo". Essa citação, depois de publicada por Epstein, seria mencionada regularmente pelas teorias conspiratórias como prova de que a investigação fora levada às pressas para uma conclusão predeterminada.*

Para ajudar Epstein, Liebeler foi além: entregou cópias da maioria, se não todos, dos arquivos internos que pegara da comissão, inclusive memorandos que havia escrito para protestar que o relatório estava sendo redigido como "uma súmula para a Promotoria" contra Oswald. Em sua tese, um agradecido Epstein não identificou Liebeler como fonte dos arquivos, agradecendo somente a um "membro da equipe" anônimo. Anos depois, Epstein se recordou da sua empolgação quando Liebeler concordou em lhe entregar duas caixas de papelão abarrotadas de "relatórios da equipe, rascunhos de capítulos [...] e dois volumes de relatórios preliminares do FBI, que não haviam sido liberados para o público".

Liebeler disse a amigos que não previu o que estava para acontecer. Epstein, conforme se viu, encontrara uma editora respeitável, a Viking Press, para transformar sua tese em livro — *Inquest: The Warren Commission and the Establishment of Truth* [Inquérito: A Comissão Warren e o estabelecimento da verdade] — com data de lançamento para junho de 1966, apenas dois meses depois de ele ter submetido a tese a seus orientadores na universidade. A data de publicação significava que seu livro chegaria às livrarias antes de *JFK: O crime e a farsa*, de Mark Lane, cujo lançamento estava programado para o fim daquele verão. Antes da publicação, Epstein foi modesto em relação ao que constaria de *Inquest*, declarando ao *New York Times*: "Pode ser chato — vamos esperar para ver".[8] Os resenhistas do livro ficaram intrigados com o fato de a apresentação ser escrita por Richard Rovere, correspondente da revista *New Yorker* em Washington. O que quer que estivesse no livro, parecia ser um trabalho sério.

---

* Liebeler diria mais tarde a Vincent Bugliosi, historiador do assassinato de Kennedy, que o comentário de Rankin na verdade "não era inapropriado para a época", pois ele o fizera no dia exato em que a versão final do relatório estava sendo distribuída para os membros da comissão. "Desde o início, estávamos todos atrás da verdade e não houve limites quanto a isso", afirmou Liebeler. (Bugliosi, *Reclaiming History*, p. 358.)

Inquest acabou se revelando um ataque feroz à Comissão Warren ao alegar que ela havia ignorado provas que apontavam para um segundo atirador na Dealey Plaza. Em sua acusação mais alarmante, Epstein sugeria que o relatório da autópsia de Kennedy fora alterado para se encaixar na teoria da bala única e que essa teoria em si podia ser ficção. Suas alegações se concentraram nas discrepâncias entre o relatório da autópsia e um par de memorandos do FBI, preparados em poucas semanas depois do assassinato, sobre o que sucedera com a primeira bala a atingir o presidente — a bala que a equipe da comissão tinha certeza de que também atingira Connally. Os memorandos do FBI afirmavam que a bala penetrara apenas uma curta distância por trás no corpo do presidente, possivelmente antes de cair para fora. Os advogados da comissão, em especial Arlen Specter, ficaram convencidos logo no início da investigação de que os memorandos do FBI estavam errados e refletiam a confusão inicial dos patologistas do Hospital Naval Bethesda sobre a trajetória da bala — dois agentes do FBI que presenciaram a autópsia haviam tomado a especulação falha do médico como fato. Para Epstein, porém, as diferenças entre os memorandos do FBI e o relatório da autópsia eram uma possível prova de encobrimento. Se os relatórios do FBI estivessem certos, a bala não poderia ter atingido Connally.

Epstein dizia ter encontrado outras lacunas na investigação da comissão: ele identificou testemunhas aparentemente importantes que jamais foram interrogadas pela comissão. E parecia ter a melhor prova possível para respaldar seus ataques — registros da comissão antes inéditos, sobretudo os detalhados memorandos de Liebeler, severamente críticos.

O livro foi uma sensação, provocando artigos respeitáveis e resenhas ardentes nos principais jornais e revistas. Em sua apresentação, Rovere elogiava Epstein como um "jovem e brilhante acadêmico" que havia demonstrado que a investigação da Comissão Warren "estava longe de ser exaustiva", e que as supostas provas que apontavam Oswald como único atirador eram "altamente vulneráveis".[9] *Inquest* seria lembrado como o livro que deu credibilidade ao movimento da teoria conspiratória. Sob a manchete "Caixa de Pandora", Eliot Fremont-Smith, um crítico do *New York Times*, o descreveu como "o primeiro livro a levantar um questionamento sério, nas mentes das pessoas pensantes, sobre as conclusões da Comissão Warren".[10] Para a edição em brochura de *Inquest*, a capa foi refeita para ficar mais chamativa, com a silhueta de um homem segurando um rifle atrás de uma foto de Oswald, sob as palavras em vermelho: "Estará um dos assassinos de John F. Kennedy ainda à solta?".

A óbvia cooperação de Liebeler com Epstein enfureceu alguns de seus ex--colegas. Agora era um deles, pensaram, quem estava alimentando o movimento da teoria da conspiração. Albert Jenner, que já detestava Liebeler desde o tempo da comissão, escreveu a David Belin que havia "passado os olhos por aquelas partes da odiosa análise de Epstein nas quais Herr Liebeler era copiosamente citado" e que pudera ver que "Jim ainda é um homem frustrado, invejoso, assolado por complexo de inferioridade". E disse mais: "Eu poderia perdoá-lo por isso se ele tivesse mostrado bom gosto". Segundo Jenner, "Epstein e seus supervisores de doutorado em Harvard deviam estar, mas provavelmente não estavam, bastante envergonhados".[11] (Epstein entrara para um programa de doutorado em Harvard.) Norman Redlich escreveu ao orientador de tese de Epstein em Cornell para protestar contra o livro, que descreveu como um "trabalho totalmente capcioso". Disse que fora citado de forma brutalmente errada. "Com franqueza", escreveu, "fico estarrecido com as imprecisões do livro e as afirmações atribuídas a mim que nunca fiz."[12] Belin disse que pressentira, durante a investigação, que Liebeler faria algo desse tipo. "Quando deixei Washington, tinha certeza de que, com base nas conversas que tive com Jim Liebeler, ele falaria com alguém", afirmou mais tarde. "O fato de ter feito e o fato de ter tentado se fazer de verdadeiro herói da investigação não é surpresa." Nos meses seguintes à publicação de *Inquest* Liebeler tentou, em vão, ao que parece, distanciar-se do livro, insistindo em cartas a amigos que não questionava as conclusões centrais da comissão. Descreveu o livro de Epstein como "uma obra rasa, superficial e pobremente analisada".[13]

O dano, porém, já estava feito. No fim de julho, Richard Goodwin, ex-redator de discursos de Kennedy, tornou-se o primeiro membro da equipe sênior na Casa Branca do presidente assassinado a pedir um reexame oficial das conclusões da Comissão Warren. "*Inquest*", disse ele, "não só levanta questões, mas exige explorações e respostas."[14]

Na Suprema Corte, Warren recusava-se a ser arrastado para qualquer novo debate, pedindo ao secretário de imprensa do tribunal para não fazer nenhum comentário sobre o livro aos repórteres. Ainda assim, as perguntas chegavam ao presidente da Suprema Corte — jogadas diretamente na sua cara. Ele pareceu perplexo no fim de junho de 1966 quando, minutos depois de descer de um avião em Israel, onde participaria da inauguração de um memorial para o presidente Kennedy, foi confrontado por um repórter com perguntas sobre o livro *Inquest*.[15] "Não tenho a menor intenção de comentar", respondeu. "Escrevemos o nosso relatório — foi o melhor que pudemos fazer depois de dez meses de intensiva pesquisa. [...] E foi unânime."

Em agosto, *JFK: O crime e a farsa* foi lançado. O livro de Lane não recebeu o esmagador elogio de crítica que Epstein desfrutara. Lane era controvertido demais, e muitos repórteres disseram que tinham aprendido com a experiência a não confiar no que ele dizia. Mas houve elogios. O *Houston Post* o descreveu como "um irresistível, poderoso e patrioticamente apaixonado apelo em nome da verdade sem verniz". O *New York Times* disse que, ainda que o livro sofresse de "estridência e tendenciosidade", era um "eloquente sumário da defesa".[16] E o livro se tornou um estrondoso best-seller, muito maior que *Inquest*, chegando ao topo da lista de mais vendidos de não ficção do *New York Times*. E permaneceria na lista por 26 semanas.*

Depois de finalizar seu trabalho na comissão, David Slawson retomara as atividades no seu escritório de advocacia em Denver, mas permaneceu pouco tempo no Colorado antes de dar meia-volta e regressar a Washington.[17] Como Liebeler, que continuaria um amigo para toda a vida, Slawson concluiu que não queria passar o resto da carreira atrás de uma mesa num escritório de advocacia — ele também queria lecionar. Decidiu começar a se candidatar para um cargo de professor nas faculdades de direito mais importantes, enquanto fazia um outro breve desvio no serviço público. No verão de 1965, ficou felicíssimo com uma oferta para entrar na elite do Departamento de Justiça, o Gabinete de Aconselhamento Legal em Washington.

Slawson se sentia um pouco arrependido por ter perdido a chance de trabalhar no departamento sob o comando de Robert Kennedy, que desde então fora eleito para o Senado; os anos de Kennedy no departamento obviamente haviam sido uma época emocionante. Slawson também estava desapontado por ter pouca chance de retomar contato com seu velho e querido amigo de Denver que agora trabalhava para Kennedy — Joseph Dolan. "Eu simplesmente adorava o Joe", disse Slawson. "Um cara maravilhoso, com um grande senso de humor irlandês."[18]

---

* O livro de Gerald Ford sobre Oswald, *Portrait of the Assassin* [Retrato do assassino], teve vendas decepcionantes, nunca recuperando os 10 mil dólares que a Simon and Schuster lhe adiantou. Pelos termos do contrato, Ford tinha direito a conservar o adiantamento.

Slawson e Dolan haviam sido ativos na política democrata no Colorado. Conheceram-se quando trabalharam juntos na campanha presidencial de John Kennedy em 1960 — foram apresentados pelo chefe de campanha de Kennedy no estado, Byron "Whizzer" White, mentor de Slawson no escritório de advocacia. Depois da vitória de Kennedy, White e Dolan foram trabalhar no Departamento de Justiça em Washington. White trabalhara primeiro como subprocurador-geral sob Robert Kennedy e foi então indicado para a Suprema Corte. Dolan tinha surgido como um dos integrantes da "máfia irlandesa" de Robert Kennedy, um grupo de auxiliares de confiança do gabinete do procurador-geral, e então acompanhou Kennedy para Capitol Hill, onde dirigiu sua equipe no Senado.

Nos seus primeiros meses no Departamento de Justiça, Slawson em geral se defrontava com um mar de caras desconhecidas nas ruas laterais da Pennsylvania Avenue ao sair do trabalho. Mais eficiente do que nunca, costumava cumprir todas as suas tarefas até às dezessete horas e dar com o turbilhão de funcionários federais que iam para casa durante o rush vespertino. Assim, foi uma agradável surpresa para Slawson ao sair uma tarde do escritório e ver um rosto que reconheceu de imediato.

Era Dolan, parado na calçada à distância, que rapidamente começou a caminhar na direção de Slawson, com os braços abertos.

"Joe aqui? O que ele está fazendo aqui?", Slawson pensou consigo mesmo.

Ele disse que percebeu de imediato que aquele encontro não era mera coincidência; Dolan não era o tipo de pessoa que você encontra parado sem fazer nada numa calçada no meio da tarde, pelo menos não mais. Dolan, ao que parecia, estava ali esperando Slawson sair do prédio.

Que não era coincidência, ficou claro pela expressão de Dolan. Se tivesse sido surpresa, ele teria sido todo sorrisos. Em vez disso, "estava sério, determinado", enquanto caminhava na direção de Slawson,

"Dave, bom ver você", disse Dolan. "Você tem um minuto? Podemos conversar?"

"É claro", Slawson respondeu.

"O senador me mandou aqui para fazer algumas perguntas."

"Claro, Joe, claro", disse Slawson, tentando imaginar o que Kennedy poderia querer saber dele e por que estaria buscando a informação num estilo detetivesco — perto de uma rua movimentada, na hora do rush, sem registro formal de que a conversa tinha ocorrido.

Dolan foi direto ao ponto: "Dave, é a respeito do assassinato do irmão dele. Sobre a Comissão Warren".

Slawson disse que foi pego de surpresa.

"Dave, isso precisa ficar entre nós, mas o senador ainda está preocupado com uma conspiração. Eu contei a ele sobre o seu trabalho na comissão, que você investigou toda a questão da conspiração. E ele quer que eu lhe pergunte: você tem certeza de que a Comissão Warren chegou à conclusão certa? Tem certeza de que Oswald agiu sozinho?"

Slawson tentou imaginar o que teria provocado aquilo. Kennedy insistira em público, mais de uma vez, que acreditava nas conclusões da comissão. Teria sabido de alguma coisa que o fizera mudar de ideia?

"Joe, eu ainda penso que chegamos à conclusão certa", disse Slawson. "Eu acho que Oswald fez aquilo sozinho."

Ali parados, com o tráfego da tarde rugindo, Slawson deu uma versão resumida de como ele e a comissão concluíram que não houvera conspiração.

Dolan escutou atento e assentiu, parecendo concordar.

"Obrigado, Dave", disse ele. "Vou levar isso para o senador. Ele vai ficar contente de saber." Os dois apertaram-se as mãos, e Dolan foi embora, aparentemente satisfeito.

Charles Thomas e a esposa, Cynthia, vieram a adorar a Cidade do México, para onde Charles fora designado em abril de 1964 como funcionário político na Embaixada dos Estados Unidos.[19] "Nós nos sentimos as pessoas mais sortudas do mundo", disse Cynthia, que tinha 27 anos quando eles chegaram ao México como recém-casados. Tinham se casado dois meses antes depois de um tempestuoso romance que começou com um encontro casual numa festa dada por um amigo comum, um figurinista da Broadway, em Nova York. Cynthia estava trabalhando em Manhattan como pesquisadora para a revista *Time*, tentando deslanchar na carreira de atriz. Depois do casamento, seus abastados pais deram uma recepção à luz de velas no hotel Plaza em Nova York. A primeira filha, Zelda, batizada com o nome de sua falecida mãe, nasceu no México em 1965.

Em meados da década de 1960, a Cidade do México era considerada um cargo importante — e prazeroso — para diplomatas americanos. Na época, a cidade tinha uma população de cerca de 4 milhões de pessoas, número que viria a explodir nas décadas seguintes. Os Thomas acharam uma casa colonial graciosa, de teto alto, não longe da embaixada. Por intermédio de uma amiga, Guadalupe Rivera, filha do famoso artista Diego Rivera, contrataram uma das melhores cozinheiras da cidade — "nossos convidados sabiam que servíamos a mais deliciosa comida mexicana da cidade", disse Cynthia. O embaixador Fulton Freeman considerava Thomas um de seus assessores mais talentosos e comparecia com frequência às festas na casa do casal. O embaixador era encantado por Cynthia — "além de ser uma atriz excepcionalmente atraente e realizada, é uma excelente anfitriã" que "abriu portas da embaixada para grupos teatrais, culturais e intelectuais de jovens mexicanos com os quais tínhamos tido pouquíssimo ou nenhum contato".

O casal fez boas amizades na embaixada, embora Cynthia se sentisse "um pouco cautelosa" em seus encontros com Win Scott — era bem sabido entre as famílias dos diplomatas que Scott era "o homem da CIA" na embaixada, operando sob disfarce como funcionário político do Departamento de Estado. Scott sabia ser charmoso e elogiava Charles com frequência para a esposa. "Charles deveria na verdade estar em Paris e fazer um trabalho muito bom com seu extraordinário conhecimento de francês", ele lhe disse numa festa. Mas ela achou inquietante quando Scott lhe perguntou se ela podia ajudar a coletar informação para ele em seus contatos com mexicanos proeminentes. Ela sentiu que estava sendo recrutada para trabalhar para a CIA. "Achei muito constrangedor", afirmou ela.

Os Thomas eram favoritos entre escritores e artistas locais. "Charles era um homem extraordinário", disse Elena Poniatowska, escritora mexicana de ficção e não ficção, que viria a se tornar uma das mais celebradas jornalistas investigativas de seu país.[20] "Era um intelectual, capaz de falar sobre qualquer coisa." Os Thomas ficaram especialmente íntimos de outra escritora mexicana — Elena Garro. Cynthia lembrava-se dela como uma "mulher inteligente, charmosa e séria. Cheia de vida".

Foi numa festa em dezembro de 1965 que Garro puxou Thomas de lado e lhe contou a estarrecedora história sobre Oswald e a "festa do twist". Explicou como contara a história um ano antes para a Embaixada americana e não soubera de mais nada desde então. E forneceu a Thomas um tantinho de informação adicional, surpreendente, que não contara à embaixada — sobre sua prima Silvia Duran. Garro disse que houvera um relacionamento sexual entre Oswald e Silvia, e que outros na Cidade do México estavam cientes disso. Ela fora "amante" do assassino.

Thomas se perguntou se isso podia ser verdade. Ele sabia que Garro era inteligente demais e bem informada, mas o que significaria que o homem que havia matado Kennedy tivera um caso, poucas semanas antes do assassinato, com uma funcionária do governo de Castro, numa época em que supostamente devia estar sob estrita vigilância da CIA no México?

Ele registrou o relato de Garro num memorando datado de 10 de dezembro de 1965, que foi apresentado a Scott e outros na embaixada.[21] "Ela estava muito relutante em discutir o assunto, mas por fim comunicou" a história, escreveu Thomas. No memorando, ele também comentou o estranho relato de Garro do que havia acontecido com ela nos dias seguintes ao assassinato. Depois de saber da prisão de Oswald, ela assumiu de imediato que Cuba estava envolvida, dado o que sabia sobre os contatos de Oswald na Embaixada cubana. Furiosas, ela e a filha foram de carro até a embaixada no sábado, dia seguinte ao assassinato do presidente, e se postaram diante do complexo berrando "Assassinos" aos cubanos que estavam lá dentro. Mais tarde nesse dia, ela e a filha receberam a visita de um amigo, Manuel Calvillo, funcionário do Ministério do Interior do México. O amigo lhes deu em primeira mão a notícia da prisão de Silvia Duran — que não fora anunciada — e as advertiu de que estavam em perigo por parte dos "comunistas". Calvillo disse que elas precisavam ir para um esconderijo. "Ele tinha ordens de levá-las para um pequeno e obscuro hotel no centro da cidade", escreveu Thomas.

Garro tentou protestar. "Ela disse a Calvillo que queria ir à Embaixada americana e explicar o que sabia sobre as conexões de Oswald aqui com os cubanos e comunistas mexicanos", reportou Thomas. Mas Calvillo advertiu que a embaixada "estava cheia de espiões comunistas". Apavoradas pelo fato de que nem mesmo a Embaixada dos Estados Unidos podia ser confiável, Garro e a filha concordaram em ir para um esconderijo e não dizer nada. Foram escoltadas para um hotelzinho inclassificável do outro lado da cidade, onde permaneceram por oito dias.

Depois de ler o relatório de Thomas, Win Scott começou a criar sem demora uma trilha de documentos a fim de zombar de Elena Garro e desacreditar sua história. Scott queria que ficasse estabelecido — para registro oficial — que estava acusando Garro de inventar tudo aquilo.

"Que imaginação ela tem!", escreveu no memorando de Thomas.

Scott assumiria um risco ignorando por completo o memorando, dada a sugestão — mais uma vez — de que a CIA pudesse ter perdido tanta informação sobre os contatos de Oswald no México. Ele então convidou Thomas para uma reunião em seu escritório junto com Nathan Ferris, o novo adido jurídico do FBI. Scott e Ferris "ressaltaram que houvera muitos boatos sobre Oswald na época do assassinato, e que alguns não puderam ser verificados e outros tinham se revelado falsos", Thomas escreveu mais tarde. "Eles me pediram, porém, para tentar obter uma nova declaração, mais detalhada, da história da srta. Garro."

Num encontro no dia de Natal, Thomas conversou de novo com Garro e escreveu um memorando detalhado de cinco páginas — datilografado no mesmo dia — para seus colegas de embaixada. Nessa nova conversa, Garro falou de como fora frustrante tentar contar sua história sobre Oswald na embaixada no ano anterior. "Os funcionários da embaixada não deram muito crédito a nada que elas disseram", o que explicava por que ela "não se deu ao trabalho de fornecer uma história muito completa", escreveu Thomas.

Garro tentou se lembrar de mais detalhes sobre o hotelzinho que lhe servira de esconderijo.[22] Não conseguiu se lembrar do nome, mas se recordava vagamente onde era. Fez um tour de carro com Thomas até encontrá-lo: era o Hotel Vermont em Benito Juarez, um bairro da Cidade do México. (Em 1966, o FBI confirmou parte de sua história para Scott; ela de fato esteve registrada no hotel de 23 a 30 de novembro de 1963.) Garro também explicou por que sua irmã, Deva, jamais se apresentou para confirmar ter visto Oswald na festa. Segundo Elena, Deva havia recebido a visita de dois "comunistas" após o assassinato, que a ameaçaram e avisaram que nunca deveria revelar ter visto Oswald.

O memorando de Natal redigido por Thomas foi enviado para Scott e Ferris — e ambos disseram que não se impressionaram. Ferris mandou um memorando ao embaixador Freeman em 27 de dezembro, no qual dizia que não pretendia reabrir a investigação. "Em vista do fato de que as alegações da sra. Garro de Paz foram anteriormente verificadas, sem terem substância, nenhuma outra ação referente à sua recente repetição dessas alegações está sendo tomada."[23] Scott enviou um cabograma em separado para Langley reportando a decisão do FBI de não dar seguimento à história de Garro. Um de seus assessores, Alan White, anexou uma nota ao cabograma de Scott, questionando se a embaixada fizera o suficiente para verificar a história de Garro. "Não sei o que o FBI fez em novembro de 1964, mas as sras. Garro vêm falando nisso há um bom tempo, e ela é considerada extremamente inteligente", escreveu White.[24]

"Ela também é maluca", foi a resposta de Win Scott.

56.

1966 A MAIO DE 1967

No outono de 1966, Lyndon Johnson estava preocupado com o fato de sua presidência estar sendo manchada pelos crescentes ataques à Comissão Warren — que poderiam até prejudicar suas esperanças de reeleição em 1968. Ele via a mão de seus inimigos políticos nas teorias conspiratórias sobre o assassinato de Kennedy, sobretudo porque algumas das teorias continuavam a apontá-lo como suspeito. Dizia aos seus auxiliares que estava convencido de que Robert Kennedy e seus estrategistas políticos estavam tentando manter vivas as teorias conspiratórias. Johnson ficou ultrajado com uma pesquisa de opinião em outubro de 1966, realizada depois da publicação dos livros de Epstein e Lane, na qual 2% dos entrevistados diziam acreditar que ele era, de alguma forma, responsável pela morte de Kennedy.[1] Ainda que 2% pudessem representar apenas uma pequena margem das pessoas entrevistadas, Johnson ficou perplexo por ainda haver gente capaz de suspeitar dele em algo tão terrível. A pesquisa foi conduzida pelo instituto dirigido por Lou Harris. "Lou Harris simplesmente pertence a Bobby", Johnson disse a um amigo.[2]

O presidente queria que Warren se manifestasse em defesa da comissão. Enviou um assistente da Casa Branca, Jake Jacobsen, para a Suprema Corte com a missão de insistir com Warren que respondesse publicamente se os ataques à comissão viessem a se tornar mais sérios.

Johnson também pediu a ajuda do mais novo colega de Warren no tribunal: o juiz Abraham "Abe" Fortas, que havia sido nomeado para a Corte por Johnson no ano anterior. Fortas, ex-professor de direito em Yale que fundara um poderoso escritório de advocacia em Washington, era amigo e conselheiro político de Johnson havia anos. Para desalento de alguns de seus colegas da Corte que sabiam disso, Fortas continuava a oferecer conselho político a Johnson, chegando mesmo a ajudá-lo a redigir seu discurso do Estado da União em 1966.

Fortas viu o problema criado pelos ataques à Comissão Warren. Em outubro de 1966, disse a Johnson num telefonema que fora até o presidente da Suprema Corte e o instara a escrever um livro defendendo a comissão. "Eu lhe disse que achava que alguém deveria... fazer isso imediatamente", contou Fortas. "Ele pensa que o melhor homem para fazer isso é Lee Rankin." Warren estava em "banho-maria" em relação às críticas à comissão.

Johnson disse a Fortas que também estava assustado com o iminente lançamento do tão esperado livro que a família Kennedy havia autorizado, *Morte de um presidente*, de William Manchester. O lançamento estava programado para algum momento em 1967. Depois de ter permissão de ler o livro antes da publicação, a revista *Look* concordou em pagar um recorde de 665 mil dólares pelo direito de publicar trechos.[3] Isso sugeria a Johnson que Manchester devia ter revelações que seriam verdadeiras bombas. Seus auxiliares ouviram — e confirmaram — que Manchester fazia um retrato nada lisonjeiro, grosseiro, de Johnson, em especial sobre sua interação com Jacqueline e Robert Kennedy no dia do assassinato.

O livro foi lançado na primavera seguinte, mas só depois de Jacqueline e Robert Kennedy entrarem com uma ação em Nova York tentando impedir a publicação. Alegaram que Manchester precisava, mas não tinha, de sua aprovação dos manuscritos originais. Apesar de nunca ter explicado plenamente o que a ofendia tanto, a sra. Kennedy, retratada no livro com uma aura quase de santidade, parecia sentir que ele revelava muitos detalhes dolorosos e mórbidos sobre o assassinato do marido e muita informação pessoal a seu respeito. (O livro revelava, por exemplo, que ela fumava, algo que, como primeira-dama, ela procurou manter em segredo.)

O livro de Manchester não era nem de longe tão prejudicial a Johnson quanto ele temera.[4] E o confronto judicial, que terminou com um acordo entre Manchester e os Kennedy de retirar o equivalente a sete páginas de um manuscrito de 654, funcionou em proveito político do presidente, pois a batalha judicial foi percebida como uma desastrada tentativa da família Kennedy de censurar o registro histórico. As pesquisas de opinião mostraram que a popularidade de Jacqueline e de Robert Kennedy foi prejudicada como resultado dessa briga. Numa infeliz escolha de palavras, Johnson expressou a um amigo seu prazer com as pesquisas: "Deus, isso está matando Bobby e Jackie. Está matando os dois".

O presidente da Suprema Corte também tinha motivos para ficar contente com *Morte de um presidente*, uma vez que Manchester abraçava os achados da comissão sobre Oswald como único atirador. Ainda assim, como aconteceu com todos os outros livros, Warren não quis se manifestar publicamente. "Não posso me colocar na posição de responder a esses livros", disse a Drew Pearson. "E não vou responder. O relatório vai se sustentar ou cair pelo que está escrito nele."[5]

Em janeiro de 1967, Drew Pearson pediu para falar com o presidente da Suprema Corte.[6] Era urgente e Warren concordou de imediato em receber seu velho amigo. Pearson estava de posse de um dos maiores furos jornalísticos de sua carreira. Infelizmente para Warren, era um furo que também ameaçava prejudicar seu legado.

Tratava-se do assassinato de Kennedy e da possibilidade de Castro estar por trás da morte do presidente. Enquanto Warren escutava, Pearson explicou que uma fonte confiável lhe contara que a Casa Branca de Kennedy ordenara à CIA matar Castro; que a ordem fora dada diretamente à agência por Robert Kennedy; e — talvez o mais estarrecedor — que a CIA tinha recrutado a Máfia para executar o assassinato. A fonte de Pearson entendia que Castro ficara ciente dos complôs contra ele, anulou os assassinos potenciais em Cuba antes que pudessem agir e então retaliou despachando uma equipe de assassinos para matar Kennedy.

Se apenas elementos da história fossem verdade, isso provaria que a CIA e Robert Kennedy haviam ocultado da Comissão Warren informações que davam um claro motivo para Castro matar o presidente, uma vez que o ditador cubano sabia que ele estava tentando matá-lo. Significava também que um membro da comissão, Allen Dulles, que dirigia a CIA na época dos complôs, havia provavelmente participado desse encobrimento. Pearson revelou sua fonte a Warren: um influente advogado de Washington chamado Edward Morgan, que estava então representando o líder dos caminhoneiros, Jimmy Hoffa. Morgan ficara sabendo dos complôs contra Castro — e da possibilidade de Kennedy ter sido morto como retaliação — por outro de seus clientes, Robert Maheu, um ex-agente do FBI que se tornara investigador particular e fora contratado pela CIA para organizar o assassinato de Castro.*

Morgan disse que ficou angustiado se devia contar a Pearson — e, por intermédio dele, ao presidente da Suprema Corte.[7] "Eu me debati com isso por um bom tempo", recordou-se. Como advogado processual, afirmou, não perdia muito o sono por causa dos segredos horríveis que às vezes alguns clientes em casos criminais lhe contavam. "Se você não consegue dormir, não vive por muito tempo. Mas isso me incomodou terrivelmente." Declarou que por fim resolveu agir porque estava desesperado para proteger Warren, um herói pessoal para ele. "Finalmente disse a mim mesmo: como é que pelo menos faço chegar essa informação ao presidente da Suprema Corte?"

Foi então que Morgan se lembrou de ter visitado Pearson em seu palacete a algumas quadras da Casa Branca. "Eu disse: 'Drew, preciso falar com você sobre uma coisa que eu quero selada com sangue'. [...] Nós fomos para uma sala dos fundos, e eu contei a ele essencialmente o que sabia" sobre os planos da CIA. A reação do colunista "foi de absoluta incredulidade" — ele "subiu pelas paredes". Morgan não queria que Pearson escrevesse sobre nada daquilo em sua coluna, pelo menos não de imediato, mas queria que ele avisasse o "coitado" do Warren que ele corria o risco de ser humilhado com a revelação de que a comissão estava errada e que houvera uma conspiração na morte de Kennedy. "Vou dormir melhor se souber que o presidente da Suprema Corte [...] está sabendo disso", Morgan disse a Pearson. "Isso pode anular a validade do relatório, e até mesmo a reputação dele." Warren era um "prato feito" para um escândalo.

Pearson fez o que lhe foi pedido. No encontro com Warren na quinta-feira, 19 de janeiro, expôs a complicada história sobre as tramas da CIA contra Castro e que Kennedy poderia ter sido morto pelo governo cubano em retaliação. Warren, segundo Pearson, "estava decididamente cético", insistindo que não fazia sentido

---

* A CIA acabaria reconhecendo publicamente que Maheu, que fizera outros serviços para a agência de espionagem, fora requisitado para organizar o assassinato de Castro. Foi Maheu quem então recrutou figuras da Máfia, inclusive um gângster da Costa Oeste, John "Handsome Johnny" Roselli, para executar o assassinato. Edward Morgan acabaria representando também o próprio Roselli. (*New York Times*, 6 ago. 2008.)

o líder cubano ordenar a morte de Kennedy e ter em Dallas apenas um assassino, em especial alguém tão volátil como Oswald. "Não teria sido um serviço de um homem só", disse o presidente da Suprema Corte.[8]

Warren declinou do encontro com Morgan, mas se dispôs a passar a informação para as agências de cumprimento da lei. Perguntou a Pearson qual agência devia ser alertada. Pearson disse que Morgan tinha uma relação complicada com Hoover e preferia que a informação fosse para o Serviço Secreto, em vez do FBI. Warren contatou o diretor do Serviço Secreto, James Rowley, pedindo-lhe que se encontrasse com ele na Suprema Corte. O encontro ocorreu às 11h15 da terça-feira, 31 de janeiro, como mostram os registros de Rowley.[9] Era a primeira vez que ele se reunia com Warren num recinto oficial desde seu embaraçoso depoimento perante a comissão. Anos depois, o diretor do Serviço Secreto recordou-se que o encontro na Corte em janeiro de 1967 durou cerca de meia hora e que Warren achava que as alegações sobre os complôs de Castro deviam ser levadas a sério, mesmo que parecessem exageradas. "Ele disse que pensava que era bastante sério e assim por diante, mas queria tirar aquilo de suas mãos."

Pearson havia compartilhado a notícia dos complôs de assassinato da CIA com alguém mais: o presidente Johnson. Apesar das diferenças entre eles no passado, o colunista em geral dava apoio à presidência de Johnson e tinha fácil acesso ao Salão Oval.* Em 16 de janeiro, três dias antes do encontro com Warren, Pearson visitou Johnson na Casa Branca para lhe contar sobre os planos contra Castro e como podiam estar ligados ao assassinato de Kennedy. "Lyndon Johnson escutou atentamente e não fez comentários", registrou Pearson em seu diário. "Não havia muito que ele pudesse dizer."[10] As gravações secretas de seus telefonemas do Salão Oval sugerem que na época da visita de Pearson, mais de três anos depois de ter assumido a presidência, Johnson ainda ignorava como a CIA tinha planejado matar Castro durante anos.

---

* Embora Pearson e outros jornalistas e investigadores do Congresso tivessem continuado a investigar as alegações de delitos envolvendo Johnson e o lobista de Washington Bobby Baker — ex-assessor do Senado conhecido como "Little Lyndon" —, o escândalo se aquietou por algum tempo depois do assassinato de Kennedy, e Johnson nunca foi diretamente implicado em nenhum desses crimes. Em 1967, Baker foi sentenciado a até três anos de prisão depois de condenado por evasão fiscal, roubo e fraude num caso de corrupção sem relação com os crimes anteriores. (*New York Times*, 8 abr. 1967.)

Na segunda-feira, 20 de fevereiro, Johnson alertou o procurador-geral em exercício, Ramsay Clark, sobre os "rumores".[11] Sua conversa telefônica começou com uma discussão sobre um alarmante artigo publicado três dias antes num jornal de New Orleans contando como o promotor da cidade, Jim Garrison, havia aberto uma investigação local do assassinato de Kennedy. Em Washington, as razões para a investigação de Garrison eram um mistério. Clark especulou que a investigação devia envolver alguma coisa que acontecera no breve período em que Oswald tinha morado em New Orleans, em 1963. Pelo que sabia sobre o excêntrico promotor da Louisiana, Clark disse que havia a possibilidade de Garrison estar "completamente fora do seu juízo".

Johnson mencionou então o que tinha ouvido sobre os complôs contra Castro. "Você sabe dessa história que está correndo sobre a CIA e as tentativas de... de mandar uns caras para pegar Castro?"

Clark: "Não".

Johnson deu um resumo do que ouvira de Pearson, sugerindo que não acreditava que a CIA tinha tentado matar Castro. "É incrível", disse ele. "Não acredito que haja uma coisa dessa no mundo e não creio que devemos considerar seriamente. Mas penso que você devia saber disso."

Dias depois, Garrison ganhou as manchetes ao redor do mundo com o anúncio de que havia descoberto uma conspiração no assassinato de Kennedy. Em 1º de março de 1967, Garrison fez uma acusação formal de que um respeitado empresário e filantropo local, Clay Shaw, estava no centro da conspiração.[12]

Em Washington, as manchetes de New Orleans deixaram preocupado Jack Anderson, parceiro de reportagem júnior de Pearson na coluna "Washington Merry-Go-Round". Até mesmo mais que Pearson, ao que parecia, Anderson, então com 44 anos, adorava um furo de reportagem — e temia que ele e Pearson estivessem prestes a perder para Garrison o furo sobre as tramas CIA-Máfia.* Anderson não podia discutir nada disso com Pearson, pelo menos não com facilida-

---

* Anderson, descrito memoravelmente por J. Edgar Hoover como "mais baixo que a sujeira regurgitada pelos urubus", herdou a coluna depois da morte de Pearson, em 1969. Em 1972, ganhou um prêmio Pulitzer por sua reportagem sobre a diplomacia secreta entre os Estados Unidos e o Paquistão durante a Guerra Indo-Paquistanesa de 1971.

de, uma vez que o parceiro estava a milhares de quilômetros de distância, viajando pela América do Sul com seu amigo presidente da Suprema Corte — Warren estava em visita oficial às nações andinas. Os dois tinham acabado de chegar a Lima, Peru, quando souberam o que Anderson publicara na "Merry-Go-Round" de 3 de março. A redação tinha o estilo típico da coluna, de tirar o fôlego:

WASHINGTON. O presidente Johnson está sentado sobre uma bomba H política — um relato não confirmado de que o senador Robert Kennedy pode ter aprovado um plano de assassinato que possivelmente se voltou contra seu falecido irmão.

Funcionários do primeiro escalão interrogados por esta coluna concordaram que um complô para assassinar o ditador cubano Fidel Castro era "considerado" nos níveis mais elevados da CIA na época em que Bobby conduzia as rédeas da agência. Os funcionários discordam, porém, quanto à aprovação e implementação do plano.

Uma versão alega que figuras do submundo foram de fato recrutadas para levar o plano adiante. Outro boato dá conta de que três assassinos contratados foram pegos em Havana, onde um único sobrevivente supostamente ainda está definhando na prisão. Essas histórias foram investigadas e descartadas pelo FBI.

Todavia, persiste o rumor, sussurrado por gente em posição de saber, de que Castro de fato tomou ciência de um complô americano contra a sua vida e decidiu retaliar contra o presidente Kennedy.

Esse relato pode ter incitado o espalhafatoso promotor de New Orleans, Jim Garrison, a dar início à sua investigação sobre o assassinato de Kennedy.[13]

Pearson ficou descontente com a publicação da coluna de Anderson. "Em primeiro lugar, a história era fraca, e em segundo lugar uma violação de confiança", escreveu Pearson em seu diário em 20 de março, depois de voltar para casa.[14] "Por fim, refletia-se em Bobby Kennedy sem efetivamente atribuir responsabilidade." Mas o artigo pusera em movimento fatos que depressa provariam a Pearson — e a Warren e Johnson — que muitos elementos essenciais da história eram verdadeiros. A CIA havia conspirado durante anos para matar Castro, chegando a recrutar a ajuda da Máfia. Robert Kennedy estava claramente ciente dos planos conspiratórios e pode ter sido responsável por alguns deles. E a Comissão Warren, à primeira vista, não recebera nenhuma informação a respeito disso.

E mais alguém tivera conhecimento dos planos contra Castro — J. Edgar Hoover. Em 6 de março, três dias depois da publicação da coluna, o FBI apresentou à Casa Branca um relatório confidencial com o chamativo título: "Intenções da Agência Central de Inteligência de enviar vagabundos a Cuba para assassinar Castro".[15] O relatório resumia o que o FBI soubera, durante anos, sobre os complôs da CIA — e registrava que Hoover havia alertado pessoalmente Robert Kennedy em 1961 sobre o envolvimento da Máfia.

Em abril, o presidente Johnson mandou chamar Pearson para congratulá-lo pelo furo de reportagem. "Pensamos que procedem" essas tramas CIA-Máfia, disse Johnson. "Houve algumas tentativas de assassinar Castro por meio da Cosa Nostra, e elas apontam para os seus amigos no Departamento de Justiça."[16]

Pearson entendeu aonde Johnson queria chegar. "O senhor quer dizer *um* amigo no Departamento de Justiça", disse Pearson. O presidente estava se referindo a Robert Kennedy. Johnson seria citado mais tarde como tendo dito que ficara assombrado ao descobrir que durante a administração Kennedy "estivemos operando uma maldita empresa Assassinato e Cia. no Caribe."[17]

O impacto do furo de Pearson no começo foi limitado, dada a incapacidade de outros repórteres em Washington de confirmar uma informação tão confidencial, e também porque as notícias de Pearson eram falhas com tanta frequência que os outros órgãos de notícias achavam fácil ignorá-lo. E se Warren ficou zangado pelo fato de a comissão que levava seu nome não ter sabido nada sobre os complôs contra Castro, ele nada disse publicamente. Em sua correspondência ou agendas da Corte não há indicação de que ele tenha entrado em contato com Dulles para perguntar o que o ex-espião mestre sabia dos complôs e por que teria ocultado a informação de seus colegas da comissão. Dulles morreu em 1969.

A aparente calma de Warren não era compartilhada por muitos dos ex-membros da equipe, que começaram a alegar em público que durante a investigação ouviram mentiras e que foram negadas à comissão informações que poderiam ter apontado para uma conspiração na morte de Kennedy. Lee Rankin, em geral lento para se irritar, disse anos depois aos investigadores do Congresso que se sentira insultado ao descobrir o que fora ocultado — tanto pela CIA, que organizava os complôs contra Castro, quanto pelo FBI, que tinha conhecimento deles. Lamentou ter sido "ingênuo o suficiente" durante o trabalho na comissão para "pensar que quando o presidente dos Estados Unidos disse a todos para cooperar conosco, eles entenderiam que era uma ordem e uma obrigação". A comissão "cometeu um erro ao acreditar que o FBI não esconderia nada. E cometeu um erro ao acreditar que a CIA não ocultaria informação".[18]

564

John Whitten, o oficial veterano da CIA que havia sido o primeiro contato da agência com a Comissão Warren, disse que ficou furioso quando soube dos planos contra Castro — porque tampouco a ele ninguém tinha contado nada em 1964, quando supostamente deveria fornecer à comissão cada detalhe de informação dos arquivos da CIA que pudesse estar relacionado com o assassinato do presidente. "Se eu tivesse sabido, minha investigação teria sido totalmente diferente", Whitten queixou-se anos depois. "E poderia de fato ter revelado que os cubanos tinham empreendido o assassinato como retaliação contra as nossas operações para matar Castro."[19]

Whitten estava zangado, em particular, com Richard Helms, que havia sido promovido a diretor da CIA em 1966 pelo presidente Johnson. O Congresso acabaria por determinar que Helms havia aprovado pessoalmente as tramas contra Castro, inclusive os esquemas envolvendo a Máfia. Whitten disse mais tarde que acreditava que Helms tinha ocultado a informação da Comissão Warren porque "percebeu que refletiria pessimamente sobre a agência, e pessimamente sobre ele". A decisão de Helms, segundo Whitten, "foi um ato moralmente repreensível, que não pode ser justificado diante de seu juramento profissional".

Helms via as coisas de modo muito diferente ao ser chamado perante o Congresso na década de 1970 para justificar os complôs contra Castro e explicar por que não contara nada à comissão sobre eles. Em sua carreira como espião, Helms fora responsável, acima de tudo, por manter segredos. Disse que determinara em sua própria cabeça que os planos da CIA contra Castro não tinham nada a ver com o assassinato de Kennedy, e portanto não havia razão para contar sobre eles à comissão — ou, para esse efeito, ao seu assessor Whitten. "Nunca me ocorreu", ele explicou. "Nós nunca falamos para ninguém fora da agência sobre operações secretas de qualquer tipo."[20] Além disso, Helms perguntou depois, por que era sua a responsabilidade de contar à comissão sobre os planos contra Castro, uma vez que tinha certeza de que um dos membros — Dulles — sabia de tudo, da mesma forma que Robert Kennedy? "Todo tipo de gente sabia dessas operações nos altos níveis do governo", disse Helms, irado. "Por que sou eu o escolhido como o sujeito que devia ter ido e identificado uma operação do governo para se livrar de Castro?"

Hugh Aynesworth, antigo repórter do *Dallas Morning News*, nunca conseguiria se libertar por completo do "ritmo do assassinato", como veio a ser conhecido entre os jornalistas em Dallas. Ano após ano, ele voltava a ser puxado de novo para a história. Em janeiro de 1967, mudara-se para um emprego novo como correspondente nacional da revista *Newsweek* com a expectativa de cuidar de todo tipo de encargo a partir de sua nova base em Houston.[21] Porém, mal tinha tomado seu lugar na revista quando o telefone tocou — uma ligação urgente de New Orleans. Era o promotor Jim Garrison, convidando Aynesworth a ir a New Orleans para conversar sobre a nova informação que ele reunira sobre o assassinato de Kennedy.

"Eu vivo tropeçando no seu nome, e acho que você tem informação que poderia me ajudar", disse Garrison. "Quero partilhar algumas coisas com você. Você precisa vir aqui."[22] Naturalmente intrigado, Aynesworth foi a New Orleans para se encontrar com Garrison em sua casa, e foi "um dos dias mais estranhos da minha vida." Com 1,90 metro e voz retumbante, Garrison podia ter momentos de lucidez impressionante, mas eram fugazes. Garrison era um "desvairado", Aynesworth logo concluiu. A conversa foi "muito doida e perturbadora pelo fato de um funcionário eleito de alto nível poder acreditar naqueles absurdos que Garrison afirmava acreditar".*

Ao longo de anos, Garrison nunca foi capaz de determinar quem foi responsável pelo assassinato. Sua lista de suspeitos incluía — em um ou outro momento e sem ordem específica — "assassinos por excitação" gays e sadomasoquistas, traficantes de narcóticos, exilados anti-Castro e pró-Castro, o Departamento de Defesa, o Departamento de Justiça, magnatas de petróleo do Texas que haviam apoiado a carreira política do presidente Johnson, bem como o próprio presidente. Garrison acusava o presidente da Suprema Corte Warren e outros membros da comissão do assassinato de orquestrar o encobrimento. A CIA figurava como cúmplice de conspiração em muitas teorias de Garrison, bem como os "bichas" — ele alegava que pelo menos seis homens envolvidos na trama eram gays. Oswald, dizia ele, era "um gilete que não conseguia satisfazer a esposa [...] está tudo no relatório Warren". O assassinato, segundo ele, fora executado por uma "equipe guerrilheira de precisão" de pelo menos sete atiradores posicionados em volta da Dealey Plaza.[23]

No seu primeiro encontro, Garrison se ofereceu para apresentar Aynesworth a uma testemunha-chave da Promotoria. "Você tem sorte de estar na cidade",

---

* No filme de Oliver Stone — *JFK*, de 1991 — que sugere que Jim Garrison chegou perto de expor a verdade sobre uma vasta conspiração no assassinato, o papel do presidente da Suprema Corte, Earl Warren, foi representado pelo Jim Garrison real.

disse ele. "Acabamos de verificar esse sujeito e, acredite, é dinamite pura."[24] Um promotor assistente chegou à casa de Garrison com a testemunha — "um sujeitinho de Houston, um pianista, que começou a relatar como sabia que Ruby e Oswald eram amantes de longa data". O pianista se lembrava de como Oswald e o homem que depois viria a matá-lo tinham sido expulsos de uma boate em Houston porque haviam "passado a noite toda se agarrando". Aynesworth não disse a Garrison, mas tinha visto aquele homem antes — em Dallas, dias após o assassinato de Kennedy. "Ele se apresentara três dias depois do assassinato, contando exatamente a mesma história para a polícia de Dallas." Para Aynesworth ficou claro na época, assim como estava claro agora, que o pianista era outro desesperado delirante carente de atenção, determinado a fingir que tinha algum papel pessoal no grande drama. "A última vez que eu tinha visto o cara do piano, ele estava chorando e se arrastando porta afora da delegacia de polícia em Dallas."

Outra testemunha do promotor Garrison era um homem que se autodenominava Júlio César, ex-residente de um hospital psiquiátrico que se vestia, apropriadamente, de toga vermelha e sandálias.[25] César alegava ter visto Oswald e Ruby na companhia de um homem que viria a se tornar o foco da investigação da Promotoria: Clay Shaw, que chamara a atenção de Garrison em grande parte porque era sabidamente gay. Os alvos do promotor incluíam outro homem gay da Louisiana, David Ferrie, o ex-piloto da Eastern Airlines que podia — ou não — ter conhecido Oswald na década de 1950. Caçado pelo gabinete do promotor, Ferrie seria encontrado morto em seu apartamento em New Orleans em 22 de fevereiro de 1967. O legista excluiu a possibilidade de suicídio ou crime violento, embora Ferrie tivesse deixado bilhetes sugerindo que, sob tanta pressão, estava considerando se suicidar.[26]

Em sua edição de 15 de maio de 1967, a *Newsweek* publicou um artigo arrasador assinado por Aynesworth, a primeira exposição importante de possíveis táticas ilegais do promotor de New Orleans. O artigo citava uma prova de que Garrison havia subornado uma testemunha para cometer perjúrio num depoimento que ligaria Ferrie a Shaw. Com o título "A 'Conspiração' JFK", o artigo começava:

> Jim Garrison está certo. Houve uma conspiração em New Orleans — mas é um complô fabricado pelo próprio Garrison. Trata-se de um esquema para inventar uma fantástica "solução" para a morte de John F. Kennedy e fazê-la pegar; nesse caso, o promotor e sua equipe participaram de forma indireta na morte de um homem e humilharam, molestaram e destriparam financeiramente vários outros.

Aynesworth conta que um Garrison furioso ligou depois da publicação do artigo, acusando o repórter de tentar solapar a "busca da verdade" e advertindo-o de que estava se arriscando a ser preso se ousasse voltar a New Orleans. "Espero que a *Newsweek* tenha bons advogados, e você pode ter uma surpresa quando voltar à cidade."[27]

Em 1º de março de 1969, dois anos depois da prisão de Clay Shaw como acusado de conspiração no assassinato de Kennedy, um júri de New Orleans levou menos de uma hora para absolvê-lo.[28]

57.

JUNHO DE 1967 A 1971

Em junho de 1967, Win Scott estava ansioso — até mesmo desesperado — para minimizar a importância do relatório de um novo informante sobre Silvia Duran. Uma segunda fonte se apresentara para contar que Oswald tivera um relacionamento sexual com Duran durante sua visita à Cidade do México.

Já fazia quase três anos desde que a CIA ouvira pela primeira vez a história da "maluca" Elena Garro. Dessa vez, seria muito mais difícil Scott atacar a credibilidade da fonte, já que a informação provinha de um dos informantes mais confiáveis da CIA, identificado nos arquivos da agência pelo codinome LIRING/3 (todos os informantes da agência na Cidade do México tinham codinomes começando em "LI").[1] Em junho de 1967, LIRING/3 informou que ouvira falar sobre o breve caso de Oswald com Duran da melhor fonte possível — a própria Duran.*

---

* O nome de LIRING/3 foi identificado nos registros da CIA que tiveram o sigilo quebrado décadas depois. Como não há meio de confirmar que os registros da agência são acurados, o autor optou por não publicar o nome do informante. Contatado por telefone em 2013, o pintor confirmou que conhecia Duran, embora tenha negado qualquer relação com a CIA. Negou também que Duran alguma vez lhe tivesse contado que havia tido um relacionamento sexual com Oswald.

O informante, um pintor mexicano cujo círculo de amigos incluía diplomatas cubanos e que fora amigo de Duran no passado, contou ao seu contato na CIA que conversara recentemente com ela por telefone e então a visitara em sua casa. Durante a conversa, ela lhe revelou seu caso com Oswald em 1963, acrescentando que admitira o relacionamento para a polícia mexicana durante os brutais interrogatórios pelos quais passara nos dias seguintes ao assassinato de Kennedy.

Segundo o relatório preparado pelo contato de LIRING/3:

> Silvia Duran lhe informou que se encontrara pela primeira com Oswald quando ele requereu um visto e saíra com ele diversas vezes, pois gostara dele desde o começo. Ela admitiu ter tido relações sexuais com Oswald. [...] Quando surgiu a notícia do assassinato, ela foi levada de imediato em custódia pela polícia mexicana, interrogada de forma meticulosa e surrada até admitir ter tido um caso com Oswald. Acrescentou que desde então cortou todo o contato com cubanos, em especial desde que seu marido Horacio, que ficou terrivelmente abalado com todo o caso, teve uma crise de fúria e a proibiu de vê-los.

Ela continuava a insistir que "não tinha ideia" dos planos de Oswald de matar Kennedy.

O relatório do informante chegou num momento de ansiedade para a CIA, dado o furor global da mídia criado pela investigação de Garrison em New Orleans — e sua alegação de que a agência estava envolvida no assassinato de Kennedy. Poucos dias depois do relatório de LIRING/3, Scott recebeu uma carta de um colega de Langley que orientava o posto da Cidade do México a permanecer em silêncio:

> A investigação de Garrison do assassinato de Kennedy tem provocado um surto de alegações e acusações espetaculares, algumas contra a CIA. Embora o "caso" de Garrison seja de fato frágil e aparentemente composto em grande parte de boatos sem fundamento fornecidos por toda espécie de personagens duvidosos, estão sendo feitos todos os esforços para eliminar todas essas acusações e ter os fatos na mão. Nessa situação, você entende, é claro, é essencial que todos nós sejamos particularmente cuidadosos, evitando fazer declaração ou dar indicação de opinião ou fato para pessoas não autorizadas que possam ser usadas por qualquer grupo, de forma inocente ou não.[2]

Scott ponderou sobre o que fazer. Qual seria o efeito de uma revelação tardia de que Oswald, supostamente monitorado pela CIA no México, na verdade escapara da vigilância da agência e se metera na cama de uma funcionária local do governo de Castro? O que poderia Garrison fazer se descobrisse que a agência soubera — mas falhara em averiguar, durante anos — desse alegado caso? Como reagiriam os críticos a uma revelação de que a CIA jamais tentara identificar dois jovens "beatniks" americanos que haviam sido vistos viajando com Oswald no México?

As regras da agência exigiam que Scott e seus colegas preenchessem um relatório que resumisse todo encontro significativo com informantes pagos. Eles teriam, então, que encaminhar a Langley um relatório reportando o último contato com LIRING/3. Para Scott, a questão era como — ou se — registrar a aparente confissão do caso feita por Duran. E achou uma solução: citou a confissão de Duran no meio do relatório, fora de contexto e desconsiderando sua importância. Seria o sexto parágrafo num relatório de dezoito:

> O fato de Silvia DURAN ter tido relação sexual com Lee Harvey OSWALD em diversas ocasiões quando o último esteve no México é provavelmente novo, mas pouco acrescenta ao caso OSWALD. A polícia mexicana não informou ao posto a extensão do relacionamento DURAN-OSWALD.[3]

E pronto. Analistas da CIA na sede da agência que não houvessem lido mais nada sobre o assunto poderiam presumir que "o fato" de um caso entre Oswald e Duran era uma notícia velha, sem importância. Com certeza, ao que parecia, era o que Scott queria que acreditassem.

Houve mais notícias perturbadoras para Scott naquela primavera. Em maio de 1967, um diplomata americano que trabalhava no Consulado dos Estados Unidos na cidade portuária mexicana de Tampico reportou um encontro com Oscar Contreras, o repórter de um jornal local que dizia ter passado várias horas com Oswald em setembro de 1963.[4] Na época, Contreras era estudante de direito da Universidade Nacional Autônoma da Cidade do México. Ele declarou que estava com um grupo de amigos de esquerda, todos conhecidos no campus como simpatizantes de Castro, quando foram abordados por Oswald, que pediu ajuda para convencer o consulado cubano a lhe dar um visto. Contreras disse que não podia ajudar, apesar de ele e os amigos terem passado aquela noite e grande parte do dia seguinte com o jovem americano. Não ficou claro quem tinha mandando Oswald falar com os estudantes, embora Contreras afirmasse ter muitos amigos na Embaixada de Cuba.

O relato, se verdadeiro, fornecia outro exemplo tardio das falhas na vigilância exercida pela CIA sobre Oswald no México — ou, como alternativa, de quão pouco Scott e seus colegas tinham optado por contar à sede da CIA sobre o que de fato sabiam. Se o relato do repórter mexicano estivesse correto, Oswald escapara da vigilância da CIA por pelo menos um dia e meio — cerca de um quarto do tempo que havia permanecido na Cidade do México.

Foi mais ou menos na mesma época em 1967 que Scott começou a falar abertamente aos colegas dos seus planos de se aposentar da CIA. Depois de vinte anos na agência, a maior parte deles no México, disse que queria deixar o governo e ganhar dinheiro de verdade. Pretendia permanecer no México e abrir uma empresa de consultoria, que lhe permitiria usufruir de seus muitos contatos no governo mexicano. E pretendia também escrever suas memórias, inclusive sua narrativa do que acontecera com Oswald.

Scott sempre havia se considerado um escritor. Gostava em especial de poesia e havia autopublicado em 1957, sob pseudônimo, uma coletânea de poemas de amor. Podia ser uma ideia óbvia, então, pôr no papel a sua vida, sobretudo suas muitas e excitantes aventuras como espião. Numa atitude que parecia ser uma grave violação das regras de segurança da CIA, ele mandou um detalhado esboço de suas memórias — por correio comum — para um amigo de Nova York que era editor da *Reader's Digest*. Ele disse ao editor que o livro acompanharia sua carreira de espião desde o começo, na Segunda Guerra Mundial, quando fizera amizade com Allen Dulles, e revelaria como ele e Dulles haviam redigido um estudo das agências de inteligência britânicas que foi usado em 1947 como projeto para a criação da CIA.[5] Grande parte do livro estaria focada no México. "Durante os meus treze anos no México, tive numerosas experiências, muitas das quais posso descrever em detalhe", Scott contou ao editor. "Uma delas se refere a Lee Harvey Oswald. [...] Sei de muita coisa sobre suas atividades desde o momento em que chegou ao México."

O título inicial do livro proposto por Scott, *It Came to Little* [Veio pouco], era tirado de uma passagem da Bíblia[6] — "Esperastes muito e eis que veio pouco"— e refletia seu desencantamento com a CIA. "Meu tema é que, com todo o nosso trabalho, os dólares gastos e as milhares de horas investidas na batalha contra o comunismo, nós que estivemos, e aqueles que ainda estão na CIA, teríamos de admitir que 'veio pouco', se formos honestos", ele escreveu. "Os Estados Unidos estão ficando cada vez mais tímidos em confrontar o comunismo [ao mesmo tempo que] somos cada vez mais penetrados por comunistas." Ele acabou escolhendo um outro título — *The Foul Foe* [O adversário abominável] — e optou por um pseudônimo, "Ian Maxwell", o mesmo que usara para seus poemas de amor.[7]

Quando resolveu concorrer à presidência em 1968, Robert Kennedy sabia que poderia enfrentar perguntas sobre o assassinato do irmão. A perspectiva, como sempre, parecia angustiante.

Seu último comentário público substantivo sobre a Comissão Warren veio naquele mês de março, enquanto estava em viagem de campanha na Califórnia. Num áspero encontro com estudantes universitários perto de Los Angeles, foi indagado se ele tornaria públicos os arquivos da comissão, em resposta à enchente de teorias conspiratórias sobre o assassinato. Segundo repórteres, de início Kennedy tentou ignorar a pergunta, mas, depois de um momento de hesitação, reconsiderou: "Se eu me tornasse presidente, eu não reabriria o relatório Warren", declarou. "Eu vi tudo que ele contém. Fico do lado da Comissão Warren." Acrescentou que "ninguém é mais interessado do que eu em saber quem foi responsável pela morte do presidente Kennedy".[8]

Três meses depois, em 6 de junho, na noite em que ganhou as primárias da Califórnia para a indicação do Partido Democrata, Kennedy foi assassinado em Los Angeles. Ele foi baleado por Sirhan Sirhan, um palestino de 24 anos que disse querer punir Kennedy pelo apoio a Israel.

O assassinato teve ramificações imediatas na Suprema Corte.[9] Em uma semana, um abalado Warren pediu um encontro com Johnson e anunciou sua intenção de se aposentar, dando ao presidente tempo para substituí-lo antes das eleições presidenciais naquele outono. Johnson não buscara a reeleição e, com a morte de Robert Kennedy, as chances de o candidato republicano, o ex-vice-presidente Richard Nixon, ganhar a presidência haviam ficado muito mais fortes.

Estava claro que Warren não queria que sua velha nêmese Nixon tivesse a oportunidade de substituí-lo.

A situação não funcionou como Warren esperava. Johnson nomeou Abe Fortas como sucessor de Warren, mas Fortas enfrentou uma forte oposição, grande parte dela vinculada aos conflitos de interesses advindos do seu contínuo aconselhamento político ao presidente. A nomeação foi retirada em outubro, e Johnson anunciou que pedira a Warren para permanecer na Corte até que seu sucessor na presidência, democrata ou republicano, estivesse em condição de fazer uma nova nomeação. Depois da eleição de Nixon, o novo presidente anunciou sua escolha de Warren Burger, um juiz de apelações conservador de Minnesota, como líder da Suprema Corte. Burger foi confirmado pelo Senado em junho de 1969.

Depois de sua aposentadoria, Warren deu poucas entrevistas, e quando falava com repórteres e historiadores preferia sempre focalizar a conversa em seu legado na Corte e como governador da Califórnia — e não na comissão. Quando pressionado acerca do assassinato, dizia que jamais vacilara em sua opinião de que Oswald agira sozinho. Warren dizia que não se perturbava com pesquisas de opinião que mostravam uma crescente parcela do público duvidando das conclusões da comissão. "As pessoas ainda estão até hoje discutindo o assassinato de Lincoln", disse. "É compreensível."

Mas ele tomou uma decisão que agradou a ex-membros da equipe da comissão: resolveu colaborar num livro que Lee Rankin e Alfred Goldberg planejavam escrever como defesa formal da comissão. Concedeu uma extensa entrevista gravada a Goldberg em 26 de março de 1974.[10] Seria uma de suas últimas entrevistas sobre qualquer assunto — ele faleceu em Washington menos de quatro meses depois, em 9 de julho, aos 83 anos.[11] Na entrevista, Warren sugeria que não se arrependia de nada relativo à forma como conduzira a investigação, exceto o desejo de que a comissão tivesse tido uma entrevista face a face com o presidente Johnson. Manteve-se firme na sua decisão de negar acesso às fotos da autópsia e às radiografias de Kennedy. "Para o bem ou para o mal, assumo inteira responsabilidade por isso", disse ele. "Eu não podia conceber que essas coisas circulassem por todo o país e fossem exibidas em museus." Disse que ainda estava convicto de que a teoria da bala única era correta e que o governador Connally estava errado em pensar que fora atingido por uma bala diferente. "Um tiro pode amortecer as emoções e reações de uma pessoa." Permanecia convencido de que todos os tiros disparados contra a limusine presidencial tinham vindo do Depósito de Livros

Escolares do Texas, e não do chamado aclive gramado ou da passagem de nível na ferrovia, como alegavam tantos adeptos da teoria da conspiração. "Ninguém poderia ter atirado do aclive ou da passagem de nível sem ter sido visto."

Rankin e Goldberg abandonaram os planos para o livro depois que não conseguiram despertar o interesse das principais editoras. "As editoras só queriam saber de um livro sobre uma conspiração para matar Kennedy", disse Goldberg. "E não era isso que estávamos escrevendo."

Em outubro de 1968, a apenas um mês da eleição para a escolha de seu sucessor, Johnson concedeu uma ampla entrevista de despedida a Howard K. Smith, o âncora veterano da ABC News. Longe das câmaras, Johnson se ofereceu para contar ao jornalista um segredo que, por enquanto, Smith não podia contar a mais ninguém. Smith concordou.

"Vou lhe contar uma coisa que vai deixar você tonto", disse Johnson. Fidel Castro, disse ele, era responsável pelo assassinato de Kennedy. "Kennedy estava tentando acabar com Castro, mas Castro acabou com ele primeiro."

Smith, que sabia que Johnson era capaz de "bajulação", pediu mais informações. "Eu fiquei bem tonto, sim", disse ele. "Implorei por mais detalhes. Ele recusou dizendo que algum dia isso virá à tona."

Em setembro de 1969, já aposentado em seu vasto rancho em Austin, Texas, Johnson foi entrevistado por Walter Cronkite, âncora da CBS News, para uma série de programas sobre a presidência. Ao discutir o assassinato de Kennedy, Cronkite perguntou se Johnson ainda acreditava que a Comissão Warren estava certa e que não houvera conspiração na morte de Kennedy.

"Não posso dizer honestamente que algum dia fui dissuadido por completo do fato de que pode ter havido conexões internacionais", foi a resposta de Johnson.

"O senhor quer dizer que ainda sente que pode ter havido uma conspiração?"

"Não descartei isso completamente."

Cronkite pareceu atônito. "Bem, isso parece indicar que o senhor não tem plena confiança na Comissão Warren."

"Não, penso que o estudo da Comissão Warren…". Johnson fez uma pausa. "Penso, em primeiro lugar, que ela foi composta pelos homens mais capazes, mais judiciosos, de ambos os partidos, neste país. Segundo, penso que eles tinham apenas um objetivo, que era a verdade. Terceiro, penso que foram competentes e fizeram o melhor que puderam. Mas não penso que eles ou eu ou qualquer outra pessoa esteja sempre absolutamente segura de tudo que possa ter motivado Oswald, ou outros que pudessem estar envolvidos."

Cronkite sabia que tinha na mão um furo — um furo histórico. Mas antes de ir ao ar, Johnson insistiu que seus comentários sobre a comissão e seus temores de uma conspiração deviam ser cortados da entrevista com fundamento na "Segurança Nacional". Depois de uma batalha interna feroz, a CBS concordou em excluir o material da edição, embora parte do que Johnson dissera tivesse vazado para outros órgãos noticiosos, inclusive o *New York Times* e o *Washington Post*.[12]

O que levou Johnson a duvidar de forma tão profunda da Comissão Warren nunca ficaria inteiramente claro. Joseph Califano, seu assistente na Casa Branca de 1965 a 1969, recordou-se de como Johnson muitas vezes dizia em particular a seus assessores que estava convencido de que Oswald participara de uma conspiração.[13] Era uma opinião compartilhada por Califano, que fora conselheiro-geral do Exército durante a administração Kennedy, e por parte de um pequeno grupo de consultores a quem Robert Kennedy pedira planos para derrubar Castro — e, se possível, para matá-lo — como parte da Operação Mangusto. "Robert Kennedy estava absolutamente determinado a assassinar Castro", Califano afirmou anos depois. "Os Kennedy eram obcecados por isso." Califano sempre desconfiara que havia verdade no boato de que Castro, tendo tomado conhecimento dos planos de assassinato contra ele, tinha retaliado ordenando a morte de Kennedy. Califano disse que acreditava que Robert Kennedy admitia a mesma coisa. "Passei a acreditar que Robert Kennedy experimentou aquele incrível pesar depois da morte do irmão porque acreditava que ela estivesse ligada a seus — dele, Bobby — esforços de matar Castro."

Cynthia Thomas ficou mais chocada que o marido com a notícia de que sua carreira no Departamento de Estado chegara ao fim.[14] Com toda certeza, ficou mais zangada. Charles sempre fora o fatalista entre os dois. Ambos sabiam que não fazia sentido. Charles tinha sido regular e entusiasticamente elogiado pelos embaixadores com quem havia trabalhado durante seus dezoito anos no Serviço Exterior. A má notícia chegou quando ele voltou a Washington, em 1969. Como não conseguira uma promoção a tempo, estava sendo dispensado — "selecionado". "Parecia absurdo", dizia Cynthia. "Charles era o melhor tipo de diplomata americano."

Foi então, em seu ato final como funcionário do Departamento de Estado, que Thomas datilografou sua carta de julho de 1969 para o secretário de Estado William Rogers, com um último apelo para que alguém revisse as alegações feitas por Elena Garro. "Uma investigação cuidadosa dessas alegações talvez pudesse afastá-las", escreveu Thomas. "Até então, porém, sua revelação pública poderia reabrir o debate sobre a verdadeira natureza do assassinato de Kennedy e prejudicar a credibilidade do relatório Warren."[15]

Na carta, Thomas especulava, aparentemente pela primeira vez no papel, por que a CIA não quisera chegar ao fundo da história na Cidade do México: "Algumas das pessoas presentes no cenário de Elena Garro podem muito bem ser agentes da CIA". Ele não identificou quem poderiam ser os possíveis agentes da CIA nem como poderiam ter interagido com Oswald no México.

Um mês depois, em 28 de agosto, a Divisão de Segurança Protetora do Departamento de Estado passou a carta adiante para a CIA, com um memorando na primeira página para que a agência de espionagem considerasse investigar as alegações.[16] A resposta da CIA ao Departamento de Estado foi datada de 16 de setembro. Com 46 palavras, o memorando não poderia ser mais curto:

ASSUNTO: Charles William Thomas

Referente ao seu memorando de 28 de agosto de 1969. Examinamos os anexos e não vemos necessidade de novas medidas. Uma cópia desta resposta foi enviada ao FBI e ao Serviço Secreto dos Estados Unidos.[17]

O memorando era assinado por James Angleton, diretor de contrainteligência da CIA, e seu vice, Raymond Rocca. O nome Angleton não significava nada para Cynthia Thomas e, décadas mais tarde, ela disse que achava que não significara nada para o marido também. "Não penso que nós tivéssemos alguma ideia de quem era Angleton", afirmou. "Por que haveríamos de ter?"[18]

Naquele verão, Thomas começou uma difícil busca de emprego que apenas terminaria com seu suicídio, dois anos depois. Segundo Cynthia, a busca foi muito mais dura do que ele poderia ter imaginado. Quando possíveis empregadores perguntavam a Thomas por que havia deixado o Departamento de Estado pouco antes da idade de se aposentar, ele se sentia compelido a dizer a verdade: fora forçado a sair. Ele tentou, mas não conseguiu, encontrar trabalho em outra área do governo, inclusive na CIA. Cynthia se lembra de que Win Scott, na Cidade do México, havia se oferecido para "escrever cartas de recomendação para ele", mas "nunca escreveu". Ela acabou entendendo que havia um "esforço orquestrado pelo Departamento de Estado" para impedir seu marido de conseguir emprego em Capitol Hill. Dinheiro tornou-se problema quase de imediato. A família de fato não tinha economias. Os Thomas e suas duas jovens filhas moravam numa casa alugada em Washington. Para prover ao menos uma pequena renda, Thomas pôs para funcionar em tempo parcial seu diploma de advogado, defendendo réus criminosos sem recursos nas cortes municipais de Washington. O pagamento era de 7,50 dólares a hora. Ele era "orgulhoso demais" para pedir ajuda de alguém para encontrar um emprego permanente, disse Cynthia.

Embora o Departamento de Estado e a CIA tivessem recusado seu pedido de reabrir a investigação no México, Thomas tentou dar sequência ele mesmo.[19] No fim de 1969, começou a procurar Garro. Ela deixara a Cidade do México no ano anterior como resultado do furor que criou com comentários públicos nos quais alegava que intelectuais de esquerda tinham responsabilidade por instigar grandes protestos antigovernamentais naquele outono; os protestos eram reprimidos brutalmente pelo governo mexicano, resultando em dezenas, se não centenas, de mortes de manifestantes e espectadores. Thomas acabou localizando Garro em Nova York, onde vivia — desamparada — com a filha.

Suas anotações manuscritas das conversas telefônicas com Garro — guardadas num arquivo rotulado KENNEDY achado depois de sua morte em sua maleta de couro preta — sugerem que Garro não tinha nada de novo a dizer sobre o longínquo encontro com Oswald. Estava confusa demais — e paranoica. "Ela estava na clandestinidade", aparentemente temendo estar em perigo no México, escreveu Thomas. "Ela dizia que 'eles' estavam vindo de novo atrás dela." A pedido de Thomas, um amigo dele em Nova York convidou Garro e a filha para jantar. O amigo relatou que "nunca tinha visto alguém tão apavorado".

Em 12 de abril de 1971, no dia em que cometeu suicídio com um tiro na cabeça no banheiro do andar de cima da família, chegaram por correio mais três cartas de rejeição, incluindo uma para um emprego como diretor de pessoal do Comitê de Assuntos Externos do Congresso.[20] Thomas foi informado de que o comitê optara por um homem mais jovem. Ele se matou com um revólver que trouxera anos antes como suvenir de uma visita a Cuba nos anos 1950.

Depois da morte de Thomas, Cynthia achou na maleta a pasta KENNEDY, embora tenha dito que na época não entendeu seu significado. O arquivo também estava atulhado de recortes amarelados de jornais e revistas sobre a continuidade das discussões acerca das conclusões da Comissão Warren. Ele recortara artigos sobre Richard Russell — e a crença de Russell de que o relatório da comissão estava errado. Anos mais tarde, Cynthia Thomas diria que não sabia "absolutamente nada" acerca das alegações de Garro sobre Oswald e Silvia Duran. Era típico de seu marido não compartilhar uma informação sensível como essa com ela na época. "Ele estava certo em não me contar", disse. "Era trabalho da embaixada e eu era muito sensível. Meu Deus, era sobre o assassinato do presidente Kennedy. Charles não devia trazer uma coisa dessas para casa e dividir com a família."

Depois do suicídio, ela começou uma campanha solitária para provar que o marido fora vítima de injustiça no sistema de promoções no Departamento de Estado e lutar pela sua reintegração póstuma no Serviço Exterior, bem como por seus salários retroativos e pensão. Era uma campanha provocada, em parte, pela desesperadora situação financeira da família. Aos 35 anos, com duas filhas, ela fora deixada com um único bem físico de algum valor — um sedã Plymouth 1967 usado que valia quinhentos dólares — e 15 mil dólares de dívidas, inclusive 744,02 dólares que devia a uma casa funerária de Washington pelo enterro do marido.

Quase de imediato ela começou a ouvir rumores de que havia alguma coisa a mais na saída forçada do marido do governo — que a CIA estava envolvida e que, de algum modo, estava ligada com sua posição no México. Suas anotações da época mostram que um jornalista europeu muito bem relacionado lhe disse que "altas fontes" no governo dos Estados Unidos acreditavam que Thomas fora excluído porque alguém havia espalhado boatos falsos ligando Thomas à "esquerda mexicana". Mais especificamente, ela foi alertada de que Stanley Watson, assessor de Scott no posto da CIA na Cidade do México, havia de algum modo "prejudicado" as perspectivas de carreira de Charles nos bastidores.* Corria nos círculos diplomáticos no México, possivelmente por iniciativa de Scott, que Watson começara uma campanha de boatos contra Thomas, sugerindo que ele era próximo demais dos socialistas mexicanos. Décadas depois, a amiga dos Thomas,

---

* Para buscar esclarecer as alegações contra o sr. Watson, o autor deste livro tentou contatá-lo tanto por intermédio da CIA quanto da Associação dos Ex-Funcionários da Inteligência, um grupo na área de Washington que representa empregados aposentados da agência. As duas entidades disseram não ter informação sobre Watson, nem mesmo se ele ainda está vivo. "Não fomos capazes de encontrar ninguém que mantenha relação com o sr. Watson e/ou sua família", disse um porta-voz da CIA.

Guadalupe Rivera, professora de direito que mais tarde seria eleita para o Senado mexicano, recordou-se de ter ouvido em 1971 a notícia do suicídio de Thomas, presumindo de imediato que estava relacionado com a campanha de boatos de Watson, que também chegara a ela. Numa festa na Cidade do México, ouviram Guadalupe discutindo o suicídio e soltando a frase: "Foi aquele porco, o Stanley Watson". Cynthia disse que não conseguia entender por que Watson, Scott ou qualquer outro na CIA estariam tão determinados a ver seu marido ser forçado a deixar o governo.

Ex-colegas do Departamento de Estado disseram que ficaram estarrecidos ao saber que a carreira de Thomas também poderia ter saído dos trilhos por aquilo que o departamento alegava ser um inocente erro burocrático — o arquivamento equivocado de uma avaliação brilhante de serviço preparada em 1966, quando Thomas estava no México. A avaliação descrevia Thomas como "um dos mais valiosos funcionários" no Serviço Exterior e recomendava sua promoção imediata. De acordo com o departamento, o relatório foi arquivado na pasta de outro diplomata que se chamava Charles Thomas. Dois dias após a comissão de promoção rejeitar Thomas, o relatório foi guardado no arquivo correto. A comissão optou por não reconsiderar a decisão, uma vez que o erro de arquivamento não havia sido deles.

A campanha de Cynthia Thomas, associada ao furor no Departamento de Estado pelo tratamento dado ao seu falecido marido, obrigou o órgão a reexaminar suas políticas de promoção para o corpo diplomático.[21] Em 1973, um juiz federal de Washington considerou o processo de promoção do departamento inconstitucional por violar um devido processo legal — a decisão foi tomada numa ação judicial financiada por doações do Fundo de Defesa Charles William Thomas, criado por sua viúva e alguns dos velhos colegas de Thomas.

Em janeiro de 1975, o Congresso concedeu à sra. Thomas uma pequena gota de justiça: aprovou o projeto de lei especial que restaurava postumamente ao marido seu cargo no Serviço Exterior, o que significava que ela e as duas filhas teriam direito ao salário que ele perdera até o dia de sua morte, bem como os benefícios previdenciários.[22] A compensação total chegou a cerca de 51 mil dólares. A sra. Thomas também foi contratada pelo Departamento de Estado como funcionária do Serviço Exterior e foi trabalhar como diplomata na Índia e na Tailândia antes de se aposentar, em 1993.

Depois da aprovação do projeto de lei, em 1975, a sra. Thomas recebeu uma carta da Casa Branca — um pedido formal de desculpas pelo tratamento que o governo dera ao marido. "Não há palavras que possam aliviar o fardo que a senhora tem carregado ao longo desses anos. [...] As circunstâncias que cercam a morte de seu marido são fonte do mais profundo remorso para o governo que ele serviu tão bem e lealmente, e posso esperar apenas que as medidas que surgiram como resultado desta tragédia impeçam a repetição de ocorrências desse tipo no futuro."[23] A carta era assinada pelo presidente Gerald R. Ford.

Charles Thomas não foi o único veterano da Embaixada dos Estados Unidos no México a morrer em abril de 1971. Duas semanas depois do suicídio de Thomas, Winston Scott morreu em sua casa na capital mexicana, aos 62 anos, após o que foi informado como queda acidental. Ele parece ter sucumbido a contusões internas depois de cair de uma escada no quintal dos fundos de sua casa.[24]

A notícia da morte de Scott chegou à sede da CIA quase de imediato, e uma de suas ex-assessoras no México, Anne Goodpasture, que vivia agora nos Estados Unidos, disse que sabia que precisava agir. Em poucas horas, segundo ela, entrou em contato com Angleton para avisá-lo de que era quase certo que Scott mantinha documentos confidenciais em sua casa na Cidade do México.[25] Era bastante sabido entre os assessores de Scott que ele levava arquivos para casa e nem sempre os trazia de volta. Goodpasture lembrou-se de que Scott tinha ao menos um cofre em casa. Ela não excluía a possibilidade de que ele "se apropriara" de pelo menos uma cópia da fita de 1963 que continha alguns dos telefonemas de Oswald no México.

Angleton pegou um voo para o México a tempo de chegar para o funeral. Anos depois, lembrou aos investigadores do Congresso que fora despachado para o funeral por Richard Helms, outro velho amigo de Scott. "Fui nomeado por Dick como funcionário para ir lá" como demonstração de respeito da agência, disse Angleton.[26] A viagem tinha um segundo propósito, reconheceu. "Win ia escrever um livro, um manuscrito", Angleton prosseguiu. "Era uma espécie de testamento, última vontade de um operador." Como Scott não submetera o livro à CIA para a necessária revisão de segurança pré-publicação, "meu propósito era ir lá e pegar todas as cópias", contou Angleton. "Eu era amigo íntimo dele, conhecia a esposa e tudo isso." Helms mais tarde viria a declarar que tinha apenas uma vaga lembrança da viagem de Angleton — e dos motivos. "Pode ter havido alguma preocupação de que talvez Scott tivesse algo no cofre que pudesse afetar o trabalho da agência", disse, sugerindo que a decisão de entrar na casa de Scott e esvaziar seu cofre era rotina. "A agência só queria uma dupla verificação para se assegurar de que não havia nada desse tipo ali."*

A família de Scott lembrou-se da inesperada batida na porta de sua casa na Cidade do México e de como a viúva de Scott, Janet, descobriu Angleton parado ali. Ele anunciou que precisava recolher material confidencial que poderia estar na casa. A família se submeteu à inspeção, e Angleton levou diversas caixas de documentos de volta a Langley, inclusive duas cópias das memórias de Scott.

Grande parte do manuscrito de Scott permaneceria sigiloso nos arquivos da CIA por décadas depois da sua morte. Um capítulo que tratava da vigilância da CIA sobre Oswald no México, porém, perdeu discretamente seu caráter secreto em 1994 e foi liberado para a família de Scott, na esteira da enchente de milhões de páginas de documentos governamentais relacionados ao assassinato de Kennedy que tiveram o sigilo quebrado na década de 1990, em boa medida como resposta à popularidade de *JFK*, o filme de Oliver Stone lançado em 1991 que incentiva teorias conspiratórias.

E o que constava desse capítulo viria a chocar ex-investigadores da Comissão Warren quando por fim o viram em 2012 e 2013.** Longe de dar garantias de que a CIA não ocultara segredos, as memórias de Scott indicavam o quanto de informação fora intencionalmente retida da Comissão Warren, com frequência pelo próprio Scott. Havia diferenças espantosas entre o que Scott escrevera no livro e o que a CIA dissera à comissão anos antes.

Em 1964, Scott tinha assegurado à comissão que o governo não havia encontrado nenhuma prova crível, com toda certeza não no México, que sugerisse uma conspiração para matar o presidente.[27] Em suas memórias, porém, Scott fornecia

---

* Em outubro de 1964, Angleton teve uma incumbência estranhamente similar depois do assassinato de Mary Pinchot Meyer, uma pintora e socialite de Washington que mais tarde seria identificada como ex-amante do presidente Kennedy. Horas depois do assassinato, Angleton, amigo da família, foi encontrado dentro da casa dela pelo jornalista de Washington Ben Bradlee, cunhado de Meyer e futuro editor executivo do *Washington Post*. Angleton explicou que estava à procura do diário dela, o qual, segundo ela dissera a amigos, queria que fosse destruído após sua morte. Segundo Bradlee, Angleton aparentemente forçara a fechadura. Quando o diário foi achado dias depois no estúdio de Meyer, a esposa de Bradlee o entregou a Angleton para ser destruído. Bradlee viu o diário e disse que ele continha "algumas descrições à mão" do que era "obviamente um caso com o presidente". (Entrevista com Ben Bradlee, 5 out. 1995, "Booknotes", C-SPAN.)

** O capítulo foi mostrado a eles pelo autor deste livro.

a visão precisamente oposta. O que aconteceu no México, segundo ele, levantou a suspeita de que Oswald de fato era "agente" de um governo comunista — Scott pensou que era da União Soviética — direcionado para matar Kennedy. "Acima de tudo, as visitas de Oswald tanto à Embaixada de Cuba comunista quanto à Embaixada soviética na Cidade do México durante sua breve estada de cinco dias em setembro-outubro de 1963 são, junto com o que se sabe que aconteceu durante essas visitas, o bastante para fazer dele um agente suspeito, agindo em nome dos soviéticos em diversas coisas, possivelmente incluindo o assassinato do presidente Kennedy. [...] É evidente que há dados suficientes para ao menos uma suspeita de que Oswald trabalhava para os soviéticos."

As memórias de Scott revelavam que a CIA tirara fotos de Oswald diante das embaixadas cubana e soviética, apesar de ter insistido para a comissão que não havia fotos de vigilância dele na Cidade do México. "As pessoas que vigiavam essas embaixadas fotografaram Oswald ao entrar e sair de cada uma delas, cronometrando o tempo em que permaneceu em cada visita", escreveu Scott. Ele sugeria também que havia rolos de fitas de áudio gravadas a partir dos grampos telefônicos, captando a voz de Oswald em seus telefonemas para as embaixadas — fitas que Scott tinha declarado em 1963 que haviam sido apagadas. "Oswald era de grande interesse para nós", escreveu Scott. "Suas conversas com o pessoal dessas embaixadas foram estudadas em detalhes."

Em 1976, a Câmara dos Representantes criou um comitê especial para reinvestigar o assassinato tanto do presidente Kennedy quanto de Martin Luther King, o líder de direitos civis. Nos dois anos seguintes, investigadores do Comitê Selecionado da Câmara sobre Assassinatos identificaram pelo menos três funcionários da CIA que se lembravam de ter visto fotos da vigilância sobre Oswald no México.[28] Entre eles estava Stanley Watson, ex-assessor de Scott, que se recordava de uma única foto da vigilância de Oswald, sozinho, tirada por trás — "basicamente uma orelha e as costas". Watson disse acreditar que Scott fora capaz de esconder e destruir material que não queria que seus colegas da CIA vissem. Lembrava-se de como Scott levou para casa conteúdos do cofre da embaixada ao se aposentar. Watson também sabia como Angleton fora à Cidade do México para recolher material da casa de Scott depois de sua morte. Disse espontaneamente que achava que Scott era capaz de "falsificar" provas. "Eu nunca acreditava em Win Scott a primeira vez que ele me contava alguma coisa."

Em 1992, o Congresso criou a Comissão de Revisão de Registros do Assassinato para acelerar a quebra de sigilo de praticamente todos os arquivos relacionados ao assassinato de Kennedy. A comissão forçou a CIA a tornar públicos alguns registros da rede de informantes mantida por Scott e seus colegas na Cidade do México. Na lista de informantes de Scott estava um ex-funcionário mexicano do Ministério do Interior, Manuel Calvillo — um nome que teria sido familiar a Elena Garro e sua filha.[29] Calvillo foi o amigo da família que, logo depois do assassinato, entrou em contato com elas para apressá-las a se esconder. Se o relato delas a Charles Thomas fosse verdade, significava que o funcionário mexicano que disse a Elena e sua filha para não falar nada sobre Oswald para ninguém — a respeito de Silvia Duran, da festa e dos dois "beatniks" companheiros de viagem de Oswald — também trabalhava para a CIA.*

---

* Os registros da CIA identificavam Calvillo como um agente "involuntário" da CIA, sugerindo que ele não sabia que seu contato trabalhava para a agência. Investigadores do Comitê Selecionado da Câmara para Assassinatos, trabalhando com o governo mexicano, foram incapazes de localizar Calvillo no México. Nesse meio-tempo, ele morreu.

58.

1975 E DEPOIS

Em fevereiro de 1975, David Slawson estava no corpo docente da Escola de Direito da Universidade do Sul da Califórnia e agradecia por ter recusado o emprego que lhe fora oferecido uma década antes por Robert Kennedy.[1] A proposta viera por intermédio de Joe Dolan, auxiliar de Kennedy no Senado, quando Slawson ainda estava no Departamento de Justiça em Washington. Kennedy queria que Slawson fosse conselheiro jurídico em seu gabinete no Senado, com planos para participar de sua campanha presidencial em 1968. Slawson dizia ficar arrepiado quando pensava que, se tivesse aderido à campanha, poderia ter presenciado o assassinato de Robert Kennedy no Ambassador Hotel, em Los Angeles. O hotel ficava na mesma rua, a apenas algumas quadras do escritório de Slawson na universidade.

Ele também estava contente por não ter se associado ao séquito político de Kennedy depois de todas as feias revelações sobre o possível papel de Bobby nos complôs da CIA para assassinar Castro. Um comitê especial do Senado presidido pelo senador Frank Church, de Idaho, confirmou de uma vez por todas em meados da década de 1970 que a CIA organizara tramas de assassinato contra vários líderes estrangeiros. O inspetor-geral da CIA identificou oito conjuntos separados de planos dirigidos somente contra Castro nas administrações Eisenhower e Kennedy.

Os detalhes de alguns desses esquemas pareciam tirados de um péssimo romance de espionagem, com um arsenal de armas a serem contrabandeadas para Cuba que incluía canetas e pílulas envenenadas, um traje de mergulho infectado de fungos e um charuto explosivo.

James Angleton, uma testemunha central perante o Comitê Church, nunca esteve ligado diretamente aos complôs contra Castro, embora o comitê tenha identificado pelo menos um funcionário de alto escalão da CIA que parecia convencido de uma conexão: John Whitten, o veterano da agência que fora afastado por Angleton da investigação de Oswald em 1964. Whitten afirmou para investigadores do Congresso que entendia que Angleton "era uma das várias pessoas na agência que estavam tentando usar a Máfia nas operações em Cuba".[2] Whitten lembrava-se agora como, bem antes do assassinato de Kennedy, fora forçado a cancelar uma operação da CIA no Panamá em busca dos depósitos bancários de mafiosos americanos porque "Angleton vetou a operação". De acordo com Whitten, na época lhe disseram que "o próprio Angleton tem laços com a Máfia e não gostaria de traí-la". Angleton foi obrigado a renunciar a seu cargo na agência no fim de 1974, como resultado da revelação de que durante anos ele supervisionara uma maciça e ilegal operação de espionagem doméstica que coletava informações sobre cidadãos americanos, inclusive abrindo sua correspondência.

Em Los Angeles da década de 1970, Slawson admitiu que não podia acompanhar cada meandro da investigação do Congresso sobre os delitos da CIA. Estava ocupado com suas aulas na universidade e havia épocas, segundo ele, que o sul da Califórnia parecia existir num universo distinto de Washington, DC. No entanto, ficava alarmado toda vez que lia uma nova revelação sobre as atividades da CIA que deveriam ter chegado a ele uma década antes, quando estava na Comissão Warren, em especial sobre os planos contra Castro. Ainda que os planos não tivessem nenhuma conexão com o assassinato de Kennedy, a CIA abdicara da sua responsabilidade de contar à comissão sobre deles. "A decisão de reter essa informação era moralmente errada", dizia Slawson.

Por algum tempo, ficou tão irado a ponto de não querer ser arrastado para "o circo" que tinha virado o debate nacional sobre o assassinato. Durante anos, ficou feliz em deixar o debate público para alguns de seus velhos amigos da comissão, sobretudo David Belin, que se tornara um acessório indispensável nos programas de rádio e televisão defendendo as conclusões da comissão — Belin acabaria escrevendo dois livros sobre o assunto.

Slawson pôs fim ao seu silêncio de uma vez por todas em fevereiro de 1975, quando foi contatado por um correspondente do *New York Times* em Washington que lhe pedia para dar uma olhada num intrigante documento do FBI que acabara de ser desenterrado do Arquivo Nacional.[3] Era um memorando de J. Edgar Hoover para o Departamento de Estado em 1960, três anos antes do assassinato de Kennedy, falando sobre Oswald, que na época estava morando na Rússia. O memorando questionava se um "impostor" poderia estar usando de alguma forma a certidão de nascimento de Oswald. Parecia que o assunto fora levantado pela primeira vez com agentes do FBI em Dallas pela sempre excitável e conspiratória mãe, Marguerite.

Ao ler o memorando de quinze anos do FBI, Slawson já conhecia o suficiente sobre a mãe de Oswald para saber que, quase com certeza, aquilo nada significava. Durante seu trabalho na Comissão Warren, Slawson não ouvira nenhuma sugestão de que alguém tivesse assumido a personalidade de Oswald na Rússia. Ainda assim, ele ficou zangado por nunca ter visto o memorando de Hoover de 1960 e porque isso deveria ter acontecido enquanto trabalhava na comissão; ele por certo se lembraria.

Assim, concordou em falar oficialmente com o *Times* — para atacar a CIA e se juntar aos crescentes clamores que pediam uma nova investigação do assassinato, ainda que apenas para esclarecer por que esse documento e tantas outras informações, sobretudo sobre os planos contra Castro, haviam sido ocultadas. Para os ex-membros da equipe da comissão, os comentários de Slawson representaram um ponto de virada — o principal investigador da Comissão Warren sobre a questão de se o presidente morrera numa conspiração estrangeira agora acreditava que a pergunta precisava ser novamente formulada. "Eu não sei para onde a noção de impostor nos teria conduzido — talvez a nenhum lugar, como uma porção de outras pistas", Slawson declarou ao *Times*. "Mas o ponto é que não sabíamos a respeito disso. E por que não?" Ele se perguntou se a CIA estaria por trás da decisão de esconder o memorando de 1960, da mesma forma que a agência tinha ocultado informação sobre os planos contra Castro. A CIA "pode ter encoberto isso".

Poucos dias depois do artigo no *Times*, o telefone tocou na casa de Slawson em Pasadena. Era domingo de manhã, e ele nunca tinha ouvido a voz do interlocutor. Era uma voz imponente, que de início pareceu amigável.

"Aqui é James Angleton", disse.

Slawson não estava seguro de saber quem era Angleton naquela época.

"Acho que só sabia que ele era um figurão importante na CIA." O papel de Angleton na operação de espionagem doméstica, a Operação Caos, fora exposto pelo *Times* apenas alguns meses antes, resultando em sua renúncia em dezembro de 1974.

Mas Angleton não havia saído fisicamente de seu escritório na sede da CIA depois de meses de sua renúncia. E deixou claro para Slawson que, mesmo em sua aposentadoria forçada, ele continuava a monitorar como ele e a agência eram retratados pela imprensa, sobretudo quando se tratava do assassinato de Kennedy.

Angleton queria conversar a respeito do artigo sobre Oswald no *Times* e o memorando de Hoover. Explicou brevemente seu histórico. "Ele enumerou uma montanha de atributos, como ele era importante e aristocrático", contou Slawson.

Angleton então seguiu adiante para deixar claro que era um velho amigo do reitor da Universidade do Sul da Califórnia, John Hubbard, ex-diplomata americano e, por definição, chefe de Slawson. "Ele perguntou como estava o reitor, como se eu fosse grande amigo dele", disse Slawson, que na verdade mal conhecia Hubbard.

Foi então que a conversa adquiriu um tom ameaçador. Angleton quis saber se Slawson fora citado com precisão no artigo do *Times*, o que dissera exatamente ao repórter e se era verdade que queria uma nova investigação dos elementos do assassinato de Kennedy.

Segundo Slawson, a ameaça ficou mais clara no tom sinistro de Angleton do que nas palavras. O ex-diretor de contraespionagem sugeriu que a CIA necessitava da ajuda dele — de sua ajuda contínua — como "parceiro". Parceiro em quê?, perguntou-se Slawson.

"Queremos que você saiba como apreciamos o trabalho que você fez conosco", disse Angleton. Slawson obrigou-se a lembrar que jamais trabalhara para a CIA — ele investigara a CIA.

"Esperamos que você se mantenha amigo", disse Angleton. "Esperamos que você se mantenha nosso parceiro." Angleton falava devagar, com pausas para permitir que Slawson absorvesse o que estava dizendo.

Ao desligar o telefone, Slawson achou que a mensagem era óbvia. "O recado foi: Nós sabemos de tudo que você está fazendo. Nós vamos descobrir. Simplesmente lembre-se disso. A CIA está observando você." Ele e sua esposa, Karen, ficaram ambos assustados com a ligação. O que significava aquela figura aparentemente poderosa da CIA entrando em contato com eles assim, sem mais nem menos, para sugerir que Slawson estava fazendo perguntas demais sobre o assas-

588

sinato de Kennedy? Ele estava convencido de que Angleton estava lhe dando um aviso: "Fique de boca fechada".

Em Washington, naquele verão, o diretor do FBI Clarence Kelley, começando seu terceiro ano na chefia do bureau, achou que estava fazendo progresso em distanciar o órgão do legado cada vez mais sombrio do seu predecessor, o falecido J. Edgar Hoover.[4] "Nós realmente lamentamos", Kelley viria a declarar publicamente, depois da enchente de revelações sobre os abusos de poder cometidos por Hoover, que incluíam o assédio ilegal do FBI durante décadas aos líderes de direitos civis e manifestantes que protestavam contra o governo — os abusos só acabaram com a morte de Hoover, em 1972. "Nenhum diretor do FBI deveria sustentar incursões nas liberdades das pessoas", declarou.[5]

Ainda assim, em seus anos de FBI, Kelley, ex-chefe de polícia de St. Louis, Missouri, com seu queixo proeminente, viu-se arrastado repetidas vezes para investigações internas dos delitos, e com frequência de crimes, de agentes do FBI e outros empregados do bureau durante os anos de Hoover. Esses crimes, Kelley descobriu para seu espanto no verão de 1975, incluíam a destruição de provas críticas sobre o assassinato de Kennedy pelos agentes do FBI em Dallas.

Naquele mês de julho, Tom Johnson, editor do *Dallas Times Herald*, o segundo maior jornal da cidade, requisitou um encontro urgente com Kelley.[6] O diretor concordou, e Johnson voou para Washington no dia seguinte. Conduzido ao escritório de Kelley, Johnson tomou assento e não perdeu tempo em revelar o motivo de estar ali: seu jornal estava trabalhando numa história que sugeria um maciço encobrimento do que o FBI soubera sobre Lee Harvey Oswald em Dallas.

Depois de anos ouvindo "tantas histórias malucas, tantas teorias conspiratórias" sobre o assassinato, disse Johnson, essa história "horrorosa" parecia ser verdadeira: Oswald havia adentrado o escritório de campo do FBI em Dallas no começo de novembro de 1963, poucas semanas antes do assassinato, deixando um bilhete ameaçador. Nele, Oswald se queixava da vigilância do FBI sobre sua família; as palavras exatas da ameaça — e seu alvo — eram um mistério, pois o bilhete havia desaparecido depois do assassinato. O FBI encobriu a existência do bilhete e a visita de Oswald, nunca revelando nada disso à Comissão Warren. O próprio editor do Texas recebera a dica sobre o bilhete e seu desaparecimento — de um funcionário do FBI em Dallas cujo nome ele se recusou a revelar — e planejou escrever a história junto com o repórter Hugh Aynesworth, o tradicional artista de furos jornalísticos do *Dallas Morning News*, que agora trabalhava para o rival *Times Herald*.

"Kelley olhou para mim, e sua expressão estava além de espantada", contou Johnson. "Ele parecia estupefato." Kelley prometeu investigar e pediu a Johnson para "mandar a história inteira por escrito, e me dar algum tempo para verificá-la".

O diretor do FBI levou pouco tempo para determinar que "o pior daquilo era dolorosamente verdadeiro".[7] Conseguiu estabelecer que Oswald de fato deixara um bilhete escrito à mão no escritório de campo do FBI em Dallas no começo de novembro de 1963, e que o bilhete fora rasgado, jogado no vaso sanitário e descartado pela descarga pelo agente especial James Hosty, sob ordem de seu supervisor, Gordon Shanklin, nas horas que se seguiram ao assassinato de Oswald.

Kelley estava atônito, segundo disse. "Enterrado havia doze anos estava esse encobrimento do FBI", escreveu mais tarde. "Por que o pessoal do FBI fez isso? A razão, pelo menos no começo, era bem fácil de entender: esconder a notícia de Hoover." Ele podia imaginar como, após o assassinato, Hosty e Shanklin entraram em pânico com a existência do bilhete. "Para o mundo de forma geral, devem ter raciocinado, podia parecer que o FBI tivera o assassino nas mãos — e aí o deixou ir embora. Para J. Edgar Hoover em Washington, com toda certeza teria dado essa impressão." Kelley imaginou como a revelação "teria detonado um inferno de recriminações em Hoover".

Kelley ligou para Johnson em Dallas e lhe disse que estava livre para contar toda a história — porque era verdade. O artigo foi publicado em 31 de agosto de 1975 e "foi uma sensação de costa a costa", declarou o diretor.

O incidente levou Kelley a montar o que viria a ser uma investigação pessoal informal do que ficara oculto nos arquivos do FBI sobre o assassinato de Kennedy — o que mais a Comissão Warren nunca tivera direito de ver. O assassinato era um tema no qual ele sempre se considerara uma espécie de detetive de poltrona. "Eu encarava o assassinato como um tipo de negócio pessoal inacabado", disse ele. Como a maioria dos agentes de cumprimento da lei, Kelley presenciara "uma quantidade considerável de tragédias desoladoras. [...] A gente não fica necessariamente imune a elas, mas, de algum modo, vacinado contra elas". Mas não em relação àquela de novembro de 1963. "A morte do presidente Kennedy me deixou atordoado."

Ele acompanhou as muitas teorias da conspiração sobre o assassinato. "Li um sem-número dos chamados 'livros do assassinato'", escreveu mais tarde. "O arquivo do FBI sobre o crime é o maior já criado pelo bureau sobre um único tema. [...] Como diretor, tive acesso a todo ele e, à medida que o tempo permitia, revi partes inteiras dele."

Ao longo de anos, enquanto juntava e folheava os arquivos brutos do bureau, ele ficou particularmente incomodado com um assunto: a visita de Oswald à Cidade do México. Kelley leu sobre a operação de vigilância da CIA focalizada em Oswald — e como a informação da agência fora mál manuseada depois de ter sido comunicada ao FBI no outono de 1963. Alguma coisa importante acontecera no México, concluiu Kelley. "A estada de Oswald na Cidade do México aparentemente moldou de forma irrevogável o pensamento do homem."

Kelley deparou com uma carta ultrassecreta de Hoover de junho de 1964, endereçada à comissão — a carta que os advogados da equipe disseram jamais ter chegado a eles — sobre a declaração de Oswald na Embaixada cubana na Cidade do México de que pretendia matar Kennedy. Com base no que Kelley estava lendo, não havia dúvida de que o incidente ocorrera. "Oswald decididamente se ofereceu para matar o presidente Kennedy", disse. E pelo que descobriu em outros lugares dos arquivos do FBI, Kelley veio a acreditar que Oswald fizera uma ameaça idêntica quando se encontrou com diplomatas — e espiões — na Embaixada soviética no México, inclusive com Valeriy Kostikov, o temido agente da KGB. "A importância de Kostikov não pode ser considerada exagero", afirmou Kelley. Bem antes do assassinato de Kennedy, Kostikov era conhecido tanto pela CIA quanto pelos analistas de inteligência soviética na sede do FBI como especialista em assassinatos.

Isso não significava que os cubanos ou soviéticos estivessem por trás da morte de Kennedy, ressaltou Kelley. Kostikov também tinha deveres diplomáticos rotineiros na embaixada como parte de seu disfarce. "Pessoalmente, acho que os soviéticos informaram Oswald que não queriam tomar parte no esquema", disse Kelley. Quanto a Castro, o FBI havia determinado que "o ditador pensou na época que a oferta poderia ser uma provocação deliberada do governo americano, ou que Oswald era apenas um maluco", e era provável que os diplomatas cubanos no México não tivessem mais nada a ver com ele.

Ainda assim, o que estava nos arquivos do FBI — e jamais fora compartilhado com a Comissão Warren — já era impressionante o suficiente. Indicava que as embaixadas cubana e soviética no México sabiam semanas antes do assassinato que Oswald estava falando abertamente sobre sua intenção de matar o presidente.

O que se seguiu à viagem de Oswald ao México foi uma série de mancadas e atrasos burocráticos dentro do FBI, que impediram que grande parte da informação, inclusive o fato de Oswald ter se encontrado no México com um perito da KGB em assassinatos, chegasse ao escritório de campo do FBI em Dallas. Em Washington, o FBI e a CIA "tinham informação combinada suficiente sobre o trajeto de Oswald na Cidade do México para pôr seu nome no topo da lista de ameaças à segurança presidencial", disse Kelley. Mas Hosty "foi mantido no escuro". O agente de Dallas recebeu apenas informação superficial sobre a viagem à Cidade do México; nada lhe foi dito sobre a verdadeira identidade de Kostikov. "À primeira vista, dentro da máquina do bureau, os responsáveis não somaram dois e dois com rapidez suficiente", disse Kelley.

Depois do assassinato, Kelley descobriu, supervisores do FBI em Washington — e, acreditava ele, na Casa Branca de Johnson — decidiram manter esses detalhes longe de Hosty e seus colegas em Dallas, temendo criar uma crise internacional com a possibilidade de uma conspiração comunista na morte de Kennedy. Kelley concluiu que pelo menos dois memorandos sobre os acontecimentos no México foram removidos do arquivo do caso Oswald em Dallas nos dias seguintes ao assassinato, na esperança de que Hosty ainda não os tivesse lido. Kelley disse que acreditava que a ordem de remoção dos memorandos viera do ex-funcionário do FBI, o diretor assistente William Sullivan, que parece ter agido por ordem da Casa Branca, que "aparentemente considerava grande demais o risco de um confronto com a União Soviética devido ao assassinato de Kennedy". Em suas memórias publicadas em 1979, dois anos depois de morrer num acidente de caça, Sullivan não falou sobre as alegações de Kelley, embora tenha admitido que o FBI e a CIA jamais tinham chegado ao fundo dos mistérios do assassinato de Kennedy, sobretudo os relacionados com a viagem de Oswald ao México. "Havia enormes lacunas no caso. Lacunas que nós nunca fechamos", admitiu. "Nós nunca descobrimos o que se passou entre Oswald e os cubanos na Cidade do México."[8]

Kelley passou a ver Hosty como vítima. Estava convencido de que, se Hosty tivesse sido informado de tudo que a sede do FBI sabia sobre a viagem de Oswald ao México, ele teria alertado o Serviço Secreto da ameaça óbvia que Oswald representava. O FBI, segundo Kelley, teria "sem dúvida tomado todas as medidas necessárias para neutralizar Oswald". E essa foi a conclusão mais ampla de Kelley

— de que o assassinato do presidente Kennedy poderia ter sido evitado, talvez com facilidade. A despeito da insistência de Hoover de que Oswald era um lobo solitário cujos planos de matar o presidente jamais poderiam ter sido detectados pelo bureau, a verdade era diferente. Se o escritório de campo do FBI em Dallas tivesse tido conhecimento do que se sabia em outras partes do FBI e da CIA sobre Oswald naquele momento, "sem dúvida JFK não teria morrido em Dallas em 22 de novembro de 1963", declarou Kelley. "A história teria tomado outro rumo."

Nota do autor

Em 1977, o ex-embaixador americano no México, Thomas Mann, fez uma exigência extraordinária aos investigadores do Congresso. Então aposentado no Texas, disse aos membros da equipe do Comitê Selecionado da Câmara sobre Assassinatos que revelaria a verdade sobre o que acontecera na Cidade do México nos dias que se seguiram ao assassinato — informação que ele ocultara da Comissão Warren —, mas somente se o presidente Jimmy Carter concordasse pessoalmente em lhe conceder imunidade de ser processado.[1] Como James Angleton, Mann parecia saber que havia muito mais sobre o assassinato de Kennedy que o governo — e a CIA em particular — gostaria de manter oculto para sempre. Ele não revelaria isso sem aprovação direta do Salão Oval.

O relatório dos investigadores da Câmara, que permaneceu secreto durante anos depois que foram ao Texas para entrevistar Mann, mostra que o ex--embaixador deu indicações de que estava preparado para dizer sob juramento se tivesse imunidade — que recebera pessoalmente ordens do secretário de Estado Dean Rusk, nos dias seguintes ao assassinato de Kennedy, de encerrar qualquer investigação no México que "confirmasse ou refutasse os rumores de envolvimento cubano no assassinato". Mann disse que acreditava que a mesma ordem "incrível" fora dada a Winston Scott, chefe do posto da CIA, e a Clark Anderson, adido jurídico do FBI, pelos seus superiores nos Estados Unidos. "Mann não acreditava que o governo americano interromperia a investigação apenas com base na possibilidade de criar um mal-estar com os cubanos", segundo um resumo de sua entrevista mantido em sigilo por muito tempo. "Mann afirmou que [...] se tivesse que dar um palpite, havia 99% de chance de que a investigação fora interrompida porque teria resultado na descoberta de ação secreta do governo dos Estados Unidos" no México, cujo alvo, de alguma forma, era Castro. Ele concluiu que Silvia Duran "provavelmente era agente da CIA". Disse também que Robert Kennedy "estava intensamente envolvido em atividade de contrainteligência em 1964", embora esse ponto não estivesse elaborado no resumo.

Mann morreu em 1999, e os dois investigadores da Câmara que o entrevistaram não estão mais vivos. Membros sobreviventes da equipe do Comitê Selecionado da Câmara sobre Assassinatos dizem não conseguir se lembrar por que o comitê não obteve da Casa Branca a imunidade que permitiria a Mann testemunhar. Embora tivesse sido brevemente entrevistado pela equipe da Comissão Warren, Mann tampouco foi chamado para dar um depoimento formal, sob juramento, para a comissão. Em vez disso, a principal testemunha do Departamento de Estado perante a comissão foi o secretário Rusk, que jurou não ter conhecimento de prova de uma conspiração envolvendo Cuba ou qualquer outro governo. Rusk morreu em 1994.

Em 1978, o comitê da Câmara chegou a tomar um testemunho sigiloso sob juramento de Ray Rocca, que — não intencionalmente — forneceu nova prova para as mentiras da CIA para a Comissão Warren. Mesmo que Win Scott assegurasse à comissão em 1964 que o posto da CIA na Cidade do México não tinha nenhuma suspeita séria de conspiração, ele dizia precisamente o contrário para seus colegas da CIA. Não foi apenas em suas memórias jamais publicadas que Scott revelou suas dúvidas de que Oswald agira sozinho: ele também contou a Rocca. "Ele estava tão convicto — Win estava, pessoalmente — do fato do envolvimento cubano", afirmou Rocca, que parecia não ter consciência de que Scott dissera exatamente o contrário à Comissão Warren. "Não posso acreditar — em absoluto — que ele seria capaz de ocultar esse fato."[2]

Falei com James Angleton uma vez na vida, quando era um jovem repórter na sucursal de Washington do *New York Times*. Não me lembro da história na qual estava trabalhando, mas foi no começo dos anos 1980 e de algum modo envolvia a CIA. Um editor da sucursal achou que Angleton — que, no decorrer dos anos, tinha feito amizade com os editores "de sangue azul" do *Times* — poderia nos oferecer alguma perspectiva proveitosa. Como Angleton e muitos outros da CIA, meu editor era um orgulhoso graduado pela Universidade Yale. Angleton, na época, estava havia alguns anos em sua aposentadoria forçada.

O que lembro da entrevista é que Angleton falava em charadas, sem nunca responder a nenhuma pergunta que eu lhe fazia, mas sugerindo que eu devia percorrer o caminho rumo a uma verdade maior em termos de proteger os Estados Unidos de seus adversários atrás da Cortina de Ferro. A conversa foi absolutamente bizarra (e não muito diferente da conversa telefônica que Slawson descreveu em 1975). A verdade é que eu achei que Angleton podia estar bêbado — no fim da sua carreira, seu debilitante alcoolismo era bem conhecido nos círculos da inteligência. Ele morreu em 1987, aos 69 anos.

Nos anos que vieram depois desse estranho telefonema, à medida que mais e mais detalhes de sua carreira de trinta anos como espião vinham à tona, ficou claro que seu legado na CIA foi especialmente desastroso. Ele era o caçador de espiões que nunca achou um espião, mas cuja paranoia abastecida por álcool e manchada de nicotina em relação à infiltração comunista na agência de espionagem e no resto do governo destruiu muitas vidas, inclusive as de colegas da agência que ele efetivamente acusou de traição. Havia outros que ele suspeitava que podiam ser agentes soviéticos: Henry Kissinger, o ex-primeiro-ministro britânico Harold Wilson e o último chefe de Angleton na CIA, o diretor William Colby.

Os registros mostram que Angleton se deleitava em criar uma aura de ameaça e mistério em torno de si mesmo, e em promover um senso de romance trágico em relação ao trabalho de contrainteligência — e nesses esforços ele foi inegavelmente bem-sucedido. Desde a sua morte, tornou-se personagem da cultura popular, retratado em filme, entre outros, pelo ator Matt Damon em *O bom pastor*.[3] Diversas biografias importantes foram escritas sobre Angleton, e outras estão a caminho. Desconfio que ele teria achado divertido, e decerto prazeroso, que meio século depois do assassinato de Kennedy um jornalista como eu poderia passar anos numa "floresta de espelhos" que ele criou.

Ao entrar neste projeto, eu não tinha ideia — e creio que muitos historiadores sérios também não — de que Angleton chegara a ter algum papel na investigação do assassinato de Kennedy. Tampouco tiveram Slawson e os outros advogados da equipe da Comissão Warren que recebiam informação da CIA somente depois de filtrada por Angleton e seu pessoal. Foi só quando compartilhei com Slawson os resultados da minha pesquisa para este livro que ele percebeu o controle que Angleton, cujo nome ele não conhecia em 1964, exercera sobre o trabalho da comissão.

Isto não é especulação: Angleton e seus colegas, em especial seu velho amigo Win Scott na Cidade do México, *realmente* turvaram os fatos sobre o assassinato, impossibilitando sabermos hoje toda a verdade, sobretudo para responder a pergunta fundamental se Oswald teria sido incentivado ou mesmo recebido ordens de pegar aquele rifle em Dallas. Há exemplo atrás de exemplo de como Angleton e Scott tentaram moldar — ou melhor, deformar — a história oficial do assassinato. Sabemos que:

- No começo de 1964, Angleton afastou à força um colega sênior para assumir o controle de fluxo de informação para a Comissão Warren, ao mesmo tempo que mantinha discretas linhas de comunicação com seus amigos no FBI e com o membro da comissão, Allen Dulles, que fora seu chefe na CIA. John Whitten, o colega da CIA que ele afastou, estava convencido de que Angleton estava ligado aos planos da CIA com a Máfia para derrubar Castro.
- Angleton baixou na Cidade do México nos dias seguintes à morte de Scott em 1971 para se apoderar das memórias de Scott, que revelavam exatamente quanta informação fora ocultada da comissão, bem como suas suspeitas de que bem poderia ter havido uma conspiração estrangeira por trás do assassinato de Kennedy.
- Em 1969, Angleton assinou uma carta que negava o pedido do diplomata Charles Thomas para uma nova investigação das alegações feitas por Elena Garro sobre a "festa do twist" no México e sobre um relacionamento sexual entre Oswald e Silvia Duran. Esse único ato de Angleton significava que os argumentos de Garro não seriam investigados até que ela e a maioria das pessoas que poderiam confirmar seu relato estivessem mortas.

Quanto a Scott, seus antigos colegas na Cidade do México se lembram das fitas de áudio e das fotos de vigilância de Oswald que Scott depois insistiu que não existiam. O registro mostra que ele desconsiderou várias vezes a prova que Thomas lhe trazia de Elena Garro, mesmo depois de ter coletado de forma independente informações que sustentavam elementos de sua história, inclusive o que Scott mais tarde descreveria como "o fato" de um caso entre Oswald e Duran. Durante todo esse tempo, Scott ia estabelecendo um registro escrito no qual questionava a estabilidade mental de Garro, enquanto seu ex-assessor desfechava uma campanha de boatos na Cidade do México destinada a desacreditar Charles Thomas.

Aqui há especulação que rotulo assim de forma clara: será possível que Angleton ou Scott tenham tido alguma participação no desaparecimento da explosiva carta de J. Edgar Hoover à Comissão Warren de junho de 1964, na qual ele relatava que Oswald tinha invadido a Embaixada cubana na Cidade do México e declarado sua intenção de matar o presidente Kennedy — uma história que, pelo que se supõe, chegou ao FBI diretamente da boca de Fidel Castro?[4] A carta de Hoover parece nunca ter chegado à comissão, embora tenha aparecido décadas depois nos arquivos da CIA.

Existe outro documento que salta aos olhos, preparado na CIA em algum momento depois de 1968, que merece atenção quando se tenta entender o que foi escondido pela agência.[5] É uma meticulosa cronologia de 132 páginas, altamente sigilosa, de tudo que se sabia sobre Oswald no posto da CIA na Cidade do México. A primeira entrada é de 27 de setembro de 1963, quando Oswald foi detectado pela primeira vez na Embaixada soviética no México. Os registros da CIA parecem sugerir que a cronologia foi preparada por Anne Goodpasture, ex-assessora de Scott. A cronologia documenta a linha do tempo, pelo menos conforme apresentada por Scott, das alegações de Garro sobre a "festa do twist" e sua crença de que Duran tinha sido "amante" de Oswald. Num dos lados da cronologia há breves comentários datilografados por quem a elaborou, que questiona — em tom desesperado, ao que parece — por que a agência fora tão cética em relação a Garro, mesmo depois de suas alegações encontrarem sustentação em outras partes. "Como Elena GARRO sabia que Silvia era amante de OSWALD? — estamos em 1965", diz uma nota, lembrando que a CIA viria a ouvir a mesma história de seus próprios informantes em 1967. A cronologia nota que o FBI também acabou conseguindo confirmar a afirmação de Garro de que ela fora escondida — por um homem mais tarde identificado como informante pago da CIA — num pequeno hotel na Cidade do México durante oito dias depois do assassinato. "Foi isso que Elena afirmou e ninguém acreditou nela", diz uma nota anexa a essa entrada. Em outra parte, o autor da cronologia escreve: "A Comissão Warren não fez um trabalho investigativo adequado. [...] É difícil acreditar que a comissão tenha servido bem o público. Em vez de pôr fim a todos os boatos, eles montaram o palco para uma nova e mais séria era de especulação".

A partir de outros arquivos da CIA que tiveram seu sigilo quebrado, sabemos, com certeza, de outro segredo que Angleton teria ficado ansioso por guardar: a elite de sua equipe de contrainteligência mantivera um olho em Oswald — de forma ilegal — já em 1959, quatro anos antes do assassinato. Em novembro de 1959, um mês depois de Oswald chegar a Moscou e anunciar que queria desertar para a União Soviética, o pessoal de Angleton colocou Oswald numa lista de vigilância SOMENTE OLHOS SECRETOS, que continha cerca de trezentos americanos visados para ter sua correspondência internacional aberta para inspeção.[6] Isso foi um ano inteiro antes da data que a CIA deu para a Comissão Warren para a abertura dos primeiros arquivos da agência sobre Oswald. O desejo de Angleton de manter a vigilância precoce em segredo fazia sentido, mesmo que fosse apenas devido ao fato de o programa de violação de correspondência — cujo codinome era HK-LINGUAL — ser conhecido dentro da CIA como ilegal; a agência não tinha mandados judiciais que autorizavam abrir a correspondência de cidadãos americanos. (Com os anos, a lista de vigilância passou a incluir Martin Luther King, John Steinbeck e o ex-vice-presidente Hubert Humphrey.) Por que o pessoal de Angleton teria visado Oswald logo após sua chegada à Rússia, enquanto outros desertores militares americanos jamais foram colocados na lista de vigilância? É outra pergunta que não pode ser respondida com certeza.

Comecei a trabalhar neste livro em 2008, e estou escrevendo esta "Nota do autor" no fim do verão de 2013. Durante esse tempo entrevistei centenas de pessoas, várias delas mais de uma vez, e viajei pelo país e para vários pontos no exterior para minha pesquisa. Tive a autorização de ver documentos sigilosos, cartas privadas, transcrições jurídicas, fotografias, filmes e uma variedade de outros materiais que, pelo que sei, não foram mostrados a nenhum outro autor. Toda declaração e citação neste livro tiveram sua fonte verificada, o que demonstram as notas de rodapé e as de fim. O que está claro para mim é que nos últimos cinquenta anos — na verdade, mais de cinquenta anos, pois partes da narrativa ocorrem bem antes de 22 de novembro de 1963 — funcionários veteranos do governo dos

Estados Unidos, em especial da CIA, têm mentido sobre o assassinato e os acontecimentos que levaram a ele.

Vários ex-funcionários carregam responsabilidade específica pelas teorias conspiratórias que estão propensas a nos atormentar para sempre. No topo dessa lista estaria outro veterano da CIA, o ex-diretor Richard Helms, que tomou a decisão de não contar à Comissão Warren sobre os complôs da agência para assassinar Castro. E foi Helms, é claro, quem pôs o traiçoeiro Angleton no controle da informação que deveria chegar à comissão. No FBI, J. Edgar Hoover e seus assessores se desviaram do caminho — desde as primeiras horas depois do assassinato — para evitar a busca de provas que pudessem levar à descoberta de que Oswald tinha cúmplices. Foi muito mais fácil para Hoover jogar a culpa do assassinato sobre um jovem desajustado e perturbado que não tinha histórico de violência do que reconhecer a possibilidade de ter havido uma conspiração para matar o presidente que o FBI poderia ter sido capaz de frustrar. Foi o próprio sucessor de Hoover, Clarence Kelley, quem declarou com certeza que o presidente Kennedy não teria morrido se o FBI apenas tivesse agido com base na informação existente em seus arquivos em novembro de 1963.

Há outros dois nomes que pertencem à lista, e são de homens que são saudados com mais frequência por suas realizações na vida pública: o presidente da Suprema Corte Earl Warren e Robert Kennedy. Warren foi sábio em inicialmente recusar o pedido do presidente Johnson para chefiar a comissão — ele tinha razão em temer que o trabalho da comissão pudesse manchar seu legado, pois de fato o fez, para decepção de pessoas como eu, que fomos criados para reverenciá-lo por suas realizações na Suprema Corte. O que se pode dizer de uma comissão presidencial cujas conclusões foram, em última análise, rejeitadas pelo próprio presidente do país? Warren deve ser responsabilizado acima de tudo por negar provas fundamentais e testemunhas à equipe da comissão. Esses erros monumentais incluem sua recusa em permitir à comissão examinar as radiografias e fotos da autópsia do presidente — uma decisão que garantiria que a prova médica permanecesse irremediavelmente confusa até hoje — e sua ordem ainda mais estarrecedora de impedir a equipe de entrevistar Silvia Duran.

Não me resta nada a não ser admiração pela maioria dos então jovens advogados da equipe da comissão, que brigavam para chegar à verdade sobre o assassinato. Isso incluiria homens como David Slawson, Burt Griffin, David Belin, Mel Eisenberg e Sam Stern — acredito que eles tenham se juntado à investigação sem nenhum senso real do que iriam enfrentar. Não pode haver nenhum elogio a Wesley Liebeler se houver um mínimo indício de verdade nos relatos de suas investidas sexuais contra testemunhas mulheres, mas acredito que ele também teria ficado empolgado em revelar que Oswald teve cúmplices para matar o presidente, e descobri-los. Arlen Specter estava disposto a correr o risco de enfrentar — e muitas vezes ofender — o presidente da Suprema Corte dos Estados Unidos ao insistir em ter acesso a provas que julgava necessárias para seu trabalho. Se ele tivesse tido permissão de examinar as fotos e radiografias da autópsia de Kennedy, muitas das discussões sobre as provas médicas e a teoria da bala única poderiam ter sido resolvidas muito tempo atrás.

E, talvez a maior surpresa, está claro que Robert Kennedy carrega grande parte da responsabilidade pelo fato de, meio século depois do assassinato, pesquisas de opinião mostrarem que a maioria dos americanos hoje está convencida de que ainda lhe está sendo negada a verdade sobre a morte do presidente. Ninguém esteve em melhor situação para exigir a verdade do que Robert Kennedy — primeiro como procurador-geral, depois como senador dos Estados Unidos e, o mais importante, como irmão do presidente assassinado. E todavia, entre os quase cinco anos entre a morte violenta do irmão e a sua própria, Robert Kennedy insistiu publicamente em seu total apoio às descobertas da Comissão Warren, ao mesmo tempo que dizia a família e amigos estar convencido de que a comissão estava errada. Se alguém duvidava da falta de sinceridade de Kennedy, essas dúvidas foram aplacadas em janeiro de 2013, quando seu filho Robert Jr. surgiu para atordoar uma audiência em Dallas — em honra ao legado do pai — revelando que seu pai achava que o relatório da comissão "era uma porcaria de peça fabricada".[7] Disse que seu pai acreditava que o assassinato podia ter sido executado por mafiosos em retaliação ao desmantelamento do crime organizado promovido pelo Departamento de Justiça durante a administração Kennedy, ou que o assassinato podia estar ligado a Cuba, ou até mesmo a "agentes patifes da CIA".

Robert Jr. tinha uma explicação para o pai ter iludido o público durante anos. Seu pai sentia que, em meados da década de 1960, não era capaz de realizar ele próprio uma investigação e temia que, ao levantar suspeitas públicas sobre uma conspiração na morte do irmão, ele poderia desviar a atenção de questões nacionais prementes, sobretudo o movimento de direitos civis. "Não havia nada que ele pudesse fazer naquela época", explicou Robert Jr. "Assim que Jack morreu, ele perdeu todo seu poder."

★ ★ ★

Descobri que existe um lugar onde ainda há esperança de resolver alguns dos mistérios sobre o assassinato do presidente: a Cidade do México. Admito que não sabia nada — absolutamente nada — sobre a viagem de Oswald ao México antes de começar a trabalhar neste livro. Em duas longas viagens de reportagem à capital mexicana, tentei refazer os movimentos de Oswald naquela densa cidade. Fiz o que o FBI e a CIA, ao que parece, se recusaram a fazer depois do assassinato, inclusive tentar localizar e conversar com Silvia Duran. Também estava ansioso para encontrar pessoas que tivessem conhecido Elena Garro, que morrera em 1998 de enfisema, aos 77 anos.

Em abril de 2013, minha talentosa viga de sustentação na Cidade do México — Alejandra Xanic von Bertrab, que dividiu semanas depois um prêmio Pulitzer pelo seu trabalho no *New York Times* — localizou Duran na capital mexicana, onde ela ainda mora depois de ter se aposentado da Administração da Previdência Social do México. Duran vai completar 76 anos em 22 de novembro de 2013 — seu aniversário cai no dia do assassinato de Kennedy. A princípio ela se recusou a ser entrevistada em detalhes, declinando de responder a telefonemas e cartas. Então lhe enviei um grande pacote dos documentos a seu respeito dos arquivos governamentais que não eram mais sigilosos, tanto dos Estados Unidos como do México. Entre esses papéis estava o relatório detalhado da CIA de 1967, no qual um informante da agência — o artista mexicano que Duran reconhece como amigo — descrevia como ela lhe contara espontaneamente que tivera um breve caso com Oswald. Também forneci a Duran os registros de vigilância da polícia secreta mexicana que parecem documentar suas relações extraconjugais com outros homens no ano anterior ao assassinato de Kennedy, inclusive com pelo menos dois americanos que visitavam o México. Também lhe enviei os relatórios da CIA que se propunham a documentar o caso entre ela e o ex-embaixador cubano no México. Duran parece ter ficado sob vigilância tanto da CIA quanto do Ministério do Interior mexicano muito antes do assassinato, como resultado de seu trabalho no Consulado cubano e, antes disso, num instituto cultural Cuba-México. Os relatórios da vigilância eram desagradáveis e provavam como a privacidade de Duran fora violada de forma vergonhosa durante anos. Mas pensei que seria justo que ela visse o que tanto me intrigara e alarmara no arquivo. Se ela quisesse refutar alguma coisa, eu estava ansioso para ouvir.

Enquanto aguardávamos para ver se Duran responderia, Xanic e eu localizamos a filha de Elena Garro, Helena Paz, agora com 74 anos, morando numa instituição de assistência médica a uma hora de carro da capital. Embora considerada mentalmente sã, Helena vinha sofrendo havia anos como resultado de um derrame. Mediante um primo que serve como tutor legal, ela declinou de ser entrevistada.[8] Pressionamos a prima a perguntar se Helena mantinha seu relato — e o de sua mãe — de que haviam encontrado Oswald e os dois "beatniks" americanos, bem como Silvia Duran, na "festa do twist". Ela manteve o relato. "O que ela disse na década de 1960 é a verdade", a prima nos informou. "Ainda é verdade."

Estendi a minha permanência na Cidade do México por alguns dias na esperança de falar com Duran, mas ela nunca respondeu ao meu pacote de documentos. Assim, numa última tentativa de interrogá-la, Xanic e eu fomos de carro até a casa da família Duran numa terça-feira, 9 de abril. Informados por seus familiares de que ela passaria a tarde fora, resolvemos esperar na rua pelo seu retorno. Por fim ela chegou, carregando sacolas de compras do supermercado. Ficou zangada ao nos ver, tentando abrir o grande portão de ferro e entrar sem tomar conhecimento da nossa presença. Mas acabou cedendo depois que lhe pedimos apenas alguns minutos do seu tempo. De cara feia, concordou em responder a algumas perguntas, talvez esperando que depois disso a deixássemos em paz.

Mesmo depois de cinco décadas, não havia dúvida de que esta era Silvia Duran. Seu rosto era reconhecível pelas fotos tiradas no começo dos anos 1960. Suas roupas eram elegantemente confortáveis, realçadas por uma longa echarpe xadrez de cores pastel em volta do pescoço. Usava óculos escuros da marca Chanel. Seu cabelo, que um dia fora preto, estava praticamente grisalho e com o mesmo corte no estilo "joãozinho" que usara em 1963. Seu inglês ainda era bom, embora com frequência caísse no espanhol numa conversa que acabou durando quase uma hora diante do portão de ferro, as sacolas de compras no chão. Mesmo quando discordava de nós era charmosa, engraçada e esperta. Para nossa surpresa, não foi preciso muito para nos permitir tirar sua foto.

Ela negou, como fizera durante tantos anos, que tivesse tido um relacionamento sexual com Oswald — ainda que, segundo ela, fosse apenas porque o julgava pouco atraente.[9] Disse que a sugestão de que fora capaz de dormir com ele era um insulto. "Por favor!", ela disse em inglês em tom de zombaria. "Eles dizem que ele foi meu amante? Por favor, por favor. Oswald era deste tamanho", disse, esticando o braço para sugerir que Oswald era baixinho. (Ele tinha 1,75 metro.)

"Como eu poderia ser amante de um homem tão insignificante?" Ela negou os muitos relatórios e rumores, que foram investigados mas nunca provados pela Comissão Warren e depois pelo governo americano, de que trabalhara como espiã para Cuba ou México, ou até mesmo para a CIA.

Duran disse que se lembrava da festa dançante descrita por Elena Garro e que Oswald não estivera lá. Recordava-se de que havia americanos na festa, inclusive um "astro de cinema", que ela não identificou, dizendo que achava que o ator ainda estava vivo e não queria criar problemas para ele. Indagada por que sua prima Elena inventaria uma história tão extraordinária afirmando que ela e Oswald haviam tido um caso, Duran disse que sua prima era "louca, completamente desregulada. [...] Não creio que ela me odiasse tanto assim. Acho que ela era louca". E por que a filha de Garro diria a mesma coisa? "Ela teve um monte de problemas psicológicos", respondeu Duran. Elena e a filha "eram ambas bem malucas, sempre".

Mostrei que havia outras afirmações de que ela tivera um caso com Oswald, além das alegações de Elena Garro e da filha. Os relatórios da polícia secreta mexicana mostram que, depois do assassinato, Duran foi interrogada repetidas vezes sobre suas "relações íntimas" com Oswald, como se tivesse prova disso. Por que seu amigo artista afirmara em 1967 que ela lhe contara sobre o caso? Ela respondeu que pode ter sido vítima de mentiras de homens invejosos que tinham querido dormir com ela, e que ela recusara. "Eu era casada", disse. "É por isso que fico tão brava quando leio sobre isso. É tudo fofoca. [...] Eles querem dizer que todo mundo era meu amante — o embaixador, o cônsul." Ela voltou a insistir — como fazia havia anos — que viu Oswald apenas dentro dos limites do Consulado cubano durante duas visitas num único dia em setembro de 1963. "Não fiz nada fora do normal" ao tentar ajudá-lo com seu pedido de visto, disse ela. "Só o vi dentro do consulado. Eu nunca o vi fora do consulado — nunca, nunca, nunca."

Foi só algumas semanas depois que localizamos uma nova testemunha que contradisse um importante elemento da história que Duran nos contara — sua ex-cunhada, Lidia Duran Navarro, uma renomada coreógrafa mexicana. Lidia tem 85 anos e sua memória falhou em muitos detalhes relacionados às semanas anteriores e posteriores ao assassinato de Kennedy.[10] Embora seu falecido irmão e Silvia Duran tivessem se divorciado décadas atrás, Lidia manifestou apenas afeto por Silvia. Disse que sempre duvidara que Silvia tivesse tido um caso com Oswald. Seu raciocínio era o mesmo da ex-cunhada: Oswald, disse Lidia, era pouco atraente fisicamente para ser tomado como amante. "É um absurdo", disse ela. "Ele era um bonequinho frágil, com cara de bobo."

Mas Lidia tinha uma lembrança clara de algo que Silvia lhe contara em confidência décadas antes — que Silvia saíra pelo menos uma vez com Oswald na Cidade do México, apesar de afirmar o contrário. Segundo Lidia, um esfarrapado Oswald convidou Silvia para um almoço no restaurante Sanborns, perto do Consulado cubano. (Ela se lembrou claramente de que foi no Sanborns, pertencente a uma rede de restaurantes mexicanos populares com esse nome.) E Silvia, disse ela, aceitou. "Ela não deveria ter aceitado um convite de um americano", recordava-se Lidia. Diplomatas na Embaixada cubana ficaram furiosos quando descobriram que Duran se atrevera a ser vista com um americano, mesmo um que se dizia um defensor dedicado da revolução de Castro. "Os cubanos a repreenderam", lembrava-se Lidia.

Se o relato de Lidia estiver correto, Silvia nunca contou a verdade na sua afirmativa central de que "nunca, nunca, nunca" se encontrara com Oswald fora do Consulado cubano e que ela e Oswald discutiram apenas sobre o pedido de visto. Na verdade, segundo Lidia, Silvia Duran saiu — pelo menos uma vez — com um homem que parecia ávido por impressioná-la com seu apoio à revolução cubana e que mataria o presidente dos Estados Unidos menos de dois meses depois.

Em junho de 2013, Xanic e eu localizamos dois homens — ambos proeminentes jornalistas mexicanos, amigos de Silvia Duran na década de 1960 — que fariam buracos muito maiores na história dela. O primeiro, Oscar Contreras, colunista do jornal mexicano *El Mañana*, era o mesmo jornalista que se apresentara em 1967 para reportar que, quando era estudante de direito e simpatizante de Castro na Universidade Nacional da Cidade do México quatro anos antes, passara algum tempo com Oswald, que queria sua ajuda para obter um visto para Cuba. Essa parte da história Contreras havia contado muitos anos antes.[11]

Mas o que ele declarou em 2013 foi muito além e sugeriu contatos muitos mais extensos entre Oswald e os agentes cubanos no México — contatos que Duran disse nunca terem ocorrido. Contreras contou que não só encontrara Oswald na universidade, como também o vira de novo alguns dias depois numa recepção na Embaixada cubana. "Eu o vi de longe, conversando com as pessoas", narrou Contreras, que disse não ter abordado Oswald por causa de advertências de amigos cubanos de que o americano poderia ser algum tipo de agente plantado pela CIA. Por que Contreras não contara aos funcionários americanos no México sobre a misteriosa aparição de Oswald numa recepção diplomática cubana? Para Contreras, a resposta era simples: os diplomatas nunca perguntaram.

E aí achamos indiscutivelmente a testemunha mais importante e mais confiável de todas: o sobrinho de Elena Garro, Francisco Guerrero Garro, proeminente jornalista mexicano que era um estudante universitário de 23 anos na época do assassinato de Kennedy e que manteve silêncio sobre o que sabia acerca de Lee Harvey Oswald por meio século.

Guerrero, agora com 73 anos, fundador e editor-chefe aposentado do *La Jornada*, importante jornal mexicano de esquerda, contou que não disse nada sobre Oswald durante décadas por medo de que aquilo que sabia pudesse pôr sua família em perigo. "Eu nunca tive vontade de contar", afirmou ele. "Na época ficamos com medo quando percebemos que muitas pessoas envolvidas no caso Kennedy morreram" em circunstâncias misteriosas.[12]

O segredo de Guerrero? Ele disse que tinha estado na festa em que sua tia havia encontrado Oswald e Silvia Duran. Na verdade, tinha levado sua tia e sua mãe — Deva Guerrero, irmã de Elena — à festa. E declarou que tem certeza de ter visto Oswald também. "Ele estava parado ali, do lado da lareira", disse Guerrero. "Seu rosto era inconfundível [...] ele era muito soturno. Estava simplesmente ali parado, olhando as pessoas, como que examinando as pessoas. [...] Posso jurar que ele estava lá."

Nas horas que se seguiram ao assassinato de Kennedy e as primeiras imagens de Oswald se tornaram públicas, aconteceu uma conversa telefônica em tom de pânico entre sua mãe e sua tia, Elena Garro.

"Ouvi minha mãe dizendo ao telefone: 'Não é possível! Não é possível! Realmente, Elena, não é possível! Você tem certeza? [...] Vou já para aí'." Guerrero contou que a mãe o mandou pegar o carro da família. "Aí ela me disse: 'Me leve para a casa de Elena'." De acordo com Guerrero, ele protestou, pois precisava ir para a aula, mas a mãe replicou: "Não importa. Me leve para a casa de Elena".

Foram de carro direto para a casa de Elena Garro, que tinha televisão, e juntos assistiram às primeiras notícias de Dallas, e viram as primeiras imagens trêmulas de Oswald detido. Guerrero lembrou-se de que sua mãe e Elena viraram uma para a outra e ficaram histéricas quando se deram conta de que tinham visto o assassino do presidente numa festa de família algumas semanas antes. "Sim, sim, é ele, é ele!", Guerrero lembrava-se de todo mundo gritando. "Seu rosto apareceu na TV diversas vezes seguidas", disse. "E minha mãe insistia: 'É ele! É ele!'."

Ele se recordou de ter comentado em voz alta se a polícia secreta mexicana tentaria implicar sua família de alguma maneira no assassinato de Kennedy caso ficasse sabendo que tinham participado de uma festa onde Oswald estivera. "Que diabos nós temos a ver com isso? Nós só fomos a uma festa em que o homem estava. Não o levamos lá."

Segundo Francisco, sua mãe jurou que manteria silêncio para sempre sobre o que tinha visto. Ela era uma comunista dedicada — o oposto político da irmã, Elena — e sabia como manter segredo numa época em que ser marxista declarada no México podia ser perigoso. Todas as outras pessoas da festa também decidiram manter silêncio. "Houve um consenso que era ele [Oswald]", disse. "Mas ninguém queria falar disso. Acho que estavam com medo. Eu mesmo estava com medo."

O assunto virou "tabu", afirmou. "Ninguém falava naquilo."

Francisco Guerrero disse que a única pessoa que contou às autoridades sobre a festa e Oswald foi sua tia, Elena, e que ela foi conversar com alguém da Embaixada dos Estados Unidos — "com quem, eu não sei" — no dia do assassinato ou no dia seguinte. Ela foi levada para lá por um de seus tios, Albano Garro, irmão de Elena, já morto. Francisco lembrou que seu tio se irritou porque Elena, que pretendia ficar apenas quinze minutos na embaixada, permaneceu lá por quase quatro horas. Francisco ouviu de sua mãe que Elena Garro então recebeu ligações telefônicas "diversas vezes" de alguém da embaixada "como se fosse um assunto importante".

Não existe prova conclusiva nos arquivos da CIA ou do governo mexicano de que Silvia Duran fosse espiã de alguém, embora houvesse suspeitas de sobra sobre isso em 1963 e 1964. Duran insiste hoje, como insistiu no passado, que não passou tempo nenhum com Oswald fora das quatro paredes do Consulado cubano. Mas se Duran vinha falando a verdade todos esses anos, muitas, muitas pessoas devem ter mentido, inclusive seus parentes e um dia amigos próximos, alguns dos quais ainda estão vivos hoje. E, meio século depois, por que ela ainda haveria de mentir?

A credibilidade das pessoas que localizei no México para este livro é realçada pelo fato de que eles não tentaram mentir, como tanta gente nos Estados Unidos e outros lugares, para tirar proveito do que sabiam sobre o assassino do presidente. Ninguém escreveu um livro que pretende contar tudo, nem tentou vender entrevistas. O mesmo vale para os sobreviventes de Charles William Thomas. Sua viúva, Cynthia, e outros membros da família têm se recusado durante décadas a falar com jornalistas sobre o que aconteceu com um homem direito cuja preciosa carreira e cuja preciosa vida terminaram de maneira tão cruel por razões que nunca foram totalmente compreendidas. Sinto-me honrado que todas essas pessoas tenham aceitado o risco de conversar comigo, sem promessa de nada a não ser o compromisso de tentar determinar se o que Elena contou a Charles Thomas tantos anos atrás foi verdade — que Lee Harvey Oswald foi convidado por Silvia Duran para uma festa dançante na Cidade do México à qual compareceram diplomatas e espiões cubanos, bem como mexicanos que apoiavam o governo de Castro, e que alguns dos convidados falaram abertamente da sua esperança de que alguém assassinasse o presidente John F. Kennedy, ainda que somente para assegurar a sobrevivência da revolução em Cuba, que o presidente americano estivera tão desesperado para esmagar. "O fato é que vimos Oswald na festa", Francisco Guerrero Garro insiste hoje. "Conhecemos e vimos e falamos com alguém que então foi e matou o presidente dos Estados Unidos."

Washington, DC
Setembro de 2013

Notas

A Comissão Warren (Comissão Presidencial sobre o Assassinato do Presidente Kennedy) publicou um relatório final de 888 páginas, bem como um apêndice de 26 volumes com transcrições de audiências e relatórios de provas. A título de simplificação, os documentos são identificados nestas notas como Relatório Warren (para o volume principal) e Apêndice Warren (volumes 1 a 26). Na década de 1970 houve duas principais investigações do Congresso que revisaram o trabalho da Comissão Warren: uma do Comitê Selecionado do Senado para Estudo de Operações Governamentais Relativas a Atividades de Inteligência (conhecido como Comitê Church, em referência ao seu presidente, o senador Frank Church, democrata de Idaho) e a outra do Comitê Selecionado da Câmara sobre Assassinatos. Essas investigações são identificadas nestas notas como Comitê Church e HSCA [House Select Committee on Assassinations]. Em 1992, em boa medida como resposta a teorias conspiratórias alimentadas pelo filme de Oliver Stone, *JFK*, o Congresso criou a Comissão de Revisão de Registros do Assassinato, para rever e liberar registros relacionados ao crime. Nas notas, esta comissão é citada como ARRB [Assassination Records Review Board]. A maior parte dos registros da Comissão Warren é guardada pela Administração Nacional de Arquivos e Registros, citados como NARA [National Archives and Records Administration]. Outros registros valiosos sobre o trabalho da comissão são encontrados na Biblioteca do Congresso (Library of Congress, citados, daqui em diante, como LOC), na Biblioteca Presidencial Gerald R. Ford em Ann Arbor, Michigan (Biblioteca Ford), na Biblioteca Presidencial Lyndon Baynes Johnson, em Austin, Texas (Biblioteca LBJ), na Biblioteca Presidencial John F. Kennedy em Boston (Biblioteca JFK) e na Biblioteca Richard B. Russell, da Universidade da Geórgia, em Athens, Geórgia (Biblioteca Russell).

Nas décadas posteriores ao assassinato, praticamente todos os arquivos internos do FBI referentes à Comissão Warren e ao assassinato de Kennedy perderam sua condição de sigilosos e passaram a ser de domínio público. A maioria é mantida eletronicamente, grande parte em ordem cronológica, pela Fundação Mary Ferrell e outras organizações privadas de investigação do assassinato, bem como no Arquivo Nacional. Os arquivos dos documentos relativos ao assassinato do FBI (citados como FBI) podem, em parte, ser pesquisados on-line no site da Fundação Mary Ferrell: <http://www.maryferrell.org/wiki/index.php/JFK_Documents_-_FBI>.

Eu fui o primeiro pesquisador externo a ter acesso às transcrições sem censura das entrevistas feitas com o senador Arlen Specter para suas memórias, *Passion for Truth* [Paixão pela verdade], que estão armazenadas no Arlen Specter Center for Public Policy na Universidade da Filadélfia. O local foi aberto em 2013. As transcrições contêm material que o senador decidiu não incluir no livro dele, como suas duras críticas ao presidente da Suprema Corte Warren e a elementos do trabalho da comissão. Entrevistei Specter pessoalmente. Nestas notas, as entrevistas de Specter para suas memórias serão identificadas daqui em diante como transcrições das memórias de Specter. O material da minha própria entrevista será identificado como entrevistas de Specter.

PRÓLOGO [pp. 11-24]

1. Certidão de Óbito, Departamento de Saúde do Distrito de Columbia; Entrevistas com Cynthia Thomas.

2. A expressão "selecionado" [selected out] foi descrita num artigo não assinado, "Undiplomatic Reforms" [Reformas não diplomáticas], *Time*, 15 nov. 1971.

3. Entrevistas com Thomas.

4. Cópias dos memorandos de Thomas foram obtidas com sua viúva, Cynthia, assim como foram encontradas nos arquivos do Comitê Selecionado da Câmara sobre Assassinatos, NARA.

5. Entrevistas com Thomas.

6. Registros pessoais do Departamento de Estado sobre Charles Thomas foram obtidos com Cynthia Thomas (Entrevistas com Thomas).

7. Relatório Warren, pp. 21, 24.

8. Material biográfico sobre Garro está disponível em diversas fontes, inclusive: Cypess, *Uncivil Wars*, e no seu obituário no *New York Times*, 28 ago. 1998.

9. Material biográfico sobre Scott e informação sobre sua amizade com Angleton disponível em Morley, *Our Man in Mexico*, a biografia definitiva sobre Scott.

10. *Washington Post*, 14 abr. 1971.

11. Entrevista com o ex-investigador da Câmara dos Representantes. A fonte falou sob condição de anonimato.

12. Entrevista com Bayh.

13. Entrevista com um ex-advogado da equipe da Comissão Warren. A fonte falou sob condição de anonimato.

14. Entrevistas com Hosty.

15. "Introduction to the Records of the Warren Comission" [Introdução aos Registros da Comissão Warren], NARA. Disponível em: <http://www.archives.gov/research/jfk/warren--comission-report/intro.html>. Acesso em: 10 jun. 2013.

16. *Washington Post*, 5 fev. 2011. O comentário do presidente Kennedy é relatado em "Remembering Jackie", *New Yorker*, 30 maio 1994.

17. Associated Press, 2 abr. 1997.

18. "Collection Summary: Earl Warren, 1864-974", LOC. Disponível em: <http://lccn.loc.gov/mm82052258>.

CAPÍTULO I [pp. 27-37]

1. Depoimento do dr. James Joseph Humes, ARRB, 13 fev. 1996, p. 138 (citado, daqui em diante, como Depoimento Humes). Humes deu testemunho ou entrevistas sobre a autópsia para várias investigações do governo, entre eles uma entrevista a um painel de especialistas médicos para o HSCA, em 16 de setembro de 1977, em Washington (citada, daqui em diante, como Entrevista Humes), e um testemunho menos detalhado para o HSCA, em 7 set. 1978 (citado, daqui em diante, como Testemunho Humes).

2. Depoimento Humes, p. 135. A descrição da casa consta da entrevista com o filho de Humes, James Jr.

3. Jacqueline Kennedy, citada por Burkley em uma entrevista para a Biblioteca JFK, 17 out. 1967, p. 8.

4. O relato mais confiável da conversa a bordo do Air Force One foi obtido por William Manchester para seu livro *The Death of a President*, história originalmente autorizada pela família Kennedy, pp. 349-50. Ver também a entrevista de Burkley à Biblioteca JFK, pass.

5. Depoimento de J. Thornton Boswell, ARRB, 26 fev. 1996, p. 15 (citado, daqui em diante, como Depoimento Boswell).

6. Ibid., p. 18.

7. Depoimento Humes, p. 51.

8. Ibid., p. 57.

9. Depoimento Boswell, p. 14.

10. Ibid., p. 46. Ver também Depoimento e Entrevista Humes.

11. Depoimento Boswell, p. 101.

12. Ibid., p. 24. Ver também entrevista de Burkley à Biblioteca JFK.

13. Manchester, *Death*, p. 348.

14. Depoimento Humes, p. 29.

15. Depoimento Boswell, p. 11.

16. Depoimento Humes, p. 38.

17. Ibid., p. 148.

18. Depoimento Boswell, p. 109.

19. Entrevista Humes, p. 243.

20. Depoimento Humes, pp. 34, 113.

21. Entrevista Humes, p. 257.

22. Depoimento Humes, pp. 125-6; Depoimento Boswell, p. 111.

23. Testemunho Humes, p. 5.

24. Depoimento Humes, p. 126.

25. Ibid., pp. 133-5.

26. Testemunho da sra. Lee Harvey Oswald, 5 fev. 1964, Apêndice Warren, v. 1, p. 79. Ver

também a exposição de documentos 1788 no Apêndice Warren, v. 23, "Relatório do FBI apresenta circunstâncias em torno da publicação na revista *Life* e outras publicações de Oswald segurando um rifle", pp. 400-1.

27. Testemunho da sra. Marguerite Oswald, 10 fev. 1964, Apêndice Warren, v. 1, p. 152.

28. Entrevistas com Hosty; Hosty, *Assignment: Oswald*, pp. 59, 29.

29. Hosty, *Assignment*, pp. 16, 83.

CAPÍTULO 2 [pp. 38-49]

1. Warren, *The Memoirs of Chief Justice Earl Warren*, p. 351.

2. Este é o texto da nota tal como se encontra em Warren, *Memoirs*, p. 351. (Os obituários de McHugh dão um texto levemente diferente: "Foi noticiado que o presidente levou um tiro durante uma comitiva em Dallas, Texas".)

3. Warren, *Memoirs*, p. 352.

4. Ibid., pp. 351-2.

5. *New York Times*, 5 nov. 1960.

6. Ibid.

7. Manchester, *Death*, p. 205.

8. Warren, citado em Weaver, *Warren, the Man, the Court, the Era*, p. 300.

9. Carta sem data de Warren para o jornalista Jim Bishop, arquivos de correspondência da Comissão Warren, Documentos de Earl Warren, LOC.

10. Warren, *Memoirs*, p. 260.

11. O comentário sobre "o erro mais idiota" foi atribuído várias vezes a Eisenhower, inclusive no obituário do *New York Times* de Earl Warren, 10 jul. 1974. Embora amigos e assessores de Eisenhower digam que o comentário refletia sua opinião sobre Warren, houve debate sobre se o ex-presidente disse de fato essas palavras específicas.

12. Declarações de Warren, 22 nov. 1963, Documentos de Warren, LOC.

13. Warren, *Memoirs*, p. 352; Johnson, *The Vantage Point*, p. 26.

14. Warren, *Memoirs*, pp. 352-3.

15. Citado em Warren, *Memoirs*, pp. 353-4.

16. Schlesinger, *Robert Kennedy and His Times*, p. 611. (Schlesinger sugere que teve acesso à transcrição das entrevistas que Kennedy deu a William Manchester para *The Death of a President*. As transcrições de Manchester não foram liberadas para o público pela Biblioteca JFK.)

17. Nota de Russell, 5 dez. 1963, Biblioteca Russell.

18. Mudd, *The Place to Be*, p. 127.

19. Holland, *The Kennedy Assassination Tapes*, pp. 196-206.

20. Thomas, *Robert Kennedy: His Life*, p. 276.

21. Manchester, *Death*, p. 196.

22. Ibid.

23. Schlesinger, *Robert Kennedy*, p. 608.

24. Guthman, *We Band of Brothers*, p. 244.

25. *New York Times*, 25 abr. 1966. O artigo dizia: "O presidente Kennedy, quando soube da enormidade do desastre da Baía dos Porcos, disse a um dos mais altos funcionários de seu governo que queria 'partir a CIA em mil pedaços e espalhá-los ao vento'".

26. Walter Sheridan, Projeto de História Oral RFK, Biblioteca JFK, 12 jun. 1979. Citado em Schlesinger, *Robert Kennedy*, p. 616.

27. Thomas, *Robert Kennedy*, p. 277. (O livro de Thomas apresenta o relato mais rico e definitivo sobre o que aconteceu em Hickory Hill na tarde do assassinato.)

CAPÍTULO 3 [pp. 50-61]

1. O uso da expressão "Titio Broa de Milho" pelos assessores de Kennedy aparece em vários trechos em Caro, *The Passage of Power*, pass.

2. Johnson em conversa telefônica com o auxiliar Bill Moyers, 26 dez. 1966, citado em Holland, *The Kennedy Assassination Tapes*, p. 363.

3. Manchester, *Death*, p. 220.

4. Johnson, *The Vantage Point*, p. 12.

5. Elementos dessa cena estão em Johnson, *The Vantage Point*; Manchester, *Death*; e Caro, *Passage*.

6. Manchester, *Death*, p. 320.

7. Elementos dessa cena estão em Johnson, *The Vantage Point*; Manchester, *Death*; e Caro, *Passage*.

8. Caro, *Passage*, p. 410.

9. Guthman e Shulman (Orgs.), *Robert Kennedy, in His Own Words*, pp. 417, 411.

10. Diários de Pearson, nov. 1963, Documentos de Pearson, Biblioteca LBJ. (Pearson errou a data da anotação, identificando 21 de novembro como uma sexta-feira. Na verdade, caiu numa quinta-feira.)

11. Woods, *LBJ: Architect of American Ambition*, p. 533. Ver também Caro, *Master of the Senate*.

12. Comentários de Johnson elogiando Hoover, 8 maio 1964. Projeto Presidência Americana. Disponível em: <http://www.presidency.ucsb.edu/ws/?pid=26236>. Ver também "President Johnson's Dogs", ensaio no site da Biblioteca LBJ. Disponível em: <http://www.lbjlib.utexas.edu/johnson/archives.hom/faqs/dog/doghouse.asp>.

13. *Time*, 5 fev. 1973.

14. Conversa telefônica entre Johnson e Hoover, 29 nov. 1963, em Holland, *The Kennedy Assassination Tapes*, p. 147.

15. Caro, *Passage*, p. 374.

16. Holland, *The Kennedy Assassination Tapes*, pp. 68-73.

17. Ibid., pp. 87-9.

18. Conversa telefônica entre Johnson e o colunista Joseph Alsop, 25 nov. 1963, em Holland, *The Kennedy Assassination Tapes*, p. 98.

19. Johnson, *The Vantage Point*, p. 26.

CAPÍTULO 4 [pp. 62-9]

1. A história da família Oswald, inclusive a de Marguerite Oswald, encontra-se em detalhes no Relatório Warren, pp. 69-80.

2. Robert Oswald, *Lee: A Portrait of Lee Harvey Oswald*, pp. 32-3.

3. Ibid., p. 33.

4. Bob Schieffer, "A Ride for Mrs. Oswald", *Texas Monthly*, jan. 2003.

5. Oswald, *Lee: A Portrait*, p. 178.

6. Testemunho de Robert Edward Lee Oswald, 20 fev. 1964, Apêndice Warren, v. 1, p. 346.

7. Declaração de Marina Oswald, 19 fev. 1964, em Dallas, Texas. Transcrição do FBI, como reproduzida em Aynesworth, *JFK: Breaking the News*, p. 146.

8. Lewis, *The Scavengers and Critics of the Warren Report*, p. 65.

9. Entrevista de Lane, também citada em Lewis, *Scavengers*, p. 24.

CAPÍTULO 5 [pp. 70-8]

1. Martin, *A Hero for Our Times*, p. 159, citado em Caro, *Passage*, p. 115.

2. Johnson, *The Vantage Point*, pp. 26-7.

3. Warren, *Memoirs*, pp. 355-6.

4. *Time*, 17 nov. 1967.

5. Warren, *Memoirs*, p. 356.

6. Conot, *Justice at Nuremberg*, p. 63.

7. Johnson, *The Vantage Point*, p. 27.

8. Warren, *Memoirs*, p. 356.

9. Para uma explicação do "tratamento Johnson", ver Tom Wicker, "Remembering the Johnson Treatment", *New York Times*, 9 maio 2002.

10. Warren, *Memoirs*, p. 357.

11. Johnson, *The Vantage Point*, p. 27; Warren, *Memoirs*, p. 357.

12. Warren, *Memoirs*, p. 357.

13. Johnson, *The Vantage Point*, p. 27; Warren, *Memoirs*, p. 358.

14. Warren, *Memoirs*, p. 358.

15. Conversa telefônica entre Johnson e o senador Thomas Kuchel, 29 nov. 1963, citada em Holland, *The Kennedy Assassination Tapes*, p. 193. Ver também entrevista publicada de Johnson feita por Drew Pearson, Documentos de Pearson, Biblioteca LBJ. Na entrevista sem data de Pearson, Johnson diz que advertiu Warren sobre notícias de um pagamento de 6500 dólares a Oswald.

16. Warren, *Memoirs*, p. 358.

17. Johnson, *The Vantage Point*, p. 27.

18. Ibid.

19. Holland, *The Kennedy Assassination Tapes*, pp. 153-9.

20. Ibid., pp. 196-206.

21. Ibid.

22. Warren, *Memoirs*, p. 356.

23. Diários de Pearson, nov. 1963, Documentos de Pearson, Biblioteca LBJ.

CAPÍTULO 6 [pp. 81-91]

1. Entrevistas com Robert Warren (28 jan. 1971) e Earl Warren Jr. (8 jul. 1970), realizadas para o Escritório de História Regional Oral da Biblioteca Bancroft, Universidade da Califórnia em Berkeley. Disponível em: <http://archive.org/stream/warrengovfamilywa00earlrich/warrengovfamilywa00earlrich_djvu.txt>.

2. Memorando de Hoover para Tolson et al., 22 jun. 1964 ("Re: Justice Edward Tamm"), FBI.

3. Gentry, *J. Edgar Hoover: The Man and the Secrets*, p. 410.

4. "The 'Chief'", perfil inédito de Warren por Drew Pearson, baseado em extensas entrevistas com Warren, encontrado nos Documentos de Pearson, Biblioteca LBJ.

5. Conversa telefônica entre Johnson e Hoover, 25 nov. 1963, citada em Holland, *The Kennedy Assassination Tapes*, p. 95.

6. Memorando de DeLoach para Mohr, 7 fev. 1964, "Assunto: Assassinato do Presidente — alegações de que Oswald era informante do FBI", FBI. Embora Hoover negasse que o FBI fosse responsável por sabotar a escolha de Olney, os memorandos de DeLoach e outros documentos mostram o contrário.

7. Transcrição de Sessão Executiva da Comissão Warren, 5 dez. 1963, NARA.

8. Memorando de Belmont para Tolson, 3 dez. 1963, FBI.

9. Associated Press, "FBI Report on Oswald Nearly Ready", citado no *Star News* de Pasadena, Califórnia, 3 dez. 1963. Disponível em: <newspaperarchive.com>.

10. Sessão Executiva da Comissão Warren, 5 dez. 1963, NARA.

11. Ibid., 6 dez. 1963, p. 8.

12. Ibid., 5 dez. 1963, p. 8

13. Ibid., p. 1.

14. Ibid., pp. 1-3.

15. Ibid., pp. 1-2.

16. Ibid., p. 2.

17. Ibid., p. 40.

18. Ibid., pp. 40, 42.

19. Ibid., p. 2.

20. *Esquire*, maio 1962. Embora o artigo fosse escrito em tom irônico, havia poucas dúvidas de que McCloy merecia o título.

21. Sessão Executiva da Comissão Warren, 5 dez. 1963, p. 37.

22. Ibid.

23. Ibid.

24. Ibid.

25. Ibid.

26. Ibid., p. 39.

27. Ibid., p. 53.

28. Ibid.

29. Ibid., p. 39
30. Ibid., pp. 43-6, 55.
31. Ibid., p. 45.
32. Ibid., pp. 46-7.
33. Ibid., p. 46.
34. Ibid., p. 48.
35. Ibid., p. 50.
36. Ibid., pp. 55, 62.
37. Ibid., p. 62.
38. Ibid., p. 68.
39. Sessão Executiva da Comissão Warren, 6 dez. 1963, p. 21.
40. Ibid., pp. 4-6.
41. Ibid., p. 4.
42. Ibid., p. 6.
43. Ibid.
44. Brown vs. Conselho de Educação, 347 U.S. 483 (1954).
45. Sessão Executiva da Comissão Warren, 6 dez. 1963, p. 6.
46. Ibid., p. 10.
47. Ibid., p. 20.
48. Ibid., p. 12.
49. Ibid.
50. Ibid.
51. Ibid.

CAPÍTULO 7 [pp. 92-103]

1. Memorando de DeLoach para Mohr, 12 dez. 1963, FBI. Quando, décadas depois, o memorando de DeLoach foi revelado ao público, Ford não contestou seu conteúdo, mas disse que não teve contatos substantivos com o FBI sobre o trabalho da comissão depois de dezembro de 1963.

2. Biografia de Gerald R. Ford, Biblioteca Ford. Disponível em: <http://www.fordlibrarymuseum.gov/grf/fordbiop.asp>.

3. Discurso de Ford, 8 jul. 1949, Registro do Congresso, Câmara dos Representantes. Um salário de 17 500 dólares por ano em 1949 equivaleria a cerca de 171 mil dólares em 2013.

4. Memorando de DeLoach para Mohr, 12 dez. 1963, FBI.

5. Sullivan, *The Bureau*, p. 53.

6. Memorando de Jenkins para os arquivos, 24 nov. 1963, dezesseis horas, como citado no Comitê Church, v. 5, pp. 32-43.

7. Hoover, como registrado no relatório final da HSCA, p. 244.

8. Ibid.

9. O relatório completo do FBI, "Investigação do Assassinato do Presidente John F. Kennedy", 9 dez. 1963, está disponível no site da Fundação Mary Ferrell: <http://www.maryferrell.org/mffweb/archive/viewer/showDoc.do?docId=10402&relPageId=4>.

10. Sessão Executiva da Comissão Warren, 16 dez. 1963, NARA.

11. Ibid., pp. 1-2.

12. Ibid., p. 2.

13. Ibid., p. 12.

14. Ibid., p. 11.

15. Ibid., p. 12.

16. Ibid.

17. Ibid., p. 33.

18. Ibid., pp. 19-20.

19. Ibid., p. 22.

20. Ibid., p. 24.

21. Ibid., pp. 25-6.

22. Ibid., p. 10.

23. Ibid., pp. 35, 55.

24. Ibid., p. 54.

25. Ibid., p. 55.

26. Ibid., p. 57.

27. Ibid., p. 59.

28. Memorando de Hoover para Tolson, 22 dez. 1963, FBI.

29. Memorando de Tolson para Mohr, 17 dez. 1963, FBI.

CAPÍTULO 8 [pp. 104-10]

1. Entrevista com James Rankin.

2. Entrevista com Sara Rankin.

3. *New York Times*, 30 jun. 1996.

4. Entrevistas com James e Sara Rankin.

5. Entrevista com Sara Rankin.

6. Depoimento de J. Lee Rankin, HSCA, 17 ago. 1978 (citado, daqui em diante, como Depoimento Rankin), NARA.

7. Entrevistas com James e Sara Rankin.

8. Testemunho de Howard P. Willens, HSCA, 17 nov. 1977, p. 312.

9. Ibid., p. 327.

10. Ibid., p. 322.

11. Redlich admitiu sua falta de experiência em direito criminal e trabalho investigativo no testemunho perante a HSCA, 8 nov. 1978, p. 109.

12. Ver discurso fúnebre para Redlich preparado por Richard Reversz, diretor da Faculdade de Direito da Universidade de Nova York, 13 jun. 2011. Disponível em: <https://www.law.nyu.edu/ecm_dlv3/groups/public/@nyu_law_website-news-media/documents/documents/ecm_pro_069050.pdf>.

CAPÍTULO 9 [pp. 111-7]

1. Warren, *Memoirs*, p. 371.

2. "Autópsia do Corpo do Presidente John Fitzgerald Kennedy", FBI, 26 nov. 1963. Disponível em: <http://www.history-atters.com/archive/jfk/arrb/master_med_set/md44/html/Image0.htm>.

3. Warren, *Memoirs*, pp. 371-2.

4. Entrevistas com Specter. Ver também Specter, *Passion for Truth*, p. 36; e "Court Refuses Appeal of 6 Convicted for Union Fraud", *New York Times*, 10 nov. 1964.

5. Entrevistas com Specter; Specter, *Passion*, pp. 43-5.

6. Entrevistas com Specter. Ver também Specter, *Passion*, pass.

CAPÍTULO 10 [pp. 118-24]

1. Entrevistas com Slawson.

2. Ibid.

3. Entrevistas com Coleman. Ver também Coleman, *Counsel for the Situation*, pp. 171-8.

4. Guthman e Shulman, *Robert Kennedy*, p. 252.

5. Helms, *A Look over My Shoulder*, pp. 59-60.

6. Schlesinger, *Robert Kennedy*, p. 446.

CAPÍTULO 11 [pp. 125-33]

1. Os detalhes do encontro no testemunho de Whitten para o Comitê Church, em 7 maio 1976 (citado, daqui em diante, como Testemunho Whitten no Senado) e em seu testemunho para a HSCA, 16 maio 1978 (citado, daqui em diante, como Testemunho Whitten na Câmara), NARA.

2. Testemunho Whitten no Senado, pass.

3. A descrição da personalidade e do passado de Whitten vem de Jefferson Morley, "The Good Spy", *Washington Monthly*, dez. 2003, pp. 40-4; a descrição do trabalho e das responsabilidades na CIA vem do Testemunho Whitten no Senado.

4. A informação de que Whitten examinou a ficha de Oswald na agência vem de seus testemunhos na Câmara e no Senado, pass.

5. A informação de que Helms disse a outros que Whitten teria "amplos poderes" vem do Testemunho Whitten na Câmara, pass.

6. Testemunho Whitten no Senado, p. 76000140417.

7. Testemunho Whitten na Câmara, p. 1-136/001918.

8. Ibid., p. 1-112/001894.

9. A informação sobre quem estava na reunião vem do Testemunho Whitten no Senado, p. 76000140429.

10. Testemunho Whitten no Senado, p. 76000140459; Testemunho Whitten na Câmara p. 1-71/001852.

11. Testemunho Whitten na Câmara, p. 1-74/001855.

12. Angleton estava paranoico. Testemunho Whitten na Câmara, p. 1-167/001949.

13. A citação vem do Testemunho Whitten na Câmara, p. 1-167/001949.

14. Martin, *Wilderness of Mirrors*, p. 10.

15. Testemunho Whitten na Câmara, p. 1-71/001852.

16. As citações sobre os laços de Angleton com Hoover e o FBI vêm do Testemunho Whitten na Câmara, p. 1-169/001951.

17. Testemunho Whitten no Senado, p. 76000140472.

18. Ibid., p. 76000140473.

19. O fato de Angleton ter sido próximo de Allen Dulles pode ser visto no Testemunho Whitten no Senado, p. 76000140469; Testemunho Whitten na Câmara p. 1-73/001854.

20. Testemunho Whitten no Senado, p. 76000140459.

21. Testemunho Whitten na Câmara, p. 1-131/001913.

22. Ibid.

23. Ibid., p. 1-135/001917.

24. Testemunho Whitten no Senado, p. 76000140473; Testemunho Whitten na Câmara, pp. 1-30/001811 e 1-47/001828.

25. Testemunho Whitten na Câmara, pp. 1-15/001796 e 1-103-A/001885.

26. Ibid., p. 1-50/001832.

27. Ibid., p. 1-18/001799.

28. Testemunho Whitten no Senado, p. 76000140458.

29. Testemunho Whitten na Câmara, pp. 1-51/001833 e 1-56/001837.

30. Ibid., pp. 1-129/001911 até 1-131/0013.

31. Ibid., p. 1-163/001945.

32. Ibid., p. 1-161/001943.

33. Ibid.

34. Testemunho Whitten na Câmara, pp. 1-61/001837 a 1-68/001849.

35. Entrevista de Anne Goodpasture, HSCA, 20 nov. 1978, JFK Records, RIF: 180-10110-10028, NARA (citada, daqui em diante, como Entrevista Goodpasture na Câmara).

36. Ver Morley, *Our Man in Mexico*, para uma biografia definitiva de Scott.

37. Ibid., p. 84.

38. Depoimento de Anne Goodpasture, ARRB, p. 36, NARA (citado, daqui em diante, como Depoimento Goodpasture). Ver também Morley, *Our Man*, para a biografia definitiva de Goodpasture.

39. Entrevista Goodpasture na Câmara, p. 31.

40. Depoimento Goodpasture, p. 14.

41. Ver Morley, *Our Man*, pass. Ver Depoimento Goodpasture, Entrevista Goodpasture na Câmara, pass.

42. Entrevista de Morley com Goodpasture, 2-3 maio 2005, citado em *Our Man*, p. 257.

43. Memorando do oficial da CIA Scott Breckinridge, "Memorando para o arquivo: conversa com Ann [sic] Goodpasture", 18 jul. 1978, NARA (documento: 1993.08.09.10:37:28:500060). Ver também Depoimento Goodpasture, pp. 27, 32. Ver também Morley, *Our Man*, pass.

CAPÍTULO 12 [pp. 134-41]

1. Testemunho de John Scelso (pseudônimo de John Whitten), Testemunho Whitten no Senado, p. 76 000 140 416, NARA. Disponível em: <www.maryferrell.org>. Acesso em: 13 maio 2013.

2. Depoimento de John Scelso, Testemunho Whitten na Câmara, pp. 1-114/001896 a 1-116/001898.

3. Testemunho Whitten no Senado, pp. 76 000 140 443 e 76 000 140 446.

4. Testemunho Whitten no Senado, p. 76 000 140 417; testemunho Whitten na Câmara, p. 1-73/001854.

5. Testemunho Whitten na Câmara, p. 1-74/001855.

6. Testemunho Whitten no Senado, p. 76 000 140 469; Testemunho Whitten na Câmara, pp. 1-73/001854 a 1-74/001855.

7. Testemunho Whitten na Câmara, p. 1-74/001855.

8. Testemunho Whitten na Câmara, pp. 1-74/1855 e 1-114/001896 a 1-116/001898; Testemunho Whitten no Senado, pp. 76 000 140 417 a 76 000 140 418.

9. Testemunho Whitten na Câmara, p. 1-114/001896.

10. A expressão "grande quantidade de informações" é do Testemunho Whitten no Senado, p. 76 000 140 473; "ao mesmo tempo sido superado e se tornado redundante," Ibid., p. 76 000 140 469; "inútil", Ibid., p. 76 000 140 470. Esse episódio também está coberto em Testemunho Whitten na Câmara, pp. 1-115/001897 a 1-116/001898.

11. Esse episódio está delineado em Testemunho Whitten na Câmara, pp. 1-115/001897 a 1-116/001898; "tantos erros que não poderíamos de modo algum enviá-lo ao FBI", Testemunho Whitten no Senado, p. 76 000 140 470.

12. Testemunho Whitten no Senado, p. 76 000 140 472.

13. Ibid.

14. Testemunho de Richard Helms, HSCA, 1978, JFK Assassination Files, CIA NARA, número do registro: 104-10051-10025, p. 9 (daqui em diante, citado como Testemunho Helms na Câmara). Ver também Testemunho Whitten no Senado, pp. 76 000 140 471 a 76 000 140 471, e Testemunho Whitten na Câmara, pp. 1-115/001897 a 1-116/001898.

15. Testemunho Whitten na Câmara, pp. 1-4/001784 e 1-5/001785, Testemunho Whitten no Senado, pp. 76 000 140 471 a 76 000 140 472, e Testemunho Whitten na Câmara, pp. 1-135/001917 até 1-138/001920.

16. Ibid., pp. 76 000 140 441, 76 000 140 466, e 76 000 140 495; testemunho Whitten na Câmara, pp. 1-137/001918 e 1-153/001935.

17. Powers, *The Man Who Kept the Secrets*, p. 3.

18. Testemunho Helms na Câmara, p. 10.

19. Ibid., 22 set. 1978, HSCA, p. 172.

20. Entrevistas com Slawson. Ver também Testemunho de W. David Slawson, 15 nov. 1977, HSCA.

21. Entrevistas com Slawson.

22. Ibid. Ver também Testemunho de Raymond Rocca, 17 jul. 1978, HSCA.

23. Ver obituário de Rocca, "Raymond Rocca, CIA Deputy and Specialist on Soviets, 76", *Washington Post*, 14 nov. 1993.

24. Entrevistas com Slawson.

25. Comitê Church, "The Investigation of the Assassination of President John F. Kennedy", v. 5, pp. 57-8.

26. "Memorando para Chefe, Assunto; Documentos disponíveis na ficha de Oswald 201", 20 fev. 1964, como reproduzido na transcrição do Testemunho Helms na Câmara, 22 set. 1978.

CAPÍTULO 13 [pp. 142-8]

1. Entrevista de Warren para Alfred Goldberg, 26 mar. 1974, como encontrada nos arquivos da Comissão Warren, Documentos de Warren, LOC.

2. Ibid.

3. Depoimento Rankin.

4. Belin, *Final Disclosure*, p. 50.

5. Belin, *November 22, 1963; You Are the Jury*, p. 4.

6. Entrevistas com Griffin.

7. Entrevistas com Griffin.

8. Entrevistas com Griffin. Ver também Testemunho de Griffin a HSCA, 17 nov. 1977.

9. Entrevistas com Griffin.

10. Entrevistas com Griffin.

11. Entrevistas com Eisenberg.

12. Entrevistas com Griffin, Slawson, Specter.

13. Entrevistas com Specter.

14. Entrevistas com Slawson.

15. Memorando de Eisenberg para os arquivos, "Primeira reunião da equipe (20 de janeiro de 1964)", 14 fev. 1964, arquivos da equipe, Comissão Warren, NARA. Ver também memorando de Willens "Reunião da equipe em 20 de janeiro de 1964", 21 jan.1964, arquivos da equipe, Comissão Warren, NARA.

CAPÍTULO 14 [pp. 149-60]

1. Entrevistas com Aynesworth. Ver também Aynesworth, *JFK: Breaking the News*, pass.

2. Entrevistas com Aynesworth.

3. Entrevistas com Aynesworth; Aynesworth, *JFK: Breaking*, pp. 6-7.

4. Entrevistas com Aynesworth; Aynesworth, *JFK: Breaking*, p. 7.

5. A história do *Dallas Morning News* está disponível no site da Associação Histórica do Estado do Texas: <http://www.tshaonline.org/handbook/online/articles/eed12>. Acesso em: 15 jun. 2013.

6. Manchester, *Death*, p. 121.

7. A descrição de Aynesworth foi tirada de William Broyles, "The Man Who Saw Too Much", *Texas Monthly*, mar. 1976.

8. Entrevistas com Aynesworth; Aynesworth, *JFK: Breaking*, p. 22.

9. Entrevistas com Aynesworth; Aynesworth: *JFK: Breaking*, p. 29.

10. Aynesworth, *JFK: Breaking*, p. 33.

11. Entrevistas com Aynesworth; Aynesworth, *JFK: Breaking*, p. 47.

12. Entrevistas com Aynesworth; Aynesworth, *JFK: Breaking*, pp. 104-16.

13. Entrevistas com Aynesworth.

14. Aynesworth, *JFK: Breaking*, p. 69.

15. Ibid., p. 217; Entrevistas com Aynesworth.

16. Entrevistas com Aynesworth; Aynesworth, *JFK: Breaking*, pp. 222-3.

17. Aynesworth, *JFK: Breaking*, pp. 126-7.

18. *Houston Post*, 1 jan. 1964.

19. Washington Merry-Go-Round, 2 dez. 1963. Disponível nos arquivos de Drew Pearson na American University: <http://dspace.wrlc.org/doc/bitstream/2041/50086/b18f09-1202zdisplay.pdf#search=>.

20. Testemunho de James Rowley, Apêndice Warren, v. 5, 18 jun. 1964, pass.

21. Diários de Pearson, dez. 1963, Documentos de Pearson, Biblioteca LBJ.

22. Washington Merry-Go-Round, 14 dez. 1963. Disponível em: <http://dspace.wrlc.org/doc/bitstream/2041/50099/b18f09-1214zdisplay.pdf#search=>.

CAPÍTULO 15 [pp. 161-70]

1. Memorando de Willens para Rankin, "Delineamento do trabalho da Comissão", 30 dez. 1963, arquivos da equipe, Comissão Warren, NARA.

2. Memorando de Rankin para a equipe, 13 jan. 1964, arquivos da equipe, Comissão Warren, NARA.

3. Sessão Executiva da Comissão Warren, 21 jan. 1963, NARA, p. 8.

4. Ibid., pp. 34-5.

5. Ibid., p. 12.

6. Ibid., pp. 24-5.

7. Comitê Church, v. 5, p. 47.

8. Depoimento Rankin, pp. 15-6.

9. Ibid., p. 129. Ver também Sessão Executiva da Comissão Warren, 22 e 27 jan. 1964, NARA.

10. Ford, *Portrait of the Assassin*, pp. 15-6.

11. Ibid., p. 21.

12. Sessão Executiva da Comissão Warren, 22 jan. 1964, NARA, p. 6.

13. Ibid.

14. Ibid., p. 12.

15. Sessão Executiva da Comissão Warren, 27 jan. 1964, NARA, p. 152.

16. Ibid., p. 139.

17. Ibid., pp. 160, 137.

18. Ibid., p. 137.

19. Ibid., pp. 152-4.

20. Ibid., p. 158.

21. Ibid., p. 164.

22. Ibid., p. 171.

CAPÍTULO 16 [pp. 172-83]

1. Agenda de Hoover, 24 jan. 1964, FBI. Disponível no site da Fundação Mary Ferrell: <http://www.maryferrell.org/mffweb/archive/viewer/showDoc.do?docId=141177&relPageId=16>.

2. DeLoach, *Hoover's FBI*, p. 12.

3. Ibid., p. 29.

4. Ibid., p. 13.

5. Ibid., p. 24.

6. Testemunho de J. Lee Rankin, HSCA, 21 set. 1978 (citado, daqui em diante, como Testemunho Rankin), p. 19.

7. Memorando de Hoover para o sr. Tolson, 31 jan. 1964, FBI.

8. Depoimento Rankin, p. 19.

9. Ver biografia de Hoover no site da Fundação J. Edgar Hoover: <http://www.jehooverfoundation.org/hoover-bio.asp>. Acesso em: 15 jun. 2013.

10. Testemunho de J. Edgar Hoover, 14 maio 1964, Apêndice Warren, v. 5, p. 112.

11. Comitê Church, v. 5, p. 50.

12. A descrição de Gales como "Barracuda" vem das entrevistas com Hosty. Ver também Hosty, *Assignment: Oswald*, p. 179.

13. Comitê Church, v. 5, pp. 50-1.

14. DeLoach, *Hoover's FBI*, p. 149.

15. Comitê Church, v. 5, pp. 51-2.

16. Testemunho de J. Edgar Hoover, Apêndice Warren, v. 5, p. 159.

17. Comitê Church, v. 5, p. 37.

18. "Castro Blasts Raids on Cuba", *New Orleans Times-Picayune*, 9 set. 1963.

19. Testemunho de Clark Anderson, 4 fev. 1976, Comitê Church (citado, daqui em diante, como Testemunho Anderson).

20. Ibid., p. 15.

21. Testemunho Anderson, p. 59.

22. Ibid., p. 24.

23. Ibid., p. 22.

24. Nome e preço do Hotel del Comercio, Relatório Warren, p. 433.

25. Testemunho Anderson, p. 32.

26. Cabograma de Mann ao Departamento de Estado, "AMEMBASSY MEXICO CITY TO SECSTATE", 28 nov. 1963, RIF: 104-10438-10208, NARA (citado, daqui em diante, como Cabograma Mann).

27. Ibid.

28. Comitê Church, v. 5, p. 40.

29. Para informações sobre Alvarado, ver Bugliosi, *Reclaiming History*, p. 1286.

30. Cabograma Mann.

31. "Cabograma: tradução de uma transcrição de conversa telefônica entre presidente cubano e embaixador cubano", 26 nov. 1963, CIA, RIF: 14-10429-10227, NARA.

32. Cabograma Mann.

33. Comitê Church, v. 5, p. 42.

34. Entrevista com Keenan. Muitas das alegações de Keenan foram divulgadas pela primeira vez no documentário alemão de 2006 *Encontro marcado com a morte*, do diretor Wilfried Huismann, que foi exibido pela canal alemão ARD em janeiro de 2006. Ver *Financial Times*, 6 jan. 2006.

35. Testemunho de Laurence P. Keenan, 8 abr. 1976, Comitê Church, v. 1, p. 7, RIF: 157-10014-10091, NARA.

36. Ibid., pp. 42, 9, 10, 83, 61.

37. "Cabograma: Re: história de Gilberto Alvarado Re: Lee Oswald ter recebido dinheiro na Embaixada Cubana é falsa", 30 nov. 1963, RIF: 104-10404-10098, NARA.

38. Testemunho Keenan, Comitê Church, v. 1, p. 58.

39. Ibid., pp. 71, 53.

40. *New York Times*, 15 dez. 1963.

41. "Telegrama: autoridades mexicanas nos informaram que o nicaraguense", Mann para o Departamento de Estado, 30 nov. 1963, RIF: 104-104380-10210, NARA.

42. Entrevista de Thomas Mann para Dick Russell, 5 jul. 1992, como citada em Morley, *Our Man*, p. 334. Ver também Russell, *The Man Who Knew Too Much*.

CAPÍTULO 17 [pp. 184-92]

1. Entrevistas com Specter; Specter, *Passion*, pp. 49-58.

2. Ver obituário de Adams no *New York Times*, 21 abr. 1990.

3. Specter, *Passion*, pp. 49-58.

4. Joseph Ball e Judith Fischer, "A Century in the Life of a Lawyer", *California Western Law Review*, outono de 1999.

5. Entrevistas com Specter.

6. Belin, *You Are the Jury*, p. 15.

7. Specter, *Passion*, pp. 57, 76-8.

8. "Interrogatório proposto de Marina Oswald", documento sem data encontrado nos arquivos cronológicos da equipe da Comissão Warren, NARA.

9. Memorando de Specter para Rankin, "Assunto: Sugestões sobre Interrogatório de Marina Oswald", 30 jan. 1964, arquivos da equipe, Comissão Warren, NARA.

10. Entrevistas com Goldberg.

11. Entrevistas com Slawson.

CAPÍTULO 18 [pp. 193-206]

1. *New York Times*, 15 jan. 1964.

2. *New York Times*, 8 jan. 1964.

3. *Time*, 14 fev. 1964.

4. Todas as citações são do testemunho de Marina Oswald, 3 fev. 1964, Apêndice Warren, v. 1, pp. 1-126.

5. Ver "Conversa telefônica entre o sr. Norman Redlich e a sra. Margaret [sic] Oswald", 4 fev. 1964, arquivo da equipe sobre Marguerite Oswald, Comissão Warren, NARA.

6. "Conversa entre o sr. Rankin e a sra. Margaret [sic] Oswald", 5 fev. 1964, arquivo da equipe sobre Marguerite Oswald, Comissão Warren, NARA.

7. "Testemunho da sra. Marguerite Oswald", 10 fev. 1964, Apêndice Warren, v. 1, pp. 127-264.

8. Ford, *Portrait*, pp. 61-2.

9. *Time*, 21 fev. 1964.

10. *New York Times*, 19 fev. 1964.

11. Ver comentários de McCloy nas transcrições das sessões executivas da Comissão Warren, dez. 1963 e jan. 1964, NARA.

12. Ver obituário de Jacqueline Kennedy, *New York Times*, 20 maio 1994.

13. Telegrama de Kennedy a Warren, arquivos de correspondência, Documentos de Earl Warren, LOC.

14. Manchester, *Controversy and Other Essays in Journalism*, p. 5.

15. Ibid., pp. 6-7.

16. Ver bilhete não assinado da equipe para Warren na Suprema Corte, 21 maio 1964. "O sr. Rankin aparentemente não compartilha de sua opinião no que diz respeito a disponibilizar para o sr. Manchester alguns materiais da comissão. Manchester diz que, diante disso, desiste, a não ser que receba notícia em contrário do senhor ou do sr. Rankin." Arquivos da Comissão Warren, Documentos de Earl Warren, LOC.

CAPÍTULO 19 [pp. 207-17]

1. Ver carta de Russell para Paul R. Eve, 17 jan. 1967, nos arquivos da correspondência pessoal, Biblioteca Russell.

2. Nota de Russell, 7 jan. 1964, Biblioteca Russell.

3. Rascunho de carta de Russell para o presidente Johnson, 24 fev. 1964, encontrado nos arquivos do escritório de Russell, Biblioteca Russell.

4. História oral do presidente da Suprema Corte Earl Warren, 21 set. 1971, Biblioteca LBJ, p. 13. Ver também entrevista de Warren para Alfred Goldberg, 26 mar. 1974, nos Documentos de Earl Warren, LOC.

5. Depoimento Rankin, p. 6.

6. Ver o obituário de Scobey em *Atlanta Constitution*, 9 dez. 2001.

7. "Boy, Don't You Know I'm on Camera?", *New Republic*, 29 fev. 1964.

8. *New York Times*, 6 mar. 1964.

9. Belli, *Dallas Justice*, pass.

10. Ibid. Ver também Brown, *Dallas and the Jack Ruby Trial*, p. 60.

11. Associated Press, 19 fev. 1964.

12. *New York Times*, 15 mar. 1964.

13. Entrevistas com Griffin.

14. Memorando de Hubert e Griffin para "Membros da Comissão Presidencial", 20 mar. 1964, arquivos da equipe, Comissão Warren, NARA.

15. Entrevistas com Griffin.

16. Memorando de Hubert e Griffin para membros da comissão, 20 mar. 1964, arquivos da equipe, Comissão Warren, NARA.

17. Entrevistas com Griffin.

18. Memorando de Hubert para Rankin, "Verificar pessoas que saíram ou entraram nos Estados Unidos", 19 fev. 1964. Também memorando de Hubert para Rankin, 27 fev. 1964, arquivos da equipe, Comissão Warren, NARA.

19. Entrevistas com Griffin.

CAPÍTULO 20 [pp. 218-26]

1. História oral de Earl Warren para a Biblioteca LBJ, 21 set. 1971, p. 14.

2. Memorando de Willens para Rankin, "Re: Mark Lane", 26 fev. 1964, arquivos da equipe, Comissão Warren, NARA.

3. Memorando de Willens para Rankin, "Re: Pergunta de Mark Lane", 27 fev. 1964, arquivos da equipe, Comissão Warren, NARA.

4. Belin, *You Are the Jury*, p. 79.

5. Entrevista por telefone de Lane para Helen Markham, como publicada em Apêndice Warren, v. 20, p. 571.

6. Testemunho de Mark Lane, 4 mar. 1964, Apêndice Warren, v. 2, p. 51.

7. Belin, *You Are the Jury*, p. 471.

8. Bugliosi, *Reclaiming History*, p. 1001.

9. Entrevistas com Eisenberg. Ver também memorandos de Eisenberg sobre ciência criminológica, 4 mar. 1964 (balística) e 7 mar. 1964 (valor do depoimento de testemunhas), arquivos da equipe, Comissão Warren, NARA.

CAPÍTULO 21 [pp. 227-36]

1. Memorando de Willens para Rankin, 9 mar. 1964, arquivos da equipe, Comissão Warren, NARA.

2. Carta de Rankin para McCone, 12 fev. 1964, arquivos da equipe, Comissão Warren, NARA.

3. Memorando de Willens para Rankin, 9 mar. 1964, arquivos da equipe, Comissão Warren, NARA.

4. Memorando de Slawson para registro, "Conferência com a CIA", 12 mar. 1964, arquivos da equipe, Comissão Warren, NARA.

5. Memorando de Coleman e Slawson para registro, "México: Questões levantadas pelo embaixador Mann," 2 abr. 1964, arquivos da equipe, Comissão Warren, NARA.

6. Entrevistas com Stern; Memorando de Stern para Rankin, "Arquivo da CIA sobre Oswald", 27 mar. 1964, arquivos da equipe, comissão Warren, NARA.

7. Entrevistas com Slawson.

8. Para histórico sobre Nosenko, ver obituário no *New York Times*, 28 ago. 2008. Ver também Martin, *Wilderness*.

9. *New York Times*, 15 fev. 1964.

10. Martin, *Wilderness*, pass.

11. Entrevistas com Slawson.

12. *Washington Post*, 1 set. 2008.

13. Testemunho de W. David Slawson, HSCA, 15 nov. 1977, pass.

CAPÍTULO 22 [pp. 237-43]

1. Testemunho de Norman Redlich, HSCA, 8 nov. 1977.

2. Entrevistas com Slawson.

3. Specter, *Passion*, p. 93; Entrevistas com Specter.

4. Griffin. Ver também Testemunho de Griffin para o HSCA, 17 nov. 1977.

5. Carta de Rankin para Hoover, 20 fev. 1964.

6. Entrevistas com Hosty; Hosty, *Assignment: Oswald*, p. 234.

7. Carta de Hoover para Hosty, 13 dez. 1963, reproduzida em Hosty, *Assignment: Oswald*, p. 101.

8. Hosty, *Assignment: Oswald*, p. 118.

9. Ibid., p. 36.

10. Ibid., p. 83.

11. Ibid., pp. 132-4.

12. Testemunho de Silvia Odio, 9 jul. 1964, Apêndice Warren, v. 11, p. 367, pass.

13. Memorando de Griffin para Slawson, 12 jul. 1964, arquivos da equipe, Comissão Warren, NARA. Ver também Hosty, *Assignment: Oswald*, p. 132, pass.

14. Testemunho do dr. Burton Einspruch, HSCA, 11 jul. 1978, pass.

15. Hosty, *Assignment: Oswald*, p. 133.

CAPÍTULO 23 [pp. 244-56]

1. Entrevistas com Slawson.

2. Memorando de Redlich para Rankin, 11 fev. 1964, arquivos da equipe, Comissão Warren, NARA.

3. Ver fotocópia de *Tocsin*, página de rosto, arquivos de correspondência do Congresso, Biblioteca Ford.

4. Carta de Baldwin para Ford, 12 fev. 1964, arquivos de correspondência do Congresso, Biblioteca Ford.

5. Ver carta de Francis J. McNamara da Comissão de Atividades Antiamericanas do Congresso para Ford, 27 fev. 1964, arquivos de correspondência do Congresso, Biblioteca Ford.

6. *New York Times*, 5 fev. 1964; Associated Press, 4 fev. 1964. Ver também Newton, *Justice for All*, p. 434.

7. Entrevistas com Specter; Specter, *Passion*, p. 59.

8. Anexada a uma carta de Harold Callaway para Ford, 10 fev. 1964, arquivos de correspondência do Congresso, Biblioteca Ford.

9. Ver transcrição dos comentários de Johansen, 6 fev. 1964, encontrada nos arquivos de correspondência do Congresso, Biblioteca Ford.

10. Carta de Graham para Warren, 18 fev. 1964, e carta de Bernstein para Warren, 14 fev. 1964, arquivos de correspondência, Documentos de Warren, LOC.

11. Carta de Hoover para Rankin, 17 fev. 1964, arquivos da equipe, Comissão Warren, NARA.

12. Carta de Rankin para Hoover, 18 fev. 1964, arquivos da equipe, Comissão Warren, NARA.

13. Ver memorando de Charles N. Schaffer, "Memorando para Registro", 17 fev. 1964, arquivos da equipe, Comissão Warren, NARA.

14. Depoimento de Marina Oswald para o FBI, 19 fev. 1964, reproduzido em Aynesworth, *JFK: Breaking*. Ver também carta de Hoover para Rankin, 20 fev. 1964, arquivos da equipe, Comissão Warren, NARA.

15. Ford, *Portrait*, p. 511.

16. Testemunho de Robert Oswald, 20 fev. 1964, Apêndice Warren, v. 1, pp. 264-502.

17. Memorando de Hoover para Tolson et al., 24 fev. 1964, FBI.

18. Memorando do escritório de campo do FBI em Dallas para a sede do FBI, "Recomendações para Instalação de Escuta de Telefones e Microfones", 2 mar. 1964, FBI.

19. Testemunho de James Herbert Martin, 27 fev. 1964, Apêndice Warren, v. 1, pp. 469-502.

20. Memorando de Redlich para Rankin, 28 fev. 1964, arquivos da equipe, Comissão Warren, NARA.

21. Memorando de DeLoach para Ford, 14 fev. de 1964, arquivos de correspondência do Congresso, Biblioteca Ford.

CAPÍTULO 24 [pp. 257-62]

1. Entrevistas com Stern.

2. Para a história do Serviço Secreto, ver Kessler, *In the President's Secret Service*, pass. Ver também Blaine, McCubbin e Hill, *The Kennedy Detail*.

3. Para o histórico da limusine de Kennedy, ver o site do Museu Henry Ford: <www.thehenryford.org/research/kennedylimo.aspx>.

4. Entrevistas com Stern; memorando de Stern para Rankin, "Relatório sobre Medidas e Segurança para Proteger o Presidente", 17 fev. 1964, arquivos da equipe, Comissão Warren, NARA.

5. Entrevistas com Stern.

6. Relatório Warren, p. 430; memorando de Stern para registro, 17 fev. 1964; e "Memorando de Entrevista" de Stern, 20 mar. 1964, arquivos da equipe, Comissão Warren, NARA.

7. Entrevistas com Stern.

8. Entrevistas com Stern. Uma descrição da festa no Metropolitan Club é encontrada em Peppers e Ward, *In Chambers: Stories of the Supreme Court Law Clerks and Their Justices*.

CAPÍTULO 25 [pp. 263-9]

1. Carta de Ford para Rankin, 28 mar. 1964, arquivos da equipe, Comissão Warren, NARA.

2. Specter, *Passion*, p. 56.

3. Para histórico sobre Stiles, ver obituário em *Grand Rapids (Michigan) Press*, 15 abr. 1970.

4. "Checklist das Questões Levantadas por Mark Lane", 6 mar. 1964, arquivos de correspondência do Congresso, Biblioteca Ford.

5. Carta de Weaver para Ford, 23 abr. 1964, arquivos de correspondência do Congresso, Biblioteca Ford.

6. Memorando não assinado para Ford, "Memorando para o Honorável Gerald R. Ford", 1 mar. 1964, arquivos de correspondência do Congresso, Biblioteca Ford.

7. Carta de Poff para Ford, 20 abr. 1964, arquivos de correspondência do Congresso, Biblioteca Ford.

8. Nota de George H. Kakaska para Ford, 23 abr. 1964, arquivos de correspondência do Congresso, Biblioteca Ford.

9. Carta de Rankin para Ford, 3 abr. 1964, arquivos de correspondência do Congresso, Biblioteca Ford.

10. Carta de Ford para Rankin, 7 abr. 1964, arquivos de correspondência do Congresso, Biblioteca Ford.

11. Carta de Ford para Rankin, 24 abr. 1964, arquivos de correspondência do Congresso, Biblioteca Ford.

12. Memorando de Ray para Ford, sem data, arquivos de correspondência do Congresso, Biblioteca Ford.

13. "Observações: Re: Sr. R.", 7 abr. 1964, arquivos de correspondência do Congresso, Biblioteca Ford.

14. Carta de H. L. Hunt para Ford, 25 jan. 1964, arquivos de correspondência do Congresso, Biblioteca Ford.

15. Entrevistas com Goldberg.

16. Ver material sobre o histórico de livro de Ford, *Portrait of the Assassin*, nos arquivos de correspondência de Ford, Biblioteca Ford. Uma cópia do contrato do livro de Ford também é encontrada nos arquivos.

CAPÍTULO 26 [pp. 270-84]

1. Carta de Belin para os colegas em Herrick, Langdon, Sandblom & Belin, 27 jan. 1964, arquivos de Belin na Comissão Warren, Biblioteca Ford.

2. *Des Moines Register*, 15 jun. 2000.

3. Carta de Belin para os colegas em Herrick, Langdon, Sandblom & Belin, 11 fev. 1964, arquivos de Belin na Comissão Warren, Biblioteca Ford.

4. Belin, *You Are the Jury*, p. 175.

5. Ibid., pp. 4-5.

6. Ibid., pp. 5-8.

7. Carta de Belin para os colegas em Herrick, Langdon, Sandblom & Belin, 26 mar. 1964, arquivos de Belin na Comissão Warren, Biblioteca Ford.

8. Ver *New York Times*, 25 nov. 1963, bem como extenso material biográfico sobre o memorial da família Tippit no site: <www.jdtippit.com>.

9. Belin, *You Are the Jury*, pp. 139-40.

10. Ibid., pp. 261-3.

11. Ibid., p. 42.

12. Testemunho de Howard Brennan, 24 mar. 1964, Apêndice Warren, v. 3, pp. 140-211.

13. Belin, *You Are the Jury*, p. 136.

14. Testemunho de S. M. Holland, 8 abr. 1964, Apêndice Warren, v. 6, pp. 239-48. Entrevistas com Stern.

15. Belin, *You Are the Jury*, p. 69.

16. O bilhete manuscrito e sem data é encontrado nos arquivos da correspondência de Ford no Congresso, identificado como tendo sido escrito pelo presidente da Suprema Corte e entregue a Ford durante o testemunho de Markham.

17. Testemunho de Helen Markham, 26 mar. 1964, Apêndice Warren, v. 3, pp. 304-22.

18. Belin, *You Are the Jury*, pp. 340-2.

19. Ibid., pp. 302-5.

CAPÍTULO 27 [pp. 285-96]

1. Entrevistas com Specter; Specter, *Passion*, p. 107.

2. Memorando de Specter para Rankin, "Esboço de perguntas sugeridas para a sra. Jacqueline Kennedy", 31 mar. 1964, arquivos da equipe, Comissão Warren, NARA.

3. Entrevistas com Specter. Ver também Specter, *Passion*, pass.

4. Entrevistas com Specter; Specter, *Passion*, pp. 66-9.

5. Gallagher, *My Life with Jacqueline Kennedy*, p. 341. Mary Barelli Gallagher havia sido secretária pessoal da sra. Kennedy na Casa Branca.

6. Manchester, *Death*, p. 290.

7. Specter, *Passion*, pp. 63, 69. Ver também Clint Hill e McCubbin, *Mrs Kennedy and me: An Intimate Memoir*, p. 281.

8. Testemunho de Clint Hill, 9 mar. 1964, Apêndice Warren, v. 2, pp. 132-43.

9. Manchester, *Death*, p. 222.

10. Ibid., pp. 165, 345.

11. Specter, *Passion*, p. 77.

12. O relatório inicial do FBI sobre a autópsia, fonte da informação essencial republicada nos relatórios de dezembro e janeiro, foi preparado pelos agentes Francis X. O'Neill e James W. Sibert,

que assistiram ao procedimento. O relatório completo, de 26 nov. 1963, foi liberado pela ARRB e está disponível em: <http://www.history-matters.com/archive/jfk/arrb/master_med_set/md44/html/Image0.htm>.

13. Specter, *Passion*, p. 78. Ver também Testemunho de Humes, Entrevista com Humes.

14. Specter, *Passion*, p. 80.

15. Testemunho de James J. Humes, 16 mar. 1964, Apêndice Warren, v. 2, pp. 347-76.

16. Belin, *You Are the Jury*, pp. 345-6.

17. Specter, *Passion*, p. 84.

CAPÍTULO 28 [pp. 297-307]

1. Entrevistas com Specter; Specter, *Passion*, pp. 90-9.

2. Testemunho do dr. Ronald Coy Jones, 24 mar. 1964, Apêndice Warren, v. 6, pp. 51-57.

3. Testemunho de Darrell Tomlinson, 20 mar. 1964, Apêndice Warren, v. 6, pp. 128-34.

4. Relatório Warren, p. 433.

5. Entrevistas com Specter; Specter, *Passion*, pp. 69-75.

6. Nellie Connally, *From Love Field*, p. 119.

7. Ibid., pp. 120-1.

8. Entrevistas com Specter; Specter, *Passion*, p. 72.

9. Belin, *You Are the Jury*, pp. 308-9.

10. Connally, *From Love Field*, p. 120.

11. Entrevistas com Specter.

12. Testemunho do governador John Connally, 16 mar. 1964, Apêndice Warren, v. 4, pp. 131-46.

13. Entrevistas com Specter.

14. Entrevista de Warren com Alfred Goldberg, 26 mar. 1974, arquivos da Comissão Warren, Documentos de Warren, LOC.

CAPÍTULO 29 [pp. 308-13]

1. Entrevistas com Pollak.

2. Entrevistas com Goldberg.

3. Entrevistas com Pollak.

4. Entrevistas com Mosk.

5. Memorando de Mosk para Slawson, 23 abr. 1964, arquivos da equipe, Comissão Warren, NARA.

6. Ver obituário de Ely no *New York Times*, 27 out. 2003.

7. Memorando de Ely para Jenner e Liebeler, "A carreira de fuzileiro naval de Lee Harvey Oswald", 22 abr. 1964, arquivos da equipe, Comissão Warren, NARA.

8. Memorando de Ely para Rankin, 5 maio 1964, arquivos da equipe, Comissão Warren, NARA.

CAPÍTULO 30 [pp. 314-21]

1. Testemunho de Patrick T. Dean, 24 mar. 1964, Apêndice Warren, v. 12, pp. 415-49. Ver também *Dallas Morning News*, 25 mar. 1979.

2. Aynesworth, *JFK: Breaking*, pp. 176-9. Ver também Huffaker, *When the News Went Live*, pass.

3. Testemunho de Patrick T. Dean, 24 mar. 1964, Apêndice, v. 12, pp. 415-49.

4. *Dallas Morning News*, 25 mar. 1979.

5. Testemunho de Patrick T. Dean, 8 jun. 1964, Apêndice Warren, v. 5, pp. 254-8.

6. Memorando de Griffin para Willens, 4 abr. 1964, arquivos da equipe, Comissão Warren, NARA.

7. Ibid.

8. Memorando de Willens para Rankin, 6 abr. 1964, arquivos da equipe, Comissão Warren, NARA.

9. Memorando de Hubert e Griffin para Rankin, "Suficiência da investigação de Ruby", 14 maio 1964, arquivos da equipe, Comissão Warren, NARA.

10. Memorando de Willens para Griffin, "Suficiência da investigação de Ruby", 1 jun. 1964, arquivos da equipe, Comissão Warren, NARA.

11. Memorando de Hubert para Rankin, 1 jun. 1964, arquivos da equipe, Comissão Warren, NARA.

12. Belin, *Final Disclosure*, p. 46.

13. Carta do dr. Louis West para Henry Wade, 7 maio 1964, arquivos da equipe, Comissão Warren, NARA.

14. Carta do dr. Robert Stubblefield para o juiz Joe B. Brown, 15 maio 1964, arquivos da equipe, Comissão Warren, NARA.

CAPÍTULO 31 [pp. 322-32]

1. Entrevistas com Slawson.

2. Memorando de Slawson para registro, "Viagem à Cidade do México", 22 abr. 1964, arquivos da equipe, Comissão Warren, NARA.

3. Entrevistas com Slawson. Ver também testemunho de W. David Slawson, HSCA, 15 nov. 1977.

4. Memorando de Slawson para registro, "Viagem à Cidade do México", 22 abr. 1964, arquivos da equipe, Comissão Warren, NARA.

5. Entrevistas com Slawson.

6. Entrevistas com Coleman.

7. Entrevistas com Slawson.

CAPÍTULO 32 [pp. 333-41]

1. Manchester, *Controversy*, pp. 11-5.

2. Manchester, *Death*, pp. x-xiii.

3. Declaração do presidente Lyndon B. Johnson, 10 jul. 1964, Apêndice Warren, v. 5, pp. 561-4.

4. História oral do presidente da Suprema Corte Earl Warren, 21 set. 1971, Biblioteca LBJ, p. 12.

5. Declaração da sra. Lyndon B. Johnson, 16 jul. 1964, Apêndice Warren, v. 5, pp. 564-5.

6. Manchester, *Death*, pp. x-xi.

7. Manchester, *Controversy*, p. 10.

8. Diários de Pearson, nov. e dez. 1963, documentos de Pearson, Biblioteca LBJ.

9. Washington Merry-Go-Round, 10 dez. 1963, disponível nos arquivos de Drew Pearson mantidos pela American University. A coluna original está disponível em: <http://dspace.wrlc. org/doc/bitstream/2041/50094/b18f09-1210zdisplay.pdf#search=>.

10. Diários de Pearson, nov. e dez. 1963, documentos de Pearson, Biblioteca LBJ.

11. Manchester, *Controversy*, p. 8.

12. Entrevistas com Goldberg.

13. Memorando de Goldberg para Rankin, "Proposta de esboço para relatório", 13 abr. 1964, arquivos da equipe, Comissão Warren, NARA.

14. Memorando de Goldberg para Rankin, 16 mar. 1964, arquivos da equipe, Comissão Warren, NARA.

15. Entrevistas com Goldberg.

16. Carta de Belin para Willens, 19 mar. 1964, arquivos da equipe, Comissão Warren, NARA.

17. Memorando de Goldberg para Rankin, 28 abr. 1964, arquivos da equipe, Comissão Warren, NARA.

CAPÍTULO 33 [pp. 342-9]

1. Entrevistas com Slawson.

2. Entrevista de Warren com Alfred Goldberg, 26 mar. 1974, arquivos da Comissão Warren, documentos de Warren, LOC.

3. Ibid.

4. Memorando de Slawson para Specter, 13 mar. 1964, arquivos da equipe, Comissão Warren, NARA.

5. Memorando de Slawson para Hubert e Griffin, "Re: Silvia Odio", 6 abr. 1964, arquivos da equipe, Comissão Warren, NARA.

6. Memorando de Griffin para Slawson, "Entrevista com o dr. Burton C. Einspruch", 6 abr. 1964, arquivos da equipe, Comissão Warren, NARA.

CAPÍTULO 34 [pp. 350-60]

1. Depoimento Rankin, pass.

2. Testemunho de Wesley Liebeler, HSCA, 16 nov. 1977 (citado, daqui em diante, como Testemunho Liebeler).

3. Entrevistas com Slawson, Griffin e Specter; transcrições das memórias de Specter.

4. Depoimento Rankin.

5. Entrevista com Eric Liebeler.

6. Testemunho Liebeler.

7. Entrevistas com Specter; transcrições das memórias de Specter.

8. Para o histórico de Jenner, ver obituário no *New York Times*, 25 jun. 1974.

9. Entrevistas com Goldberg, Entrevistas com Specter, Entrevistas com Slawson.

10. Memorando de Ely para Jenner e Liebeler, 9 mar. 1964, arquivos da equipe, Comissão Warren, NARA.

11. Memorando de Ely para Jenner e Liebeler, "A carreira militar de Lee Harvey Oswald", 22 abr. 1964, arquivos da equipe, Comissão Warren, NARA.

12. Testemunho de Guy Rose, 8 abr. 1964, Apêndice Warren, v. 7, pp. 227-31.

13. Testemunho de George S. de Mohrenschildt, 22 abr. 1964, Apêndice Warren, v. 9, pp. 166-264.

14. Testemunho de Ruth Hyde Paine, 18 mar. 1964, Apêndice Warren, v. 2, pp. 430-517.

15. Testemunho de George S. de Mohrenschildt, 22 abr. 1964, Apêndice Warren, v. 9, pp. 166-264.

16. Embora Moore não tenha sido identificado pelo nome no volume central do relatório final da comissão, aparentemente em deferência à CIA, seu nome aparece na papelada interna da comissão e na transcrição pública oficial do testemunho de De Mohrenschildt.

CAPÍTULO 35 [pp. 361-9]

1. Entrevistas com Specter; transcrições das memórias de Specter.

2. Entrevistas com Slawson, Entrevistas com Specter.

3. Specter, *Passion*, pp. 83-4.

4. Entrevistas com Specter.

5. Specter, *Passion*, p. 87; Entrevistas com Specter.

6. Belin, *You Are the Jury*, p. 347.

7. Entrevistas com Specter; transcrições das memórias de Specter.

8. Memorando de Specter para Rankin, "Fotografias da autópsia e radiografias do presidente John F. Kennedy", 30 abr. 1964, arquivos da equipe, Comissão Warren, NARA.

9. Sessão Executiva da Comissão Warren, 30 abr. 1964, pp. 5860-92.

10. Specter, *Passion*, pp. 88-9; Entrevistas com Specter.

11. Entrevistas com Goldberg.

CAPÍTULO 36 [pp. 370-6]

1. Para citações de Gurney, ver coluna divulgada nacionalmente por Fulton Lewis Jr., publicada no *Lebanon Daily News*, Lebanon, Pensilvânia, 8 maio 1964. Disponível em: <www.newspaperarchive.com>.

2. Ver republicação do editorial do *St. Louis Globe-Democrat* no *News Tribune* de Jefferson City, Missouri, 10 maio 1964. Disponível em: <www.newspaperarchive.com>.

3. Entrevistas com Eisenberg.

4. Cópia não datada do roteiro é encontrada nos arquivos da equipe, Comissão Warren, NARA.

5. Para histórico adicional, ver obituário de Redlich no *New York Times*, 11 jun. 2011.

6. Entrevistas com Eisenberg; Entrevistas com Slawson.

7. Entrevista com Evelyn Redlich.

8. Sessão Executiva da Comissão Warren, 19 maio 1964.

9. Entrevista com Griffin.

CAPÍTULO 37 [pp. 377-86]

1. Entrevistas com Hosty; Hosty, *Assignment: Oswald*, pp. 117-20.

2. Hosty, *Assignment: Oswald*, pp. 139-56.

3. Testemunho de James Hosty, 5 maio 1964, Apêndice Warren, v. 4, pp. 440-76.

4. Carta de Rankin para Hoover, 5 maio 1965, arquivos da equipe, Comissão Warren, NARA.

5. Testemunho de J. Edgar Hoover, 14 maio 1964, Apêndice Warren, v. 5, pp. 97-119.

6. Testemunho de John A. McCone e Richard M. Helms, 14 maio 1964, Apêndice Warren, v. 5, pp. 120-9.

7. *Dallas Morning News*, 27 jun. 1964.

8. *Life*, 10 jul. 1964.

9. Memorando de Slawson para Rankin, "Publicação do diário histórico de Oswald", 6 set. 1964, arquivos da equipe, Comissão Warren, NARA.

10. *Life*, 10 jul. 1964.

11. Carta de Hart para o capitão W. P. Gannaway do departamento de polícia de Dallas, 8 jul. 1964, Arquivo Municipal de Dallas, Gabinete do Secretário Municipal.

12. Memorando de DeLoach para Mohr, "Lee Harvey Oswald", 24 ago. 1964 (referindo-se à entrevista com Ford em 17 ago. 1964), FBI.

13. Entrevistas com Aynesworth; Aynesworth, *November 22, 1963: Witness to History*, pp. 134-5.

CAPÍTULO 38 [pp. 387-92]

1. Entrevistas com Specter; transcrições das memórias de Specter.

2. Relatório Warren, p. 95.

3. Olivier e Dziemian, *Wound Ballistics of 6.5- MM Mannlicher-Carcano Ammunition*, maio 1964, publicado pelo Edgewood Arsenal, Departamento do Exército, arquivos da equipe, Comissão Warren, NARA.

4. Entrevistas com Specter; transcrições das memórias de Specter.

5. Carta de Belin para Willens, 20 out. 1966. Arquivos da correspondência de Belin, Documentos de Belin, Biblioteca Ford.

6. Memorando de Belin para Rankin, "Investigação de Marina Oswald", 29 jan. 1964, arquivos da equipe, Comissão Warren, NARA.

7. Belin, *You Are the Jury*, pp. 431-3.

CAPÍTULO 39 [pp. 397-402]

1. Entrevista com Slawson.

2. Memorando de Willens para Rankin, "Proposta de troca de cartas", 4 jun. 1964, e memorando de Willens para Katzenbach, "Proposta de cartas para a Comissão Presidencial", 12 jun. 1964, arquivos da equipe, Comissão Warren, NARA.

3. Carta de Warren para Robert Kennedy, 11 jun. 1964, arquivos da equipe, Comissão Warren, NARA.

4. Specter, *Passion*, pp. 120-2.

5. Testemunho de Kenneth P. O'Donnell, 18 maio 1964, Apêndice Warren, v. 7, pp. 440-57.

6. Specter, *Passion*, pp. 120-2.

7. Ibid, p. 107.

8. Testemunho da sra. John F. Kennedy, 5 jun. 1964, Apêndice Warren, v. 5, pp. 178-81.

9. A citação apareceu no manuscrito original do livro *Morte de um presidente*, de Manchester, mas foi cortada durante negociações em 1966 entre Manchester e a família Kennedy. Manchester entrevistou Ethel Kennedy em abril de 1964. Ver Thomas, *Robert Kennedy*, pp. 278, 451.

10. Para uma descrição de como foi obtido o texto exato da transcrição mediante uma requisição baseada na Lei de Liberdade de Informação feita por uma cineasta canadense, ver *Ottawa Citizen* (Ottawa, Canadá), 14 ago. 2001.

CAPÍTULO 40 [pp. 403-12]

1. História oral do presidente da Suprema Corte Earl Warren, 21 set. 1971, Biblioteca LBJ, p. 12. Ver também Warren, *Memoirs*.

2. Specter, *Passion*, pp. 105-8.

3. Relatório de Ford sobre a viagem e testemunho de Ruby, "Viagem a Dallas, 7 jun. 1964", arquivos de correspondência do Congresso, Biblioteca Ford.

4. Specter, *Passion*, p. 112.

5. Testemunho de Jack Ruby, 7 jun. 1964, Apêndice Warren, v. 5, pp. 181-213.

6. Entrevistas com Specter; Specter, *Passion*, p. 113.

7. Relatório de Ford sobre a viagem, "Viagem a Dallas, 7 jun. 1964", arquivos de correspondência do Congresso, Biblioteca Ford.

8. Specter, *Passion*, p. 114.

9. Entrevistas com Specter; transcrições das memórias de Specter.

10. Specter, *Passion*, p. 115.

CAPÍTULO 41 [pp. 413-9]

1. Ver obituário de Rowley no *New York Times*, 3 nov. 1992.
2. Depoimento de James Rowley, 18 jun. 1964, Apêndice Warren, v. 5, pp. 449-85.
3. Relatório Warren, p. 113. A quantia exata era 435,71 dólares.
4. Ver obituário de Rusk no *New York Times*, 22 dez. 1994.
5. Entrevistas com Slawson.
6. Schlesinger, *A Thousand Days*, p. 435.
7. Michael Beschloss, *Jacqueline Kennedy: Historic Conversations on Life with John F. Kennedy* [Jacqueline Kennedy: conversas históricas sobre a vida com John F. Kennedy], p. 112.
8. Memorando de Slawson para Rankin, "Assunto: Tomando o depoimento das testemunhas restantes do Departamento de Estado", 12 jun. 1964, arquivos da equipe, Comissão Warren, NARA.

CAPÍTULO 42 [pp. 420-7]

1. Entrevistas com Eisenberg; Entrevistas com Slawson; Entrevistas com Griffin.
2. Carta de Hoover para Rankin, 17 jun. 1964, CIA, NARA. (Este documento aparece nos arquivos da CIA que perderam sigilo, e não nos arquivos da comissão guardados no Arquivo Nacional.)
3. Barron, *Operation Solo*, pp. 112-4. O FBI quebrou o sigilo de muitos documentos internos envolvendo a Operação Solo, que estão disponíveis no site do FBI: <http://vault.fbi.gov/solo>.
4. Ver o obituário de Phillips no *New York Times*, 10 jul. 1988.
5. Depoimento de David Atlee Phillips, 25 abr. 1998, HSCA.
6. Depoimento de David Atlee Phillips, 27 nov. 1976, HSCA.
7. *The Night Watch*, pp. 162-4.
8. Depoimento de David Atlee Phillips, 27 nov. 1976, HSCA, pp. 103-35.
9. Depoimento de David Atlee Phillips, 25 abr. 1978, HSCA, pp. 51-3.
10. Morley, *Our Man*, p. 336. Ver também Kaiser, *The Road to Dallas*, p. 288 (que relatou ter obtido a descrição de Morley); Anthony e Robin Summers, "The Ghost of November", *Vanity Fair*, dez. 1994. O autor obteve uma cópia de uma fonte que insistiu em permanecer anônima.

CAPÍTULO 43 [pp. 428-37]

1. Entrevistas com Coleman.
2. Coleman, *Counsel*, p. 58.
3. Entrevistas com Coleman; Coleman, *Counsel*, pass.
4. Coleman, *Counsel*, p. 149.
5. Ibid., pass.
6. Ver obituário de Lewis no *New York Times*, 25 mar. 2013.
7. *New York Times*, 1 jun. 1964.
8. Anotações de telefonemas e compromissos de Rankin feitas por Julia Eide, 29 maio 1964, 14h-14h40, arquivos da equipe, Comissão Warren, NARA.
9. Sessão Executiva da Comissão Warren, 4 jun. 1964.

10. Manchester, *Death*, p. 635.

11. Depoimento da sra. Lee Harvey Oswald, 11 jun. 1964, Apêndice Warren, v. 5, pp. 387-408.

12. Depoimento de Mark Lane, 2 jul. 1964, Apêndice Warren, v. 5, pp. 546-61.

CAPÍTULO 44 [pp. 441-50]

1. Transcrição de entrevista com Cavanaugh encontrada em Fry, *Hunting and Fishing with Earl Warren*, pp.1-69. Disponível em: <www.openlibrary.org/books/OL7213177M/Hunting_and_fishing_with_Earl_Warren>.

2. Depoimento de Howard Willens, 17 nov. 1977, HSCA.

3. Carta de Warren para Carl L. Shipley, 6 jul. 1964, arquivos de correspondência pessoal, Documentos Warren, LOC.

4. *New York Times Co.* vs. Sullivan, 376 U.S. 254; Escobedo vs. Illinois, 378 U.S. 478.

5. Entrevista de Warren com Alfred Goldberg, 26 mar. 1974, arquivos da Comissão Warren, Documentos Warren, LOC.

6. Depoimento Rankin.

7. Entrevistas com Laulicht.

8. Entrevistas com Weinreb.

9. Memorando de Mosk para Redlich, 7 jun. 1964, arquivos da equipe, Comissão Warren, NARA.

10. Depoimento de Eugene D. Anderson, 24 jul. 1964, Apêndice Warren, v. 11, pp. 301-4.

11. Depoimento de Robert A. Frazier, Apêndice Warren, v. 3, pp. 390-441, e v. 5, pp. 58-74.

CAPÍTULO 45 [pp. 451-6]

1. Depoimento de Silvia Odio, 22 jul. 1964, Apêndice Warren, v. 11, pp. 367-89.

2. *Dallas Morning News*, 5 maio 1962.

3. Versão do capítulo de Liebeler, "Possível motivo pessoal", 23 jun. 1964, arquivos da equipe, Comissão Warren, NARA.

4. Relatório Warren, pp. 407, 727-9.

5. Depoimento de Carlos Bringuier, 7-8 abr. 1964, Apêndice Warren, v. 10, pp. 32-50.

6. Depoimento de Dean Adams Andrews Jr., 21 jul. 1964, Apêndice Warren, v. 11, pp. 325-39.

7. Depoimento de Evaristo Rodriguez, 21 jul. 1964, Apêndice Warren, v. 11, p. 339-45.

8. Depoimento de Silvia Odio, 22 jul. 1864, Apêndice Warren, v. 11, p. 383.

CAPÍTULO 46 [pp. 457-63]

1. Memorando do escritório de campo do FBI em Baltimore para a sede do FBI, "TO: DIRECTOR FBI, DE SAC BALTIMORE, RE: ASSASSINATION OF PRESIDENT JOHN FITZGERALD KENNEDY", 15 abr. 1964, FBI; e

também memorando do escritório de campo do FBI em Washington, DC, para a sede do FBI, "TO DI-RECTOR FBI, FROM SAC WFO", 8 abr. 1964, FBI.

2. Memorando de Belmont para Ross, "Assunto: James R. David, informação referente à violação de segurança", 9 jun. 1964, FBI.

3. Carta de Hoover para James R. David, 9 jun. 1964, FBI.

4. Entrevistas com Slawson.

5. Depoimento de Wesley J. Liebeler, 15 nov. 1977, HSCA.

6. Memorando de Fallon para Ford, 31 jul. 1964, arquivos de correspondência do Congresso, Biblioteca Ford.

7. Depoimento de Silvia Odio, 22 jul. 1964, Apêndice Warren, v. 11, pp. 367-89.

8. Carta de Hoover a Rankin, 7 ago. 1964, arquivos da equipe, Comissão Warren, NARA.

9. Notas do investigador do HSCA Gaeton Fonzi sobre sua entrevista com Silvia Odio, 16 jan. 1976, arquivos da equipe, HSCA, RIF: 180-10001-10132, NARA.

10. Entrevistas com Slawson; entrevistas com outros membros da equipe sob a condição de anonimato.

CAPÍTULO 47 [pp. 464-9]

1. Depoimento de Abraham Zapruder, 22 jul. 1964, Apêndice Warren, v. 7, pp. 569-76.

2. *Los Angeles Times*, 4 ago. 1999.

3. Richard Stolley, "Shots Seen Round the World", *Entertainment Weekly*, 17 jan. 1992.

4. Ver o obituário de Walker no *New York Times*, 2 nov. 1993.

5. Depoimento do general Edwin A. Walker, 23 jul. 1964, Apêndice Warren, v. 11, pp. 404-28.

6. Entrevistas com Specter; transcrições das memórias de Specter.

7. Depoimento de Jack Ruby, 18 jul. 1964, Relatório Warren, pp. 807-13.

8. Entrevistas com Specter; Specter, *Passion*, pp. 116-7.

9. Relato de entrevista com o capitão W. B. Frazier feita pelos agentes especiais do FBI James W. Bookhout e George W. H. Carlson em Dallas, 7 dez. 1963, FBI; Carta de Hoover a Rankin, 30 jul. 1964, arquivos da equipe, Comissão Warren, NARA.

CAPÍTULO 48 [pp. 470-4]

1. Carta de Belin para Willens, 25 ago. 1964, arquivos da equipe, Comissão Warren, NARA.

2. Sessão Executiva da Comissão Warren, 23 jun. 1964.

3. Um resumo foi encontrado nos papéis de J. Lee Rankin doados ao Arquivo Nacional em 1999, caixa 22, pasta 350, Comissão Warren, NARA.

4. Memorando de Slawson para Rankin e Willen, "Re: Possível Testemunho Médico sobre Oswald", 2 jun. 1964, arquivos da equipe, Comissão Warren, NARA.

5. Memorando de Pollak para Rankin, "Assunto: Comentários sobre volumes 1-4, 6, 7", 18 jun. 1964, arquivos da equipe, Comissão Warren, NARA.

6. Memorando de Rankin para Willens, 17 ago. 1964, arquivos da equipe, Comissão Warren, NARA.

7. Memorando de Rankin para Stern, 30 jun. 1964, arquivos da equipe, Comissão Warren, NARA.

CAPÍTULO 49 [pp. 475-80]

1. *New York Times*, 30 jun. 1964.

2. Ver Thomas, *Robert Kennedy*, pp. 282, 333.

3. Relatório do Comitê Church, "Alegadas tramas de assassinato envolvendo líderes estrangeiros", 20 nov. 1975, pp. 98, 126-34.

4. Ibid., pp. 88-9.

5. Associated Press, 12 out. 2012.

6. Schlesinger, *Robert Kennedy*, pp. 649, 615. Ver também entrevista com Califano.

7. Thomas, *Robert Kennedy*, p. 284. Baseado em memorando do assessor Harold Reis, do Departamento de Justiça, para o procurador-geral, 12 jun. 1964.

8. Carta de Kennedy a Warren, 4 ago. 1964, arquivos da equipe, Comissão Warren, NARA.

CAPÍTULO 50 [pp. 481-7]

1. Carta de Rankin para Hoover, 24 jul. 1964, arquivos da equipe, Comissão Warren, NARA.

2. Carta de Hoover para Rankin, 21 ago. 1964, arquivos da equipe, Comissão Warren, NARA.

3. Carta de Rankin para Hoover, 23 ago. 1964, arquivos da equipe, Comissão Warren, NARA.

4. Entrevistas com Hosty.

5. Nota escrita à mão por Hoover encontrada em cabograma do escritório de campo em Dallas para a sede, "TO DIRECTOR FROM DALLAS", 14 mar. 1964, FBI.

6. Nota escrita à mão por Hoover encontrada em memorando do escritório de campo em Dallas para Sullivan, 13 fev. 1964, FBI.

7. Nota escrita à mão por Hoover em carta de Rankin a Hoover, 3 mar. 1964, FBI.

8. Nota escrita à mão por Hoover em memorando de Branigan para Sullivan, "RE: LEE HARVEY OSWALD SEGURANÇA INTERNA", 3 mar. 1964, FBI.

9. Nota escrita à mão por Hoover em memorando de Jevons para Conrad, "RE: ASSASSINATO DO PRESIDENTE JOHN F. KENNEDY", 12 mar. 1964, FBI.

10. Memorando de Rosen para Belmont, 6 mar. 1964. Ver também memorando de Rosen para Belmont, "Assunto: Comissão Presidencial", 4 abr. 1964, FBI.

11. Notas escritas à mão por Hoover em memorando de Rosen para Belmont, "Assunto: Comissão Presidencial", 4 abr. 1964, FBI.

12. Carta de Hoover para Ford, 7 abr. 1964, FBI.

13. Memorando de DeLoach para Mohr, 22 abr. 1964, FBI.

14. Memorando de DeLoach para Mohr, "Assunto: William Manchester, autor do livro sobre Kennedy", 4 jun. 1964, FBI.

CAPÍTULO 51 [pp. 488-99]

1. Ver no *New York Times* o obituário de McCloy, 12 mar. 1989. Para o histórico sobre One Chase Manhattan Plaza, ver *New York Times*, 6 jun. 2013.

2. Carta de McCloy para Rankin, 21 jul. 1964, arquivos da equipe, Comissão Warren, NARA.

3. Entrevistas com Slawson.

4. Versão não assinada de capítulo intitulado "Conspiração estrangeira", 15 jul. 1964, arquivos da equipe, Comissão Warren, NARA. Ver também memorando sem assinatura de Coleman e Slawson para Rankin, "Assunto: Mudanças sugeridas na Conspiração estrangeira [*sic*], de 15 de julho de 1964", arquivos da equipe, Comissão Warren, NARA.

5. Relatório Warren, p. 305.

6. Entrevistas com Coleman.

7. Memorando de Coleman, "Viagem de Oswald à Cidade do México, 26 de setembro de 1963 a 3 de outubro de 1963", 20 jul. 1964, arquivos da equipe, Comissão Warren, NARA.

8. Entrevistas com Specter. Ver também Specter, *Passion*, pass.

9. Carta de McCloy para Rankin, 24 jun. 1964, arquivos da equipe, Comissão Warren, NARA.

10. Carta e memorando de Cooper para Rankin, 20 ago. 1964, arquivos da equipe, Comissão Warren, NARA.

11. Carta de Belin para Rankin, 7 jul. 1964, arquivos da equipe, Comissão Warren, NARA.

12. Belin, *Final Disclosure*, pp. 213-6. Ver também Belin, *You Are the Jury*, pp. 425-40.

13. Entrevistas com Goldberg.

14. Memorando do escritório de campo do FBI em Washington para a sede do FBI, "SAC WFO PARA DIRETOR, FBI RE: LEE HARVEY OSWALD", 17 set. 1964, FBI. Ver também memorando de Rosen para Belmont, "ASSUNTO: LEE HARVEY OSWALD", 21 set. 1964, FBI.

15. Entrevistas com Goldberg.

16. *New York Times* e *Washington Post*, 26 nov. 1963.

17. Memorando de Barson e Mosk para Rankin, 9 jul. 1964, arquivos da equipe, Comissão Warren, NARA.

18. Entrevistas com Griffin.

19. Memorando de Griffin a Willens, "Re: Memorando sobre trecho da conspiração do capítulo VI", 14 ago. 1964, arquivos da equipe, Comissão Warren, NARA.

CAPÍTULO 52 [pp. 500-12]

1. Entrevista com Evelyn Redlich.

2. Entrevistas com Weinreb.

3. Depoimento de Wesley Liebeler, HSCA, 15 nov. 1977, pp. 209-61.

4. Memorando de Liebeler para Rankin, 28 ago. 1964, arquivos da equipe, Comissão Warren, NARA. Ver também Depoimento de Liebeler, HSCA, 15 nov. 1977, pass.

5. Memorando de Liebeler para Willens e Redlich, "Assunto: Conspiração", 27 ago. 1964, arquivos da equipe, Comissão Warren, NARA.

6. Memorando para Rankin de Hoover, 3 set. 1964, arquivos da equipe, Comissão Warren,

NARA. Ver também memorando de Liebeler para Willens, "Re: Propriedade relevante permanecendo em poder de Marina Oswald", 2 set. 1964, arquivos da equipe, Comissão Warren, NARA.

7. Memorando de Liebeler, "Memorando re: Provas finais do capítulo IV", 6 set. 1964, arquivos da equipe, Comissão Warren, NARA.

8. Depoimento de Wesley Liebeler, HSCA, 15 nov. 1977, pp. 209-61.

9. Associated Press, 18 jun. 1964.

10. Fite, *Richard B. Russell Jr., Senator from Georgia*, p. 46.

11. Carta de Russell para C. R. Nichols, 30 jun. 1964, arquivos de correspondência, Biblioteca Russell.

12. Holland, *The Kennedy Assassination Tapes*, p. 240.

13. *Atlanta Constitution*, 28 set. 1964.

14. Entrevista com Powell A. Moore, "Oral History Interview #7", 6 mar. 1971, Biblioteca Russell.

15. Entrevista de Barboura G. Raesly, "Oral History Interview #157", 16 jun. 1974, Biblioteca Russell.

16. *Dallas Morning News*, 7 set. 1964.

17. Depoimento de Marina Oswald, 6 set. 1964, Apêndice Warren, v. 5, pp. 588-620.

18. Nota à mão feita por Russell em folha de anotações do Senado dos Estados Unidos, 5 dez. 1963, arquivos pessoais, Biblioteca Russell.

19. Esboço de divergência de Russell, "Comissão do assassinato", 16 set. 1964, Biblioteca Russell.

20. Carta de Hoover para Rankin, 21 set. 1964, arquivos da equipe, Comissão Warren, NARA.

21. Entrevistas com Slawson.

22. Relatório Warren, pp. 322-4.

23. Depoimento de Loran Hallm, 5 e 6 out. 1977, HSCA, RIF: 180-10118-10115, NARA.

24. Ver Apêndice das Audiências, v. 10, "Atividades e organizações anti-Castro", mar. 1979, HSCA, pp. 19-35.

CAPÍTULO 53 [pp. 513-25]

1. "Contrato de edição entre Simon and Schuster e Gerald R. Ford", 9 out. 1964, arquivos da Comissão Warren, Biblioteca Ford. O contrato inteiro e outra documentação relativa ao livro são encontrados na Biblioteca Ford.

2. "Relatório do Departamento Editorial, Simon and Schuster", 29 jul. 1964, arquivos da Comissão Warren, Biblioteca Ford.

3. Carta de Thompson para Peter Schwed, executivo da Simon and Schuster, 8 jul. 1964, arquivos da Comissão Warren, Biblioteca Ford.

4. *New York Times*, 7 jul. 1964.

5. Memorando de Fallon para Ford, 3 jul. 1964, arquivos da Comissão Warren, Biblioteca Ford.

6. Memorando de Stiles para Ford, 4 set. 1964, arquivos da Comissão Warren, Biblioteca Ford.

7. Notas à mão escritas por Ford, "Gene Roberts, *Detroit Free Press 5/9/64*", arquivos da Comissão Warren, Biblioteca Ford.

8. *New York Times*, 23 fev. 1967.

9. Ford, *Portrait*, pp. 53-60.

10. Ibid., pp. 335, 483, 301-14, 90-9.

11. Entrevista de Gerald R. Ford, "Oral History Interview by Vicki Daitch", 18 jul. 2003, Biblioteca JFK.

12. Carta de Ford a Rankin, 2 set. 1964, arquivos da equipe, Comissão Warren, NARA.

13. Associated Press, 2 jul. 1997.

14. Depoimento do dr. Michael Baden, 17 set. 1978, HSCA.

15. Diários Pearson, out. 1966, Documentos Pearson, Biblioteca LBJ.

16. Warren, *Memoirs*, p. 3.

17. Entrevista de Barboura G. Raesly, "Oral History Interview #157", 16 jun. 1974, Biblioteca Russell.

18. Relatório Warren, p. 19.

19. Proposta de Howard Willens para um livro a ser intitulado *The Assassination*, sem data. Willens anunciou em 2013 que planejava escrever um livro sobre suas experiências na Comissão Warren, com um título novo: *History Will Prove Us Right: Inside the Warren Commission Investigation into the Assassination of John F. Kennedy* [A história provará que estávamos certos: dentro da investigação da Comissão Warren sobre o assassinato de John F. Kennedy].

20. Relatório Warren, p. 24.

21. Ibid, p. 26.

22. Ibid., p. 451.

23. Artigo submetido por Ford à Câmara de Comércio do Estado da Califórnia, "Why the President Died", 30 dez. 1964, arquivos da Comissão Warren, Biblioteca Ford. O artigo se baseava num discurso que Ford havia proferido para a câmara.

24. Sessão Executiva da Comissão Warren, 18 set. 1964, NARA.

CAPÍTULO 54 [pp. 526-38]

1. Holland, *The Kennedy Assassination Tapes*, pp. 247-51.

2. Entrevistas com Slawson.

3. Entrevista de John McCloy, *Face the Nation*, 2 jul. 1967, CBS News.

4. "The Warren Commission", Apêndices das Audiências, v. 11, mar. 1979, HSCA, p. 78.

5. Diários Pearson, out. 1966, Documentos Pearson, Biblioteca LBJ.

6. Carta de Oscar Collier para a comissão, 14 ago. 1964, arquivos da equipe, Comissão Warren, NARA.

7. *Esquire*, maio 1964.

8. *New York Times*, 25 set. 1964.

9. Ibid.

10. *New York Times*, 28 set. 1964.

11. *Time*, 2 out. 1964.

12. *New York Times*, 28 set. 1964.

13. Ibid.

14. Kennedy, *True Compass: A Memoir*, pp. 211-2.

15. *Public Perspective*, out.-nov. 1998.

16. *National Observer*, 5 out. 1964.

17. *Atlanta Constitution*, 27 set. 1964.

18. Nota escrita à mão por Hoover em memorando de DeLoach para Mohr, "Assunto: A COMISSÃO PRESIDENCIAL.", 25 set. 1964, FBI.

19. Memorando de Gale para Tolson, "ASSUNTO: DEFICIÊNCIAS NO MANUSEIO DO MATERIAL DE LEE HARVEY OSWALD PELO PESSSOAL DO FBI", 30 set. 1964, FBI.

20. Memorando de Belmont para Tolson, 1 out. 1964, FBI.

21. Nota escrita à mão por Hoover em memorando de Belmont para Tolson, 1 out. 1964, FBI.

22. Nota escrita à mão por Hoover em memorando de DeLoach para Mohr, "ASSUNTO: CRÍTICAS AO FBI", 6 out. 1964.

23. Carta de Hoover para Walter Jenkins, assistente especial do presidente, 30 set. 1964, FBI.

24. Memorando de Rosen para Belmont, "ASSUNTO: COMISSÃO PRESIDENCIAL", 2 out. 1964, FBI.

25. *Washington Post*, 29 set. 1964.

26. Memorando de Rosen para Belmont, "ASSUNTO: COMISSÃO PRESIDENCIAL", 2 out. 1964, FBI.

27. Carta de Hoover para Rankin, 23 out. 1964, arquivos da equipe, Comissão Warren, NARA.

28. Carta de Rankin para Hoover, 18 nov. 1964, arquivos da equipe, Comissão Warren, NARA.

29. Memorando de Eide para Rankin, 7 dez. 1964, arquivos da equipe, Comissão Warren, NARA.

CAPÍTULO 55 [pp. 543-56]

1. "SILVIA TIRADO BOZAN DE DURAN", sem data, Arquivo de Trabalho de Russ Holmes, CIA, RIF: 104-10404-10123. Ver também "Cronologia da Cidade do México", sem data, CIA, RIF: 104-10086-10001, NARA.

2. "COMUNISTAS MEXICANOS QUE TIVERAM CONTATO COM OSWALD", 5 out. 1964, CIA, RIF: 104-10404-10332. Ver também "SILVIA TIRADO BOZAN DE DURAN", sem data, Arquivo de Trabalho de Russ Holmes, CIA, RIF: 104-10404-10123; "Cronologia da Cidade do México", sem data, CIA, RIF: 104-10086-10001. June Cobb foi identificada como a informante pelo Comitê Selecionado da Câmara sobre Assassinatos em seu "Relatório sobre a Viagem de Lee Harvey Oswald à Cidade do México", pelos membros da equipe Dan Hardway e Edwin Lopez, sem data, HSCA, RIF: 180-10110-10484 (citado, daqui em diante, como Relatório Lopez, como era conhecido pelos membros da equipe da Câmara.)

3. Memorando pelo adido jurídico do FBI, "Lee Havey Oswald", 11 dez. 1964, RIF: 104-10404-10330.

4. Também "Cronologia da Cidade do México", sem data, CIA, RIF: 104-10086-10001, NARA. A anotação do autor da cronologia em referência a este material: "POR QUE ISTO NÃO FOI MANDADO PARA A SEDE?".

5. Epstein, *Inquest*, p. 3.

6. Ibid., p. 20.

646

7. "Wesley Liebeler: The File Keeper, June 30, 1965" [Wesley Liebeler: O guarda do arquivo, 30 jun. 1965], ensaio disponível no site de Epstein: <http://edwardjayepstein.com/liebeler.htm>.

8. *New York times*, 24 abr. 1966.

9. Epstein, *Inquest*, pp. ix-xiv.

10. *New York Times*, 6 jul. 1966.

11. Carta de Jenner para Belin, 13 jul. 1966, arquivos de Belin referentes à Comissão Warren, Biblioteca Ford.

12. Carta de Redlich para Andrew Hacker, Universidade Cornell, 2 jun. 1966, conforme anexo à carta de Redlich para Belin, 15 jul. 1966, arquivos de Belin referentes à Comissão Warren, Biblioteca Ford.

13. Em e-mail trocado em 2013, Epstein disse-me que, apesar das reclamações de Liebeler sobre o *Inquest*, os dois mantiveram contato, e declarou: "Vi Liebeler muitas vezes depois da publicação do meu livro". Questionado sobre as críticas dirigidas a seu livro por outros membros da equipe da comissão, Epstein disse: "Discuti amplamente os bastidores da minha investigação" no meu "diário do assassinato" (cuja publicação, segundo ele, estava agendada para setembro de 2013).

14. *New York Times*, 24 jul. 1966.

15. *New York Times*, 1 jul. 1966.

16. *New York Times*, 16 ago. 1966.

17. Entrevistas com Slawson.

18. Ver obituário de Dolan no *Denver Post*, 5 set. 2008.

19. Entrevistas com Cynthia Thomas.

20. Entrevista com Poniatowska.

21. Cópias dos memorandos de Thomas foram obtidas com sua viúva, Cynthia. Cópias também são encontradas nos arquivos do Comitê Selecionado da Câmara sobre Assassinatos, NARA.

22. Relatório Lopez, p. 225.

23. Memorando de Ferris a Freeman, "ENTREVISTA COM SRA. ELENA GARRO DE PAZ", 27 dez. 1965, conforme encontrado em relatório da CIA intitulado "SILVIA TIRADO BOZAN DE DURAN", sem data, Arquivo de Trabalho de Russ Holmes, CIA, RIF: 104-10404-12123.

24. Cabograma do posto da CIA na Cidade do México para CIA, "CABO. RE: ADIDO JURÍDICO MEXI ENTREVISTA GARRO DE PAZ", 29 dez. 1965, CIA, RIF: 104-10404-10320, NARA.

CAPÍTULO 56 [pp. 557-68]

1. *Washington Post*, 3 out. 1966.

2. Holland, *The Kennedy Assassination Tapes*, pp. 312-3.

3. *New York Times*, 17 dez. 1966.

4. "A Clash of Camelots", *Vanity Fair*, out. 2009.

5. Diários Pearson, out. 1966, Documentos Pearson, Biblioteca LBJ.

6. Diários Pearson, jan. 1967, Documentos Pearson, Biblioteca LBJ.

7. Depoimento de Edward P. Morgan, 19 mar. 1976, Comitê Church, RIF: 157-10011-10040.

8. Diários Pearson, jan. 1967, Documentos Pearson, Biblioteca LBJ.

9. Depoimento de James J. Rowley, 13 fev. 1976, Comitê Church, RIF: 157-10014-10011.

10. Diários Pearson, jan. 1967, Documentos Pearson, Biblioteca LBJ.

11. Holland, *The Kennedy Assassination Tapes*, pp. 389-98.

12. *New York Times*, 2 mar. 1967.

13. Washington Merry-Go-Round, 3 mar. 1967, disponível nos arquivos de Drew Pearson mantidos pela American University. A coluna está disponível em: <http://dspace.wrlc.org/doc/bitstream/2041/53102/b20f02-0303zdisplay.pdf#search>.

14. Diários Pearson, mar. 1967, Documentos Pearson, Biblioteca LBJ.

15. "Intenções da Agência Central de Inteligência de enviar marginais a Cuba para assassinar Castro", 6 mar. 1967, FBI, citado em "RESUMO DOS FATOS: INVESTIGAÇÃO DO ENVOLVIMENTO DA CIA EM TRAMAS PARA ASSASSINAR LÍDERES ESTRANGEIROS", sem data, arquivos de equipe de Richard Cheney, chefe de gabinete da Casa Branca na administração Ford, Biblioteca Ford. Disponível no site da Biblioteca Ford: <http://www.fordlibrarymuseum.gov/library/document/0005/7324009.pdf>.

16. Diários Pearson, abr. 1967, Documentos Pearson, Biblioteca LBJ.

17. *New York Times*, 17 jun. 1973.

18. Depoimento Rankin, 21 set. 1978, HSCA. Ver também Disposição da Sessão Executiva de J. Lee Rankin, 15 ago. 1978, HSCA.

19. Depoimento de Whitten na Câmara, 16 maio 1978. Ver também Depoimento de Whitten no Senado, 7 maio 1976.

20. Depoimento de Helms na Câmara, 22 set. 1978.

21. Entrevistas com Aynesworth.

22. Aynesworth, *JFK: Breaking*, p. 232.

23. Phelan, *Scandals Scamps and Scoundrels*, pp. 150-1.

24. Aynesworth, *JFK: Breaking*, p. 234.

25. Ibid., p. 235.

26. *New York Times*, 23 fev. 1967.

27. Aynesworth, *JFK: Breaking*, p. 244.

28. *New York Times*, 2 mar. 1967.

CAPÍTULO 57 [pp. 569-84]

1. Cabograma de Scott ao Chefe, Divisão do Hemisfério Ocidental, CIA, "A Operação LIRING/3", 13 jun. 1978, CIA, RIF: 104-10437-10102.

2. Carta de Thomas W. Lund, CIA, para Scott, "CARTA: COMO ESTÁ CIENTE, A INVESTIGAÇÃO GARRISON DO ASSASSINATO DE KENNEDY INCITOU UMA EXPLOSÃO DE ALEGAÇÕES E ACUSAÇÕES ESPETACULARES", 14 jun. 1967, CIA, RIF: 104-10247-10418, NARA.

3. Cabograma de Scott ao Chefe, Divisão do Hemisfério Ocidental, "A Operação liring/3", 13 jun. 1978, CIA, RIF: 104-10437-10102.

4. Carta de Benjamin Ruyle, Consultado dos Estados Unidos, Tampico, para Wesley Boles, Departamento de Estado, 11 maio 1967, CIA, RIF: 104-10433-10011.

5. Carta de Scott para John Barron, *Reader's Digest*, 25 nov. 1970, encontrada em "INFORMAÇÃO PARA O HSCA DO ARQUIVO PESSOAL DE WIN SCOTT", HSCA, RIF: 1993.08.12.15:08:41:650024.

6. Ageu 1,9.

7. Morley, *Our Man on Mexico*, p. 276.

648

8. *Los Angeles Times*, 25 mar. 1968. Ver também United Press International, 25 mar. 1968.

9. Newton, *Justice for All*, p. 490.

10. Entrevista de Warren com Alfred Goldberg, 26 mar. 1974, arquivos da Comissão Warren, Documentos Warren, LOC.

11. *New York Times*, 10 jul. 1974.

12. *New York Times*, 29 abr. 1970; *Washington Post*, 28 abr. 1970.

13. Entrevista com Califano. Ver também Califano, *Inside: A Public and Private Life*, pp. 124-7.

14. Entrevistas com Thomas.

15. Cópias dos memorandos de Thomas foram disponibilizados por sua viúva, Cynthia. Cópias também são encontradas nos arquivos do Comitê Selecionado da Câmara sobre Assassinatos, NARA.

16. Carta de Bert M. Benningham, Departamento de Estado, para o vice-diretor Plans, CIA, 28 ago. 1969, conforme encontrada em "CHARLES THOMAS", sem data, CIA, RIF: 1993.06.22.19:24:430330.

17. Memorando de Angleton para o vice-assistente do Secretário de Estado, "ASSUNTO: Charles William Thomas", 16 set. 1969, CIA, RIF: 1993.08.11.19:02:46:030031.

18. Entrevistas com Thomas.

19. Notas escritas à mão por Thomas, conforme encontradas no arquivo "KENNEDY" em sua maleta. Cynthia Thomas concedeu ao autor acesso ao arquivo e outro material.

20. Certificado de óbito, Distrito de Columbia, Departamento de Saúde.

21. *Washington Post*, 12 dez. 1973.

22. "Projeto de Lei Especial para o provimento de Charles William Thomas", 2 jan. 1975, 93.18-jan.2 1975.

23. Carta de Ford a Cynthia Thomas, 2 jan. 1975. Uma cópia da carta foi cedida por Cynthia ao autor.

24. Morley, *Our Man in Mexico*, pp. 256-7.

25. Depoimento de Ann (sic) Goodpasture, 20 nov. 1978, HSCA, RIF: 180-10110-10028.

26. Depoimento de James Angleton, 5 out. 1978, HSCA, RIF: 180-10110-10006.

27. "CAPÍTULO XXIV DO RASCUNHO DO MANUSCRITO DE 'THE FOUL FOE'", CIA, RIF: 1993.08.12.15:27:41:250024. NARA.

28. Relatório Lopez, pp. 90-100.

29. "CALVILLO, MANUEL (LICHANT-1)", sem data, CIA, RIF: 104-10174-10067.

CAPÍTULO 58 [pp. 585-93]

1. Entrevistas com Slawson.

2. Depoimento de Whitten na Câmara.

3. *New York Times*, 23 fev. 1975; entrevistas com Slawson.

4. Ver obituário de Kelley no *New York Times*, 6 ago. 1997.

5. *Washington Post*, 9 maio 1976.

6. Entrevistas com Johnson.

7. Kelley e Davis, *Kelley: The Story of an FBI Director*, pp. 249-97.

8. Sullivan e Brown, *The Bureau: My Thirty Years in Hoover's FBI*, p. 51.

NOTA DO AUTOR [pp. 595-609]

1. Entrevista com Thomas C. Mann, 29 nov. 1977, HSCA, RIF: 180-10142-10357, NARA.

2. Depoimento de Raymond C. Rocca, 17 jul. 1978, HSCA.

3. *O bom pastor*, dirigido por Robert De Niro, 2006. Mais informações sobre o filme disponíveis em: <http://www.imdb.com/title/tt0343737/>.

4. Carta de Hoover a Rankin, 17 jun. 1964, FBI, RIF: 104-10095-10412, NARA.

5. "Cronologia da Cidade do México", sem data, CIA, RIF: 104-10086-10001, NARA.

6. "Questões Diversas: Índice do HT-LINGUAL", 26 dez. 1976, HSCA, RIF: 180-10142-10334, NARA. Para um relato definitivo da vigilância sobre Oswald pelo programa HT-LINGUAL, ver Newman, *Oswald and the CIA*, pp. 52-7. Ver também Martin, *Wilderness*, pp. 68-72.

7. *Dallas Morning News*, 13 jan. 2013; *Washington Post*, 13 jan. 2013.

8. Entrevistas com Ruben Garro.

9. Entrevista com Silvia Duran.

10. Entrevistas com Lidia Duran Navarro.

11. Entrevistas com Contreras.

12. Entrevistas com Guerrero.

Referências bibliográficas

LIVROS

ANSON, Robert Sam. *"They've Killed the President!": The Search for the Murderers of John F. Kennedy*. Nova York: Bantam, 1975.

ARÉVALO, Juan Jose. *The Shark and the Sardines*. Trad. do espanhol June Cobb e Raul Osegueda. Nova York: Lyle Stuart, 1961.

AYNESWORTH, Hugh. *JFK: Breaking the News*. Richardson, TX: International Focus, 2003.

BADEN, Michael M. *Unnatural Death: Confessions of a Medical Examiner*. Nova York: Random House, 1989.

BAGLEY, Tennent H. *Spy Wars: Moles, Mysteries and Deadly Games*. New Haven, CT: Yale University Press, 2007.

BARRON, John. *Operation Solo: The FBI's Man in the Kremlin*. Washington, DC: Regnery, 1995.

BELIN, David. *Final Disclosure: The Full Truth about the Assassination of President Kennedy*. Nova York: Charles Scribner's Sons, 1988.

_____. *November 22, 1963; You Are the Jury*. Nova York: Quadrangle, 1973.

BELLI, Melvin M.; CARROLL, Maurice C. *Dallas Justice: The Real Story of Jack Ruby and His Trial*. Nova York: David McKay Company, 1964.

BENSON, Michael. *Who's Who in the JFK Assassination*. Nova York: Citadel, 1993.

BESCHLOSS, Michael R. *Taking Charge: The Johnson White House Tapes, 1963-1964*. Nova York: Simon & Schuster, 1997.

BIRD, Kai. *The Chairman: John J. McCloy and the Making of the American Establishment*. Nova York: Simon & Schuster, 1992.

651

BISSELL, Richard. *Reflections of a Cold Warrior: From Yalta to the Bay of Pigs*. New Haven, CT: Yale University Press, 1996.

BISHOP, Jim. *The Day Kennedy Was Shot*. Nova York: Funk & Wagnalls, 1968.

BLAKEY, G. Robert; BILLINGS, Richard N. *Fatal Hour: The Assassination of President Kennedy by Organized Crime*. Nova York: Times, 1992. (Também publicado como *The Plot to Kill the President*. Nova York: Berkley, 1992.)

BLAINE, Gerald; MCCUBBIN, Lisa. *The Kennedy Detail*. Nova York: Gallery, 2010.

BRENNAN, Howard L.; CHERRYHOLMES, J. Edward. *Eyewitness to History: The Kennedy Assassination: As Seen by Howard Brennan*. Waco, TX: Texian, 1987.

BRINKLEY, Douglas. *Cronkite*. Nova York: HarperCollins, 2012.

_____. *Gerald R. Ford*. Nova York: Times, 2007.

BROWN, Joe E. Sr.; HOLLOWAY, Diane (Orgs.). *Dallas and the Jack Ruby Trial*. Lincoln, NE: Authors Choice, 2001.

BROWNELL, Herbert; BURKE, John P. *Advising Ike: The Memoirs of Howard Brownell*. Lawrence: University Press of Kansas, 1993.

BUCHANAN, Thomas G. *Who Killed Kennedy?*. Nova York: G. P. Putnam, 1964. (Também publicado com o mesmo título pela MacFadden, 1965.) [Ed. bras.: *Quem matou Kennedy?*. Rio de Janeiro: Civilização Brasileira, 1964.]

BUGLIOSI, Vincent. *Reclaiming History: The Assassination of President John F. Kennedy*. Nova York: W. W. Norton & Company, 2007.

BURDEN, Wendy. *Dead End Gene Pool: A Memoir*. Nova York: Gotham, 2012.

BURLEIGH, Nina. *A Very Private Woman: The Life and Unsolved Murder of Presidential Mistress Mary Meyer*. Nova York: Bantam, 1998.

CALIFANO, Joseph A. Jr. *Inside: A Public and Private Life*. Nova York: PublicAffairs, 2004.

CANNON, James. *Time and Chance: Gerald Ford's Appointment with History*. Ann Arbor: University of Michigan Press, 1998.

CARO, Robert A. *Master of the Senate*. Nova York: Alfred A. Knopf, 2002.

_____. *The Passage of Power*. Nova York: Alfred A. Knopf, 2012.

COLBY, William; FORBATH, Peter. *Honorable Men: My Life in the CIA*. Nova York: Simon & Schuster, 1978.

COLEMAN, William T. Jr.; BLISS, Donald T. *Counsel for the Situation: Shaping the Law to Realize America's Promise*. Washington, DC: Brookings Institution, 2010.

COMPSTON, Christine. *Earl Warren: Justice for All*. Nova York: Oxford University Press, 2011.

CONNALLY, Nellie; HERSKOWITZ, Mickey. *From Love Field: Our Final Hours with President John F. Kennedy*. Nova York: Rugged Land, 2003.

CONNOLLY, John; HERSKOWITZ, Mickey. *In History's Shadow: An American Odyssey*. Nova York: Hyperion, 1993.

CONOT, Robert. *Justice at Nuremberg*. Nova York: Harper & Row, 1983.

CORNWELL, Gary. *Real Answers: The True Story*. Spicewood: Paleface, 1998.

CORRY, John. *The Manchester Affair*. Nova York: G. P. Putnam's Sons, 1967.

CRAY, Ed. *Chief Justice*. Nova York: Simon & Schuster, 1997.

CRONKITE, Walter. *A Reporter's Life*. Nova York: Alfred A. Knopf, 1996.

CYPESS, Sandra Messinger. *Uncivil Wars: Elena Garro, Octavio Paz, and the Battle for Cultural Memory*. Austin: University of Texas Press, 2012.

DALLEK, Robert. *Lyndon B. Johnson: Portrait of a President*. Nova York: Oxford University Press, 2004.

_____. *An Unfinished Life: John F. Kennedy*. Boston: Little, Brown and Company, 2003.

DAVISON, Jean. *Oswald's Game*. Nova York: W. W. Norton & Company, 1983.

DEFRANK, Thomas M. *Write It When I'm Gone: Remarkable Off-the-Record Conversations with Gerald R. Ford*. Nova York: G. P. Putnam's Sons, 2007.

DELILLO, Don. *Libra*. Nova York: Viking, 1988.

DELOACH, Cartha ("Deke") D. *Hoover's FBI*. Washington, DC: Regnery, 1995.

DIEUGENIO, James; PEARSE, Lisa (Orgs.). *The Assassinations: Probe Magazine on JFK, RFK, MLK and Malcolm X*. Nova York: Feral House, 2012.

DULLES, Allen. *The Craft of Intelligence*. Nova York: Signet, 1965.

EPSTEIN, Edward Jay. *The Assassination Chronicles: Inquest, Counterplot and Legend*. Nova York: Carroll & Graf, 1992.

_____. *Inquest: The Warren Commission and the Establishment of Truth*. Nova York: Bantam, 1966. (Também publicado com o mesmo título pela Viking, 1966.)

FELDSTEIN, Mark. *Poisoning the Press: Richard Nixon, Jack Anderson, and the Rise of Washington's Scandal Culture*. Nova York: Farrar, Straus and Giroux, 2010.

FENSTER, Mark. *Conspiracy Teories: Secrecy and Power in American Culture*. Minneapolis: University of Minnesota Press, 1999.

FITE, Gilbert C. *Richard B. Russell Jr., Senator from Georgia*. Chapel Hill: University of North Carolina Press, 1991.

FONZI, Gaeton. *The Last Investigation: A Former Federal Investigator Reveals the Man Behind the Conspiracy to Kill JFK*. Nova York: Thunder's Mouth, 1994.

FORD, Gerald R. *A Time to Heal: The Autobiography of Gerald R. Ford*. Nova York: Harper and Row, 1979.

_____; STILES, John R. *Portrait of the Assassin*. Nova York: Ballantine, 1965. (Também publicado com o mesmo título pela Simon & Schuster, 1965.)

FOX, Sylvan. *The Unanswered Questions about President Kennedy's Assassination*. Nova York: Award, 1965.

FUHRMAN, Mark. *A Simple Act of Murder: November 22, 1963*. Nova York: William Morrow, 2006.

GALLAGHER, Mary Barelli. *My Life with Jacqueline Kennedy*. Nova York: Paperback, 1970.

GARRISON, Jim. *On the Trail of the Assassins: My Investigation and Prosecution of the Murder of President Kennedy*. Nova York: Warner, 1988.

GENTRY, Curt. *J. Edgar Hoover: The Man and the Secrets*. Nova York: W. W. Norton & Company, 1991.

GOLDBERG, Robert Alan. *Enemies Within: The Culture of Conspiracy in Modern America*. New Haven, CT: Yale University Press, 2001.

GOLDSMITH, John A. *Colleagues: Richard B. Russell and his Apprentice, Lyndon B. Johnson*. Macon, GA: Mercer University Press, 1998.

GRODEN, Robert J. *The Killing of a President*. Nova York: Viking, 1993.

GROSE, Peter. *Gentleman Spy: The Life of Allen Dulles*. Nova York: Houghton Mifflin, 1994.

GUTHMAN, Edwin. *We Band of Brothers: A Memoir of Bobby Kennedy*. Nova York: Harper & Row, 1971.

GUTHMAN, Edwin; SHULMAN, Jeffrey (Orgs.). *Robert Kennedy, in His Own Words*. Nova York: Bantam, 1988.

HELMS, Richard; HOOD, William. *A Look over My Shoulder: A Life in the Central Intelligence Agency*. Nova York: Random House, 2003.

HERSH, Seymour M. *The Dark Side of Camelot*. Boston: Little, Brown and Company, 1997.

HILL, Clinton. *Mrs. Kennedy and Me: An Intimate Memoir*. Nova York: Gallery, 2012.

HOFSTADTER, Richard. *The Paranoid Style in American Politics*. Nova York: Alfred A. Knopf, 1965.

HOLLAND, Max. *The Kennedy Assassination Tapes*. Nova York: Alfred A. Knopf, 2004.

HOSTY, James; Thomas Hosty. *Assignment: Oswald*. Nova York: Arcade, 1996.

HUFFAKER, Bob et al. *When the News Went Live*. Lanham, MD: Taylor Trade, 2007.

HURT, Henry. *Reasonable Doubt: An Investigation into the Assassination of John F. Kennedy*. Nova York: Holt, Rinehart & Winston, 1985.

HUTCHINSON, Dennis J. *The Man Who Once Was Whizzer White: A Portrait of Justice Byron R. White*. Nova York: Free, 1998.

ISAACSON, Walter; THOMAS, Evan. *The Wise Men*. Nova York: Simon & Schuster, 1986.

JOESTEN, Joachim. *Oswald: Assassin or Fall Guy?*. Nova York: Marzani & Munsell, 1964.

JOHNSON, Lyndon Baines. *The Vantage Point: Perspectives of the Presidency, 1963-1969*. Nova York: Holt, Rinehart and Winston, 1971.

KAISER, David. *The Road to Dallas: The Assassination of John F. Kennedy*. Cambridge, MA: Belknap Press of Harvard University Press, 2008.

KANTOR, Seth. *The Ruby Cover-up*. Nova York: Kensington, 1978.

_____. *Who Was Jack Ruby?*. Nova York: Everest House, 1978.

KEARNS, Doris. *Lyndon Johnson & the American Dream*. Nova York: Signet, 1977.

KELLEY, Clarence M.; DAVIS, James Kirkpatrick. *Kelley: The Story of an FBI Director*. Kansas City: Andrews McMeel, 1987.

KELLEY, Kitty. *His Way: The Unauthorized Biography of Frank Sinatra*. Nova York: Bantam, 1986.

KENNEDY, Edward M. *True Compass: A Memoir*. Nova York: Twelve, 2009.

KENNEDY, Jacqueline (em colaboração com Arthur M. Schlesinger Jr.). *Historic Conversations on Life with John F. Kennedy*. Nova York: HarperCollins, 2011.

KENNEDY, John F. *Listening In: the Secret White House Recordings of John F. Kennedy*. Nova York: Hyperion, 2012.

KESSLER, Ronald. *The Bureau: The Secret History of the FBI*. Nova York: St. Martin's, 2002.

KIRKWOOD, James. *American Grotesque: An Account of the Clay Shaw-Jim Garrison Affair in the City of New Orleans*. Nova York: Simon and Schuster, 1968.

KLUCKHORN, Frank; FRANKLIN, Jay. *The Drew Pearson Story*. Chicago: Chas. Halberg & Company, 1967.

KLURFELD, Herman. *Behind the Lines: The World of Drew Pearson*. Englewood Cliffs: Prentice-Hall, 1968.

LAMBERT, Patricia. *False Witness: The Real Story of Jim Garrison's Investigation and Oliver Stone's Film JFK*. Nova York: M. Evans and Company, 1998.

LANE, Mark. *Citizen Lane*. Chicago: Lawrence Hill, 2012.

_____. *A Citizen's Dissent: Mark Lane Replies*. Nova York: Holt, Rinehart & Winston, 1968.

_____. *Rush to Judgment*. Nova York: Holt, Rinehart & Winston, 1966. [Ed. bras.: *JFK Kennedy: O crime e a farsa*. São Paulo: Paz e Terra, 1992.]

LATRELL, Brian. *After Fidel*. Nova York: Palgrave Macmillan, 2005.

_____. *Castro's Secrets: The CIA and Cuba's Intelligence Machine*. Nova York: Palgrave Macmillan, 2012.

LEWIS, Anthony. *Gideon's Trumpet*. Nova York: Random House, 1964.

LEWIS, Richard Warren; SCHILLER, Lawrence. *The Scavengers and Critics of the Warren Report*. Nova York: Dell, 1967.

LIFTON, Davis S. *Best Evidence: Disguise and Deception in the Assassination of John F. Kennedy*. Nova York: Macmillan, 1980.

MAILER, Norman. *Oswald's Tale: An American Mystery*. Nova York: Random House, 1995.

MALLON, Thomas. *Mrs. Paine's Garage and the Murder of John F. Kennedy*. Nova York: Pantheon, 2002.

MANCHESTER, William. *Controversy and Other Essays in Journalism*. Boston: Little, Brown and Company, 1975.

_____. *The Death of a President*. Nova York: Harper & Row, 1967. [Ed. bras.: *Morte de um presidente: Novembro de 1963*. Rio de Janeiro: Bertrand, Expressão e Cultura, 1967.]

_____. *Portrait of the President*. Boston: Little, Brown and Company, 1962.

MANGOLD, Tom. *Cold Warrior: James Jesus Angleton*. Londres: Simon and Schuster, 1991.

MARTIN, Ralph G. *A Hero for Our Times: An Intimate Story of the Kennedy Years*. Nova York: Scriber, 1983.

MARRS, Jim. *Crossfire: The Plot that Killed Kennedy*. Nova York: Carroll & Graf, 1989.

MARTIN, David C. *Wilderness of Mirrors*. Guilford: Lyons, 1980. (Também publicado como *Wilderness of Mirrors: How the Byzantine Intrigues of the Secret War between the CIA and KGB Seduced and Devoured Key Agents James Jesus Angleton and William King Harvey*. Nova York: Harper & Row, 1980.)

MCADAMS, John. *JFK Assassination Logic: How to Think About Claims of Conspiracy*. Washington, DC: Potomac, 2011.

MCMILLAN, Priscilla Johnson. *Marina and Lee*. Nova York: Harper & Row, 1977.

MCKNIGHT, Gerald. *Breach of Trust: How the Warren Commission Failed the Nation and Why*. Lawrence: University of Kansas Press, 2005.

MEAGHER, Sylvia. *Accessories after the Fact: The Warren Commission, the Authorities and the Report*. Nova York: Vintage, 1976.

MELLEN, Joan. *Our Man in Haiti: George de Mohrenschildt and the CIA in the Nightmare Republic*. Walterville, OR: Trine Day, 2012.

MORLEY, Jefferson. *Our Man in Mexico: Winston Scott and the Hidden History of the CIA*. Lawrence: University Press of Kansas, 2008.

MUDD, Roger. *The Place to Be: Washington, CBS and the Glory Days of Television News*. Nova York: PublicAffairs, 2008.

NEWMAN, Albert H. *The Assassination of John F. Kennedy*. Nova York: Clarkson N. Potter, 1970.

NEWMAN, John. *Oswald and the CIA*. Nova York: Carroll & Graf Publishers, 1995.

NEWTON, Jim. *Justice for All: Earl Warren and the Nation He Made*. Nova York: Riverhead, 2006.

O'DONNELL, Kenneth P. et al. *Johnny, We Hardly Knew Ye: Memories of John Fitzgerald Kennedy*. Boston: Little, Brown and Company, 1972.

O'NEILL JR., Francis X. *A Fox Among Wolves: The Autobiography of Francis X. O'Neill Jr., Retired FBI Agent*. Brewster, MA: Codfish, 2008.

O'REILLY, Bill; DUGARD, Martin. *Killing Kennedy*. Nova York: Henry Holt and Company, 2012.

OSWALD, Robert L. et al. *Lee: A Portrait of Lee Harvey Oswald by His Brother*. Nova York: Coward-McCann, 1967.

PEARSON, Drew. *Diaries: 1949-1959*. Nova York: Holt, Rinehart and Winston, 1974.

PHELAN, James. *Scandals, Scamps and Scoundrels: The Casebook of an Investigative Reporter*. Nova York: Random House, 1982.

PHILBY, Kim. *My Secret War: The Autobiography of a Spy*. Nova York: Modern Library, 2002. (Também publicado como *My Secret War*. Londres: MacGibbon & Kee, 1968.)

PHILLIPS, David Atlee. *The Night Watch*. Nova York: Ballantine, 1977. (Também publicado como *The Night Watch: 25 Years of Peculiar Service*. Nova York: Atheneum, 1977.)

PILAT, Oliver. *Drew Pearson: An Unauthorized Biography*. Nova York: Pocket, 1973.

POPKIN, Richard H. *The Second Oswald*. Nova York: Avon, 1966.

POSNER, Gerald. *Case Closed: Lee Harvey Oswald and the Assassination of JFK*. Nova York: Anchor, 1994. (Também publicado com o mesmo título pela Random House, 1993.)

POWERS, Thomas. *The Man Who Kept the Secrets: Richard Helms and the CIA*. Nova York: Alfred A. Knopf, 1979.

RATHER, Dan; HERSKOWITZ, Mickey. *The Camera Never Blinks: Adventures of a TV Journalist*. Nova York: William Morrow, 1977.

RESTON, James. *Deadline: A Memoir*. Nova York: Random House, 1991.

RUSSELL, Dick. *The Man Who Knew Too Much: Hired to Kill Oswald and prevent the Assassination of JFK*. Nova York: Carroll & Graf, 1992.

RUSSO, Guy; MOLTON, Stephen. *Brothers in Arms: The Kennedys, the Castros, and the Politics of Murder*. Nova York: Bloomsbury, 2008.

SCHIEFFER, Bob. *This Just In: What I Couldn't Tell You on TV*. Nova York: Putnam, 2003.

SCHLESINGER JR., Arthur M. *Robert Kennedy and His Times*. Nova York: First Mariner, 2002. (Também publicado com o mesmo título pela Houghton Miffin, Boston, 1978.)

_____. *A Thousand Days: John F. Kennedy in the White House*. Boston: Houghton Miffin, 1965.

SCHORR, Daniel. *Clearing the Air*. Boston: Houghton Miffin, 1978.

SCOTT, Peter Dale. *Deep Politics and the Death of JFK*. Berkeley: University of California Press, 1993.

SEMPLE, Robert B. (Org.). *Four Days in November: The Original Coverage of the John F. Kennedy Assassination by the Staff of The New York Times*. Nova York: St. Martin's, 2003.

SHESOL, Jeff. *Mutual Contempt: Lyndon Johnson, Robert Kennedy and the Feud that Defined a Decade*. Nova York: W. W. Norton & Company, 1997.

SPECTER, Arlen; ROBBINS, Charles. *Passion for Truth: From Finding JFK's Single Bullet to Questioning Anita Hill to Impeaching Clinton*. Nova York: William Morrow, 2000.

STAFFORD, Jean. *A Mother in History: Three Incredible Days with Lee Harvey Oswald's Mother*. Nova York: Farrar, Straus and Giroux, 1966.

STONE, Oliver; SKLAR, Zachary. *JFK: The Book of the Film*. Nova York: Applause, 1992.

SULLIVAN, William C.; BROWN, Bill. *The Bureau: My Thirty Years in Hoover's FBI*. Nova York: W. W. Norton & Company, 1979.

SUMMERS, Anthony. *Conspiracy*. Nova York: Paragon, 1989.

_____. *Not in Your Lifetime*. Nova York: Marlowe, 1998.

TALBOT, David. *Brothers: The Hidden History of the Kennedy Years*. Nova York: Free, 2007.

THOMAS, Evan. *Robert Kennedy: His Life*. Nova York: Simon & Schuster, 2000.

_____. *The Very Best Men*. Nova York: Simon & Schuster, 1995.

THOMPSON, Josiah. *Six Seconds in Dallas: A Micro-study of the Kennedy Assassination*. Nova York: Bernard Geis, 1967.

TORUNO-HAENSLY, Rhina. *Encounter with Memory*. Bloomington: Palibrio, 2011.

WALDRON, Lamar; HARTMANN, Thom. *Ultimate Sacrifice: John and Robert Kennedy, the Plan for a Coup in Cuba and the Murder of JFK*. Nova York: Carroll & Graf, 2005.

WARREN, Earl. *The Memoirs of Chief Justice Earl Warren*. Langham: Madison, 2001 (Também publicado com o mesmo título pela Doubleday, 1977.)

WEAVER, John Downing. *Warren, the Man, the Court, the Era*. Boston: Little, Brown, 1967.

WEISBERG, Harold. *Case Open*. Nova York: Carroll & Graf, 1994.

_____. *Never Again! The Government Conspiracy in the JFK Assassination*. Nova York: Carroll & Graf, 1995.

_____. *Whitewash: The Report on the Warren Commission*. Hyattstown: [edição do autor], 1965.

WEINER, Tim. *Enemies: A History of the FBI*. Nova York: Random House, 2012.

_____. *Legacy of Ashes: The History of the CIA*. Nova York: Random House, 2007.

WHITE, G. Edward. *Earl Warren: A Public Life*. Nova York: Oxford University Press, 1982.

WOODS, Randall B. *LBJ: Architect of American Ambition*. Cambridge, MA: Harvard University Press, 2007.

RELATÓRIOS DO GOVERNO

ALEGADOS Complôs de Assassinato Envolvendo Líderes Estrangeiros: Relatório interino do Comitê Selecionado para Estudo de Operações Governamentais Relativas a Atividades de Inteligência, Senado dos Estados Unidos, junto com opiniões suplementares e separadas. Washington, DC: Departamento de Imprensa do Governo dos Estados Unidos, 1975. 94º Congresso,1ª Sessão, Relatório do Senado nº 94-465 (Comitê Church).

AUDIÊNCIAS perante a Comissão Presidencial sobre o Assassinato do Presidente Kennedy, vv. 1-26. Washington, DC: Departamento de Imprensa do Governo dos Estados Unidos, 1964 (Apêndice Warren, vv. 1-26).

INVESTIGAÇÃO do Assassinato do Presidente John F. Kennedy: Desempenho das agências de inteligência. Livro V. Relatório final do Comitê Selecionado para Estudo de Operações Governamentais Relativas a Atividades de Inteligência. Washington, DC: Departamento de Imprensa do Governo dos Estados Unidos, 1976. 94º Congresso, 2ª Sessão, Relatório do Senado nº 94-755. (Comitê Church).

RELATÓRIO final da Comissão de Revisão de Registros de Assassinatos. Washington, DC: Departamento de Imprensa dos Estados Unidos, 1998 (ARRB).

RELATÓRIO final do Comitê Selecionado sobre Assassinatos, Câmara de Representantes dos Estados Unidos. Washington, DC: Departamento de Imprensa do Governo dos Estados Unidos, 1979. 95º Congresso, 2ª Sessão, Relatório da Câmara nº 95-1828 (HSCA).

RELATÓRIO da Comissão Presidencial sobre o Assassinato do Presidente Kennedy. Washington, DC: Departamento de Imprensa do Governo dos Estados Unidos, 1964 (Relatório Warren).

RELATÓRIO ao Presidente da Comissão sobre Atividades da CIA dentro dos Estados Unidos. Washington, DC: Departamento de Imprensa do Governo dos Estados Unidos, 1975 (Comissão Rockfeller).

Agradecimentos

Comecei este projeto relutante. O assassinato de Kennedy é o acontecimento sobre o qual mais se escreveu — e, sem dúvida, o mais mal compreendido — na história moderna, e agora sei que muitos dos mistérios que cercam o 22 de novembro de 1963 provavelmente nunca serão solucionados. Como explico em outras páginas deste livro, fui levado a este projeto porque meu primeiro livro foi uma história da Comissão do Onze de Setembro. Pareceu lógico fazer meu trabalho seguinte sobre a Comissão Warren, outro marco em termos de investigação federal de uma tragédia nacional durante a minha vida. Ainda assim, fiquei preocupado: será que eu iria cair no buraco do coelho, na busca de uma história definitiva, impossível de ser conhecida? Como repórter, em geral começo uma investigação com confiança de que vou acabar tendo as respostas para a maioria das minhas perguntas. Aqui, eu não tinha essa confiança, embora cinco anos depois esteja convencido de que *Anatomia de um assassinato* revela novas e surpreendentes provas sobre o assassinato.

Quando dei início à pesquisa para este livro, fui tomado quase de imediato pela percepção de que, em comparação com a terrível história dos ataques de 11 de setembro, esta era uma história perfeitamente objetiva. O debate sobre o assassinato de Kennedy é um absoluto atoleiro, em parte por causa das falhas da Comissão Warren, que apressou a investigação e deixou tantas perguntas sem resposta, a despeito da ânsia de seus jovens investigadores da equipe de chegar à verdade. (Chama a minha atenção o fato de a Comissão do Onze de Setembro ter tido vinte meses para completar seu trabalho e não ter começado a investigar antes de o Congresso ter concluído seu próprio inquérito; a Comissão Warren "terminou" em metade do tempo, tendo sido criada apenas sete dias depois que os tiros soaram na Dealey Plaza.)

Algumas teorias conspiratórias sobre o assassinato de Kennedy não são tão absurdas, em especial se considerada a definição legal de conspiração, que requer apenas que duas pessoas planejem um delito. Se apenas mais uma pessoa incentivou Oswald a matar Kennedy, por definição houve uma conspiração.

Assim, começo por agradecer um punhado de escritores, pesquisadores e historiadores cujos livros e outros materiais de pesquisa me deram uma importantíssima referência inicial para tentar dar sentido àquela que é, facilmente, a história mais complicada que já investiguei. Como estou buscando superlativos, começo dando os créditos aos autores do mais impressionante relatório governamental que já vi: Dan Hardway e Edwin Lopez-Soto, dois estudantes de direito na Universidade Cornell, na época muito jovens, que foram recrutados na década de 1970 como integrantes da equipe do Comitê Selecionado da Câmara sobre Assassinatos. Seu relatório, intitulado "Oswald, a CIA e a Cidade do México", só teria o seu sigilo quebrado na década de 1990, porém me forneceu o guia essencial que me levou à história de Charles Thomas, Elena Garro e à "festa do twist" na Cidade do México. Dan e Ed foram generosos com seu tempo em entrevistas para este livro.

Dos mais de 2 mil livros publicados sobre o assassinato, apenas um punhado deles ainda será lido por gerações a partir de agora. E embora eu possa discordar fundamentalmente das conclusões de alguns desses autores, sei que a biblioteca essencial sempre haverá de incluir o notável *Our Man in Mexico* [Nosso homem no México], de Jefferson Morley, que abriu ainda mais os meus olhos para as perguntas não respondidas acerca da viagem de Oswald ao México; *The Last Investigation* [A última investigação], de Gaeton Fonzi; *Case Closed* [Caso encerrado], de Gerald Posner; *Brothers in Arms* [Irmão de armas], de Gus Russo e Stephen Molton; *Castro's Secrets* [Segredos de Castro], de Brian Latell; *Conspiracy* [Conspiração], de Anthony Summers; *Inquest* [Inquérito], de Edward Jay Epstein; *Oswald and the CIA* [Oswald e a CIA], de John Newman; *Brothers* [Irmãos], de David Talbot; e o magnificamente escrito e revelador *Robert Kennedy: A Life* [Robert Kennedy: Uma vida], de Evan Thomas. Admiro profundamente o trabalho de grandes historiadores do país sobre o assassinato — Max Holland, cujo livro *The Kennedy Assassination Tapes* [As fitas do assassinato de Kennedy] talvez seja o melhor ponto de partida para alguém que queira fazer pesquisa sobre o assunto; e Vincent Bugliosi, cuja obra-prima de 1612 páginas, *Reclaiming History* [Resgatando a história], ficou sobre a minha escrivaninha durante a maior parte dos últimos quatro anos. Li e reli o brilhante *Libra*, de Don DeLillo, e me maravilhei com o quanto sua obra de ficção pode ter chegado perto da verdade.

Tive uma real parceira neste empreendimento: Kathy Robbins, minha querida amiga e agente literária, nessa ordem. Ela nasceu editora e moldou este livro de incontáveis e preciosas maneiras, ao mesmo tempo que mantinha meu ânimo elevado quando o projeto ameaçava me esmagar. Ela é apoiada em casa e na vida por outro editor magnífico, Richard Cohen, cujas sugestões tornaram este livro muito melhor e mais agradável de ler.

Sou grato ao lendário Stephen Rubin, presidente e publisher da Henry Holt and Company, por contemplar a promessa deste projeto e por sua paciência em esperar os originais. Steve é aquela coisa rara: um verdadeiro cavalheiro. Há muitas pessoas na Holt, ou associadas a Steve, para agradecer, inclusive Maggie Richards, John Sterling, Phyllis Grann, Pat Eisemann, Kenn Russell, Muriel Jorgensen, Emi Ikkanda, Meryl Levavi e Michael Cantwell.

No Escritório Robbins, sou grato pelos sábios conselhos de David Halpern, Louise Quayle, Katherine DiLeo e seus ex-colegas Micah Hauser e Mike Gillespie. Obrigado à pesquisadora de fotos Laura Wyss e ao restaurador de fotos Matthew Brazier por ajudar a organizar uma seleção tão forte de imagens. Laura e eu somos ambos gratos a Rex Bradford, da Fundação Mary Ferrell, e a Mark Davies, do Sixth Floor Museum em Dallas, por sua assistência com as fotos. JoAnne Hakala-Applebaugh foi uma assistente de pesquisa inteligente e compenetrada, bem como uma voz de estímulo.

Meu maior golpe de sorte foi a descoberta — por intermédio da minha amiga e ex-colega do *New York Times*, Ginger Thompson — de Alejandra Xanic von Bertrab. Xanic, que com frequência trabalha para o *Times* fora da Cidade do México, é uma jornalista fenomenal e conseguiu localizar muitas personagens centrais da emaranhada história da visita de Oswald ao México; essas são as pessoas que o FBI e a CIA ignoraram ou deixaram passar cinquenta anos atrás. Para mim não foi surpresa — mas foi um prazer — quando Xanic ganhou um prêmio Pulitzer em 2013 pela sua participação na reportagem do *Times* expondo como a Walmart usou subornos para assumir o controle de grande parte do mercado atacadista mexicano.

O talentoso autor de Washington, Charles Robbins, concordou generosamente em conversar comigo sobre sua compreensão de alguns dos funcionamentos internos da Comissão Warren — conhecimento que ele adquiriu como antigo assistente de primeiro escalão do senador Arlen Specter e como coautor das memórias do senador, *Passion for Truth* [Paixão pela verdade]. Charles me ajudou a arranjar duas das últimas entrevistas que Specter, que morreu em 2012, viria a dar para discutir seu papel-chave na equipe da comissão. Charles também me ajudou graciosamente a localizar alguns advogados da equipe da comissão e testemunhas que ele entrevistara para o livro do senador.

Tive a sorte de cruzar com arquivistas e bibliotecários de talento para me guiar através de uma montanha de provas relacionadas ao assassinato: Mary Kay Schmidt no Arquivo Nacional em Tacoma Park, Maryland; William H. McNitt na Biblioteca Presidencial Gerald Ford em Ann Arbor, Michigan; Karen M. Albert no Centro Arlen Specter de Política Pública, na Universidade da Filadélfia; Sheryl B. Vogt na Biblioteca Richard B. Russell, da Universidade da Geórgia; Brian C. McNerney na Biblioteca Lyndon Baines Johnson em Austin, Texas; e também em Austin, Stefanie Lapka, Margaret L. Schlankey e Aryn Glazier do Centro Briscoe, na Universidade do Texas.

Fiquei aliviado ao descobrir a existência de grupos de pesquisa privados que criaram bibliotecas digitais de material sobre o assassinato de domínio público, em especial a Fundação Mary Ferrell (www.maryferrell.org), que tem um arquivo de mais de 1 milhão de documentos relacionados às mortes de John e Robert Kennedy e de Martin Luther King. A taxa de pesquisa da fundação, de 99 dólares anuais, está entre os mais sábios investimentos que fiz para este livro. Entre outros grupos com impressionantes arquivos eletrônicos estão o Centro de Pesquisa e Arquivos de Assassinato (www.aarclibray.org) e o History Matters [A História importa] (www.history-matters.com).

As famílias de diversas das minhas fontes foram infalivelmente graciosas quando me intrometi em suas vidas, em especial Kaaren Slawson, esposa de David; Paula Aynesworth, esposa de Hugh; e Laura e Tom Belin, filhos de David. A amorosa devoção de Laura e Tom ao legado do pai é uma inspiração. Tenho uma dívida especial com a família de Charles William Thomas — especialmente sua viúva, Cynthia, que assumiu um enorme risco de conversar comigo depois de passar décadas sem falar com nenhum outro repórter ou autor sobre os fatos mais traumáticos de sua vida. Tenho enorme admiração pela filha de Cynthia, Zelda Thomas-Curti, que tem os instintos de uma repórter e que sentiu anos atrás que a verdadeira história sobre seu pai estava sendo escondida.

Embora eu saiba que ele vai discordar de mim em relação ao retrato que faço dele nestas páginas, agradeço a Mark Lane por me receber em sua casa na Virgínia e me dar uma extensa entrevista para este livro. Quaisquer que sejam nossas discordâncias, sei agora que o título do seu livro mais famoso, grande sucesso de vendas, sobre a Comissão Warren, *JFK: o crime e a farsa*, foi um título acurado.

À minha mãe, Philippa Monsey Shenon, e ao restante da minha família na Califórnia e em outras partes, peço desculpas pelas minhas longas ausências da mesa de jantar por causa do projeto deste livro — que procurei manter em segredo por tantos anos. Para os meus amigos Desmond Davis, Darnell Harvin, Betty Russell e Julian Wells em Washington, DC, obrigado por me fazer companhia durante tantos longos dias e noites que passei escrevendo.

Índice remissivo

Números de página em *itálico* referem-se a mapas e ilustrações.

Abreviaturas:
CW — Comissão Warren
JFK — John Fitzgerald Kennedy
LBJ — Lyndon Baines Johnson
LHO — Lee Harvey Oswald
RFK — Robert Francis Kennedy

ABC News, *300*, 575
aclive gramado, teorias do, 113, 204, 223, 225, 279-80, 282, 492, 575
Adams, Francis "Frank", 114, 184-7, 285, 442, 529
Agência de Serviços Estratégicos, 131, 137
Agência para o Controle de Armas e Desarmamento, 114
Air Force One, 28, 51-2, 336, 396
Alexander, William, 484
Alvarado, Gilberto, 179-82
American Civil Liberties Union (ACLU), 105

Anderson, Clark, 176-8, 181, 324, 326, 545-6, 595
Anderson, Eugene, 450
Anderson, Jack, 54, 339
Andrews Jr., Dean, 454-5
Angleton, James Jesus, 18-9, 175, 543, 583, 586, 595-600; alegações de Thomas e, 577; CIA na Cidade do México e, 131; complôs anti-Castro e, 586; CW e, 135-7, 140; FBI e, 127-8, 135-6; morte de, 597; morte de Meyer e, 582; morte de Scott e, 581, 583; Nosenko e, 232-3; Slawson e, 587-8, 597; Whitten e, 126-8, 135-7
anti-Castro, ativistas, 241-2, 245, 348, 453, 511, 566; *ver também* pró-Castro, ativistas
anticomunistas, 16, 18, 138, 179, 263, 268, 350, 370-1
Arbus, Diane, 530
Arévalo, Juan José, 311-2
Armas, Joaquin, 179
Arquivo Nacional, 22-3, 31, 57, 85, 96-7, 190, 369, 422-3, 428, 489, 530, 587
Arsenal do Exército em Edgewood, 388

Associação Médica da Califórnia, 41

Associated Press, 46, 52, 86, 101, 176, 181, 222, 248, 290, 368, 465

ataques terroristas de 11 de setembro de 2001, 21

Atlanta Constitution, 534

autópsia, relatório da, 117, 265, 274, 291-2, 295, 406, 549; alegada alteração do, 548-9; erros no, 520; esboços, 295, 365; fotos e radiografias, 112, 116, 295, 365-6, 369; memorandos do FBI e, 549; relatório e anotações originais destruídos, 27-8, 32-3, 34, 292

Aynesworth, Hugh, 149-50, 152-58, 204, 220, 377-9, 381, 384-6, 565-8, 590

Azque, Eusebio, 16, 17

Baía dos Porcos, 16, 48, 124, 143, 242, 361, 394, 423, 432, 453, 477

Baker, Bobby, 54-5, 561

Baker, Marion, 276, 492

balas: autópsia e, 28, 32-3; bala única, teoria da *ver* teoria da bala única; balística, 97, 146, 224, 282, 294, 366, 388-9, 406, 465, 492; encontrada perto da maca do Hospital Parkland, 22, 292-4, 298, 388, 406; filme de Zapruder, 282, 283, 293; fragmentos de, 274, 283, 388; Lane sobre, 222; não peritos do FBI examinam, 485; relatório da CW e, 472, 491; relatório inicial do FBI sobre, 97; terceira bala não encontrada, 294; testemunhas e, 288; testemunho de Connally e, 302-5; testemunho de Jacqueline Kennedy sobre, 400; testemunho dos médicos e, 290-1; trajetória e origem das, 273, 282; *ver também* teoria da bala única

Baldwin, John F., 247

Ball, Joseph, 143, 186-7, 310, 373, 536

Baltimore Sun, 205, 486

Barson, Philip, 498

Base Aérea de Andrews, 29, 52-3

Bayh, Birch, 20

BBC, 367

Belin, David, 143, 187, 188-9, 221, 270-4, 276-

84, 296, 299, 301, 303-4, 319, 341, 364, 389-92, 446, 470, 492-5, 550, 586, 601

Belli, Melvin, 211-3

Belmont, Alan, 380, 535

Benavides, Domingo, 277, 280-1

Bernstein, Lester, 249-50

Bertrand, Clay, 455

Bethlehem, Lar de Crianças *ver* Lar de Crianças Bethlehem

Biblioteca Presidencial John F. Kennedy, 205-6

Boggs, Hale, 73, 86, 88, 90, 97-9, 115, 167, 169-70, 264, 361, 374, 443-4, 446, 457, 507, 522, 533

Bom pastor, O (filme), 597

Boonstra, Clarence, 330-1

Bork, Robert, 491

Borkin, Joe, 337-8

Boswell, J. Thornton, 28-32

Bouck, Robert, 260

Bradlee, Ben, 582

Branigan, William, 484-5

Brennan, Howard, 153, 277, 280

Brennan, William, 39, 78

Breyer, Stephen G., 446

Bringuier, Carlos, 453-4

Brown vs. Conselho de Educação, 41, 91, 105-6, 109, 122, 431, 520

Brownell, Herbert, 105

Buchanan, Thomas, 246, 367-8, 496-7

Bugliosi, Vincent, 548

Bundy, McGeorge, 191

Burger, Warren, 574

Burkley, George, 28, 30-1, 34

Califano, Joseph, 576

Calvillo, Manuel, 555, 584

Câmara dos Representantes dos Estados Unidos, 20, 583

Carousel Club, 154-6, 204, 315, 408-9, 473

Carr, Waggoner, 165

Carrico, Charles, 298-9

Carter, Jimmy, 595

Casa Branca, 28, 31, 34, 39-43, 51-5, 57, 60-1,

72, 75-6, 82, 93, 95, 114, 119, 150, 173, 185, 191, 205, 208, 214, 258, 260, 262, 323, 335, 337, 339, 382, 395, 415, 418, 445, 457, 478, 506, 509, 517, 520, 523, 526, 530-1, 535, 557, 559-61, 564, 576, 581, 592, 596

Castro, Fidel: ameaça JFK em entrevista, 181, 266, 419; carta de Hoover sobre LHO e, 421-2, 599; CIA, complôs para matar, 138-9, 140, 175, 362, 426, 477-9, 559-63, 585, 587, 601; CIA, espionagem sobre, 48, 422-6; Coleman se encontra com, 428-32; CW investiga, 143, 235, 244-5, 266, 501; Duran e, 343-4, 554; FBI e, 175, 178, 181, 421-2; LBJ, suspeitas em relação a, 74, 312, 575; LHO, admiração por, 14, 45, 197, 354, 452, 459; LHO, oferta para matar JFK e, 421-2, 591; Máfia e, 214, 317; Mann, suspeitas em relação a, 177, 179-81, 230, 323, 418, 595-6; Odio e, 241; RFK e, 49, 477-9, 576; Ruby e, 213, 317; Rusk e Ford sobre, 418; Russell e, 508; Whitten e ligação de LHO com, 134, 135; *ver também* anti--Castro, ativistas; pró-Castro, ativistas; Cuba; Embaixada cubana na Cidade do México

Cavanaugh, Bart, 441-2

CBS News, 531, 575

Cemitério Nacional de Arlington, 338, 476

Centro Kennedy, 338

Centro Médico Walter Reed, 28

Child, Julia McWilliams, 131

Childs, Jack, 422

Childs, Maurice, 422

Choaden, Michael C. (pseudônimo de Phillips), 424

Church, Frank, 585-6

CIA (Agência Central de Inteligência): ações pós-assassinato, 125-32; Alvarado e, 181; Angleton e, 126-7, 135-9, 586-7, 596-600; arquivos com sigilo quebrado, 425, 583, 598-600, 603; Baía dos Porcos e, 48, 361; carta do FBI sobre ameaças de LHO de matar JFK, 422, 591; classificação secreta e, 271; Comitê Church sobre, 585; complôs para

assassinar Castro e, 138-40, 175, 362, 426, 477-9, 559-63, 585, 587, 601; conexão de Garro suprimida pela, 577; criação da, 572; CW, arquivos e, 494, 495; CW, investigação da, 91, 99; CW, ligações com, 125-30, 134-39; CW, relatório da, e, 471, 524, 543; CW, requisição dos documentos cubanos e, 234; CW, testemunho e, 384; Dulles excluído da, 361; Duran e, 17, 57, 182, 245-6, 322, 330, 490, 603-4; escritório de Miami, 426; espionagem doméstica pela, 586-7, 600; Garrison e, 566; grupos anti-Castro e, 453; informantes secretos e, 169; KGB e, 14, 127, 139-40, 175-6, 232-3, 591; LBJ e, 57; LHO e possível ligação com, 246-7; LHO investigado pela, 53, 166, 176-82, 227, 346-7, 366-7, 449, 453; Manchester e, 334-5; Mann e, 230, 595-6; Nosenko e, 232-4, 346, 471; Pearson adverte Warren e LBJ sobre, 559-64; posto de Dallas, 360; programas cubanos da, 127, 175; provas ocultadas pela, 22, 129-30, 140, 228-35, 453, 564-5, 570-1, 577, 582, 599-600; relatório inicial para a CW, 161; RFK, temores em relação a, 47-8, 602; rumores sobre ligação com assassinato e, 147; Russell e, 508-9; Scott, aposentadoria e morte, 570-3, 581-3; Serviço Secreto recebe relatório sobre LHO da, 227-9; serviços clandestinos da, 126; Slawson e, 123, 231-2, 343, 344-6, 587-8; Thomas e, 18-9, 576-7, 579, 598; vigilância sobre Castro pela, 48, 422-6; Warren e, 84, 346

CIA, posto da Cidade do México: 18, 246; ações da, na morte de JFK, 130-2, 140; americanos observados pela, 424; cabogramas sobre LHO e, 231; Cobb e, 312, 544-6; Contreras--LHO, vínculo, 571-2; CW, investigação turvada pela, 525, 597-8; CW, relatório da, 543; Duran e, 342; FBI e, 176-82; FBI, arquivos em estado bruto, lidos por Kelley, 590-2; LHO e KGB e, 176-82; LHO, ameaça a JFK e, 423-6; LHO, cronologia feita pela, 546, 599; LHO, vigilância de, 57-8, 129-32, 366, 453, 581-3; 598; LIRING/3 e, 569-71; oculta documentos

667

da cw, 228-31; Scott e, 554-6, 581-3; Slawson e Coleman visitam a, 323-4, 326-31; Thomas e, 553-6, 579, 598; vigilância cubana por, 179; *ver também* Scott, Winston

Cidade do México, 13, 15-7, 20, 22, 57, 59, 74, 95, 128-32, 140, 175-8, 180-3, 197, 227-32, 246, 264, 266, 312, 322-9, 331, 342, 346-7, 421-6, 481-2, 487, 490, 524, *539*, 543-4, 546, 553-4, 556, 569-72, 577-84, 591-2, 595-6, 598-9, 603-4, 606, 609

Clark, Ramsay, 562

Cleveland, Grover, 443

Click, Darryl, 497

Cobb, June, 312, 544-5

Colby, William, 597

Coleman, William Thaddeus Jr., 108-9, 114, 122-3, 137, 145, 163, 208, 229, 232, 244, 246, 322-24, 326-31, 343, 363, 428-32, 490-1, 529

Columbus Enquirer, 249

Comissão de Revisão de Registros de Assassinatos, 583

Comissão Warren (Comissão Presidencial sobre o Assassinato do Presidente Kennedy): Angleton e, 135-6, 139-40, 598; áreas básicas de investigação, 114-5; arquivos mal administrados pela, 449, 495-6; ataques anticomunistas à, 266-9; audiências públicas e, 87; Castro, testemunho de, 429-32; cia e, 90, 335; Connally e, 301-6, 365; consequências da, 541; críticas à, 541; De Mohrenschildt e, 356; Duran buscada pela, 342, 343-46, 605; encerrada, 535-6; Epstein sobre, 547-50; equipe contratada, 98-9, 107-9, 114, 161-3, 190-1, 310, 445-8; equipe dividida em duplas, 114; equipe traça esboço preliminar, 161; escritório na sede do edifício vfw, 96, 162-4; fbi e, 158, 164, 172, 457, 458, 483-85; Ford e, 93-4, 101-2, 264; Fortas e, 558; Helms e, 136-7, 228-9, 384; Hoover e, 84-6, 382-6; horas totalizadas pela equipe, 529; Hosty, testemunho de, 379, 380, 381, 382; Humes, testemunho de, 291-5; investigação com falhas desde o começo, 23; investi-

gação na Cidade do México e, 228-9, 266, 322; Jacqueline Kennedy e, 529; Lady Bird, testemunho de, 335-6; Lane e, 163-4, 218, 247, 265, 484, 550; lbj duvida das conclusões da, 575-6; lbj e ataques à, 557-8; lbj institui a, 60-1, 70; lho investigado pela, 312, 351; Liebeler critica a, 546; Manchester e, 206; manipulação imprópria de documentos sigilosos, 457-8; Mann e, 230, 595-6; Marguerite Oswald e, 199, 209, 484, 529-30; Marina Oswald e, 163-4, 188-9, 195, 209, 248, 250-4, 263-4, 433-6; Markham, testemunho de, 279-81; Martin, testemunho de, 254; McCloy, carta de, 489; McCone e, 335; membros da equipe sobreviventes, 21, 24; mídia e, 100-1, 248-9, 432-3; mortes dos membros e da equipe, 20-1; nomeação do conselheiro-geral, 82, 105-9; Nosenko e, 233, 346, 471; O'Donnell, testemunho de, 395-6; Odio e, 347-8, 452, 459-62, 511; orçamento e custos de impressão, 444-5; Paines e, 356-59; pedidos para reexame oficial da, 550; poder de intimação, 87-8; polícia de Dallas e, 314-7, 381, 468-9; prazos finais e, 148, 339-41; preocupações da equipe sobre conspiração, 148; primeiras reuniões e organização da, 81, 148; prova balística e de impressões digitais e, 224-5; provas de Dallas e, 212-3, 215-6, 265, 273, 388; provas examinadas por peritos externos, 485; provas médicas não apresentadas a, 294-5, 364; provas não apresentadas à, 587; quantidade de provas examinadas pela, 98, 100-1; Rankin e Goldberg planejam defesa da, 574; registros da, 21-3; relatório final apresentado a lbj, 530-1; relatos de testemunhas oculares e, 275-80; requisição de documentos cubanos, 235; reunião final totalmente transcrita, 471; rfk e, 476, 480, 553, 601-2; Robert Oswald, testemunho de, 208, 251-2; Rowley, testemunho de, 413-6; Ruby e, 163, 210-6, 308-10, 314-9; Rusk, testemunho de, 417-9, 596; Russell e, 207-10; Scott e, 582,

596; Serviço Secreto investigado pela, 257-62; sessões finais e debate sobre conclusões da, 443-4, 470-72, 519-24; teoria da bala única e *ver* teoria da bala única; teorias conspiratórias e, 143-4, 149, 248, 366-8; testemunho médico e, 291-301; Thomas e, 14-5, 18, 578; transcrições das sessões executivas, 366; transcrições e, 167, 288, 471-2; vínculo cubano e, 244-5; Walker, testemunho de, 465-6; Warren, gafes na mídia de, 249; Warren, supervisão de, 186; Warren, tentativa de destruir arquivos, 495; Zapruder, filme de, 113, 162, 282-3, 293; *ver também* Oswald, Lee Harvey; Warren, Earl

Comissão Warren, Relatório da: *439*; apêndice de "rumores", 497; apresentado a LBJ, 530; censura do, 472-3; CIA na Cidade do México e, 423; CIA, reação da, 543; debate interno sobre conclusões, 471-2, 491-2, 520; Departamento de Estado e, 419; Duran e, 490; FBI, reação do, 533-5; Ford e, 419, 515-9; Goldberg apresenta esboço e memorando de estilo para, 339-41; Kennedy, reação da família, 532-3; LHO como único assassino e, 504-6; LHO, biografia esboçada para, 448-9, 452, 458-9; McCloy critica, 488-91; mídia, reação da, 531-2; *New York Times* publica, 531; Nosenko tirado do, 346; Odio, história refutada, 511; publicação do, 528, 530-1; reação pública ao, 533; redação e atrasos, 148, 375-6, 390, 442-5, 448; Redlich vs. Liebeler e, 501-6; RFK e conclusões do, 476; Russell e, 506-11, 521-28, 534, 537; Serviço Secreto, seção redigida sobre o, 416; trechos de depoimentos de testemunhas, 390; versões redigidas e editadas, 346-7, 488

Comitê Americano para Descobrir a Verdade, 152

Comitê Britânico Quem Matou Kennedy?, 219

Comitê Church, 586

Comitê de Emergência para as Liberdades Civis, 247, 267, 372-3

Comitê do Jogo Limpo com Cuba, 166-7, 312, 454

comitiva presidencial em Dallas, 413, 524

Conforto, Janet "Jada", 473

Connally, John, 23, 49, 51, 71, 86, 97, 187-8, 223-5, 273, 282-4, 287, 293-4, 298-9, *300*, 301-7, 365, 387-401, 406, 450, 473-4, 492, 508, 510, 519, 522-3, 527, 549, 574

Connally, Nellie, 273, 301, 303-4

Conroy, Edward A., 190

conspiração, teorias de *ver* teorias de conspiração

Contreras, Oscar, 571, 572, 606-7

Convenção Nacional do Partido Democrata (1964), 501

Cooper, John Sherman, 73, 264, 374, 381, 446, 492, 507, 522

Corpo Médico do Exército, 29

Counsel for the Situation (Coleman), 430

Cox, Archibald, 71

Craig, Walter E., 224

Cronkite, Walter, 39, 575-6

Cuba: Angleton e, 140; CIA e, 48; CIA e FBI suprimem investigação de, 175-82; Coleman entrevista Castro perto de, 428-32; Cook e, 544; crise dos mísseis, 16, 49, 143, 394; CW e, 147, 234-5, 490; Ford e, 266; LHO e, 57, 134-38, 197, 344, 354-5, 493-4, 608; Mann e, 178, 230, 595-6; Odio e, 452; RFK e, 108, 394, 477-80, 602; Ruby e, 213, 215, 317-9; Rusk e, 57, 418, 596; Russell e, 507, 509-10; Scott sobre, 596; *ver também* Baía dos Porcos; Castro, Fidel; Embaixada cubana na Cidade do México

Curry, Jesse, 383, 468-9

Dallas Morning News, 149-50, 268, 377, 408, 507, 590

Dallas Times-Herald, 277, 483

David, James R., 458

De Gaulle, Charles, 337

De Mohrenschildt, George, 162, 355-6

Dealey Plaza, 42, 46, 97, 113, 150, 152, *153*, 156,

162, 188, 220, 223-5, 265, 272-4, 277, 279, 282-4, 287, 301, 306, 334, 344, 359, 387, 399, 403-4, 406, 408, 445, 464, 497, 504, 517, 566

Dealey, George, 150

Dealey, Ted, 150

Dean, Patrick, 314

DeLoach, Cartha "Deke", 85, 92, 94, 102-3, 171-2, 174, 255, 386, 486-7

Departamento de Defesa, 190-91, 388, 446, 566

Departamento de Estado, 11-13, 15, 19-20, 70, 119, 139, 141, 179-80, 197, 230, 235, 246-7, 323, 327, 356, 417-9, 426, 554, 576-80, 587

Departamento de Imprensa do Governo, 48, 75-6, 445, 520, 531

Departamento de Justiça, 47-9, 61, 73, 83-4, 91, 104-8, 112, 115, 119, 136, 147, 152, 168, 171, 191, 216, 234, 308, 310, 317, 345, 364, 383, 393-4, 448, 458, 473, 476, 479, 516, 530, 551-2, 564, 566, 585, 602

departamento de polícia de Dallas, 386, 468, 484, 524

Depósito de Livros Escolares do Texas, 22, 58, 86, 113, 143, 152, 204, 223, 245, 259-60, 273, 290, *300*, 306, 387, 415, 445, 517

Detroit Free Press, 515

Dewey, Thomas E., 41, 60

Diem, Ngo Dinh, 478

Dirección Federal de Seguridad (México), 246

Dirección General de Inteligencia de Cuba (DGI), 16

direitos civis, 42, 45-6, 49, 83-4, 105-6, 108-10, 143-4, 208, 218, 248, 324, 351, 353, 355, 370, 373, 431, 443, 476, 506, 536, 583, 602

Diretório Revolucionário Estudantil (DRE), 453

"Does Silence Mean Guilt?" (Redlich), 267

Dolan, Joseph, 551-3, 585

Dorticós, Osvaldo, 179

Doyle, John F., 201

Drain, Vince, 239

Draznin, Julius, 49

Dulles, Allen, 48, 73, 88, 90, 99, 123-4, 128, 131, 135, 166-7, 169, 180-1, 324, 361-2, 374, 426-

27, 433, 435, 444, 471, 547, 559, 564-5, 572, 598

Dulles, John Foster, 181

Duran Navarro, Lidia, 605

Duran, Horacio (marido), 343, 544, 570

Duran, Ruben, 545

Duran, Silvia Tirado de: Angleton e, 598; CIA oculta ligação de LHO com, 584, 598; Contreras sobre, 606; cronologia de LHO feita pela CIA e, 599; declaração assinada de, 326; entrevistas de 2013, 603-8; história de Thomas e Garro sobre, 17, 554, 579, 584, 598, 601, 608; LIRING/3 sobre, 569-71; Mann sobre, 178-9, 182, 230, 322, 323, 596; pedidos de visto de LHO e, 425; Phillips sobre, 425; prisão e interrogatório de, 57, 178, 245-6, 330, 342, 544, 554; relatório da CIA para Rusk sobre, 57; relatório de Cobb sobre, 544-6; Slawson e, 230, 245-6, 322, 326-31, 342-6, 490; Warren bloqueia entrevista de, 344-6, 601

Echeverría, Luis, 329-31

Edgewood, Arsenal do Exército em *ver* Arsenal do Exército em Edgewood

Eide, Julia, 191, 305, 537-8

Einspruch, Burton, 243, 348

Einstein, Albert, 120

Eisenberg, Melvin, 145-6, 148, 224-26, 282, 371, 372, 420-21, 422, 601

Eisenhower, Dwight D., 41, 45, 83, 90, 105, 164, 171, 181, 585

eleições: de 1948, 41; de 1952, 41; de 1960, 39, 41, 118, 121; de 1963, 40; de 1964, 148, 501, 527; de 1968, 557, 573-4, 585

Eliot, T. S., 127

Ely, John Hart, 312-3, 353-5

Embaixada cubana na Cidade do México, 134, 179, 182, 198, 323, 327, 421, 423-4, 494, 510, 555, 591, 599; *ver também* Cuba

Embaixada soviética na Cidade do México, 13-4, 59, 176, 197, 323, 534, 582-3, 591; *ver também* União Soviética

Epstein, Edward Jay, 546-51, 557

Equipe de Assuntos Especiais, 140

Escobedo vs. Illinois, 443

Esquire, 88, 530

Estados Unidos: Câmara dos Representantes, 20, 92, 102, 263, 513, 583; Congresso, 11, 20, 23, 31, 42-6, 49, 54, 72, 83-8, 92, 247, 311, 370, 375, 445, 526, 564-5; Corpo de Fuzileiros Navais, 98, 166, 354, 450, 453-4; Embaixada na Cidade do México, 16-9, 130, 176, 179, *325*, 326-7, 331, *539*, 553-6; Exército, 388-9, 473; Senado, 20, 39, 44-6, 50, 54-5, 73, 75, 120, 163, 208-9, 304, 445, 491, 506-07, 509-10, 521, 530, 538, 551-2, 561, 574, 580, 585; Suprema Corte, 14, 21, 23, 38, 40-2, 44-6, 55, 60-1, 71-7, 81-4, 88-91, 94, 96-7, 100-2, 105-9, 111, 113-4, 119, 142, 148, 158, 160, 163, 169, 172, 186-7, 190, 199, 202, 205, 207-8, 216, 218-9, 223, 235-36, 248-9, 261-2, 264, 266, 269, 271-2, 280, 285-6, 288, 295-7, 307, 310, 312, 317-8, 334-9, 344-5, 351, 353, 363-4, 366, 371, 374, 376, 380, 383, 392, 397-8, 401, 404-6, 409-16, 430-2, 436-7, *439*, 441-9, 466, 479, 483, 489, 491, 495, 501, 507, 509-10, 520-1, 523, 530, 533, 550, 552, 557, 559-61, 563, 566, 573-74, 601-2

Exército-McCarthy, audiências, 120

Express, L', 246, 367, 497

extrema direita, grupos de, 150, 155, 268, 411

Fallon, Francis "Frank", 265, 459, 514-5

FBI (Bureau Federal de Investigação): ação disciplinar por parte do, 534; acusações da mídia de encobrimento por parte do, 383; Angleton e, 127-8, 135, 598; anticomunismo e, 247; arquivos sigilosos e, 123, 271; autópsia e, 30, 111; capacidade de impedir o assassinato, 165; coleta informação sobre figuras públicas, 171; complô da CIA para matar Castro e, 477, 563; corte de Warren e, 84; De Mohrenschildt e, 162, 355, 358, 360; deseja encerrar rapidamente a investigação, 240; Divisão de Inteligência Interna do, 175; Divisão de Investigações do, 173; Duran e, 182, 342-3; escritório da CIA na Cidade do México e, 426; escritório de campo da Cidade do México do, 176, 246; escritório de campo de Cleveland, 144; escritório de campo de Dallas, 46, 159, 165, 188, 484; escritório de campo de New Orleans, 85, 95, 174, 515; escritório de San Juan (Porto Rico), 182; estabelecido, 258; Ford e, 92-4, 255, 515; Griffin e, 144-5; história de Garro contada a Thomas e, 556; Hoover isento de aposentadoria do, 56; Hoover revisa documentos enviados para CW, 420-2; Hoover, discussão inicial do caso com LBJ e, 56-8; Índice de Segurança, 174; informantes cubanos e, 421-2; investigação em Dallas e, 272, 276, 388; investigação inicial sobre LHO, 53, 95; Kelley como chefe do, 589; Kelley revê arquivos sobre o assassinato, 590-1; laboratório do, 485; Lane e, 219, 222, 255; LBJ e, 54-6; LHO como assassino único e, 174-6; LHO em New Orleans e, 453; LHO na URSS e, 347; LHO, carreira nos Fuzileiros Navais de, 355; LHO, diário de, 385-6; LHO, pontaria de, 450; LHO, rota de fuga de, 274; LHO, rumores de ser informante do, 158, 164-69, 171-2, 246, 247, 366-7; LHO-KGB, encontros entre, 176, 591, 592; Liebeler sobre, 548; lista de subversivos, 267; Manchester e, 486; Mann e, 178-82; Marina Oswald e, 35-6, 162-3, 188-9, 195-6, 250, 253-5, 434; movimento dos direitos civis e, 589; Nosenko e, 232-3; oculta informação de Hosty, 240; Odio e, 240-3, 347-8, 451, 460, 481, 482, 490, 511; Olney bloqueado pelo, 83-5, 89; Paine investigado pelo, 162, 355, 358; Pearson e, 561; polícia de Dallas e, 383, 469, 483-4; Redlich investigado pelo, 110, 267, 370, 371-6; relatório inicial do, 85-6, 94-102, 119, 135, 160-1, 164, 172; RFK e, 168, 394, 477; Ruby e, 59, 212, 213, 215, 466-7; Russell e, 509; Scott e, 131; Serviço Secreto não alertado pelo, 159-60,

173-4, 245; Slawson sobre Cidade do México e, 347; teoria da bala única e, 85-6, 292-3, 548-9; teorias conspiratórias e, 367; testemunhas não interrogadas pelo, 549; vazamentos pelo, 85, 86, 97, 101-2, 160, 164; Whitten e, 126, 128, 135, 136; Zapruder, filme de, e, 282-3; *ver também* Hoover, J. Edgar

Feldman, Harold, 247

Ferrie, David, 515-6, 567

Ferris, Nathan, 556

Finck, Pierre, 29

Fleming, Ian, 139, 311

Ford, Gerald R., 21, 92, 263, 551; anticomunistas e, 247-9; conselheiros externos e, 264, 266-9; Cynthia Thomas e, 581; documentos sigilosos e, 457, 514; equipe da cw e, 99, 109, 162; esboço de Liebeler e, 459; escreve *Portrait of the Assassin*, 269, 513-4, 551; fbi e, 92-4, 98, 102, 166, 380, 486; Hoover e, 486, 524; Lane e, 255; Marguerite Oswald e, 202-3; Marina Oswald e, 252, 263-4, 435; Nosenko e, 471; Olney sofre oposição de, 89; passado de, 92-3; primeira reunião da cw e, 88-9; Redlich atacado por, 266-9, 370; relatório final da cw e, 514-9, 523, 525; Robert Oswald e, 252; teorias conspiratórias e, 417-9, 444; vazamentos e, 386, 433, 514; viagem a Dallas e, 405-7, 409-10; Warren e, 264, 280, 443-4

Fort Worth Star Telegram, 204

Fortas, Abraham "Abe", 410, 558, 574

Foul Foe, The (Scott), 573

Fowler, Clayton, 467

Frankfurter, Felix, 109, 430

Frazier, Robert, 450

Frazier, W. B., 468

Freeman, Fulton, 326, 554, 556

Fremont-Smith, Eliot, 549

Fundo de Defesa Charles William Thomas, 580

Gale, James, 534

Gambino, família, 214

Gandy, Helen, 171

Garrison, Jim, 455, 562-3, 566-8, 570-1

Garro de Paz, Elena, 15-7, 20, 544-6, 554-5, 569, 577, 584, 598, 603, 604-5, 607-8

Garro, Albano, 608

gays, 454-5, 566

Genovese, Kitty, 278

German, Ella, 385

Giancana, Sam, 477

Gideon vs. Wainwright, 105, 312, 432, 443

Gideon's Trumpet (Lewis), 432

Goldberg, Alfred, 269, 309, 339, 353, 369, 444, 495, 536, 574

Goldberg, Arthur, 39, 77, 446

Goldwater, Barry, 146, 501, 515

Golfo de Tonkin, Resolução do *ver* Resolução do Golfo de Tonkin

Golitsin, Anatoly, 233

Goodpasture, Anne, 131-3, 423, 581, 599

Goodwin, Richard, 550

governo mexicano, 18, 129, 182, 246, 326-7, 330-1, 342, 572, 578, 584, 608

Graham, Katherine, 249

Greer, William, 273, 287, 288

Griffin, Burt, 144-5, 148, 210, 212-7, 226, 238, 314-9, 348, 351-2, 376, 404, 446-7, 498-9, 502, 529, 601

Grover, Wayne, 190

Guerra Fria, 13-4, 120, 140, 324, 356, 422

Guerrero Garro, Francisco, 607

Guerrero, Deva, 544, 607

Gurney, Ed, 370

Guthman, Ed, 48, 339, 486

Hall, Loran Eugene, 511

Harlan, John Marshall, 78, 448

Harriman, Averell, 338

Harriman, Marie, 338

Harris, Louis, 557

Helms, Richard, 124-28, 130-31, 135-37, 228-30, 246, 346, 384, 565, 581, 601

Henty, G. A., 340

Herndon, Bell, 467-8
Hidell, A. J. (codinome de LHO), 58, 454
Hill, Clint, 289, 400, 414
HK-LINGUAL, 600
Hoffa, Jimmy, 49, 54, 115, 213, 560
Holland, Sterling M., 279
Hoover, J. Edgar: abusos de poder e, 589; Angleton e, 127-8; carta sobre ameaça de LHO de matar JFK, 420-2, 591; complô da CIA para matar Castro e, 477, 563; CW, brechas de segurança da, e, 458; CW, confrontos sobre omissões do FBI, 238-40; CW, relatório da, 534-5; CW, testemunho na, 383; falha do FBI em alertar o Serviço Secreto e, 487; Ford e, 93-4, 485, 515; Griffin sobre, 144; Hosty e, 245, 379; isento de aposentadoria, 56; Jack Anderson e, 562; JFK e, 54, 487; LBJ e, 54-8; LHO, "sósia" de, 59; líderes de direitos civis e, 110; Manchester e, 486, 487; Marina Oswald e, 250, 253; memorando de 1960 sobre LHO, 587-8; Nosenko e, 233; oculta provas, 158-9, 168-9, 171-4; Odio e, 482, 511; Olney e, 84-5; Pearson e, 561; posto da CIA na Cidade do México e, 129; provas de impressões digitais e, 502; Rankin e, 171-2, 535-6; relatório inicial do FBI e, 99, 101; RFK e, 168, 486, 487, 563; Warren e, 84-6, 94, 366, 485
Horne, Lena, 429
Hospital Memorial Parkland, 22, 32-3, 50-5, 60, 151, 266, 285, 287-8, 290-1, 293-9, 297-8, 315, 336, 348, 361, 406
Hospital Naval Bethesda, 53, 111, 336, 549
Hosty, Dick, 241
Hosty, James, 21, 36-7, 174, 238-43, 245, 260-1, 377-83, 416, 483, 524, 535, 590, 592
Hotel del Comercio, 177, 325, 329
Hotel Vermont, 556
Houston Post, 157, 168, 551
Howard, Lawrence, 511
Hubbard, John, 588
Hubert, Leon, 115, 145, 210, 446
Hudkins, Alonzo "Lonnie", 157-8, 168-9

Hughes, Sarah, 52
Humes, James, 27-34, 291-7, 362
Humphrey, Hubert, 600
Hunt, H. L., 155, 268

Idiota, O (Dostoiévski), 385
Impeachment para Earl Warren, movimento, 403
imposto de renda, 190, 466
Inquest (Epstein), 548-51
Instituto de Patologia das Forças Armadas, 29
Instituto Nacional de Saúde, 29

Jackson, Robert, 72
Jacobsen, Jake, 557
Jarman, James, 272
Jarnagin, Carroll, 155-6
Jenkins, Walter, 95
Jenner, Albert "Bert", 114, 147, 352, 448, 550
JFK (filme), 455, 566, 582
JFK: o crime e a farsa (Lane), 548, 551
Jogo Limpo com Cuba, Comitê do ver Comitê do Jogo Limpo com Cuba
Johansen, August, 249
John Birch Society, 350, 411
John F. Kennedy, Biblioteca Presidencial ver Biblioteca Presidencial John F. Kennedy
Johnson, Lady Bird, 51, 257
Johnson, Lyndon Baines: 439; ações pós-assassinato, 43, 50-8; ameaça de LHO na Cidade do México e, 592; assassinato presenciado por, 51, 290; ataques a, 257; Baker e, 54-5; complô da CIA para matar Castro, 478, 561-4; CW estabelecida por, 60-1, 70-7, 93, 126, 147-8; eleições e, 40, 479; Estado da União, discurso, 558; Ford e, 93; Fortas e, 557-8, 573; Hoover e, 53-8, 85, 95, 175, 382; Jacqueline Kennedy e, 399, 558; juramento como presidente, 52-3; Lei dos Direitos Civis e, 208, 506; Manchester e, 335, 558-9; Mann e, 183, 323; Pearson e, 561-3; recursos pleiteados por, 82; RFK e, 53, 476, 557-8; Rusk e, 418; Russell e, 46, 72-7, 89, 207-8,

506, 526-8; teorias conspiratórias e, 147, 478, 557, 574-6; Vietnã e, 526-7; Warren e, 42, 147-8, 160, 271, 443, 574
Johnson, Tom, 589
Jornada, La, 607
Junta Revolucionária Cubana, 452

Katzenbach, Nicholas, 71-2, 86, 102, 108, 135, 234, 394, 535
Keenan, Laurence, 180-2
Kellerman, Roy, 273, 287-8, 400
Kelley, Clarence, 589-92, 601
Kelley, Thomas, 250, 368
Kempton, Murray, 210-1
Kennedy Jr., John, 339
Kennedy Jr., Robert F., 602
Kennedy, Caroline, 339
Kennedy, Centro *ver* Centro Kennedy
Kennedy, Edward, 296, 533
Kennedy, Ethel, 47, 398, 476
Kennedy, família, 24, 28, 30, 100, 112-3, 205-6, 295-6, 334, 336, 364, 396, 532, 558-9
Kennedy, Jacqueline Bouvier, 23, 28, 42, 52, 55, 100-1, 152, 204-5, 28-9, 321, 333, 335, 361, 397-8, 401, 404, 414, 417, 529; assassinato e, 23, 30, 289; autópsia e, 28, 30, 52; avião Air Force One retido para, 52; De Mohrenschildt e, 356; equipe da CW e, 361; funeral de JFK e, 43, 336-9; Lady Bird sobre, 335-6; legado de JFK e, 205, 336; Manchester e, 205-6, 333,-5, 397, 558; no Hospital Parkland, 299, 335-6; O'Donnell e, 396; problemas no casamento de, 337; RFK e, 398; roupas de JFK e, 529; Ruby e, 321, 392; Rusk e, 417; Serviço Secreto e, 288-9; testemunho de, 100, 396-401, 405
Kennedy, John Fitzgerald: ativistas anti-Castro e, 244; autópsia de, 27-34; biografia de Manchester de, 205; caixão no Air Force One, 52; casos amorosos de, 54-5, 337-8, 582; complôs da CIA para matar Castro, 175, 559-63, 585; Cuba e, 48, 139-40; decisão de viajar a Dallas, 39-40; Doença de Addison,

31; Dulles demitido por, 123; eleição de, 118, 121, 551; ferimento replicado em testes do Exército, 473; funeral de, *25*, 43-4, 336-9; legado de, 296; marcos importantes com nome de, 338; no Hospital Parkland, 298-9; presidência de, 146; problemas no casamento e, 337; Rankin e, 106; reconstituição em Dallas do assassinato de, 387-9; RFK é informado da morte de, 46-9; rota da comitiva, *151*; roupas de, 473; Rusk e, 417; sepultamento de, 31, 337; Serviço Secreto e, 159, 257-62, 272, 287-8; Slawson pede por nova investigação da morte de, 587-8; testemunhas na Dealey Plaza e, 153; traqueostomia e, 33, 291; última conversa de O'Donnell com, 395-6; Warren e, 23, 39-43, 261-2; *ver também* autópsia; teorias de conspiração; teoria da bala única; Comissão Warren
Kennedy, Robert Francis: assassinato de, 573, 585; autópsia e, 30-1, 53, 112, 296, 365; Cuba e, 108; CW e, 73, 100, 147, 364; declaração final sobre relatório, 573; Departamento de Justiça e, 107, 119; Dulles e, 124; eleição para o Senado e, 532, 551; FBI e, 168; fracassos de, 601-2; Hoffa e, 115; Hoover e, 46-9, 382, 486, 487; Jacqueline Kennedy e, 205, 398; LBJ e, 53, 57, 335, 558, 563; luto de, 476, 576; Manchester e, 205-6, 334, 486, 558; Mann e, 596; Pearson e, 339; Specter e, 115; teorias conspiratórias e, 475-6, 551-3, 557; Warren e, 45
Kesler, John, 239
KGB, 14, 127, 139-40, 175-7, 232-3, 347, 379, 385, 488-9, 591-2
Khruschóv, Nikita, 55, 74, 235, 311, 422
Kilduff, Malcolm, 51
Kissinger, Henry, 597
Kostikov, Valeriy Vladimirovich, 176-7, 591-2
Ku Klux Klan, 105

Lane, Mark, 68, 156-7, 164, 218, 224, 226, 246,

255-6, 265, 267, 280-1, 340, 367, 426, 433, 468, 484, 492, 495, 497, 547-8

Langevin, Paul D. (pseudônimo de Phillips), 424

Lar de Crianças Bethlehem, 63

Laulicht, Murray, 446-8, 502

Lechuga, Carlos, 328

Lei dos Direitos Civis (1957), 83

Lei dos Direitos Civis (1964), 208, 507

"Leopoldo", 456, 460, 482

Lewis Jr., Fulton, 370

Lewis, Anthony, 432, 531

Liebeler, Eric, 352

Liebeler, Wesley James "Jim", 146-7, 191-2, 221, 348-54, 446, 452-66, 472, 482, 493, 498-9, 501-5, 516, 529, 546-51, 602

Life, 113, 162, 205, 222, 281-2, 371, 385-6, 464-5, 514

Life Line, 268, 269

Lincoln, Abraham, 106, 258, 338, 496, 574

Lincoln, Evelyn, 31, 57

Look, 84, 558

Lovelady, Billy, 226

Luce, Clare Booth, 70

Luce, Henry, 70

Luther King, Martin, 84, 256, 583, 600

Máfia, 49, 394-5, 477-9, 516, 552, 559-60, 562-5, 586, 598

Maheu, Robert, 560

Mahoney, Florence, 339

Malley, James R., 101-2, 535

Mañana, El, 606

Manchester Guardian, 367

Manchester, William, 205-6, 288, 333-6, 339, 397, 434, 486-7, 558-9

Mann, Thomas, 177, 230, 323, 595

Mannlicher-Carcano, rifle (arma do assassinato), 22, 222, 274, 283, 388, 406, 450, 454, 468, 530

Mansfield, Mike, 44

Mao Tsé-tung, 311, 422

Marcello, Carlos, 516-7

Markham, Helen, 154, 220-1, 280-2, 436

Marshall, Burke, 31

Marshall, Thurgood, 431

Martin, James, 67-8, 194, 250, 252

Martin, Shirley Harris, 68

marxismo, 14, 45, 65, 96, 159, 197, 354-5, 426, 452, 459, 501, 518, 608

Maxwell, Ian (pseudônimo de Scott), 573

McCarthy, Joseph, 55, 120, 267, 370, 417, 535

McCloy, John J., 73, 88-91, 97, 100-1, 163, 168, 195, 307, 368, 375, 383, 397, 433, 444, 488-90, 492, 528, 547

McCone, John, 48, 57, 125, 228-9, 335, 366-7, 384

McHugh, Margaret, 39

McKinley, William, 258

McNamara, Robert, 53, 74, 76

médico legista de Dallas, 52

Midgley, Leslie, 531

Miller, Herbert "Jack", 310

Ministério do Interior do México, 555

Moore, Elmer, 409

Moore, Powell, 507

Moore, Walter, 360

Morgan, Edward, 559-60

Morgenthau, Robert, 47

Morte de um presidente (Manchester), 559

Mosk, Richard, 311, 450, 498

Mosk, Stanley, 311

Moyers, Bill, 60

Murret, Charles "Dutz", 517

Nações Unidas *ver* Organização das Nações Unidas (ONU)

Nation, 168, 247, 266, 483

National Enquirer, 383-4

National Guardian, 156

National Observer, 533

New Orleans, 34-5, 63, 85, 95, 115, 135, 174, 176, 198, 210, 222, 241-2, 311, 319, 354, 356, 381, 452-5, 459, 482, 498, 515-7, 519, 562-3, 566-8, 570

New Orleans Times — Picayune, 176

New Republic, 210

New York Times, 20, 82, 119, 168, 194, 204, 233, 278, 371, 443, 497, 531, 548-9, 551, 560-1, 576, 587, 596, 603

New Yorker, 548

Newsweek, 158, 249, 386, 566-8

Nicarágua, 179

Nixon, Richard M., 12, 41, 60, 88, 93, 205, 252-3, 255, 262, 434-5, 573-4

Norman, Harold, 276

Nosenko, Iúri Ivanovich, 140, 232-4, 346, 471

Nova York, 41, 60, 68-9, 90, 95, 100, 105-7, 109, 114, 121, 145, 147, 156-7, 164, 184-5, 187, 203-4, 218, 226, 247-8, 256, 265, 267, 269, 271, 278, 328, 338, 351-2, 354, 356, 371, 373, 375, 421, 423, 429, 431-2, 442, 446-7, 458, 488, 491, 500, 505, 532, 537, 553, 558, 572, 578

O'Brien, John J., 190

O'Donnell, Kenneth, 395-6

Odio, Amador, 452

Odio, Annie, 242-3, 482

Odio, Silvia, 241, 243-5, 348, 451, 453, 456, 459-60, 482, 490, 511-2

Office of Strategic Services (OSS), 131

Olney, Warren, 83-5, 89-90, 94, 107

Onassis, Aristóteles, 337

Onze de Setembro de 2001, ataques terroristas de, 21

Operação Caos, 588

Operação Mangusto, 477, 576

Operação Solo, 422

Ordem dos Advogados Americana, 224

Organização das Nações Unidas (ONU), 39, 257, 328

Osborne, Lee (codinome de LHO), 453

Oswald, June Lee "Junie", 63, 195

Oswald, Lee Harvey: afiliações cubanas de, 45; agenda de endereços, 237-9; ameaça matar JFK na Cidade do México, 315-6, 591-2; amigos investigados, 355-60; Angleton e primeiras vigilâncias sobre, 599-600; armas

compradas por, 58, 357; assassinato de, 36, 43, 59, 95, 143, 154, 211-2, 308-9, 314-7, 391, 408, 447, 468-9, 487, 524; bilhete de transferência de ônibus e, 493; bilhete escrito à mão para FBI em Dallas, 36, 589-90; carreira nos Fuzileiros Navais, 354-5; CIA e, 165-6, 229; colegas de trabalho sobre, 272, 276; Connally como alvo de, 305-6; Contreras e, 571-2; corte marcial de, 354; cúmplice alegado, 281-2; CW, relatório da, 340, 448, 473; De Mohrenschildt e, 355, 357, 359-60; Departamento de Estado e, 246-7, 416-7, 419; desestruturação familiar e, 203; diário de, 135; "Diário Histórico" de, 347, 384-86, 514, 518; dificuldade de saber a verdade sobre, 598; dinheiro e aliança de casamento deixados por, 493, 497; Duran e, 15-6, 178-9, 182, 326, 343, 554-6, 569-71, 578, 598, 603-8; Embaixada soviética no México e, 176, 197, 323, 379, 582; emprego no depósito de livros, 359; FBI e, 85, 600-1; fila de reconhecimento na polícia e, 277-80; finanças de, 162, 190, 497; fotos de, 34-5, 481; Garrison sobre, 566; gonorreia e, 312, 472; grupos pró-Castro e, 135, 311; investigação inicial da CIA sobre, 53, 57; investigação inicial do FBI sobre, 21, 53, 58, 95, 159, 173, 534; irmão Robert sobre, 252; KGB e, 176; Lane e, 68, 155-6, 436; LBJ sobre conspiração e, 576; Liebeler e Jenner investigam, 352-60, 452, 458-9; mãe e irmão interrogados pela polícia de Dallas, 62-5; mala de, 503; marxismo e, 14, 45, 65, 95; memorando de Hoover em 1960 sobre, 586-7; morte de Schrand e, 354; motivos de, 198, 459, 472, 517-8, 532; New Orleans e, 95, 175, 453-4, 532; Nixon e, 252, 434-5; Nosenko e, 436; Odio e, 241-5, 347-8, 451-2, 460, 511; Paine e, 355-9; passado de, 213; personalidade de, 64, 162, 354, 496; pertences vendidos a colecionadores, 112, 530; pontaria certeira e, 97, 252, 354, 449, 504; prisão em Dallas, 150, 154, 276; prisão em New Orleans, 453-

4; provas de balística e impressões digitais sobre, 224; registros de biblioteca de, 311; relacionamento de Marina com, 188, 197-201, 254, 359, 507; relatório da autópsia sobre, 220, 347; relatórios policiais sobre, 142; RFK sobre, 49, 476, 478; rota de fuga em Dallas de, 274, *275*, 404, 492-4; Ruby e, 155, 246, 318-9, 383, 496; rumores de vínculos com Cuba, 74, 175, 179-80, 323; Scott e, 132, 572, 582; sexualidade de, 473, 516, 518, 554, 566; simpatizantes de Castro e, 15-7; solicitação de visto para Cuba, 235; sósias alegados e, 59, 587; tentativa de suicídio de, 346-7; testemunho de Marina sobre, 197-9, 434; Thomas e, 14-5, 18-9, 21-2; Tippit baleado por, 59, 153, 220, 274, 276, 280; URSS e, 14, 36, 45, 53, 95, 142, 166, 175, 346-7, 488-9, 515; vida passada de, 63, 95, 353-4; Walker baleado por, 135, 196, 357, 383, 434-5, 465-6

Oswald, Marguerite, 35, 62, 67-8, 193, 199, 202, 209, 219, 223, 246, 272, 356, 484, 529-30, 587

Oswald, Marina Nikolaevna Prusakova: De Mohrenschildt e, 357, 359; equipe da CW e, 223, 361; FBI e, 36, 99, 163, 252-4; Ford e, 263-4; fotos de LHO e, 34-5, 222; Lane e, 194; Liebeler e, 349, 459, 462, 547; Marguerite Oswald e, 65, 194, 198-203; Martin e, 67-8, 250-2; mídia e, 163; morte de LHO e, 315; Paine e, 66, 355-6, 359; polícia de Dallas e, 63-7, 163; polígrafo e, 391, 411; relacionamento com LHO e, 359, 507, 519; Russell entrevista, 507-8; sobre Nixon como alvo, 251-2; testemunho na CW, 162-4, 188-9, 194-9, 209, 434, 435, 436; Walker e, 357, 466; Warren e, 250

Oswald, Rachel, 63, 195

Oswald, Robert (irmão de LHO), 63-7, 197, 208, 251-2, 356

Oswald, Robert (pai de LHO), 63

Paine, Michael, 66, 162, 189

Paine, Ruth, 35, 66, 99, 189, 198-9, 201, 355-6, 358, 517

Parkland, Hospital Memorial *ver* Hospital Memorial Parkland

Partido Democrata, 146, 338, 573

Partido Republicano, 40, 93, 106

Partido Socialista, 189

Patrulha Civil Aérea (PCA), 516

Paz, Helena, 544-6, 604

Paz, Octavio, 16

Pearson, Andrew "Drew", 54-5, 61, 77-8, 84, 102, 158-60, 204, 235, 261, 336-9, 413-5, 441, 520, 529, 559-64

Pearson, Luvie, 338

Perry, Malcolm, 32, 290, 361

Philby, Kim, 127

Phillips, Davis Atlee, 423-6

Pic, John, 63

Poff, Richard, 266

Pollak, Stuart, 308-11, 473

Poniatowska, Elena, 554

Portrait of a President (Manchester), 205

Portrait of the Assassin (Ford e Stiles), 514, 551

Powers, Dave, 395

Priestley, J. B., 219

pró-Castro, ativistas, 16-7, 134-5, 166, 215, 241, 311, 317, 566, 606, 609; *ver também* anti-Castro, ativistas

Profiles in Courage (Kennedy), 206

promotor de Dallas, 165, 317, 468, 497

Quem matou Kennedy? (Buchanan), 246, 367, 496

Quorum Club, 54

Radziwill, Lee, 337

Rankin, Gertrude, 106

Rankin, J. Lee: ataques ao relatório e, 535-6, 558; Ball e, 187, 372-3; CIA e, 228-31, 564; Connally e, 302; dias de trabalho de, 529; Duran e, 344; Epstein e, 547; FBI e, 164-72, 238, 458, 481-2, 485, 535-6; Ford e, 265-7; fotos da autópsia e, 364-6; Hoover e, 383-4, 420-2, 535; Jacqueline Kennedy e, 397-401,

404; Lane e, 222; Liebeler e, 350-2, 505, 547; Manchester e, 206; Marguerite Oswald e, 200-3; Marina Oswald e, 164, 189, 195-7, 199, 250-5, 263-4, 434; missão de Coleman a Cuba e, 428-9, 432; nomeado conselheiro--geral, 90, 94, 96, 104-9; O'Donnell e, 395; Odio e, 482; papéis pessoais de, 489; polícia de Dallas e, 317; provas de impressões digitais e, 502; Redlich e, 372-6, 506; resumos de reuniões e, 472; RFK e, 367, 394; Rowley e, 414-5; Ruby e, 210, 215, 318-9, 403-5, 446-7; Rusk e, 418-9; Russell e, 209, 537; Serviço Secreto e, 258; Specter e, 285-6, 295, 364-6; vazamentos para a mídia e, 432; Warren e, 143, 363-4, 442

Rankin, Jim, 107

Rankin, Roger, 104

Rankin, Sara, 105-6

Ray, John, 265, 514

Reader's Digest, 572

Recuerdos del Porvenir, Los (Garro de Paz), 544

Redlich, Evelyn, 372, 500

Redlich, Norman, 109-10, 146-7, 162, 186, 188-91, 199-200, 224, 237-8, 247-8, 255, 266-9, 281-2, 350, 364, 370-6, 390, 395, 420, 422, 444, 446, 459, 491, 494, 500-6, 523, 536, 547, 550

Relatório da Comissão Warren *ver* Comissão Warren, Relatório da

República Dominicana, 478

Resolução do Golfo de Tonkin, 526-7

Reston, James, 532

Revill, Jack, 377-9, 381-2

Reynolds vs. Sims, 82

Richmond Times Herald, 267

Rivera, Diego, 554

Rivera, Guadalupe, 580

Roberts, Earlene, 215

Roberts, Owen, 71

Rocca, Raymond, 19, 136, 138-40, 231-3, 343, 346, 577, 596

Rockfeller, Nelson, 429

Rodriguez, Evaristo, 455

Rogers, William P., 12, 13, 577

Roosevelt, Franklin D., 88, 338

Roosevelt, Theodore, 338

Rose, Guy, 356

Roselli, John, 560

Rosen, Alex, 481, 485

Rostow, Eugene, 60-1

Rostow, Walt, 60

Rovere, Richard, 548-9

Rowley, James, 159, 413-6, 474, 561

Ruby, Jack: apelação de condenação por assassinato e, 318, 320; chance anterior de matar LHO, 309, 391; Cuba e, 213, 215, 317-9; CW, relatório da, 473, 531; Dean sobre, 315-7; estado mental de, 162, 320-1; FBI e, 98, 165, 484; Garrison sobre, 567; julgamento de, 148, 163, 210-5, 315; Lane sobre, 204; LHO baleado por, 154, 308-9, 314-7; ligações com extrema-direita e, 268; polícia de Dallas e, 468, 487; Specter e testemunho de, 319; testemunho de, 388, 391, 403-4, 407-11; Tippit e, 204

Running Man, The (filme), 311

Rusk, Dean, 57, 235, 417-9, 595-6

Russell, Bertrand, 219

Russell, Richard Brevard, 45-6, 73-7, 88-9, 91, 97-9, 101, 106, 163, 170, 195, 207-10, 264, 268, 304, 374, 376, 443-6, 495, 506-10, 521-8, 534, 537-8, 547, 579

Russell, Robert, 210

Salinger, Pierre, 205-6, 478

Saturday Evening Post, 465

Scelso, John (pseudônimo de John Whitten), 126

Schieffer, Bob, 64-5

Schlesinger Jr., Arthur M., 417, 478

Schrand, Martin, 355

Scobey, Alfredda, 24, 210, 495, 506

Scott, Janet, 582

Scott, Winston "Win", 18, 20, 128-34, 140, 176-8, 181, 326, 327-32, 423, 426, 543-6, 554-6, 569-73, 577, 579-84, 595-6, 598-9

segundo atirador, teoria do *ver* teoria do segun-
do atirador
Senado *ver* Estados Unidos
Serviço Secreto, 19, 30, 35, 52, 67, 87-8, 91, 114,
138, 145, 159, 160-1, 173-4, 187-9, 194-6,
199-202, 227, 230, 239, 250-1, 255, 257-61,
272-3, 276, 282, 284, 287-90, 293, 295, 337,
368-9, 377, 381, 395-6, 400-1, 409, 413-7,
474, 487, 524, 561, 577, 592
Seymour, William, 511, 512
Shaneyfelt, Lyndal, 283
Shanklin, Gordon, 36-7, 240, 378-9, 590
Shark and the Sardines, The (Arévalo), 311
Shaw, Clay, 455, 562, 567-8
Sheridan, Walter, 49
Shipley, Carl, 443
Sidey, Hugh, 290
Silverman, Hillel, 391-2
Sindicato dos Caminhoneiros, 115
Sirhan, Sirhan, 573
Slawson, David: Angleton e, 586-8, 597; CIA e,
137-9, 229-35, 331, 346-7, 586, 597; contra-
tado, 118-24; diário de LHO e, 385; dias de
trabalho de, 446, 529; Dolan e, 551-3;
Dulles e, 361-2; Duran e, 245-6, 342-6, 490;
esboço do relatório da CW, 442, 472, 490,
528; FBI e, 238, 346-7, 586-88; Ford vs. Rusk
e, 419; Liebeler e, 350-1, 458, 462; livro de
Arévalo e, 312; missão de Coleman a Cuba
e, 430; no Gabinete de Aconselhamento
Legal, 551; Odio e, 244-5, 347-8, 511; passado de, 120-1, 145, 147, 162; RFK e, 394, 585-7;
teorias conspiratórias e, 147; viagem ao
México e, 322
Slawson, Karen, 588
Smith & Wesson, pistola (arma do assassinato
de Tippit), 274, 493, 530
Smith, Howard K., 575
socialistas mexicanos, 579
Special Affairs Staff (SAS), 140
Specter, Arlen: autópsia de LHO e, 347; Bork e,
491; Connally e, 301-6; contratado, 115-6;
depoimento de testemunha e, 285-9; Dulles

e, 362; esboço do relatório e, 442, 446, 491;
FBI e, 238; fotos da autópsia e, 344, 364-6,
368; incumbência de investigação de, 184-9;
Jacqueline Kennedy e, 397, 404; LBJ e, 335;
Manchester e, 334; Marina Oswald e, 189;
O'Donnell e, 395-6; passado de, 115; provas
médicas e, 289; Ruby e, 319, 407, 409-11,
466-7; Serviço Secreto e, 287-9; teoria da
bala única e, 292, 301, 405-6, 549; transcri-
ções e, 288; viagens a Dallas e, 387-89, 403-
7; Warren e, 186-7, 249, 306, 363-4, 403-7;
Zapruder, filme de, 282
Specter, Joan, 116
St. Louis Globe-Democrat, 371
Stálin, Joseph, 14
Steinbeck, John, 600
Stern, Samuel, 145, 161, 231, 257, 279, 301, 310,
380, 416, 601
Stevenson, Adlai, 39, 121, 257, 260
Stiles, John "Jack", 264, 266, 269, 513-5, 517-8
Stolley, Richard B., 113, 465
Stone, Harlan Fiske, 72
Stone, Oliver, 455, 566, 582
Storey, Robert, 411-2
Stubblefield, Robert, 321
Sullivan, William, 94, 592
Suprema Corte *ver* Estados Unidos

Teamsters *ver* Sindicato dos Caminhoneiros
teoria da bala única, 23, 293-4, 299, *300*, 301,
304, 307, 365, 388-90, 404, 406-7, 447, 472,
491-2, 510, 520-3, 525, 527-8, 549, 574, 602
teoria do segundo atirador, 279, 301, 523, 549
teoria do único assassino, 142, 240, 341, 503;
CW, relatório da, 444, 446, 450, 472, 489,
531; questionada nos resultados finais, 541;
Redlich vs. Liebeler e, 500-4; relatório inicial do FBI e, 95, 97, 119; RFK e, 532, 553;
Russel questiona a, 506-7, 509-10; vazamentos para a mídia e, 432-3; Warren e, 363
teorias de conspiração: afirmações erradas da
polícia de Dallas e, 468; autópsia e, 32;
Aynesworth e, 155-7; Califano e, 576; CIA na

679

Cidade do México e conexão cubana, 328-30; Coleman, entrevista com Castro feita por, 428-32; crescimento após o relatório da CW, 541; CW, debates internos sobre, 472, 488-90, 515-24; CW, relatório e, 449, 488-97; de Mohrenschildt e, 360; Departamento de Estado e, 417-8; Epstein e, 547-50; extrema direita e, 155, 246, 267; falhas de funcionários do governo e, 601; Ford e, 266, 418, 432-3, 444, 515-19; Hoover e, 59, 86, 384-6, 421; Lane e, 155, 219-24, 246; LBJ e, 51, 60-1, 575-6; Liebeler e, 452, 503, 547-50; ligação CIA-Castro e, 560-5, 575-6; Mann e, 178-82, 230, 323-4, 596; Martin e, 68; memórias de Scott e, 582; recepção europeia das, 367-8; Redlich e, 248; RFK e, 393-5, 476-80, 553, 602; Ruby e, 60-1, 309, 317-8, 409, 411, 498; Russell e, 509, 521-3; Thomas e, 19; URSS e, 66; Walker e, 466; Warren e, 142-3, 363, 495, 575

Texas Theatre, 150, 154, 274, 404

Thomas, Charles William: acompanhamento da história de Garro por, 577-8; campanha da CIA contra, 555, 579, 598; Garro aborda, 15-20, 554; memorando de 10 de dezembro de 1965, 554-5; memorando de 25 de dezembro 1965, 17-8, 555-6; memorando de 25 de julho de 1969, 12-9, 577; papéis de, 22, 578; pensão reintegrada, 19, 578, 580; perde emprego no Departamento de Estado, 19-20, 576-80; suicídio de, 11-3, 19, 577-80

Thomas, Cynthia, 12, 553-4, 576-80, 609

Thomas, Zelda, 553

Thompson, Edward K., 514

Thorne, James, 195, 253

Time, 168, 195, 290, 312, 452, 532, 553

Times of London, 158

Tippit, J. D., 58-9, 112, 153-4, 204, 220-1, 265, 272, 274-5, 277, 280-82, 296, 340, 404, 436, 465, 493-4, 496, 531

Tito, Josip, 55

Tocsin (boletim), 247

Tomlinson, Darrell, 299

Tonahill, Joe, 407, 408, 410

Trevor Roper, Hugh, 219

Trótski, Liev, 14

Trujillo, Rafael, 478

Truly, Roy, 276

Truman, Harry, 41

União Americana pelas Liberdades Civis, 105

União Soviética (URSS), 35, 37, 43, 49, 53, 57, 59, 65, 74, 114, 122, 126-7, 130, 137, 139-40, 142, 147, 149, 155, 166, 175, 178, 188, 196-7, 229, 232, 235, 247, 329, 347, 354-5, 358-9, 385, 394, 425, 489-90, 515, 533, 583, 592, 600

único assassino, teoria do *ver* teoria do único assassino

United Press International, 46, 152, 367-8

Vietnã, Guerra do, 418, 478, 526-8

Wade, Henry, 165, 168, 215, 317, 468, 484, 497

Waldo, Thayer, 160, 204

Walker, Edwin, 135, 196, 357, 453, 465

Ward & Paul, companhia, 471

Warren Jr., Earl, 81

Warren, Dorothy, 44

Warren, Earl: *439*; aposentadoria de, 573-4; arrependimento por aceitar a incumbência da CW, 441-3; Belin e, 270-1; Boggs e, 443; campanha de impeachment contra, 42; Connally e, 306; Cuba e, 180, 235; documentos sigilosos e, 137; Dulles e, 443; é informado do assassinato, 38-43; entrevista de Duran bloqueada por, 344-6, 601; entrevista de Goldberg, 574; Epstein e, 547, 550; família Kennedy protegida por, 295, 336-7, 363-4; FBI e, 83-6, 97-8, 100, 165, 167-9, 172, 366; Ford e, 94, 264, 266, 269, 443; Garrison e, 566; Hoover e, 83-6, 101, 382-3, 483, 485-6; Hosty e, 380-1; Jacqueline Kennedy e, 100, 286, 397-404; JFK e, 40-5; Lane e, 218-9, 223, 436; LBJ e defesa do relatório por, 557-8; Liebeler e, 351, 547; limites impostos por,

23; Manchester e, 206, 336, 559; Marguerite Oswald e, 203; Marina Oswald e, 248-50, 434; mídia e, 100, 411; missão de Coleman a Cuba e, 428-9, 432; morte de, 574; Nixon e, 41; Nosenko e, 471; Olney e, 82-85, 88-9, 94; passado de, 40-41; Pearson e, 160, 336-7, 559-64; personalidade de, 310, 361, 363; polícia de Dallas e, 317; polígrafos e, 363; primeira declaração sobre o assassinato, 42; problemas de saúde de, 262; prova-chave negada à equipe por, 601; Rankin nomeado por, 96, 105-7; reação pública ao relatório, 533; Redlich defendido por, 372-6; relatório da autópsia e, 111-2, 295, 364-6, 368; resposta da família Kennedy ao relatório e, 532-3; RFK e, 205, 366-7, 393-95, 479; Rowley e, 413-6, 560-1; Ruby e, 43-4, 392, 403, 406, 466; Russell e, 46, 74-7, 207, 209, 506-7, 509; segredos guardados por, 248-9; Serviço Secreto e, 261, 416, 474, 524; Specter e, 186-7, 286, 288, 295, 297, 301-2, 306, 363, 405-6; Stern e, 261-2; Suprema Corte e, 41, 55, 81-2, 310, 312; teoria do único assassino e, 306; teorias conspiratórias e, 42-4, 142-3; testemunho de Markham e, 280; vazamentos para a mídia e, 432-3; viagem a Dallas, 387-8, 403; Willens e, 344; Zapruder, filme de, 113, 464; *ver também* Comissão Warren (Comissão Presidencial sobre o Assassinato do Presidente Kennedy)

Warren, Nina, 43-4, 403, 441-2
Warren, Robert, 81
Washington Post, 19, 497, 536, 576, 582
Washington Star, 367
Watson, Stanley, 579-80, 583
Weaver, James D., 265, 266
Weinreb, Lloyd, 448-9, 501
Welch, Joseph, 120
West, Eugene, 273
West, Louis, 320
WH-3 (ramo de serviços clandestinos da CIA), 126
White, Alan, 327, 556
White, Byron "Whizzer", 118, 121, 163, 552
Whitten, John, 125-30, 134-36, 138, 140, 565, 586, 598
Whittington, Bert, 113
Wilkins, Roger, 143
Willens, Howard, 108, 114, 116, 119, 122, 144-5, 147-8, 161, 168, 186, 219, 228-9, 310, 318-9, 324, 329, 331, 344-6, 364, 393-4, 442, 444, 446, 448-9, 470, 498, 503, 505, 523, 547
Willis, Edwin, 248
Wilson, Harold, 597
Worker, The, 35

Zapruder, Abraham, 23, 113, 162; filme, 23, 79, 113, 162, 274, 282-3, 289, 293, 301, 336, 389-90, 406, 510; filme, reconstituição em Dallas, 387-8; filme, venda do, 464-5
Ziger, Alexander, 385

ESTA OBRA FOI COMPOSTA PELA SPRESS EM DANTE E IMPRESSA EM OFSETE
PELA RR DONNELLEY SOBRE PAPEL PÓLEN SOFT DA SUZANO PAPEL E CELULOSE
PARA A EDITORA SCHWARCZ EM NOVEMBRO DE 2013